U0521686

多元与一体
地域文化的特色与融合

汪俊昌　编

中国社会科学出版社

图书在版编目（CIP）数据

多元与一体：地域文化的特色与融合 / 汪俊昌编 . —北京：中国社会科学出版社，2021.7
ISBN 978 - 7 - 5203 - 9142 - 9

Ⅰ.①多… Ⅱ.①汪… Ⅲ.①地方文化—中国—文集
Ⅳ.①G127 - 53

中国版本图书馆 CIP 数据核字（2021）第 187294 号

出 版 人	赵剑英
责任编辑	张　潜
责任校对	刘　洋
责任印制	王　超

出　　版	中国社会科学出版社
社　　址	北京鼓楼西大街甲 158 号
邮　　编	100720
网　　址	http://www.csspw.cn
发 行 部	010 - 84083685
门 市 部	010 - 84029450
经　　销	新华书店及其他书店
印　　刷	北京明恒达印务有限公司
装　　订	廊坊市广阳区广增装订厂
版　　次	2021 年 7 月第 1 版
印　　次	2021 年 7 月第 1 次印刷
开　　本	710 × 1000　1/16
印　　张	31.25
插　　页	2
字　　数	496 千字
定　　价	168.00 元

凡购买中国社会科学出版社图书，如有质量问题请与本社营销中心联系调换
电话：010 - 84083683
版权所有　侵权必究

《多元与一体：地域文化的特色与融合》编委会

主　　　编：汪俊昌
执 行 主 编：诸凤娟
编委会成员（以姓名笔画排序）：
　　　　丁为祥　干春松　朱汉民
　　　　李　伟　许　宁　汪俊昌
　　　　寿永明　杨朝明　周晓光
　　　　索晓霞　钱　明　徐道彬
　　　　诸凤娟　舒大刚　董　平
　　　　潘承玉

序　言

为进一步考察和梳理地域文化在当代的传承与发展，交流和探讨在新形势下展开地域文化研究的经验和路径，体认地域文化研究在当代中国"文化自信"建设中的重要地位，2020年10月24日至25日，绍兴文理学院联合湖南大学、四川大学、安徽大学、陕西师范大学等高校举办了"多元与一体：地域文化的特色与融合"高层学术论坛。来自浙江、湖南、贵州、四川、山东、安徽、陕西等地的专家学者与代表齐聚一堂，共同探讨中国文化的发展以及地域文化的共建问题。

我们知道，中国文化因时间向度的演进和空间维度的展开而形成了各具鲜明特色的地域文化。可以说，地域文化是中国文化的基础所在。同时，中国文化演进和展开的这个特点，也造就了各地域文化在地理上的交错分布、经济上的相互依存以及情感上的相互亲近，形成了你中有我、我中有你的多元一体格局。在中国文化多元一体的格局中，"多元"不仅指的是地理上的多元，还包括经济、文化等方面的多元。"一体"指的是各地域文化在长期的交往交流交融过程中形成的对中国文化的共同认知。因此，加强对多元一体的地域文化的研究，促进地域文化的交流和碰撞，是中国文化研究的题中应有之义。

冯天瑜先生曾经指出，我们以前在研讨中国文化或者说中华文化时，对"文化"这个概念的理解和把握似乎过于宏观和泛化，总是笼统地拿中华文化和西方文化比较，比如说，中国文化如何如何，西方文化如何如何，印度文化如何如何，其实，中国文化历史悠久，源远流长，是一个地域辽阔、广土众民的国家，以前笼统地谈中国文化实际上是不容易说清楚的。首先，在时间上，要做深入的断代研究；其次，在空间上，要做细致的区域划分。而区域研究也是世界学术研究的潮流，区域研究者深入一个国家，一个民族、一个学派，甚至一个社区，去做精细的考察，总结出富有个性的文化，对文化要素加以深入的剖析，在此基础上，才有可能对一个国家、一个民族的文化加以整合和把握。①

正是基于上述理由，我们举办了这次高层学术论坛。呈现在大家面前的这部论文集，就是这次高层论坛学术成果的集中展示。其中不少文章出自各地域文化研究的著名学者之手，这些学者在各自的领域深耕多年，都做出了卓越的贡献。他们凭借精湛的学术造诣，紧密围绕主题，从不同视角与我们分享了各自的研究心得，见解独到、深刻，高屋建瓴，既丰富了我们对地域文化多元一体主题的认识，开阔了我们的学术视野，也让我们充分领略到了地域文化的当代价值和现实意义。当然，多数文章出自学力正富、思虑深邃的中年专家和各大名校的青年博士之手，立论扎实，角度新颖，自出手眼。

综观这部论文集，可以获得如下一些认知。一、从历史上来看，中国文化呈现出"多元一体、一源多众；和而不同、求同存异"的格局。"各美其美"的地域文化一同构成了"美美与共"的中华文化统一体。二、在当代条件下来深入探讨各个地域文化之间的特色与融合，一方面，要抓住各地域文化的特征，厘清各地域学术文化的内涵、外延及其发展脉络；另一方面，要跳出单一的地域学术文化研究的局限，从中国文化发展的整体来研究地域文化，推动地域文化之间的融合以及不同地域学术文化研究者之间的交流合作。

从绍兴文理学院越文化传承与创新研究中心多年的运作来看，一个地域文化研究机构要想获得生存和发展，在人员经费、办公场所等必备硬件之外，还有三个方面也必须考虑，这或许是老生常谈，但也不能不说，或可资地域文化研究同道借鉴：一是要立足地域。地域文化是指一定区域范围内长期形成的生产生活方式、历史遗存、文化形态和社会习俗等，它具有明显的区域性特征，生活在该地域的研究者对其感受和体会总比不是该地域的人要深入得多，这是使它得以及早进入研究状态的先天资粮，况且本地域保存的文献资料也可能比较丰富，着手相对容易。

---

① 参见冯天瑜、陈望衡《地域文化对谈录》，《中国越学》（第一辑），中国社会科学出版社2009年版。

二是要凝练研究方向，研究方向和范围不宜过多过宽、面面俱到，以致造成多线作战、精力分散的不利局面，要拥有自己的研究领地，悉心打造自己的拳头产品，形成自己的特色，在此基础上再拓展研究范围。三是要有学术交流平台，学术研究最终要体现在文字载体上，因此要有论文集或者刊物等载体来集中发表和普及研究成果，使之成为可资利用的文化资源，同时也可以此来集聚人气，联络同道，研究也是需要气场的。这部论文集的出版或许就是集聚人气，联络同道的一种努力吧。我希望以后地域文化研讨会今后还能定期不定期地召开，使论文集的出版得以继续。

汪俊昌

2021年1月31日于绍兴文理学院

目　录

湘　学

晚清湘学的学术追求 …………………………………… 朱汉民（3）
湖湘文化兴盛之源
　　——碧泉书院的文化史地位 ………………………… 陈代湘（8）
欧阳厚均的教育思想
　　——兼论湘学的教育精神 ……………………………… 方红姣（24）
论朱熹与张栻的交往及湖湘学派内部的学术差异 ………… 曾　亦（35）

蜀　学

略论近代"蜀学" ………………………………………… 舒大刚（63）
苏轼《刑赏忠厚之至论》疏证 ……………………… 田　君　汪　昕（73）
杨慎古音学述略 ……………………………………… 霞绍晖　李文泽（88）
晚清浙江入川孙氏家族述略 ……………………………… 尤潇潇（106）
《春秋》专经与明清四川乡试中举情况述论
　　——以明清12科四川乡试录为中心 ………………… 陈长文（117）
试论蜀学与北宋文人画审美思想的形成 ………………… 寿勤泽（128）

徽 学

新中国建立70年来安徽大学徽学研究回顾与
　　评述 …………………………………… 周晓光　陈　联（161）
徽州程敏政：阳明心学的源头之一 ………… 徐道彬（181）
朱子《家礼》与明清徽州社会的丧葬习俗 ……… 张小坡（194）
论南宋初年新安及第士人与新安学术 ……… 王　威（225）
论朱子义学思想体系的构建 ………………… 姜　波（233）
托中查处：明清"中人"的调解作用
　　——以徽州为中心的考察 ………………… 郭睿君（246）

关 学

从"太极"到"太虚"
　　——张载对天道本体的抉择与论证 ……… 丁为祥（263）
南大吉：关中王学第一人 …………………… 许　宁（279）
"关学洛学化"辨正 …………………………… 曹树明（292）
张载关学对阳明心学的接受与传播 ………… 李敬峰（296）
论晚明清初的关学与阳明学之关系 ………… 米文科（315）

浙 学

阳明心学向新安地区的渗透与曲折 ………… 钱　明（331）
曾几家族事迹补考
　　——以新见绍兴出土之曾氏家族墓志为
　　中心 ……………………………… 诸凤娟　钱汝平（348）
浙学与蜀学在近现代的互动 ………………… 张宏敏（373）
万斯同"学凡三变"考 ………………………… 胡游杭（404）
王阳明与塾师陈壮交往事迹考 ……………… 汪柏江（422）

越文化对鲁迅文学创作范式特征的生成性影响 …………… 卓光平（436）

其他地域文化

齐鲁文化及其精神特质 …………………………… 杨朝明（451）
贵州地域文化的基本特征 ………………………… 索晓霞（459）
明清之际伊儒对话的地位和影响 ………… 李　伟　薛塞峰（472）
"多元与一体：地域文化的特色与融合"高层学术论坛
　综述 ……………………………………… 诸凤娟　钱汝平（485）

湘　学

晚清湘学的学术追求

朱汉民

【摘要】 晚清中国正是中国传统文化和儒学走向衰落的时期，作为儒学地域形态的湘学似乎是逆势上升，推动了"近世纪湘学与日争光"局面的形成。湘学能够在近代中国逆势上升，就在于湘学学者能够既坚持中国文化的主体性，又能够坚持思想文化的开放性。晚清湘学对近代中国做出了重要思想贡献，能够在很大程度上发挥学术对社会的影响。

【关键词】 湘学　儒学地域形态　文化主体性　道　治

中华传统学术文化博大精深，既体现为不同时间段的学术思潮，又体现为不同空间态的学术形态。"湘学"是中华传统学术的地域形态，是湖南地区所形成的传统学术文化。"湘学"的"湘"是指湖南行政区划的地域空间，此"学"是指具有学理意义的传统学术思想。

应该说，"湘学"是一个历史形成的概念。宋代就出现了与"湘学"相关的"湖湘学""湖南派"的地域学派的概念。朱熹评论胡宏、张栻的理学思想，将他们称为"湖湘学者""湖南学""湖南一派"等。黄宗羲、全祖望在编纂学术史名著《宋元学案》时肯定并沿袭了朱熹的"湖湘学""湖湘学派""湖湘学统"的称谓。到了清代、民国时期，一些学者在研究湖南地区学术文化史的时候，比较普遍地使用"湘学"概念，从而逐渐形成了中国学术史分支的"湘学"。

湘学研究的历史已经很久。早在南宋湖湘学术兴盛之时，湘学就开始被学界关注并成为学界思考、讨论和研究的对象与话题，朱熹的《知言疑义》就是一部研究、评论湘学的著述。从晚清到民国初年，湘学现象受到学界的关注，留下了一些文献与论著，如李肖聃《湘学略》、钱基博《近百年湖南学风》等。当代学界有关湘学的著作越来越多。

根据湘学的缘起、发展、衍化过程，可以将国学地域形态之一的湘学的历史脉络分为楚汉渊源、两宋成型、清代发展几个主要阶段。从历史演变的过程和结果来看，近代中国正好是儒学走向衰落的时期，作为国学地域形态的湘学似乎是逆势上升，出现了"近世纪湘学与日争光"的局面，究竟是什么原因造成的呢？湘学在近代中国的思想贡献涉及哪些方面？我们希望从这些问题出发，简要论述湘学的学术特色和思想贡献。

从外在的文化流动过程来看，近代中国的学术思想不断受到冲击，外来西方思想不断涌入；但是从内在的文化建构来看，则又可以将其看作中华民族通过不断吸收外来学术文化，推动中国学术思想近代重建的过程。其实，中国学术近代化的推动者就是儒家士大夫，他们往往既能坚持中国文化主体性，又能坚持思想文化的开放性，故而可以努力完成这一历史使命。湘学能够在近代中国逆势上升，能在很大程度上发挥学术对社会的影响，就在于湘学既能够坚持中国文化主体性，又坚持思想开放性的特质，对近代中国做出了重要思想贡献。我们重点讨论这一问题。

其一，湘学对中国文化主体性的坚持。

章士钊先生曾经这样谈到湖湘士大夫的性格特点："好持其理之所自信，而行其心之所能安；势之顺逆，人之毁誉，不遑顾也。"这一句话虽然是谈论湖湘士大夫的性格，但是也形象地描述了湘学学者的学术性格。确实，尽管湘学学者是引进近代西学的倡导者，但是他们总能够坚持中国文化主体性，具有对中国传统学术理想的执着与自信，并且具有坚持这一学术理想、价值理念的坚强意志。

宋代以来，湘学学者一直表达出强烈的"正学"即正统儒学的追求。他们心目中的"正学"其实就是一种理想范式的儒学，即应该是道、治、学的完备和统一。这一"正学"中的"道"，是关于个人、家国、天下的一整套价值与信仰体系，"治"是一种参与社会、实现理想人间秩序的实践活动，"学"是一套包括道与治在内并有一定自洽性、系统性的知识体系。湖湘学者坚持儒学学统的正统性，从宋代湘学形态的成型，到清代湘学的崛起，均追求合乎儒家理想范式的道、治、学的融通。我们知道，晚清学术史往往呈现出这样的特点：倡导宋学者常偏于"道"的传统坚守，主张今文经学者常偏于"治"的政治功用，而长于古文经学者常偏于"学"的纯粹学问。晚清湘学也有这三大主流儒学学派，但是这些不同学派均同时体现出地域性的特点。在湖湘地域的宋学、今文经学、古文经学均坚持理想范式的儒学，即道、治、学的完备和统一。今文经学派魏源批判了"治经之儒与明道之儒、政事之儒，又泮然三途"的现象，希望完成"道形诸事谓之治""求道而制事""以经术为治术"的道、治、学的紧密结合。他对知识学问的追求，总是与"治"的政治功用与"道"的传统价值紧密联系在一起的。晚清受今文经学影响的谭嗣同也是如此，他在谈到《仁学》的学术旨趣时说："约而言之，凡三端：曰'学'，曰'政'，曰'教'。"谭嗣同的"学"具格致之学的知识内涵，"政"具"兴民权"的制度建设，而"仁"则是代表儒家传统价值信仰的"教"，"仁"可以统摄三端。宋学派曾国藩的礼学、礼治、礼义，就体现出道、学、治贯通的儒家理想，他努力通过"礼"去实现道、学、治的贯通：他的礼学已经实践化为一种礼治的经世活动与制度建设，他的礼治又是以深厚的礼学为思想基础与学术依托，而他的礼义信仰又贯通在礼学与礼治之中。这样，曾国藩的礼学有了不同于其他礼学家的学术特色，他的礼治又有了不同于其他军政大臣的风貌，同时，他的礼义信仰则具有了坚实的学术基础和社会实践基础。古文经学者王先谦不局限于诂经考史的工作，也坚持儒学的理想范式即道、治、学的统一。

湘学学者具有对学术理想坚持的强悍意志。由于自然地理、血缘遗传、人文历史的综合原因，湖南地区形成一种特有的民性、民风。这就是历朝历史典籍、地理方志等书上所描述的湘人的性格、气质，即所谓的民性、民风，亦即史志上所反复说到的"劲直任气""人性劲悍""任性刚直""刚劲勇悍""其俗慓悍"等。这种"民性"与"士习"的渗透与融合，使湖湘之地出现了一大批成功地将民性与湘学结合的湖湘士人群体，他们将儒家理想范式的追求渗透到其"南蛮"的心理气质层面。如曾国藩、左宗棠、罗泽南、郭嵩焘等湘军将领就以其"南蛮"的气质去实现儒家的道、治、学。曾国藩大讲所谓"书生之血诚""忠义血性""拙诚"，其"血""血性""拙"是属于以生理心理为基础的南蛮气质，

"诚""忠义"则是以儒家道德修身为基础的精神文化，两者的渗透与结合，就构成了湘军将领普遍追求、表达的"忠义血性"的精神气质。曾国藩在总结湘军成功的原因时说："吾乡数君子所以鼓舞群伦，历九载而勘大乱，非拙且诚之效与？"

其二，湘学具有开放性。

湘学既坚持儒家正学思想体系的道、治、学统一，又特别强调这一个思想体系是开放而与时俱进的。"道"涉及"王道""大同"的价值理性，"治"表达经世致用的工具理性，为了推动中国文化近代化，湘学能够既以实用理性的态度引进西技、西术，又以价值理性的态度在吸收西学的基础上实现中华文化的主体性重建。

湖湘文化的近代化，是由晚清湖湘的两个儒家学派和儒家士大夫群体开始的，即以魏源为首的晚清今文经学派与以曾国藩为首的理学经世派。尽管这两个学派的学术师承、学术宗旨各异，但经世致用则是这两个不同士大夫群体的共同追求，并且也均是由这种经世致用的实用理性而选择了对西方科技文明、物质文化的学习与引进。他们"以实事程实功，以实功程实事"的"实功"追求，能够从经世致用的社会功用、实用理性的角度，将西方坚船利炮汲取到传统中国的治术中来。他们以追求"永远之利"的实用理性精神，大胆推动中国近代的洋务运动。从追求事功的实用理性出发，引申出必然变法的要求，维新派也是从"政术""功利"的实用理性角度来看待、评价西方的政治、经济、法律制度。革命派之所以选择革命道路，追求民主建国，主要不是个人权利、个性自由等"天赋人权"的追求，而是将民主、共和、宪政等政治制度的近代化追求视为实现民族自强、救亡图存的求"治"手段。可见，湘学的开放性充分体现在其"学"的知识体系和"治"的政治体系中。

其实，湘学的开放性不仅体现在"学"与"治"上，还体现在"道"的价值体系的建构上。湘学学者以价值理性的态度，倡导中华文化的主体性重建，也包括道的建构。两千多年以来，儒家士大夫追求的"天下有道"的价值体系，一直包含着这个理想与现实的两个不同层面。湖湘士大夫是推动中国文化近代化的主体力量和核心人物；他们不仅仅以实用理性的态度强调对西方文明的引进，同样坚持以价值理性的态度倡导中华文化的主体性重建。他们希望将近代化与中国文化的主体性建构联系起来。魏源倡导"师夷长技"是基于实用理性，而他赞赏、推荐欧美的民主政治，则源于其对三代理想的价值理性的向往。魏源的胸中一直深藏着这一"三代以上之心"，他说："君子之为治也，无三代以上之心则必俗，不知三代以下之情势则必迂。"郭嵩焘的近代化追求，还与政教风俗的制度文化、思想文化相关。他所倡导的中国文化近代化，是对"三代"的"有道之世"的文化回归，他将汲取、学习西方近代文化与中国文化的主体性重建结合起来。谭嗣同所追求的近代化目标，最终是回归到孔子的仁学、大同社会的中国士大夫的价值理想。这一理想就是尧舜时代人与人之间的平等自由，以及政治上的民主。晚清民国的许多湘学学者向往社会主义，他们在承担救国救民的社会责任与历史使命时，主张将社会主义追求与回归儒家理想的"三代""有道之世""大同"统一起来，最终解决中国近代化与中华民族复兴问题。

作者为湖南大学岳麓书院教授，博士生导师。

湖湘文化兴盛之源

——碧泉书院的文化史地位

陈代湘

【摘要】 湘潭"碧泉书院"是南宋最早的理学学派——湖湘学派创始者胡安国、胡宏父子创立的书院,在当时影响甚大,张栻、彪居正、吴翌等人就学其中,史称"衡岳湖湘之学,皆起于此"。张、彪等人学成之后,传胡氏之学于岳麓书院,促成了岳麓书院在学术和文化上的辉煌。碧泉书院在湖湘学派、湖湘文化乃至中国学术史上具有非常特殊的、重要的历史地位:它是湖湘学派的发源地和第一个学术基地,是湖湘学派的理论创新之所,也是湘学和湖湘文化兴盛之源。碧泉书院在当代没有得到应有的重视,没有获得应有的地位。本文意在从学理上确立碧泉书院的文化史地位。

【关键词】 湖湘文化 碧泉书院 历史地位

位于湖南湘潭的"碧泉书院",是南宋最早的理学学派——湖湘学派创始者胡安国、胡宏父子创立的书院,目前古书院已毁,但遗迹尚存。

碧泉书院在湖湘学派、湖湘文化史上具有非常特殊、重要的历史地位:它是湖湘学派的发源地和第一个学术基地,是湖湘学派的理论创新之所,也是湘学和湖湘文化兴盛之源。

一 湖湘学派发源地和第一个学术基地

宋高宗建炎三年(1129)冬天,胡安国携带家眷躲避战乱来到湘潭碧泉，创建书堂（后改为书院），著书立说，讲学授徒，标志着湖湘学派的诞生。

从学派传承角度看，湖湘学派历经初创、发展、成熟、鼎盛的过程，最后在南宋末年作为一个学派消亡了，但其精神价值却埋藏于三湘四水间，注入湖南人的精神血液中，一旦触着适宜的水分养料，就生根发芽。

如果从地域空间和理论建设的角度来看，湖湘学派的发展可以分为两个显著的阶段，即碧泉书院阶段和岳麓书院阶段，碧泉书院和岳麓书院也相继成为湖湘学派的两大学术基地。

碧泉书院是湖湘学派的第一个学术基地。

碧泉书院是在胡安国和胡宏父子的共同努力下创建的。胡安国携带家眷于建炎三年来碧泉隐居，以住宅为书堂，读书讲学，这就是碧泉书院的雏形。胡安国迁居碧泉之后，朝廷又重新召用他。绍兴三年（1133），胡安国彻底厌倦了官场的争斗和倾轧，下决心不再出仕，回到湘潭碧泉，买山辟地，修建真正的书堂。胡安国长子胡寅在《先公行状》中记述其父此时的行迹和心情曰："乃渡南江而西，休于衡岳，买山结庐，名口'书堂'，为终焉计。"[①] 需要说明的是，胡寅在这里所说"休于衡岳"中的"衡岳"，乃指包括碧泉在内的大衡山地域，而不仅仅指现今地理概念的南岳几个山峰。这种表述在古人的著述中非常普遍，例证极多，湘潭地方文化研究会的何歌劲先生对此辨析颇明，兹不赘述，可参阅何歌劲《碧泉胡氏迁湘史事考》[②]。

胡安国在碧泉修建的书堂，可依据地名叫"碧泉书堂"，后人也可依照胡安国去世后的谥号而称"文定书堂"，亦可合称"碧泉文定书堂"。绍兴八年（1138），胡安国去世，胡宏继承父亲遗志，将书堂扩建，并更名为"碧泉书院"。

这段历史，胡宏本人有明确的记载。现存《胡宏集》中有《文定书堂上梁文》和《碧泉书院上梁文》两篇珍贵的历史文献，是文定书堂和碧泉书院最早的历史记录。

---

① 胡寅：《先公行状》，见《斐然集·崇正辩》，岳麓书社2009年版，第518页。
② 何歌劲：《碧泉胡氏迁湘史事考》，见《湘学》第七辑，湘潭大学出版社2017年版，第104—105页。

胡宏的《有本亭记》一文还记述了最初胡安国携带家眷定居碧泉和买地筑室的过程：

> 绍兴庚戌岁，先君子自荆、郢趋吴越，遇腹心之疾，不至而返。徜徉游行，遂至湖南。横涉清流，顾而叹曰："此非沧浪之水乎？何其清之甚也！源可寻而濯我缨乎？"则命门弟子问津于居人。于是傍西山之阴，逶迤而入。不及百步，苍然群木之下，翠绿澄净，藻荇交映，俗以其色故号为"碧泉"。登山四顾，乃洞庭之南，潇湘之西，望于衡山百里而近……先君子徘徊不能去，拂石倚筇而坐，喟然而叹曰："水哉！水哉！惟其有本也，故不舍昼夜，仲尼所以有取耳。吾老矣，二三子其相吾志！"乃求得其地，夷榛莽，植松竹，山有为樵牧所残者养之，流有为蒿壤所壅者疏之，岩石之为草木所湮没者辟之。未及有成，而先君子长弃诸孤。①

从这段文字可以看出，胡安国携带家眷来到碧泉后，见碧泉之美，山川之胜，决定隐居于此，并开始修建居所和书堂以及改造周边环境。只不过"未及有成，而先君子长弃诸孤"，即直到胡安国去世，也未完全竣工。胡宏继承父亲未竟的事业，将书堂扩建为书院并完成该建筑工程。

有人认为胡安国的书堂不在湘潭碧泉，而在南岳衡山，这一点需要辨明。

胡安国在湘潭碧泉建有书堂，这是凿凿事实，可以从胡宏得意门生张栻的两首诗中得到有力印证：

其一，《过胡文定公碧泉书堂》②

> 入门认溪碧，循流识深源。念我昔此来，及今七寒暄。人事几更变，寒花故犹存。堂堂武夷翁，道义世所尊。永袖霖雨手，琴书贲丘园。当时经行地，尚想语笑温。爱此亭下水，固若玻璃盆。晴

---

① 《胡宏集》，中华书局1987年版，第153—154页。
② 《南轩集》卷二，见《张栻全集》，长春出版社1999年版，第537页。下引此书皆为此版。

看浪花涌,静见潜鳞翻。朝昏递日月,俯仰鉴乾坤。因之发深感,倚楹更无言。

其二,《淳熙乙未春,予有桂林之役,自湘潭往省先茔,以二月二日过碧泉,与客煮茗泉上,徘徊久之》①

下马步深径,洗盏酌寒泉。念不践此境,于今复三年。人事苦多变,泉色故依然。缅怀德人游,物物生春妍。当时疏辟功,妙意太古前。屐齿不可寻,题榜尚觉鲜。书堂何寂寂,草树亦芊芊。于役有王事,未暇谋息肩。聊同二三子,煮茗苍崖边。预作他年约,扶犁山下田。

张栻的这两首诗,第一首标题即点明胡安国(胡文定公)的"碧泉书堂",全诗对碧泉潭、潭前小溪、有本亭以及碧泉书堂进行了描绘,又回忆了当年胡安国、胡宏父子在此讲学,自己到碧泉书堂(碧泉书院)来求学的情景。第二首标题提到湘潭碧泉,诗中"当时疏辟功,妙意太古前""书堂何寂寂,草树亦芊芊"等句,亦明确说到碧泉潭旁边的碧泉书堂,而且认为胡安国在此建造碧泉书堂,著书立说,讲学授徒,在学术上有创拓之功。

那么,胡安国在南岳是否也建有书堂?答案是肯定的,只不过时间在湘潭碧泉书堂之后。如上文所述,胡安国一家于建炎三年(1129)在其湘潭籍弟子黎明和杨训的引导下来到湘潭碧泉定居,以居所为书堂,这是碧泉书堂的开端,也是碧泉书院的雏形。绍兴三年(1133),胡安国决心彻底归隐时,先回到湘潭碧泉"买山结庐",建造书堂,后又到南岳建造书堂。此后往来于湘潭与南岳之间,授徒讲学。胡安国在湘潭碧泉居住时间为多,其代表作《春秋传》主要是在碧泉写作的②。胡安国去世后,葬于离碧泉十余公里的湘潭隐山,今存其墓,可参拜。

胡宏是湖湘学派最大的理论代表。胡宏一直居住在碧泉。胡安国去

---

① 《南轩集》卷三,见《张栻全集》,第560页。
② 参见何歌劲《碧泉胡氏迁湘史事考》,载《湘学》第七辑,第106—109页。

世后，胡宏将碧泉书堂扩建为碧泉书院，并在此完成了其代表作《知言》的写作。胡宏于宋高宗绍兴三十一年（1161）去世①，与其父合葬于隐山。

综上所述，可以断言：碧泉书院是湖湘学派的第一个学术基地。

湖湘学派的第二个学术基地是岳麓书院。碧泉书院是岳麓书院的学术之源。

岳麓书院前身为唐末五代时期的僧人办学之所，北宋开宝九年（976），潭州知州朱洞在僧人办学基础上，正式创建岳麓书院。岳麓书院在北宋时期虽然办学不辍，是有名的教学场所，但其真正震古烁今的学术和教育影响力还是在胡宏的弟子们从碧泉书院转移到岳麓书院之后形成的。

两宋之交，岳麓书院毁于战火。乾道元年（1165），刘珙（字共父）为"荆湖南路安抚使"，知潭州，全面修复了岳麓书院，礼聘张栻出任岳麓书院主教，胡宏另一名弟子彪居正担任书院主管。朱熹在《观文殿学士刘公行状》中曾提到此事：

> 潭州故有岳麓书院，真庙特赐以敕额，给田与书，经乱芜废。公（指刘珙——引者）一新之，养士数十人，延礼修士彪君居正使为之长，而属其友广汉张侯栻敬夫时往游焉。与论《大学》次第，以开其学者于公私义利之间，闻者风动。②

需要说明的是，朱熹在这里提到刘珙修复岳麓书院，聘彪居正"使为之长"，而请张栻往游讲学。此处的"使为之长"，并不是指岳麓书院山长，而应指书院的主管。也就是说，此时彪居正因年长德高而任书院主管，而教学方面则是由张栻主之。因为当年张栻和彪居正的老师胡宏曾致书秦桧，拒绝出仕为官，但却请求担任岳麓书院山长这一教职："今若令潭守与漕臣兴复旧区，重赐院宇，以某有继述其先人之志，特命为

---

① 参见陈代湘《胡宏卒年辨》，《朱子文化》2008年第2期。
② 朱熹：《观文殿学士刘公行状》，载《朱熹集》卷九十七，四川教育出版社1996年版，第4955页。

山长，依州县监当官，给以廪禄，于以表朝廷崇儒广教之美。"① 可惜秦桧不愿成人之美，致使胡宏的愿望未能实现。老师胡宏自求为岳麓书院山长未成，故而其弟子皆不敢为，只能将山长位置虚置。这一点，朱熹也说得很明白：

> 长沙故有岳麓书院，国初时，郡人周式为山长，教授数百人。后更变乱，院废而山长罢。五峰方辞秦氏礼命时尝请为之，不报。乾道初，帅守建安刘公珙始复立焉，犹虚山长不置。至是，转运副使九江萧侯之敏始以礼聘君（指吴翌——引者）请为之。君曰："侯之意则美矣，然此吾先师之所不得为者，岂可以否德忝之哉！"卒辞不能，萧侯亦高其义，不强致也。②

吴翌字晦叔，亦为胡宏弟子，朱熹跟他是好友，学术上则是论辩的对手。朱熹在这里提到刘珙修复书院时，一开始"虚山长不置"，后来萧之敏又想聘吴翌为山长，吴翌则明确表示因其师胡宏当年欲为而不得，所以他也不敢当。山长一直虚而不设，吴翌所说的不敢为的理由，应是胡宏弟子们的普遍心理，以此推之，彪居正也不会当山长。况且，朱熹明确提到萧之敏想聘吴翌为山长时一直是"虚山长不置"，因此，朱熹在《刘公行状》中提到的"延礼修士彪君居正使为之长"，此"长"不应是指"山长"，而应是指行政事务方面的主管。

二 湖湘学派理论创新之所

碧泉书院不仅是湖湘学派的第一个学术基地，而且，如果从学术创新的角度看，也是湖湘学派最重要的学术创新之所。

胡安国所著《春秋传》，是湖湘学派的开山之作，此书主要是在碧泉书院写作的③。湖湘学派的学术定鼎之作，同时也是最具创新价值的著作，则是胡宏的《知言》，这部著作完全是在碧泉书院完成的。

---

① 《胡宏集》，第105页。
② 朱熹：《南岳处士吴君行状》，载《朱熹集》卷九十七，第5007—5008页。
③ 参见何歌劲《碧泉胡氏迁湘史事考》，载《湘学》第七辑，第106—109页。

作为湖湘学派的创始者，胡安国尽管在哲学理论体系上的贡献尚显不足，但其所著《春秋传》也有相当的分量和特色。

《春秋》本来是一部编年体史书，是鲁国历代史官的记事，后经孔子整理删定，被当作儒家经典流传下来。儒家学者对《春秋》的评价很高，尤其看重该书的现实指导意义。程颐说："五经，载道之文；《春秋》，圣人之用。五经之有《春秋》，犹法律之有断例也。"① 又说："五经如药方，《春秋》犹用药治病，圣人之用全在此书。"② 胡安国私淑程氏洛学，对程颐之说是相当信服的。程颐高度评价《春秋》一书的现实之用，胡安国承续此意，对《春秋》作了更高的评价，他说：

《春秋》见诸行事，非空言比也。公好恶，则发乎《诗》之情；酌古今，则贯乎《书》之事；兴常典，则体乎《礼》之经；本忠恕，则导乎《乐》之和；著权制，则尽乎《易》之变。百王之法度，万世之准绳，皆在此书。故君子以谓五经之有《春秋》，犹法律之有断例也。学是经者，信穷理之要矣；不学是经而处大事、决大疑能不惑者，鲜矣。③

在胡安国看来，《春秋》既可上达五经之道体，又可下贯五经之妙用，是万世百王的法度准绳，这个评价可以说是高得无以复加了。

因为《春秋》具有极强的现实意义，而胡安国对现实政治有着极强的敏感性，对金人入侵，中原沦陷，华夏受制于"夷狄"深痛于心，所以他希望用《春秋》来引导君主把儒家崇奉的内圣和外王结合起来，使内圣的高远原则在切近的社会和政治现实中得到落实。

胡安国专意研治《春秋》三十余年，花费了巨大的心血，经过反复斟酌和修改，撰成《春秋传》这部呕心之作，当时就得到了政界和学界的高度认可。宋高宗特颁诏书，令胡安国专门纂修《春秋传》，以供御览。书成，高宗读了之后赞扬该书"深得圣人之旨"。后来，胡安国的

---

① 胡安国：《春秋传·述纲领》。
② 胡安国：《春秋传·述纲领》。
③ 胡安国：《春秋传·序》。

《春秋传》在元、明两朝被定为科举考试的经文定本,影响很大。

胡氏《春秋传》在当时的学术界也得到高度的认可。朱熹在谈到胡安国《春秋传》时说:

> 可学因问:"左氏识见如何?"曰:"左氏乃一个趋利避害之人,要置身于稳地,而不识道理,于大伦处皆错……大抵《春秋》自是难看。今人说《春秋》,有九分九厘不是,何以知圣人之意是如此?平日学者问《春秋》,且以胡文定《传》语之。"①

又,朱熹曾转述他的老师李侗的话,说:

> 李先生言:"罗仲素《春秋说》,不及文定。盖文定才大,设张罗落者大。"②

罗仲素即李侗的老师罗从彦,李侗认为胡氏《春秋传》比罗从彦的《春秋说》好,这是客观的态度。朱熹尽管认为胡安国说得不全符合圣人原意,但也从总体上肯定胡氏《春秋传》超越前人,而且所说"尽是正理"③。

朱熹在当时就看出胡安国《春秋传》不全符合圣人"原意",却又非常肯定胡安国所说道理的正确性,这一点正是胡氏《春秋传》的特点,而这个特点的基础就是胡安国有感于金人入侵、华夷冲突的社会现实。

胡安国在其所著《春秋传》中特别强调"华夷之辨"这个所谓"春秋大义",原因就是他"感激时事",深恐中华礼义文化遭到"夷狄"的毁灭。在胡安国看来,《春秋》不是一部普通的史书,而是一部寄寓着华

---

① 《朱子语类》卷一百二十三,中华书局1994年版,第2959—2960页。下引此书皆为此版。
② 《朱子语类》卷一百二,第2596页。
③ 《朱子语类》卷一百一《胡康侯》条云:"文定大纲说得正。"另《朱子语类》卷六十七《易三·纲领下》载:"问胡文定《春秋》。曰'他所说尽是正理,但不知圣人当初是恁地不是恁地?今皆见不得。所以某于《春秋》不敢措一辞,正谓不敢臆度尔。"在这里,朱熹似乎对胡安国《春秋传》是否符合圣人"原意"有所怀疑,但朱熹肯定胡安国"大纲说得正","所说尽是正理",这个意思朱熹在很多地方都有表达,从未含糊。

夏礼义内容的经典著作，是"百王之法度，万世之准绳"。孔子删述此书也不仅仅是整理文化典籍，而是保存和复兴华夏礼义文化。胡安国说：

> 古者列国各有史官，掌记时事。《春秋》，鲁史尔，仲尼就加笔削，乃史外传心之要典也，而孟氏发明宗旨，目为天子之事者。周道衰微，乾纲解纽，乱臣贼子接迹当世，人欲肆而天理灭矣。仲尼，天理之所在，不以为己任而谁可？五典弗惇，己所当叙；五礼弗庸，己所当秩；五服弗章，己所当命；五刑弗用，己所当讨。故曰："文王既没，文不在兹乎？天之将丧斯文也，后死者不得与于斯文也；天之未丧斯文也，匡人其如予何？"圣人以天自处，斯文之兴衰在己，而由人乎哉！①

孔子身处"礼崩乐坏"的时代，社会动荡，私欲横流，周公以来建构起的儒家伦理将遭灭绝。孔子以强烈的文化担当意识，挑起保护和复兴儒家伦理文化的重任。孔子的这种心态和精神，恰恰就是胡安国的这一批理学家内心的写照。金兵入侵，中原沦丧，国破家亡，"夷狄"肆虐，再加之由来已久的佛老之学猖獗，胡安国在"斯文将丧"的民族文化危机时刻而研治《春秋》，创办书院，聚徒讲学，以期唤起人们对自己优越的民族文化的认同感和自豪感，使"斯文"后继有人，不致丧灭于"夷狄"之手。正是胡安国的这种由激烈的文化冲突而导致的强烈的文化担当意识，促使他带领他的子弟和学生们创立了湖湘学派。

真正构建了完备的哲学体系，从而奠定湖湘学派理论基础的是胡安国季子胡宏（五峰）。全祖望评价胡宏说："绍兴诸儒，所造莫出五峰之上。其所作《知言》，东莱以为过于《正蒙》，卒开湖湘之学统。"② 全氏认为胡宏"卒开湖湘之学统"，即奠定湖湘学派的理论基础，而这个理论基础就是胡宏在碧泉书院这一空间场域中奠定的。

胡宏的学术地位在现、当代海内外学术界得到了更大的彰显。现代新儒家代表人物牟宗三，在研究宋明理学时，得出两个非同一般的结论，

---

① 胡安国：《春秋传序》。
② 《五峰学案》，《宋元学案》卷四十二，中华书局1986年版，第1366页。

一是将程颐（伊川）和朱熹从理学正宗位置上拉下来，判为"别子为宗"；二是把胡宏（五峰）和刘宗周（蕺山）判定为与程朱、陆王并列的独立系统，而且推其为"正宗"圆教。牟先生认为，伊川、朱子将道体性体只收缩提炼为一本体论的存有，即"只存有而不活动"之理，将孟子之本心视为实然的心气之心，于工夫（即修养方法）则特重后天之涵养及格物致知之认知的横摄，与宋明儒"大宗"不合，亦不同于先秦儒家旧义，故为"歧出"，是"别子为宗"①。胡刘与陆王可会通为一大系，与伊川、朱子相比较，此一大系为宋明儒学"正宗"。但在这一大系中，陆王之学只是一心之朗现、伸展、遍润，对于客观地自"於穆不已"之体言道体性体者无甚兴趣，客观面不能挺立，有虚歉之感；只有胡宏第一个消化承续程颢（明道）之圆教模型，客观地讲性体与主观地讲心体两面皆圆满，特提出"以心著性"义以明心性所以为一之实以及一本圆教所以为圆之实，于工夫则重在"先识仁之体"，正式言"逆觉体证"②。因此，在牟宗三看来，五峰、蕺山一系在宋明儒学中具有极高的独立价值，可谓圆满的"正宗"圆教。

自南宋以来，历来学者都认为朱熹集理学之大成，朱子学是儒学正宗，牟宗三却发惊世之论，认为朱熹是"别子为宗"，胡宏才是最正宗的儒学大师。牟氏此论在海内外学术界引起了极大的反响，也得到了很多人的认同。尽管学术界对谁是"正宗"的问题尚有不同的意见，但是，对胡宏历史地位的肯定和彰显，却是毋庸置疑的了。将以胡宏为代表的"五峰、蕺山一系"看成与程朱、陆王相并列的独立理学派系，也已经得到学术界的公认。

胡宏思想创新性极强，在本体论、心性论、工夫论等哲学主要论域都提出了创造性的理论观点。他提出的"性，天下之大本"的本体论，使他成为既不同于程朱"理本论"，又有别于陆王"心本论"的"性本论"的代表人物，亦成为湖湘学派最大的理论特色。除此之外，胡宏提出的善恶不足以言性、心以成性、天理人欲同体异用以及先察识后持养

---

① 牟宗三：《心体与性体》，上海古籍出版社 1999 年版，上册第 42—43 页。下引此书皆为此版。

② 牟宗三：《心体与性体》，上册第 39—40 页。

的工夫论,都是颇具创造性的哲学思想,也是南宋湖湘学者坚守而具有鲜明学派特色的理论①。

三 湘学和湖湘文化兴盛之源

"湘学"是以哲学为核心的湖湘学术,是湖湘文化的精神内核。湘学以湖湘哲学为核心和灵魂,其范围则不仅限于哲学,文、史、哲、政治、经济、法律、军事、艺术、宗教等领域的学术理论,都属于湘学。"湖湘文化"则是一个涵盖面极广的概念,"不仅包括哲学、伦理、政治、法律、文学、艺术、宗教等精神文化的内容,而且包括民风、民俗、民族心理等所谓'俗文化',甚至将饮食文化、服饰文化、建筑文化、历史遗存、江山胜境、湖南地区的土特产等物质文化的内容都包括在内"②。可见,湖湘文化的概念要比湘学的概念宽泛得多。但无论湖湘文化包罗有多广,其核心却都是湘学。

湘学和湖湘文化形成于宋代,而宋代之前湖南地区的文化,则应该称作"湘楚文化",不能叫"湖湘文化"。因为,尽管湘楚文化是湖湘文化的地域文化基础,但二者的性质却是不同的。湘楚文化属于古代楚文化系统,而湖湘文化则是一种理学文化,属于儒学系统。在春秋战国时期,楚文化是南方文化的代表③,儒学(以及墨学等)则是北方文化的代表。当时的南、北文化性质截然有别。先秦时期,以孔子为集大成者的儒家文化,注重人道、社会、政治,而对于天道、宇宙、鬼神等问题则不甚重视。

《论语》载:

> 子贡曰:"夫子之文章,可得而闻也;夫子之言性与天道,不可

---

① 参见陈代湘《湖湘学案》,湖南人民出版社2013年版,第一卷第164—184页。
② 方克立:《湘学研究的对象、范围和意义》,见《湘学》第二辑,湖南人民出版社2002年版,第6页。
③ 楚国在先秦时期曾跻身春秋五霸、战国七雄之列,极盛时领有今湖北、湖南全部以及陕西、河南、四川、江西、安徽、江苏、浙江、山东等省的一部分或大部分,政治和文化影响远及广东、广西、云南、贵州,是当时名副其实的泱泱大国。

得而闻也。"①

　　子不语怪、力、乱、神。②

　　可见孔子不喜谈天道、鬼神等问题。从哲学上来说，哲学包含三大领域，即宇宙论（包括宇宙生成论和宇宙本体论）、人生论、知识论（认识论），孔子显然对宇宙论不甚重视。

　　然而，在古老的楚国大地，楚人对天道宇宙问题却倾注了极大的热情。

　　老子和庄子是先秦时期道家的两位大师。老子是苦县厉乡曲仁里人，地处今河南省鹿邑县与安徽省亳县之间，本属陈国。《史记·货殖列传》云："自淮北沛、陈、汝南、南郡，此西楚也。"说明陈地在当时属于西楚。据《左传》宣公十一年、昭公八年、哀公十七年等处记载，楚国曾多次灭陈，数次以陈为楚之一县，中间虽亦曾复其国，而陈侯实同傀儡，陈地的政治、经济、文化各个层次皆已属楚。这段时间是老子生活的时期。因此，人们直接称老子为楚人。

　　王国维《国朝汉学派戴阮二家之哲学说》云：

　　　　古代北方之学派中非无深邃统一之哲学，然皆以实用为宗旨……故孔、墨之徒皆汲汲以用世为事。惟老、庄之徒生于南方（自注：庄子，楚人，虽生于宋而钓于濮水。陆德明《经典释文》曰："陈地水也。"此时陈已为楚灭，则亦楚地也。故楚王欲以为相），遁世而不悔，其所说虽不出实用之宗旨，然其言性与道颇有出于北方学者之外者。③

　　王国维在自注中说明了庄子是楚人。

　　受南方楚文化影响而产生的老、庄道家，与以孔、墨为代表的北方

---

① 《四书章句集注》，上海古籍出版社2001年版，第91页。下引此书皆为此版。
② 《四书章句集注》，第114页。
③ 《王国维遗书·静庵文集》，上海古籍出版社1983年版，第80页。

学派有着明显的区别。王国维指出，孔、墨北方学派以实用为宗旨，而楚地的老、庄道家哲学则更关注对性与天道的探索。孔子罕言性与天道，而老、庄则喜言性与天道。

对天道的探索和喜爱根源于楚地丰富的神话传说。古代楚人极富浪漫的神话想象力，创造出震撼人心、无与伦比的神话传说。现今所见的中国古代神话，主要来源于《山海经》《淮南子》《楚辞》《庄子》等著作，而这几部著作皆产于楚地或为楚人所作。① 由此可见，楚文化可谓中华神话文化的渊府。女娲补天、夸父追日、羿射九日、共工怒触不周山……这些脍炙人口的神话故事，是楚神话中的精品，也是中华神话文化的瑰宝。以老子、庄子、屈原等人为代表的先秦楚地思想家，面对楚文化中神话的海洋，其著作无可避免地受到强烈影响，把当时口头相传的神话材料当作重要的依据。《老子》书中"刍狗""谷神""玄牝"等语，即来自神话传说。《庄子》书则更加广泛地运用神话传说材料，故而其文"汪洋辟阖，仪态万方"②。屈原的《离骚》《天问》《九歌》等传世名篇，更是把人带进瑰丽奇伟的神话艺术境界。

神话是楚地先民探索和解释天道宇宙的最初思想成果，反过来又刺激了楚地思想家对天道宇宙的兴趣。楚地思想的最高理论成就——老、庄道家哲学所阐发的"道"，既是宇宙的本体，又是派生宇宙万物的原始基质，具有非常明显的天道论和宇宙论的特征，这与北方儒家所着重阐扬的人文之道、伦理之道是相当不同的。

另外，楚人崇巫，楚地巫风盛行，这一点也是跟儒学不同的。孔子关注的是此生和人世，对来生和鬼神等具有宗教性质的领域不甚措意。《论语》曰：

　　季路问事鬼神。子曰："未能事人，焉能事鬼？""敢问死。"曰：

---

① 《楚辞》《淮南子》《庄子》为楚人所作，自不待言。《山海经》作者亦是楚人，见袁珂"《山海经》写作的时地及篇目考"，载《中华文史论丛》第七辑（复刊号），上海古籍出版社1978年版。

② 鲁迅：《汉文学史纲要》，见《鲁迅全集》第10卷，人民文学出版社1973年版，第536页。

"未知生，焉知死？"①

楚人则不同，楚地巫风飘飘，源远流长。据《国语·郑语》和《史记·楚世家》记载，楚人是祝融的后裔，而祝融是高辛的火正。"祝融"本义为远古一种职司的称谓，乃火正之别号。② 火正、祝融在远古时期是一种带有神职色彩的祭司一类的职务。《汉书·五行志上》云："古之火正，谓火官也，掌祭火星，行火政。"③ 可见，楚之先祖祝融就与祭祀等神职活动有密切关系。又《左传·昭公十二年》记楚灵王时右尹子革说："昔我先王熊绎，辟在荆山，筚路蓝缕，以处草莽。跋涉山川，以事天子。唯是桃弧、棘矢，以供御王事。"这里提到熊绎为周天子献桃弧、棘矢以禳灾之事，亦可见楚之先王与祭祀活动的关系。

古代楚地盛行巫风，很多历史文献中都有记载。《国风·陈风·宛丘》云："坎其击鼓，宛丘之下。无冬无夏，值其鹭羽。"《国风·陈风·东门之枌》亦云："东门之枌，宛丘之栩。子仲之子，婆娑其下。"此两首诗就描述了受楚文化影响的陈地歌舞娱神、巫风盛行的特殊习俗。班固《汉书·地理志》对此有一段明确的说明："陈国，今淮阳之地。陈本太昊之虚，周武王封舜后妫满于陈，是为胡公，妻以元女大姬。妇人尊贵，好祭祀，用史巫，故其俗巫鬼。《陈风》曰：'坎其击鼓，宛丘之下。亡冬亡夏，值其鹭羽。'又曰：'东门之枌，宛丘之栩。子仲之子，婆娑其下。'此其风也。"④ 班固提到《诗经》中《宛丘》和《东门之枌》这两首诗，描绘的是受楚文化影响的陈地巫风的景象，实即最早记载楚之巫风的文献。

汉代王逸说："昔楚国南郢之邑，沅湘之间，其俗信鬼而好祀，其祠

---

① 《四书章句集注》，第147页。
② 《左传·昭公二十九年》称："木正曰句芒，火正曰祝融。"《国语·郑语》亦云："黎为高辛氏火正，以淳燿敦大，天明地德，光照四海，故命之曰'祝融'。"
③ 《汉书·五行志上》，中华书局《二十四史》，1997年精装竖排版，第343页。下引此书皆为此版。
④ 《汉书·地理志下》，第425页。

必作歌乐鼓舞以乐诸神。"① 说明了古代湖南大地上巫风盛行的情况。朱熹在《楚辞集注》中也说："昔楚南郢之邑，沅、湘之间，其俗信鬼而好祀，其祀必使巫觋作乐，歌舞以娱神。"② 湘楚先民信鬼好祀，常使巫觋作乐舞以娱神的巫风传统，与楚神话有着十分密切的联系。楚地先民的生活充满着各种各样的神话传说，他们相信天上地下都有神鬼存在，人们的各种活动都要受到神鬼的影响和支配，同时，人也有灵魂，人死后灵魂不灭，就是活人也会在生病、受惊时灵魂脱离躯体。因此，湘楚先民就有祭祀、邀神、娱神、慰鬼、招魂等巫术活动。

湖南地区在宋代之前，一直处于这种重天道、崇鬼神、尚巫风的楚文化影响之下，北方儒学文化在湖南影响较小。到了宋代，这种状况发生了根本的改变。北宋时期，湖南道州（今湖南省永州市道县）人周敦颐，开创了理学，这是儒学发展的一个新时期。只不过，由于周敦颐著述和讲学较少，其学术在北宋时期的湖南地区影响不大，所以晚清湘潭人王闿运说周敦颐的学术"乡邦无传其学者"③。周氏之学（濂溪学），由他的两个著名弟子程颢和程颐传播到北方的河南洛阳，并发扬光大，演变为"洛学"。后来，洛学经二程弟子们回传到南方，湖湘学派是这个回传过程中最早出现的一个理学学派。胡安国、胡宏父子以及胡宏弟子张栻等人，以湘潭碧泉书院和长沙岳麓书院为基地，著书立说、讲学授徒，在当时产生了广泛影响，对湖南地区的影响当然更加深远。自此之后，湖南地区的文化由楚文化（湘楚文化）转变而为儒家文化（理学文化），湖南地区成为著名的"理学之邦"。后来王船山总结宋明理学，曾国藩、左宗棠等晚清理学名臣在政治、军事领域纵横捭阖，叱咤风云，甚至以毛泽东为代表的湘籍无产阶级革命家，都受到了湘学和湖湘文化的熏陶和影响。

湘学和湖湘文化在湖南地区的兴盛以及对中国思想文化界所产生的巨大影响，其源头就在湘潭碧泉。作为湖湘学派起源以及最早进行学术

---

① 王逸：《楚辞章句》，《四库全书》第1062册，上海古籍出版社1987年版，第16—17页。
② 朱熹：《楚辞集注》，上海古籍出版社2001年版，第31页。
③ （清）陈嘉榆、王闿运等修纂：（光绪）《湘潭县志》，岳麓书社2010年版，第248页。

创新和人才培养活动的空间场域，碧泉书院当之无愧地成为湘学和湖湘文化的兴盛之源。朱熹诗云："半亩方塘一鉴开，天光云影共徘徊。问渠哪得清如许？为有源头活水来。"亘古不断、喷涌不息的碧泉，极具象征意义，它是湘学和湖湘文化长盛不衰的源头活水。

作者为湘潭大学碧泉书院·哲学与历史文化学院院长、教授、博士生导师。

欧阳厚均的教育思想

——兼论湘学的教育精神

方红姣

【摘要】 作为清代岳麓书院四大山长之一的欧阳厚均，在长达近三十年的书院掌教中，著书育人，形成了丰富的教育思想。主要体现在两大方面：育人德先诚本，倡有体有用之学，经世致用。此即是湘学的教育精神。此外，从碧泉书院到岳麓书院，书院始终发挥着积极的教育功能，它们既是教育思想和精神的创造之地，也是教育思想和精神的传承之地。

【关键词】 德先诚本　体用合一　书院

欧阳厚均（1766—1846），字福田，号坦斋，衡州安仁县人。少时曾求学于岳麓书院。嘉庆四年（1799）进士。历任户部主事、贵州司员外郎、陕西司郎中、浙江道监察御史等。后于五十二岁始，出任岳麓书院山长，是清代岳麓书院四大山长之一。主要思想著作为《易鉴》，此外有不少诗文作品。

由潭州太守朱洞于北宋开宝九年（976）创办的岳麓书院，历朝历代不乏德才兼备的山长。到欧阳厚均主持之时，岳麓书院已经过八百多年的发展，各方面相对成熟。欧阳厚均掌教岳麓书院二十七年，他勤于著述、精于钞撮，并将其道德、学问落实于传道授业的书院人才培育中。任职山长期间，欧阳厚均一方面遵循前任山长治学遗法，另一方面结合自身多年治学和从政经验，以"忠孝廉洁，敦品励行"立教，以"经世致用，明习时务"课书。不论是在任职时间上，还是实际的人才培养和书院建设方面，欧阳厚均都达到了一个新的高度。

一 育人德先诚本

1. 育人以"德"为先

以"德"为先是书院的育人传统。就欧阳厚均所在的岳麓书院来说，明代山长张元怀在《内馆训言》中着重提出"忠""廉""诚"，以此来要求书院门生的道德践行；李文炤曾制定《岳麓书院学规》八条；王文清在此基础上进一步细化为十八条学规，内容主要是孝、忠、诚等。

欧阳厚均对忠、信、义等德行自是十分看重。例如，对在平息孝感教匪滋扰事件中一义士的义行，欧阳厚均褒奖有嘉，在诗中称赞"义士黄陂不署名，万金家散募乡兵，功成长揖将军去，依旧南山叱犊耕"①。

欧阳厚均在他的易学著作《易鉴》中多次提出，易之旨在德行。"易在德行不在言辞，示人学易之要深切矣。""事理大小皆有条理，不可紊乱次章，存乎德行则易道备矣……易不徒设也，将以其道用于天下耳。"②

万事皆有本末先后，德行乃易道主旨，这是学易之人当需明晰，又要加以深刻体会的。而在《系辞》开篇注文中，他分别引用郭白云、胡云峰之言，以为《系辞》在上、下篇章节的安排上即蕴含了学易的主旨。他再次强调学易的根本在于德行，不在言辞。他说：

> 郭氏白云曰：上篇自天尊地卑至存乎德行，篇章相次，事理大小皆有条理，不可紊乱。次章之言皆前章所未尽，至存乎德行，则易道备矣。下篇复起其说，前后相次，复如上篇。是则初为二篇，非后人妄分也。胡氏云峰曰：上下系各十二章，始皆言易简，终皆言易在德行，不在言辞，示人学易之要深切矣。③

因此，欧阳厚均特别善于阐发《周易》于日用行习之指示意义，并常援引史事加以佐证。下文以《系辞》开篇第一章的前面部分为例，对

---

① 欧阳厚均：《孝感道中》，《有方游草》卷上，第4页。
② 欧阳厚均：《易鉴》，湖南省图书馆藏。
③ 欧阳厚均：《易鉴》卷三十三《系辞传上》。

"天尊地卑，乾坤定矣。卑高以陈，贵贱位矣。动静有常，刚柔断矣。方以类聚，物以群分，吉凶生矣。在天成象，在地成形，变化见矣"（《系辞上》第一章）之理解，欧阳厚均依次引苏东坡、张紫严、朱汉上之言，他说：

> 苏氏东坡曰：方本异也而以类而聚，此同之生于异也；物群则其势不得不分，此异之生于同也。象者，形之精华发于上，形者，象之体质留于下。盖雷电日月之类，象也；水火山泽之类，形也。天地所以变化而既成万物者也。
> 张氏紫严曰：圣人以一心之微稽诸天地，阐万理于太极，揆常变于卦爻。其象数之所包括，莫非天地自然之理。天下后世顺则治，逆则乱，得则吉，失则凶，其道必致，不可少易。
> 朱氏汉上曰：道虽屡迁而上下不易。君尊臣卑、父尊子卑、夫尊妇卑，谓之三纲。高者贵，卑者贱，则贵贱之位分矣。阳为贵乾也，阴为贱坤也。高者乾之位也，卑者坤之位也。上既曰尊矣，尊无二上元。士大夫三公诸侯承之，然后君位乎，五也。君不刚则臣强，父不刚则子强，夫不刚则为妻所畜。尊卑之位，贵贱之分也。

欧阳厚均尤为赞同朱汉上的注解，以上下尊卑定君臣父子夫妇之三纲。三纲正，则世事治；三纲不正，则天下乱。并引汉代外戚独权、唐代藩镇割据等上下尊卑失序之史事加以说明。因此，君子学易，当深明上下之位。他说：

> 谨案尊卑者，天地上下之位。贵贱者，卦爻上下之位。然亦兼人事而言，朱氏以尊卑为君臣父子夫妇之三纲，尊卑之位贵贱之分也。后世三纲不正，上而朝廷，如汉之外戚，唐之藩镇，季世之阉臣篡逆之事，屡见于史。夺储则子至于弑其父，易后则夫不能制其妻，其祸有不可胜言者。下而公卿士庶之众，强奴可以叛主，逆子可以忤亲，悍妇可以凌夫，尊卑之不辨、贵贱之莫分也。其所由来者渐矣。蔡氏介夫曰："定者有尊卑，各安其分之意；位者有卑高，以序而列之意。学易之，君子其知之。"胡氏云峰曰："此一节言，

画前之易。"固如是也。

防微杜渐是《周易》示人之一重要德行。对"是故列贵贱者存乎位，齐大小者存乎卦，辨吉凶者存乎辞，忧悔吝者存乎介，震无咎者存乎悔，是故卦有小大，辞有险易。辞也者，各指其所之"（《系辞上》第一章）之义，欧阳厚均说：

> 胡氏安定曰：恶积则不可掩，罪大则不可解，万事之理始于纤介，履霜坚冰至，圣人防微杜渐之深戒也。朱氏汉上曰：易于小事不忽，于大事不惧，视履尊位与居家同，视征伐天下与折狱同，视享上帝养圣贤、养万民与饮食同。知此，则知颜子与禹稷同，曾子与子思同。故存乎卦之小大，则见事之小大齐矣。□所之者动，爻也，言乎其变也。《春秋传》观其动，曰：某卦是也。①

欧阳厚均引胡安定、朱汉上之语，凸显圣人于《易》中所寄寓的深意：履霜坚冰至，万事之理始于纤介，万物之变起于几微。学易之君子当通过对纤介、几微的敏锐洞察，决定其进退取舍，以趋吉避凶，趋善避恶。

2. 德以"诚"为本

"我凭忠信涉险阻，君操幻术多奇踪。"此句出自欧阳厚均早年北上京都任职途中所作的《黄河阻风》，当时欧阳厚均遭遇大风，被阻挡了去路。涉过艰难险阻，风雨中勇于前行，欧阳厚均凭借的是"忠信"，而不是幻术。诗明志，体现了他德以诚为本的思想主旨。

在欧阳厚均看来，为人、问学，立言之道在于"诚"，易家又是最讲究"诚"的。"若知立言之要乎？今乎立言之道，莫著于易家。人之象曰：君子以言有物，夫有所为而为之，谓物也。必读书深，见理明，博究夫天道人事、物理之蕃变乃能指事类情，持之有故，所谓物也。"因此，不诚无物，欧阳厚均认为，孔子对乾之九三的诠释正说明了修辞需立其诚，有诚故不会空洞、做作，"孔子释乾之九三曰：修辞立其诚，惟

---

① 欧阳厚均：《易鉴》卷三十三《系辞传上》。

立诚故有物",否则,便"虽强自弸襮,亦中庸所谓不诚无物者而已"。①

欧阳厚均著作中大部分为诗文、钞撮。"诚为本"自始至终都贯穿在其诗文的创作中。李元度曾请教欧阳厚均如何作诗。欧阳厚均从《周易》立言之道说起,认为诗文以"诚"为贵。李元度回忆说:

> 尝侍坐风雩亭,从容请益,问诗古文法。师辟哜诏之曰:若知立言之要乎?今夫立言之道,莫著于易家。象曰:君子以言有物。夫有所为而为之之谓物。必读书深见理明博,究夫天道、人事、物理之蕃变,乃能指事类情,持之有故,所谓物也。孔子释乾之九三曰:修辞立其诚。惟立诚故有物。否则虽强自弸襮,亦中庸所谓不诚无物者而已。惟诗亦然。诗之为教,微矣。古之人未尝欲名其诗也,而固已有诗。虽野人、女子、农夫,皆能自言其情。情之所至,而诗自至。盖诗本性情,性情得其正,斯合乎温柔敦厚之教而无亢厉怨诽萎靡之病,不惟作者之性情,可见即读者之性情,忽不知其何以易焉。今人以诗为博声华、争坛坫之具,自汩其性情,舍己之诗以摹拟古人之诗。诗之所以衰也。尹吉甫之自颂曰:穆如清风,而孔子赞其诗为知"道"。"道"岂易言知哉?肆而为亢厉,激而为怨诽,流而为萎靡,皆无与于性情之事也。②

欧阳厚均引大易、孔子乾卦九三爻的释词以及《中庸》思想,以为立言之道在言而有物,即"诚"。这同样是为诗之法。好诗本于真性情,言之有物,合乎温柔敦厚之教。欧阳厚均批评今人将诗作为博声华、取功名的工具,言之无物,虚妄造作,故作姿态,无病呻吟,实是作诗之大患,亦是如今诗文日渐衰败的原因。诗以诚为贵,"吾师之教人,其大指不外此"。欧阳厚均不仅如此教导学生,这一原则也充分体现在其所作诗文之中。当年离开家乡赴京任职时,欧阳厚均曾作一诗表达其与长兄欧阳心田依依惜别之情。

---

① 李元度:《有方游草·序》,湖南省图书馆藏本,第2页。
② 李元度:《有方游草·序》,湖南省图书馆藏本,第1页。

白沙舟次留别长兄心田①

昨日别慈母，送我出户庭。
稚子牵衣走，送至河之汀。
吾兄远相送，襆被同舟行。
舟行五十里，一弯新月生。
泊舟沽美酒，把酒话残更。
自古重离别，矧乃为弟兄。
燕云隔楚水，迢迢万里程。
今宵酒对酌，何时壶共倾。
夜阑复剪烛，烛炧寐不成。
晨鸡忽唱晓，不觉东方明。
舟子催解缆，握手泪纵横。
兄登岸上立，遥望不胜情。
我从船头望，四目共荧荧。
渐望路渐远，风顺舟复轻。
一溪浪花碧，两岸山色青。
望兄兄不见，犹闻呜咽声。

透过这首诗，一个敦厚、笃实、情深意长的长兄形象跃然纸上。"吾兄远相送，襆被同舟行"，"舟行五十里"，走到"一弯新月生"，又走到"晨鸡忽唱晓，不觉东方明"。而弟弟对兄长的感恩、不舍亦真真切切。把酒话别，何日能再相聚？"今宵酒对酌，何时壶共倾"，以至于夜不能寐，"夜阑复剪烛，烛炧寐不成"。对兄长欧阳厚均来说，不仅有手足之情，更有长兄如父的慈爱与呵护。在舟子的催促之下，兄弟俩不得不分别了，二人"握手泪纵横"。"兄登岸上立"，而"我从船头望"，"四目共荧荧"。随着船渐行渐远，站在岸上的兄长慢慢模糊、看不见了，这时作者内心的不舍之情可想而知，他感觉自己似乎听到了兄长伤心的哭泣声。整首诗情感真实、丰富，所感所发皆出于真性情、本于"诚"。

李元度盛赞其师之诗没有不出于诚的。因出于诚，固都是真性情的

---

① 欧阳厚均：《有方游草》卷上，湖南省图书馆藏本，第2页。

流露，因此其诗合乎温柔敦厚之教，俨然有庐陵文忠公之风。他说"有本之学其积于中者，充实不可已。故其发为文者，俯仰揖让有庐陵文忠公之风，求一言之不出于诚，无有也。发于诗者，皆自真性情流出"。①

二 倡"有体有用之学"

张栻主教岳麓书院时，便明确提出书院要培育的是传道济民之才。其《岳麓书院记》文称："盖欲成就人才，以传道而济斯于民也。"因此，书院育人目的既不是教人博取功名，贪图利禄，也不是教人仅仅停留在语言文辞上的夸夸其谈，而是要传道济民，做到"操主于忠厚，为学谨于人伦，贵实用而耻空谈"。

这一育人之旨被延续下来，并在欧阳厚均那里得以充实。他积学力行，"盖以培养人才为务，相勖以有本之学"②。一方面他继承了书院传统的教育制度，另一方面又大胆创新，确定其办学宗旨在于"以培植人才为有体有用之学"，"不徒区区文艺之末也"，要求学生要将所学用于平日待人处世、致君泽民中，在践行中发挥它的实际功效。这实际上也就是后人所说的学以致用。欧阳厚均认为，只有这种切实做到有体有用、体用结合的人才，才有可能"出为良臣，处为良士"。

基于此，在具体的育人方法上，欧阳厚均认为，若要身体力行，躬行实践，则要鼓励学生去行，故而提出"于培育之中寓鼓励之念"。他曾在自己的长子嗣钦生日时劝慰其要做"好学"之士，循循善诱，给予鼓励，称好学的少年，就如同初升的太阳，前途不可估量，"昔贤非所期，何以承家风，收尔骛外心，勉尔稽古功……古人亦有言，学与白日同，少年而好学，如日初升东，后生良可畏，来者方无穷"③。对待学生，欧阳厚均就像对待自己的孩子一样。不但如此，他治院常以"弗懈兼勤，孜孜训迪、与诸生文行交勉，道艺兼资"自勉，学院气氛活跃，教学相长，备受学生欢迎，也吸引了不少好学之士前来求学。

细观欧阳厚均的著作，除《易鉴》之外，绝大部分都是诗文（自作

---

① 李元度：《有方游草·序》，湖南省图书馆藏本，第3页。
② 李元度：《有方游草·序》，湖南省图书馆藏本，第2页。
③ 欧阳厚均：《嗣钦生日示以诗》，《有方游草》卷上，第18页。

或钞撮)。他善于以诗励志,曾作著名的《九诗》以鼓励学子,向善好学,励志成才。诗文如下:

粤宛大圆,万物之橐。若鼓有槖,呕生吹落。
日月如环,寒暑相错。来者为今,去者成昨。

志士感时,如驹过隙。逝者悠悠,不舍旦夕。
无宝元珠,无珍白璧。寸阴分阴,古人所惜。

人性本善,宜葆厥初。勿为习染,勿为气拘。
立圣贤志,读圣贤书。学之不志,牛马襟裾。

蠢尔昆虫,时求不已。人而怀安,曾不如蚁。
譬诸测河,不可以指。如何弃船,而求塞水。

彼蓬之直,生于麻中。染丝斫梓,初化有功。
虽有美质,尚藉良工。璞玉其琢,宝刀其砻。

承蜩如掇,嘉彼丈人。悬蜻作的,厥有武臣。
一技之妙,乃凝于神。覃精壹志,罔或因循。

日知其新,月守其故。毋求速成,毋求广骛。
骐骥千里,积于跬步。我马驽骀,十驾可赴。

为山九仞,毋息尔肩。掘井九仞,必及于泉。
慎终如始,久且益坚。泰山之溜,虽石可穿。

积尘岳峻,纳水溟深。友善未足,与古为林。
行有芳躅,言有良箴,书之座右,以警予心。

这九首诗从态度、方法等多方面敦促弟子如何为学,第一、二首主要是教导弟子珍惜"如驹过隙"的宝贵时间,所谓"来者为今,去者成昨","寸阴分阴,古人所惜";第三、四、五首则告诫门生立圣贤之志,读圣贤之书,以永葆人性之本善,原初之美质;最后在方法上要一心一意,"覃精壹志",持之以恒,"为山九仞,毋息尔肩",真正做到"慎终如始,久且益坚"。

这九首励志诗是欧阳厚均于道光二十二年(1842)所作,同年五月,其弟子陈岱霖将其嵌刻于讲堂,与朱子手书的"忠孝廉节"、欧阳正焕的"整齐严肃"等刻文交相辉映,熠熠生辉,影响了众多湖湘弟子门生。

三 从欧阳厚均看湘学的教育精神

欧阳厚均生活在清乾隆至嘉庆年间,其时的湖南地域理学经过长期的发展,特别是经南宋时期以胡安国、胡宏、张栻等为代表的湖湘学派的理论创新,在思想上已形成特色鲜明的地域儒学——湘学。湘学内重心性,外重经世,体用合一。这一特点也充分体现在教育方面。

1. 重视内在的德性修为

成人在于成德,成德以诚为本。欧阳厚均的特点在于,他通过对《周易》义理的阐发,诠释这一精神。这也是欧阳厚均晚年尤为重《易》的原因。易鉴,即以易理为鉴,照察古今。他的《易鉴》摒弃以往象数、义理、筮占之说,专引古今史事解释六十四卦三百八十爻,就治道之兴替得失见易理之悔吝吉凶,期望以此裨益世道人心。我们从《易鉴》正文前其孙欧阳世洵的一篇文字可见一斑:

> 公于经无所不通,而指示人者往往切于日用行习,不徒为帖括资。惜世洵质愚,未克领会于万一也。晚年尤耽学易,玩索不置,尝谓"易理无所不包,但天地之道高远难言,不若反求近取,爰萃诸家之说,择其以人事诂易而足以观感动惩者,汇为一编,间亦附以己意,名曰《易鉴》。"盖鉴古即以鉴今,显示穷经致用之旨,实隐寓转移世道之机,于人心风俗补救岂浅鲜哉。[①]

---

① 欧阳世洵:《易鉴》序,湖南省图书馆藏本。

胡宏也特别强调修身，正所谓自天子以至于庶人，壹是皆以修身为本。"夫为是学者，非教士子美食逸居，从事辞藻，幸觊名第，盖将使之修身也。修身，然后人伦明，小民亲而人道立。"①

重视人的德性修为，通过成德之教美化风俗，这是儒家教化育人的一贯传统，在这一点上，作为地域理学形态的湘学，亦秉持这一基本的教育精神。

2. 体用合一，经世致用

与前辈李文炤、王文清在书院学规制度建设的突出成就相比（李文炤在《朱子学规》的基础上制定了《岳麓书院学规》八条；王文清有《岳麓书院学规》十八条），欧阳厚均对"培植有体有用之人材"的极力提倡，是他高于前辈山长之处。

强调有体有用，体用结合，经世济民，是湘学的重要内涵。胡宏曾经说过这么一段话："学者，学道者也。"而何为道？"道者，体用之总名。仁，其体，义，其用。合体与用，斯为道也。"② 道乃体用之合。可见，注重体用合一的精神，在胡宏那里即已明确。体用结合，经世济民，不仅体现在胡宏的合体用为道的思想里，亦体现在胡安国的《春秋传》的义理中，更体现在那些弃笔投戎，战死沙场的胡宏弟子们身上。

欧阳厚均真正身体力行，将自己醇正的德行操守和才情能力融汇到教书育人和书院建设中，彰显了湘学的体用合一精神。欧阳厚均在传道授业之余为书院承担祭祀功能的基础建设倾注了大量精力与财力。他先后捐束修千余金，创修先儒相庙、缮复书院子堂，卓有成效。前后共主持完成了二十三项建筑工程，修复古迹十八处。较大的有1818年至1821年建崇圣桐（供祀朱熹、张栻）、于原四箴亭（供祀二程）仿学宫制，并在相壁上嵌勒时贤姓名及曾如春的《朱张祀记》、李腾芳的《重修书院碑记》和欧阳厚均的《新建岳麓书院崇圣词碑记》等石刻；1819年改建半学斋，重修讲堂、禹碑亭、道中庸亭、北海碑亭、道乡台及祠、魁星楼；1820年至1822年建岳神庙，移建濂溪祠，改迁六君子堂；1821年重建极高明亭；1823年重修爱晚亭；1824年修抱黄阁；1826年改吹香亭木桥为

---

① 《胡宏集》，中华书局1987年版，第149页。
② 《胡宏集》，中华书局1987年版，第10页。

石桥；1827年立朱熹手书"忠孝廉节"四个大字及欧阳正焕所书"整齐严肃"四个大字于讲堂；1830年助巡抚程祖洛重修讲堂。

欧阳厚均掌教岳麓书院时期，以其"始终不倦""著有成效"，先后获准记录八次，得旨叙议三次，多次受到清朝廷的"鼓励""嘉奖"，使"士林荣之"。书院在继罗典之后呈现了又一个繁荣景象。正如李元度所说："国朝耆宿主讲席最久者，推罗慎斋先生，而坦斋夫子继之，各二十有七年。湘人士无不宗仰两先生。"①

掌教岳麓书院二十七年的欧阳厚均培养了不少有用之才，著录在案的就多达三千人。曾国藩、陶澍、贺长龄、左宗棠、郭嵩焘等中兴将相都出于其门下，其他如魏源等也或曾就学于岳麓书院，或多或少受岳麓书院学风学规的影响，他们都是湘学经世致用精神的践行者，在湘学从古代向近代转型的历史过程中发挥了积极作用，从某种意义上而言，欧阳厚均通过人才培养间接地为近代湘学的兴起做出了积极贡献。

3. 书院传承，弦歌不绝

从碧泉书院到岳麓书院，作为育人载体的书院，在湘学的发展中一直得以延续、传承。1130年，闽人胡安国携带家眷躲避战乱，辗转至湖南湘潭碧泉村，并在此定居，创建碧泉书院，著书讲学，开创湖湘学派。湘学的义理及精神依托书院的教育，逐渐遍及周边。1166年，刘珙重修岳麓书院，请胡宏弟子张栻出任岳麓书院主教，湘学的讲学重心慢慢从碧泉书院转至岳麓书院，朱张会讲使其影响进一步扩大至全国。除了碧泉书院、岳麓书院，先后还有南岳文定书堂、宁乡灵峰书院，长沙城南书院等，在培养人才，移风易俗、传播学术中发挥了重要作用。可以说，在长久的历史变迁中，书院始终积极发挥着教育功能，它们既是教育思想和精神的创造之地，又是教育思想和精神的弘扬之地。

作者为湘潭大学碧泉书院·哲学与历史文化学院教授、博士生导师。

---

① 李元度：《有方游草》序，湖南省图书馆藏本，第1页。

论朱熹与张栻的交往及湖湘学派内部的学术差异

曾 亦

【摘要】 南轩（张栻）对五峰（胡宏）的《知言》始终是有所疑虑的。南轩撰《胡子知言序》，即以《知言》为未定之论，"是书乃其平日之所自著……然先生之意，每自以为未足，逮其疾革，犹时有所更定，盖未及脱稿而已启手足矣"。南轩所言，或许是实情，然而，此种态度与其他湖南学者对《知言》的推崇，可谓判然泾渭。可以说，这种态度影响到了后来南轩向朱子立场的转变。

【关键词】 朱熹 张栻 湖湘学派

南轩未从五峰时，时有以书质疑于五峰。据南轩《答胡伯逢》云："《知言》之说究极精微，固是要发明向上事，不若程子之言，为完全的确也。某所恨在先生门阑之日甚少，兹焉不得以所疑从容质扣于前，追怅何极！"（《南轩全集》卷25）此书本是针对胡伯逢论"性善"的，而南轩则据明道语，以为性必可得而名，故孟子说"性善"也。[①] 因此，所谓"发明向上事"，即是说，《知言》欲就其本然处说性，而所以"不若程子之言，为完全的确也"，则是以为明道不以性难言而仍名之曰善也。我们从后来南轩与其他学者的交往可以知道，南轩最早不满于五峰处即

---

① 《南轩集》卷19《答吴晦叔》第二书云："伯逢旧来亦说及'善不足以名之'之说，某所答曾见否？大抵当地《知言》中如此说，要形容'人生而静'以上事，却似有病。"此为南轩就胡伯逢之论性而批评《知言》。

在其"性无善恶"之说,① 而朱子亦然,即便在其推崇湖湘学术的旧说时期,仍不能理解"性无善恶"之说。可见,明道、五峰论"性无善恶"实为其学术之旨奥,南轩、朱子之不理会亦在情理之中。

因此,南轩很可能在最初接触五峰学术之时,即对"性无善恶"说产生了怀疑。据魏鹤山在《跋南轩与李季允帖》中言:"南轩先生受学五峰,久而后得见,犹未与之言,泣涕而请,仅令思忠清未得仁之理,盖往返数四而后与之。前辈所以成就后学,不肯易其言如此,故得其说者,启发于愤悱之余,知则真知,行则笃行,有非俗儒四寸口耳之比。"(《南轩学案·附录》)南轩此时乃一初学者,其质疑请益即有"性无善恶"之问,而五峰也未必肯与他说。且五峰期许南轩甚高,愈其深造自得,便愈是不肯说。然而,南轩之所疑遂终不得释然,至于借此以攻乃师之学。

此外,南轩可能不满于五峰之处,尚有未发之说。朱子己丑之悟的主旨即是未发主敬之说,而在湖南诸学者中,独南轩立即复书表示赞同,其他学者则执守师说如故。这绝不是因为南轩"天资明敏",而是因为南轩本就对湖湘学术心存疑虑。据朱子《答张敬夫》49书云:"诸说例蒙印可,而未发之旨又其枢要,既无异论,何慰如之。"可见,南轩是不大同意五峰在性上说未发的。又,朱子丙戌间悟得中和旧说,且证以五峰《答曾吉甫书》,然次年丁亥赴潭州,却与南轩"论《中庸》之义,三日夜不能合",这表明南轩不同意站在湖湘学派立场上的朱子旧说。至于主敬之说,本系五峰所主②,南轩接受了这种看法,因此,也自然很容易同意朱子新说。然而,从南轩与朱子仍就新说反复辩论来看,足见当时南轩未必完全领会朱子之意,换言之,朱子是从未发时工夫来强调主敬涵养的,因此,主敬乃是工夫之"本领",而南轩只是泛泛地重视主敬工夫。

可以说,南轩最初就对五峰之学产生了疑问,却没有从五峰本人那里得到满意的答案。此后,这个问题一直困扰着南轩,终于导致了南轩

---

① 《知言疑义》独录南轩批评"性无善恶"尤详,大概南轩在与东莱、朱子对《知言》的讨论中,在这方面攻五峰尤力也。

② 《语类》101载:"五峰临终谓彪德曰:'圣门工夫要处只在个"敬"字。游定夫所以卒为程门之罪人者,以其不仁不敬故也。'"可见,五峰亦重视主敬工夫,但只是作一助缘工夫看。又五峰《与彪德美书》云:"上蔡先生'仁敬'二字,乃无透漏之法门。"

向朱子立场的转变。

一　潭州之行与朱张会讲

孝宗乾道三年丁亥（1167）八月，朱子偕旧友范伯崇、门人林择之赴长沙访张南轩。①

朱张会讲的内容，历来是学术界关注的问题。据白田《考异》云，朱张二人"讲论之语，于文集语录皆无所考"，因此，我们只能从一些相关材料来推知此次会讲的内容。

洪本《年谱》云："是时范念德（伯崇）侍行，尝言二先生论《中庸》之义，三日夜而不能合。其后先生卒更定其说，然则未发之旨盖未相契也。"② 所谓《中庸》之义，也就是未发已发问题。③ 王白田则曰：

> 心为已发，性为未发，两先生于此无异论。至潭州，当必共讲之。《中和旧说序》云"亟以书报钦夫，及当日同为此论者"，则至潭州与南轩同为此论，灼然可证，而谓未发之旨未相契者，真妄说

---

① 关于朱子赴长沙一行的用意，学者历来有不同看法。一说如钱穆先生认为，朱子赴长沙是抱持延平遗教以往，讲论数月，终折从南轩，归后不久即悟得中和旧说。另一说则认为，朱子丙戌间即已悟得中和旧说，后得五峰《答曾吉甫书》，而益自信，故其赴长沙有求证南轩的性质。

其实，朱子赴长沙的计划要更早。乾道元年，刘珙（刘珙系屏山从子，而屏山于三先生中待朱子最亲厚）帅湖南，二年，遣人接朱子赴湖南相会，朱子因热未能成行。朱子《答许顺之》第11书云："湖南之行，劝止者多，然其说不一。独吾友之言为当，然亦有未尽处。后来刘帅遣到人时已热，遂辍行。要之亦是不索性也。"不过，朱子此次未能成行，可能尚有其他缘由。如陈来先生认为，朱子未应刘珙邀尚有另一原因，即朱子苦于中和思考，而对湖南之行兴趣不大，丙戌之悟后，由于心情畅快，虽然此时刘珙已去任，仍赴长沙一行。（参见《朱熹哲学研究》，105页）而束景南先生则以为，朱子之所以不能成行，是因为朱子与刘共父（珙）、南轩关于《二程文集》（此本系采用文定家传本）的校刊发生争执，最后南轩只部分采用朱子的校正，此事令朱子极不快。

② 此说本出自李果斋《紫阳年谱》，后来李默《朱熹年谱》亦载之。

③ 《语类》卷101载："问：'先生旧与南轩反复论仁，后来毕竟合否？'曰：'亦有一二处未合。敬夫说本出胡氏。胡氏之说，惟敬夫独得之，其余门人皆不晓，但云当守师之说。向来往长沙，正与敬夫辨此。'"据朱子此说，其时朱、张亦关注到仁的问题，这与学术界的通论颇不合。按：朱、张论仁当在己丑以后，即辛丑年始论《洙泗言仁录》，距潭州之行已四年矣，朱子此说似有误。然就义理上推之，或为一解，盖仁之为体亦是未发，故朱子回溯旧事，自以为潭州会讲与后来之反复论仁不无关系。

也。范念德言两先生论中庸之义,三日夜而不能合,此语绝无所据。

白田实际上否定了朱张分歧的可能性。按朱子长沙之行在丙戌之悟后,而南轩宗五峰,朱子亦以其悟与五峰书相印证,白田此说似应确凿无疑。①

然而,我们若考虑到朱张彼此间误会的因素,这种情况并非绝无可能。盖朱子误以为其丙戌间所悟得的中和旧说同于五峰②,误以为南轩之论中和亦同于"同为此论"之诸人③,而南轩则误以为朱子之察识良心之萌蘖同于延平之求中于未发,因此,二人极可能发生"三日夜而不能合"的情况。并且,后来南轩一直坚守"先察识而后涵养"之说,亦足见得当时朱子与南轩之分歧不可谓无。

白田又云:

窃尝考之,朱子从延平之学,南轩从衡山之学,各有师承。延

---

① 若如钱穆先生将长沙之行置于中和旧说之前,则洪本《年谱》之"论《中庸》之义,三日夜而不能合"自属可信。洪本《年谱》又云:"其后先生卒更定其说。"此语承前语而来,"实深合当时情事"。故钱穆批评白田"辨此皆误,不可据"。(参见《朱子新学案》上册,第446页)

束景南则提供了另一种解释,所谓"论《中庸》之义",不是指未发已发问题,而是关于对《中庸》一书的具体训解注说上的不一致。因为,朱子在潭州之行前,已完成《中庸详说》,而南轩亦在酝酿《中庸》一书的著述,这点亦可从朱子自潭州归后就《中庸》解说上的争论得到证实。又,朱子与南轩在潭州一起讨论了明道之《答横渠书》,而《答横渠书》主旨在论"性",《中庸》一书也谈"性",可见,两人"论《中庸》之义"三日夜不能合是在性论上,而不是在未发已发说上。束景南尚有一说,所谓"论《中庸》之义三日夜不能合"系范伯崇所见,而范伯崇来湖湘后一直住在衡山其兄弟处,偶尔才来长沙见朱张,无从看到二人夜夜对榻高论的情景,只有在临别前这三四天中朝夕同舟与朱张相随居住在一起,才能目睹两人日夜讨论争辩的全部情景。(参见《朱子大传》有关章节)

② 牟宗三先生力辩朱子之旧说与五峰有根本不同,盖朱子言察识只是察识良心之发现,而五峰之察识则是察识本体。牟宗三之言是也。我们从后来朱子与湖南学者的论辩可以看到,朱子常常不自觉地将湖南学者强调的对本体的知换成了对事理的知,然后加以批评。而且,朱子从来也没有在对中和旧说的反省中提到这种对察识的不同理解。由此可见,朱子从来没有真正理解湖湘学说。我们还可推测,南轩很可能亦是如此理解察识的,如南轩在与朱子论《知言》时便明确反对"识仁"之可能性,正是基于这种误解,南轩他在中和问题上折从朱子后,却仍能对"先察识后涵养"说持之甚坚。

③ 陈来先生似乎认为南轩的立场最初就不完全同于五峰,反而接近朱子己丑之悟的立场。(参见《朱熹哲学研究》第104页)

平殁而问之南轩,南轩以所闻告之,亦未有省。已而朱子自悟性为未发,而合之延平所传;南轩则专主衡山,而以延平默坐澄心,体认天理为不然,又力辨吕与叔求中之非,自与延平不合意。其所云不合者,或在于此。其后朱子从南轩受衡山之学,以《艮斋铭》为宗旨,相与守之。先察识、后涵养,则与延平异矣。《与林择之书》"后来所见不同,不复致思"盖指此时。而戊子之诸书,绝不及延平,亦自可证。至己丑始悟以性为未发之非,未发已发,各有时节,而于未发仍守延平之说。又深以先察识为非,其先后异同大概如此。(《考异》)

《考异》之乖谬莫过于此。白田以为"朱子从延平之学,南轩从衡山之学",然据《中和旧说序》记载,朱子对延平之教本无领会,至丙戌后,更是自以为同于五峰,如何能说"朱子从延平之学"。钱穆辨中和旧说与潭州之行先后大概本于此,而白田本不同意洪本《年谱》,不知为何又欲曲为之说解。钱穆以为中和旧说后于潭州之行,故其认为此时朱子从延平之学尚能说得通,而白田本以中和旧说先于潭州之行,却又以朱子之从延平来折中于洪本,此说大是乖谬。且即便在己丑以后,朱子虽对以前未省得延平体验未发之旨常有愧憾,然观其一生学问之大旨,恐于延平之说终未有合也。白田此说,唯一可能成立的就是南轩误会朱子从延平之学,故南轩对朱子"以延平默坐澄心,体认天理为不然,又力辩吕与叔求中之非"。

白田谓"南轩从衡山之学",恐亦不然。观南轩之《知言序》及后来之《知言疑义》,便可知矣。这大概亦是朱子的误会。两相误会,遂成此争论。

白田又云"朱子自悟性为未发,而合之延平所传",这是以为朱子丙戌之悟是归本于延平,而不是五峰,此亦属自相矛盾处。而所谓"其后朱子从南轩受衡山之学",此语恰证成钱说,而与己说相矛盾。白田又以朱子己丑后"于未发仍守延平之说",似乎朱子自始至终就严守延平之学,此亦系自相矛盾处。

《考异》以为潭州之行后，朱子与南轩"以《艮斋铭》为宗旨，相与守之"。《艮斋铭》系南轩所作，然白田据此以为朱子至此方折从南轩所守之衡山之学，则非矣。按：《艮斋铭》以"四端之著，我则察之；岂惟思虑，躬以达之"此四句为核心，这表面上是对湖湘之"先察识而后涵养"之说的表达，其实我们仔细体究这四句，便可发现未必是这么回事。因为《艮斋铭》乃以察识良知发见之端，而非以察识本体为要，这种对察识的理解显然背离了五峰"识仁"的精神。①

据洪本《年谱》云，自朱张讲论《中庸》之义三日夜不能合后，"先生卒更定其说，然则未发之旨盖未相契也"，又云"考先生与敬夫论中和，几十年而始定"。白田则曰：

> 心为已发，性为未发，两先生于此无异论。至潭州，当必共讲之……洪本云，其后先生卒更定其说，（自注：李本无此语。）则指己丑已发未发说而言，故以为历十年而后定中和之指。与南轩讲论，在乙酉丙戌，至己丑即悟其非，以书报钦夫，钦夫以为然，不过四五年。惟先察识后涵养之说，钦夫执之尚坚，后卒从朱子说，虽不详其时，大约不久而论定矣。以为十年而后定者，亦妄说也……《祭南轩文》云"盖缴纷往反者，几十有余年，末乃同归一致"，此统言之，如《论语说》《仁说》之类，非指中和说而言。

---

① 这种对察识的理解大量见于朱子同时的一些书信中。《答何叔京》第11书云："向来妄论持敬之说，亦不自记其云何，但因其良心发见之微猛省提撕，使心不昧，则是做工夫底本领。本领既立，自然下学而上达矣。若不察于良心发现处，即渺渺茫茫，恐无下手处也。"五峰之识仁亦是要在良心发见处用功，朱子、南轩说察识亦然，且都是以之为上达的功夫，其中差别只在毫厘间耳。盖此处朱子谓"本领既立，自然下学而上达矣"，可见朱子论察识的主旨与五峰有根本不同。所谓"本领既立"，不是立起一个本体，只是说确立了工夫的基本路向。工夫之为工夫，就是寻个人手处，以便下学而上达也。而朱子认为察识工夫是"自然下学而上达"，只一个"自然"便偏离了五峰之旨。若依此说，则将上达做效验看了，而推至将来，或者说，上达且不管，只管做下学工夫，迟早有个豁然贯通时。五峰之察识工夫则不然，只是主张直接在良心发现处去体证了本体，即下学即上达，即上达即下学。两种察识功夫，差别仅在毫厘耳，而朱、张二人皆浑不自觉，并且，我们认为，正是这种毫厘之别，导致了二人后来对五峰的批判。

关于"心为已发，性为未发"，牟宗三先生以为二人"恐是表面相合。南轩之意恐以胡五峰为背景，其底子不必同于朱子之所悟也。惟南轩不必能真切自觉耳"（《心体与性体》第三册，第116页）。

此段洪本自误，白田是矣。朱子以为南轩宗五峰，而南轩根柢里与五峰不同，却未意识到这种不同，故其议论犹以五峰为背景，宜乎朱子以为其宗五峰也。朱张此时立场虽不同，然双方对此并未见有自觉，故终能保持表面上的一致。关于这种一致，我们从稍后朱子书信中对南轩的倾倒便可看出。《文集》卷24《与曹晋叔》云：

  熹此月八日抵长沙，今半月矣。蒙敬夫爱予甚笃，相与讲明其所未闻，日有问学之益，至幸至幸。敬夫学问愈高，所见卓然，议论见人意表。近读其语说，不觉胸中洒然，诚可叹服。

又《文集》卷41《答程允夫》云：

  去冬走湖湘，讲论之益不少。然此事须自做工夫，于日用间行住坐卧处，方自有见处，然后从此操存，以至于极，方为己物耳。敬夫所见，超诣卓然，非所可及。近文甚多，未暇录，且令写此一铭去，尤胜他文也。

从后来南轩执守"先察识后涵养"之说甚坚来看，潭州之时，朱子自以与南轩甚相契也，故于南轩《艮斋铭》所指示之工夫，亦欣然受领。① 可以说，这个时期，朱子对湖湘之学是极推崇的。如《语类》卷104云：

  旧在湖南理会乾坤。乾是先知，坤是践履；上是知至，下是终之。却不思今只理会不知，未审何年月方理会终之也，是时觉得无

---

① 梨州《南轩学案》云："南轩早知持养是本，省察所以成其持养，故力省而功倍。朱子缺却平日一段涵养工夫，至晚年而后悟也。"此说真妄语也。

安居处，常恁地忙。又理会动静，以为理是静，吾身上出来便是动。

这是由乾坤动静关系来表明先察识而后涵养之工夫。朱子临别赠南轩诗有"从君识乾坤"之语，即谓此也。

朱子于九月初抵潭州，其时参与讲论的湖南学者当不止南轩一人，据朱子"尝同为此论"语（《旧和旧说序》）及朱子将《答湖南诸公书》分寄湖南学者之举，可知当时参与讲论的尚有胡伯逢、胡广仲诸人。至十一月，朱子离潭州，与南轩同游南岳衡山，历半月而与南轩别。

南轩临别赠诗云：

遗经得抽绎，心事两绸缪。超然会太极，眼底无全牛。

朱子答诗云：

昔我抱冰炭，从君识乾坤。始知太极蕴，要眇难名论。谓有宁有迹，谓无复何存。惟应酬酢处，特达见本根。万化自此流，千圣同兹源。旷然远莫御，惕若初不烦。

学者或有据此诗以为朱子与南轩曾讲论太极的问题，如洪本《年谱》即持此论，此说误矣。① 白田云："按洪本所云，深契太极之旨，此以赠行诗与答诗臆度之耳。朱子自甲申后，与南轩往复皆讲未发之旨，而以心为已发，性为未发，盖以未发为太极。诗所云，太极则指未发而言也。专言太极，则不识其意矣。"可见，朱张诗中所言之"太极"即是二人讨论的未发，与濂溪书中之"太极"概念并无牵涉。

---

① 此说本出自李果斋《紫阳年谱》："以二诗观之，则其往复而深相契者，太极之旨也。"（真西山《西山读书记》卷三十一）束景南先生非常细致地讨论了这个问题。束先生一方面认为朱子、张南轩潭州之会是一次全面的学术讲论，而不仅仅讨论了中和问题；另一方面，束先生认为朱子在中和问题上已大致相合，而不可能在中和问题上发生争论，自然太极问题就与中和问题无关了。（束景南《朱子年谱长编》，第373、374页）束先生此说颇难苟同，盖其后中和新说的重心仍是中和问题，如何朱、张此时就已"大致相合"了呢？

二 朱张论《洙泗言仁录》

乾道七年辛卯（1171）夏，南轩去国，退居长沙，编成《洙泗言仁录》。① 此举实本于伊川"将圣贤所言仁处类聚观之"（《遗书》卷16）语，南轩在《洙泗言仁序》言及其作此书的目的时说道："某读程子之书，其间教门人取圣贤言仁处，类聚以观而体认之。因衷《鲁论》所载，疏程子之说于下，而推以己见，题曰《洙泗言仁》，与同志者共讲焉。"② 然而，朱子并不同意这种做法。

朱子与南轩之分歧，以前是在先察识后涵养的工夫上，后来则是对于仁的理解上，朱子《祭南轩文》谓"盖缴纷往反者几十有余年，末乃同归而一致"，可见，关于仁的讨论在朱张学术交往中之重要性。

稍早些时候，朱子、南轩及吕东莱对五峰之《知言》进行了批评，在这基础上，朱子编成了《知言疑义》。在《知言疑义》中，朱子与南轩对五峰之"识仁"工夫进行了批评。然而，次年南轩却编成《洙泗言仁录》，即要将孔子言仁处类聚起来而观之，这种做法看上去有悖于南轩在《知言疑义》中的立场。那么，如何理解南轩这种前后反复呢？这只可能有一种解释，即南轩所理解的"识仁"并非察识仁之本体，而是察识仁之发见处，故此书类聚孔子言仁处，皆是就仁之发见处而观之，绝无由此以上达的意味，因此，对南轩本人来说，"类聚观仁"的做法与他在《知言疑义》中的立场并无相违。

然而，朱子却将"类聚观仁"的做法等同于湖湘学者"识仁之体"的工夫，正是基于这种了解，朱子对南轩进行了批评。这种批评大致包括三个方面。

第一，"类聚观仁"的做法助长欲速好径之心。朱子谓"类聚孔孟言仁处，以求夫仁之说，程子为人之意，可谓深切。然专一如此用功，却恐不免长欲速好径之心，滋入耳出口之弊，亦不可不察也"（《答张敬夫》

---

① 《张南轩年谱》以为《洙泗言仁录》一书成于乾道六年，陈来、束景南皆以为成于乾道七年。
② 此据七卷本《张南轩先生文集》（以下简称《南轩文集》）卷三，又有四十四卷本《南轩先生文集》（或称《张宣公全集》《南轩集》，以下简称《南轩全集》）。

16 书），又谓"至谓类聚言仁，亦恐有病者，正为近日学者厌烦就简，避迂求捷，此风已盛，方且日趋于险薄。若又更为此以导之，恐益长其计获欲速之心，方寸愈见促迫纷扰而陷于不仁耳"（《答张敬夫》19 书）。① 类聚观仁所以会助长欲速之心，正因此种工夫是直指本体，就是说，朱子此时已意识到湖南学者所说的察识功夫实际上是直超而悟入本体的工夫。

第二，前面尚只是言及识仁工夫的流弊所在，此处则借对"观过知仁"说的批评，直接反对识仁作为一种工夫的可能性。南轩编《洙泗言仁录》似未涉及"观过知仁"之说，然朱子同时与其他湖南学者如胡广仲、胡伯逢、吴晦叔等正在讨论"观过知仁"的问题②，而南轩之"识仁"又被朱子误会以识仁之体，故其在批评《言仁录》时将其对"观过知仁"也一并提及，且强调识仁之体的不可能。

《答张敬夫》17 书云：

> 大抵"观过知仁"之说，欲只如尹说发明程子之意，意味自觉深长。如来喻者独是要就此处强窥仁体，又一句歧为二说，似未甚安贴也。

朱子此时已意识到湖湘学者乃是要识仁之体，这与其一贯之下学立场相反对，故对之提出了批评。《答吴晦叔》第七书云：

---

① 类似的批评亦颇见于《语类》，如云："或云：要将言仁处类聚看。曰：若如此便是赶缚得急，却不好。只依次序看。若理会得一段了，相似忘却。忽又理会一段，觉得意思转好。"（卷 20）"王壬问：'南轩类聚言仁处，先生何故不欲其如此？'曰：'便是工夫不可恁地。如此，则气象促迫，不好。圣人说仁处固是紧要，不成不说仁处皆无用！亦须是从近看将去，优柔玩味，久之自有一个会处，方是工夫。'"（卷 103）此是批评欲速之弊。《语类》又云："南轩洙泗言仁编得亦未是。圣人说仁处固是仁，不说处不成非仁。天下只有个道理，圣人说许多说话，都要理会，岂可只去理会说仁处，不说仁便掉了不管。"（卷 28）工夫只是寻个入手处，朱子如此指斥，纯系无事生非。又云："或欲类仁说看，曰：不必录。只识得一处，他处自然如破竹矣。"（卷 118）此语却可疑，似非朱子语。又云："钦夫近为学者类集《论语》'仁'字，各为之说，许寄来看。然熹却不欲做此工夫，伯崇以为然否？"（《文集》卷 39，《答范伯崇书》）

② 朱子之《观过知仁说》即作于辛卯年。

> 大抵向来之说，皆是苦心极力要识仁字，故其说愈巧，而气象愈薄。近日究观圣门垂教之意，却是要人躬行实践，直内胜私，使轻浮刻薄、贵我贱物之态潜消于冥冥之中，而吾之本心浑厚慈良、公平正大之体常存而不失，便是仁处。其用功著力，随人浅深各有次第，要之，须是力行久熟，实到此地方能知此意味。盖非可以想象臆度而知，亦不待想象臆度而知也。

此书一方面认为识仁只可作效验看，认为"须是力行久熟，实到此地方能知此意味"；而另一方面，则反对识仁之体的可能性，以为如此只是"想象臆度"而已，未必真能对仁体有所见也。

第三，对南轩论仁爱关系进行了批评。朱子曰：

> 大抵二先生之前，学者全不知有仁字，凡圣贤说仁处，不过只作爱字看了。自二先生以来，学者始知理会仁字，不敢只作爱说。然其流复不免有弊者。盖专务说仁，而于操存涵泳之功，不免有所忽略，故无复优柔厌饫之味、克己复礼之实。不但其蔽也愚而已；而又一向离了爱字，悬空揣摸，既无真实见处。故其为说，恍惚惊怪，弊病百端，殆反不若全不知有仁字而只作爱字看却之为愈也。熹尝谓，若实欲求仁，固莫若力行之近。但不学以明之，则有挞埴冥行之患，故其蔽愚。若主敬、致知交相为助，则自无此蔽矣。若且欲晓得仁之名义，则又不若且将爱字推求。若见得仁之所以爱，而爱之所以不能尽仁，则仁之名义意思瞭然在目矣，初不必求之于恍惚有无之间也。此虽比之今日高妙之说稍为平易，然《论语》中已不肯如此迫切注解说破。至孟子，方间有说破处，然亦多是以爱为言，殊不类近世学者惊怪恍惚、穷高极远之言也。（《答张敬夫》16书）

朱子论仁爱之关系实基于其对湖南学者识仁工夫的批评。盖爱是良心发现处，而仁则是体，因此，识仁作为一种已发时工夫，就是要在仁体之流行处去体认仁体。然而，这种已发时工夫与那种扩充良心萌蘖之端的做法是根本不同的，朱子本人倾向于后一种工夫，而批评那种直接体认本体的工夫，认为只是"悬空揣摸，既无真实见处。故其为说，恍惚惊怪，弊病百端，殆反不若全不知有仁字而只作爱字看却之为愈也"。

朱子又曰：

> 以爱论仁，犹升高自下，尚可因此附近推求，庶其得之。若如近日之说，则道近求远，一向没交涉矣，此区区所以妄为前日之论而不自知其偏也。（《答张敬夫》19书）

可见，朱子是主张工夫不能直接悟入本体，只能通过下学阶段，"升高自下"，自然而上达。

三 朱张论《仁说》

朱子大概对南轩之论仁不满，故于次年壬辰（1172），作《仁说》一篇，以表明自己论仁及为仁工夫的基本观点。① 朱子曰：

> 天地以生物为心者也，而人物之生，又各得夫天地之心以为心者也。故语心之德，虽其总摄贯通，无所不备，然一言以蔽之，则曰仁而已矣。请试详之。
>
> 盖天地之心，其德有四，曰元亨利贞，而元无不统。其运行焉

---

① 朱子《答吕伯恭》24书曾就《仁说》之主旨有过说明，曰："《仁说》近再改定，比旧稍分明详密，已复录呈矣。此说固太浅少含蓄，然窃意此等名义，古人之教自其小学之时，已有白直分明训说，而未有后世许多浅陋玄空上下走作之弊，故其学者亦晓然。知得如此名字，但是如此道理不可不着实践履，所以圣门学者皆以求仁为务，盖皆已略晓其名义，而求实造其地位也。若似今人茫然理会不得，则其所汲汲以求者乃其平生所不识之物，复何所向望爱说而知所以用其力邪？故今日之言比之古人，诚为浅露，然有所不得已者，其实亦只是祖述伊川'仁性爱情'之说，但剔得名义稍分，界分脉络有条理，免得学者枉费心神，胡乱揣摸，唤东作西尔。若不实下恭敬存养克己复礼之功，则此说虽精，亦与彼有何干涉耶？故却谓此说正所以为学者向望之标准，而初未尝侵过学者用功地步。"朱子作《仁说》乃"祖述伊川'仁性爱情'之说"，此固然，由此亦见其学术之近于伊川，而不甚慊于明道，故其对宗明道之上蔡、五峰乃肆其挞伐之辞。朱子分别仁体爱，其用意甚明显，即针对湖湘学者之识仁功夫，以为是"其所汲汲以求者乃其平生所不识之物，复何所向望爱说而知所以用其力邪？"可见，朱子主张仁体只可做效验看，而不可作为下手功夫去体证，盖仁体须是功夫至极方能识得，才有此种效验，如何便可作为初学者之下手处呢？

则为春夏秋冬之序,而春生之气无所不通。故人之为心,其德亦有四,曰仁义礼智,而仁无不包。其发用焉,则为爱恭宜别之情,而恻隐之心无所不贯。故论天地之心者,则曰乾元、坤元,则四德之体用不待悉数而足。论人心之妙者,则曰"仁,人心也",则四德之体用亦不待遍举而该。

盖仁之为道,乃天地生物之心,即物而在,情之未发而此体已具,情之既发而其用无不穷。诚能体而存之,则众善之源、百行之本,莫不在是。此孔门之教所以必使学者汲汲于求仁也。其言有曰:"克己复礼为仁。"言能克去己私,复乎天理,则此心之体无不在,而此心之用无不行也。又曰:"居处恭,执事敬,与人忠。"则亦所以存此心也。又曰:"事亲孝,事兄弟,及物恕。"则亦所以行此心也。又曰:"求仁得仁。"则以让国而逃、谏伐而饿为能不失乎此心也。又曰:"杀身成仁。"则以欲甚于生、恶甚于死而能不害乎此心也。此心何心也?在天地则块然生物之心,在人则温然爱人利物之心,包四德而贯四端者也。

或曰:若子之言,则程子所谓"爱情仁性,不可以爱为仁"者,非欤?曰:不然。程子之所诃,以爱之发而名仁者也。吾之所论,以爱之理而名仁者也。盖所谓情性者,虽其分域之不同,然其脉络之通,各有攸属者,则曷尝判然离绝而不相管哉?吾方病夫学者诵程子之言而不求其意,遂至于判然离爱而言仁,故特论此以发明其遗意,而子顾以为异乎程子之说,不亦误哉?

或曰:程氏之徒,言仁多矣,盖有谓爱非仁,而以万物与我为一为仁之体者矣。亦有谓爱非仁,而以心有知觉释仁之名者矣。今子之言若是,然则彼皆非欤?曰:彼谓物我为一者,可以见仁之无不爱矣,而非仁之所以为体之真也。彼谓心有知觉者,可以见仁之包乎智矣,而非仁之所以得名之实也。观孔子答子贡博施济众之问,与程子所谓觉不可以训仁者,则可见矣。子尚安得复以此而论仁哉!抑泛言同体者,使人含胡昏缓而无警切之功,其弊或至于认物为己者有之矣;专言知觉者,使人张皇迫躁而无沉潜之味,其弊或至于认欲为理者有之矣。一忘一助,二者盖胥失之,而知觉之云者,于圣门所示乐山能守之气象,尤不相似。子尚安得以此而论仁哉?因

并记其误,作《仁说》。(《文集》卷67)

南轩亦有《仁说》一篇,淳熙本、浙本皆以南轩《仁说》为朱子所作,而以此篇题作《序仁说》附于其后。浙本且于篇题注云:"此篇疑是《仁说》序,故附此。"闽本删正之,题注云:"浙本误以南轩先生《仁说》为先生《仁说》,而以先生《仁说》为《序仁说》,又注'此篇疑是《仁说》序,姑附此'十字,今悉删正之。"

朱子《答张敬夫》43书(原题名为《答张钦夫论仁说》)乃直接回答南轩对《仁说》的质疑,下面我们即就此书来考察《仁说》一篇之基本思想。

关于"天地以生物为心",此说不独为明道、五峰所主,亦为伊川、朱子所许,然而,他们对"生"的理解并不相同。① 因为在伊川、朱子那里,性之生仅仅是说性必然要将其条理在情上表现出来,换言之,性本身是不动的,只能通过心之动方能作用于情。这种理解与明道、五峰直接将性与天地生物之心等同起来有根本不同。②

第二段,朱子以仁统仁义礼智四德,以恻隐之心(不忍之心)贯通爱、恭、宜、别四情。南轩则曰:"不忍之心,可以包四者乎?"南轩不反对朱子以仁统四德之说,而反对以爱或不忍之心贯通爱、恭、别、宜四情的说法,就是说,仁体可以包四者,至于仁之用则不能包四者之用。盖前者自是宋儒所共许,而后者似乎是朱子的新论,而朱子的理由则是"孟子谓四端,自首章至'孺子入井',皆只是发明不忍之心一端而已,初无义礼智之心也。至其下文,乃云'无四者之心,非人也',此可见不忍之心,足以包夫四端矣。盖仁包四德,故其用亦如此"(《答张敬夫》

---

① 牟宗三先生以为,此处说心只是虚说,而非实说,是以朱子不可能说到天命流行之体的分上。朱子通过《知言疑义》,发明"心统性情"之旨,确立了心性情三分这样一个构架,因此,性是不动的,而心则是纯然的动。单言心则人与物无异,单言性则不能说明万物之动,故朱子之天地之心实际上是将心与性合在一起说,乃心不离性之义。盖"生"之义,即是表明性不能不动,表明性必然流行于天地万物,然而,性自身本不能动,只能通过心之活动而体现出来,因此,朱子说"天地以生物为心",本身就包含了生生的意思。换言之,朱子即便说天地之心,也可以是实说,因为心之作用就是要将性发见于万物,故得称为天地生物之心,此种说法实无碍于朱子心性二分这样一种架构。

② 牟宗三将之表述为"即存有即活动",这是极有见地的。

43 书)。朱子此种说法似显牵强,不足为据。

南轩又云:"仁专言,则其体无不善而已。对义礼智而言,其发见则为不忍之心也。大抵天地之心,粹然至善,而人得之,故谓之仁。仁之为道,为一物之不体,故其爱无所不周焉。"(同上)朱子以为南轩不仅以不忍之心为仁之发用,而且亦以义礼智为仁之发用,朱子则以为南轩此说病在"知仁之为性,而不知义礼智之亦为性也",认为"人生而静,四德具焉,曰仁,曰义,曰礼,曰智,皆根于心而未发,所谓理也,性之德也。及其发见,则仁者恻隐,义者羞恶,礼者恭敬,智者是非,各因其体以见其本,所谓情也,性之发也,是皆人性之所以为善者也"(同上)。又曰:"《易传》所谓'专言之则包四者',亦是正指生物之心而言,非别有包四者之仁,而又别有主一事之仁也。惟是即此一事,便包四者,此则仁之所以为妙也。"(同上)南轩此说盖本诸明道。明道言"义礼智信皆仁也",阳明则直谓"仁义礼智也是表德,性一而已",这种说法在某种意义上肯定有作为表德的仁,即与义礼智相并列的仁,亦有包四者作为性的仁。

第三段,朱子数引孔子语来说明为仁之工夫。同年所作《克斋记》,即发挥此种为仁工夫,曰:"性情之德,无所不备,而一言足以尽其妙,曰仁而已。所以求仁者盖亦多术,而一言足以举其要,曰克己复礼而已。"朱子此书正是要反对湖南学者之识仁工夫。在朱子看来,工夫只是在下学处做,即做那克己的工夫,则久之自有个上达处,而湖南学者则主张即上达即下学,即下学即上达,对本体的体证自是个克己的工夫。

第四段,朱子将爱看作仁之用,而仁则为爱之理,朱子如此处理爱与仁之关系,一方面是顺应道学家对仁这个概念的拓展,另一方面则是针对湖南学者以识仁之体为工夫,强调工夫须从仁之发用处即爱处去做。南轩则曰"程子之所诃,正谓以爱名仁者"(《答张敬夫》43 书),其实朱子并无以爱名仁的意思,朱子区别情与性,区别爱之理与仁之用,正是欲区别仁与爱也。朱子自觉其在此处说得极明白,然而南轩却"每以爱名仁见病",朱子似乎对南轩这种态度颇为困惑。

第五段,朱子批评以"万物与我为一"言仁之体,亦反对以"知觉"言仁之体。朱子一方面区别仁与爱,仁是爱之理,爱是仁之用,另一方面却似乎对仁之为体没有做出什么说明,这与朱子的工夫论有关。因为朱子认为对仁体的把握只可做效验看，故工夫只是从当下仁之发用上入手，至于体证仁之体，则是工夫至极自有之效验，正因为如此，朱子不对仁体做任何规定。而明道、上蔡、五峰一系则不同，一上来就谈仁体的内涵，这是因为对仁体的把握正是工夫的入手处。朱子对仁体少有规定，且多从发用处说，这与其重视下学的工夫论立场是一致的。因此，在朱子看来，以"与物同体"言仁，则"使人含胡昏缓而无警切之功，其弊或至于认物为己"；而以"知觉"言仁，则"使人张皇迫躁而无沉潜之味，其弊或至于认欲为理"。

其实，朱子若真以"天地生物之心"来说仁，实际上就涵盖了"与物同体"和"知觉言仁"两方面的意思，而这两方面在明道、五峰那里都是同样被强调的。因此，我们要体会朱子的批评，必须从朱子与湖南学者工夫论之根本不同着眼。

朱子与南轩就《仁说》的讨论，除了此处的《答张敬夫》43书外，尚有44、45及46三书。

《答张敬夫》44书原题名为《又论仁说》，首云"昨蒙开谕《仁说》之病，似于鄙意未安，即已条具请教矣"，条具请教者即指43书，则此书当承43书而来。此书已录于第一章，今略之。

前书谓南轩"每以爱名仁见病"，而南轩之答书一如既往，故朱子此书亦是重申仁性爱情之旨。南轩强调爱与仁的分别，其缘由见前书之分析。此处关键问题在于对仁与公的关系的把握。如朱子所论，公只是一为仁的工夫，即所谓克己也，而南轩认为，公便是仁，或者说，就是仁之体，因此识仁便是体会一廓然大公的心。①

---

① 就伊川而论，对仁与公之关系的阐述也不是很明白。除朱子所引数条以证成其说外，尚有另外几条，如"仁之道，要之只消道一公字。公即是仁之理，不可将公便唤做仁。公而以人体之故为仁，只为公则物兼照，故仁所以能恕，所以能爱。恕则仁之施，爱则仁之用也。"（《遗书》卷15，伊川先生语一）公为仁之理，是仁之所以为仁，这个说法当同于湖南学者的观点。然而又说"不可将公唤做仁"，此语极难理会。至于"公则物兼照，故仁所以能恕，所以能爱"，则说得极有理。盖心只是廓然，则自能爱也。又，"问：爱人是仁否？伊川曰：爱人乃仁之端，非仁也。某谓仁者公而已矣。曰：何谓也？曰：仁者能爱人，能恶人。"（《伊川学案》）若按朱子说，仁而能爱人，仁而能公，则爱人与公皆仁之发用也，何以此处伊川只许"仁者公而已矣"，而不许"爱人是仁"？可知，公乃仁之体，爱则是仁之用也。由此可见，伊川之论仁亦未必尽同于朱子也。

朱子又引南轩"公天下而无物我之私，则其爱无不溥矣"语，认为如此便恰是南轩自己所反对的以爱名仁。其实南轩此说出自伊川，伊川云："公则物兼照，故仁所以能恕，所以能爱。"然而，就朱子之理论构架而言，本体是在发用流行外之别物，换言之，在发用流行外定须有一物使此发用流行成为可能之本体，又绝不能指此发用流行为本体。心即性与心不离性之区别，正在于此。

《答张敬夫》45书（原题名《又论仁说》）云：

熹再读别纸所示三条，窃意高明虽已灼知旧说之非，而此所论者，差之毫忽之间，或亦未必深察也。谨复论之，伏幸裁听。广仲引《孟子》"先知先觉"，以明上蔡"心有知觉"之说，已自不伦。其谓"知此觉此"，亦未知指为何说。要之大本既差，勿论可也。今观所云，乃直以此为仁，则是以"知此觉此"为知仁觉仁也。仁本吾心之德，又将谁使知之而觉之耶？若据《孟子》本文，则程子释之已详矣。曰"知是知此事，觉是觉此理"，意已分明，不必更求玄妙。且其意与上蔡之意，亦初无干涉。上蔡所谓知觉，正谓知寒暖饱饥之类尔，推而至于酬酢佑神，亦只是此知觉，无别物也，但所用有大小尔。然此亦只是智之发用处。但惟仁者为能兼之，故谓仁者心有知觉则可，谓心有知觉谓之仁，则不可。盖仁者心有知觉，乃有仁包四者之用而言，犹云仁者知所羞恶辞让云尔。若曰心有知觉谓之仁，则仁之所以得名初不为此也。今不究其所以得名之故，乃指其所兼者便为仁体，正如言仁者必有勇，有德者必有言，岂可遂以勇为仁，言为德哉？今伯逢必欲以觉为仁，尊兄既非之矣，至于论知觉之浅深，又未免证成其说，则非熹之所敢知也。至于伯逢又谓上蔡之意自有精神，得其精神，则天地之用皆我之用矣，此说甚高妙。然既未尝识其名义，又不论其实用功处，而欲骤语其精神，此所以立意愈高，为说愈妙，而反之于身，愈无根本可据之地也。所谓"天地之用即我之用"，殆亦其传闻想像如此尔，实未尝到此地位也。

书首云："熹再读别纸所示三条，窃意高明虽已灼知旧说之非，而此所论者，差之毫忽之间，或亦未必深察也。"盖朱子与南轩反复论《仁说》，而南轩于初说当有所改正也。按：壬辰年《答胡广仲》第五书云："仁之说昨两得钦夫书，诘难甚密，皆已报之，近得报云，却已皆无疑矣。"45 书即所谓近报无疑者，故 45 书当承 43、44 两书，三书皆作于壬辰。

此处言广仲引孟子"先知先觉"语，系南轩与广仲之问答，而南轩转述之。《五峰学案》"胡广仲"条乃据《南轩全集》卷 30 与胡广仲《答问》，有云：

问：心有所觉谓之仁，此谢先生救拔千年余陷溺固滞之病，岂可轻议哉？云云。夫知者，知此者也；觉者，觉此者也。果能明理居敬，无时不觉，视听言动，莫非此理之流行，而大公之理在我矣，尚何躁愤险薄之有？

曰：元晦前日之言固有过当，然知觉终不可以训仁，如所谓"知者知此者也，觉者觉此者也"，此言是也。然所谓此者，乃仁也。知觉是知觉，此又岂可遂以知觉为"此"哉？

盖南轩将此答问告诸朱子，故有《答张敬夫书》中论广仲语。下文又言及伯逢论知觉言仁，此亦系南轩转述其与伯逢问答。《五峰学案》下有"伯逢答问"：

心有知觉谓之仁，此上蔡传道端的之语，恐不可为有病。夫知觉亦有深浅。常人莫不知寒识暖，知饥识饱。若认此知觉为极至，则岂特有病而已？伊川亦曰"觉不可以训仁"，意亦犹是。恐人专守看一个觉字耳。若夫谢子之意自有精神。若得其精神，则天地之用即我之用也。何病之有？以爱言仁，不若觉之为近也。（亦见于《南轩全集》卷 29，《答胡伯逢》）

而朱子言"伯逢又谓上蔡之意，自有精神，得其精神，则天地之用，皆我之用矣"，又言"天地之用即我之用"，可见，朱子文中所指正系"伯逢答问"中所载。不过此处答者不详，然从朱子书中批评南轩"论知觉之浅深，又未免证成其说"，故此处答者当系南轩，而南轩报朱子"别纸所示三条"，此处答问当系一条。

此书首云"别纸所示三条"，此处所列"广仲答问"及"伯逢答问"各一条，另一条疑指伯逢"上蔡之意自有精神。得其精神，则天地之用皆我之用矣"语。此书由朱子批评南轩之分别仁与爱，转而为朱子批评广仲、伯逢等执守五峰之说的湖南学者，批评湖南学者宗上蔡之"知觉言仁"说。

朱子书中谓南轩"已灼知旧说之非"，观其与广仲与伯逢之答问，此言不虚。然而，朱子认为南轩之论仍有毫厘之差。大概南轩此时已接受了朱子心、性二分之主张，即将知觉与仁区别开来，以为上蔡之知觉只是知寒知暖、知饥知饱之心，故须将知觉与仁合在一起说，言知仁觉仁方能避免此病。朱子则曰："仁本吾心之德，又将谁使知之而觉之耶？"其意盖谓仁即是心之德，若说知仁觉仁，则不免在此心外别立一心来知觉，如是有以心观心、以心求心之过。可见，南轩此时尚不完全领会朱子之用意所在，朱子不仅反对心即性之本体论，而且根本要反对基于此本体论的工夫论。

朱子由批评南轩之仁爱说，转而批评其知觉言仁说，这表明，这两种说法之间有一种内在的关联，如伯逢即曰："以爱言仁，不若觉之为近也。"但是，在湖南学者之心目中，不管朱子如何辩驳，如何强调仁与爱之体用关系，终不免视作"以爱言仁"，这里也许有误会的因素，但这种误会却有某种合理性。因为朱子言爱，经常将私情与公情在一起混说，并没有作进一步的分析；而且，朱子只是泛泛言爱是仁之发用，至于爱如何为仁之用，如何与其他的情相区别，却未有说明，故终不免有"以爱言仁"之病。因此，湖南学者奉上蔡"知觉言仁"为旨，正是看到了仁之为用具有与其他的情非常不同的方面，准确地说，仁之用不同于私情之爱。大概在湖南学者看来，仁之为仁，本质不在于一种对他者的关切，而在于此种关切中体现出来的平等心或公心。我们体会"知觉"这个概念，这一方面表明了与他者无时无刻不在沟通的关系，明道"医书言手足痿痹为不仁""仁者浑然与物同体"即强调此义，而另一方面又表明对这种关系的一种超脱，如此方能更广地将他者纳入吾心之中，如以"廓然大公"言仁即此种用法。

《答张敬夫》46 书亦系承接上书论《仁说》。此书已录于第一章，故略。书中云"熹向所呈似仁说，其间不免尚有此意，方欲改之而未暇"，即指前面《答张敬夫》43、44、45 三书，可见此书当承此三书之后。此书朱子引南轩语，表明南轩已自觉站在朱子的立场，即接受仁为爱之理的说法。

然而南轩终不能完全脱离明道、五峰之背景，故其对爱之理的解释又常不免折中于五峰与朱子之间。因此，南轩试图以公即"与天地万物一体"来解释爱之理，这仍然融合了湖湘一系的看法。盖仁作为爱之理是人所具有，而公则是常人所难能。然而，公是仁之发用，故又不可以公言仁。

后来，南轩大概欲表明其对仁的新的理解，亦撰成《仁说》一篇。此书已录于上编，今略之。据朱子《答张敬夫》48 书首云："《仁说》明白简当，非浅陋所及。"故知南轩亦作《仁说》。且据朱子《答吕伯恭》23 书云："钦夫近得书。""渠别寄《仁说》来，皆亦答之。"其书成于癸巳秋，故知南轩《仁说》撰于癸巳夏秋间，而朱子此书则作于癸巳之秋。①

南轩与朱子论仁，此书以后不见有他书。据朱子所云，南轩论仁最后基本上与朱子相同，只"一二处未合"，然而，我们据第一章所论，南轩虽欲弥缝与朱子之距离，然终有所未合也。

四　朱子论南轩《癸巳论语说》

南轩之《论语说》作于乾道九年癸巳，故又名《癸巳论语说》。② 然而，朱子论南轩《论语说》则在淳熙四年丁酉，前后相隔已四年。南轩初成此书时，曾将后十篇寄与朱子，而朱子亦将自己的意见告与南轩。《语类》卷 103 云："南轩《论语》初成书时，先见后十篇，一切写去与他说。后见前十篇，又写去。后得书来，谓说得是，都改了。"《文集》卷 31 所收之《答张敬夫》31 书则不仅有后十篇的内容，亦有前十篇的内容，此皆与《语类》所说未合。然朱子答书未见于《文集》，亦未见于

---

① 据陈来先生《朱子书信编年考证》，生活·读书·新知三联书店 2007 年版。
② 《南轩集》又有《癸轩论语说》，此系晚年定本。

《续集》《别集》，大概已散逸。

据陈来先生考证，《答张敬夫》31书成于淳熙四年丁酉，距南轩成书已四年矣。似乎朱子与南轩重新就此书进行了讨论，如果这种推测成立，则这种讨论大概与同年所成的朱子《论孟集注》有关。《南轩全集》中有答朱子第47书云："向来下十章癸巳解，望便中疏其谬见示……盖周子《太极》之遗意，亦已写入《集注》诸说之后矣。"集注指《论孟集注》，大概朱子成《论孟集注》，遂出示与南轩，而南轩得此书，就便将其旧作示以南轩，"望便中疏其谬见示"。然据此书记载，南轩直到现在方将下十章（当系《语类》所说之"后十篇"）出示与朱子，却与《语类》所说不合。因此，极可能是《语类》所记有误，盖朱子初见《论语说》当为前十篇，而后十篇直至此时方寄与朱子，而朱子《答张敬夫》31书则综列《论语说》之可疑处，而逐一进行了评论。①

《答张敬夫》31书原题名为《与张敬夫论癸巳论语说》，全书讨论共九十六条②。朱子对《论语说》的批评未直接就湖南学术之义理进行批评，而是就南轩阐释经典的某些趣向进行了批评，如立意过高，过当无含容之类。然而，我们透过这样一种批评，可以看到朱子对湖南学术及后来的陆氏学的基本态度，由此可见朱子为学路数之一般。兹举一二，便可知其大概也。

（一）孝弟也者，其为仁之本与

南轩云：自孝弟而始，为仁之道生而不穷。

朱子云：按有子之意、程子之说，正谓事亲从兄、爱人利物、莫非为仁之道。但事亲从兄者，本也；爱人利物者，末也。本立，然后末有所从出。故孝弟立，而为仁之道生也。今此所解，语意虽高，而不亲切。

---

① 《语类》卷103云："问：'曾看南轩《论语》否？'曰：'虽尝略看，未之熟也。'曰：'南轩后来只修得此书。如《孟子》，竟无工夫改。'"朱子曾疏南轩《论语说》近百条可疑处，然此处又说"尝略看，未之熟"，此语亦不可解。

② 然据《四库全书提要》，记载却谓有一百二十八条，不知何所据。

语意高，则学者下手处便难，不免有揣摩影像之病。盖朱子常如此批评湖南学者。

（二）十世可知也

　　南轩云：若夫自嬴秦废先王之道，而一出于私意之所为，有王者作，其于继承之际，非损益之可言，直尽因革之宜而已。

　　朱子云：此一节立意甚偏，而气象褊迫，无圣人公平正大随事顺理之意。

"立意甚偏，而气象褊迫"亦是朱子批评湖南学者语。盖湖湘学者直接以悟入本体为工夫，则不免有此病也。

（三）求为可知

　　南轩云：若曰"使己有可知之实，则人将知之"，是亦患莫己知，而己岂君子之心哉！

　　朱子云：此说过当。若曰"所谓求为可知"者，亦曰"为其所当为而已"，非谓务皎皎之行，以求闻于人也，则可矣。

言语说得过了，反而有病，此亦是朱子批评上蔡、五峰一系之语。

（四）中人以下

　　南轩云：不骤而语之以上，是亦所以教之也。

　　朱子云：孟子言："不屑之教诲，是亦教诲之。"盖为不屑之教诲，已是绝之而不复教诲。然其所以警之者，亦不为不至，故曰"是亦教诲之而矣"。所谓亦者，非其焉意之辞也。若孔子所言，中人以下未可语上，而不骤语之以性与天道之极致。但就其地位，告之以切己著实之事，乃是教之道正合如此。非若"不屑之教诲"，全不告语而但弃绝以警之也。今曰"是教诲之也"，则似教人者不问其品之高下，必尽告以性与天道之极致，然后始可谓之教诲。才不如此，便与绝而不教者无异。此极害理，非圣门教人之法也。且著此一句，非惟有害上文之意。觉得下文意思，亦成躐等，气象不佳。

试思之。若但改云"不骤而语之以上，是乃所以渐而进之，使切问近思而自得之也"，则上下文意，接绕贯通，而气象无病矣。此所撰集注，已依此文写入矣。

现行本：此以气质而言也。圣人之教，各因其才而笃焉。以中人以下之质，骤而语之高且远者，非惟不能入，且将妄意躐等，岂徒无益，其反害者有矣。故不骤而语之以上，是乃所以渐而进之，使其切问近思而自得之也。然而圣人之言，本末备具。虽自其卑与近者告之，而其至理亦岂外乎是。特其为教，循循有序，至于愚之明柔之强，则中人以下之质，盖亦有可得而变者矣。

此段批评颇反映朱子与湖湘学术在工夫论上的差异。所谓"不问人品之高下，必尽告以性与天道之极致，然后始可谓之教诲"，这明显是对湖南学者识仁工夫的批评，如《答吴晦叔第七》云："其用功著力，随人浅深各有次第，要之，须是力行久熟，实到此地方能知此意味。盖非可以想象臆度而知，亦不待想象臆度而知也。"朱子对湖南学者的批评，最主要的理由就在于识仁之上达工夫欠缺了一段克除私欲的下学工夫，其后阳明之"致良知"实是发明朱子此意。阳明至晚年，始说尚有一种直超悟入本体的工夫，然而，这只是指上根资质绝佳之人所能做的工夫。而朱子此处谓"教人者不问其人品之高下"，似乎亦有"地位高者事"之意。无论如何，朱子、阳明对明道、五峰一系之识仁工夫均未有切实领会。盖若明道、五峰之意思，即以上达为工夫，则下根人亦能做得，至于一旦悟入本体，自有个克除私欲的工夫在其中了。

今本南轩《论语说》则据朱子意而加以改正，其中尤强调下根人之为学当循循有序，以变化气质为功。

（五）曾子有疾，召门弟子

南轩云：形体且不可伤，则其天性可得而伤乎？

朱子云：此亦过高之说，非曾子之本意也。且当著明本文之意，使学者深虑保其形体之不伤而尽心焉。是则曾子所为，丁宁之意也，且天性亦岂有可伤之理乎？

朱子常批评湖南学者之为说，多过高语，非前人之本意。朱子《答胡伯逢第三》云："大抵读书须是虚心平气，优游玩味，徐观圣贤立言本意所向如何，然后随其远近浅深轻重缓急而为之说，如孟子所谓以意逆志者，庶乎可以得之。若便以吾先入之说，横于胸次，而驱率圣贤之言，以从己意。设使义理可通，已涉私意穿凿，而不免于郢书燕说之诮，况又义理窒碍，亦有所不可行者乎！"

（六）孟敬之问之

南轩云：将死而言善，人之性则然。动容貌者，动以礼也；正颜色者，正而不妄也；出词气者，言有物也。动容貌，则暴慢之事可远；正颜色，则以实而近信；出词气，则鄙倍之意可远。

朱子云：此说盖出于谢氏。以文意求之，既所未安，而以义理观之，则尤有病。盖此文意但谓君子之所贵乎道者，有此三事：动容貌而不能远暴慢矣，正颜色而不能近信矣，出词气而不能远鄙倍矣。文势如此，极为顺便。又其用功在于平日积累深厚，而其效验乃见于此。意味尤觉深长。明道、尹氏说盖如此。惟谢氏之说，以动正出为下功处。而此解宗之。……此以文义考之，皆所未合，且其用力至浅而责效过深，正恐未免于浮躁浅迫之病，非圣贤之本指也。

所谓"用力至浅"，意谓湖南学者不事涵养，缺少变化气质一段工夫；所谓"责效过深"，指湖南学者径以悟入本体为工夫，而在朱子看来，悟入本体当为下学不期而然之效验，若直接以此为鹄的，自是"责效过深"。如此，"恐未免于浮躁浅迫之病"。湖南学者之工夫，自明道，经上蔡而传之五峰，其学术渊源甚是明显，其精神气质与学术路数皆相近。① 朱子在明道则讳言其过，于上蔡、五峰等前辈则攻之，至于广仲、伯逢、季随辈，则斥之无余力。

---

① 《语类》卷101谓胡文定"尊上蔡而不甚满于游杨二公"。案文定先识龟山，然未闻其如何倾心于龟山也，后因龟山而得见上蔡，却是以后执礼事之，其态度之不同如此。文定与杨、谢辈在师友之间，盖以龟山为友，以上蔡为师也。文定与上蔡之相契，学术、气质或皆有之。

（七）点尔何如

南轩云：曾子非有乐乎此也，故行有不掩焉也。

朱子云：此论甚高。然反复玩之，则夸张侈大之辞胜，而愨实渊深之味少。……今于曾皙之言，独谓"其特以见夫无所不得其乐之意"，则是曾皙于夫子之问，独不言其平日之所志，而临时信口撰成数句无当之大言，以夸其无所不乐之高也。如此，则与禅家拈槌竖拂、指东画西者何以异哉。其不得罪于圣人幸矣。又何喟然见与之可望乎。至于此下虽名为推说曾皙之意者，然尽黜其言而直伸己见，则愚恐其自信太重，视圣贤太轻，立说太高，而卒归于无实也。……窃推此章之旨，推明道先生发明的当。若上蔡之说，徒赞其无所系著之意，而不明其对时育物之心。至引列子御风之事为比，则其杂于老庄之见，而不近圣贤气象，尤显然矣。凡此说中诸可疑处，恐皆原于此说。窃谓高明更当留意，必如横渠先生所谓"濯去旧见，以来新意"者，庶有以得圣贤之本心耳。《论语》中大节目似此者，不过数章，不可草草如此说过也。

现行本：盖其中心和乐，无所系累，油然欲与万物俱得其所。玩味辞气，温乎如春阳之无不被也。故程子以为此即是尧舜气象，而亦夫子老者安之、朋友信之、少者怀之之意也。皙之志若此，自非其见道之明、涵泳有素，其能然乎？然而未免于行有不掩焉，则以其于颜氏工夫，有所未能尽耳。

此段极重要。朱子曰："虽名为推说曾皙之意者，然尽黜其言而直申己见，则愚恐其自信太重，视圣贤太轻，立说太高，而卒归于无实也。"此语可看作朱子对湖南学者总的批评，不独针对南轩此处之解经也。南轩之现行本可谓"濯去旧见，以来新意"，不仅顺从朱子之意，且着力对朱子所重视的涵养工夫加以强调。然而，此处曾皙只是言其志而已，朱子、南轩据以推知其平日涵养之工夫，何尝不是失其本指而申己意哉？南轩性格之"好商量"可见一斑。

兹列举如上数条，由此可见朱子对湖南学术的批评之大概。《南轩学案》云："湖南一派，在当时为最盛。然大端发露，无从容不迫气象。自南轩出而与考亭相讲究,去短集长,其言语之过者,裁之归于平正。"此语纯依朱子为说也。

据朱子《张公神道碑》记载,南轩"平生所著书,惟《论语说》最后出",而《张南轩文集序》云:"敬夫所为诸经训义唯《论语说》,晚尝更定,今已别行,其他往往未脱稿。时学者私所传录,敬夫盖不善也,以故皆不著。"南轩少有所著,殆以此也。然《论语说》南轩本不欲示人,然与朱子相切磋,卒刊行于世。据《四库全书提要》云:"考《朱子大全》中备载与栻商订此书之语,抉择瑕疵多至一百二十八条,又订其误字二条。以今所行本校之,从朱子改正者仅二十三条。余则悉仍旧稿……且二十三条之外栻不复改,朱子亦不复争,当必有涣然冰释、始异而终同者。"考朱子所抉择瑕疵处,其中有如上述毛病者,南轩皆从朱子,或许南轩未必如牟宗三所言只是气弱,殆学术路数根本一致而已。《文集》卷34《答吕伯恭》有云:

　　钦夫之逝,忽忽半载。每一念之,未尝不酸噎。钦夫向来尝有书来云:见熹说经说,乃知闲中得就此业,殆天意也。

《语类》卷101云:

　　钦夫最不可得,听人说话,便肯改。如《论语》旧说,某与议论修来,多是此类。

可见,南轩终不以朱子意见常与己相左为忤,或以南轩气质之故,或因双方精神上之相契,宜乎二人终能全其交也。

　　　　　　　　　　作者为同济大学人文学院哲学系教授,博士生导师。

蜀　学

略论近代"蜀学"

舒大刚

【摘要】 "蜀学"包含学校、学人、学术三大要素,这些要素在近代的四川都得到了迅猛发展。此时"蜀学"在教育机构上位居全国前列,在人才培养上英才辈出,在学术造诣上更开拓了创新气象。近代"蜀学"沿着清代"以复古求解放"这一路径,成功将"复古"运动推进到西汉(今文经学)和先秦(诸子学和古史学),使中国学人知两汉经学有今古文学相争的历史,揭开中国经学研究新篇章;近代"蜀学"具有大胆怀疑精神,在一定程度上开启和推动了中国思想界的革命。在这个意义上,近代"蜀学"可以说是中国儒学的新阶段和中国经学的新形态。

【关键词】 学术史 四川史 蜀学 儒学

"蜀学"是一个古老的概念,其事起于西京,其词则成于东汉。博考载籍,"蜀学"一名盖含三义,即学人、学校、学术。《汉书》所谓:文翁兴学,大化蜀地,"蜀地学于京师者比齐鲁焉";《三国志》载秦宓言"蜀本无学士,文翁遣相如东受《七经》,还教吏民,于是蜀学比于齐鲁";《华阳国志》亦谓"学徒麟萃,蜀学比于齐鲁",三处所指皆"蜀中学人"。宋吕陶《府学经史阁落成记》:"蜀学之盛,冠天下而垂无穷者,其具有三:一曰文翁之石室,二曰周公之礼殿,三曰石壁之九经。"《建炎杂记》列"蜀学"条目:"郡国之学,最盛于成都,学官二人,皆朝廷遴选;弟子员至四百人,他学者亦数百人。"二处所指皆教育机构,即"蜀中学校"。李石《苏文忠集御叙跋》"臣窃闻之,王安石以'新说'行,学者尚同,如圣门一贯之说,僭也。先正文忠公苏轼首辟其说,是为元祐学，人谓'蜀学'云。时又有'洛学'，本程颐；'朔学'，本刘挚，皆曰元祐学，相羽翼以攻新说"云云。张之洞《尊经书院记》述办院宗旨称："绍先哲，起蜀学。"乃学术流派之意，即"蜀中学术"。唯斯三者乃为"蜀学"正诂，亦为"蜀学"三大要素。无论是审视古代"蜀学"，抑或是评价近代"蜀学"，都应以此三要素为考察目标，唯其如此，乃成为一完整之"蜀学"概念，也才能准确全面地评估巴蜀地区学术之地位与价值。本文所要考察的"近代蜀学"即兼此三者而言。

一 近代"蜀学"的概况及其成就

本文所讨论的"近代"，系指道光后期（即1840年鸦片战争后）至民国时期（1949年）。此70年是中国历史上最混乱的时期之一，也是中西学术交锋，新旧观念激荡，各种学术思想异常活跃的时期。在此期间，咸丰初年兴起的太平天国运动，使原来人文荟萃之地的江浙地区"受祸最烈，文献荡然"，致使"百学中落"。相反，偏处于内陆的四川地区，社会相对稳定，物产素称富庶，为文化学术的发展准备了条件。近代"蜀学"正是在这样一个特定环境下产生和形成的。"蜀学"的三大要素（即学校、学人、学术）在这一时期都得到了迅猛的发展和壮大。

（一）近代巴蜀书院，名列全国前茅

从学校而言，巴蜀地方政府办学为全国最早，渊源有自。汉景帝末年文翁"石室"，首开郡县官学先河，教泽流衍，蔚然成风。及至清代，四川举办的各类学校仍居全国前列，仅就传统书院和新式学堂论，其数量都居全国之首。

关于清代四川的书院数量，《中国书院制度研究》一书统计有383所，居全国第二。而据胡昭曦先生《四川书院史》前、后两版的统计，一为504所，一为552所。依此数据，清代四川书院数量在全国的排名，肯定还会靠前。胡先生还分析，四川552所书院中，明确可以认定是鸦片战争以后建立的有146所。另有143所建立日期不详，但因其数据多见于咸丰以后地方志，"可以说这143所书院中的多数是鸦片战争以后建立的"，因此近代四川所建书院应是146所加143所，占整个清代四川书院数量的近一半，可见近代是四川书院大发展时期。

除旧式书院外，四川还是新式学堂设置最早的地区之一。中日甲午海战后，光绪皇帝继 1895 年批准天津成立北洋学堂（天津大学前身）后，于 1896 年批准成都成立了四川中西学堂（四川大学前身）、上海成立南洋公学（上海交通大学前身）。在近代史上最早设置的几所新式学堂中，四川中西学堂就是其中之一。1902 年，中西学堂与锦江书院、尊经书院合并成立四川省城大学堂（或名四川通省高等学堂），是四川最早的综合性大学。

"戊戌变法"及其后倡议"改书院，兴学校"，四川各地书院纷纷改成初、中、高等新式学堂。光绪二十九年（1903）"癸卯学制"颁布后，在四川省城组建了更多高等专门学堂，形成四川师范学堂（1905 年）和五大专门学堂：四川法政学堂（1906 年）、四川农业学堂（1906 年）、四川外国语学堂（1906 年）、四川工业学堂（1908 年）、四川存古学堂（1910 年），全面推行新式教育。它们和四川高等学堂一起，构成清末四川高等教育的基本格局。以上这些学校，后来逐渐归入国立四川大学。民国初年调整各地高等学堂，四川成都仍然是"五大学区"之一，稳居西部中国之首。这些大学专业涵盖了文、理、工、农、外语、师范等七大领域，融会了传统与新学诸要素，为构建近代"蜀学"提供了学术沃野。

在近代众多书院和学堂之中，特别需要提到的是锦江书院、尊经书院和中西学堂，锦江书院于康熙四十三年（1704）在文翁石室遗址上建立，主要学习制艺八股诗文，为科举服务。尊经书院为同治十三年（1874）洋务派首领、四川学政张之洞所创办，以纪（昀）阮（元）两文达之学相号召，主张"通经学古"，不课制艺，专习儒典。中西学堂为培养"通达时务之才"，聘请英、法教习，"分课华文、西文、算学"，体现了中国近代高等教育的基本特征。由是观之，尊经书院、锦江书院和中西学堂分别代表了近代学校的三种类型：锦江书院重辞章，为科举；尊书院重经学，主致用；中西学堂重西学，讲科学。

（二）近代巴蜀学人，彪炳华夏史册

近代巴蜀士子人人向学，生员实繁其徒，张之洞《尊经书院记》有"全蜀学生三万人"之说。在近代四川学术和文化史上，许多著名人物多出自书院。正如胡昭曦先生所说："遍布四川全省的书院，对四川近代社会的政治、文化乃至经济、军事，都有深远影响，可以说，近代四川书院是变法维新的阵地、学术研究的基地、人才培养的摇篮。它在振兴蜀学、发展蜀学和培养蜀学人才上起了不可磨灭的积极的历史作用。"

锦江书院前期培养的著名弟子有清代才子李调元，后期培养的弟子则有戊戌变法殉难"六君子"之一的刘光第、清代四川唯一的状元骆成骧、史学家张森楷和思想家吴虞等。

尊经书院培养人才更为出色，它以丰富的办学经验、严谨的学风、精研的传统、深厚的功底，奠定了近代"蜀学"的基本风格和优良学风。培养了许多在四川乃至全国都有重大影响的人物，一时人文蔚起，蜀学勃兴。研究四川近代史的学者曾总结说："尊经书院从1875年建立到1902年改为四川省城高等学堂的28年期间，培养了许多优秀人才，对四川乃至全国都产生了重要的影响，其中著名的有：为维新变法而英勇献身的'戊戌六君子'之一的杨锐；出任英法使馆参赞、力主新学的四川维新派核心人物宋育仁；博综古今、'离经叛道'、学凡六变的经学大师廖平；才思敏捷、遐迩闻名的四川维新宣传家吴之英；海内书法名家顾印愚；清代四川仅有的状元骆成骧；领导群众发动保路运动的蒲殿俊、罗纶、张澜；为建立民国舍身炸敌的同盟会员彭家珍；功勋卓著、从资产阶级民主革命走上共产主义道路的老革命家吴玉章；宣传新文化、'只手打孔家店'的吴虞。此外，岳森、刘子雄、胡从简、刘洙源、杜翰藩、方鹤斋、黄芝、谢无量、林思进、傅增湘、刘咸荣、徐炯、夏之飈等一批四川知识界的名流都曾受业（或聚讲——引者注）于尊经书院。"除上述外，还有尹昌衡、张森楷、颜楷、邵从恩等，也是尊经书院培养出来的著名人才。

至于由两书院与中西学堂合并后组成的四川大学，涌现出了王光祈、郭沫若、周太玄、李劼人、朱德、蒙文通等人，都是文化精英。

(三) 近代巴蜀学术，蔚为国学重心

有"校"有"人"就有"学"。随着近代四川境内广建学校，通博之士、致用之才应运而生，"蜀学"的成就也戛戛独造，达到了历史的新高点。

巴蜀地区，东限夔门，北阻剑阁，南宾夷越，西接藏羌，在地域上自成体系，在文化上也相对独立，上古处于"西僻之国而戎狄之长"的地位，因此学术风气每每滞后外间。钱基博曾说"蜀处奥壤，风气每后于东南，自中外互市，上海制造局译刊西书，间有流布，蜀中老宿，蹈常习故，指其政治、舆地、兵械、格致之学为异端，厉禁綦严，不啻鸩酒漏脯"。这固然是一种落后，但是传统尚存，古风依旧，若有特见独立之士为之先导，往往能收"跨越式发展"之奇效，得传统与新风结合之综合效应。此所谓玩习者难为力，极弊者易为功也。降至近代，张之洞为之倡，王闿运为之师，"蜀学"于是振起西南，雄视百代，为一时胜概。一方面，传统未丢，而新风已入；另一方面，中学虽存，而西学已渐。于是乎，传统与新风共存，旧学与新学同酝，旧瓶新酒，集杂为醇，酿制出新旧结合、中西互补之美酒甘醴。

有如杨锐、刘光第、廖平、宋育仁、吴之英，皆自传统经学而倡言"托古改制""复古改制"和"变法维新"；罗纶、蒲殿俊、吴虞、张澜、吴玉章，皆自旧学而高标改良、革命。至于王光祈自经史而入于音乐，卒成一代宗师；李劼人自辞章而入小说，卒成一大作家；蒙文通自经学而入史学，终为经史名宿；周太玄自旧学而入于科学，独获"古今兼通"之称等，更是巴蜀梗楠，华夏梓材。

以传统国学论，前乎此者，明清蜀人著作之进入《四库全书》及其《总目》《存目》者，盖寥寥焉，不经见也。而事隔不到200年，蜀人著作之进入《续修四库全书总目提要》者，已突增至200余种（据"中央研究院"《近代四川地区经学家论著目录》）。据统计，有清一代巴蜀学人经部文献共约685部、作者285人，其中道、咸以后作者为189人、著作514部；同、光以后又居其大半，有作者133人、著作409部。属于"近代"时段者竟占70%左右（此信息为杨世文教授提供），这无疑与近代四川书院广建、人才辈出、风气大开有直接的关系。

不仅近代蜀人著作数量大增，而且在质量上也是全国一流、首屈一指的。如廖平之"平分今古"，论者将其代表作《今古学考》，与顾炎武《音学五书》、阎若璩《古文尚书疏证》同誉为清学"三大发明"；俞樾亦称《今古学考》为"不刊之书"；康有为则引廖平为"知己"；刘师培更盛称其"长于《春秋》，善说礼制"，"贯彻汉师经例……魏晋以来，未之有也"。章太炎也说"余见井研廖平说经，善分别古今文，盖惠（栋）、戴（震）、凌（曙）、刘（逢禄）所不能上"，"廖平之学，与余绝相反，然其分别古今文，确然不易"。

吴之英明于《公羊》、"尤邃于《三礼》",论者谓其"言《周礼》者最多最精。吾蜀宿儒廖季平先生外,吴氏实第一人"。宋育仁擅长文学,亦善经学,撰有《周礼十种》,其《周官图谱》主张"复古改制",宣传维新变法,为改革号角,是一时之英而命世之才也。

二 近代蜀学的地位与影响

关于定位问题,"蜀学"在不同时期有不同的影响和作用,在近代,其特点是经学勃兴,新学蔚起,观点新颖,独领风骚,波诡云谲,气象万千,是为"新蜀学"。近代"新蜀学"是"蜀学"发展史上的重要阶段,也带来了清代学术乃至整个中国学术的新局面和新气象。

一是开创清代学术新阶段。自尊经书院创办,促成了蜀学与江浙、湖湘之学的交流与融合,得以蓬勃发展,大放异彩。其时蜀学的重要特征是摒弃陈腐的"八股"时文,反对空疏烦琐的学风、文风,注重对中国儒家经典的传习和研究。同时,由于近代动荡多变的时局,"通经致用""中体西用"也得到提倡,成为近代"蜀学"的突出特征。

巴蜀学人发扬清学传统——"以复古求解放",从乾嘉学人所达到的最高点——东汉"许、郑、贾、马之学",真正向前推进至西汉"今文学"时期,并进而回溯至先秦"诸子之学"时代,最终实现了对传统一切学术的彻底解放。自郑玄混合今古以来,千古学人不知经学有"今学""古学"之别、学术有"真孔""假孔"之异。清代乾嘉考据之学,重实证,讲考据,但多停留于名物训诂即"许郑"的基础上;常州学派始讲家法、辨别今古,但由于不知今古分歧所在,或以文字论,或以流传地域别,或以传授范围分,都此牵彼掣,未得要领。廖平从《五经异义》而悟今古文学分歧在礼制,于是以今学主《王制》,古学主《周礼》,著为《今古学考》,"然后二家所以异同之故,灿若列眉"。千载迷案,一朝冰释,将中国经学推进到新的发展阶段。

蒙文通先生《议蜀学》论其事曰:"廖氏之学,其要在《礼经》,其精在《春秋》,不循昔贤之旧轨,其于顾氏,固各张其帜以相抗者也。世之儒者矜言许、郑氏学,然徒守《说文》《礼注》耳。廖氏本《五经异义》以考两汉师说,剖析今、古家法,皎如列星,此独非许、郑之学乎?"

又说:"惟廖氏之学既明,则后之学者可以出幽谷、迁乔木,于择术诚不可不审也。寻廖氏之学,则能周知后郑之殊乎贾、马,而贾、马之别乎刘歆,刘歆之别乎董、伏、二戴,汉儒说经分合同异之故,可得而言。"

由于廖平将今古文问题分清楚了,后来治经学者乃得其门径而区别之。今文家乃知今文门径,古文家乃知古文途辙,各寻其路以入深致远。蒙先生说:"自廖师之说出,能寻其义以明今文者,惟皮鹿门;能寻其义以言古文者,惟刘申叔。"

皮鹿门即皮锡瑞,是近代今文经学大师。著有《经学历史》《五经通论》《孝经郑氏疏》等,他在《五经通论》中,列有《论〈周礼〉为古说,〈戴礼〉有古有今,当分别观之,不可合并为一》《论郑君和同古今文,于〈周官〉古文〈王制〉今文,力求疏通,有得有失》《论〈王制〉为今文大宗即〈春秋〉素王之制》等专论,全系承廖平师说。

刘申叔即刘师培,号左庵,是近代古文经学大师。四世传《左氏》之学,民国初年入蜀,朝夕共廖氏考校,专心研究《白虎通义》《五经异义》之书,北游燕、晋,晚成《周官古注集疏》《礼经旧说考略》,欣然曰:"二书之成,古学庶有根柢,不可以动摇也。"蒙先生谓:"左庵之于廖氏,倪所谓'尽弃其学而学焉'者耶!"刘氏所称"古学庶有根柢"之根柢,实即廖氏分辨今古之理论。

二是一改清人破碎大道之习,将经学研究向系统化、体系化推进。蒙先生《议蜀学》曰:"夫清儒序论,每喜以小辨相高,不务守大体,碎辞害义,野言乱德,究历数,穷地望,卑卑于章句文字之末,于一经之大纲宏旨或昧焉。虽矜言师法,又未能明于条贯,晓其义例……道穷则变,逮其晚季,而浮丽之论张,儒者侈谈百家之言,于孔氏之术稍疏。……井研廖先生崛起斯时,乃一屏碎末支离之学不屑究……于是廖氏之学自为一宗,立异前哲,岸然以独树而自雄也。"当代学人李学勤也认为:"近代以来,有两个地方的学术研究很有影响,即川学和湘学。廖平是川学的代表之一。"又说:"从近代以后,中国传统文化发展的中心位置有所转移……一个是'湘学',一个是'蜀学'。"也是就此意义说的。

三是拓展经学内涵,扩大儒学范围。廖平《今古学考》卷下言:"予创为今古二派,以复西京之旧,欲集同人之力,统著《十八经注疏》(今文：《尚书》《齐诗》《鲁诗》《韩诗》《［小］戴礼》《仪礼记》《公羊》《穀梁》《孝经》《论语》；古文：《尚书》《周官》《毛诗》《左传》《仪礼经》《孝经》《论语》《［大］戴礼》。《易》学不在此数），以成蜀学。见成《穀梁》一种。……因旧欲约友人分经合作，故先作《十八经注疏凡例》。"这里不仅有严格区分今古文学的用意，也有扩大儒家经典的意义，即使儒经从"十三经"发展到"十八经"。"蜀学"素有一种开放、兼容和发展的优点，早在西汉景武时期，中央王朝尚且执行"五经"之教，文翁遣张叔等人从京师带回并传授于石室学宫的却是"七经"教育，将儒家经典从"五经"扩大至"七经"。唐五代时期，中央王朝组织整理和刊刻的只有"九经"（如《九经正义》）或"十二经"（如"开成石经"）；而始于五代孟蜀、成于北宋宣和的"蜀石经"，却已经是"十三经"（含有《孟子》）齐备了。从此之后，"十三经"便成为儒家经典的基本模式。后来史绳祖《学斋占毕》虽然提到宋代曾列《大戴礼记》为"十四经"，但终因其书嫌于经史相杂、经子相混而没有成功。及廖季平崛起于近代乱世之际，继响于经学废弃之时，欲纂集《十八经注疏》，必欲将儒家经典从"十三经"扩展至"十八经"，这不仅仅是要"成就蜀学"，而且是要重振宗风、再兴孔教，其"推倒一时，开拓万古"之慨，岂不伟哉！廖平曾羡慕"昔陈奂、陈立、刘宝楠、胡培翚诸人在金陵贡院中，分约治诸经疏，今皆成书"，可惜时事变更，他的"十八经"梦想营构未成，理想落入空谈。

四是开拓近代经学史研究的新局面。近世以来学人侈谈"经今古文学"问题，实则这一话题也肇端于近代"蜀学"中坚廖平。皮锡瑞《经学历史》曰："国朝经学凡三变。国初……是为汉宋兼采之学。乾隆以后，许郑之学大明……是为专门汉学。嘉道以后，又由许郑之学导源而上……汉十四博士今文说，自魏晋沦亡千余年，至今日而复明。实能述伏董之遗文，寻武宣之绝轨，是为西汉今文之学。学愈进而愈古，义愈推而愈高；屡迁而返其初，一变而至于道。学者不特知汉宋之别，且皆知今古文之分。门径大开，榛芜尽辟。论经学于今日，当觉其易，而不患其难矣。"使"今人"知今古文学者，即廖平是也。有的学人甚至认为，两汉本不存在什么经今古文学的对垒和争论，是廖平等人挑起了这场千古公案的争辩。钱穆先生《两汉经学今古文平议·自序》："此四文皆为两汉经学之今、古文问题而发。其实此问题仅起于近代道、咸以下，而百年来掩胁学术界，几乎不主杨，则主墨云云。"又说，清儒出于门户之见，"其先则争朱、王，其后则争汉宋。其于汉人，先则争郑玄、王肃，次复争西汉、东汉，而今、古文之分疆，乃由此而起"。造成这种今古文学之争论的人其实就是廖平："清季今文学大师凡两人，曰廖季平与康有为。康著《新学伪经考》；专主刘歆伪造古文经之说，而廖季平之《今古学考》，剔抉益细，谓前汉今文经学十四博士，家法相传，道一风同。其与古文对立，则一一追溯之于战国先秦，遂若汉代经学之今古文分野，已远起于先秦战国间。"钱先生所举廖、康二人，若究其渊源，康学实出于廖。李学勤先生说："廖平认为，汉代有今文、古文两派；西汉时期今文经学盛行，到东汉则古文经学代兴；东汉末年郑玄调和今古，两派界限才归于泯灭；研究汉代经学，不可不知今文、古文两派的划分，以及其斗争、消长的历史。廖氏的这种观点，经康有为的《新学伪经考》《孔子改制考》二书的流行，在社会上得到广泛流传，长期以来，已经成为经学史上的常识，而且还渗透到学术史、思想史、文化史等领域中去。"暂且不说两汉时期是否存在经今古文学的对垒和争论，也不论严分今古文是对是错，经今古文问题之引起学人重视，甚至被一再写入儒学史、学术史之中，确实受到廖平的很大影响，我们说他开启了中国经学史研究之新局一点也不为过。陈文采女士有谓："清代学术中的'以复古为解放'的进路，在近代蜀《诗经》学中，隐然呈现调和汉宋、今文《诗》说、先秦诸子经说的进路。其间关键的转折是廖平的平分今古，其说出，清人才明白许、郑、贾、马外，尚有今文经学，而有了回复到经学史源头的可能。"倒不失为通达之论。

五是托古改制，以经学讲革命，讲改制。近代"蜀学"特别是由张之洞所创建之尊经书院，讲经学多以"托古改制"或"复古改制"为说，廖平、宋育仁、吴之英等人俱是如此。特别是廖平"二变"尊今抑古，怀疑古文经典，客观上为近世思想解放运动提供了精神武器。应该说，对文献的怀疑，在中国古已有之，在清代更是不乏其人。但历考诸人所为，其怀疑程度自有深浅，其怀疑目的也各有纯驳。如崔述怀疑诸子而不怀疑经典（犹考信于六艺），廖平怀疑古文而不疑今文（尊今抑古），康有为否定古学而不否定孔子（维护孔教），吴虞自留日归来，从怀疑孝道进而否定孔子儒学（反传统），盛极一时的"古史辨"派则由怀疑一切文献，进而怀疑整个上古史。其程度和时序，固皆厘然可考，秩然有序。

若论近代疑古之风的首倡者，似可追至以王闿运、廖平为首的近代"蜀学"。杨度《湖南少年歌》："更有湘潭王先生，少年击剑学纵横。游说诸侯成割据，东南带甲为连衡。……事变谋空返湘渚，专注《春秋》说民主，廖康诸氏更推波，学界张皇树旗鼓。"钱基博20世纪中叶也说："五十年来学风之变，其机发自湘之王闿运，由湘而蜀（廖平），由蜀而粤（康有为、梁启超），而皖（胡适、陈独秀），以汇合于蜀（吴虞）。"也都对"蜀学"，与"湘学"转换风气之功给予了足够的重视。侯堮《廖季平先生评传》称其有"转捩之功"而"革命之力"，亦以此也。而今而后，学人之治经学，不再仅仅为经学而经学，为学术而学术，而是为了经学的现代价值亦即改良意义和革命功能，进行的新阐释和新发展。后来，廖先生的嫡系传人蒙文通之盛赞齐学之"革命""素王"，谓汉师精义为"井田以均贫富，辟雍以排世族，封禅以选天子，巡狩以黜诸侯，明堂以议时政"等所谓"王鲁""新周"之"一王大法"，未尝不是近代学人"托古改制"故伎的现代翻版。

作者为四川大学古籍整理研究所教授、博士生导师。

苏轼《刑赏忠厚之至论》疏证

田 君 汪 昕

【摘要】 苏轼《刑赏忠厚之至论》，文虽北宋，理出先秦，形虽策论，神在儒学，东坡博学高才，宿慧夙成，非惟蜀学翘楚，抑亦人文之光矣。朱熹认为此文"大意好，然意阔疏，说不甚透，只似刑赏全不奈人何相似，须是依本文将'罪疑惟轻，功疑惟重'作主意"，朱子以策论做经解，盖有失公允，经解固须切合本文，而策论何妨发挥经义。苏文阐明大意，非疏阔空泛议论可比，圆熟流美，匪特辞章佳构，不啻经学专题论说，儒学仁政思想，在在可证，川云岭月，其出不穷，唯学者善识取焉。

【关键词】 苏轼 《刑赏忠厚之至论》 周秦儒学 仁政 《尚书》

题名《省试刑赏忠厚之至论》

疏证：《尚书·大禹谟》"罪疑惟轻，功疑惟重"，孔安国传"刑疑附轻，赏疑从重，忠厚之至"[①]，此乃梅赜所献《伪古文尚书》及伪孔传

---

* 国家社科基金项目"先秦乐道思想体系与文献研究"（15XZX010）、贵州省哲学社会科学规划国学单列课题"周秦儒学文献史稿"（17GZGX29）、四川大学双一流建设创新火花项目库项目"隋唐五代巴蜀诗词文辑考"（2018HHS－17）、四川大学中央高校基本科研业务费研究项目"先秦乐哲学建构与和谐文化探源"（SKQY201656）、四川大学中国语言文学与中华文化全球传播学科群专项支持经费项目"儒学文献溯源：旧史经典化与经典儒学化"（XKQZQN010）。

① 廖名春、陈明整理，吕绍纲审订：《尚书正义》，北京大学出版社1999年版，第91页。

内容，宋代无伪古文之说，皆视为《尚书》真本，北宋仁宗嘉祐二年（1057）进士科省试（礼部试），策论命题取于兹，是以同年苏辙、曾巩皆有《刑赏忠厚之至论》传世，而苏文为其中翘楚。苏轼此试卷下文引《传》曰"赏疑从与""罚疑从去"者，非苏轼记诵之误，盖另有出处，详下文疏证，要之于文意无伤。观苏轼《答李端叔书》"轼少年时，读书作文，专为应举而已"，"妄论利害，搀说得失，此正制科人习气。譬之候虫时鸟，自鸣自已，何足为损益"①，苏轼本人似乎不以为意，然审《答李端叔书》此处语境，乃谦退之辞，示不自慊，不可据之为论。复观李廌《师友谈纪》"东坡自蜀应进士举，到省时，郇公以翰林学士知举，得其论与策二卷稿本，论即《刑赏忠厚之至》也。凡三次起草，虽稿亦结涂注。其慎如此"②，由此可见，苏轼作此论三易其稿，态度审慎，"虽稿亦结涂注"，则正式提交试卷必结涂注，魏了翁《通泉李君以廷试卷漏结涂注自三甲降末甲赋诗》可为证。试卷下文有"皋陶曰'杀之'三，尧曰'宥之'三"者，欧阳修不知出处，则苏轼亦有未结涂注处，详札记下篇疏证。又观郎晔《经进东坡文集事略》卷九"刑赏忠厚之至论"引颍滨（苏辙）尝语陈天倪云"亡兄子瞻及第调官，见先伯父（苏涣），问所以为政之方，伯父曰：'如汝作《刑赏忠厚论》。'子瞻曰：'文章固某所能，然初未尝学为政也，奈何？'伯父曰：'汝在场屋，得一论题时，即有处置，方敢下笔，此文遂佳。为政亦然，有事入来，见得未破，不要下手，俟了了而后行，无有错也。'至今以此言为家法"③，由此可见，苏涣对此论推崇备至，苏轼本人认为"文章固某所能"，亦以此论为能，所谓"初未尝学为政也"，乃理论与实践的关系问题，并非评骘文章高低。朱熹认为"东坡《刑赏论》大意好，然意阔疏，说不甚透。只似刑赏全不奈人何相似，须是依本文将'罪疑惟轻，功疑惟重'作主意"④，

---

① 张志烈、马德富、周裕锴主编：《苏轼全集校注》，河北人民出版社2010年版，第5344—5345页。
② 王水照选注：《苏轼选集》修订本，中华书局2015年版，第299页。
③ 王水照选注：《苏轼选集》修订本，第299页。
④ 黎靖德编、王星贤点校：《朱子语类》卷一三〇，中华书局1986年版，第3114页。

朱子以策论做经解，盖有失公允，经解固须切合本文，而策论何妨发挥经义，此论阐明大意，非疏阔空泛议论可比。

  尧、舜、禹、汤、文、武、成、康之际，何其爱民之深、忧民之切，而待天下之以君子长者之道也。有一善，从而赏之，又从而咏歌嗟叹之，所以乐其始而勉其终；有一不善，从而罚之，又从而哀矜惩创之，所以弃其旧而开其新。故其吁俞之声，欢忻惨戚，见于虞、夏、商、周之书。

疏证：《尚书》可分为《虞书》《夏书》《商书》《周书》，尧、舜事迹，见于《虞书》，禹之事迹，见于《虞书》《夏书》，汤之事迹，见于《商书》，文、武、成、康事迹，见于《周书》。此策论命题取于《尚书·大禹谟》，《大禹谟》有"曰若稽古，大禹曰文命，敷于四海，祗承于帝①，曰②：'后克艰厥后，臣克艰厥臣，政乃乂，黎民敏德。'帝曰：'俞！允若兹，嘉言罔攸伏，野无遗贤，万邦咸宁。稽于众，舍己从人，不虐无告，不废困穷，惟帝③时克。'益曰：'都！帝德广运，乃圣乃神，乃武乃文，皇天眷命，奄有四海，为天下君。'禹曰：'惠迪吉，从逆凶，惟影响。'益曰：'吁！戒哉！儆戒无虞，罔失法度，罔游于逸，罔淫于乐。任贤勿贰，去邪勿疑，疑谋勿成，百志惟熙。罔违道以干百姓之誉，罔咈百姓以从己之欲。无怠无荒，四夷来王。'禹曰：'於！帝④念哉！德惟善政，政在养民。水、火、金、木、土、谷惟修，正德、利用、厚生惟和，九功惟叙，九叙惟歌。戒之用休，董之用威，劝之以九歌，俾勿坏。'帝曰：'俞！地平天成，六府三事允治，万世永赖，时乃功。'"析而论之，《大禹谟》所谓"德惟善政，政在养民"者，所谓"九功惟叙，九叙惟歌。戒之用休，董之用威，劝之以九歌，俾勿坏"者，所谓"六

---

① 按：此指舜。
② 按：此指禹曰。
③ 按：此指尧。
④ 按：此指舜。

府三事允治，万世永赖"者，此即苏文"有一善，从而赏之，又从而咏歌嗟叹之，所以乐其始而勉其终"，简言之，曰"惠迪吉……惟影响"；《大禹谟》所谓"不虐无告，不废困穷"者，所谓"戒哉！儆戒无虞，罔失法度，罔游于逸，罔淫于乐。任贤勿贰，去邪勿疑，疑谋勿成，百志惟熙。罔违道以干百姓之誉，罔咈百姓以从己之欲"者，此即苏文"有一不善，从而罚之，又从而哀矜惩创之，所以弃其旧而开其新"，简言之曰"从逆凶，惟影响"。哀矜即哀怜，《大禹谟》"不虐无告，不废困穷"，孔颖达疏"不苛虐鳏寡孤独无所告者，必哀矜之"。惩创即惩戒，《尚书·益稷》"无若丹朱傲……予①创若时"，孔安国传"创，惩也"，孔颖达疏"惩丹朱之恶"。苏文所谓"哀矜惩创之"者，哀怜惩戒，即《大禹谟》"不虐""不废""戒哉"之义。苏文所谓"吁俞之声"者，即吁咈都俞，吁咈之声，叹其不然，则中心惨戚，《尚书·尧典》"帝②曰：'咨！四岳，汤汤洪水方割，荡荡怀山襄陵，浩浩滔天。下民其咨，有能俾乂？'佥曰：'於③！鲧哉。'帝曰：'吁！咈哉，方命圮族。'岳曰：'异哉！试可乃已。'帝曰：'往，钦哉！'九载，绩用弗成"，孔安国传"凡言吁者，皆非帝意"，蔡沈集传"咈者，甚不然之之辞"；都俞之声，叹美以为然，则心怀欢忻，《尚书·益稷》"禹曰：'都！帝④，慎乃在位。'帝曰：'俞！'"后世遂有"俞音""俞允"之用法，俞即唯，黄生《字诂·俞唯》"俞、唯皆应词。今人作唯，但声出喉中而不言其字"，唯即诺，三代用俞，汉代用诺，现代语气词用噢，皆为应答之词，其理近之。《尚书》记载君臣议事，氛围融洽，吁咈都俞之声，欢愉悲戚之怀，诚出于"爱民之深、忧民之切，而待天下之以君子长者之道也"。苏文首段紧扣策论命题来源，从《大禹谟》出发，贯通《尚书》义理，化佶屈聱牙为提纲挈领，可谓善读《书》者也。

---

① 按：此指禹。
② 按：此指尧。
③ 按：赞美之叹词。
④ 按：此指舜。

成、康既没，穆王立而周道始衰，然犹命其臣吕侯，而告之以祥刑。其言忧而不伤，威而不怒，慈爱而能断，恻然有哀怜无辜之心，故孔子犹有取焉。《传》曰"赏疑从与"，所以广恩也，"罚疑从去"，所以慎刑也。

疏证：所谓"成、康既没，穆王立而周道始衰"者，苏轼取司马迁史说，《史记·周本纪》载"成王将崩，惧太子钊之不任，乃命召公、毕公率诸侯以相太子而立之。成王既崩，二公率诸侯，以太子钊见于先王庙，申告以文王、武王之所以为王业之不易，务在节俭，毋多欲，以笃信临之，作《顾命》。太子钊遂立，是为康王。康王即位，遍告诸侯，宣告以文武之业以申之，作《康诰》。故成康之际，天下安宁，刑错四十余年不用。康王命作策，毕公分居里，成周郊，作《毕命》。康王卒，子昭王瑕立。昭王之时，王道微缺。昭王南巡狩不返，卒于江上。其卒不赴告，讳之也。立昭王子满，是为穆王。穆王即位，春秋已五十矣，王道衰微，穆王闵文武之道缺，乃命伯冏申诫太仆国之政，作《冏命》，复宁"。所谓"然犹命其臣吕侯，而告之以祥刑"者，苏轼取《尚书》经说，吕侯为周穆王时司寇，《尚书·吕刑》"惟吕命，王享国百年，耄，荒度作刑，以诘四方"，孔颖达疏"（穆王）用吕侯之言，训畅夏禹赎刑之法。吕侯称王之命而布告天下，史录其事，作《吕刑》"，"祥刑"谓善用刑法，即慎刑之义，《吕刑》载周穆王曰"吁！来，有邦有土，告尔祥刑。在今尔安百姓，何择，非人？何敬，非刑？何度，非及？两造具备，师听五辞；五辞简孚，正于五刑；五刑不简，正于五罚；五罚不服，正于五过。五过之疵：惟官，惟反，惟内，惟货，惟来。其罪惟均，其审克之！五刑之疑有赦，五罚之疑有赦，其审克之！简孚有众，惟貌有稽。无简不听，具严天威。墨辟疑赦，其罚百锾，阅实其罪。劓辟疑赦，其罪惟倍，阅实其罪。剕辟疑赦，其罚倍差，阅实其罪。宫辟疑赦，其罚六百锾，阅实其罪。大辟疑赦，其罚千锾，阅实其罪。墨罚之属千，劓罚之属千，剕罚之属五百，宫罚之属三百，大辟之罚其属二百：五刑之属三千①。上下比罪，无僭乱辞，勿用不行，惟察惟法，其审克之！上刑适轻，下服；下刑适重，上服。轻重诸罚有权。刑罚世轻世重，惟齐非齐，有伦有要。罚惩非死，人极于病。非佞折狱，惟良折狱，罔非在中。察辞于差，非从惟从。哀敬折狱，明启刑书胥占，咸庶中正。其刑其罚，其审克之！狱成而孚，输而孚。其刑上备，有并两刑"云云，皆系"吕侯称王之命而布告天下"，遂谓之《吕刑》。所谓"其言忧而不伤，威而不怒"者，即"吁！来，有邦有土，告尔祥刑。在今尔安百姓，何择，非人？何敬，非刑？何度，非及？……五刑之疑有赦，五罚之疑有赦，其审克之！简孚有众，惟貌有稽。无简不听，具严天威"。所谓"慈爱而能断"者，即"上下比罪，无僭乱辞，勿用不行，惟察惟法，其审克之！上刑适轻，下服；下刑适重，上服。轻重诸罚有权。刑罚世轻世重，惟齐非齐，有伦有要"。所谓"恻然有哀怜无辜之心"者，即"罚惩非死，人极于病。非佞折狱，惟良折狱，罔非在中。察辞于差，非从惟从。哀敬折狱，明启刑书胥占，咸庶中正。其刑其罚，其审克之！狱成而孚，输而孚。其刑上备，有并两刑"。所谓"故孔子犹有取焉"者，《史记·孔子世家》"故孔子闵王路废而邪道兴，于是论次《诗》《书》，修起《礼》《乐》"，《汉书·艺文志》"《书》之所起远矣，孔子纂焉，上断自尧，下讫于秦，凡百篇，而为之序"②，《隋书·经籍志》"孔子观《书》周室，得虞、夏、商、周四代之典，删其善者，上自虞，下至周，为百篇，编而序之"，相传《尚书》成书过程，经孔子编纂，即"孔子纂焉"，"删其善者"，"编而序之"，《吕刑》收入《尚书》，孔子之所以编选，其理由何在，苏轼认为"其言忧而不伤，威而不怒，慈爱而能断，

---

① 按：此处文甚古奥，或有不可通处，《史记》以训诂代经文，可持之对读，《史记·周本纪》"诸侯有不睦者，甫侯言于王，作修刑辟。王曰：'吁，来！有国有土，告汝祥刑。在今尔安百姓，何择非其人，何敬非其刑，何居非其宜与？两造具备，师听五辞。五辞简信，正于五刑。五刑不简，正于五罚。五罚不服，正于五过。五过之疵，官狱内狱，阅实其罪，惟钧其过。五罚之疑有赦，五罚之疑有赦，其审克之。简信有众，惟讯有稽。无简不疑，共严天威。黥辟疑赦，其罚百率，阅实其罪。劓辟疑赦，其罚倍洒，阅实其罪。膑辟疑赦，其罚倍差，阅实其罪。宫辟疑赦，其罚五百率，阅实其罪。大辟疑赦，其罚千率，阅实其罪。墨罚之属千，劓罚之属千，膑罚之属五百，宫罚之属三百，大辟之罚其属二百：五刑之属三千。'命曰《甫刑》"。甫侯即吕侯，《甫刑》即《吕刑》。

② 按：《汉志》此说，本于刘歆《七略》。

恻然有哀怜无辜之心"，遂谓之"故孔子犹有取焉"。苏轼此论以"慈爱""恻然""忧而不伤，威而不怒"评《书》，与孔子以"思无邪""乐而不淫，哀而不伤"评《诗》相较，实有异曲同工之妙，读者当识其所以"取焉"者，一言以蔽之，取乎仁、得乎中而已矣。所谓"《传》曰'赏疑从与'，所以广恩也，'罚疑从去'，所以慎刑也"者，苏轼取自班固史说，与上引孔传经说稍有出入，《汉书·冯野王传》"京兆尹王章讥王凤专权，荐野王代凤。章既坐诛，野王惧，遂病，满三月赐告，与妻子归杜陵就医药。凤风御史劾奏之。杜钦时在凤莫府，奏记于凤，为野王言曰：'二千石病赐告得归有故事，不得去郡亡着令。《传》曰"赏疑从予"，所以广恩劝功；"罚疑从去"，所以慎刑，阙难知也。今释令与故事而假不敬之法，甚违阙疑从去之意。'"① 杜钦所引"赏疑从予"，苏文作"赏疑从与"，"与"即"予"，义可两通，与其指称苏文意引孔传经说，毋宁归于班固史说，孔传"刑疑附轻，赏疑从重"，杜钦引《传》"赏疑从予"，"罚疑从去"，两相对读，乃杜钦意引孔传，而苏轼又从而引之，并非记诵之误，亦非有意发挥。上文已论，苏轼结撰考卷，三易其稿，审慎之至，所引关乎命题主旨，当无如此误记，辗转引用与有意发挥，不可混同论之。《尚书·大禹谟》"罪疑惟轻，功疑惟重"，孔安国传"刑疑附轻，赏疑从重，忠厚之至"，孔颖达疏"罪有疑者，虽重从轻罪之；功有疑者，虽轻从重赏之"，苏轼据此立论，其论说采摘者，复出入经史，深得策论命题之旨，镂锲之舞，舒展自如，天纵之才，无怪乎文忠公汗出称快矣。《刑赏忠厚之至论》可作应试时论读，亦可作苏轼经学读，愈剖析展开，愈觉学养深厚，经旨大意，在在可见，唯读者善识取焉。

  当尧之时，皋陶为士，将杀人，皋陶曰"杀之"三，尧曰"宥之"三。故天下畏皋陶执法之坚，而乐尧用刑之宽。四岳曰"鲧可用"，尧曰"不可！鲧方命圮族"，既而曰"试之"。何尧之不听皋

---

① 李之亮：《苏轼文集编年笺注》，巴蜀书社2011年版，第127页郎注所引。按：与《汉书·冯奉世传第四十九》核对，此处为节选引用。

陶之杀人,而从四岳之用鲧也?然则圣人之意,盖亦可见矣。《书》曰"罪疑惟轻,功疑惟重。与其杀不辜,宁失不经",呜呼,尽之矣。

疏证:所谓"当尧之时,皋陶为士,将杀人,皋陶曰'杀之'三,尧曰'宥之'三"者,论者多以为苏轼臆测杜撰,如陆游《老学庵笔记》卷八记载"东坡先生《刑赏忠厚之至论》有云'皋陶为士,将杀人,皋陶曰"杀之"三,尧曰"宥之"三',梅圣俞为小试官,得之以示欧阳公。公曰:'此出何书?'圣俞曰:'何须出处!'公以为皆偶忘之,然亦大称叹。初欲以为魁,终以此不果。及揭榜,见东坡姓名,始谓圣俞曰:'此郎必有所据,更恨吾辈不能记耳。'及谒谢,首问之,东坡亦对曰:'何须出处。'乃与圣俞语合。公赏其豪迈,太息不已"①。然苏文三杀三宥说,亦非毫无依据,如杨万里《诚斋诗话》"欧阳公作省试知举,得东坡之文惊喜,欲取为第一人,又疑其是门人曾子固之文,恐招物议,抑为第二。坡来谢,欧阳问坡所作《刑赏忠厚之至论》,有'皋陶曰杀之三,尧曰宥之三',此见何书,坡曰'事在《三国志·孔融传》注'。欧退而阅之,无有。他日再问坡,坡云'曹操灭袁绍,以袁熙妻赐其子丕。孔融曰:"昔武王伐纣,以妲己赐周公。"操惊问何经见,融曰:"以今日之事观之,意其如此。"尧皋陶之事,某亦意其如此'。欧退而大惊曰'此人可谓善读书,善用书,他日文章,必独步天下'。然予尝思之,《礼记》云'狱成,有司告于王。王曰宥之,有司曰在辟。王又曰宥之,有司又曰在辟。三宥不对,走出,致刑于甸人',坡虽用孔融意,然亦用《礼记》故事,其称王谓王三皆然,安知此典故不出于尧"②,按《礼记·文王世子》不称王而称公,盖杨万里误记,将苏文三杀三宥说,既溯源于《文王世子》,又取意于《三国志·孔融传》注,此乃杨氏卓见,苏轼经史汇通,可见一斑。龚颐正《芥隐笔记》"杀之三宥之三"条"东坡试《刑赏忠厚之至论》,其间有云'皋陶曰"杀之"三,尧曰"宥

---

① 陆游:《老学庵笔记》,李剑雄、刘德权点校本,中华书局1979年版,第102页。
② 丁福保辑:《历代诗话续编》,中华书局1983年版,第148—149页。

之"三',梅圣俞以问苏出何书,答曰'想当然耳'。此语苏盖宗曹孟德问孔北海'武王伐纣,以妲己赐周公'出何典?答曰'以今准古,想当然耳'。一时猝应,亦有据依"①,取杨万里坡用孔融意之说,敖英《绿雪亭杂言》"愚按东坡斯言,非无稽臆断也。在《文王世子》曰'公族有罪,有司谳于公。其死罪,则曰:某之罪在大辟。公曰:宥之。有司又曰:在辟。公又曰:宥之。有司又曰:在辟。三宥,不对,走出,致刑于甸人。'即此而观东坡之意,得非触类于此乎"②,则取杨万里坡用《礼记》故事之说。杨万里、敖英所引与《礼记》原文相较,皆有出入,按《礼记·文王世子》"公族其有死罪,则磬于甸人。其刑罪,则纤剸,亦告于甸人。公族无宫刑。狱成,有司谳于公。其死罪,则曰:某之罪在大辟。其刑罪,则曰:某之罪在小辟。公曰:宥之。有司又曰:在辟。公又曰:宥之。有司又曰:在辟。及三宥,不对,走出,致刑于甸人。公又使人追之,曰:虽然,必赦之。有司对曰:无及也。反命于公。公素服,不举,为之变,如其伦之丧,无服,亲哭之",由此可见,敖英所引乃节选原文,内容有所省略,《礼记》原文三杀三宥情节,更为显明。苏轼所谓"当尧之时,皋陶为士,将杀人"事,有移花接木之嫌,然三杀三宥之说,会通经史大意,确有所本,于命题论证无碍,苏文归之为"故天下畏皋陶执法之坚,而乐尧用刑之宽",所谓"用刑之宽"者,命题出处《尚书·大禹谟》有"罪疑惟轻","与其杀不辜,宁失不经",亦即上文"罚疑从去所以慎刑"之义③。苏轼于史实小疵,而于经史大意,醇而不杂,《孟子·万章上》"不以文害辞,不以辞害意,以意逆志,是为得之",其是之谓乎。所谓"四岳④曰'鲧可用',尧曰'不可!鲧方命圮族⑤',既而曰'试之'"者,命题出处《尚书·大禹谟》有"功

---

① 龚颐正:《芥隐笔记》,《丛书集成初编》本,中华书局1985年版,第2页。
② 陶珽编:《说郛续》卷二十,《说郛三种》本,上海古籍出版社1988年版,第981页。
③ 按:此乃梅赜所献《伪古文尚书》及伪孔传内容,宋代无伪古文之说,苏轼皆视为《尚书》真本。
④ 孔传:"四岳,即上羲和之四子,分掌四岳之诸侯,故称焉。"
⑤ 孔传:"圮,毁族类也,言鲧性很戾,好此方名,命而行事,辄毁败善类。"

疑惟重",亦即上文"赏疑从与所以广恩"之义。《尚书·尧典》"帝①曰:'咨!四岳,汤汤洪水方割,荡荡怀山襄陵,浩浩滔天。下民其咨,有能俾乂?'佥曰:'於!鲧哉。'帝曰:'吁!咈哉②,方命圮族。'岳曰:'异哉!试可乃已。'帝曰:'往,钦哉!'九载,绩用弗成",孔颖达疏"帝曰'咨嗟',嗟水灾之大也,呼掌岳之官而告以须人之意,'汝四岳等,今汤汤流行之水,所在方方为害。又其势奔突荡荡然,涤除在地之物,包裹高山,乘上丘陵,浩浩盛大,势若漫天。在下之人其皆咨嗟,困病其水矣。有能治者将使治之'。群臣皆曰'呜呼',叹其有人之能,'惟鲧堪能治之'。帝又疑怪之曰'吁!其人心很戾哉!好此方直之名,命而行事,辄毁败善类',言其不可使也。朝臣已共荐举,四岳又复然之。岳曰'帝若谓鲧为不可,余人悉皆已哉',言不及鲧也,'惟鲧一人试之可也。试若无功,乃黜退之',言洪水必须速治,余人不复及鲧,故劝帝用之。帝以群臣固请,不得已而用之,乃告敕鲧曰'汝往治水,当敬其事哉'。鲧治水九载,已经三考而功用不成,言帝实知人,而朝无贤臣,致使水害未除,待舜乃治"。持苏文此处所引与《尚书·尧典》孔颖达疏相较,孔疏"岳曰'帝若谓鲧为不可,余人悉皆已哉',言不及鲧也,'惟鲧一人试之可也。试若无功,乃黜退之',言洪水必须速治,余人不复及鲧,故劝帝用之",即苏文所引"四岳曰'鲧可用'";孔疏"帝又疑怪之曰'吁!其人心很戾哉!好此方直之名,命而行事,辄毁败善类',言其不可使也",即苏文所引"尧曰'不可!鲧方命圮族'";孔疏"帝以群臣固请,不得已而用之,乃告敕鲧曰'汝往治水,当敬其事哉'",即苏文所引"既而曰'试之'"。由此可见,苏轼引据《尚书·尧典》,实则提炼孔疏而成,化繁为简,通晓大意,其经学功底,淘厚且精。所谓"何尧之不听皋陶之杀人,而从四岳之用鲧也?然则圣人之意,盖亦可见矣"者,苏轼引命题出处《尚书·大禹谟》皋陶谋划之言作答,

---

① 按:此指尧。
② 孔传"凡言吁者,皆非帝意",蔡集传"咈者,甚不然之之辞"。

"《书》曰'罪疑惟轻，功疑惟重。与其杀不辜，宁失不经'①，呜呼，尽之矣"。苏文此段用《尚书》经义，于皋陶或虚或实，于引据或经或疏，皆援为己用，出入自如②，贯通《尚书》义理，化佶屈聱牙为提纲挈领，而其点题之处，复回归于策论题旨来源《大禹谟》，可谓善用《书》者也。

> 可以赏，可以无赏，赏之过乎仁；可以罚，可以无罚，罚之过乎义。过乎仁，不失为君子；过乎义，则流而入于忍人。故仁可过也，义不可过也。古者赏不以爵禄，刑不以刀锯。赏之以爵禄，是赏之道行于爵禄之所加，而不行于爵禄之所不加也。刑之以刀锯，是刑之威施于刀锯之所及，而不施于刀锯之所不及也。先王知天下之善不胜赏，而爵禄不足以劝也；知天下之恶不胜刑，而刀锯不足以裁也。是故疑则举而归之于仁，以君子长者之道待天下，使天下相率而归于君子长者之道，故曰"忠厚之至"也。

疏证：论者谓此段以苏轼议论为主，皆自得之辞，似乎与引据无关，然细审之，亦有经学痕迹存焉。所谓"可以赏，可以无赏，赏之过乎仁；可以罚，可以无罚，罚之过乎义"者，《孟子·离娄下》"可以取，可以无取，取伤廉；可以与，可以无与，与伤惠；可以死，可以无死，死伤勇"，文气何其相似，苏轼《上梅直讲书》亦自述道"今年春③，天下之士群至于礼部，执事与欧阳公实亲试之。诚不自意，获在第二。既而闻之人，执事爱其文，以为有孟轲之风，而欧阳公亦以其能不为世俗之文

---

① 孔疏："罪有疑者，虽重从轻罪之；功有疑者，虽轻从重赏之。与其杀不辜非罪之人，宁失不经不常之罪；以等枉杀无罪，宁妄免有罪也。"
② 罗大经《鹤林玉露》卷九："《庄子》之文，以无为有，《战国策》之文，以曲作直，东坡生平熟此二书，故其为文，横说竖说，惟意所到，俊辩痛快，无复滞碍……叶水心云：'苏文架虚行危，纵横倏忽，数百千言，读者皆知其所欲出，推者莫知其所自来，古今议论之杰也。'"按：罗大经所谓"以无为有"者，非凭空捏造，实此无而彼有；叶水心所谓"读者皆知其所欲出，推者莫知其所自来"者，苏轼引经据典，非寻章摘句之徒可比，触类旁通，无所不达，倘欲推之，不可拘泥字句，当从经典大意处着手。
③ 按：北宗仁宗嘉祐二年（1057）春。

也而取焉"①，是以观之，苏文此处确与孟轲之风相关，可见苏轼引据经典，非寻章摘句之徒可比，触类旁通，无所不达。所谓"过乎仁，不失为君子"者，《论语·宪问》"君子而不仁者有矣夫，未有小人而仁者也"，《论语·里仁》"君子去仁，恶乎成名？君子无终食之间违仁，造次必于是，颠沛必于是"。所谓"过乎义，则流而入于忍人"者，《孟子·离娄下》有"非义之义，大人弗为"，《孟子·告子上》有"恻隐之心，仁也；羞恶之心，义也"，恻隐之心可过，仍不失为仁人君子，羞恶之心不可过，"则流而入于忍人"，何谓忍人？《左传·文公元年》"初，楚子将以商臣为大子，访诸令尹子上。子上曰：'君之齿未也。而又多爱，黜乃乱也。楚国之举，恒在少者。且是人也，蜂目而豺声，忍人也，不可立。'弗听"，杜预注"能忍行不义"，由此可见，"过乎义，则流而入于忍人"，即孟子所谓"非义之义"，既"过乎义"，则走向反面，"能忍行不义"。与"忍人"相对，有所谓"不忍人"，《孟子·公孙丑上》"人皆有不忍人之心。先王有不忍人之心，斯有不忍人之政矣。以不忍人之心，行不忍人之政，治天下可运之掌上。所以谓人皆有不忍人之心者，今人乍见孺子将入于井，皆有怵惕恻隐之心，非所以内交于孺子之父母也，非所以要誉于乡党朋友也，非恶其声而然也。由是观之，无恻隐之心，非人也；无羞恶之心，非人也……恻隐之心，仁之端也；羞恶之心，义之端也"，由此可见，"不忍人之心"即"恻隐之心"，"恻隐之心"即仁，"过乎义，则流而入于忍人"，亦即义过则违仁。《孟子·梁惠王下》"贼义者谓之残"，忍人可谓残忍，"过乎义"则害于义。仁为"恻隐之心"，过之无妨，《论语·卫灵公》"民之于仁也，甚于水火。水火，吾见蹈而死者矣，未见蹈仁而死者也"，"当仁，不让于师"，仁为善端，纵使过之，亦不失君子之风，《孟子·公孙丑上》"取诸人以为善，是与人为善者也，故君子莫大乎与人为善"。是以苏轼提炼为"故仁可过也，义不可过也"，此处关乎孔孟经义大旨，苏文却能不露声色，娓娓道来，犹如自得之辞，实为大家手笔。所谓"古者赏不以爵禄，刑不以刀锯。赏之以爵禄，是赏之道行于爵禄之所加，而不行于爵禄之所不加也。刑之以

---

① 王水照选注：《苏轼选集》修订本，第300页。

刀锯,是刑之威施于刀锯之所及,而不施于刀锯之所不及也。先王知天下之善不胜赏,而爵禄不足以劝也,知天下之恶不胜刑,而刀锯不足以裁也,是故疑则举而归之于仁,以君子长者之道待天下,使天下相率而归于君子长者之道,故曰'忠厚之至'也"者,此处论证"刑赏忠厚之至"背后之社会学原因,苏轼以先秦散文笔触,层层推进,《尚书·大禹谟》"罪疑惟轻,功疑惟重",孔安国传"刑疑附轻,赏疑从重,忠厚之至",此策论命题所取,则昆仑之源也,"古者赏不以爵禄,刑不以刀锯","赏之以爵禄"如何,"刑之以刀锯"云云,则河之众流也,"先王知天下之善不胜赏,而爵禄不足以劝也;知天下之恶不胜刑,而刀锯不足以裁也",则转捩纵横也,"是故疑则举而归之于仁,以君子长者之道待天下"①,则海之会归也,"使天下相率而归于君子长者之道,故曰'忠厚之至'也",则百川朝宗也,其行文如排山倒海,论理不容辩驳,以是观之,诚无愧"苏海"之誉矣。陆游《老学庵笔记》卷八"国初尚《文选》,当时文人专意此书,故草必称'王孙',梅必称'驿使'②,月必称'望舒',山水必称'清辉'。至庆历后,恶其陈腐,诸作者始一洗之。方其盛时,士子至为之语曰:'《文选》烂,秀才半。'建炎以来,尚苏氏文章,学者翕然从之,而蜀士尤盛。亦有语曰:'苏文熟,吃羊肉。苏文生,吃菜羹。'"③ 苏文转移一代文风,其引领开拓轨迹,必脉络有自,此论如此早熟,亦可概见矣。

《诗》曰"君子如祉,乱庶遄已","君子如怒,乱庶遄沮",夫君子之已乱,岂有异术哉?时其喜怒,而无失乎仁而已矣。《春秋》之义,立法贵严,而责人贵宽。因其褒贬之义以制赏罚,亦"忠厚之至"也。

疏证:策论以经典命题,苏文以经典展开,此段结尾亦以经典收束,

---

① 《孟子·尽心下》:"仁人无敌于天下。"
② 《四库全书总目·老学庵笔记》提要:"今考'驿使寄梅'出陆凯诗,昭明所录,实无此作,亦记忆偶疏。"
③ 陆游:《老学庵笔记》,第100页。

其时文应试乎，经学论文乎，抑或经世议论乎，盖兼三者而有之。所谓"《诗》曰'君子如祉，乱庶遄已'，'君子如怒，乱庶遄沮'"者，《诗经·小雅·巧言》作"君子如怒，乱庶遄沮。君子如祉，乱庶遄已"，毛传"遄，疾。沮，止也"，"祉，福也"，郑笺"君子见谗人如怒责之，则此乱庶几可疾止也"，"福者，福贤者，谓爵禄之也，如此，则乱亦庶几可疾止也"，孔疏"君子在位之人，见谗人之言，如怒责之，则此乱庶几可疾止。君子在位之人，见有德贤者，如福禄之，则此乱亦庶几可疾止"，苏轼调整引用次序，与下文"时其喜怒"相应。"夫君子之已乱，岂有异术哉？"刑赏之策，关乎治乱，在位君子，别无他途，喜则赏之，怒则罚之，惟喜怒不失其时（自身情绪得到有效控制，"时其喜怒"，一作"制其喜怒"），则赏罚皆有其度，苏文"过乎仁，不失为君子；过乎义，则流而入于忍人。故仁可过也，义不可过也"，上文业已论之，仁过不失为君子，而义过则违仁，则所谓"仁可过义不可过"者，即此"无失乎仁而已矣"。所谓"《春秋》之义"者，见诸《春秋》笔法，《左传》谓之"《春秋》之称"，《左传·成公十四年》"故君子曰：《春秋》之称，微而显，志而晦，婉而成章，尽而不污，惩恶而劝善，非圣人谁能修之？"《左传·昭公三十一年》"故曰：《春秋》之称，微而显，婉而辨。上之人能使昭明，善人劝焉，淫人惧焉，是以君子贵之"，如何"惩恶而劝善"，实现"善人劝焉，淫人惧焉"，"《春秋》之义"以褒贬作赏罚，《孟子·滕文公下》"世衰道微，邪说暴行有作，臣弑其君者有之，子弑其父者有之。孔子惧，作《春秋》。《春秋》，天子之事也。是故孔子曰：'知我者，其惟《春秋》乎！罪我者，其惟《春秋》乎！'""孔子成《春秋》而乱臣贼子惧"，亦即"褒贬之义"也。所谓"立法贵严，而责人贵宽"者，"立法贵严"，非严厉之义，此"罚疑从去"之谓也，"责人贵宽"，亦"所以慎刑也"。所谓"因其褒贬之义以制赏罚，亦'忠厚之至'也"者，依照"《春秋》之义"，以《春秋》褒贬原则，作为赏罚标准，即"立法贵严，而责人贵宽"，此亦"刑赏忠厚之至"。命题来源《尚书·大禹谟》有"临下以简，御众以宽。罚弗及嗣，赏延于世"，"好生之德，洽于民心，兹用不犯于有司"云云，苏文"立法贵严"，即"临下以简"，苏文"责人贵宽"，即"御众以宽"，皆合乎刑赏忠厚之义,最后回归题旨,圆熟流美,完成策论,匪特辞章佳构,不啻经学专题论说,儒学仁政思想,在在可证,川云岭月,其出不穷,唯学者善识取焉。

       作者田君为四川大学古籍整理研究所副教授;
         汪昕为四川省广播电视台编导。

杨慎古音学述略

霞绍晖　李文泽

【摘要】 杨慎是明代著名学者，诗人，其著述宏富，为有明第一。他所涉足的领域十分宽广，在学术领域，经学、史学、子学各有建树，成为明清之际学术转型的重要节点，在中国学术发展史上有着划时代意义。本文通过对其古音学研究得失的简要论述，特别将其古音学研究放在明清学术转型大背景下，论述其古音学研究引发的中国学术发展转型，即清乾嘉学派学术形成的方法论意义，一方面可以更为清晰地认识中国学术发展史，另一方面也试图说明蜀学在中国学术史领域具有开风气的重要特征，为重新构建蜀学学术体系提供相应参考。

【关键词】 杨慎　古音学　述略

杨慎（1488—1559），字用修，号月溪、升庵，又号博南山人、逸史氏、滇南戍史、洞天真逸、金马碧鸡老兵等，四川新都（今四川省成都市新都区）人，与解缙、徐渭并称"明代三大才子"。其父杨廷和，曾为少师，嘉靖年间担任首辅。杨慎少颖悟，十一岁能诗，十二岁拟作《古战场文》，有"青楼断红粉之魂，白日照翠苔之骨"之句。又著《过秦论》，众人惊服，以为贾谊再世。入京作《黄叶》诗，名动京华，为李东阳所赏。正德六年（1511），慎廷试为进士第一，授翰林院编修，参编《武宗实录》，充经筵讲官。嘉靖三年（1524）因疏谏大礼事遭廷杖削籍，谪戍云南永昌卫，后多年辗转于滇、蜀之间，终颠沛流离而卒。

杨慎好学穷理，博及群书，记忆超群，其为学异于主流学术，论经学诋斥郑玄，论理学极诋陆九渊、王守仁。他不仅对经、史、子、诗、文、词曲、音韵、金石、书画无所不通，而且对天文、地理、医学、博物等也有很深的造诣。史书称有明一代之学人，"记诵之博，著作之富，推慎为第一"（《明史》本传语）。其著有文集、《丹铅总录》及其他杂著多种。明何宇度《益部谈资》卷中亦称其有著作多达140种，焦竑《升庵外集题识》提及138种，林庆彰先生汇集各书所述及者，共得250多种，① 其内容遍及经、史、子、集，号称明代著书第一人。《明史》卷一九二有传。

自古以来，巴蜀地区人文荟萃，不乏开风气之先的名家硕儒。像汉代犍为舍人注《尔雅》，开启了训诂章句之学；司马相如《凡将篇》、扬雄《训纂》，开启了字书之学；司马相如、扬雄、王褒等人以文学、文字、方言等学术成就傲视中原。唐代陈子昂、李白、杜甫尝为诗歌创作宗主。宋代曾有以"三苏"为代表的蜀学，在两宋时乃是与关、洛、朔、理学等相并驾的重要学派。然而至宋代末期，由于蒙古军兵在攻占蜀地时曾进行残酷杀戮，战火连年，蜀地残破，蜀中士人伤亡大半，其余生者也散逸于江南各地，蜀中学术从此萎靡不振，极为衰颓。至明代时，蜀中学术亦不甚彰显，与中原或江南地域形成了较明显的差距，而且明代学术思潮的主流，也与此前大不相同，特别是在南宋以后程朱理学成为钦定科举考试内容的影响之下，学者们的兴趣大多集中于理学的研究方面。明代的巴蜀学者也不例外，像赵贞吉、来知德、熊过、任瀚等蜀中知名学人都表现出与时代学术主流合拍的情形，而此时蜀中的小学在明代绝不是主流学术，自然也就少人问津了。唯有杨慎是蜀中学人中的一个特例，不仅其小学著述数量众多，而且对后世产生了较大影响，成为明代巴蜀学人中的佼佼者，与他的其余著述并称于后世。尤其值得注意的是，杨慎的小学特别是音韵学研究，成为清代古音韵学研究之滥觞，也成为明清学术转型（由宋明理学、心学转为乾嘉朴学）的关键节点。基于此，本文拟以杨慎古音研究为考察对象，略述杨慎古音研究及其得失，以此阐述巴蜀学人在中国学术发展史上所做的贡献。本人学识浅陋，

---

① 林庆彰：《明代考据学研究》，台湾学生书局1985年版，第42页。

论述或有不足之处，期有识之方家慷慨指正之。

一

若我们详考古音研究，其发轫于宋代吴棫《韵补》，继起者有程迥、郑庠等，惜程、郑等所著之书不传。降至有明，则杨慎、焦竑、陈第等，特别是陈第《毛诗古音考》一书，纠正了自南北朝以来形成的叶音说，成为古音研究的扛鼎之作。古音研究自宋吴棫至明陈第，中间有个不可忽略的过渡人物，那就是杨慎。

杨慎的古音学著作有《古音丛目》5卷、《古音猎要》5卷、《古音余录》5卷、《古音附录》1卷，此四书与《转注古音略》《古音略例》及《奇字韵》，习称升庵古音学七种，并著录于《四库全书总目》。《丛目》《猎要》《余录》《附录》，此四书虽成书有先后，但其体例完全相同，均仿吴棫《韵补》，以平水韵106韵分韵，按平上去入四声分卷，每字下记其反切、古音，如果有又音的话，也予以收录，并征引文献读音为证。其每书所收之字一般不同，但也有部分相重复者，估计应当是属稿时未能检出所致。清四库馆臣评论此四书云："四书皆仿吴棫《韵补》之例，以今韵分部，而以古音之相协者分隶之"，"四书虽各为卷帙，而核其体例，实本一书，特以陆续而成，不及待其完备，每得数卷，即出问世，故标目各别耳"，"随所记忆，触手成编，参差互异，未归划一"。（清永瑢等：《四库全书总目》卷四二《古音丛目》）。我们于下选取各书首韵之条目以明其例：

1）调，读如"同"，《诗》《楚辞》。（《古音丛目》卷一"一东"韵）

2）鞠，读作"芎"。《左传》："有山鞠䓖乎？"药草名。字书作营。

3）朋，音与"蓬"同，《左传》引逸诗："翘翘车乘，招我以弓。岂不欲往，畏我友朋。"《太玄》："一与六共宗，二与七为朋。"《淮南子》："玄玉百工，犬贝百朋。"刘桢《鲁都赋》："时谢节移，和族绥宗。招欢和好，肃戒友朋。"（以上2条《古音猎要》卷一"一东"韵）

4）双：《说苑》："两高不可重，两大不可容，两势不可同，两贵不可双。"《后汉书·西南夷传》："秦犯夷输黄龙一双，夷犯秦输酒一钟。"《黄香传》："天下无双，江夏黄童。"《晋书》："石仲容，姣无双。"《选》诗："昔辞秋已两，今聚夕无双。"与"栊""风"为韵。（《古音余录》卷一"一东"韵）

5）萧：《左传》"荀盈卒于戏阳"，注："荀与萧同。"许宜切。《光武纪》："大破五校于萧阳，降之。"注："萧阳，聚名，在今相州尧城县东。"

6）赣，音贡，《礼记》子贡皆作此字。（以上《古音附录》）

以上各例分别采自四种韵书之首，正文中所载"读如""读作""音与某同"均为该字之古音读，其后征引古文献韵文押韵音读作为例证。杨慎之意，无论其在《切韵》《广韵》中归入何韵，而于"古音"均属"东"韵，故以平水韵之"一东"韵归纳。

清周中孚称赏《丛目》一书，谓其"搜辑古音，颇为赅备，然条理未尽精密"，而赞赏《猎要》"收字虽少，而断制皆极精确。唯各韵所标之字间与《古音丛目》全复者，盖前书注释太略，故又重而详注之，二书相须而备也"（周中孚：《郑堂读书记》卷一四）。其所论词条重复出现的缘由，与四库馆臣所言略异，然亦可备为一说。

《古音略例》与前四书略有不同，是书摘取五经、诸子、古史、纬书之韵语，上自古初，下迄魏晋，最晚至唐代韩愈所撰墓铭一条，涉及古书46种，条目约180条，按书目列举其叶音之例，数量多者如《易》23条、《诗》17条、《易林》22条、纬候谶记34条，少者如《左传》1条、《楚辞》1条、《老子》2条、《荀子》1条，分别讨论其叶音状况，故称"略例"。每种书之下，或标注"正误"，乃辨正才老"旧叶音"改读之误，"皆改古音以趁沈约之韵"；或注"变例"，乃探究古文押韵之例，谓或隔句用韵，或三句一韵，其例不一，皆因书而异，读者当自心知。由此汇聚成篇，则创为类例矣，如下例：

1) 今按：上四条如字读自可叶①，才老必欲改之者，以"劳"在豪韵，"夭"在萧韵，故改"劳"为"僚"，以就"夭"也。"泉"在先韵，"叹"在删韵，故改"叹"为他涓切，以就"泉"也；"门""殷""骄""儦"之改音，意亦如此。才老诗中所叶，如"杨且"之"颜"为鱼坚切，"鹑之奔奔"为逋珉切，凡百余字。聊举四条，以例其余，皆改古韵以趁沈约之韵也。不思古韵宽缓，如字读自可叶，何必劳唇齿，费简册哉！况四声之分在梁齐间，成周之世，宁知有沈约韵哉！予尝慨近世俗儒尊今卑古：《春秋》，《三传》之祖也，反以《三传》疑《春秋》；《孟子》班爵禄章，《王制》之祖也，反以汉人《王制》、刘歆《周礼》而疑之，谓孟子此章不与《王制》《周礼》相合。《诗》《楚辞》，音韵之祖也，反以沈约韵而改《诗》《楚辞》古韵以合之。谬也久矣，一旦正之，宜乎蜀日越雪之吠！（《诗叶音》）

2) "虞"字一也②。此诗一音牙，一叶五红，有二章而叶音二变。使诗五六章尾句同者，亦五六变乎？不知古诗有屡章而尾句同者多不叶，如《黍离》《桑中》《椒聊》《文王烝哉》之类也。（《诗叶音》）

3) 慎按：杜预读"裔焉"为句，刘炫读"方羊"为句③，杜析韵而刘合韵也。孔颖达曰："诗之为体，文皆韵句。其助语之辞，皆在韵下。"即诗"俟我乎着乎而""充耳以素乎而"例也。此之"方羊"与"将亡"为韵，"裔焉"二字皆助句之辞。（《左传叶音》）

4) 明道若昧，进道若退，夷道若类。（原注：三句一韵。）上德若谷，大白若辱，广德若不足。（原注：三句一韵。）建德若偷，（原注：音裔。）质直若渝，大方无隅。（原注：三句一韵。）（《老子叶音》）

---

① 按：杨慎所云四条，指《诗经》之篇："棘心夭夭，母氏劬劳"，吴才老云"叶音僚"；"我思肥泉，思之永叹"，吴云"叶音他涓切"；"出彼北门，忧心殷殷"，吴云"门，旧叶眉贫切"；"四牡有骄，朱幩儦儦"，吴云"旧叶音高"。

② 按：此杨慎引《诗·驺虞》二章之"彼茁者葭，一发五豝。于嗟乎驺虞"，"彼茁者蓬，一发五豵，于嗟乎驺虞"二节为例。

③ 按：杨慎这里引《左传》"如鱼窥尾，衡流而方羊。裔焉大国，灭之将亡，阖门塞窦，乃自后逾"为例。

按：例1属于"正误"的内容，批评吴棫论古音之误，谓按照其字之本音自可协韵，不必"劳唇齿，费简册"而改读，其误在于"改古韵以趁沈约之韵也"，提出"古韵宽缓"之说。所谓"古韵宽缓"，见于陆德明《经典释文》，杨慎于此重复了陆氏的说法。后三例当为辨正古代韵文（主要是《诗经》《楚辞》）的韵例，包括尾句无韵、三句一韵、语助辞在韵下之例。其说基本都准确无误，为后人所接受。

综合考察杨慎讨论古音学诸书，我们发现，吴棫虽已经认识到古、今音的不同，且自成系统，但他未曾明确提出"古音"这一概念，可见，吴氏受"叶音"的影响还很深。杨慎对吴氏音分古、今之说是持赞同态度的，因此才会在他的讨论音韵的著作中（包括一部分讨论文字学的著作）无一例外地贯以"古音"二字，以示与"今音"之别。然而在如何体认古、今音之别的方法上，他又坚决反对宋代盛行的"叶音"说。其云：才老必欲"改古韵以趁沈约之韵也。不思古韵宽缓，如字读自可叶，何必劳唇齿，费简册哉！况四声之分在梁齐间，成周之世，宁知有沈约韵哉"！（杨慎：《古音略例·诗叶音》）杨慎从唐陆德明"古人韵缓"之说推导出古音自是古音，今音自是今音，二者各成音系，而非相叶而成韵，这一概念应值得肯定。

杨慎的另一重要的古音学认识，是关于阴声韵与入声韵相配。"阴入相配"，这是古音韵学的一项定律。根据音韵学知识，《切韵》《广韵》所代表的中古音系，入声韵是与阳声韵相配的，阴声韵则没有相对应的入声。比如"东韵"，其所对应的入声韵为"屋"韵，"真"韵与入声"术"韵相对，"严"韵则与入声"业"韵相对。这一对应规律在韵书中区分十分严格，而上古音韵则相反，阴声韵类与入声韵类相配，这就是所谓的"阴入两分"说，只是到了后来，才有"阴阳入三分"的说法，这是清代古音韵学家潜心研究得出的成果[①]。在杨慎的古音学著述中，我们发现杨慎在实际操作中已经把一些阴声韵类的字归入入声韵了。我们查阅各种杨氏古音学著作，其入声韵类中都包含数量不等的阴声韵字。以《古音丛目》卷五之"质"韵为例，该韵所收的韵字最多，凡61字，其中除原属入声者以外，有相当部分阴声韵字（包括平、上、去三声）

---

① 王力：《汉语音韵》，中华书局2003年版，第136—168页。

都纳入了该韵。下面我们列举从该韵中搜录出的部分阴声韵字：

子：《诗》"既取我子，无毁我室"，"子"叶入声。至：《诗》"我臻聿至"，叶入声。

尼：女乙切，《尸子》。骊：音栗。《八骏图》马名有纤骊。纤音浅，骊音栗，浅栗色马也。

啸：音叱，《礼记》。几：读作冀，《汉书》。

綼：音必，王融诗。置：读为植，《诗》。

器：欺讫切，曹植《鼎赞》。芾：非律切，《诗》。

茀：非律切。《易》爻辞。备：《仪礼》"礼仪既备，令月吉日"。

寐：江淹诗，叶质。际：子悉切，《易》泰小象。

载：子悉切，《诗》。

上面所举各字，在《广韵》中均为阴声韵字（包括平、上、去三声），如"子"为上声止韵字，"至、綼、备、寐"为去声至韵字，"尼、骊"为平声支韵字，"置"为去声志韵字，"芾、茀"为去声未韵字，"际"为去声祭韵字，"载"为去声代韵字，在中古音系中各自为韵，界限分明。而按照杨慎的归韵，根据这些字在上古韵文中的押韵情况，都应归入入声"质"韵中。这就反映了杨慎对古音韵阴、入相配的理性认知，尽管他还没有正式提出"阴入相配"之说，但已经在践行着这一归韵原则。他的这一观念无疑与清代古音学家的结论相吻合，也是应该肯定的。

二

杨慎的古音学观念与科学的古音学理论还是有区别的，由于他对古音学还缺少理性认知，故在其著作中常表现出种种疏误，对古音学作出了一些错误的论述。我们检阅其各种著述，大略概括出其论古音的几个缺失。

首先，分韵不当。

杨慎所有论述古音韵的著作，甚至包括其论文字的一些著述都是按照平水韵106韵来进行分韵的，包括了平声30韵、上声29韵、去声30

韵、入声 17 韵。这种分韵如果作为按韵检索的一种方法自然无可非议，但倘若是以平水韵的韵目为据来划分古音韵部，那就大错特错了，因为其严重背离了古音韵的实际情况。众所周知，平水韵乃是在《切韵》《广韵》的基础上，为适应唐宋以来声韵的变化而作出的修订，它的分韵既有适应中古音韵的系统，也有改革的地方（如合并窄韵），虽然较之《广韵》更为简略，但与古音韵实际相去甚远。而杨慎以平水韵来划分古音韵部，就显得非古非今，不伦不类。宋吴棫、郑庠的古音划分虽有九部、六部之说，但却没有得到学人的认可。明清以降的古音学家，如明陈第，清顾炎武、江永、戴震、段玉裁、王念孙等人无一不是根据古代诗文押韵的具体实例，采用"离析《广韵》"的方法对古音韵进行分部，而不是简单地根据某一后起韵书的分韵来归并古音韵部，这才是科学的古音分韵之法。杨慎的这一分韵显然是不科学的。

杨慎论古音的著述中有平声"支"韵，这一韵是包含了《广韵》的"支脂之"三韵，同时"支"韵对应的上声"纸"韵、去声"寘"韵，实际上也各自包含了三个韵，即上声"纸旨止"韵、去声"寘至志"韵。杨氏此时用平水韵的韵目"支纸寘"来拟定古韵的韵类，我们翻检了《古音丛目》卷一平声"四支"韵所包含的韵字，其总数为 170 字，据不完全统计，在这一韵之下包含了《广韵》三个韵的字（平、上、去声均有）大致情况有：

A. 支纸寘韵：支、伎、觜、施、虒、示、蠡、卑、丽、戏、翅、趍（音驰）、蛇（音移）、徙（音斯）、迤、訑、睢（以上平声）

跬、跪、陂、被、氏、洒（所宜切）、（以上上声）

易、议、智（以上去声）

B. 脂旨至韵：郗、比、羡（音夷）、来（音犁）、祎（音祁）、坚、咨（以上平声）

懿、旎（以上上声）

利、次（以上去声）

C. 之止志韵：圯、异、期、邶、居（音姬）、噫、禗（音思）、台、苢、治（以上平声）

子、滓、喜（以上上声）

事、试、志、意（以上去声）

以《广韵》音系而言，"支脂之"三韵的读音极为接近，故有"三韵同用"，合并窄韵的规则，发展到平水韵就有"三韵合一"的情况了。杨慎的古音分韵则是按照平水韵的韵目来划分的。然而在上古韵中，"支脂之"三韵是各自分立的韵部，绝不能混一①。杨慎将三韵归一，显然是背离了古音韵部的实际。而且他还根据声调的不同，划分出上声"纸"韵、去声"寘"韵，又在各韵之下安排了若干韵字。这一做法与其所言"四声源于沈约，不当以沈氏四声韵来规约古音"的说法也是相背离的。

其次，字无定韵。

在杨慎讨论古音的具体实践中，涉及某字的具体归类，有时完全突破《广韵》韵系，既想归入甲韵类，又想归入乙类，往往会将一个字给出若干不同的音读，表现出对古韵音读把握不定的状况。略举两例：

1）戒

A.《古音骈字》卷下"十卦"韵：抑戒，《国语》。

B.《古音丛目》卷四"四寘"韵：居吏切，《六韬》。

C.《古音猎要》卷五、《古音丛目》卷五"十三职"韵：讫力切，《易》小象。

D.《转注古音略》卷五、《古音丛目》卷五"十四缉"韵：音急。《盐铁论》。

按："戒"字，在《广韵》中为去声"怪"韵，属阴声韵。而杨慎却有四个不同的读音：A、B两读均属阴声韵，A读在去声"卦"韵，与《广韵》音读相合；B读在去声"寘"，其对应的平声为"支"韵；C、D两读皆为入声韵，C读在入声"职"韵（韵尾为[-k]），D读在入声"缉"韵（韵尾为[-p]）。这四个读音在《广韵》中各自为一韵，了不相涉。杨慎显然是随文就韵，从而有了四个音读。而陈第《毛诗古音考》卷三也收载此字，仅标注作"音急"，与杨慎的看法相异。

---

① 按：此为清儒段玉裁说，参见王力《汉语音韵》，第148页。

2) 戾

A.《古音骈字》卷下、《转注古音略》卷五、《古音丛目》卷五"四质"韵：音吏，《东京赋》。

B.《古音丛目》卷五、《转注古音略》卷五"九屑"韵：音烈，《文选》。

C.《古音丛目》卷五、《古音猎要》卷五"十四缉"韵：力质切。

按："戾"，在《广韵》中为力质切，属入声"屑"韵字。杨慎所注音切各别：一音"吏"，在《广韵》为力置切，为去声"志"韵（其对应的平声为"之"韵）；一音"烈"，为良薛切，属入声"薛"韵（与"屑"韵同用）；一音"力质切"，属入声"质"韵，与"缉"韵不同韵类。杨慎所标注的古音读，既有阴声韵，也有入声韵，跨越了几个韵类，如果再算上"缉"韵的读音则更为淆乱。

类似的例子我们还可以举出很多，一个字有多个读音，有时是客观的存在，这反映了语音的实际状况，但有时却是其强为区别所致，这是杨慎讨论古音的另一较大疏失。

三

杨慎的古音研究，基于先秦文献中的实际用韵，明确提出了古音、今音之别是体系化的，虽然其不免有抵牾之处，然其所用之方法，却启迪了焦竑、陈第、方以智、顾炎武等人。特别是陈第《毛诗古音考》，系统清理了《诗经》的用韵情况，其所运用的方法、材料和某些古音的考辨结论，都能见到杨慎对他的影响。① 下面以例论说之。

1. 陈第《毛诗古音考》在方法上多有承杨之处

杨慎在考察古音时，借"转注"之语，归纳四声可通押和古今音变的现象，他说："凡字皆有四声，皆有切响。如皆可通也，皆可互也，则

---

① 按：杨慎十三代孙杨崇焕著《陈第古音学出自杨升庵辨》，专门探讨陈第古音与杨慎的关系，参见林庆彰《杨慎之诗经学》，载《诗经研究论集》（二），台湾学生书局1987年版，第100页。

为字为音，不胜其繁矣。原古人转注之法，义可互则互，理可通则通，未必皆互皆通也。"（杨慎：《答李仁夫论转注书》）在其实际操作中，常以"某转音某""某转韵某""某转声作某""某转入某声""某转为某""某转作某""某亦某之转声"等例来阐释。陈第也沿袭了这一做法，①并因此得出了"盖时有古今，地有南北，字有更革，音有转移，亦势所必至"的语言发展规律，使中国传统语言学由解经附庸上升为独立的学术体系，形成了历史语言发展观。一方面我们佩服陈第的敏锐洞见，另一方面我们还得承认杨慎对其产生的重要影响。不但如此，这还影响了后来学者如方以智、江永、顾炎武等在古音学上的体系化研究，为中国历史语言学的萌芽和形成开启了智慧之门。

从《毛诗古音考》的编排体例上看，其对《转注古音略》效仿之义例，十分明显。杨慎以韵字为单元，将古、今通韵字依次排列，每字下注音，并征引文献以证之。若有需要另加申说的内容，则以按语附识后面。陈第《毛诗古音考》将《诗经》所载通韵字编为一卷，下注音，并说明其文献来源，然后以"本证""旁证"证明其押韵的原因，借以说明古今音的变革。在所引文献古、今音不清晰的地方，陈氏仍以按语的形式加以申辩。此类按语，陈氏共计有 51 条。

2. 陈第《毛诗古音考》在材料的选取使用上面，于杨慎的材料多有使用或参考

首先，在《诗经》的用韵上，杨慎收有 400 余字，陈第则与之相近。可见，杨慎的做法是穷尽式搜罗，陈第亦然。一方面，固然《诗经》是古韵书的典型代表，其所载韵字较为固定；另一方面，陈第以杨氏之著为参考，亦是必然。不同的是，杨慎在进行考订中不够体系化，未曾揭示古音系统，而陈第后出转精、扬长避短。其次，在古文献征引上面，据雷磊先生的统计，杨慎引书约 100 种，而陈第引书 90 余种。由此，则杨慎所引，盖范围更广。杨慎在其《答李仁夫论转注书》一文中说："自沈约之韵一出，作诗者据以为定，若法家之玉科金律，而古学遂失传矣。故凡见于经传子集与今韵殊者，悉谓之古音。转注也，古音也，一也，

---

① 按：据雷磊的考证，陈第直接用"某音某，转为音某"计有 15 条，其余类似表达，则不胜枚举。参见雷磊《杨慎古音学源流考辨》，《湘潭大学学报》2007 年第 6 期。

非有二也。"(杨慎：《答李仁夫论转注书》）故在材料上，大有穷其所有之势，以证明"凡见于经传子集与今韵殊者，悉谓之古音"的判断。陈第则不同，其《读诗拙言》云："所贵诵诗读书，尚论其当世之音而已矣。《三百篇》，诗之祖，亦韵之祖也。作韵书者宜权舆于此，溯源沿流，部提其字。"（陈第：《读诗拙言》）陈氏在材料上，虽有效仿杨慎"穷端竟委"的面目，但其落脚点却在"部提其字"上面。究其原因，大概杨慎征引博富，其重在阐明古音存在的实际情况，而陈第则主要在梳理归纳《诗经》韵字古音的相互关系，即古音的系统性上，各自侧重点不同而已。

3. 陈氏在古音的考辨结论上，于杨慎多有继承。我们利用电子版《四库全书》检索就会发现，陈第有《毛诗古音考》《屈宋古音考》直接、间接引用杨慎的观点例。

《毛诗古音考》直接引"用修"多达9例。①卷一2例，卷二4例，卷3 1例，卷四二例。《屈宋古音考》直接引2例。

如《毛诗古音考》卷一昴字条引：

昴音留，西方之宿。《汉志》作留，言阳气之稽留也。……杨用修依徐邈昴读庞，裯读条，犹读谣，引《檀弓》《陶斯咏》咏斯犹为证，又是一说。

又《毛诗古音考》卷三作字条引：

杨用修云："'侯作侯祝'之作音做，'俾昼作夜'之作读如足恭之足，谓昼不足以夜补之也。"详哉其言之矣。

从这些引用例子我们可以看出，陈第对杨慎是十分尊崇的，没有一处否定杨慎观点。如卷三"作"字条下云"详哉其言之矣"，表达了对杨慎观点的高度赞赏。即使有不同看法，也以"或可""又是一

---

① 按：据雷磊先生统计，陈第《毛诗古音考》直接引用吴棫5例，徐蒇3例，杨慎8例，焦竑4例，参见雷磊《杨慎古音学源流考辨》，《湘潭大学学报》2007年第6期。

说"等语加以委婉表达，这固然有谨慎的学术精神，但其更多的还是因充满敬意。相反，我们检索顾炎武、方以智、江永等与杨慎古音有关的，基本上都是以"非""恐非""胡诌"之类的词汇而加以否定。据雷磊先生的看法，陈氏除了直接引用，还有以"旧音""旧韵"等词汇，暗示来自杨慎的观点，则更多，我们认为雷磊先生的这一看法是正确的。

四

总体上看，杨慎的古音学研究，方法上仍然坚持以汉唐注疏之学为主，但其又不是简单的沿袭，而是针对明代中后期以来的空疏学风而产生的"反动学风"。对于明代中后期的学风，颜元给了一个很有见地的总结："无事袖手谈心性，临危一死报君王。"晚明清初有很多知识分子，对当时的学风十分不满，认为大明亡于异族，其根在学术的腐朽和空疏。流亡日本的朱之瑜说："明朝中叶，以时文取士。时文者，制举之义也。此物既为尘羹土饭，而讲道学者又迂腐不近人情。……讲正心诚意，大资非笑，于是分门标榜，遂成水火，而国家被其祸。"① 他们认为其主要原因是"高者谈性天，撰语录，卑者疲精死神于举业，不惟圣道之礼乐兵农不务，即当世之刑名钱谷，亦懵然惘识，而搦管呻吟，自矜有学……卒之盗贼蜂起，大命遂倾，而天乃以二帝三王之天下授之塞外。"② 他们不约而同地把矛头指向了道学，指向了性命心性之学。其实，对宋明以来的性命心性之学加以批判的，不始于明亡之时，而是更早，杨慎为其中批判者之一。

杨慎对心性性命之学的批判，未曾从现实入手，而是从学术出发，这与明清交替之际的"反动学术"有着本质区别。因科举的需要，早年的杨慎，还是学习宗程朱之学的，他说："臣等与萼辈学术不同，议论亦异。臣等所执者，程颐、朱熹之说也。"（《明史·杨慎传》）随着他考经

---

① 朱之瑜：《答春林信问七条》，载《朱舜水文集》，中华书局1981年版，第383页。
② 李塨：《书明刘户部墓表后》，载《恕谷集》卷九，载陈山榜、邓子平主编《颜李学派文库》3，河北教育出版社2009年版，第800页。

订史的深入，发现程朱于经学之附会太多，便渐渐开始批程朱而宗汉师之说。他对此解释说："宋儒言之精者，吾何尝不取。顾宋儒之失，在废汉儒而自用己见耳。"（杨慎：《丹铅续录》卷一）他又不拘泥汉儒之训，主张"不可溺训诂"（杨慎：《丹铅总录》卷一三）其所秉持的学术手段，就是后来所定义的考据。现代学者嵇文甫说："杨升庵慎生当嘉靖间，最号博洽。所著《丹铅录》《谭苑醍醐》等数十种，虽疏舛伪妄，在所不免，然读书博古，崇尚考据之风，实从此启。"①

不但其《丹铅录》《谭苑醍醐》诸种以考据称胜，而所著古音系列研究，在考经订史上，虽然显得零碎而疏阔，但其对后学的影响，却至为深远。总体上看，杨慎在利用古音考订各种问题方面，有如下之成例：

首先，考古书之真伪。

> 下：《礼记》："天高地下，万物散殊，流而不息，合同而化。"下音遐，殊音赊，化音花。按：下古音户，无音夏与虾者，自汉始有之，故疑《礼记》书汉人笔也。（杨慎：《古音余》卷二）

又：

> 《淮南子》"无乡之社易为黍肉，无国之稷易为求福。"注云："古福音偪，此音如今读。盖自汉世始有此音也。纬书'汶阜之山出其腹，帝以会昌神以建福'，福亦今音，可见纬书出汉世也。"（杨慎：《古音略例》）

其次，考古人之文法。

> 焉：音夷。《周礼·秋官·行人》："焉使则介之。"今按：焉本鸟名，音夷者，恒居前缀。《礼记》"焉使弗及也"，《论语》"焉可

---

① 嵇文甫：《晚明思想史论》，东方出版社1996年版，第145页。

诬也"是已。音烟者，恒居字末，经传多有，不必引证。（杨慎：《转注古音略》卷一）

再次，考古音之转注。

罗：音倮。罗罗，夷种名。慎按：草莽之莽平声，绮罗之罗、乖戾之乖上声，转注之法，不独中华，夷狄亦同也。（杨慎：《古音附录》）

再次，考专名之变迁。

"逵，音奇。《左传》庄公二十八年：'众车入自纯门及逵市。'注：'郭内九轨，逵道之市。'按：逵市即今言棊盘市，古字借用。"（杨慎：《转注古音略》卷一）

再次，考史书记载属地之正误。

"酂，七何切。萧何封酂侯，本此酂字。……今按《萧何传》作酇字，相似之误也。酂在沛郡，酇在南阳，萧何从帝起沛，封邑必近沛，且扬雄去何未远，所闻必真。师古乃云萧何封于南阳之酇，似亦未之深考也。"（杨慎：《转注古音略》卷二）

再次，考水系之属地。

汶：与岷同。《周礼》《史记》《汉书》《山海经》岷山、岷江皆作汶，至晋王右军行书，犹云"游目汶岭"，今蜀有汶川县，盖岷江得名而讹作问，唐殷敬顺《列子释文》曰："《周礼》云橘逾淮而化为枳，鹡鸰不逾济，貉逾汶则死，郑玄注以为鲁之汶水，谬也。"按：《史记》汶与岷同谓汶江也，非汶上之汶。《周礼》言水土异性，故举四渎；言鲁汶水阔不过十数里，源不过二百里，揭厉

皆度，斯须往还，岂狐貉暂游生死顿隔哉。（杨慎：《转注古音略》卷一）

以上诸例，皆来自杨慎的"古音七书"，这些例证，皆超越了汉唐经学"注不破经""疏不破注"的解经范式，不独守文字音韵的训解与订正，而是打破门户之见，经史结合，以求实为宗旨，这在开辟考据学的新范式上面，赋予重要的解经的方法论意义。当然，我们对比杨慎与清人的考据学时，还应该客观地看到，因其所受明代空疏学风的影响，存在"工于证经而疏于解经，详于稗史而忽于正史，详于诗事而略于诗旨，求之宇宙之外而失之耳目之内"王世贞：《弇州四部稿》卷一四九等问题，然而，万事开头难，其所自带疏舛，终究是可谓"其在有明，故铁中铮铮者矣"。①

五

杨慎的古音学研究，放在整个中国学术史上来看，有着十分重要的意义。儒学是中国学术的核心，其发展变化引领着中国学术史的发展变化。纵观整个儒学学术发展史，其又是以经典诠释为核心的。自孔子创立儒家学派，定六艺而授生徒以还，儒家经学便由此萌生。至汉代，乐经散亡，故文景之世，立《易》《诗》《书》《礼》《春秋》五经博士，《尔雅》虽为传，亦立博士职，从此，经学成为官方正统。汉武帝时期，犍为舍人注《尔雅》，掀起了汉代由小学而经学的注经之风，此学风一直延续到唐末宋初。因《五经正义》的完成，注疏之学由此走向衰落。东汉末年，佛教传入，道教繁兴，其所养成的思辨之风，对居于正统地位的儒学带来了巨大冲击。儒学在中唐之际，出现了疑经思潮，对传统注经范式提出了严峻挑战。降至宋代，二程、周敦颐辈，吸收佛道二家之长，一改传统注疏"我住六经"的解经范式，转而为"六经注我"，各家持守，互为干戈，党争迭起。降至朱熹，综括各家之长，提取《礼记》中的《中庸》《大学》二篇，与

---

① （清）永瑢等：《四库全书总目》，中华书局1965年版，第1026页。

《论语》《孟子》并为"四书",重构儒家经典体系为"十三经",在宗旨上面由以前的"宗圣"一变为"宗理",至是经学一统,即形成儒学学术史上的"理学"时代。理学时代一反汉唐注疏之学,将汉唐注疏之学范式滥觞的《尔雅》学束之高阁,即便陆佃、郑樵辈上接郭璞,亦不脱其窠臼。理学发展至明代,王阳明继起,以心为理,提出"致良知"之观念,继之者援儒归禅,理学由此衰微。经学发展至此,已现疲态,加之有明亡于异族,则理学的正统地位由此转衰。儒林饱学之士,不愿圣王大道乖绝,重新反思经学历史,以为理学、心学离经叛道,有违圣人大本大法,于是考经订史,救经学于迷途,重归汉注,以求圣人本义,清之考据之学大兴,经学进入大总结、大繁荣时期,此时名家辈出,文献充栋。加之西学东渐,中国学术进入大变局大转型时期,以至今日未竟。

从经学发展的文献形态上看,可以总结为经、传、注、疏、论几大宗,而《尔雅》一门,最初为传,被视为解经之梯航,其最先开解经范式。随着经学发展,《尔雅》学渐渐形成,其在训诂学、音韵学、古文字学、方言学、词源学等方面产生了深远影响。《四库全书》编纂时,将以上诸种学科汇辑于《尔雅》之下,形成独立的具有现代学术特征的语言文字之学,或者称为小学。我们反观经学发展历史,小学实际上是从经学发展而来,是解经的附庸。但我们应该注意,经学的发展转型,一定和小学分不开,这恰好印证了张之洞"由小学入经学","由经学入史学"的主张。汉唐经学由犍为舍人注《尔雅》始,宋明理学由弃《尔雅》始,清代考据之学由汇解《诗经》韵字始。而开有清一代考据之风的,是从杨慎"古音七书"始。正如上文所论,杨慎的"古音七书",不但考证《诗》之韵字,还旁及名物典章、史事陈迹,这为清代乾嘉学风提供了重要解经范式。

综上所述,我们审视儒学发展史,杨慎及其学术,实为继犍为舍人注《尔雅》之后中国儒学特别是经学发展转型的又一个重要节点,因此,认识杨慎的古音学研究,不但是认识中国语言文字学发展史的重要内容,还是认识中国学术特别是经学发展史的重要内容。在复兴蜀学、复兴中华传统文化的大背景下,研究和讨论杨慎学术特别是其古音学价值,在挖掘中华传统文化在新时期的学术增长点、探寻重建中华学术正脉方面，有着重要的学术意义。

作者霞绍晖为四川大学古籍研究所讲师；
　　李文泽为四川大学古籍研究所教授。

晚清浙江入川孙氏家族述略

尤潇潇

【摘要】 浙江传统学术、江南学术在全国的重要地位不言而喻,其源于古越、兴盛于宋元明清而绵延于近代、当代,浙江学术与人文精神传统,大大增强了中国传统学术体系的丰富性。清代由浙入川的孙氏家族,有着浙江传统知识分子专经治学、经世致用的显著特征,并在家族内绵延相传。阳川孙氏家族祖籍浙江绍兴,在孙治一代(嘉庆年间)始迁入四川,世居成都。因其丰厚的家学渊源和与众多学人往来交游的影响,孙氏族人留下了大量丰富的文献。这批文献经由其家族后人曲博先生(原名孙恪庶)收集保存并交由四川大学古籍整理研究所整理而成。这一系列文献的作者均为孙氏族人,其中以孙培吉著作为主,兼有孙治著作四种,孙华抄录一种,孙祥瑜著作两种,另有阐述佛法的释印光、刘咸荥合著著作一种,释印光独著1种,并抄录文人唱和诗篇数首。这批重要的文献既是孙氏家族诗书传家历史的体现,又有诸多关于近代成都乃至四川和全国重要历史事件的记载,其价值不容小觑。

【关键词】 晚清浙江 孙氏

一 孙氏家族述略

成都阳川孙氏家族本世居浙江富春山,祖籍绍兴。自孙培吉祖父孙治始,孙氏家族入四川。"(治)考故习名法,嘉庆十八年游幕入蜀;越十年，而君偕长兄源侍李太夫人至成都，既注籍应试，兄弟同入邑庠"①。孙治（1811—1876），字理亭，号琴泉，培吉祖父，道光丁酉年（1837）举人，父孙文，母李氏②。戊戌年（1838）二甲第二十名进士，选翰林院庶吉士。丙午年（1846）任陕西华阴知县，旋调长安县署知县。咸丰元年（1851）至四年，升授潼关厅同知。乙卯年（1855）任延榆绥道，戊午年（1858）任直隶通永道，咸丰九年至同治元年（1859—1862）任直隶按察使。③ 以二品光禄大夫、阿克苏布政使衔督办捐粮，不幸卒于贵州任上。正室余氏，山阴曲江公余涛第四女，无所出。侧室李淑人、李孺人。庶出二子二女：长子华，三品衔候选道，侧室李淑人出；次子品，候选县丞，侧室李孺人出。长女，适四川候补同知候官郑承洛，早岁寡，依娘家而居；次女，适四品衔江西候补知县、归安吴晴琦，先卒。④ 孙治亦是一代书画名家，尤长于画螃蟹、草、芦，每作一画，生动入神；书法亦有相当功力，笔势飞动，潇洒自如，气韵非凡，能独自成家。《中国美术家人名辞典》（上海美术出版社1981年版，1991年第五次印刷）第683页，《益州书画名人录》第76页，《清代四川进士征略》（四川大学出版社1986年版）第58页，都有相关记载。清末民初著名的成都私家园林布后街孙家花园即为孙治所置。

孙华（1847—1916），字石莲，培吉父，三品衔候选道。正室诰封夫人刘氏，生二子培吉、桐吉。侧室宋氏卒于民国13年（1925），生二子承吉、庚吉，庚吉早殇。侧室周氏民国16年（1927）卒，生子伦吉。

孙培吉（1868—1942），字抱和，光绪十八年（1893）癸巳科举人，会试不第，反复思虑不复科考，官捐荣昌教谕，后任教于成都小学堂。因战火频仍，避居成都，一生以读书、教书、著书为主。由清及民国，

---

① 曲博：《弹素轩大梦琐录》，附录甲之《前直隶按察使特用道孙公墓志铭》，四川大学古籍研究所藏稿本。

② 曲博：《弹素轩大梦锁录》，附录甲之《前直隶按察使特用道孙公墓志铭》，"曾祖考讳良荣、皇祖考讳忠杰、皇考讳文，皆以君贵赠荣禄大夫；曾祖妣氏胡、皇祖妣氏张、皇妣氏李，皆赠一品夫人"。

③ 曲博：《流传百代千年后 定识人间有此人——郭嵩焘赠孙琴泉书法四条屏》，《收藏》2010年第4期。

④ 曲博：《弹素轩大梦琐录》，附录甲之《阳川孙氏留川世系分谱》序。

先后执教于四川省立第一师范学校、四川公立法政专门学校、川中初级师范学校、成都县中学堂、成都南城小学堂等校，教授国文、历史、伦理学及修身，并在家开课收入室弟子；工书法、国画，精版本鉴赏及岐黄之术；教授之余，毕生以藏书、读书、著书为事。著述颇丰，计有：文集类、诗词类、经史类、理学类、注释类、编纂类、杂记类、纪事类等十数种，合数百卷共数百万言。其余古文、抄录、金石、杂书、箴铭类所涉诸子百家文论等数十册，以及在孙祥瑜《孙抱和先生遗书目録》中有著目而散佚，文本尚存而未及著录于册的还有十数种。

近代四川的社会变迁与蜀学转型，是中国地方史、学术思想史的重要论题。清末民初的四川，经学大家龚道耕、槐轩学派代表人物刘沅、刘梖文、刘咸焌、刘咸荥、锦江书院山长伍肇龄等学术名家云集。相比于他们，成都的没落士绅孙培吉名气不大，但孙家与他们皆交游密切。《默室日记》记录了孙培吉一生的所见所闻所感，铺展了一幅真切生动的岁月长卷。作为一个传统的世家子弟，纵使风云变幻依旧执着地坚守着内心世界，他的见闻及心路历程给我们提供了研究当时时事巨变下政治、社会、文化、经济及思想转变的宝贵史料。自其祖辈迁徙至成都，遂为成都望族；到孙培吉这一辈，虽然随着时局变化，家道没落，但是祖辈的荣光仍给孙培吉提供了广阔的交友平台以及开阔的视野。

二弟孙桐吉（1872—1924），字豫高，湖北候补知县，同治壬申年（1872）七月十四日生，民国甲子年（1924）五月十一日卒，葬卧牛台。配张，子殇，以培吉子祥瑜兼祧。①

三弟孙承吉（1878—1919），字幼石，翰林待诏职衔，光绪戊寅年（1878）七月十四日生，民国己未年（1919）正月十四日卒，妻余氏。②

四弟孙庚吉（1882—1905），字幼莲，翰林院待诏，庶母宋氏所出，光绪八年壬午（1882）、生，光绪三十一年乙巳（1905）卒，时年二十三岁，配梁氏、继万氏，无出。③

---

① 曲博：《弹素轩大梦琐录》附录己。
② 曲博：《弹素轩大梦琐录》附录辛。
③ 曲博：《弹素轩大梦琐录》附录甲。

五弟孙伦吉，字弥道，庶母周氏所出。①

妻庄氏淑珍（1869—1903），字松绮，幼名崇英，江苏武进人，云南候补知县庄楷长女，陕西麟游县知县、追赠知府、世袭云骑尉庄治安之孙。同治己巳年（1869）生，光绪癸卯年（1903）卒。生一男八女，殇其三，子珽亦殁。长女琼、次琇、次珣、次珊、次璞，最幼琅。

续弦洪氏子兴（1897—?），癸巳举人洪尔炽女。生一子一女，子名祥瑜，女名瑢。

孙祥瑜（1914—1976），孙培吉独子，字象白，号握之。"国民政府中央造币厂"会计师，工书法，精鉴赏及家学岐黄之术，1949年之后即沦为街道生产组会计，虽一生未上过正式学堂，然凭家学渊源和天赋、勤奋，考取会计师，谙熟医道、韵律、金石篆刻、书法绘画、古籍版本鉴定等。

二 "孙氏文献"的总体面貌

《孙氏文献》即孙氏族人所撰文献，以稿本、抄本方式留存至今，为便于更多读者了解阅读《孙氏文献》，其主要内容已于2019年国家图书馆出版社影印出版，定名为《成都阳川孙氏文献》。在形式上包括成都阳川孙氏族人的著作及历代学人抄录（多有点评、批注、案语）前贤、时人之诗、文。但主体内容是孙培吉所撰。当年其子孙祥瑜曾著《孙抱和遗书目录》予以分类，共分文集类、诗词类、著述类、纪事类、抄录类五种。此次出版，遵循现代人文学科分类原则，共分为默室日记、论著集、诗文集、杂抄四大类别，内容也于此次影印时加以重新编排。

《默室日记》是这批文献的主体，谨按时间顺序排单列，作为专门一类，共有二十三种；论著集下分经史、理学、编纂、杂记四小类；诗文集下分诗词、制艺试律、古文三小类；杂抄下分经史类、子集类及其他，主要源于孙培吉的日记、读书抄录、诗文唱和及其在学堂讲课的讲义。成书二十八册，总计收录文献一百四十余种，内容涵盖经史子集。其中孙培吉日记二十三种保存最为完整，编为《默室日记》九十四卷，起清光绪十二年（1886），讫民国31年（1942），历时五十六年。

---

① 曲博：《弹素轩大梦琐录》附录己。

论著类包括经史类的《论语注疏与朱注异义记》二卷、《大学脉络浅说》一卷、《尚书存亡大略附〈孟子〉〈礼记〉讲录》、《省立第一师范学校经学讲录附甲寅年国文预备题目》一卷、《中国历史》三卷；理学类的《成都县中学堂修身讲义》（丁未上学期）、《成都县中学堂修身讲义上册》（庚戌上学期）、《修身讲录》、《人伦道德讲录》、《中国伦理学讲录》、《丁巳法校伦理讲录》、《修身要略》、《知困录》、《施衿结褵》、《和厚堂善庆讲会身讲录》；论著集之编纂类的《怡园诗钞》《退一步轩诗存》《退一步轩诗补遗》；编纂类的《养生杂录》《训女类纂》《初学要语》《六类文钞初集底稿》《儒门心经》《家道约编全卷》；杂记类的《杂录》《天问斋杂出》《得心应手录》《无易由言》《谓之何哉》；《阳川孙氏留川世系分谱》《我身上溯百代录》《法政学校试验题记附法政学校试验分数记》《书籍留意录》《买书记》。

诗文类包括诗词类的《也是诗》二十六卷，并附九种《摘录诗抄》《正道居时》《天问斋五言古诗》《题画诗》《题画蟹诗》《双江啼宇》《拟郑所南先生一百二图诗卷》《默室词稿》《牛背笛》；制艺试律类的《制艺试律》二十二卷和《制艺试律草稿》《制艺尚存录》《对课本》《对联存稿》《对课壹》《对课贰》《对课叁》《对课四》；古文类的《太虚一尘》《耳鸣文存》《耻躬集》《尺牍存稿》。

杂抄类包括经史类的《说文解字部首标目》、《急救篇》；子集类的《瓦鼎》、《孔子庙堂碑》、《书法三昧》、《皇清经解总目》、《古文辞类纂题目》、《经史百家杂钞目录　昭明太子文选目录》、《弟子职》、《陆文安公集语》、《御制劝善要言》、《丹元子步天歌》、《法海一沤》二册、《净土简要法附声泪篇》、《一函编复》、《观执录》、《青华秘文》、《天道罪福论》、《至道心传》、《无上菩提》、《三字幼仪》、《古文讲录》四卷、《服孔斋沫胚集》二卷、《大道之学》、《七发》、《古文地支集》、《正统论》、《中国政教统系图序》、《是以谓之》、《芬奇艳集成》、《钉饳集》、《湘碧轩偶钞》、《风雅遗音》、《训蒙诗钞》、《秦妇吟》、《郑氏乔梓诗》、《大衍重钞八卦诗》、《宝墨》、《四君感时诗》、《无不容盛》、《忆得三种》、《茅屋病榻录》二卷、《同工异曲》、《雪月筝》、《掷地金声》、《对联集钞》、《本事联见闻录》、《闲联集钞》、《暗香阁杂抄》、《宣鹿公词　附孙培吉〈丑奴儿〉四阙》、《映学书屋抄读时文六卷》、《制艺式程》、《映雪山房选读制艺》、《墨卷抄》；其他类的《庄氏遗训》《立命事天》《心相篇摘录》《洪氏驱庭录摘抄》《默室杂抄》《默室临质录》《映雪书屋杂抄》《杂录便览》《临质录》。

这批文献自成体系、蔚为大观，展现了清末民初以成都为辐射中心的蜀中家族交往和学术人文发展情况，涉及文学、历史学、社会学、民俗学等多个领域，是一批不可忽视的原始文献资料。

三 "孙氏文献"价值举隅

孙氏家族自孙培吉祖父孙治后逐渐走向衰落，但其诗书传家的传统却从未改变，自孙培吉始，留下了大量文献供后人品读。孙培吉见证了经济转型、军阀割据、思想激荡的时代剧变，时代洪流推就他经历了多重身份转变，他对社会现实和知识分子命运走向的思考悉数落于笔端。《孙氏文献》内容甚多，涉及经、史、子、集四部，且兼及儒、释、道三家，颇有"蜀学"兼容并蓄的学风。在近代四川动荡的时局中，孙培吉除了坚持儒家的传统教育，也逐渐加入槐轩道门，以佛、道思想来慰藉自己在动荡时局中迷茫混乱的心灵，这些在他的著述和平时所借所读书籍中都有体现。而《孙世文献》的重中之重，亦是最有价值的部分，就是《默室日记》。

《默室日记》以其记录时间之连绵，内容之丰富，评论之精审在众多日记中别具一格，兼具史料和文学等多重价值，对还原历史真相具有不可或缺的意义。近代以来，有诸多日记被学者发掘整理，如《曾文正公日记》《翁文恭公日记》《越缦堂日记》《湘绮楼日记》《蒋介石日记》等都在一定程度上反映了作者所处的生活环境和时代背景。清史学者孔祥吉认为，一般文人日记的作者，"大多是地位低下的文人或京官，或者外放为县令、道府官员、外交使臣等。这类日记数量庞大，人物众多，有的已刊印，有的则仍为稿本，对于研究晚清时代的政治、经济、文化等都有重要作用"。[①] 因此这一类小人物的日记就能尽可能避免大人物日记出现的刻意修改和掩盖某些事实的情况。

有关日记的研究，四川大学古籍整理研究所已有学生对其手稿进行

---

① 孔祥吉：《清人日记研究》，广东人民出版社2008年版，第3—4页。

初步点校,并呈现相关研究论文成果,2013级硕士研究生王小祎、王芳、申婷婷分著《〈默室日记〉整理及史料价值初探》系列,分别对日记的其中一部分进行了研究。她们对日记进行了录入和点校,并对其价值进行了初步探究。

《默室日记》始于光绪癸未九年(1883)孙培吉先生十五岁时(惜前二卷佚,现存文本起于光绪丙戌十二年六月初九);终于民国31年(1942)八月十一日,孙培吉七十四岁辞世之前两月零一天,历时五十六年又二月零三天,跨时半个世纪,见证了历史的风云激荡,殊为难得。

日记从内容上看,虽然主要是家中琐事、人物交往、内心独白等;但是其中也不乏一些历史事件的记载,如震惊中外的成都教案始末、清末科举制度、官僚制度实施细则、辛亥革命前后同志会保路运动中成都及川中人士的行为心态、清朝覆灭前后的成都大动乱及大浩劫实录、历时二十余年四川军阀割据混战的实况、滇军扰川及成都巷战、清末民初土地田租的经营形式、清末民初的四川教育现状、成都规划建设及地理沿革、清末及民国士绅民众赋税细则等,这些都是时代变迁浪潮中的重要史实,价值极大。

虽然家道中落,但作为曾经中举并且家学显赫的晚清士绅,孙培吉与当时成都的上层社会的接触仍然很多,并从未脱离与成都当时其他世家大族的联系。孙培吉写日记是出于个人喜好,"故而更具有真实性与人文亲情的立体感,于不经意间就较详尽地记录了一个宦官士绅豪门之家,百余年来由中兴、鼎盛,到分崩离析、寂寥的全过程;以及清末民初成都几大官宦、士绅、学人联姻家族——孙(治,号琴泉)、杨(遇春)、顾(复初)、马(绍相)、刘(楚英)、伍(肇龄)、刘(豫波)、龚(道耕)、庄(裕崧)等人文史话"[1]。

首先,从其母舅刘家说起。刘楚英在《皇清诰授光禄大夫布政使衔前直隶按察使特用道孙公(治)墓志铭》中,自称是"姻愚弟"[2],《尔雅》谓"壻之父为姻,妇之父为婚",可见刘楚英与孙家是姻亲关系,即

---

[1] 曲博:《从〈默室日记〉到〈大梦琐录〉——清末民初蜀中家族、人文史话磁场透视》,载《巴蜀文献》第一辑,四川大学出版社2014年版,第298页。

[2] 曲博:《弹素轩大梦琐录》附录甲,待出版。

孙治（琴泉）儿子孙华娶刘楚英女儿为妻。刘楚英本人是"诰授资政大夫盐运使衔、前分守广西桂平梧郁盐法道"①，也是有功名官守的人。据《益州书画名人录》记载："刘楚英，中江人，字湘舲，又号湘芸、少芸、拙生、石龛。道光乙未十五年（1835）举人，盐运使衔，花翎，广西盐法道，署又江道，署布政使司。工书，著有《石龛杂集》《石龛诗集》。"刘楚英实为孙培吉的外祖父。在刘楚英写给孙琴泉的信中，对孙琴泉的称呼如下："琴泉亲翁二兄大人""琴翁亲家二兄大人""琴泉二兄亲家大人"等，而且其在信中还提到"琦儿""石莲甥"等语，由此更证明了刘声琦是刘楚英的儿子，刘楚英和孙琴泉是亲家关系。

孙、刘两家的关系从孙琴泉这一辈就已经建立起来了，可能也正是因为关系好，两家才结为儿女亲家。到了孙培吉这一辈，与刘家的交游主要集中在几位舅舅和表兄弟身上，尤其与二舅交游密切。在日记中，提到大舅、二舅、六舅、幺舅及刘家的各位表兄弟的记载，比比皆是，"十六日，二舅请予今日午酌。"②"予曾闻二舅话其遗事，此书盖得自粤西，外祖曾宦游其地也。"③"二舅命近光以字来借洪石农字幅。"④诸如此类，生活、工作、学术、姻亲各个层面都有涉及，因其不仅有共同语言，更因其特殊的血缘关系而来往相当密切。因而，通过孙培吉的日记，提供了一个了解书法世家刘家的途径。

其次，是马绍相一家。孙家与马家的关系最明显的关系是姻亲关系，孙培吉的大姐嫁给了马绍相的儿子马芝仙，因而孙培吉在日记中总是称其为"马太亲翁"。马绍相在当时的成都也算得上一位名人，"他因首倡并主事修建了成都望江楼建筑群，而为后世所重。在《望江楼志》中，收录其诗文二首，即《江楼全域工竣偶成五言二章》……在民国《华阳县志·人物十一》中有《马长卿》小传……马氏在主事筹建望江楼建筑群后，其声名远播，得到民间和官府的重视"⑤。而孙培吉在日记中对其修建崇丽阁，即后来的望江公园也有提及。此外，孙培吉还提到了其曾

---

① 曲博：《弹素轩大梦琐录》附录甲，待出版。
② 《大梦琐录二十一》1906年8月20日。
③ 《大梦琐录二十一》1906年9月17日。
④ 《大梦琐录二十一》1906年10月3日。
⑤ 陈友山：《试说马长卿——谒昭烈惠陵诗碑》，《文史杂志》2012年第3期。

监修文庙,"府文庙因升大祀改修,马太亲翁监工,予久欲一往观……予始往观,见马太亲翁云云,工程方及十之三也"。①

孙家与马家的密切关系表现在诸多方面。首先是孙培吉大姊与马芝仙的婚姻,"宋姨太今日始向大人言,大姊久有到马家之志"。②"初三日,昨日大舅遣人送马府过门期来,并请大人往话。今日大人去,所言过门诸事,兹不详记。"③"闻马府明日入祠,未下帖来,欲往送,大人命张兴往探确日,带一帖回,请十八日在祠内。"④"二十日,遣人送大姊奁具于马府。"⑤"二十二日,三点钟即起,卯时,及二弟送大姊到祠中。早面后,由祠中送到马府。"⑥"二十四日,大姊归宁,并请其承继子,其子之兄亦来。"⑦"又言马绍相太亲翁现与局事。"⑧"初八日,到马太亲翁处,贺续娶喜。"⑨ 因为姻亲关系,孙培吉一家还常常请马家给予经济上的援助等。相关记录相当多,此处不一一列举。

由上可知,孙、马两家在当时都算得上大家族,因两家有姻亲上的关系,其他方面交往也日益加深。值得一提的是,在其大姐未过门之前,马芝仙就死于科举考试的路途中,孙培吉的大姐为此守寡一辈子,晚年又因病而长年卧床不起。曲博先生在《弹素轩大梦琐录》的"附录"中曾收录了一篇文章专门来记述此事,"余自京师归,适赴蓉垣,都人士以马氏双孝,称藉甚,询知为己卯孝廉绍相年丈之子若女,戊子举人昌暨女弟凰琳也。且述及继聘孙氏,于昌卒后,过门守贞事,余喟然曰:'节孝萃于一门,之三子者,洵足鼎峙千秋哉!特兄若妹,双孝事迹,建坊立祠,俱列传记,而《贞妇》从略,不为阐扬盛节,俾相得益彰,亦载

---

① 《大梦琐录二十三》1907年12月21日。
② 《默室日记三》1892年3月4日。
③ 《默室日记三》1892年4月3日。
④ 《默室日记三》1892年5月16日。
⑤ 《默室日记三》1892年5月20日。
⑥ 《默室日记三》1892年5月22日。
⑦ 《默室日记三》1892年5月24日。
⑧ 《默室日记三》1892年5月3日。
⑨ 《默室日记三》1892年5月8日。

笔者之憾也！'"① 今查相关四川及成都的史料，关于马绍相一家的记载是比较匮乏的，而此日记则对马家的记载相对较多，尤其是马家所掌管的马正泰号，日记多有涉及。考察孙、马两家的关系，一方面可了解当时成都士绅的交游及特点，另一方面也为研究成都马氏大家族提供了基础材料。

再次，是以龚道耕为代表的龚家。龚道耕（1876—1941），字向农，又字君迪，别署蛛隐，祖籍浙江绍兴，生于成都。历县学生员、副贡、举人，随后即入赀为内阁中书。未几，任四川学务处编辑，又在中学执教。辛亥革命后，历任国立成都师范大学校长，四川大学、华西大学教授。从儒学成就来讲，龚向农是一位极其值得研究的人物，关于这一点，《龚道耕儒学论集》② 一书中已有阐述。

孙家与龚道耕的联系也是姻亲，孙培吉的二姑是龚道耕的继母，这在日记中有明确记载。因为这层关系，龚道耕常常帮助孙培吉，介绍他到学堂任教，而且即使是在辞职方面，孙培吉也常常请其帮忙，龚道耕在孙培吉的工作方面颇费心思。此外，他们也会在经济、生活等方面相互给予帮助。正是因为这样的密切关系，他们家族之间还常常有想要进一步联姻的诉求。龚道耕的长子龚慎所就娶了孙培吉二弟的女儿，即孙培吉的六侄女，"六侄女许字龚慎所，向农之长子也"③。

最后，是关于刘子维一家，情况比较特殊。双江刘氏本身在当时就非常有名，家族源流可追溯到槐轩先生刘沅。刘沅（1765—1855），字止唐，成都双流县人。孙家与双江刘氏建立起关系，主要因为孙家的人在刘沅第六子刘梖文处练习静功。孙培吉及家人在跟随刘夫子练习静功的同时，与其子孙辈亦有很深交情。孙培吉常常和刘家的后辈们，诸如刘咸焌、刘咸炘等有工作上的联系，如刘咸炘曾请刘咸焌邀孙培吉到府中学堂当教习等。当然生活方面的来往也是有的，孙培吉的大女嫁与彭习吾就是经由刘咸炘介绍成功的。

---

① 曲博：《弹素轩大梦琐录》，"附录"，《十一、续纪马孙氏贞妇事迹——伍肇龄题笺〈贞妇马孙氏节略〉》。
② 龚道耕著，李冬梅选编：《龚道耕儒学论集》，四川大学出版社2010年版。
③ 《噩梦余影三十二》1921年10月12日。

另外，日记还提到"马太亲翁处送知单来，为伍祖姑丈祝八旬也，将为屏联彩觞，俟伍崧老病痊，补祝寿事者：马及罗云坞、周保臣、舒铗生、刘豫波也。"[①] 从这里就可看出孙家与马绍相、伍肇龄、罗云坞、刘豫波等成都士绅家族都有来往，这种交错的联系构成了一张密切的成都士绅关系网，为更好地理解近代"蜀学"学术史提供了很大便利。

四 结语

百余年间，一个宦官士绅豪门之家从迁徙、中兴、鼎盛到分崩离析、寂寥的全过程，凝缩的是传统文人和经典学术的时代变迁。文献故家，乔木千春；斯人已逝，风范永存。成都阳川孙氏自浙江入川后，诗书传家的传统一直未变，孙氏族人笔耕不辍，留下了大批文献，除了上述《默室日记》所反映的"蜀学"和社会史资料外，其他诗文、学术、讲义，以及杂钞等，都饱含了丰富的经学、文学、史学和艺术价值，都值得深入研究。诚如曲博先生所言，这批《孙氏文献》"堪称不可再的、足以供当代与后来学人研究、采信的宝贵史学、社会学、民俗学珍贵文献"。[②] 我们应当感谢孙培吉先生在艰难的人生中笔耕不辍，以真实所见所闻、所感所想为后人展现了社会变迁的时代画卷，更传承了"浙学"与"蜀学"文脉、丰富了学术内涵；也衷心感谢孙先生后人的远见卓识与奉献将神，完好保存了孙氏文献又无私公开、嘉惠学林。希望这笔不可多得的精神财富，可以被充分认知和利用，为地方学术复兴、近代学术史研究增添动力。

作者为四川大学古籍整理研究所讲师。

[①]《大梦琐录二十一》1906年8月13日。
[②] 曲博：《从〈默室日记〉到〈大梦琐录〉——清末民初蜀中家族、人文史话磁场透视》，载《巴蜀文献》第一辑，四川大学出版社2014年版。

《春秋》专经与明清四川乡试中举情况述论

——以明清 12 科四川乡试录为中心

陈长文

【摘要】 笔者利用存世 12 种明清时期的四川乡试录，探讨了《春秋》专经在巴蜀地区的时代、区域和家族分布情况。四川《春秋》专经中举者各科平均占 8.89%。主要分布在重庆、成都、叙州 3 府和潼川、嘉定 2 州等地，5 府州共有 57 人，约占 79.17%。尤其集中在重庆府的江津县、忠州、合州等州县，成都府的内江、成都等县，潼川州的遂宁县，以及嘉定州犍为县等地。四川潼川州遂宁县席书、席春、席彖兄弟三人，及席书之孙席上珍皆以《春秋》进士登科，一门四进士。此外，尚有多家祖孙、父子、兄弟以治《春秋》先后进士登科者。

【关键词】 明清时期　四川乡试　《春秋》中举

引　子

明清科举制承袭宋元，以专经取士，士子各治五经之一经。通过对科举专经的研究，有助于厘清明清时期各时段各专经研习人数的消长，由此可看出不同时代对各专经的好尚；有助于厘清各专经在全国或者各地的区域分布，由此看出不同地区学者对各专经的研习传统及成就。还有助于厘清各专经在各世家大族中的研习情况，由此可看出中国传统文化世家的家学、家教与家风的弘扬与传承。关于此领域的相关研究，笔者仅见吴宣德、王红春《明代会试试经考略》(《教育学报》2011年第7卷第1期)，吴宣德《明代乡试试经考略》(《科举学论丛》2016年第1辑)，陈时龙《明代的科举与经学》(中国社会科学出版社2018年版)、《明代科举与地域专经》(《中国社会科学报》2017年8月22日第7版)、《明代无锡的科举与〈尚书〉经》(《明清论丛》第十六辑)等文，他们的研究为该领域的研究提供了借鉴和思路。

巴蜀之地是泱泱华夏的一个缩影。然而学界尚未对明清四川地区的科举专经情况进行系统研究，为发掘和弘扬巴蜀传统文化，笔者不揣谫陋，利用存世明清12种四川乡试录进行探讨《春秋》专经的时代、区域和家族分布情况。

一 明清四川乡试《春秋》中举情况

明清科举考试乡试之后，各直省刊刻乡试录，会试之后礼部刊刻会试录，殿试之后刊刻进士登科录。这些科举考试原始文献多载有登科人员的所治经典，即专经情况。《天一阁藏明代科举录选刊·乡试录》(宁波出版社2010年版)影印出版了明代《成化元年四川乡试录》(明成化刻本)、《正德八年四川乡试录》(明正德刻本)、《嘉靖十六年四川乡试录》(明嘉靖刻本)、《嘉靖十九年四川乡试录》(明嘉靖刻本)、《嘉靖二十二年四川乡试录》(明嘉靖刻本)、《嘉靖二十五年四川乡试录》(明嘉靖刻本)、《隆庆四年四川乡试录》(明嘉靖刻本)、《万历元年四川乡试录》(明万历刻本)、《万历十年四川乡试录》(明万历刻本)9种天一阁藏明代孤本。《嘉靖四十三年四川乡试录》(明嘉靖刻本，台湾"中央"图书馆藏孤本)，收入屈万里主编《明代登科录汇编》(台湾学生书局1969年版)。《崇祯六年四川乡试录》(明崇祯刻本，四川省图书馆藏孤本)、《雍正十年四川乡试录》(清雍正刻本，国家图书馆藏孤本)，这两种收入《中国科举录汇编》，全国图书馆文献缩微复制中心，2010年版。李勇先、高志刚主编《蜀藏·巴蜀珍稀教育文献汇刊》(成都时代出版社2016年版，下简称"蜀藏")也汇辑影印了上述明清诸科四川乡试录。

因清代乾隆末年实行"五经命题"，不再专经应试，此后诸科没有统计的必要。故笔者将这上述12种四川乡试录所载名籍作为个案，进行统计梳理。现将不同科年的《春秋》专经情况列表如下：

科年	该科中举人数	《春秋》中举人数	《春秋》中举人数占比	资料来源
明成化元年（1465）	70	8	11.43%	《成化元年四川乡试录》①，明成化刻本，《蜀藏》第6册，第313—321页
明正德八年（1513）	70	6	8.57%	《正德八年四川乡试录》明正德刻本，《蜀藏》第7册，第313—320页
明嘉靖十六年（1537）	70	6	8.57%	《嘉靖十六年四川乡试录》，明嘉靖刻本，《蜀藏》第8册，第197—204页
明嘉靖十九年（1540）	70	6	8.57%	《嘉靖十九年四川乡试录》，明嘉靖刻本，《蜀藏》第8册，第375—382页
明嘉靖二十二年（1543）	70	6	8.57%	《嘉靖二十二年四川乡试录》，明嘉靖刻本，《蜀藏》第9册，第71—78页
明嘉靖二十五年（1546）	70	7	10%	《嘉靖二十五年四川乡试录》，明嘉靖刻本，《蜀藏》第9册，第283—290页
明嘉靖四十三年（1564）	70	6	8.57%	《嘉靖四十三年四川乡试录》，明嘉靖刻本，《蜀藏》第10册，第125—132页
明隆庆四年（1570）	70	6	8.57%	《隆庆四年四川乡试录》，明隆庆刻本，《蜀藏》第10册，第455—462页
明万历元年（1573）	70	3	4.29%	《万历元年四川乡试录》，明万历刻本，《蜀藏》第11册，第181—184页。注：《万历元年四川乡试录》残损，中举70人中仅存34人名籍，其中3人治《春秋》。
明万历十年（1582）	70	6	8.57%	《万历十年四川乡试录》，明万历刻本，《蜀藏》第11册，第291—298页

① 李勇先、高志刚：《蜀藏·巴蜀珍稀教育文献汇刊》，成都时代出版社2016年版，称《蜀藏》。

续表

科年	该科中举人数	《春秋》中举人数	《春秋》中举人数占比	资料来源
明崇祯六年（1633）	76	6	7.89%	《崇祯六年四川乡试录》，明崇祯刻本，《蜀藏》第12册，第119—127页
清雍正十年（1732）	73	6	8.57%	《雍正十年四川乡试录》雍正刻本，《中国科举录汇编》，全国图书馆文献缩微复制中心，2010年版。《蜀藏》第12册，第383—391页。注：其中3人以五经中式（第2名李其昌，成都府学生，第18名费藻，新繁县学生，第23名蒋元宇，茂州学生），故按70人统计占比。
统计	共849人（实存813人）	共72人，平均每科约6.27人（不统计万历元年）	均占8.48%	

由上表可知，明成化元年（1465）、嘉靖二十五年（1546）二科《春秋》中举者所占比例较高，在10%以上。明崇祯六年（1633）所占比例最低，为7.89%。各科平均占8.48%。据吴宣德等人对数据较为完整的明代64科会试科举专经情况进行统计，18092人中研治《春秋》的人数为1553人，占比8.6%。其研究结果，略高于上表统计的8.48%。

二 明清四川《春秋》举人区域分布

笔者又对明清时期四川各地《春秋》中举情况进行了统计，简明扼要列表如下：

行政区划	所属各学		人数	小计
成都府	成都府学		2	15人，占20.83%
	内江县学		4	
	成都县学		3	
	汉州	汉州学	1	
		什邡县学	1	2
	双流县学		1	
	崇庆州学		1	
	华阳县学		1	
	仁寿县学		1	
重庆府	重庆府学		4	21人，占29.17%
	江津县学		5	
	合州	合州学	2	3
		铜梁县学	1	
	忠州	酆都县学	2	4
		垫江县学	2	
	巴县学		1	
	大足县县		1	
	荣昌县学		1	
	涪州学		1	
	长寿县学		1	
顺庆府	广安州	广安州学	1	3人，占4.17%
		渠县学	1	3
	蓬州营山县学		1	
潼川州	遂宁县学		6	8人，占11.11%
	安岳县学		1	
	乐至县学		1	
叙州府	叙州府学		3	6人，占8.33%
	富顺县学		1	
	隆昌县学		2	
保宁府	保宁府学		3	4人，占5.56%
	巴州通江县学		1	

续表

行政区划	所属各学	人数	小计
嘉定州	嘉定州学	2	7人，占9.72%
	犍为县学	3	
	夹江县学	1	
	洪雅县学	1	
夔州府	夔州府学	1	4人，占5.56%
	新宁县学	1	
	达州学	1	
	梁山县学	1	
泸州纳溪县学		1	1人，占1.39%
眉州彭山县学		1	1人，占1.39%
马湖府学		1	1人，占1.39%
不详		1	1人，占1.39%
共计		72	

由上表可以看出，明清时期四川《春秋》科举专经，主要分布在重庆、成都、叙州3府和潼川、嘉定2州等地，5府州共有57人，约占79.17%。尤其集中在重庆府的江津县、忠州、合州等州县，成都府的内江、成都等县，潼川州的遂宁县，以及嘉定州犍为县等地。

三　四川《春秋》家族专经——以遂宁席氏为例

四川潼川州遂宁县席书、席春、席彖兄弟三人，少负才名，皆以《春秋》进士登科，时称"遂宁三凤"。后席书之孙席上珍也以《春秋》中嘉靖二十三年进士，一门四进士。

（一）席书

席书，四川潼川州遂宁县人，四川乡试第二名（经魁），以《春秋》中弘治三年第三甲第一百二十二名。《弘治三年会试录》："第二百五十二名席书，四川遂宁，增，《春》。"①《弘治三年进士登科录》："席书，贯四川潼川州遂宁县，民籍。县学增广生，治《春秋》。字文同，行一，年

---

① 《弘治三年会试录》，南京图书馆藏明抄本。

三十，四月初五日生。曾祖思恭，祖瑄，父祖宪，母吴氏，具庆下。弟诗、记、春、彖。娶张氏。四川乡试第二名，会试第二百五十二名。"①据《明史席书传》记载，登科后，历官贵州提学副使、福建左布政使、右副都御史巡抚湖广、南京兵部右侍郎，官至少保、太子太保、礼部尚书武英殿大学士。卒赠太傅，谥文襄。

（二）席春

席春，书弟。四川乡试第九名，以《春秋》中正德十二年第三甲第一百六十一名。《正德十二年会试录》："第三百二十三名席春，四川遂宁县人，监生，《春秋》。"②《正德十二年进士登科录》："贯四川潼川州遂宁县，民籍。国子生，治《春秋》。字仁同，行四，年四十二，四月二十三日生。曾祖思恭，祖瑄，父祖宪（封知县），母吴氏（封孺人），永感下。兄书（布政司右布政使）、诗（义官）、记，弟彖（户科给事中）。娶黄氏，继娶陈氏。四川乡试第九名，会试第三百二十三名。"③登科后，选翰林院庶吉士，历官翰林检讨、修撰、翰林学士、礼部右侍郎、吏部右侍郎。

（三）席彖

席彖，书弟。以《春秋》中正德九年第三甲第五十二名。《正德九年会试录》："第十三名席彖，四川遂宁县人，监生，《春秋》。"据《明史》载，席彖历官户科给事中。卒赠光禄少卿。

（四）席上珍

席上珍，书孙，中子。以《春秋》中嘉靖二十三年第三甲第七十九名。《嘉靖二十三年会试录》："第二百七十三名席上珍，四川遂宁县人，监生，《春秋》。"④《嘉靖二十三年进士登科录》："席上珍，贯四川潼川州遂宁县，民籍。国子生，治《春秋》。字聘之，行一，年三十五，十一月二十三日生。曾祖祖宪（封知县，赠光禄大夫、柱国、少保兼太子太保、礼部尚书），祖书（光禄大夫、柱国、少保兼太子太保、礼部尚书、

---

① 《弘治三年进士登科录》，版心页第61页，见《天一阁藏明代科举录选刊·登科录》。
② 《正德十二年会试录》，版心页第36页，见《天一阁藏明代科举录选刊·会试录》。
③ 《正德十二年进士登科录》，版心页第78页，见《天一阁藏明代科举录选刊·登科录》。
④ 《嘉靖二十三年会试录》，版心页第29页，见《天一阁藏明代科举录选刊·会试录》。

武英殿大学士，赠太傅，谥文襄），父中（尚宝司卿），母杨氏（赠宜人），继母杨氏（封宜人），具庆下。弟上贤、上宾、上儒、上卿、上士、上寿、上第、上相、上璧、上台、上应。娶赵氏。四川乡试第十九名，会试第二百七十三名。"① 后历官户部主事。

此外，榜眼、礼部尚书兼翰林院学士刘春，其父刘规，也以《春秋》中成化五年（1469）进士第三甲第五十四名。历官监察御史。卒后，四川新都人、内阁首辅杨廷和撰《赠资政大夫礼部尚书刘公墓表》。刘春之弟刘台，也以《春秋》中弘治五年（1492）四川乡试解元，弘治九年（1496）第三甲第十七名进士，历官吏部员外郎、广东、云南布政使司左参政。在刘春、刘台兄弟相继登科后，杨廷和《赠刘春刘台诗》："君家兄弟好文章，经学渊源有义方。夺锦两刊乡试录，凌云双立解元坊。大苏气节古来少，小宋才名天下香。从此圣朝添故事，巴山草木也生光。"②"刘氏世以科第显。"先后"五世甲科"，一门九进士。明代著名文学家熊过，其子熊敦朴，隆庆五年第二甲第六十四名，后裔熊胤震天启二年第三甲第一百九十一名皆以《春秋》进士登科。可见，四川《春秋》专经与其他省份其他专经一样具有明显的家族传承特征。

附：明清 12 科四川乡试《春秋》72 位举人名籍

科年	乡试名次	姓名	学籍	资料来源
明成化元年（1465）	4	张附翼	重庆府学生	《成化元年四川乡试录》，明成化刻本，李勇先，高志刚主编《蜀藏·巴蜀珍稀教育文献汇刊》（成都时代出版社2016年版）第6册，第313—321页
	9	王寅	重庆府合州铜梁县学增广生	
	14	王伯琦	嘉定州犍为县学生	
	20	龚衡	成都府成都县学生	
	25	胡积学	重庆府学增广生	
	35	李筦	泸州纳溪县学生	
	49	陈纬	成都府成都县学增广生	
	63	李垚	重庆府学增广生	

---

① 《嘉靖二十三年进士登科录》，版心页第 52 页，见《天一阁藏明代科举录选刊·登科录》。

② （明）杨廷和：《赠刘春刘台诗》《杨文忠公三录》《四库全书》本。

续表

科年	乡试名次	姓名	学籍	资料来源
明正德八年（1513）	3	李观	顺庆府广安州渠县学生	《正德八年四川乡试录》明正德刻本，《蜀藏·巴蜀珍稀教育文献汇刊》第7册，第313—320页
	9	周勉	成都府学生	
	20	陈力	成都府学生	
	31	李嘉宾	成都府双流县学生	
	50	周集	潼川州遂宁县学生	
	65	刘诏	重庆府江津县学生	
明嘉靖十六年（1537）	4	王询	成都府华阳县学增广生	《嘉靖十六年四川乡试录》，明嘉靖刻本，《蜀藏·巴蜀珍稀教育文献汇刊》第8册，第197—204页
	13	张瑶	潼川州遂宁县学生	
	31	程宗尧	重庆府涪州学生	
	48	刘光辉	保宁府学生	
	56	熊果	夔州府新宁县学生	
	67	谌忠	嘉定州犍为县学生	
明嘉靖十九年（1540）	4	梅友竹	重庆府忠州垫江县学增广生	《嘉靖十九年四川乡试录》，明嘉靖刻本，《蜀藏·巴蜀珍稀教育文献汇刊》第8册，第375—382页
	12	周祜	眉州彭山县学生	
	24	李临阳	重庆府江津县学生	
	39	彭世爵	潼川州安岳县学增广生	
	50	聂汝孝	嘉定州犍为县学生	
	60	刘三正	成都府内江县学生	
明嘉靖二十二年（1543）	4	杨台	潼川州遂宁县学附学生	《嘉靖二十二年四川乡试录》，明嘉靖刻本，《蜀藏·巴蜀珍稀教育文献汇刊》第9册，第71—78页
	12	李宗献	重庆府长寿县学增广生	
	24	杨自治	成都府崇庆州学生	
	39	王克肖	嘉定州夹江县学生	
	50	刘惟一	潼川州遂宁县学生	
	60	黄岗	潼川州遂宁县学增广生	
明嘉靖二十五年（1546）	2	陈宗虞	保宁府学增广生	《嘉靖二十五年四川乡试录》，明嘉靖刻本，《蜀藏·巴蜀珍稀教育文献汇刊》第9册，第283—290页
	8	李之珍	成都府汉州什邡县学生	
	17	桂嘉孝	成都府成都县学生	
	26	张可述	嘉定州洪雅县学生	
	40	邹遇	重庆府江津县学生	
	59	周南	重庆府学生	
	69	钱济民	重庆府江津县学生	

续表

科年	乡试名次	姓名	学籍	资料来源
明嘉靖四十三年（1564）	5	刘起涑	重庆府巴县学附学生	《嘉靖四十三年四川乡试录》，明嘉靖刻本，《蜀藏·巴蜀珍稀教育文献汇刊》第10册，第125—132页
	14	杨养湛	马湖府学生	
	22	张镕	重庆府合州学增广生	
	33	何矩	保宁府学生	
	44	曾继先	重庆府忠州酆都县学生	
	66	黄著	重庆府忠州酆都县学生	
明隆庆四年（1570）	4	郭衢阶	叙州府学附学生	《隆庆四年四川乡试录》，明隆庆刻本，《蜀藏·巴蜀珍稀教育文献汇刊》第10册，第455—462页
	14	刘承祖	成都府内江县学生	
	22	黄若榛	潼川州遂宁县学生	
	33	毛章	成都府汉州学生	
	44	刘士望	叙州府学附学生	
	64	廖恒吉	夔州府达州学生	
明万历元年（1573）	4	廖如龙	重庆府江津县学增广生	《万历元年四川乡试录》，明万历刻本，《蜀藏·巴蜀珍稀教育文献汇刊》第11册，第181—184页
	11	杨继寿	成都府内江县学附学生	
	26	赵楷	嘉定州犍为县学生	
明万历十年（1582）	4	邓应祈	成都府内江县学生	《万历十年四川乡试录》，明万历刻本，《蜀藏·巴蜀珍稀教育文献汇刊》第11册，第291—298页
	7	朱炳然	重庆府大足县学生	
	25	龚一麐	顺庆府蓬州营山县学增广生	
	42	何起晋	叙州府富顺县学附学生	
	57	刘戡	嘉定州学生	
	62	江应龙	叙州府隆昌县学生	
明崇祯六年（1633）	4	聂格心	叙州府学生	《崇祯六年四川乡试录》，明崇祯刻本，《蜀藏·巴蜀珍稀教育文献汇刊》第12册，第119—127页
	24	李藻	成都府仁寿县学增广生	
	35	李长祥	□□□附学生	
	46	张懋华	重庆府合州学生	
	59	陈舜道	夔州府梁山县学生	
	76	李默	重庆府忠州垫江县监生	

续表

科年	乡试名次	姓名	学籍	资料来源
清雍正十年（1732）	3	王之赞	潼川州乐至县贡生	《雍正十年四川乡试录》雍正刻本，《蜀藏·巴蜀珍稀教育文献汇刊》第12册，第383—391页
	22	赵秉岐	保宁府巴州通江县学生	
	36	谭译	夔州府学生	
	48	李昀	顺庆府广安州贡生	
	54	吴世藩	重庆府荣昌县学生	
	64	周之鼎	叙州府隆昌县学生	

作者为四川大学古籍整理研究所副教授。

试论蜀学与北宋文人画审美思想的形成

寿勤泽

【摘要】 绘画艺术史学界对于文人画起源有多种见解，本文从北宋元祐文士集团的思想体系建构特点论析出发，对蜀学的异端特征与杂学性质作出分析，深入剖析蜀学文艺观与文人画意识之间的内在关联，揭示出文人画思想的本源。

【关键词】 北宋元祐文士集团　文人画　蜀学

北宋文人画意识兴起，不仅受到魏晋南北朝与隋唐时期顾恺之的"传神论"，宗炳、王微提出的山水画"畅神"的主张，颜延之提出的"以图画非止艺行，成当与《易》象同体"①的主张，谢赫提出的"气韵生动"的主张、姚最提出的"学穷性表，心师造化"的主张，张彦远提出的"怡悦情性""怡然以观阅"的主张等的影响，而且受到蜀学文艺观的深刻制约与影响。北宋文人画所倡导的绘画美学理想、所追求的绘画艺术风格、所具有的绘画艺术特点与蜀学文艺观之间存在紧密的内在联系。北宋文人画推崇的最高艺术境界是"平淡为美"，崇尚的绘画格调是"天工清新"，追求的艺术美感是"韵外之致"，由此而建构了富有时代特色的以崇尚自然美为核心的绘画艺术思想体系。在这一绘画思想体系与蜀学文艺观之间，就可以梳理出二者内在的思想逻辑关系。

---

① 颜延之语，见王微《叙画》，载俞剑华编著《中国古代画论类编》，人民出版社1998年版，第585页。

一　蜀学思想与文人画尚"淡"审美倾向的关系

在我们看来，在宋学诸学派中，蜀学是异端思想与杂学特色最鲜明的一派，它充分吸纳融合释道理论，援引佛老入儒，形成了富有特色的文艺思想，其所具的思想特征决定了它对于绘画书法艺术领域的影响要远远超过洛学、新学等学派。以蜀学思想为基础而逐步形成的以欧阳修、苏轼等为代表的元祐文士集团与书画艺术具有紧密的联系，在其成员中，文同、苏轼、李公麟、米芾、晁补之等都是著名的文人画家，欧阳修、苏洵、黄庭坚、苏辙、秦观、陈师道等人对于绘画与书法都有很高的鉴赏能力与敏锐而卓越的见识。他们的绘画主张趋于相近，在艺术上倡导高风绝尘、淡泊有味的审美理想，将"平淡天真"作为绘画的最高艺术境界，反映出蜀学文艺观在绘画上推崇以"淡"为美的文人画意识。在元祐文士集团中，在文人画思想上提出重要见解的主要有欧阳修、文同、苏轼、苏辙、黄庭坚、米芾、晁补之诸人。在上列诸家中，欧阳修以其广阔宏通的视野与对诗文书画艺术的通识提出了不少独到的绘画主张，起到了"导夫先路"的作用。苏轼以其浩然士气与古今集成的艺术成就将文人画思想推向时代的高峰，不仅影响了元祐文士集团的艺术思想发展，而且影响了后世文人士大夫阶层的绘画艺术思想，对包括院体画、画工画在内的整个中国古代绘画艺术的发展也产生了不可低估的思想影响。因此，我们以欧阳修、苏轼作为观照与阐析的重点，同时也结合其文论、诗论中反映出来的相关主张，从其整体文艺思想的发展中对其绘画艺术思想的演变脉络与思想精髓作出符合实际的分析论述。

（一）梅尧臣的"平淡"论与欧阳修的"平淡"论的异同

从六朝到唐宋，我们看到文艺主潮由浓到淡的转变倾向。唐代司空图《诗品》对"淡"作了大力推崇，将"冲淡"在二十四诗品中列为第二位，并对其审美内涵特征作了细微的描述，称其："素处以默，妙机其微，饮之太和，独鹤与飞。犹之惠风，荏荏在衣，阅音修篁，美曰载归。遇之匪深，即之愈稀，脱有形似，握手已违。"而在《典雅》《高古》《自然》诸品里，都有着对近似于"冲淡"一品的诸多审美范畴的意蕴的描述。如"典雅"一品称："坐中佳士，左右修竹……落花无言，人淡如菊。""高古"一品称："畸人朱真，手把芙蓉……太华夜碧，人闻清钟。"皎然的《诗式·诗有六至》说诗有"六至"："至险而不僻,至奇而不差,至丽而自然,至苦而无迹,至近而意远,至放而不迂。"虽然未拈出"平淡"一词,实说的是"平淡"。

北宋时期,内外形势都发生了重要的变化,整个社会的心态日趋内倾,推崇理性思辨,与此相适应的,是审美思潮上也呈现出推崇平淡风格的趋势。

北宋诗人最早谈及平淡美,是在北宋初年梅尧臣论诗时,梅尧臣与欧阳修、尹洙等,都是诗文革新运动的倡导者,他的诗呈现简远平淡的风格,欧阳修在《六一诗话》中总结梅尧臣的诗风特点时说："子美笔力豪隽,以超迈横绝为奇;圣俞覃思精微,以深远闲淡为意。"梅尧臣深受宋人推崇,甚至被人推崇为宋诗的"开山祖师",他论诗,积极倡导"平淡"诗风,他在《读邵不疑学士诗卷》诗里称："作诗无古今,唯造平淡难。"(《宛陵先生集》卷48),他推崇陶渊明的诗风,在《答中道小疾见寄》诗里称赞陶诗"诗本道性情,不须大厥声。方闻理平淡,昏晓在渊明。"(《宛陵先生集》卷24)在《寄宋次道中道》诗里称："中作渊明诗,平淡可比伦。"(《宛陵先生集》卷25)他的《林和靖先生诗集序》称赞林逋说："顺物玩情为之诗,则平淡邃美,读之令人忘百事也。其辞主于静正,不主乎刺讥,然后知趣尚博远,寄适于诗尔。"(《梅集编年校注》拾遗)对于梅尧臣的诗歌理论,后人评论说："去浮靡之习,超然于昆体极弊之际,存古淡之道,卓然于诸大家未起之先。"(《宛陵先生集》附录)称其"古淡",是指对唐代李白、杜甫与韩孟等人的诗风的追慕,是指对晚唐五代以来浮靡诗风的反正。

与梅尧臣一样,欧阳修将平淡美作为自己的艺术追求。叶梦得的《石林诗话》说："欧阳文忠公诗始矫'昆体',专以气格为主,故其言多平易疏畅,律诗意所到处,虽语有不伦,亦不复问。"欧阳修论文,提倡"平淡典要",把"平淡"看成"典要",也可见"平淡"在他心目中的地位之高。欧阳修重视诗歌艺术的"平淡"或"淡泊"之美。他有多篇诗作论及诗歌的"平淡"之美,他在嘉祐四年(1059)作的《病告中怀子华原父》诗里称："狂来有意与春争,老去心情渐不能。世味惟存诗淡泊,生涯半为病侵陵。"可以说,是欧阳修奠定了"平淡"文风的不可动摇的地位。

梅尧臣论述平淡美，仅及诗风，欧阳修则由诗文而延及绘画，他在《鉴画》中论述绘画艺术时说："萧条淡泊，此难画之意。画者得之，览者未必识也。故飞走迟速，意浅之物易见，而闲和严静，趣远之心难形。若乃高下向背，远近重复，此画工之意尔，非精鉴者之事也。"在欧阳修看来，能够传达趣远之心的绘画，远超于描写飞走迟速等意浅之物的作品之上。他认为"平淡"的作品，"如食橄榄，真味久愈在"。

在推崇诗歌的"平淡"风格上，梅尧臣主要从改革文风的角度提倡具有"平淡"美感特征的诗风，欧阳修也主要是从改革文风的角度提倡"平淡"之风，但将论述的范围从诗文扩展到绘画艺术上，开启了文人画推崇"淡"的审美意识的先河。而到苏轼、黄庭坚、米芾等，则在论及诗画时极大地丰富了平淡美的美学内涵。

（二）苏轼推崇"平淡"的审美倾向与文人画艺术的内在联系

苏轼论艺，常常由诗文而及书画，或由书画而及诗文，以一含万，触类旁通。对于苏轼的平淡美理论，我们将他的诗画理论作为一个整体来观察，着重分析以下几方面的问题。

1. 苏轼对于陶渊明、韦应物、柳宗元等人的诗风尤其是对陶渊明诗歌平淡风格的推崇，对于钟繇、王羲之萧散简远书风的推崇反映出时代审美倾向的变化，对于促进文人画意识的发展起了重要作用。

苏轼在《书黄子思诗集后》文中，提出书法的最高艺术境界是"萧散简远"，他说："予尝论书，以谓钟（繇）、王（羲之）之迹，萧散简远，妙在笔墨之外。至唐颜（真卿）、柳（公权），始集古今笔法而尽之，极书之变，天下翕然以为宗师。而钟王之法微。""至于诗亦然。苏（武）李（陵）之天成，曹（植）刘（桢）之自得，陶（潜）谢（灵运）之超然，盖亦至矣。而李太白、杜子美以英玮绝世之姿，凌跨百代，古今诗人尽废。然魏晋以来，高风绝尘亦少衰矣。李杜之后，诗人继作，虽间有远韵，而才不逮意。独韦应物、柳宗元发纤秾于简古，寄至味于澹泊，非余子所及也。"在上面这两段文字中，苏轼就书法和诗提出了两方面见解：其一，技巧上的最高成就不是艺术上的最高境界，甚至会妨碍艺术最高境界的完成。其二，艺术上的最高境界是"萧散简远""淡泊简古"。这一观点贯串在他对诗、文、画各种艺术的见解中。

苏轼在书法艺术上，欣赏的是钟、王之迹，因其得之"天成"，深具

"自得""超然"之性。由书法的认识而及诗歌,他在诗歌风格上欣赏的也是具有这一审美特征的苏、李、曹、刘、陶、谢诸家。在上一段话中,苏轼列举了苏武、李陵、曹植、刘桢、陶潜、谢灵运、李太白、杜子美、韦应物、柳宗元等人并论其所长。苏轼在推崇诗歌的平淡美时,最为欣赏的诗人是东晋陶渊明、中唐韦应物、柳宗元。在《题柳子厚诗二首》里称:"好奇务新,乃诗之病。柳子厚晚年诗,极似陶渊明,知诗病者也。"柳宗元晚年诗歌"发纤秾于简古,寄至味于澹泊"的诗风与陶渊明"质而实绮,癯而实腴"的诗风非常接近。①

苏轼诗画论中推崇"平淡"的审美倾向,是受到东晋陶渊明的思想影响的。理解苏轼"平淡"理论的精神实质,需要了解苏轼对于陶渊明其人其作的理解与认识。在苏轼发现与推崇陶渊明以前,陶渊明在文艺史上的地位并不高,六朝时崇尚华丽的文风,陶渊明也因"世叹其质直",列入中品,在唐代,人们崇尚的是昂扬的激情,陶渊明当时也不为人推扬。

苏轼对陶渊明的人格和其体现出平淡情味的诗风情有独钟,对陶诗的文化意蕴重新作了符合时代需要的阐释,他写了大量的和陶诗,翻阅苏轼诗文,陶渊明的名字出现了上百次,足见对其的尊崇和向往之情。由于苏轼在文坛的影响力,一时间,拟陶、和陶简直成为当时诗坛的风尚。在苏轼影响下,苏辙、黄庭坚等人都倾心于陶渊明的诗歌艺术。北宋元祐文士集团对陶诗评价的转变所反映的是一个时代审美倾向的变化。

苏轼十分推重陶渊明的"真",他在《书李简夫诗集后》里称:"孔子不取微生高,孟子不取于陵仲子,恶其不情也。陶渊明欲仕则仕,不以求之为嫌;欲隐则隐,不以去之为高;饥则扣门而乞食,饱则鸡黍以延客:古今贤之,贵其真也。"②又称:"古人所贵者,贵其真。陶渊明耻为五斗米屈于乡里小儿,弃官而去归。久之,复游城郭,偶有羡于华轩。"在《与子由六首之五》里称:"然吾于渊明,岂独好其诗也哉?如其为人,实有感焉。渊明临终《疏》告俨等:'吾少而穷苦,每以家弊,东西游走。性刚才拙,与物多忤。自量为己,必贻俗患。黾勉辞世,使

---

① 《苏轼文集》,中华书局1986年版,第2109页。
② 《苏轼文集》,第2148页。

汝等幼而饥寒。'渊明此语，盖实录也。吾今真有此病，而不早自知。半生出仕以犯世患，此所以深服渊明，欲以晚节师范其万一也。"① 苏轼的生命实践与陶渊明有着精神上的相通之处，苏轼的《答程全父推官六首之三》诗曰："流转海外，如逃深谷，既无与晤语者，又书籍举无有，惟陶渊明一集，柳子厚诗文数册，常置左右，目为二友。"② 陶渊明与柳宗元的诗文几乎成了他的精神支柱，从他们的诗文艺术中汲取了文化营养。苏轼晚年所达到的"天地境界"，往往以"淡"的形式表现出来，如他在《与李公择十七首》中说："仆行年五十，知作活大要是悭尔，而文以美名，谓之俭素。然吾辈为之，则不类俗人，真可谓淡而有味者。"③ 苏轼对人生经历与生命的感悟又总是通过对陶渊明的阐释而得到表达，如称"渊明形神似我"（《王直方诗话》），在《录陶渊明诗》里称"与渊明诗意，不谋而合"④ 等。苏轼所推崇的陶渊明的"真"，是一种不为世俗所累，不愿心为物役，去除了世俗之负担的生命之情，这种体现生命本真面目的情性在文艺中总是以寓于"平淡天真"的方式中表现出来的。

北宋时期，经过苏轼与元祐文士集团的推崇，陶渊明成了文士中评价最高的诗人。因为他的诗作形式的古朴与诗风的平淡，正与北宋时期文士崇尚理性思辨，推崇冲淡和美的社会心态相合，因此而受到了文士的一致崇尚。

2. 苏轼对平淡美内涵的阐发反映出对艺术辩证法的深刻理解，反映了蜀学思想善于会通不同思想要素的特点。

苏轼运用辩证的观点，对于书画艺术平淡美的特征作了深刻的阐述。苏轼对平淡美内涵的阐发，大都是在论及陶渊明诗艺时表白出来的。他在《与子由六首》里称："吾于诗人，无所甚好，独好渊明之诗。渊明作诗不多，然其诗质而实绮，癯而实腴。自曹、刘、鲍、谢、李、杜诸人皆莫及也。"⑤《东坡题跋·评韩柳诗》在这段话中，我们需要重点关注的是苏轼所总结的陶渊明诗风特点是"质而实绮，癯而实腴"八个字。

---

① 《苏轼文集》，第 2514 页。
② 《苏轼诗集》，中华书局 1982 年版，第 2521 页。
③ 《苏轼文集》，第 1496 页。
④ 《苏轼诗集》，第 2111 页。
⑤ 《苏轼文集》，第 2514 页。

后来，他在《东坡题跋》里说："柳子厚诗在陶渊明下，韦苏州上；退之豪放奇险则过之，而温丽情深则不及。所贵乎枯淡者，谓其外枯而中膏，似淡而实美，渊明、子厚之流是也。若中边皆枯淡，亦何足道。佛云：'如人食蜜，中边皆甜。'人食五味，知其甘苦者皆是，能分别其中边者，百无一二也。"在这段话中，我们重点关注的是他说的"所贵乎枯淡者，谓其外枯而中膏，似淡而实美"一句话语所反映的美学观点。后来，他在《书唐氏六家书后》一文称："永禅师书，骨气深稳，体兼众妙，精能之至，所造疏淡。如观陶彭泽诗，初若散缓不收，反覆不已，乃识其奇趣。"[1] 这段话虽是推崇智永"体兼众妙，精能之至，所造疏淡"的杰出成就，也表露了对陶诗孕育"奇趣"于"疏淡"的诗风特征的赞美。苏轼的《送参寥师》一诗云："……颓然寄澹泊，谁与发豪猛？细思乃不然，真巧非幻影。欲令诗语妙，无厌空且静。静故了群动，空故纳万境，阅世走人间，观身卧云岭，咸酸杂众好，中有至味永。"在这段文字中，他提出主体空灵境界的形成是以"澹泊"为前提的。诗歌如果蕴含了多种美感质素，"咸酸杂众好"，就能达到"至味永"的至高境界。

在苏轼看来，陶渊明的诗风反映出融合了"纤秾"与"简古"、"至味"与"澹泊"、"外枯"与"中膏"、"似澹"与"实美"、"质"与"绮"、"癯"与"腴"等对立美学因素的平淡美。陶诗的艺术之长是在质朴简古之中包含了丰富的意蕴，在看似干枯的外表下积聚了生命的活力，在凝练简短的形式之中蕴藏了悠远的韵味，在简洁平实的文字之中寄寓了细腻浓烈的情感，一句话，以平淡的形式表现不平淡的内容，"其实不是平淡，绚烂之极也"，这是苏轼对"平淡美"实质的深刻洞察。苏轼认为，"平淡"不是贫乏与粗疏。它"外枯而中膏，似淡而实美"。"枯"与"膏"、"淡"与"美"虽为一物的两端，但是两者在文艺作品中可以构成有机的统一，从而焕发出不同寻常的艺术魅力。苏轼认为，"外枯而中膏，似淡而实美"的作品，不仅美，而且妙。美是有限的，妙是无限的，美可观，妙则还须品味。只有"淡泊"的作品才有"至味"。苏轼认为，"平淡"自绚丽中来，唯有落其华芬，才能展露"平淡"之真容。因而，"平淡"的美学底蕴不是"平"，也不是"淡"。只有从绚丽

---

[1] 《苏轼文集》，第2206页。

中来，方能造平淡之境。确实，苏轼通过对陶渊明、柳宗元的平淡诗风，对钟繇、王羲之、智永的平淡书法风格的阐析，阐述了"平淡美"的美学内涵，反映了他对艺术辩证法的深刻的理解。

苏轼论文时指出："大凡为文，当使气象峥嵘，五色绚烂，渐老渐熟，乃造平淡。"（转引自何文焕《历代诗话·东坡诗话》）"气象峥嵘"，就是遣词造句、铺排文句时的熟练技巧，"平淡"，是指文风自然平易。这种"平淡"的前提并不是指初始学艺时期的连基本规范都没有的随意而就，而是指对艺术技巧的严格训练，在技艺娴熟到达极致之后的风格蜕变，是作者内在修养在艺术实践中的"升华"表现，苏轼所称的"绚烂至极"，"乃造平淡"，从表面说是指艺术学习中从技巧到风格境界的转化过程，但实际上他强调的是艺术的境界、风格以"平淡"为上乘的观点。从艺术创作上说，"平淡"是对"绚烂至极"的超越，是"回归"到"纯朴自然"境界的连接点，也就是佛学所谓"学至无学者耳"。这也就是苏轼在《虔州崇庆禅院新经藏记》强调的"口必至于忘声而后能言，手必至于忘笔而后能书。……及其相忘之至，则形容心术酬酢万物之变，忽然而不自知也"。① 学，到了"无学"的境地，也就是从"峥嵘"提升到"平淡"的艺术境界。

苏轼认为，平淡美的境界实也是"天然"或"天成"的境界。所谓"天然""天成"，不是自然原本有的。说诗人的创作"浑然天成"，"缘情体物，自有天然"，指的是创作进入了"神与物游"、心手合一的自由境界。这种艺术境界在《庄子》中那个庖丁解牛的故事里已有深刻的论述。虽是人为，却巧夺天工，它的妙处就在虽尽人力却无刻削之痕。黄庭坚在《与王观复书三首之二》里称："平淡而山高水深，似欲不可企及，文章成就，更无斧凿痕，乃为佳作耳。"② 黄庭坚的见解是对苏轼平淡美思想的有益补充。

通过分析苏轼对晋唐杰出诗人与艺术家诗风与艺风平淡美意蕴与特征的阐释，我们基本把握了苏轼"平淡"理论的精神特质，也可以总结出艺术的平淡美风格的三个特征。（1）从"平淡"风格的形态特征而论，

---

① 《苏轼文集》续集，中华书局1986年版，第390页。
② 《黄庭坚集》，凤凰出版社2007年版，第109页。

表现出多种审美要素的对立统一，反映出诗画艺术发展的内在发展特点。（2）从"平淡"风格的情感特征而论，"平淡"的艺术风格追求包含了明确的情感要求，即宁静淡泊，无造作雕饰之嫌，要以审美的方式超越现实，通过反观回照而获得。（3）从"平淡"风格的形式特征来说，东晋的陶诗与唐代韦、柳等人的诗作大都古朴雅洁，因此，平淡美在形式上的特征往往反映在以五言古诗为代表的古体诗中。苏轼主张诗艺上追求"高风绝尘"，推崇近体诗产生以前古诗简朴醇和的诗风。这三个方面的特点汇合起来，构成了对诗画艺术平淡美的美学内涵的完整认识。元祐文士对平淡美意蕴的体认，导致他们对绘画史的审视与价值重估，导致了他们对董源价值的发现。米芾的《画史》指出："董源平淡天真多，唐无此品，近世神品，格高无与比也。"在文人画家看来，意趣高古，自然天成乃最难企及之境界，董源的山水画恰恰呈现出平淡天真之美，因而，他们将董源推尊为五代山水画家之首，反映了时代审美思潮在文人画意识发展中的推动作用。

苏轼提出的平淡美的观点，将宋代文人士大夫普遍倾向于"淡"的审美意识推进到绘画艺术的领域，促进了文人画艺术的发展。主要表现在：文人士大夫推崇水墨的清淡之色，喜爱墨分五色的丰富视觉感受，欣赏水墨画的清雅疏淡画风，北宋中后期，青绿山水画逐渐被水墨画所取代，水墨画逐渐成为文人画的主要形式，我们从元祐文士集团的画家画作中可以清楚地看到这一转变。不仅如此，后来连院画作者也受到水墨画兴起新思潮的影响，对水墨画风产生了喜好，宋徽宗留存至今的若干水墨画作即是明证。

（三）苏轼推崇"平淡"的审美倾向源于蜀学思想影响

苏轼的诗画平淡美思想的精神特质与蜀学思想之间有着极为密切的关系。苏轼对于平淡美的审美追求是以其哲学思想为底蕴的。在其人生历程中，苏轼屡经贬谪，饱经忧患，在人生的进取与退隐的双重矛盾中破解深层的思想困惑，在贬逐投荒中实现人生升华。我们从他对陶渊明人格的认同中可以深深体会他在人生选择上的所思所求，他是反映北宋文人士大夫矛盾心情最为鲜明的人格化身，他把君主集权制时代文士的进取与退隐的双重矛盾心理发展到一个新的质变点，在人格上达到了常人所不能到达的"天地境界"。李泽厚论述苏轼的生命哲学与艺术精神时说：“苏一生并未退隐，也从未真正'归田'，但他通过诗文所表达出来的那种人生空漠之感，却比前人任何口头上或事实上的'退隐''归田''遁世'要更深刻更沉重。"又说："正是这种对整体人生的空幻、悔悟、淡漠感，求超脱而未能，欲排遣反戏谑，使苏轼奉儒家而出入佛老，谈世事而颇作玄思；于是，行云流水，初无定质，嬉笑怒骂，皆成文章；这里没有屈原、阮籍的忧愤，没有李白、杜甫的豪诚，不似白居易的明朗，不似柳宗元的孤峭，当然更不像韩愈那样盛气凌人、不可一世。苏轼在美学上追求的是一种朴质无毕、平淡自然的情趣韵味，一种退避社会、厌弃世间的人生理想和生活态度，反对矫揉造作和装饰雕琢，并把这一切提到某种透彻了悟的哲理高度。"①

诚然，苏轼的哲学思想及其对"淡"的审美趣味的形成受到老庄、佛学思想的影响，老、庄思想里蕴含了崇尚"淡"的精神色彩。《老子》云："大巧若拙，大辩若纳"，"信言不美，美言不信"。他提倡平淡为上的思想，对庄子及以后的思想家都产生了重要的影响。《庄子》的《知北游》篇说："天地有大美而不言，四时有明法而不议，万物有成理而不说。圣人者，原天地之美而达万物之理，是故至人无为，大圣不作，观于天地之谓也。"《刻意》篇说："澹然无极，而众美从之，此天地之道，圣人之德也。故曰：夫恬淡寂寞，虚无无为，此天地之平，而道德之质也。故曰：圣人休休焉，则平易矣，平易则恬淡矣。平易恬淡，则忧患不能入，邪气不得袭，故其德全而神不亏。"自老庄提倡平淡美以来，一直为后来的诗人、画家所推崇。苏轼的"平淡"理论深受老庄思想的影响，他在《睡乡记》中说：

> 睡乡之境……其政甚谆，其俗甚均，其土平夷广大，无东西南北，其人安恬舒适，无疾痛札瘥。昏然不生七情，茫然不交万事，荡然不知天地日月。不丝不谷，佚卧而自足，不舟不车，极意而远游。冬而缔，夏而纩，不知其有寒暑。得而悲，失而喜，不知其有利害。以谓凡其所见者皆妄也。②

---

① 李泽厚：《美的历程》，天津社会科学院出版社2001年版，第262、265页。
② 《苏轼文集》，第372页。

这种对待生活的淡然无为、否定世俗的态度，与老庄追求返璞归真的思想一脉相承，"天地有大美而不言"，"澹然无极，而众美从之"已成为其生命意识，对于其平淡美的审美追求必定具有深刻的影响。苏轼在《书王定国所藏王晋卿画著色山》诗里称："我心空无物，斯文何足关。君看古井水，万象自往还。"① 在《出都来陈，所乘船上有题小诗八首，不知何人。有感于余心者，聊为和之》诗里称："我诗虽云拙，心平声韵和。年来烦恼尽，古井无由波。"② 诗人意静如止水，心平声韵和，和谐宁静的金石丝竹取代了"不得其平则鸣"之声，产生出艺术的极致之美。

但从其总体哲学思想与艺术思想特征而言，苏轼既非单纯接受老庄思想的影响，也非单一地接受佛学禅宗思想的影响，而是深深受到融合了三教思想的蜀学思想的制约，因此，他既不会在"齐一万物"的理论里沉迷，也不会在"四大皆空"的言语中消弭自我，他以蜀学的圆融思维为据，融合三教思想，以自己独特的人生感悟对艺术现象作深入的思考，对创作主体的思想情感进行超越性的观照，对于蕴含着"奇趣"的"平淡"之美，从各种不同的视角去做全面的观照，对其作出由表及里的阐析。他由对平淡之美的体认而滋生对整体人生的淡定空漠感，与道释玄思深为契合，因此，毕生在美学上追求朴质无匹、平淡自然的情趣韵味，并通过笔墨文字把这一切提到了某种透彻了悟的哲理高度。苏轼的尚淡艺术观影响深远，宋元时期的文人画家几乎都从他这里得到思想的启示，从而奠定了文人画艺术的基本格调。

二 蜀学思想与文人画尚"韵"审美倾向的关系

文人士大夫对尚"淡"审美趣味的推崇必然会促进艺术上另一种审美倾向"韵"的发展。而后者或许能更深刻地体现出这一社会阶层的艺术品位。从绘画艺术的境界而论，"淡"之美与"韵"之美相通，越平淡就越有韵味，范温论韵之美感特征时就说过："行于简易闲澹之中，而有

---

① 《苏轼诗集》，第1638页。
② 《苏轼诗集》，第260页。

深远无穷之味"①。如果说北宋时期以欧阳修、苏轼为代表的文士将平淡美视作艺术追求的最高境界，那么，他们在书画论中反映出来的尚韵观念，则将对艺术的"韵外之致"的追求作为艺术创造的最高目的，进一步促进了文人画意识的发展。

（一）北宋时期文艺"气韵"论重心由"气"向"韵"的转移

自魏晋南北朝至隋唐五代，随着每一个时代审美思潮的不同变化，文学艺术上的气韵论出现了其重心由"气"向"韵"转移的趋势，认识这一艺术思想史发展的特点，是理解北宋元祐文士集团在书画艺术上的尚韵主张的前提，因此，下面做一简略的论述。

"韵"字最早见于汉代文献，用于对音乐艺术的描述，指的是声律的和谐。东汉蔡邕所撰《琴赋》曰："繁弦既抑，韵声乃扬。""韵"一词在魏晋南北朝、唐代出现，大多与"气""神"诸词相连，分别组成"气韵""神韵"等词语使用。谢赫是真正将"气韵"作为一个美学范畴提出来的画论家，他论绘画"六法"，第一法是"气韵生动是也"，"气韵"一法对其他五法具有统领作用。谢赫在品画时也用过"神韵"概念，如评顾骏之："神韵气力，不减前贤。"这里的"神韵"实为神，即指画作的内在精神。我们注意到，谢赫对气韵的具体阐述中已经将其分解为相互对峙的二元，开其端绪。

自唐代张彦远《历代名画记》开始，将"气韵"一词广泛运用于绘画评论之中，用"气韵""神韵"诸词作为评论人物画的标准。考《历代名画记》，"气韵"凡十七见，足见其运用之普遍。其"气韵"重在"气"，讲的是生动；"神韵"重在"神"，讲的是精神。

钱钟书说："'气'者'生气'，'韵'者'远出'。"可见，"气韵"虽并举，却又各有所侧重。从审美范畴的内涵来看，"气"主要指对象呈现出来的气势，是创作主体展示的力量状态以及赋予作品的内在活力与外在动势；"韵"主要指对象呈现出来的韵致，是由创作主体身心和谐而赋予作品的和谐、雅致、清远的风貌之美。不同时代的审美风尚，决定了对"气"或"韵"的偏爱。盛唐崇尚雄浑豪放，唐代文士论艺，偏于以"生气""阳刚"诸语为多，而偏于以"远出""阴柔"等语为少。中

---

① 范温：《潜溪诗眼·论韵》，载郭绍虞《宋诗话辑佚》，中华书局1980年版，第209页。

晚唐的绘画创作则呈现出阴柔之美，虽然主要是表现在人物画上，是发生在绘画的局部领域的变化，但昭示着艺术潮流的变化。至杰出的诗论家司空图论艺，他提出了艺术表现"韵外之致"的不凡见解。司空图在《与李生论诗书》里提到"韵外之致""象外之象""景外之景""味外之味"等说法，其所说的"韵"明显是指艺术的意味。"气韵"论重心明显地由"气"向"韵"的方向转移发展。他把咸酸外的美味比作诗的意外之致，他所论的艺术作品的"味外之旨"和"韵外之致"，是指不同风格特征的作品所产生的奇妙审美效果，是指形象鲜明、意境深远的美感特征。五代荆浩论画时提出"画有六要"，清楚地将"气""韵"分列为两个艺术因素。他在《笔法记》中说："气者，心随笔运，取象不惑。韵者，隐迹立形，备遗不俗。"荆浩论画突出了对"韵"作为艺术因素的重视。因此，晚唐五代是促进"气韵"论重心由"气"向"韵"方向发展的重要转折期。司空图、荆浩的文艺观点对北宋文士的文艺观产生了直接的启示。

经过从魏晋至唐五代的历史变化，为"气韵"一词的重心转移蕴蓄了历史条件。宋代文艺"端庄杂流丽，刚健含婀娜"的总态势，则为北宋文人士大夫的尚韵观的发展提供了现实条件。欧阳修、苏轼、黄庭坚等对文艺创作提出了"象外之意""意超物表""画外之意""画之景外意"的审美要求，这既是他们对唐末五代司空图、荆浩艺术精神的发扬，又是在新的文化环境下对文艺气韵观的拓展。欧阳修、苏轼、黄庭坚在谈及画家品格时，注重于文人士大夫绘画创作的"趣远之心"与"高蹈远引"的精神走向。他们在绘画中强调"趣远之心"与"高蹈远引"的精神要求。

（二）苏轼、黄庭坚、范温等对艺术之"韵"认识的深化

北宋文人士大夫尚"韵"，较早见之于欧阳修、苏轼、黄庭坚等的论画主张中。论述最为系统的则是黄庭坚女婿、秦观的学生范温。以往的艺术史学者常常单独就范温的观点论其思想，我们则将其纳入元祐文士集团的整体思想里来作论述。因为从范温其人的文艺观点来看，无疑与苏轼、黄庭坚、秦观的文艺价值观属于同一立场。

元祐文士集团里，欧阳修的文论也有涉及"韵"所包含的美学内涵的提示。他提出"萧条淡泊，此难画之意"与"闲和严静，趣远之心难

形"等思想,他所称的"趣远之心"实为"韵"的同义语。欧阳修之后,苏轼对诗画"韵"之美有更深入的阐述。苏轼在《出都来陈,所乘船上有题小诗八首,不知何人。有感于余心者,聊为和之》诗里称:"我诗虽云拙,心平声韵和。年来烦恼尽,古井无由波。"① 晁补之在崇宁三年(1104)所题《书陶渊明诗后》里说:"记在广陵日见东坡云:陶渊明意不在诗,诗以寄其意耳。'采菊东篱下,悠然望南山',则既采菊又望山,意尽于此,无余蕴矣,非渊明意也。'采菊东篱下,悠然见南山',则本自采菊,无意望山,适举首而见之,故悠然忘情,趣闲而累远。"(《鸡肋集》卷33)晁补之对苏轼的解读作了阐释,揭示了苏轼的审美趣味之所在,苏轼对陶诗艺术最感兴趣是那种妙在笔画之外的萧散简远风格。苏轼论述书法、诗歌艺术的古今之变时,提到"萧散简远""远韵"等风格。苏轼认为,颜真卿、柳公权的书法集古今笔法之大成,严守书法的法度,但那种妙在笔画之外给读者一唱三叹之感的魏晋风度却荡然无存,而智永书法的妙处是"真味久愈在"。因而,他认为,平淡、疏淡、枯淡等与绚烂、浓丽、艳丽相对比,前者所展示的审美境界更高。前者之美,美在具有深远无穷之味,美在神韵,它毫不沾滞于迹象,超越形式之外,达到了精神的远致。苏轼在组诗《凤翔八观》的《王维吴道子画》中写道:"吴生虽妙绝,犹以画工论。摩诘得之于象外,有如仙翮谢笼樊。吾观二子皆神俊,又于维也敛衽无间言。"苏轼提到的这一鉴别标准,在于王维所画"得之于象外"的"有余意",也在于"亦若其诗清且敦"。苏轼《书黄子思诗集后》所说的"钟、王之迹,萧散简远,妙在笔画之外"与欧阳修所称的"巧丽者发之于平澹,奇伟者行之于简易"的含蕴是相一致的。苏轼认为,"韵"之获取,并不是单靠技巧的精熟与法度的谨严就能得来的,只有当思想感情和境界在艺术形式中达到完美的升华时,风韵才能从作品中自然显露出来,因而推崇萧散简远的书画风格,重视"余味",推崇"韵"的品格。

欧、苏之后,关注"韵"之美感特征并提出独到见解的是黄庭坚。黄庭坚论书画艺术时,用"韵"字来表示这种艺术的理想境界,他的《论书》自称:"晁叔美尝背议予书惟有韵耳。"他又在《题绛本法帖》

---

① 《苏轼诗集》,第260页。

一文中说:"观魏晋间人论事,皆语少而意密,大都犹有古人风泽,略可想见。论人物要是韵胜,为尤难得。蓄书者能以韵观之,当得仿佛。"(《山谷题跋》卷4)他明确提出鉴赏书画的原则"当观韵",而且他所赋予"韵"一词的含义也有所发展。他在《题摹燕郭尚父图》中写道:"凡书画当观韵。往时李伯时为余作李广夺胡儿马,挟儿南驰,取胡儿弓满,以拟追骑。观箭锋所直,发之,人马皆应弦也。伯时笑曰:'使俗子为之,当作中箭追骑矣。'余因此深悟画格。此与文章同一关纽,但难得人人神会耳。"从李公麟所作《李广夺胡儿马》图所绘场景来看,瞬时之间,李广满弓发箭,"以拟追骑",呈现出"人马皆应弦"的情景,余意无限,既表现出从容的韵度,又反映出涵括全境之势,故又与"趣远"相关,引发了对文人画表现"趣远之心"艺术特性的关注。

黄庭坚不欣赏艺术中那种构思严谨、细节清晰的描写或刻画。他认为,"韵"是一种文人士大夫艺术创造时独有的精神趣味,直接关系到人品或心灵状态的问题。黄庭坚的《跋周子发书》写道:"盖美而病韵者王著,劲而病韵者周越,皆渠胸次之罪,非学者不尽功也。"(《山谷题跋》卷5)因为在黄庭坚眼里,"韵"代表着潜藏在艺术家心中的高尚精神,使艺术品成为纯粹精神的反映对象,展示人的真我本性与生命气息,"韵"象征着精神超越的极致。刘熙载《艺概》曾说:"黄山谷论书最重一'韵'字,盖俗气未尽者,皆不足以言韵也。"由此可见,黄庭坚所主张的"韵"显然来自魏晋风流名士的那种内在品性,即所谓"拔俗之韵""风韵迈达""思韵淹济""大韵"等,都表明在形质之外的风度才情,它是一种才气风度与神情心性的自然流露,一种因抛弃了世俗意识而上升到超常的精神生活领域的标志,是与北宋文士阶层精神砥砺紧密相连的高情雅趣,这正是黄庭坚所理解的"韵"的意义。苏辙《栾城集》卷二十二《答黄庭坚书》中的说法富有启示意义,曰:"盖古之君子不用于世,必寄物以自遗。阮籍以酒,嵇康以琴。阮无酒,嵇无琴,则其食草木而友麋鹿,有不安者矣。颜氏饮水啜茗,居于陋巷,无假于外,而不改其乐,此孔子所以叹其不可及也。今鲁直目不求色,口不求味,此其中有过人者远矣。"这里也强调了蕴含在黄庭坚人格中的孔颜之乐。胡仔所记张耒的一段话,曾对黄庭坚大加称赞:"以声律作诗,其末流也。而唐至今,诗人谨守之。独鲁直一扫古今,出胸臆,弃声律。作五七言,如金石未作，钟磬声和，浑然有律吕外意。"（《渔隐丛话前集》卷47）黄庭坚的创作"出胸臆，弃声律"，达到"浑然有律吕外意"，突破了技巧和法度的束缚，进而把握艺术创造的精髓、生命、神韵，有"余味""远韵"，它充分反映了暗示、象征等艺术手段的效果，给人以一种朦胧而优美的艺术美感。宗白华对此作过分析，他说："精神的淡泊，是艺术空灵化的基本条件。萧条淡泊、闲和严静，是艺术人格的心襟气象。这心襟，这气象能令人'事外有远致'，艺术上的神韵油然而生。"（宗白华《艺境》）

黄庭坚认为"书画以韵为主""当以韵观之"等见解受到王定观、范温等人的赞赏。范温与王定观、张戒等对"韵"的范畴、意蕴、特征与审美效果作了更为具体而深入的交流讨论，深化了对"韵"的认识。范温与黄庭坚、秦观具有密切的关系，艺术思想与学术思想与元祐文士集团的审美观接近。他在"韵"的思考上，提出了一系列独到的见解。

范温称："王偁定观好论书画，常诵山谷之言曰：'书画以韵为主。'予谓之曰：'夫书画文章，盖一理也。然而，巧，吾知其为巧；奇，吾知其为奇；布置开阖，皆有法度；高妙古淡，亦可指陈。'"范温对艺术"韵"的美感特征的论述见于他的著作《潜溪诗眼》。范温认为，"唐人言韵者，亦不多见，惟论书画者颇及之。至近代先达，始推尊之为极致"。依范温所释，除"有余意之谓韵"以外，"众善皆备而露才见，亦不足为韵。必也备众善而自韬晦，行于简易闲澹之中，而有深远无穷之味……测之而益深，究之而益来，其是之谓矣。其次一长有余，亦足以为韵；故巧丽者发之于闲澹之中，奇伟者行之于简易，如此之类是也"。

范温对"韵"的美感特征提出了新的见解，他称：

"独韵者，果何形貌耶？"定观曰："不俗之谓韵。"余曰："夫俗者，恶之先；韵者，美之极。书画之不俗，譬如人之不为恶。自不为恶至于圣贤，其间等级固多，则不俗之去韵也远矣。"定观曰："潇洒之谓韵。"予曰："夫潇洒者，清也，清乃一长，安得为尽美之韵乎？"定观曰："古人谓气韵生动，若吴生笔势飞动，可以为韵乎？"予曰："夫生动者，是得其神；曰神则尽之，不必谓之韵也。"定观曰："如陆探微数笔作狻猊，可以为韵乎？"余曰："夫数笔作狻

貌,是简而穷其理;曰理则尽之,亦不必谓之韵也。"(范温《潜溪诗眼》)

范温在这里提出了"韵者,美之极"这个新的观点。他在论述中,先后排除了四种对于"韵"的误解:其一是"不俗"之谓韵;其二是"潇洒"之谓韵;其三是"气韵生动"之谓韵;其四是"简而穷其理"之谓韵。范温认为"不俗""潇洒""气韵生动""简而穷其理"之谓韵。虽然是值得肯定的审美性质,但都称不上"韵"。作为北宋文士心目中最高的美,究竟是什么呢?范温对"韵"的阐说是:

定观请余发其端,乃告之曰:"有余意之谓韵。"定观曰:"余得之矣。盖尝闻之撞钟,大声已去,余音复来,悠扬宛转,声外之音,其是之谓矣"。余曰:"子得其梗概而未得其详,且韵恶从生?"定观又不能答。(范温《潜溪诗眼》)

"有余意之谓韵",这就是范温对"韵"所下的定义。原来,范温之所以认为"韵者,美之极",是因为"韵"表示着余意无穷。王定观根据范温的定义,加以生发,说是"声外之音,其是之谓矣"。"声外之音",也就是司空图说的"味外之旨""韵外之致"。虽然,在唐代已经有司空图提出了"韵外之致"的观点,但并没有像范温这样,将"声外之音""有余意"提到"美之极"的高度。宋代,重视、推崇"韵外之致"的诗论远比唐代要多。将唐宋两代诗歌风格作一比较,前者较以饱满的诗情与优美的意境取胜,多直抒胸臆;而后者则以隽永的哲理与空灵的境界见长,较多理趣思致,富有含蓄美与沉郁美。宋代许多诗人都从不同角度论述了诗的含蓄美。如欧阳修的《六一诗话》引梅尧臣的话说:"圣俞尝语余曰:诗家虽率意,而造语亦难。若意新语工,得前人所未道者,斯为善也。必能状难写之景,如在目前,含不尽之意,见于言外,然后为至矣。"要求能从有限之情景见出无限之意味,也就是司空图已经说过的,要有"象外之象""味外之旨"。姜夔的《白石道人诗说》也称:"语贵含蓄。东坡云:'言有尽而意无穷,天下之至言也。'句中有余味,篇中有余意,善之善者也。"

宋代诗话几乎都谈到诗贵含蓄，重言外之意，可见，尚韵是宋代士人一种带普遍性的审美理想。范温将这种审美理想用"韵"来表示，并用新的观点解释"韵"，这是很大的进步。范温在提出自己的观点后，又对"韵"这一审美理想的发展过程作了阐析，他说：

予曰："盖生于有余。请为子毕其说。自三代秦汉，非声不言韵。舍声言韵，自晋人始。唐人言韵者，亦不多见，惟论书画者颇及之。至近代先达，始推尊之以为极致。凡事既尽其美，必有其韵，韵苟不胜，亦亡其美。夫立一言于千载之下，考诸载籍而不缪，出于百善而不愧，发明古人郁塞之长，度越世间闻见之陋，其为有能，包括众妙、经纬万善者矣。且以文章言之，有巧丽，有雄伟，有奇，有巧，有典，有富，有深，有稳，有清，有古。有此一者，则可以立于世而成名矣，然而一不备焉，不足以为韵，众善皆备而露才用长，亦不足以为韵。必也备众善而出自韬晦，行于简易闲澹之中，而有深远无穷之味，观于世俗，若出寻常。至于识者遇之，则暗然心服，油然神会。测之而益深，究之而益来，其是之谓矣。其次一长有余，亦足以为韵。故巧丽发之于平淡，奇伟有余者行之于简易，如此之类是也。"

范温对"韵"的阐释，谈到两点。第一，他称："巧丽发之于平淡。""韵"在外观上也许是平淡的、朴素的，然而在这平淡、朴素中隐含着巧丽，可见，韵不是感官可视可听的绚丽，这就近似于老子所说的"大音希声"了。第二，他称，"行于简易闲澹之中，而有深远无穷之味"，"奇伟有余者行之于简易"。可见"韵"是简中见繁，易中见难，浅中见深，淡中见浓，一句话，是有限中见出无限。

范温认为，"韵"不仅在于平易，而且在于自然，像《论语》《六经》，用语明白晓畅，并不刻意求美，然"自然有韵"。他认为，"韵"在含蓄收敛。他认为，"曹、刘、沈、谢、徐、庾诸人，割据一奇，臻于极致，尽发其美，无复余蕴，皆难以韵与之"。他认为，"韵"在"质而实绮，臞而实腴"。"韵"在"超然有尘外之趣"。"韵"在"曲尽法度，又妙在法度之外"。范温已经将"韵"提升为一个普遍性的审美范畴，一种人生境界了。可见，范温的韵论实质上是北宋欧阳修、苏轼以来尚韵观的延伸，是对元祐文士集团审美理想的张扬。

我们从苏轼、黄庭坚、范温诸家的论述中对他们的尚韵观作了分析，可以看出，北宋文人士大夫崇尚艺术的"韵外之致"，是时代审美思潮与艺术精神发展的必然结果。尚韵艺术观的发展，促进了文人画意识的进一步发展。

（三）北宋尚韵审美趣味与文人画艺术的内在联系

苏轼的尚韵观，将宋代文人士大夫普遍倾向于"韵"的审美意识推进到绘画艺术的领域。黄庭坚在苏轼的基础上，加深了对诗画艺术韵度之美的认识。黄庭坚是一位具有强烈创新精神的艺术家，他在品赏诗画艺术时，特别关注主体艺术创造时特有的精神趣味与心灵状态，他要使艺术品成为纯粹精神的反映对象，而"韵"一词能最恰切地表露文人士大夫那种超凡脱俗的内在品性在形质之外的风度才情，韵代表着潜藏在艺术家心中的高尚精神，黄庭坚所主张的"韵"显然来自魏晋风流名士，即所谓"风韵迈达""思韵淹济""拔俗之韵""大韵"等，都表明它是一种才气风度与神情心性的自然流露，一种因抛弃了世俗意识而上升到超常的精神生活领域的标志，是与北宋文士阶层精神砥砺紧密相连的高情雅趣，这正是黄庭坚所阐述的"韵"的意义。因为黄庭坚注重的是艺术人格的心襟气象，因此他不欣赏艺术中那种构思谨严、细节清晰的描写或刻画。黄庭坚论述的"韵外之致"美呈示了人的真我本性，充溢着浓厚的生命气息，表征着精神超越的极致。它要求主体突破技巧和法度的束缚，主张创作"出胸臆，弃声律"，达到"浑然有律吕外意"，有"余味""远韵"，进而把握艺术创造的精髓、生命、神韵，充分运用暗示、象征等艺术手段，使人产生朦胧而优美的艺术美感。

苏轼、黄庭坚、范温诸家的尚韵观使文人画意识深入绘画主体的心灵之全境与人格之底层，强调了对主体真我本性的呈示维度，促进了文人画艺术的进一步发展。主要表现在：文人画家追求"象外之象"与"韵外之致"的艺术趣味，在绘画创作上重视笔简形具，笔精墨妙。与院体画专尚法度、注重精工细描的创作态度相对，文人画家超越绘画法度的制约，意重于形，注重生意情趣的表现，从而避免了院体画谨毛失貌诸弊端的产生，为绘画艺术注入了新的活力。与画工画往往只取皮毛形迹等表面的东西，只注重画之绳墨"度数"的艺术特点相比较，富有韵外之致艺术美感正是士人画的重要特质之一，文士作画注重表现主体情性，表现知识阶层所具有的独特气质、学养、情趣、品格，有一种萧然出尘的高雅脱俗意味，表现超越世俗的人文精神与诗意，开创了诗情画意浑然一体的艺术新境界。文人画家在创造有生活根据的艺术形象时心态轻松，他们把自然景物，景物的情趣和笔墨效果有效地结合在一起，在艺术表现上寓丰富于单纯，在绘画史上有意识的这种追求，获得了成功的实践，具有首创的意义。米友仁在谈论绘画艺术时说："画之老境，于世海中一毛发事，泊然无着染。每静室僧跌，忘杯万虑，与碧虚寥廓同其流荡。"使自己的一呼一吸与宇宙息息相关，抛弃凡心俗虑，挥毫泼墨，力求所画能涵映出世界的广大精微，大大拓展了绘画形式所含蕴的精神内容。

（四）元祐文士集团尚韵的审美倾向来自蜀学思想的影响

无疑，从艺术思想史的发展过程来看，元祐文士集团苏轼、黄庭坚与范温等的哲学思想及其对"韵"的审美趣味的形成受到老庄、佛学思想的影响，老、庄思想里蕴含了求天地之"韵"的精神。老子对世界本体的体验上提出了"常无，欲以观其妙"、"大音希声，大象无形"的认识。自老庄提倡"大音希声，大象无形"，"天地有大美而不言"的观念以来，历代诗人与画家无不推崇其精神，倡导诗画创作上的"气韵论"。老庄的"大音希声，大象无形"论不仅包含具有思想与精神意蕴上大音大象的追求，而且还有形式与手段上希声、无形的要求，正是由此启发了自汉魏六朝以来诗画论上尚韵意识的发展。

在我们看来，北宋尚韵思潮的发展不仅要追溯到其精神源头老庄思想上，而且值得对这一审美观的形成与发展与时代的思想学术潮流与审美文化精神发展关系做更多的关注，尚韵观的发展正是蜀学文艺观的深层次影响的表现。

我们认为，北宋尚韵观的发展与蜀学思想的联系可以从两个视角上进行观察：首先，尚韵观的发展受到蜀学思想对于文艺主体趣远之心要求的重要影响。蜀学注重主体修养，"韵"的内涵反映出主体生理气质、行为风度在艺术创作中的重要性，它基于生命本身的有序和谐，得自主体的先天禀赋与人格修养。其次，尚韵观的发展受到蜀学文艺观主张——"自然为文"与"文理自然"要求的重要影响。欧阳修在《赠无为军李道士二首》诗中称："无为道士三尺琴，中有万古无穷音。音如石上泻流水，泻之不竭由源深。弹虽在指声在意，听不以耳而以心。心意既得形骸忘，不觉天地白日愁云阴。"欧阳修所赞叹的"中有万古无穷音"显然是对"韵"的含义的抉发。他诗中指的"意"是指人的精神存在，即人的主观之"意"，欧阳修所论之"意"，明显偏重于意趣、韵味。苏轼《书吴道子画后》对诗文创作中"意"与"辞"之间的关系提出了主张，他称："出新意于法度之外，寄妙理于豪放之外，所谓游刃有余，运斤成风，盖古今一人而已。"他所说的超越"法度"与"豪放"之外的"意""理"，主张在道释倡导的"空""静"的自由的心理状态下以审美的态度观照万事万物，在这种超功利的自由的审美状态下，艺术客体的"韵外之致"油然而生，达到了"无不尽意"的艺术境界。苏轼的"无不尽意"论超越了道家的"知者不言，言者不知"和儒家的"书不尽言，言不尽意"论，指向了审美化的自由心灵。这一主张对于尚韵观念的发展具有促进作用。

三 "逸品"绘画观的倡导与确立

蜀学富有杂学特质，其善于会通诸学、融合道释观念的思想特质在绘画思想领域产生影响的又一个重要表现是促进了绘画逸品观的确立与发展。

从魏晋南北朝到隋唐时期，从绘画思想史的总趋势上看，重视绘画的教化功能与作用占据着绘画思想史的主流，反映出儒学传统对绘画艺术的深刻影响。从魏晋南北朝时期始，道家思想与佛学思想影响日益扩大，影响到文艺领域，促进了艺术观念的巨大变革，进入了艺术自觉的时代。绘画创作上提倡"当法自然"，"心师造化"、"肇自然之性，成造化之功"。宗炳、王微的画作展现了"放情林壑，与琴酒而俱适，纵烟霞而独往"的萧散情怀，反映出文人作画的特色。这一时期，顾恺之、宗炳、王微、姚最等绘画思想家、批评家对绘画的观照大多是从文人士大夫的视角出发的，在绘画意识上具有了超越画技而指向人文精神的特点，因而可以说，这是中国绘画思想史上文人对绘画萌生新的艺术观念的一个转型阶段。

随着时代文化的发展，隋唐五代时期对绘画功能的认识得到进一步发展。从唐代保存至今的绘画论著裴孝源的《贞观公私画录》、朱景玄的《唐朝名画录》、张彦远的《历代名画记》等画论著作中，可以看到注重画家主体因素的画论观点的演变轨迹。绘画的教化观念渐趋消散，绘画审美价值自觉性越来越凸显，绘画的分科意识由模糊到渐渐趋向清晰，从对技法的注重慢慢过渡到对意境的追求。受姚最"心师造化"思想的启示，唐代出现了"外师造化，中得心源"的理论见解。张彦远《历代名画记》除了强调绘画"成教化，助人伦，穷神变，测幽微，与六籍同功，四时并运"的教化功能之外，又总结出了绘画具有的"指事绘形，可验时代"的认识作用和"怡悦情性""怡然以观阅"的美感作用。从"鉴戒贤愚"到"怡悦情性"，意识的提升体现了唐代绘画认识的转变。

较早在绘画批评中出现"逸品"一词的是唐李嗣真所著的《书后品》，他称："吾作《诗品》，犹希闻偶合神交、自然冥契者，是才难也。及其作《画评》，而登逸品数者四人。"李嗣真的著作之中所称的"逸品"是指上品第一等之上的等第，他所谓的"逸品"，就是神的最高格之表现，也可以说逸是神的精华和提炼。和后来人所说的"逸品"有一定区别。

到了唐元和至会昌（806—840）时，著名画论家朱景玄编著《唐朝名画录》，在这一部绘画断代史中，分出"神、妙、能、逸"四品，序曰："以张怀瓘《画品断》神、妙、能三品，定其等格上中下，又分为三。其格外有不拘常法，又有逸品，以表其优劣也。"他将"神""妙""能"依次分为三品，并将不守"画之本法"的王墨、李灵省、张志和的画作"目之为逸品"，这可以算是现存画评著作中出现最早的"逸品"概念。朱景玄说："此三人非画之本法，故目之为逸品，盖前古未之有也。"在《唐朝名画录》中，朱景玄是从绘画艺术表现方式角度来评论"逸品"画家的。

由朱景玄开启的"以人论画"，即将"韵"和"逸"的评价语与被品评人的社会身份相联系的做法，开启了中国绘画史的一个传统。俞剑华评论朱景玄的画论时说："以逸品另置神、妙、能之外，已为注重文人画之先河。"① 这种评价是恰当的。

唐代张彦远在评品画作时没有使用"逸品",而用了"自然"一词。唐张彦远(815—876)论画时提出了下列主张:"自古善画者,莫匪衣冠贵胄、逸士高人,振妙一时,传芳千祀,非闾阎鄙贱之辈所能为也。"这里的"逸士"之称,表明他对画家社会身份的关注。总的来说,唐代的画论已经开始越来越多地超越了秦汉以来形成的绘画功能观,而从个人情感满足的角度,从审美的角度审视绘画作品,拓展了中国绘画理论关于审美功能的理论空间,这对北宋文人画逸品观的兴起提供了重要的理论基础。

北宋绘画思想的重大转变是"逸品"观的兴起与确立,反映出鲜明的文人画意识,呈现出中国绘画艺术思想的发展新态势。

(一)从黄休复到邓椿:逸品观的发展与确立

谈及绘画"逸品"这一观念,首先要论及的是北宋初年黄休复的《益州名画录》,黄休复字归本,黄休复祖籍为江夏(今湖北武昌)人,《茅亭客话》书中"客话"一称,也可证益州为其客籍。但黄休复长期居住于益州(今成都),思想上浸染了巴蜀文化影响,接受道释思想自不待言,其所著《茅亭客话》一书,也反映出道释思想的影响。黄修复的人格与学术价值在北宋中后期得到蜀学学者的高度评价。苏辙在益州游览唐人遗迹,遍至老佛之居,尊称黄休复为"先蜀之老",对其画论给予了高度的评价。因而,我们认为,在研究北宋文人画思想时,应该将其艺术思想放到蜀学思想的整体中来进行分析评价。《益州名画录》是一部深刻反映了蜀学价值观与文人画意识的画学理论著作。

黄休复此书收录唐乾元初(758年为乾元元年)至北宋乾德五年(967)间,在益州所见画迹,记录在巴蜀的画家五十八人,共分三卷。品评分为逸、神、妙、能四格,其中妙、能二格又各分为上、中、下三品。各立画家小传,评论画艺及作品。其中评为逸格者一人,神格二人,妙格上品七人,中品十人,下品十一人,写真二十二处无姓名者附于妙格。能格上品十五人,中品五人,下品七人,有画无名及有名无画者附于能格。

---

① 俞剑华:《中国绘画史》上册,商务印书馆1954年版,第126—127页。

黄休复生活于北宋初年，他结识当地文人李畋、张及、任玠等，通《春秋》之学，校《左传》《公羊》《谷梁》诸传，通百家学说。他爱画如命，家藏书画颇富。他和画家孙知微、童仁益等为好友，据李畋在宋真宗景德三年（1006）为《益州名画录》所写序，黄休复过着校书、鬻丹以养亲的生活。由于"游心顾、陆之艺，深得厥趣，居常以魏晋之奇踪，隋唐之懿迹，盈缭溢帙，类而珍之"，"及其僧舍、道居，靡不往而玩之"，有深厚的道佛思想修养。从以上背景与历史条件来看，黄休复对逸品观的阐发是立足于蜀地深厚的道学与佛学思想基础之上的。

由于"唐二帝播越及诸侯作镇之秋，是时画艺之杰者，游从而来。故其标格楷模，无处不有"，而造成"益都名画，富视他郡"的独特客观条件，为黄休复写成此书提供了非常有利的条件。刚好遇上"淳化甲午岁（995），盗发二川，焚劫略尽"，黄休复经历了四川因王小波、李顺起义带来的社会动乱，有感于大量绘画在战乱中遗失，造成绘画遗迹极大的毁灭与破坏，"黄氏心郁久之"，心情久久沉浸在郁闷与苦恼之中，欲一吐为快，于是收集整理史料，花费了大量的精力，于景德元年（1004）编成《益州名画录》，记录了四川成都地区的画家史实与曾经目睹的壁画，为唐肃宗李亨乾元初年（758）至宋太祖赵匡胤乾德（963—967）年间西蜀地区画家写了小传，并将他们留寺的画迹作了记录，成为一部具有重要艺术见解与文献价值的地方性画史著作。

这部著作的一大贡献是从画论上阐述了"逸、神、妙、能"四格的内涵与特点，逸格居四格之首，神、妙、能诸格等而次之，确立了逸格在品评中的最高地位，他说：

> 画之逸格，最难其俦。拙规矩于方圆，鄙精研于彩绘。笔简形具，得之自然，莫可楷模，出于意表。故目之曰逸格尔。
>
> 大凡画艺，应物象形，其天机迥高，思与神合。创意立体，妙合化权，非谓开橱已走，拔壁而飞。故目之曰神格尔。
>
> 画之于人，各有本性，笔精墨妙，不知所然。若投刃于解牛，类运斤于斫鼻。自心付手，曲尽玄微。故目之曰妙格尔。
>
> 画有性周动植，学侔天功，乃至结岳融川，潜鳞翔羽，形象生动者。故目之曰能格尔。（黄休复《益州名画录》）

清代周中孚评论《益州名画录》时说："其例与朱景玄《唐朝名画录》同。其移逸格于神格前，则又小异。盖朱氏以逸品居三品外，是录以逸格居三格上也。"（周中孚《郑堂读书记》卷48）黄休复所称的"四格"与唐代朱景玄的"四格"是相同的，差异在排列的顺序上，朱景玄按照"神、妙、能、逸"逐次排列，"神"为首，"逸"为末，朱景玄对"神、妙、能、逸"作了分品论述，但是对"四格"本身内涵没有作出解释。而到黄休复《益州名画录》，则将"逸"提到了首位。黄休复认为逸格"最难其俦"，可见逸格注重的是画家审美个性。它与"神格"不同，"神格"注重"应物象形"，显然是将客观性与真实性摆在第一位，而"逸格"则将主观情趣摆在第一位。黄休复的"逸品"观带有特定的人格色彩和绘画表现手法，就是画家孙位"性情疏野，襟抱超然"的那种高逸之情，这种审美情感表现于绘画艺术，必然导向"笔简形具"的艺术追求。逸格尚简，"简"主要是指笔墨的简，而不是内涵的简，通过简略的笔墨来获得丰富深邃的意蕴。文人画所崇尚的"简"，体现在绘画的题材上，喜欢画萧疏荒寒之景，而展示的意境又多为简远、清冷。就孙位而言，他人品超逸，"禅僧道士常与之往还"。"非天纵其能，情高格逸，其孰能与于此耶？"在绘画上，他"画鹰犬之类，皆三五笔而成"，画龙水"千状万态，势欲飞动"。张彦远在《历代名画记》中称的"自然"正可对应于黄休复的"逸格"。张彦远指的"自然"与黄休复的"逸格"就是庄子的所称的"技进乎道"。

在朱景玄那里，"神、妙、能"是常法，"逸"不过是"不拘常法"的对象。而到了黄休复那里，"逸"的重要性大大突出，受到了重视，因此，他对"四格"作了清晰的界定。逸格以规矩之于方圆为拙，以精研于彩绘为鄙，是不拘常法的，在表达方式上具有很大的灵活性和变化感。对描绘对象的处理要求越简越好，但在简单中又要求表现出丰富的内涵。"逸格"就是天资和功力皆超常，所以达到"从心所欲而不逾矩"。而从心所欲逾于矩，是在"画之本法"之外的，是对"画之本法"的颠覆。在唐宋绘画的主导风格还是强调本法的历史条件下，唐人所崇尚的是"神品"而非"逸品"。朱景玄提出的"逸品"论在当时的画坛上是不被承认的，在唐代当时没有引起人们普遍的注意。因为在注重绘画教化功能的时代思潮下,"莫可楷模"的"逸格"只能处于边缘地位。三品强调的都是"画之本法",以形象塑造为核心,本法就是规矩。三品虽有区别,但基础都是画之本法。逸品在朱景玄的《唐朝名画录》中作为"非画之本法",不以形象塑造为核心,它是在规矩之外的。到了北宋,随着时代文化观念的转捩,绘画思想上原来的常法逐渐被解构,具有不拘常法特点的"逸品"观念逐渐受到社会的重视。黄休复对"逸品"的推重,正反映了艺术精神的变化。经过黄休复对"四格"的阐释,"逸格"在北宋中后期受到了学者的重视,元祐文士集团对于逸品观十分重视,在他们论画时,以"逸"来描述像孙位那样画艺超众脱俗、人格清高拔俗的画家。苏轼《书蒲永升画后》中记孙位画水"尽水之变,号称神逸","神逸"二字并用,称许孙位的不凡画艺。苏轼提出的"常行于所当行,常止于所不可不止"之论,其思想内涵与"逸品"之意相通。陈师道《后山谈丛》卷一有谓:"蜀人勾龙爽作《名画记》,以范琼、赵承佑(公佑)为神品,孙位为逸品。"苏辙《汝州龙兴诗修吴画殿记》亦云:"予昔游成都,唐人遗迹,遍于老佛之居。先蜀之老,有能评之者曰:画格有能、妙、神、逸,盖能不及妙、妙不及神、神不及逸者,称神者二人,曰范琼、赵公佑(祐),而称逸者一人,孙遇而已。"米芾论述华亭李甲的画,称其"李甲,华亭逸人",品评其画则称:"作逸笔翎毛,有意外趣。"(米芾《画史》)见出米芾对充满放逸笔墨意趣的画家画作的推崇。

从北宋初期到中期,经过黄休复、苏轼、苏辙、米芾等人的提倡,逸格成为影响绘画艺术发展的重要观念,成了宋代绘画迈向新的阶段的理论基础。

北宋中后期,宋徽宗掌管画院时,绘画创作上要求"神、形皆备",认为"神品"最高,将"神格"放置于"逸格"之后。

到北宋末,我们看到,"逸格"仍高于"妙"和"能",其地位已完全不同于唐代了。到了南宋,随着文人画运动的日益扩大,邓椿将"逸格"又提到"神格"之前。他说:

> 自昔鉴赏家分品有三,曰神、曰妙、曰能。独唐朱景玄撰《唐贤画录》,三品之外,更增逸品。其后黄休复作《益州名画录》,乃以逸为先,而神妙能次之,景玄虽云"逸格不拘常法,用表贤愚"。

然逸之高，岂得附于三品之末？未若休复首推之为当也。

邓椿表明自己赞同黄休复的观点。他推重"逸品"，肯定了孙位为逸品的极致。从此之后，逸格立于四格之首渐渐得到绘画界的广泛认同，成为定局。邓椿对院体画不满，对文人画极为推崇。邓椿在《杂说·论远》中，表明了自己作书"少立褒贬"的态度。他说："予作此录，独取高雅二门，余则不苦立褒贬。盖见者方可下语，闻者岂可轻议？"但是，邓椿的理论倾向还是很明显的，他的记述中暗寓褒贬，推崇文人画，不满于院体画。邓椿在画论上倡导自然、清逸的风格。《画继》卷六批评何渊"失之繁碎"，宁涛"纤悉毕呈，失于太显"，刘坚"颇柔媚"，"无豪放之气"，表达了对院体画风的不满。他称赞苏轼画墨竹具有"英风劲气来逼人"的艺术风采，赞扬他"非乘酣以发真兴则不为"的创作态度。他引苏轼诗称赞李公麟："龙眠胸中有千驷，不惟画肉兼画骨。"邓椿对绘画的立意提出自己的看法，他说："盖复古先画而后命意，不可略具掩霭惨淡之状耳。后之庸工学为此题，以火炬照缆，孤灯映船，其鄙浅可恶。"邓椿赞叹赵令穰"甚清丽""思致殊佳"之作。他所赞赏的风格，是自然、清逸，他在《画继》卷五称甘风子"以细笔作人物头面"，"然后放笔如草书法"，"顷刻而成，妙合自然"；称僧人觉心"如烟云水月，出没太虚，所谓风行水上，自成文理"；称李觉"绷素于壁，以墨泼之，随而成象，曲尽自然之态"；在《画继》卷六称陈用之的画受宋迪之法，得"天趣""活笔"等，都反映出他对文人画所展示的清逸画风的倡导。

从宋代绘画思想的演进中可以看到，"逸格"的定位及其变化引人注目。从黄休复推重逸格、米芾推崇逸笔到《宣和画谱》对"神、逸、妙、能"的重新排列，再到邓椿推崇逸格，反映了绘画观念的深刻变化。

（二）蜀学思想与文人画逸品观的内在联系

1. 宋代巴蜀文化的繁荣发展深刻影响了蜀地绘画思想的发展，为逸品观的发展提供了重要前提

两宋时期是文人画艺术繁荣发展的时期，这一个历史时期留给我们的深刻印象是文人画意识的兴起与巴蜀文化有着紧密的关系，准确地说，这与巴蜀文化的地域特点与精神特质有着密切的关系。

两宋时期无疑是巴蜀文化发展的高峰期，人才辈出，四川一地涌现出了许多杰出的哲学家、政治家、军事家、文学家和艺术家。《宋史》一书为蜀人立传达158人，一大批未立传的蜀中士人尚不计在内。《四库全书》所存两宋蜀人文集达20余家，其所佚蜀人文集更数倍之。仅《宋代蜀文辑存》一书辑录散见于群书的蜀人佚文即达452家，2000余篇。蜀学的发展引人注目，成为影响当时学术思想潮流的一个重要流派。蜀学依托于巴蜀古老文化，吸纳儒、兵、墨、纵横家思想，熔铸众说于一炉，尤其是吸收道释两家思想影响，形成了非常具有特色的思想体系，显示了以异端与杂学为特征的学术性格。

宋代四川绘画的兴盛是宋代四川文化繁荣的组成部分。在我国古代绘画空前发展繁荣的两宋时期，四川也涌现出一批著名的画家，为宋代绘画艺术的繁荣做出了自己的贡献。唐末五代，中原混战，四川僻处西南，社会相对安定。唐玄宗因安禄山之乱，唐僖宗因黄巢起义，都曾由长安相继逃到四川，成都两次作为唐朝的临时首都，中原士大夫随驾入蜀。其后唐室衰落，藩镇割据，中原士人又流寓而来，从而促进了四川经济文化的迅速发展。在这些从游入蜀的士人中，有不少的人是画家，《益州名画录》记载的唐末五代蜀中画家58人，有21人都是由外地寓居于蜀，从而有力地推动了四川绘画艺术的发展。宋人李畋就说："唐二帝播越，及诸侯作镇之秋，是的画艺之杰者，游从而来，故其标格模楷，无处不有"，致使"益都多名画，富视他郡"。五代时期，西蜀和南唐都建立了画院，画家云集，成为全国两个绘画艺术中心，培养了许多杰出的画家。据邓椿的《画继》和夏文彦的《图绘宝鉴》的统计，两宋蜀中画家达70人之多，其中北宋65人，南宋5人。身跨两朝的黄筌等人和众多的民间画工还不在其数内。这些众多的画家中，有宫廷画家，画工画家，也有文人画家。他们创作了许多杰出的佛道、人物、山水、鸟兽、花竹作品。正如邓椿《画继》一书中所说宋代"蜀虽僻远，而画手独多于四方"。对于作为宋代蜀地留存下来的著名画学文献《益州名画录》《画继》及三苏父子的各类绘画评论文字等，我们应该将其放置到更为宽广的历史视角上来作深入的分析。在我们看来，宋代巴蜀文化的繁荣发展深刻影响了蜀地绘画思想的发展，为逸品观的确立与发展提供了理论前提。研究分析文人画意识的由来及其特点，必须将其与北宋蜀学相联系观照。

2. 蜀学思想精神与逸品观的内在联系

自北宋初年黄休复、释仁显以"逸品"论画,到南宋邓椿论"逸品",以"逸品"观论画,是蜀地学者的学术传统,颇具地域学术文化特色。逸品观与蜀学思想具有紧密的内在联系。

绘画逸品观的形成是蜀学思想中浓厚的道释要素在文人画意识发展过程中的积累与发挥。巴蜀一地,具有悠久的文化传统,带着鲜明的地域个性,巫风浓厚,易卜之学足以与中原的文化思想相抗衡,存留与继承了先秦诸子百家尤其是纵横家的思想,多种思想、文化兼容发展。西蜀是中国道教的重要发源地,作为道教发源地,道家思想给予学者很大的影响,眉山、成都等地不但道教风气浓厚,而且佛教的思想影响也很大,佛学在文人士大夫中广泛传播。从黄休复、苏洵、文同、苏轼、苏辙、邓椿等学者的信仰爱好与旅游踪迹来看,他们日常大多喜游佛老之居,读佛经,访禅院,谒长老,观佛牙,结交僧道中人,以论道谈禅相尚,苏辙对于黄休复的逸品观给予了高度的评价。苏氏父子与名僧契嵩、道潜、唯度、唯简、佛印等交情甚深,与禅宗云门、临济宗的禅僧都有过交往,并撰写了大量的文章,宣扬佛学。唯其如此,我们可以理解,苏辙在漫游蜀地佛老居所时对"先蜀之老"黄休复的敬重,他们的精神世界有本质的相通。蜀地向有援道入儒传统,典籍中尤重《易》学。学风驳杂,独立意识强烈,以致学术思想上常见阳儒阴道的现象,具有杂学的特点和异端的色彩,富于思辨能力,崇尚实用价值,将崇实与尚虚予以恰当的结合,展现出独立自足的品格。北宋苏氏蜀学这一学派,更以开放兼容的态度,吸纳融合儒释道理论,援引佛老入儒,自成体系,影响巨大,形成一个足以与王安石的新学、二程的理学相颉颃的学术派别。

宋代巴蜀文化繁荣发展的时期,以蜀学为核心的哲学思想与同样以蜀学作为根基的绘画思想得到了重要的发展,因此,两者之间有着内在的联系。蜀学本体论与认识论中包含的佛道思想因素对黄休复、苏轼、邓椿的逸品观的发展与确立产生了深刻影响。

绘画逸品观的形成是蜀学思想中牢固的异端立场在文人画意识发展过程中的体现与反映。蜀学不仅在学术品格上具有"务一出己见,不肯摄故迹"的学术自信,有不"自附于六经以求信于天下",求"真""杂"而不求"纯",自由选择百家学说的精华建立独特的思想体系,显然有别于当时的主流思想,具有独立的品格。而且,蜀学学者在立身行事上也持异端立场,认同隐逸者身份,追求"情高格逸"的人格境界。苏轼对此是把握准确的,他在《书蒲永昇画后》也道及孙位、孙知微,谓蒲永异"嗜酒放浪,性与画会,始作活水,得二孙本意"。尤其指出他不屈于王公贵人之势,而"遇其欲画,不择贵贱,顷刻而成"的为人与作画态度。由此看来,"逸"就从方法、风格,提升至文人画最被视作根本的"人品"。

文人画逸品观与绘画艺术的发展构成了内在的联系。逸品"得之自然,莫可楷模,出于意表",道尽了这一画学范畴的美学特点。"逸格"既"得之自然",体现出它追求"造化为工"的境界,然而它又"出于意表",体现出它又重主观创造。逸格就是这样一种融主观与客观于一体,自然性与创造性相统一的艺术,展示了人与天合一的境界。北宋时期"逸格"这一审美范畴的发展与确立,促进了宋代文人画向着写意艺术的方向发展。米芾在回复《答绍彭书来论晋帖误字》一函中提出"要之皆一戏,不当问拙工。意足我自足,放笔一戏空"的主张,米芾以横点积叠画法创"米点皴",在山水画中独辟蹊径,用模糊的笔墨作不模糊的表现,而且准确地、层次清楚地表现了朦胧的景色,创"云山墨戏"。米芾传世的画作《珊瑚笔架图》《春山瑞松图》无不体现出创造艺术形象时的自由如意,表现出"放笔""一戏"的笔墨特点。米芾所论,将所有一切都归之于"一戏",忽略技巧或手段的"拙工",只求"放笔"与"意足"。米芾的书画观有力地表明了文士在倡导尚意画风上的决绝态度与艺术意识,在逸品观的影响下,以写意为特征的一代绘画新风格开始逐步形成,文人画艺术得到重要的发展。

四 结语

本文通过对与文人画意识关联最紧密的"淡""韵""逸品"诸概念的辨析,分析这些范畴蕴含的丰富的道释精神意蕴与绘画美学内涵的内在联系,揭示蜀学思想与文人画意识的价值取向之间的重要关联。通过对北宋蜀学文艺观特质的分析,对黄休复、苏轼、邓椿的逸品观的发展与确立作了深入分析,最后的论断是,北宋时期"逸格"这一审美范畴的发展与确立,促进了宋代文人画思想的成熟,促进了绘画艺术向着写意方向发展的内生原因。

作者为浙江省出版集团研究院院长、编审。

徽　　学

新中国建立70年来安徽大学徽学研究回顾与评述

周晓光　陈　联

【摘要】20世纪80年代之前，安徽大学关于徽州问题的研究主要涉及徽州经济和学术两个方面，其研究虽然散而简，但其筚路蓝缕之功值得在安徽大学徽学史上留下重要的一笔。20世纪80年代初至90年代末，安徽大学在机构设置、会议主办、平台搭建、人员培养和方向凝练等方面，开展了一系列卓有成效的工作，取得了较为丰硕的成果。这些成果既为当时徽学学科的建设做出了重要贡献，也为新世纪安徽大学的徽学研究奠定了基础。2000—2017年安徽大学新世纪的徽学研究在学术层面上主要致力于徽学学科的理论与方法研究、徽州文书和文献的整理与研究、徽州历史与文化的研究等方面，并取得了一系列的重要成果。2017年以来新时代安徽大学的徽学研究出现全新的面貌，徽学与中国传统文化被列为安徽大学"双一流"建设的重点培育学科、徽学研究中心专兼职研究人员队伍迅速扩大、显示度较高的科研成果不断问世、协同创新工作全面展开、学术交流更加广泛、咨政服务能力得到显著提升、资料建设工作持续推进、人才培养成效显著。新中国建立70年来的安徽大学徽学研究，与时代同步，与学科发展同步，体现了一个地方综合性高校的责任和担当。

【关键词】新中国　安徽大学　徽学研究

安徽大学的历史包括两个时段，以1958年9月中华人民共和国首任主席毛泽东为安徽大学题写校名为界：前期先后经历了安徽大学、安徽省立安徽大学、国立安徽大学等几个阶段，办学地址先后在安庆、芜湖等；后期迁建合肥，被称为新安徽大学。本文关于安徽大学的徽学研究回顾，涉及以上两个阶段而以1949年新中国建立为始。

一 20世纪80年代之前安徽大学关于徽州问题的研究

徽学是以徽州历史地理、徽州传统社会、徽州历史文化及其传承创新为研究对象的一门学问。作为具有现代学科意义的徽学，形成于20世纪80年代。而在此之前，学界关于徽州历史文化问题的关注、研究，受到了相当程度的重视，其成果为以后的徽学成为专门学问奠定了基础。

从1949年新中国建立到20世纪80年代之前，与同期国内外学术界众多涉及面广、内容丰富的成果不断问世相比，① 安徽大学关于徽州问题的考察和研究尚处于零散的状态。迄今所见最早的关于徽州研究的成果是许杰、马振图的关于徽州地质的研究著述。许杰是中国科学院院士、地层古生物学家，1949年10月至1954年2月担任安徽大学校长，曾任地质部副部长。早在1937年，他与马振图合作，在《国立中央研究院地质研究所丛刊》上发表了《皖南地史及造山运动》一文，② 为推动皖南地质研究做出了重要贡献。此后他的笔石动物群和含笔石地层的研究工作，也涉及了包括徽州在内的皖南地区。安徽省委书记、省人民政府主席曾希圣于1958年9月至1962年3月间兼任安徽大学校长，其间他从全省经济社会发展全局角度，关注了皖南和徽州的一系列问题。特别是关于徽文化中的徽剧，鉴于新中国成立前夕已经濒临消亡，曾希圣指示省文化局把徽州地区仅存的10余名老艺人请到合肥，又招收40多名学员，组建了安徽省徽剧团。剧团整理、演出了一批传统和创新节目，先后在上海、北京等地公演，使得徽剧重新焕发生机，传衍至今。③

这一时期，安徽大学从学术层面关于徽州问题的研究，出现在70年

---

① 卞利：《20世纪徽学研究回顾》，载《徽学》第2卷，安徽大学出版社2002年版。
② 许杰、马振图：《皖南地史及造山运动》，《国立中央研究院地质研究所丛刊》1937年第6期。
③ 《曾希圣传》编纂委员会：《曾希圣传》第14章，中共党史出版社2004年版，第378页。

代末,主要涉及徽州经济和学术两个方面。其中代表性的著述有:

1978年,安徽大学古籍整理研究所崔思棣在《安徽大学学报》发表了《徽州地区经济开发史要》一文,这是学术界较早关于徽州经济开发史的宏观性论文。文章提出:"徽州地区偏在江南,又四面环山,唐以前经济是很落后的,农业甚至处在刀耕火种的阶段。东晋以来,特别是隋朝大运河的开通,随着南方经济的发展,经济重心逐渐南移,徽州地区的经济开发才慢慢开始,但进步仍比较缓慢。经唐到宋,特别在南宋,徽州地区的经济方得到很快发展,到了明中叶以后,徽州的经济作物、手工业和商业发展到了一个相当繁盛的阶段。"[1] 这段描述是符合徽州经济开发大势的,也是目前学术界的普遍共识。崔文详述了徽州经济开发的状况,并讨论了徽州经济发展的原因,其中所引用的不少方志、文集和笔记中的材料,现已成为徽学界耳熟能详的重要史料。

1979年,安徽大学中文系孙以昭发表了成稿于1964年的《戴震经学方法论初探》一文,这篇关于徽州学术史研究的论文阐释了戴震经学方法论的主要内容,并追溯其学术渊源,同时还在清前期的政治与学术背景中考察了当时学者群体的治学特点。[2] 自20世纪90年代以后,安徽大学的徽学研究中一直有徽州学术史研究一脉,大概与此不无关系。

总的来看,这一时期安徽大学有关徽州问题的研究,呈现了三个特点。一是研究的问题是零星的,除了在徽州经济和徽州学术人物的研究方面有为数不多的成果以外,其他徽州问题的探讨尚未提到学术层面。二是相关的研究,与后来安徽大学徽学研究的主要领域契合度不高。除了关于徽州学术史的研究尚有传承之外,许杰等的皖南地质研究,在安徽大学已经"失传";被新安徽大学首任校长看重的徽剧,此后安徽大学乏人问津、无人整理和研究;即使是徽学重要研究的领域徽州经济史,也未能发展成为安徽大学的重点研究方向。三是研究人员大多是以历史文献研究为背景的学者。尽管徽州历史上出了朱熹、戴震等一批重要的思想家,而安徽大学研究哲学和思想史者无人关注到徽州的哲学家和思想家;尽管徽州历史文化丰富璀璨,但安徽大学研究中国历史的学者亦

---

[1] 崔思棣:《徽州地区经济开发史要》,《安徽大学学报》1978年第4期。
[2] 孙以昭:《戴震经学方法论初探》,《安徽大学学报》1979年第2期。

未能关注到徽州的问题。出现这种情况,与当时的政治背景、学术环境、学者旨趣,以及新安徽大学组建时间短等因素密切相关。不过,平心而论,20世纪80年代之前,安徽大学有关徽州问题的研究虽然散而简,但其筚路蓝缕之功值得在安徽大学徽学史上留下重要的一笔。

二 20世纪80年代初到90年代末的徽学研究

这一时期,学术界从徽州问题研究出发,开始自觉构建徽学学科,并最终使之成为一门相对独立的学问。笔者在21世纪初,曾就此前学术界的徽学研究做过一段评述:"近20年来,徽学研究取得了长足的进步,这是有目共睹的事实。进步主要表现在:一、迄今为止,徽学研究领域中的主要著作、论文集,几乎都是20世纪80年代以后问世的。此外,每年徽学研究的论文数量,也是成倍增长。该领域成果之丰硕及其增长速度之快,反映了现阶段徽学研究的繁荣。二、徽学研究的领域被不断拓展。原先的研究,相对集中在徽州社会经济史方面。随着思路的开阔和研究的深入,新的研究课题得到发掘,许多学者开始多角度、全方位审视徽州的历史文化,徽州宗族、学术、教育、风俗、建筑、艺术、戏曲、方言等课题近20年来先后成为徽学研究中的'热点'问题。三、形成了一支相对稳定的研究队伍。这支队伍从年龄结构上来说,'老、中、青'三代结合;从地域分布来看,形成了北京、合肥、上海、南京、芜湖、黄山等几个中心。四、成立了专门的学术机构。如中国社会科学院历史所徽学研究中心、安徽大学徽州学研究所、安徽师范大学徽学研究所、黄山学院徽州文化研究所等。五、学术活动频繁。国际性的徽学学术讨论会已召开多届,国内专题性的研讨会每一两年就举行一次,中外学者之间的学术交流活动不断。此外,在国家社科基金、国家自然科学基金和省部级科研基金的立项中,有关徽学研究的课题逐年增加。这些都反映了徽学研究在近20年的成就与进步。"[①]

20世纪80年代初到90年代末的安徽大学徽学研究,与国内外徽学研究同步发展,并成为徽学潮流的主流之一。

一是在国内高校中率先成立了专门的徽学研究机构——徽州学研究

---

① 周晓光:《国内徽学研究的现状与前景》,《黄山高等专科学校学报》2002年第2期。

所。该所成立于1992年，由赵华富先生担任所长。在安徽大学校领导及科研处的支持下，独立开展学术研究和对外交流工作。徽州学研究所成立后，得到日本中华宗亲谱系学会会长陈福坡先生及其夫人詹佩筠女士的关心和支持，也得到了旅日华侨张萍女士的大力帮助，张萍女士还在徽州学研究所设立了"张萍奖教金"，用于资助召开学术会议和出版学术著作。1999年，教育部人文社科重点研究基地安徽大学徽学研究中心获批，徽州学研究所改组并入新的研究机构。在其存在的7年中，徽州学研究所积极开展海内外交流，组织学术会议，开展徽学研究，为安徽大学的徽学事业做出了重要的贡献。

二是主办了一系列国际与国内学术研讨会。20世纪80年代以来，安徽大学克服经费匮乏、人员紧张的困难，先后联合国内相关科研院校举办了系列重要的徽学学术会议。这些会议包括：1988年，在安徽大学召开由中国社会科学院历史研究所、经济研究所、安徽大学和安徽省博物馆共同发起主办的"徽州文书契约整理学术讨论会"，就徽州文书契约的相关问题展开了专题研讨。1993年，安徽大学与中国社会科学院历史研究所、黄山市社科联共同主办的"首届全国徽学学术讨论会暨黄山建设关系研究会"在黄山市召开，来自京、津、沪、冀、赣、皖等地的55名代表参加了会议。1994年，由安徽大学、安徽师范大学、安徽省社会科学院、安徽省社科联和黄山市人民政府联合主办的"首届国际徽学学术讨论会"在黄山市召开，来自日本、美国、韩国和中国大陆、台湾、香港的近80位专家与会，就徽州社会、经济、文化以及历史人物等问题展开研讨。会后由安徽大学赵华富先生主编出版了《首届国际徽学学术讨论会文集》。① 1995年，由中国社会科学院徽学研究中心、安徽大学徽州学研究所和黄山市社科联共同发起主办的国际徽学盛会"'95国际徽学学术讨论会"在黄山市召开，来自海内外80余位代表就徽州宗族、徽州社会、徽商、新安理学和徽州历史人物等专题展开讨论。会后，由中国社科院周绍泉先生和安徽大学赵华富先生共同主编了《'95国际徽学学术讨

---

① 赵华富主编：《首届国际徽学学术讨论会文集》，黄山书社1996年版。

论会论文集》。① 1998年,由安徽大学、中国社会科学院徽学研究中心和安徽师范大学联合主办的"第三届国际徽学学术讨论会"在绩溪县召开,来自日本、韩国和中国大陆、台湾、香港等国家和地区的70余位学者围绕徽州文化各领域的问题进行了深入讨论。其研讨成果由周绍泉先生和赵华富先生共同主编为52万字的《'98国际徽学学术讨论会论文集》。② 20世纪80—90年代国内的重要徽学学术研讨会,安徽大学都以主办方的身份参与其中。这些会议的召开,推动了国内外的徽学研究,也为安徽大学在徽学研究的前沿领域发声,提供了平台和机会。

三是借助安徽大学出版社和《安徽大学学报》两个平台,推动徽学研究成果的展示和传播。安徽大学出版社成立于1995年2月,是以教育出版为主体、以学术出版和大众出版为两翼的综合性大学出版社。自成立以来,出版社致力于徽文化成果的出版与推广,20世纪90年代先后出版的重要徽学研究成果就包括了1995年、1998年两届国际徽学学术讨论会的文集。《安徽大学学报》(哲学社会科学版)创刊于1960年,由安徽省教育厅主管,安徽大学主办,是面向全国的综合性学术期刊。20世纪80年代初至90年代末,《安徽大学学报》刊发了40余篇徽学学术论文,这些论文作者多为国内著名高等院校、科研机构的徽学研究者,其中安徽大学的作者占有一定的比例。发表论文所讨论的主题涉及徽州历史文化、徽州社会、徽州历史人物以及徽州的诸种文化现象、学派流派等,不少文章成为徽学研究相关领域的经典作品。从1995年开始,《安徽大学学报》还专门开设了"徽学"专栏。③ 安徽大学出版社和《安徽大学学报》两个平台,为安徽大学乃至海内外的徽学研究做出了重要贡献,其展示和传播工作,也成为安徽大学徽学研究工作的重要组成部分。

四是研究人员无论规模和学术影响力均得到了扩大和提升。20世纪80年代之前,安徽大学仅有为数不多的研究者关注到了徽州区域与徽州问题。80年代开始到90年代末,安徽大学出现了一批研究者,他们分布

---

① 周绍泉、赵华富主编:《'95国际徽学学术讨论会论文集》,安徽大学出版社1997年版。
② 周绍泉、赵华富主编:《'98国际徽学学术讨论会论文集》,安徽大学出版社2000年版。
③ 2014年该栏目入选教育部高校哲学社会科学学报第三批"名栏工程"。

在文学、史学、哲学以及管理等学科领域,从不同的视角和学科背景,集中关注徽州区域和徽州历史文化、历史人物等,成为安徽大学徽学研究队伍中的骨干成员。其中,赵华富先生之于徽州宗族研究、章尚正先生之于徽州旅游研究、沈寂先生之于徽州人物胡适研究、杨应芹先生之于徽州文献研究、孙以昭先生之于戴震研究、刘秉铮先生之于徽州书院研究、卞利先生之于徽州社会史研究等,均著述丰硕,在徽学相关领域中具有重要的影响力。

五是形成了有广泛影响的特色研究方向。20世纪80年代之前,安徽大学的徽州问题研究呈现"散而简"的特征,而进入80年代后,一直到90年代末,徽学研究逐渐形成了多个有特色、有影响的方向。

第一个方向是关于徽州宗族的研究。安徽大学关于徽州宗族的研究,是这一时期的学术重头戏。其中贡献最大者为赵华富先生。他在80年代后从原先的元史研究转向徽学研究,选择徽州宗族研究为突破口。经过多年收集资料和田野调查,从1991年开始连续发表数十篇关于徽州宗族研究的论文,后大部分被收入《两驿集》中。① 其中《论明清徽州社会的繁荣》②《从徽州宗族资料看宗族的基本特征》③ 二文,被《新华文摘》全文转载。在徽州宗族研究中,赵华富提出了"三结合六步走"方法,"三结合"是历史文献与社会调查相结合,个案研究与整体研究相结合,专题研究和综合研究相结合;"六步走"分别是第一步阅读文献资料、第二步社会调查、第三步个案研究、第四步整体研究、第五步专题研究、第六步综合研究。④ 该研究方法对徽学其他领域的研究,也有借鉴意义。

第二个方向是关于徽州社会史的研究。这一时期安徽大学关于徽州社会史的研究,以卞利、周致元等先生为代表。卞利先后发表了《16至17世纪徽州社会变迁中的大众心态研究》⑤《明清时期徽州地区的堪舆风

---

① 赵华富:《两驿集》,黄山书社1999年版。
② 赵华富:《论明清徽州社会的繁荣》,《东南文化》1991年第2期。
③ 赵华富:《从徽州宗族资料看宗族的基本特征》,载《谱牒学研究》第四辑,书目文献出版社1995年版。
④ 来源于 https://baike.baidu.com/item/%E8%B5%B5%E5%8D%8E%E5%AF%8C/9939660?fr=aladdin。
⑤ 《家庭社区大众心态变迁国际学术研讨会论文集》,黄山书社1999年版。

行及其对社会经济的影响》①《明代徽州的地痞无赖与徽州社会》②《明中叶以来徽州争讼和民俗健讼问题探论》③《明代徽州的诉讼：兼析明代民间诉讼观念的变化》④ 等系列论文，对徽州社会大众心态、诉讼现象、地痞无赖、堪舆风气等问题作了细致的考察，在徽学研究中形成了自身的学术风格。该时期安徽大学研究徽州社会史的学者，还有周致元先生。他的《明代徽州的教化措施及其影响》⑤《明清徽州妇女节烈风气探讨》⑥ 梳理了明代徽州多样化的教化措施及其对徽州基层社会的影响，分析了明清徽州女性节烈风气盛行的原因。该研究方向安徽大学的参与者甚众，甚至历史系本科学生也多选择徽州社会史作为论文写作的课题。比如，1989 届本科生邵本武，毕业当年就在《安徽大学学报》上发表了《徽州崇尚风水之俗的历史考察》一文。⑦

第三个方向是关于徽州历史人物的研究。徽州历史上政治、经济、文化名人众多，这一时期，安徽大学的学者突破禁区，对现当代有争议的徽州绩溪人胡适开展了集中研究。历史系沈寂先生于 1993 年在香港商务印书馆出版了《胡适政论与近代中国》一书，主要探讨胡适的自由主义政见的影响和作用；1996 年又在重庆大学出版社出版《时代碣鉴》一书，从文学、政治和婚恋等方面探讨胡适思想的全貌。这两部著述对推动当时学术界的胡适研究，产生了重要的影响。其时安徽大学研究胡适的学者还有傅正、钱耕森、陆发春、徐国利等人，⑧ 他们从不同的视角，深入探讨了胡适的学术思想和政治经历，由此安徽大学成为

---

① 《安徽大学学报》（哲学社会科学版）1991 年第 3 期。
② 《安徽大学学报》（哲学社会科学版）1996 年第 5 期。
③ 《明史研究》总第 3 辑，黄山书社 1993 年版。
④ 《光明日报》1997 年 5 月 13 日。
⑤ 《安徽大学学报》（哲学社会科学版）1996 年第 2 期。
⑥ 《'95 国际徽学学术研讨会论文集》，安徽大学出版社 1997 年版。
⑦ 《安徽大学学报》1989 年第 2 期。
⑧ 傅正：《评胡适的〈一个最低限度的国学目录〉》，《安徽大学学报》1988 年第 4 期；钱耕森：《略评胡适论徽商》，《安徽史学》1989 年第 3 期；陆发春：《胡适早期"好政府主义"思想新论》，《安徽大学学报》1996 年第 5 期；《陈垣与胡适国学研究之比较》，《安徽大学学报》1998 年第 1 期；徐国利：《胡适实用主义在五四新文化时期广泛传播原因之探析》，《安徽大学学报》1992 年第 2 期；徐国利、叶挺松：《胡适与白话文教育改革》，《安徽大学学报》1998 年第 1 期。

当时胡适研究的重镇之一。胡适之外，戴震也是当时安徽大学研究者关注的重要徽州历史人物。1992年，孙以昭发表《关于戴学研究的几点意见》，认为深入开展戴学研究，一要重视研究戴震学术思想的渊源与影响；二应把戴震的有关思想放在中国哲学思想发展的大文化背景和清代徽州文化的地方文化背景中，并结合当时的社会政治历史因素加以考察，研究其形成的原因和价值；三是对一些具体问题，需要下功夫搞清楚。① 杨应芹则在《戴震与江永》一文中，"根据《东原年谱》的文献资料，确证戴震与江永首次相见不是在乾隆七年，而是在乾隆十八年。他们二人不是严格意义上的师弟关系，而是师友之交。戴震于学术观点、治学方法及最终治学目的等方面，皆不同于江永，而表现出近代气息"。② 杨氏还有《戴震与水经注》③一文，1998年获安徽省社科优秀成果二等奖。此外，历史系王朔柏和哲学系解光宇还对戴震的理欲观、人性学说作了较为详细的分析和论述。④ 这一时期，朱熹与新安理学家也成为安徽大学研究者关注的重要人物。赵华富先后发表了4篇相关文章，辨析朱熹与徽州的史实，探讨元代新安理学家群体的活动；⑤ 解光宇则就"程朱阙里"与新安理学的关系作了分析。⑥ 其他徽州历史人物的研究，还涉及了胡宗宪⑦等。

第四个方向是关于徽州文献的整理与研究。安徽是古籍大省，古籍藏量居全国前列；徽州是文献之邦，历史文献数量近万种。1984年，在省委、省政府的领导下，由魏心一先生牵头，成立了安徽省古籍整理出版领导小组，决定编纂出版《安徽古籍丛书》，甄录历代皖人著述，搜辑珍稀版本，精心校理释读。1988年，经安徽省编制委员会批复，安徽省

---

① 《安徽大学学报》1992年第2期。
② 《安徽大学学报》1995年第4期。
③ 杨应芹：《戴震与水经注》，《江淮论坛》1995年第3期。
④ 王朔柏：《戴震的理欲观》，《安徽大学学报》1998年第4期；解光宇：《儒家性情学说历程及其终结——戴震人性学说在终结中的作用》，《学术界》1997年第2期。
⑤ 赵华富：《朱熹徽州行考辨》，《徽州社会科学》1994年第3期；《朱熹先世歙县故里考》，《学术研究》1996年第4期；《元代的新安理学家》，《学术界》1999年第3期；《元代新安理学家弘扬朱子学的学术活动》，《安徽大学学报》2000年第6期。
⑥ 解光宇：《"程朱阙里"与新安理学》，《黄山学院学报》2000年第2期。
⑦ 卞利：《应当全面评价胡宗宪》，《安徽大学学报》1993年第4期。

古籍整理出版领导小组办公室（即省古籍办，县处级建置）"由新闻出版局划归安徽大学管理"。① 安徽大学还专门设立了古籍整理研究所，从事包括徽州文献在内的安徽古籍文献整理与研究工作。截至 2000 年，安徽大学学者主持或参与整理出版的《安徽古籍丛书》4 种，其中《杜诗说》（黄生著，徐定祥整理）、《皖人诗话八种》（朱弁等著，贾文昭等整理）、《唐诗评三种》（黄生等著，何庆善整理）等或为全国重点古籍图书，或多次获得地方乃至全国的优秀古籍图书奖，影响广泛。1987 年，安徽大学古籍整理研究所创办了《古籍研究》集刊，刊发了大量包括徽州文献整理与研究在内的高质量稿件，至今仍在持续出刊。杨应芹等学者协助张岱年先生主编《戴震全书》，该书为国家"八五"古籍整理规划重点项目，1998 年获安徽省社科优秀成果荣誉奖。因此，关于徽州文献整理与研究，成为这一时期安徽大学徽学研究的重要方向之一。

除了上述四个主要研究方向之外，安徽大学专家在徽州商人研究②、徽州书院研究③、徽州家谱研究④等徽学领域，也有不同程度的涉猎。

总之，20 世纪 80 年代初至 90 年代末，安徽大学在机构设置、会议主办、平台搭建、人员培养和方向凝练等方面，开展了一系列卓有成效的工作，取得了较为丰硕的成果。这些成果既为当时徽学学科的建设做出了重要贡献，也为新世纪安徽大学的徽学研究奠定了基础。

三 21 世纪以来的徽学研究

1999 年 12 月，经过严格的评审，安徽大学徽学研究中心正式入选教育部首批 15 家人文社科重点研究基地。著名徽学研究开拓者、奠基人张

---

① 来源于：http://hwy.ahu.edu.cn/2019/0320/c15859a196855/page.htm。
② 郭振香：《徽商的诚信观》，《安徽大学学报》1997 年第 3 期；章尚正：《徽商的生活形态与价值观念——从明清小说看徽商存在》，《安徽大学学报》1997 年第 3 期；解光宇：《徽商的"贾而好儒"》，《光明日报》2000 年 8 月 25 日；卞利：《论明清时期徽商的法制观念》，《安徽大学学报》1999 年第 4 期。此外，安徽大学历史系 1981 年 9 月即向 79 级学生开课讲述安徽地方史，其中专门设有"徽州商业的兴起"专题。
③ 刘秉铮：《论徽州的书院》，《江淮论坛》1993 年第 3 期；刘秉铮：《漫话徽州书院与学术之关系》，《中国典籍与文化》1997 年第 2 期；刘秉铮：《漫说徽州书院之沿革》，1998 年国际徽学学术讨论会参会论文。
④ 赵华富：《〈新安名族志〉编纂的背景和宗旨》，《安徽大学学报》1997 年第 3 期。

海鹏先生出任安徽大学徽学研究中心名誉主任,时任安徽大学常务副校长的黄德宽教授兼任中心主任,著名历史学家、北京师范大学教授瞿林东先生担任中心学术委员会主任。这是安徽大学徽学研究历史上具有里程碑意义的事件,从此安徽大学的徽学研究进入了全新的发展时期。

1. 新世纪的徽学研究(2000—2017年)

自2000年安徽大学的徽学研究进入新世纪后,在学术层面上致力于以下几方面的工作,并取得了一系列的重要成果。

一是徽学学科的理论与方法研究。作为一门独立的学问,研究并构建徽学的理论与方法,这是徽学学科赖以存在的基础。20世纪80年代以来,学术界对徽学之名称、定义、性质、内容等涉及学科是否成立的一系列根本问题展开了热烈的讨论,形成了不同的看法。2000年3月,安徽大学徽学研究中心名誉主任张海鹏先生在《光明日报》上发表了《徽学漫议》[①]一文,比较全面地提出了对徽学有关问题的看法。其中涉及的根本性问题有三。一是关于徽学的定义问题。张海鹏先生认为:"徽学即徽州学,或曰徽州文化。它是在原徽州(府)下属六县所出现的既有普遍性又有典型性并且具有一定学术含量的各种文化现象的整合。它根植于本土,伸展于各地,即是由'小徽州'和'大徽州'文化融合形成的内容丰富、品位较高的一座文化宝藏。"这一定义,在诸家之说中,可谓独树一帜。二是关于徽学的主要内容问题。张海鹏先生提出,"作为地域文化的徽学,其主要内容有:新安理学、新安医学、新安文献、新安画派、新安宗族、新安商人(徽州在晋代为新安郡,后人常沿用这一郡名),以及徽州书院、方言、礼俗、戏剧、民居、谱牒、土地制度、佃仆制度、契约文书以及徽派朴学、版画、篆刻、建筑、盆景,乃至徽墨、徽砚、徽笔、徽纸等。这些以'新安'或'徽'为标志的文化'特产',反映了当日的徽州是商成帮、学成派,并由此而构筑了'徽学'这座地域文化大厦"。这一对徽学主要内容的概括,是相当全面的;而"商成帮、学成派"之说,更是极有见地。三是关于徽州文化的成因问题。张海鹏先生认为,徽州之所以形成斑斓驳杂的地域文化,"考其缘由,主要有以下两点:第一,中原文化是徽学形成的'基因';第二,徽州商帮是

---

① 张海鹏:《徽学漫议》,《光明日报》2000年3月24日。

'徽学'发展的'催化剂'"。① 这篇文章,解决了徽学学科的一些基本问题,在当时产生了重要影响。2001年,安徽大学校长黄德宽教授发表《徽学研究的学术价值和现实意义》一文,提出徽学是一门综合性学科,研究范围"空间上以历史上的徽州一府六县为基本范围,时间是从宋代徽州之名正式确立到清代末年",并强调"徽学研究的对象主要是徽州独特的区域历史文化",但是"并不意味着徽学的意义仅仅局限于徽州区域历史文化的研究"。② 为进一步深入探讨徽学的理论与方法,安徽大学在2004年4月10日,召开了"徽学的内涵与学科建构"学术研讨会,校内外40位专家围绕徽学的内涵及其学科体系建构进行了热烈的讨论。通过讨论,形成了诸多共识,徽学的内涵也更加明确。这次会议的成果被编成论文集《论徽学》由安徽大学出版社出版。③ 论文集分上、下两编,集中刊发了一批有关徽学理论与研究方法的文章。2012年,《安徽大学学报》编辑部又将该刊三十余年所刊载的徽学研究论文精选40余篇,题为《徽学研究的理论与实践》结集出版,其中不少论文均聚焦于徽学理论与方法的研究。这一阶段,安徽大学关注该问题的学者,并不在少数。如胡益民、赵华富、卞利、徐国利、王邦虎等,④ 均有相关成果发表。这些成果,构成了安徽大学这一阶段关于徽学理论与方法研究的重要内容。

二是徽州文书和文献的整理与研究。徽州文书是徽学研究的重要原始资料,自20世纪80年代再次被大规模发现并受到徽学界高度重视以来,有关徽州文书的整理与研究成果不断问世。安徽大学徽学研究中心于2001接受了刘伯山先生捐赠的12000件徽州文书,并聘请中国社会科学院栾成显教授为徽学中心特聘教授,开始了对徽州文书的整理和研究工作。2005年,由刘伯山先生主编的《徽州文书》第一辑10卷正式出

---

① 周晓光:《张海鹏与安徽地方文化史研究》,《安徽师范大学学报》2003年第5期。
② 黄德宽:《徽学研究的学术价值和现实意义》,《光明日报》2001年5月22日。
③ 朱万曙主编:《论徽学》,安徽大学出版社2004年版。
④ 胡益民、陈晨:《徽州典籍文献与徽学学科建构关系论纲》,《安徽大学学报》2004年第5期;赵华富:《论当代徽学》,《安徽大学学报》2004年第5期;卞利:《唯物史观与徽学研究的发展》,《合肥学院学报》2004年第2期;徐国利:《徽学学科理论基本问题再研究》,《安庆师范学院学报》2016年第6期;王邦虎《论徽州古村落研究对徽学发展的方法论价值》,《安徽大学学报》2007年第3期。

版，这是继《徽州千年契约文书》①之后，以大规模影印的方式集中整理和公布的徽州文书，在学术界和出版界都是空前的盛事。② 截至2017年，《徽州文书》已由广西师范大学出版社出版第一辑（2005年）、第二辑（2006年）、第三辑（2009年）、第四辑（2011年）、第五辑（2015年）、第六辑（2017年）共计6辑60册。这批文书的公开出版，对推动文书整理和徽学研究起到了重要的作用。与此同时，安徽大学的研究者对徽州文书整理的方法及其意义，也展开了充分的讨论。刘伯山先生先后发表了《"伯山书屋"一期所藏徽州文书的分类与初步研究》③《关于徽州文书的计量标准》④《民间文书档案整理的"三尊重"原则》⑤等文章，就徽州文书的整理提出了方法论上的思考。徐国利的《徽州文书的理论研究与整理方法》⑥《关于民间文书"归户性"整理的理论初探》⑦、周晓光的《徽州文书的归户整理与宗族史研究》⑧等，也是探索徽州文书整理与研究的相关成果。

此外，徽州文献的整理与研究也是这一时期安徽大学徽学研究的重点工作。自2001年始，安徽大学徽学研究中心与安徽省古籍整理出版规划委员会办公室合力打造了《徽学研究资料辑刊》项目。该项目广泛收列有关徽州历代政治、经济、教育、文化、艺术、科技、军事、地理、物产、名胜、风俗、异闻、掌故等内容的文献资料，包括笔记、史乘及部分日记、方志（主要为县以下的志书）和谱牒，尤重手稿和孤本的收录。所辑各书，或标点、或校勘、或注释，皆依内容而定。丛书得到了国家古籍整理出版专项经费的资助，由黄山书社先后出版了《新安名族志》（全一册）、《太函集》（全四册）、《新安文献志》（全三册）、《新安学系录》（全一册）、《休宁名族志》（全一册）、《清代徽人年谱合刊》

---

① 中国社会科学院历史研究所：《徽州千年契约文书》，花山文艺出版社1991年版。
② 周晓光：《评〈徽州文书〉的整理与出版》，《安徽史学》2006年第5期。
③ 《徽学》2000年卷，安徽大学出版社2001年版。
④ 《安徽大学学报》2006年第2期。
⑤ 《探索清水江文明的踪迹——清水江文书与中国地方社会国际学术研讨会论文集》，巴蜀书社2014年版。
⑥ 《中国社会科学院研究生院学报》2005年第4期。
⑦ 《安徽史学》2015年第6期。
⑧ 《安徽史学》2015年第6期。

(全一册)、《茗州吴氏家典》(全一册)、《寄园寄所寄》(全一册)、《东原文集增编》(全一册)、《紫阳书院志》(全一册)、《程朱阙里志》(全一册)、《素园存稿》(全一册)、《新安蠹状》(全一册)等十数种具有重要文献价值和史料价值的徽州历代文献。同时,2000年之前即已实施的《安徽古籍丛书》项目,继续得到有效落实。安徽大学学者整理出版了徽人著述《俞正燮全集》(于石、诸伟奇等整理,2005年)、《皖人戏曲选刊·郑之珍卷》(朱万曙整理,2005年)、《黄生全集》(诸伟奇等整理,2009年)、《勉行堂诗文集》(魏世民整理,2012年)、《杜诗提要》(陈道贵等整理,2015年)、《分篇水经注·戴震分篇》(杨应芹整理,2015年)等。关于徽州文书和徽州文献的整理与研究,此一时期取得了丰硕的成果。

三是徽州历史与文化的研究。据不完全统计,2000—2017年,安徽大学的专兼职研究人员共出版学术著作90余部,发表学术论文1100余篇,内容几乎涉及了徽学研究的各个领域。其中代表性的成果有:赵华富著《徽州宗族研究》(安徽大学出版社2004年版)、卞利著《明清徽州社会研究》(安徽大学出版社2004年版)和《徽州民俗》(安徽人民出版社2005年版)、朱万曙《徽州戏曲》(安徽人民出版社2005年版)、徐道彬著《戴震考据学研究》(安徽大学出版社2007年版)和《皖派学术与传承》(黄山书社2012年版)、章尚正主编《黄山市旅游业可持续发展研究》(安徽教育出版社2008年版)、胡益民著《徽州文献综录(上、下卷)》(安徽教育出版社2014年版)、翟屯建、周晓光和卞利主编《徽州文化史》(安徽人民出版社2015年版)等。这些著述,既有宏观层面的综合性徽文化研究,也有某种文化现象的深入探讨,在徽学研究领域中产生了重要的影响。在2017年之前,安徽大学的徽学研究成果共获得包括安徽省人文社科优秀成果奖在内的各类奖项26项。

上述三个方面的学术研究,是新时期安徽大学徽学研究的主要内容。同时,围绕徽学研究,安徽大学还集中开展了如下工作。

首先是加强国际合作交流。"十五"期间(2001—2005年),安徽大学徽学研究中心与韩国安东国立大学建立了密切联系,双方保持经常性的人员往来,开展了徽学与安东学的比较研究,2005年在韩国出版了《安东与徽州文化比较研究》一书。"十一五"期间(2006—2010年),

安徽大学共派出 21 人次赴国外或境外进行徽学学术交流，徽学研究中心与法国、韩国和日本等国家高等学校研究院所签署了合作协议 5 个。"十二五"期间（2011—2015 年），安徽大学派 31 人次赴国外或境外进行有关徽学的学术交流、讲学与访问，其中 1 人次作为国务院侨办"文化中国·名家讲坛"嘉宾，赴荷兰、挪威和丹麦等国华人华侨社区宣讲徽文化。与日本、韩国和中国台湾等国家与地区高等学校暨研究院所签署（含续签）合作协议 5 个。

其次是搭建学术交流平台。安徽大学徽学研究中心成立以来，每年均主办或承办国际性和全国性的徽学学术研讨会，其中规模较大、影响较广的会议有：

会议名称	会议时间	会议地点
2000 国际徽学研讨会	2000 年 8 月	中国合肥
徽州文献与文书研讨会	2001 年 11 月	中国黄山
"戏曲·民俗·徽文化"国际学术研讨会	2003 年 2 月	中国池州 中国黄山
"明代文学与地域文化"学术研讨会	2003 年 11 月	中国合肥
徽学的内涵与学科建构研讨会	2004 年 4 月	中国合肥
徽州宗族与徽州社会国际学术研讨会	2004 年 8 月	中国合肥
徽学与明清安徽典籍研究暨中国历史文献研究会第 25 届年会	2004 年 9 月	中国合肥 中国黄山
"徽学与安东学比较研究"5 次研讨会	2004—2008 年	中国合肥 韩国安东 中国黄山
徽州谱牒："家族与社会"国际研讨会	2005 年 10 月	中国合肥
郑之珍目连戏学术研讨会	2005 年 12 月	中国池州
藏学与徽学对话交流会	2006 年 5 月	中国合肥
"地域中国：民间文献的社会史解读"国际学术研讨暨第十一届中国社会史学会年会	2006 年 8 月	中国黄山
"地方社会研究中田野资料的解读"学术讨论会	2007 年 4 月	中国黄山
中法合作"徽州宗族、民俗与信仰研究"国际学术研讨会	2007 年 8 月	中国黄山
徽学、徽商、徽文化与安徽文化建设论坛	2008 年 8 月	中国合肥

续表

会议名称	会议时间	会议地点
徽州文化生态保护高峰论坛	2008年10月	中国黄山
"宋明以来的谱牒编纂与地域社会"国际学术讨论会	2009年10月	中国合肥
"前近代东亚地区乡村组织与社会变迁"国际学术研讨会	2010年10月	中国合肥
"走向世界的徽学·敦煌学·藏学"高端论坛	2010年11月	中国合肥
中国商帮高端论坛：徽商与晋商研讨会	2011年7月	中国合肥
"徽学研究百年：回顾、反思与展望"研讨会暨安徽省徽学学会2011年学术年会	2011年10月	中国合肥
"千年徽州：人才与经济社会发展"学术研讨会	2012年7月	中国黄山
"东亚地区知识分子的情感与社会责任"学术研讨会	2013年10月	中国合肥
"明清契约文书与历史研究"国际学术研讨会	2013年11月	中国黄山
儒学与地域文化：徽学国际学术研讨会	2014年8月	中国合肥
"汪华文化与皖南国际旅游文化示范区建设"高端论坛	2014年12月	中国合肥
"50卷《徽州文书》整理出版"学术座谈会	2015年6月	中国合肥

这些学术研讨会，为海内外徽学研究者提供了交流的平台和机会，促进了徽学研究的繁荣和发展。同时，安徽大学建成中央与地方共建优势特色学科徽学中心重点实验室（陈列室）1个，建设《徽州家谱》等专业数据库5个，并向国（境）内外研究者开放徽学中心专业图书资料室（含徽州文书特藏室）、数据库和信息网站。徽学中心已成为协调徽学研究全国性乃至国际性学术交流活动的平台与资料信息基地。

再次是服务地方经济社会发展。"十一五"期间，安徽大学积极参与安徽省人民政府主办的徽商大会，并负责每年举办的"徽商论坛"分会的组织与承办工作，参加安徽省非物质文化遗产研究和徽州文化生态保护实验区建设、安徽省人文讲坛等社会活动，致力于徽文化的宣传与普及工作。"十二五"期间，安徽大学在徽学研究工作中，提出了"把足迹留在大山里，把文章写在田野上"的号召，研究人员深入徽州乡村，开展田野调查,致力于优秀徽文化的抢救、保护与传承,解决国家和地方文化建设等重大实践问题和参与重大决策的能力显著增强。为此,《光明日报》和《安徽日报》分别以《用学术打造地方文化名片——看安徽大学徽学研究中心如何服务文化建设》《徽文化的"思想库"》为题进行了报道。

与此同时,安徽大学在徽学研究人员的队伍建设、制度建设、软硬件环境建设等方面也取得了一系列的成绩。经过10多年的努力,当初制定的把安徽大学建成徽学学术研究中心、资料收藏中心、学术交流中心的目标正逐步实现。

2. 新时代的徽学研究(2017—2019年)

2017年10月18日,在中国共产党第十九次全国代表大会上,习近平郑重宣示:"经过长期努力,中国特色社会主义进入了新时代,这是我国发展新的历史方位。"新时代,呼唤新徽学。2016年徽学研究中心在顺利通过第三轮教育部人文社科重点研究基地评估后,安徽大学主动寻找差距,认真谋划发展,积极落实举措,近三年来有了全新的面貌。

一是徽学与中国传统文化被列为安徽大学"双一流"建设的重点培育学科。2017年9月21日,教育部、财政部、国家发展改革委联合发布《关于公布世界一流大学和一流学科建设高校及建设学科名单的通知》,安徽大学进入世界一流学科建设高校行列。随后,安徽大学组建了实体性的"徽学与中国传统文化研究院",时任安徽大学党委书记李仁群兼任院长。作为安徽大学国家"双一流"建设的重点建设高端学术平台之一,研究院将徽学学科的建设置于最重要的位置,学校在政策、资金等方面给予了大力支持。目前安徽大学的徽学研究工作已有充裕的稳定经费保障各项工作的顺利开展。

二是徽学研究中心专兼职研究人员队伍迅速扩大。作为安徽大学独立建制的研究机构,目前中心专职研究人员有15人,其中正高职称6人、副高职称1人、讲师8人,研究人员中95%以上具有博士学位,最高学历单位包括复旦大学、中国社科院、中国科技大学、南京大学、武汉大学、厦门大学、暨南大学等著名学府,研究人员的学科背景包括历史学、文献学、科技史、宗教学、法学等。兼职人员分为校内和校外两类,近三年已实际聘任30多人。

三是显示度较高的科研成果不断问世。近三年徽学研究中心出版了包括国家出版基金项目《徽学文库》（第一辑）在内的著作15部，专职研究人员发表论文100余篇。2018年，在时隔7年之后重新开评的安徽省社会科学奖评奖中，徽学研究中心专兼职人员共有5项成果分获一、二、三等奖。近年来，安徽大学还承担徽学方面研究课题35项，其中科技部支撑计划重大项目1项，国家社科基金重大和一般项目9项，其他省部级各类项目29项，研究内容涉及徽州宗族管理文化与现代乡村社会治理、徽商精神与核心价值培育、徽文化传承与创新、徽州古村落园林景观保护与规划研究、徽州非物质文化遗产研究、徽学研究资料整理等方面。

四是协同创新工作全面展开。安徽大学以协同创新理念为基本原则，结合徽文化自身特色及实际，联合国内徽文化研究、保护和传承的主要单位南京大学、中国社会科学院、安徽省委宣传部、安徽省文化厅、安徽省社会科学院、安徽省文物局、黄山市人民政府、合肥工业大学、黄山学院、安徽中医药大学、安徽建筑大学、黄山中国徽州文化博物馆等，签署多边协议，共建"徽文化协同创新中心"，搭建了徽文化基础研究平台、徽州文化遗产保护与利用研究平台、徽派建筑文化研究平台、新安医学与文化研究平台、徽文化产业开发研究平台。以上述五个平台为支撑点，积极开展徽文化基础研究、服务社会经济文化发展等相关领域的协同创新。2019年，在安徽省教育厅协调下，由安徽大学牵头，正式成立了徽文化协同创新联盟，联盟成员包括安徽师范大学、安徽建筑大学、安徽中医药大学、淮北师范大学、黄山学院等高校。

五是学术交流更加广泛。三年来，安徽大学主办了"文化传承发展与徽学研究"国际学术研讨会、"东亚地区现代性与徽州社会"中韩文化论坛（2017）、"东亚礼俗传统与社会治理"中韩文化论坛（2019）、"徽学与中国传统文化国际学术研讨会"（2018）、"首届徽学学术大会"（2019）5场国际学术会议。其中2019年6月召开的"首届徽学学术大会"，由光明日报社和中共安徽省委宣传部指导，安徽大学主办，来自海内外徽学研究领域知名专家学者和各界人士300多人参加会议。大会以"新时代·新徽学：传承徽派文脉、创新当代文化"为主题，开展了学术研讨、徽文化展示、征文颁奖等活动，旨在搭建一个交流研究成果、深化徽学研究、展现徽文化魅力的平台，产生了巨大的学术和社会影响。此外，安徽大学还主办了"湘学·蜀学·徽学高层论坛（2019）"、"第三届徽州文书与中国史研究"学术研讨会（2019）、'2018两岸四地朱子学研讨会暨儒商论坛、安徽省徽学学会学习党的十九大精神研讨会暨2017'学术年会、徽州"记住乡愁"村核心价值观培育与实践研讨会、"徽学学科建设暨赵华富先生学术思想"座谈会等10余场全国或全省的学术会议，邀请海内外一流专家学者到安徽大学举办了30多场"徽学论坛"报告。徽学研究中心9人次出境参加学术交流，参加国内学术交流达100多人次。与兄弟院校和地方部门之间的调研交流频繁开展。徽学研究中心编辑的《徽学》集刊出版至第十二辑，与安徽报业集团新媒体中心联合打造的"中国徽学网"，作为安徽大学徽学研究中心的官网正式上线。集刊的出版和网站的运行，为海内外徽学研究者提供了成果发布和信息交流的平台。

六是咨政服务能力得到显著提升。近三年来，安徽大学研究人员在报刊理论版发表了《徽文化的历史贡献与当代价值》《用徽文化滋养新时代的安徽人》等系列文章，为传统文化的传承创新鼓与呼；为中国文联第10期研修班、各地企业和单位、高校举办10余场徽文化宣讲活动，服务地方和基层社会的文化建设；开展调研活动，为政府部门提供咨询报告8份。咨政活动成为安徽大学徽学研究的重要工作之一，产生了较大的影响。

七是资料建设工作持续推进。2018年下半年，安徽大学投入500万元，购入徽州文书5万余件，徽学研究中心特藏的徽州文书已达到6万余件，整理并出版了《徽州文书》7辑70册、《徽州家谱》2辑20册。承担了多个高校古委会项目，与黄山书社合作，出版了徽学资料丛刊。资料室的藏书量已突破6万册，订阅专业杂志50余种。

八是人才培养成效显著。安徽大学授权徽学研究中心独立招收中国史学科徽学与明清史方向的研究生，在读研究生30多人，已有三届研究生毕业。从2019年起，开始独立招收和培养徽学博士研究生。具有指导博士研究生资格的导师6人，均有较为丰富的指导经验。2017年开始招收徽学师资博士后，目前在站博士后2人。

新中国建立70年来，安徽大学的徽学研究，与时代同步，与学科发展同步，体现了一个地方综合性高校的责任和担当。如今，安徽大学的徽学研究已经步入了一个新的时代。回望这段历程，我们有几点体会。第一，人才队伍是一流学科平台的核心竞争力，而在人才队伍中，培养学科领军人才最为关键。第二，基础资料是一流学科平台的"大国重器"，推动徽学学科的发展，离不开文献和文书资料。第三，科研成果是一流学科平台的亮丽"名片"，要成为一流的学科平台，应当有一流的高显示度的成果。第四，凝练方向是一流学科平台的重要法宝。第五，学术交流是一流学科平台的必然要求，打造世界一流学科平台，离不开与海内外一流学者和机构的交流。未来安徽大学的徽学研究应着力在这几个方面寻找抓手，落实举措，以开放的胸襟引领徽学学科的发展，开创新时代徽学研究的新气象。

作者周晓光为安徽大学徽学研究中心教授；
陈联为安徽大学徽学研究中心办公室主任。

徽州程敏政：阳明心学的源头之一

徐道彬

【摘要】 王阳明的心学源头，既有来自孟子"求放心"和陆九渊"心即理"的熏染，也有来自他的座主程敏政"道一"论的深刻影响。程氏《道一编》和《心经附注》接续紫阳之"理"，融合象山之"心"，使"道一"思想成为朱熹与阳明之间的一个过渡新理念，也是影响阳明心学形成的一个重要源头。

【关键词】 程敏政　王阳明　《道一编》　《朱子晚年定论》

程敏政（1445—1499，字克勤，号篁墩）为明代徽州休宁人，少赋异禀，有"神童"之目。"英宗召试，悦之，诏读书翰林院，给廪馔"；宪宗成化二年中榜眼，终以礼部尚书衔。程氏以学问赅博而名世，与"文章领袖"李东阳并驾齐驱，"一时学者翕然宗之"。弘治十二年（1499），程、李二人共主会试，绍兴王阳明正于此科高中进士二甲第六名，因此而走入仕途，并创立心学。作为科举时代的座主与门生，程、王二人之间的学术影响，也是不言自明的。

程敏政博学多才，著述宏富，尤其对乡邦文献的汇集与整理贡献最多。其学术思想之根源，出于孔、孟，接于朱、陆，而以乡贤朱子道学为依归，自言"仆生朱子之乡，服其遗教，克少有立者，实有罔极之恩，而恨报之所无也"①。在遵循朱子由"道问学"而至"尊德性"的治学道

---

① （明）程敏政：《篁墩文集》第2册，文渊阁四库全书本，上海古籍出版社1991年版，第278页。

路上，程氏针对鹅湖之辨以后"朱陆异同"之争，付出了艰难的探索与调和，也深受其间不同学术风格的熏陶，为此所作的《道一编》在当时学界就掀起波澜，影响深远。因为他出身于朱子之乡，却又显示出太多的陆学成分，故而备受宗朱学者如汪循、程曈的强烈抨击。事实上，该书本意重在调和，不佞象山，也不偏紫阳，认为"朱子之道问学，固以尊德性为本，岂若后之分章析义者，毕力于陈言？陆子之尊德性，固以道问学为辅，岂若后之守玄悟空者，悉心于块坐？"但在具体的"问学"与"德性"的长期思索中，敏政则"克少有立"，不自觉地趋向于探求"道一"，追索心性，曰："宇宙之间，道一而已。道之大原出于天，其在人则为性，而具于心。心有二哉？惟其蔽于形气之私，而后有性非其性者，故孔门之教在于复性。"① 很显然，程氏这一"宇宙之间，道一而已"，正是朱子"宇宙之间，一理而已"的思想翻版。他由朱子"学匪私说，惟道是求"一路，直趋理学之"道"，上求孟子"性善"，下接陆氏"心学"，由深究人"性"，终至于"道具于心"。其"道一"学说也与陆子"心即理"颇为相近，此时已成为背离程朱理学的"异端"，成为王阳明"心学"体系建构的先导，并为之提供了直接的文献材料和真切的思想来源。对此，我们就以程敏政的《道一编》与王阳明的《朱子晚年定论》为主体，兼以其他相关资料的比勘与研讨，发掘阳明在对待"朱陆之辨"以及"心性"问题上所受篁墩之影响。通过比照二人学术与思想发展的轨迹，可以窥见阳明对程氏"道一"思想的吸收和改造，及其"知行合一"观对儒家"道统"的继承与发展。

一 《道一编》与《朱子晚年定论》

程敏政《道一编》作于弘治二年（1489），王阳明《朱子晚年定论》成于正德十年（1515）。关于两书之间的承接与影响，王氏曾有夫子自道："近年篁墩诸公尝有《道一》等编，见者先怀党同伐异之念，故卒不能有入，反激其怒。今但取朱子所自言者表章之，不加一辞，虽有偏心，

---

① 程敏政《道一编》，弘治三年刻本，参见《续修四库全书》第936册；嘉靖三十一年刻本，参见《四库全书存目丛书》子部第六册。两种版本稍有不同，前者字迹漫漶，不易使用。今有安徽人民出版社2007年张健校注本，可参阅。

将无所施其怒矣。"① 王氏因受《道一编》材料和思想的启发,而撰成《朱子晚年定论》一书,并交代撰述缘由、写作方式,及其所要达到的预期目标。因后出转精,他规避了程氏因"按语"过多而招致怨怒之弊,故其书仅在《答吕子约》后,附录吕氏复书;在《答刘子澄》后,附录临川吴澄之言以为己助,较之程氏的做法,显然灵活聪明多了。

南宋以后,"和会朱陆"之说是学术界的通行观点,如虞集、吴澄、郑玉、赵汸等皆有一致的主张,但多是随文偶尔提及,并无实在的深入证明,《道一编》应是最早以著述形式论证这一公案的著作。它以汇录朱熹与陆九渊的信札为实体内容,而主题思想体现在程氏按语之中。其自序曰:"朱陆二氏之学,始异而终同,见于书可考也。不知者往往尊朱而斥陆,岂非以其早年未定之论,而致夫终身不同之决,惑于门人记录之手,而不取正于朱子亲笔之书邪?"为了论证朱陆异同,程氏摆材料,讲道理,在所汇集的每条信札之后,多有按语所出,主旨在宣扬"孔门之教在于复性,复性之本,则不过收其放心焉尔。颜之四勿,曾之三省,与子思之尊德性道问学,孟子之先立乎大者而小者不能夺,其言訚乎如出一口。诚以心不在焉,则无以为穷理之地,而何望其尽性以至于命哉?中古以来,去圣益远,老、佛兴,而以守玄悟空为高;训诂行,而以分章析义为贤;辞华,而以哗世取宠为得。由是心学晦焉不明,尼焉不行"。程氏费心费力,原本意在调和中显示自己的独到见解。因其坦言"道问学固必以尊德性为本,而陆学之非禅也明矣","朱子晚岁乃深有取于陆子之说",慨叹"心学晦焉不明",故而招来程朱理学家的强烈指责和批判。由此可以看出,程氏在整理和思索"朱陆异同"之时,已深受陆氏心学的潜移默化,一如"白沙在涅,与之俱黑"矣。其所谓"复性之本","心学不明"之意,决定了他的学术旨趣已经内在地转化;"党同伐异"者的"怨怒",正说明了程氏"离经叛道"的心性之学已经形成,并借助其显著的名誉和地位,而影响着明代中期包括阳明在内的一批性理学者的思想走向。

作为程氏的门生故吏,阳明在承袭《道一编》思想和形式的基础上,

---

① (明)王守仁;吴光,钱明,董平,姚延福编校:《王阳明全集》,上海古籍出版社2014年版,第194页。

力图证明朱子晚年与陆子心学的一致性。因有前车之鉴，为使崇朱学者"无所施其怒"，便在编订《晚年定论》时"不加一辞"，仅以摆材料、看事实为据，从而获得世人较多的赞同，成为其心学体系建构的坚实基础。但若仔细比勘程、王二人摘录文句的真实用意，可以发现诸多相同之处：首先是观点相同。王阳明对程敏政分析朱陆关系所提出的"其初，则诚若冰炭之相反；其中，则觉夫疑信之相半；至于终，则有若辅车之相倚"的思想颇为认同，故其《晚年定论》尤为突出和强调朱子晚岁对于自己"支离之病"的悔悟；对其门人固守朱子早期和中年未定之论，致使后世学者不能真正把握朱学真谛的现象，予以婉转而隐微的批评。其次，王书之中所汇辑的朱陆信札，大多都已包含在《道一编》中，如《与吴茂实书》《与吕子约书》《答陆子书》《答何叔京书》《与周叔谨书》《答符复仲书》等，甚至连程敏政的某些失考之处，也被完全承袭。如《答何叔京》一文，本为朱子早年之作，程氏将其作为晚年之文，但王氏也就沿袭了这一错误而不自知。再次，程、王二人的论述都存在一定的偏颇和局限性，或以点带面，或断章取义。在朱子所遗书信中，他们都是选取少数有利于自己观点的材料作为证据，而对不利于他们的证据，则都弃之不顾。翻检《道一编》，所收朱子诗一首，书信凡四十七封；王书则收录朱子信札凡三十四封，两书都善于摘取朱子信札中颇有心学倾向的内容，以及朱子称道陆九渊的语句来作为支撑自己的观点，论证手段也是以朱子之矛（晚年言论），来攻朱子之盾（早年言论），最后便是"援朱入陆"，崇尚"尊德性"的结果。对此，东莞陈建《学蔀通辨》就认为程敏政所著《道一编》问世后，"朱陆早异晚同之说于是乎成矣。王阳明因之，遂有《朱子晚年定论》之录，专取朱子议论与象山合者，与《道一编》辅车之卷正相唱和矣"。湖北崇阳汪宗元在《道一编后序》中也指出："篁墩先生当群晓众咻之余，而有道一之编也。继是，而阳明先生独契正传，而良知之论明言直指，远绍孟氏之心法，亦是编有以启之也。"可见《道一编》在一定意义上实为《朱子晚年定论》的先导。①

---

① 陈寒鸣：《论程敏政和王阳明的朱陆"早异晚同"论及其历史影响》，《朱子学刊》2018年第1期。

为了证实程、王之间的学术传承，我们先就《朱子晚年定论》与《道一编》所共录朱子信札的比较来考察二人思想之近似：

> 熹亦近日方实见得向日支离之病，虽与彼中证候不同，然忘己逐物，贪外虚内之失，则一而已。①
>
> 今一向耽着文字，令此心全体都奔在册子上，更不知有己；便是个无知觉不识痛痒之人，虽读得书，亦何益于吾事邪？②
>
> 熹近日亦觉向来说话有大支离处，反身以求，正坐自己用功亦未切耳。因此减去文字工夫，觉得闲中气象甚适。③
>
> 熹衰病日侵，去年灾患亦不少，比来病躯方似略可支吾。然精神耗减，日甚一日，恐终非能久于世者。所幸迩来日用工夫颇觉有力，无复向来支离之病。甚恨未得从容面论。未知异时相见，尚复有异同否耳？④
>
> 见陆丈回书，其言明当，且就此持守，自见功效；不须多疑多问，却转迷惑也。⑤
>
> 向来诚是太涉支离。盖无本以自立，则事事皆病而。又闻讲授亦颇勤劳，此恐或有未便。今日正要清源正本，以察事变之几微，岂可一向汩溺于故纸堆中，使精神昏弊，失后忘前，而可以谓之学乎？⑥
>
> 近来自觉向时工夫，止是讲论文义，以为积集义理，久当自有得力处，却于日用工夫全少检点。诸朋友往往亦只如此做工夫，所以多不得力。⑦
>
> 近因反求未得个安稳处，却始知此未免支离，如所谓因诸公以求程氏，因程氏以求圣人，是隔几重公案，曷若默会诸心，以立其

---

① 《王阳明全集》，第146页。
② 《王阳明全集》，第147—148页。
③ 《王阳明全集》，第148页。
④ 《王阳明全集》，第148页。
⑤ 《王阳明全集》，第149页。
⑥ 《王阳明全集》，第149页。
⑦ 《王阳明全集》，第149页。

本，而其言之得失，自不能逃吾之鉴邪？①

由是观之，两人都拣选了朱子喟叹自己以前文字工夫的"支离之感"，而对陆子之学有所肯定。此外还有涉及朱子反省的三处文字：

> 至于文字之间，亦觉向来病痛不少。盖平日解经最为守章句者，然亦多是推衍文义，自做一片文字；非惟屋下架屋，说得意味淡薄，且是使人看者将注与经作两项工夫，做了下梢，看得支离，至于本旨，全不相照。②
> 年来觉得日前为学不得要领，自做身主不起，反为文字夺却精神，不是小病……若只如此支离，漫无绝纪，则虽不教后生，亦只见得展转迷惑，无出头处也。③
> 浙中后来事体，大段支离乖僻，恐不止似正似邪而已，极令人难说，只得惶恐，痛自警省！恐未可专执旧说以为取舍也。④

王阳明在模仿程氏之书的同时，着意摘取其中抑朱扬陆的语言文字，并在汲取程氏论"心"辩"性"的按语基础上，又顺势而下，力图宣扬陆九渊的心性之学。在策略上，则依傍程氏，尊奉朱子言论，但其深意则在于以朱子之言来反对文字训诂和辞章之学，回避朱子"道问学"之法。在王阳明看来，不仅辞章之学实乃"俗儒之学也"⑤，"不足以通至道"⑥；同理，"从册子上钻研，名物上考索，形迹上比拟，知识愈广而人欲愈滋，才力愈多，而天理愈蔽"⑦，所以不可"拘滞于文义上求道"⑧，不应是从问学和知识上去求做圣人，而需要"去天理上着工夫"⑨，从本

---

① 《王阳明全集》，第155页。
② 《王阳明全集》，第150页。
③ 《王阳明全集》，第151—152页。
④ 《王阳明全集》，第157页。
⑤ 《王阳明全集》，第983页。
⑥ 《王阳明全集》，第1349页。
⑦ 《王阳明全集》，第32页。
⑧ 《王阳明全集》，第24页。
⑨ 《王阳明全集》，第32页。

心出发，涵养本原，"立大本，求放心"才是成圣之道。这便是抓住了程敏政按语中所谓的"陆子晚年益加穷理之功，朱子晚年益致反身之诚"的思想核心所在。由此可见，阳明心学的源头，除了来自孔孟之道和陆九渊心学的间接熏染外，其同时代程敏政的"耳提面命"之功，一定也不少。

二 "道问学"与"尊德性"

《中庸》有"君子尊德性而道问学"，朱熹以为"尊德性，所以存心而极乎道体之大也；道问学，所以致知而尽乎道体之细也"，二者如车之两轮，不可偏废。陆九渊认为教人当以"尊德性"为先，"先立乎其大"，然后读书穷理。朱陆之辨的关键问题在权重二者。程敏政认为"尊德性"是由内而外的德性体现，尊重与生俱有的善性，抵制外在诱惑，提升内在修养；"道问学"乃由问学而达存养，由勤学而至笃诚，德性与问学"实非两种也"。程氏的这些观点还集中表露在《答汪金宪书》《送汪承之序》等信札之中。同样地，王阳明也有鲜明的思想表达体现在答徐成之的两封书信中，而基本的思路和表述也多沿袭程氏。

程氏《答汪金宪书》指出：夫人之为人与为学，"道问学"与"尊德性"二事绝不可偏废，"所谓尊德性者，知吾身之所得皆出于天，则无毫发食息之不当谨，若《中庸》之'戒慎'、《玉藻》'九容'是也"①。人之所以有别于禽兽，在于善知礼义廉耻，"故圣人以礼示之，故天下国家可得而正也"。历来圣君贤相皆以礼乐教化统御民众，化民成俗。而作为个人之所以能够"学以成人"，关键在于诚正修齐，明白自己的身心是上天赐予，就会懂得"天道"，时刻注意自己的言行举止，举手投足之间讲究伦理道义，即如《中庸》所言之"戒慎"，《玉藻》所言之"九容"，这便是"尊德性"之一端。然而，"戒慎"与"九容"之类，正是朱子《小学》所极力强调的内涵，属于"道问学"的基本内容，可见程氏所认为的"尊德性"，其实就是朱子的"道问学"，此乃随着时代的变化，概念的内涵和外延、人们的认识和理解已有所不同。程氏曰："所谓道问学者，知天下无一事而非分内，则无一事而非学，则如《大学》之格致、

---

① （明）程敏政：《篁墩文集》第 2 册，第 284 页。

《论语》之博约是也。"① 学以成人之路，在于由小学而至大学，懂得天下所有事皆为分内之事，任何行为都应合乎人性，归于"道一"。"格物"的目的在于"致知"，"博"的结果则是至"约"，这便是程氏所言之"道问学"的结果，而在今天看来却是属于"尊德性"的一面。又曰："如尊德性者，制外养中；而道问学，则求其制外养中之详。尊德性者，由中应外；而道问学，则求其由中应外之节，即《大学》所谓求至其极者，实非两种也。"② 这一层则是紫阳所谓"穷理以致其知，反躬以践其实"，象山所谓"立大本，求放心"也。程氏所述，一言以蔽之，"大抵尊德性、道问学，只是一事"③。

关于德性、问学合为一事，阳明《传习录》中即已指出："如今讲习讨论，下许多功夫，无非只是存此心，不失其德性而已。"要之，也归于"道问学即所以尊德性也"。王氏在壬午年曾有两封《答徐成之》的信札，对此问题予以深入讨论，从中可以看出他衣钵篁墩而强调两者之统一，与程氏观点具有高度的一致性。根据信札文意可知王舆庵与徐成之的各执己见，代表了世人的普遍争议，多认为朱陆之学皆有弊端，但最终功大于过，仍不失为圣人之徒。对此，王阳明的态度相对客观一些，曰："夫既曰尊德性，则不可谓堕于禅学之虚空；堕于禅学之虚空，则不可谓之尊德性矣。既曰道问学，则不可谓失于俗学之支离；失于俗学之支离，则不可谓之道问学矣，二者之辨，间不容发。"④ "尊德性"绝非指堕入禅学，"道问学"也非犯有支离之弊。徐成之称陆子之学有虚空之病，缺乏"道问学"；王舆庵批判朱子之学犯支离之弊，少有"尊德性"。阳明以为他们一是"既失"，一则"亦未得"，但二者"正不必求胜"。因为圣贤之学应该是"尊德性"中即存有"道问学"，"道问学"中也包含"尊德性"，不会存在虚空或支离，即"君子之论学，要在得于心"。唯其如此，朱陆之学才会现其本然，步入自然。

程敏政《送汪承之序》一文，侧重于对朱子后学以及理学僵化的批

---

① （明）程敏政：《篁墩文集》第2册，第284页。
② （明）程敏政：《篁墩文集》第2册，第284页。
③ （明）程敏政：《篁墩文集》第2册，第284页。
④ 《王阳明全集》，第888页。

评，可从其隐微之言之中确切地感觉到。他认为朱陆之辨，后人往往"流至于尊德性、道问学为两途，或沦于空虚，或溺于训诂，卒无以得真是指归"，失却儒家中庸之道的教义，"中世以来，学者动以象山借口，置尊德性不论，而汲汲于道问学，亦不知古之所谓问学之道者何也？或事之文艺而流于杂，或专训诂而入于陋，曰我之道问学。如此孰知紫阳文公之所谓道哉？"①对于朱、陆异同之辨，两家门人后学互相排斥，不可调和，有失儒者气象。如此误解，容易导致人们一味地追捧被奉为官学的朱子学，使得世人只论"道问学"，而不言"尊德性"。但在程敏政看来，学者从事性理而流于高明，专研训诂而流于烦琐，无论"易简"或是"支离"，都不是孔孟之学。程敏政把矛头偏向于朱门后学，批评他们没有理解"道问学"的实质，而盲目排斥"尊德性"，这样既是对陆学的误解，更是对朱学的误读，从中可见程氏明显的"右陆"倾向。在这个问题上，王阳明虽然两依其说，而又隐然偏于陆学，认为朱子折中群儒之说，阐明"六经"、《语》《孟》之旨，惠于天下；陆子之学立大本、求放心、辩义利，教人"笃实为己之道"，以期成圣为贤。虽然朱陆之学业已天下共知，但世人读书不深，易受浮言，偏视陆子为禅学，"如矮人之观场，莫知悲笑之所自，岂非贵耳贱目，不得于言而勿求诸心者之过欤！"②，致使陆子之学"蒙无实之诬"。如若朱子泉下有知，也"不能一日安享于庙庑之间"③。在答徐成之的第二封书信中，阳明曰："今晦庵之学，天下之人童而习之，既已入人之深，有不容于论辩者，而独惟象山之学，则以其尝与晦庵之有言，而遂藩篱之……仆今者之论，非独为象山惜，实为晦庵惜也。"④王氏所言，明责于徐成之，而在暗助陆九渊，较之程敏政之说，可谓简明易懂，"五尺童子可辨也"。

三 王阳明对"道一"思想的接续与推阐

程敏政为了切实解决"朱陆异同"问题，在前人"和会朱陆"的基

---

① （明）程敏政：《篁墩文集》第1册，第520页。
② 《王阳明全集》，第274页。
③ 《王阳明全集》，第891页。
④ 《王阳明全集》，第982页。

础上，努力发掘其间可以融合为一的思想线索。经过艰难搜寻，于是"深有取于孟子道性善、收放心之两言。读至此而后知朱子晚年所以推重陆子之学，殆出于南轩、东莱之右"，此话即出于《道一编》的自序。"道一"概念原出自《子夏易传》"水至柔而顺，刚中而信，故能险而不滞也。虽洊流而至，其道一也"。程氏接续之，而又有所推阐，自谓"宇宙之间，道一而已"，即万事万物同归于"道"，而"道之大原出于天，其在人则为性，而具于心"。道具于心，道一则心一。"人道"若有蔽，在于有形气之私，而后有"性非其性者"，故孔门之教重在复性。而复性之本，则在于"收其放心而已"。可以说，程敏政的"道一"论，既是朱子之"理"学，也是象山、阳明之"心"学，它是介于朱熹与阳明之间的一个重要的过渡概念。究其用心所在，则在求道于一，而一之本必落在"心"之上，故需在"心"上下功夫。王阳明在发觉其师本意之后，对程氏的"道一"之思、"心性"之观，能够积极地加以吸收、改造和利用，推进自己心学体系的建立和发展。他认为"道"无方体，"心"外无物，不可执着，但"如今人只说天，其实何尝见天？谓日月风雷即天，不可；谓人物草木不是天，亦不可。道即是天，若识得时，何莫而非道？"[1] 日月风雷是"自然之天"，真正之"天"不可得见。又说"心即道，道即天"[2]，正与程敏政"道之大原出于天"的内涵完全相同，表明在本体和工夫论上，程、王二人观点趋于一致。阳明继而又在象山、篁墩所谓心即道的基础上，进而引入"致良知"，而其"良知之在人心，亘万古，塞宇宙，而无不同"[3]，也与程氏"宇宙之间，道一而已"之间有着自然勾连之处，也所谓"千古正学同一源"也。

程敏政的"道一"思想，既有对朱陆之道合二为一的阐发，更有原始道论的根本内涵。他很推崇宋儒发明的心性之学，认为他们是"始阐心性之微旨，推体用之极功"，对于理学体系中这些"太一""天理"及"心"等诸多概念，也随着历史发展而自然融入新的时代里，赋予其新的哲理和意义。程敏政曾著有《心经附注》一书，是对真德秀《心经》所

---

[1] 《王阳明全集》，第24页。
[2] 《王阳明全集》，第24页。
[3] 《王阳明全集》，第83页。

论心性问题的扩充和提升,并将前人的《圣贤论心之要图》改为《心学图》,置之于全书之卷首;借《大禹谟》的四句真言,用以证明自己的"道一"之论,就是德性与问学的统一,也是"道心"与"人心"的圆融归一。程敏政作为儒家精英,既在"道统"之列,也在为"道"的阐释与践履而奋斗。故其治学讲究体用一源,显微无间,修身力求涵养本原,自我反省,故屡屡推及颜子之"四勿",曾子之"三省",以及孟子"先立乎大者",时刻强调"廓然大公无我之心",以为"诚以心不在焉则无以为穷理之地";若无"天道"与此"心",则人将不能穷天下之理,更不能尽其"性"而至于"命"。由此可见,程氏之学虽然根本于朱子理学,但在辨明朱陆异同的过程中,已经不自觉地滑向了陆子的"心学",并与先贤象山、西山一起,构筑了阳明的"圣人之学,心学也"的理论基石,启导了心学的人间气象。他认为:汉唐以来的士子,或受释道加持而"守玄悟空",或以词章为学而"分章析义","由是心学晦焉不明,尼焉不行",原因就在于"学者狃于道之不一"①,对于程氏的怨言,阳明也深有同感,认为"自古圣贤因时立教,虽若不同,其用功大指无或少异……虽若人自为说,有不可强同者,而求其要领归宿,合若符契。何者?夫道一而已。道同则心同,心同则学同。其卒不同者,皆邪说也"②。依照阳明所见,天下尽皆攻乎异端,原不知"道一"之故;若知"道同则心同,心同则学同",则"夫子之道明,彼将不攻而自破,不然,我以彼为异端,而彼亦将以我为异端,譬之穴中之斗鼠,是非孰从而辨之?"③可见孔门之教在程、王心里,业已成为心性之学矣。

王阳明历来都认为"其说之不缪于朱子,又喜朱子之先得我心之同然",原因之一也当有他与朱子同乡程篁墩之间的契合无间。王氏接续了"道一"思想,赋予它更为丰富的心性内涵,进而推阐其"知行合一"的理论策略,使之成为新时代急需的思想营养。关于"知行"与"道一"的关系,他曾有言:"如知其为善也,致其知为善之知而必为之,则知至

---

① (明)程敏政、程瞳著,张健校注:《道一编·闲辟录》,安徽人民出版社 2007 年版,第 27 页。
② 《王阳明全集》,第 290—291 页。
③ 《王阳明全集》,第 494 页。

矣；如知其为不善也，致其知为不善之知而必不为之，则知至矣。知犹水也，人心之无不知，犹水之无不就下也；决而行之，无有不就下者。决而行之者，致知之谓也。此吾所谓知行合一者也。吾子疑吾言乎？夫道一而已矣。"① 知其为善，必为之；知其为恶，必不为，"为"与"不为"都是"行"的内涵。阳明视"知"如"水"，以为"是非之心，知也，人皆有之"②，将"是非之心"或"人心"比喻为水，其性为"就下"，一旦"决而行之"，则"无不就下"。因此，"知"性就是"行"之性，人之"知"（知善）一旦付之于"行"，便是行"善"。由此而言，便是知行合一，说到底，也就是"道一而已矣"。可见阳明所论"道一"，与篁墩所言可谓圆融无碍，不分彼此。

如果从"道统"层面来考察，程、王二人之间的观点也是大略一致的。《道一编》以周敦颐而上续孟子正传，阐发儒家心性之旨，认为二程之后，朱、陆本为一家，都以圣贤千言万语，教人"收其放心"，"下学而上达"；朱陆皆传孔门之教，为"精一之传"③，若溯其脉络，亦"道一而已"。对此，阳明也有相近的表述，他认为，"朱、陆二贤者天姿颇异，途径微分，而同底于圣道则一"④，意为道心唯微，允执厥中，乃是孔孟之学，心学亦为其一端也，它与孔子所谓"教以能近取譬，盖使之求诸其心也"；孟子所谓"学问之道无他，求其放心而已"，可谓沿波而下，传承无误。换言之，朱陆之学即为孔孟正传，篁墩与阳明之说也是承续孔颜，推阐朱陆，而千载之下，其学之要，皆在于心。只是随着时代的发展，在理学转化为心学的路途上，阳明的论述比篁墩的更加详尽与完备，当是前修未密、后出转精的结果。要之，程敏政对"和会朱陆"及"道一"观的理论阐释与著述证明，深刻地影响了王阳明心学思想的形成和发展，在《朱子晚年定论》以及"致良知"和"知行合一"中，都有"道一"思想的影响成分。正是因为这种具有普遍地域根基性质的"道一"、心性成分的存在，才使得文成身后，阳明心学能够迅猛地涌入

---

① 《王阳明全集》，第308页。
② 《王阳明全集》，第308页。
③ 《王阳明全集》，第273页。
④ 《王阳明全集》，第1728页。

徽州，曾一度压倒程朱理学，至于"闽洛绝响，遵者寥寥"。因此，可以说徽州心学势力的广泛蔓延，既与理学思想的过度僵化、不合时宜有关，也与一批如程敏政这样倾心于象山心学者的前期思想铺垫，有着或明或暗的直接联系，这是值得我们继续关注的研究议题。

作者为安徽大学徽学研究中心研究员。

朱子《家礼》与明清徽州
社会的丧葬习俗

张小坡

【摘要】 朱熹一生考礼、议礼、执礼，取得了突出的礼学成就。在其数量众多的礼学著述中，流传范围最广，接受人群最多，对后世影响最为深远的是《家礼》。朱子《家礼》为徽州地方社会的礼仪实践提供了具有可操作性的指导范本，对民众日常生活产生深远影响。朱子《家礼》遵循古礼，结合世俗之礼，删减增补，提出一套简明实用的丧葬仪节，使民众易于接受。明清徽州的丧葬仪礼多依《家礼》而行，徽州宗族则把丧葬仪礼遵守《家礼》写进族规家法，力图对族人形成约束。徽州地方志对民间丧葬礼俗的记载详细生动，比较全面地概括了徽州丧葬的推行情况及特点。宴请宾客、延请僧道、浮厝不葬是明清徽州丧葬礼俗中比较突出的三大问题，也是最困扰士大夫、宗族、官府的难题，无论怎么努力都无法根除，一定程度上是因为这些问题关系到徽州民众切身利益，有其存在的合理根源。

【关键词】 明清徽州　朱子《家礼》　宗族　丧葬习俗

丧葬礼是人生仪礼的最后一环，包括丧礼和葬礼两部分。丧礼为死者离世后至出殡前的一系列仪式行为，葬礼是指下葬当日的仪式活动。生和死是生命的两端，为礼之大节，传统儒家重视丧死甚于养生，孟子言："养生者不足以当大事，惟送死可以当大事。"荀子主张敬始慎终是君子之道："礼者，谨于治生死者也。生，人之始也；死，人之终也。终始俱善，人道毕矣。故君子敬始而慎终。终始如一，是君子之道，礼义之文也。"① 因而，为人子者奉养父母和为其送终以及服丧期间守孝居于同等地位，"夫人子事亲之道，生则奉养，尽其爱敬，死则殓葬尽哀"。② 丧葬礼亦属中国古代五礼中的凶礼，是社会各阶层和个体家庭都会遇到的重要事件，在实际生活中逐渐形成了一套规范。历代礼家对古礼丧服制和丧葬制进行持续的考释，并试图结合所处时代提出新的主张，使得丧葬制度愈益晦暗古奥，由此带来丧葬礼俗仪规的繁缛琐细。

一 明清徽州宗族对朱子《家礼》丧葬礼的继承与书写

经过朱熹笔削而成的《家礼》在承袭古礼基本程式的基础上，对丧葬之礼因时损益，推衍旧有仪轨，提出一套相对简明实用的丧葬仪节，对后世影响深远。朱子《家礼》卷四《丧礼》整理了丧葬礼的全部仪节，从死者初终到下葬之后的禫，共21项，分别为初终，沐浴、袭、奠、为位、饭含，灵座、魂帛、铭旌，小敛，大敛，成服，朝夕哭奠、上食，吊、奠、赙，闻丧，奔丧，治葬，迁柩、朝祖、奠、赙、陈器、祖奠，遣奠，发引，及墓、下棺、祠后土、题木主、成坟，反哭，虞祭，卒哭，祔，小祥，大祥，禫。

与冠婚之礼相比，丧葬仪礼形式繁多、琐细，虽然朱熹力图做到简明适用，但还是文义晦涩，仪节冗长，这也反映出丧礼在人生仪礼中的特殊地位。在重视报本返始，提倡孝道，又掺杂着神灵鬼魂观念的传统社会，丧葬礼是勾连死者与生者的重要仪式场合，"凡生事死葬，人子事亲之始终。"③ 隆重繁缛的仪节既让死者备极哀荣，作别世间，又让生者在表达失亲之痛的同时，祈求已化为魂灵的逝者以其神明降福消灾，护佑活着的后人。因而，丧礼仪节被谨慎遵行而不敢轻易越雷池一步，其重要性也远居于生者的冠婚仪礼之上。

明清徽州的丧葬仪礼多遵循朱子《家礼》而行，但也因地制宜，予

---

① 《荀子集解（下）》卷13《荀子·礼论篇第十九》。
② 张大翎：《时俗丧祭便览·慎终说》，《四库未收书辑刊》经部，第3辑第8册。
③ 万历《商山吴氏宗法规条》。

以增损微调。① 如明万历歙县岩镇百忍程氏宗族规定："凡族内有丧之家，须依文公《家礼》仪节举行，富厚者不得逾制，贫乏者量减行之。"② 祁门县："丧祭遵文公《家礼》，浮屠间用之。"③ 休宁县："邑中亲丧多遵文公《家礼》，厚薄虽称家，而衣衾含殓，人子务自致焉。"④ 明万历休宁范氏宗族制定了详细规整的丧葬礼，重在节费去糜，仅以丧礼为例，竭力准备衣衾棺椁，不作佛事，棺内不用金银玉物。前来吊唁者只用清茶款待，路途远者才待以素饭，不设酒筵。与朱子《家礼》相对比，范氏丧礼的程式基本上都遵循《家礼》而来，但在仪节上则归并分析，有所变化，其中在大殓仪节详细抄录了殓法。

初终

疾笃戒内外，迁居正寝。既绝，乃哭，迁尸于地。被发，徒跣，易服，不食。治棺。沐浴，袭。含。加幅巾充耳。瞑目巾。握手帛。裹足着袜。纳履，袭深衣，结大带，覆以衾，乃设袭奠。丧主以下就位哭，执友亲厚之人至是入哭。乃代哭。

小殓

大殓

入棺。凭哭尽哀，乃加盖下钉。覆棺以衣，乃奠，设丧次。置

---

① 学界对明清徽州社会的丧葬礼俗问题给予了一定关注，卞利《明清以来徽州丧葬礼俗初探》（《社会科学》2012年第9期）一文以《茗洲吴氏家典》为中心，通过对明清以来徽州府县方志、日用杂书等典籍文献和丧葬文书的梳理，从丧葬仪礼的基本程序和主要活动、丧葬仪礼的基本特点、丧葬仪礼中的陋俗和革除陋俗的举措等方面系统地探讨了明清以来徽州地区的丧葬礼俗。胡中生考察了清代徽州女性的葬礼程序及其蕴含的性别伦理，并从礼俗互动角度分析了清代徽州女性葬礼过程，认为徽州女性葬礼中普遍存在宗教信仰和堪舆风水观念，体现了传统文化的多元化和包容性。葬礼中礼俗交融极深，违礼越制成为一种常态性现象，礼法不断被突破而向俗尚靠拢，体现出鲜明的地方特色。（胡中生：《清代徽州女性葬礼程序与性别伦理》，《安徽大学学报》（哲学社会科学版）2016年第3期；《礼法与俗尚：清代徽州女性葬礼再探》，《安徽史学》2016年第4期。）陈瑞《明清徽州官府和社会力量对停丧不葬问题的管控与治理》[《安徽大学学报》（哲学社会科学版）2019年第5期] 考察了明清徽州官府和社会力量对境内停丧不葬问题的治理，指出虽然经过协同共治，徽州停丧不葬问题在一定时期、一定范围内得到一定程度的遏制，但受各种因素的干扰，徽州停丧不葬这一长期形成的社会弊俗，始终无法根除。

② 万历《歙西岩镇百忍程氏本宗信谱》卷11《族约篇第九》。

③ 康熙《祁门县志》卷1《风俗》。

④ 道光《休宁县志》卷1《疆域·风俗》。

灵座魂帛。设灵床于柩东。设铭旌。丧主以下各归丧次。报讣。礼吊者。

成服

五服之人各服其服。就位。设奠。丧主以下序立。再拜哭，丧主始食粥。

朝夕奠

每晨陈馔，祝，焚香，奠酒，丧主以下拜哭尽哀。哭无时，朔日加，盛有新物则荐，至百日而卒哭。

可见范氏宗族把诸多程式都归并入初终仪节，小殓仪节则省略不行。雍正休宁《茗洲吴氏家典》制定的丧葬仪礼基本上承朱子《家礼》而来，有20项，分别为：（1）初终，（2）沐浴、袭含，（3）小敛，（4）灵座、魂帛、铭旌，（5）大敛，（6）成服，（7）朝夕哭奠、上食，（8）吊、奠、赙，（9）治葬，（10）迁柩、朝祖、陈器、祖奠，（11）迁奠，（12）发引，（13）及墓下棺、祠后土、题主、成坟，（14）反哭，（15）虞祭，（16）卒哭，（17）祔祭，（18）小祥，（19）大祥，（20）禫。在丧礼推行过程中，茗洲吴氏首先注重立丧主，把丧主分为主宾之主和主奠之主，认为二者不可偏废，亦不可混而为一。朱子《家礼》于亲终招复后，立丧主、主妇之名，并在丧主下加注曰："凡主人，谓长子无，则嫡孙承重，以奉馈奠，其与宾客为礼，则同居之尊且亲者为之。"朱熹强调先馈奠而后礼宾，是把主奠与主宾相区别，可以看出主奠之主为最重，而主宾之主另为其人。亲者奉馈奠，尊者礼宾客，符合立丧主的本意，但在徽州民间却是另一番情形，凡丧皆无主，即便偶有立之，也是或偏废其事或混淆其人，全然不知孝子哀戚，不可以见宾；主者分尊，不当来奉奠。鉴于此，茗洲吴氏宗族在亲终之际，立家长为丧主，大小事无不禀命而行。而子若孙，自奉馈奠，则丧主之义亦明。① 吴氏还针对朱子《家礼》中无讣报式，制定了父丧讣式、母丧讣式、嫡孙承重祖父讣式、嫡孙承重祖母讣式四种讣报样式。报讣是死者初终，在立丧主、治棺、治衣衾之后，向亲朋好友通报信息，前来吊奠赙，明代休宁范氏则把报讣放在大殓仪

---

① 雍正《茗洲吴氏家典》卷5《丧主议》。

节中进行。讣报的关键是谁为署名者,徽州民间有用死者侄子报讣者,亦有用丧主报讣者。朱子《家礼》虽无讣报式,但在小注下曰:"护丧,司书为之发书。无,则主人自讣。"是署孝子之名。明丘濬《家礼仪节》及《郑氏家规》《四礼撮要》中的讣报式都只署孝子名,而未署名别人。吴氏据此认为,是为孝子自讣,而无侄讣之理,亦并不必假主丧者之名,如果死者未有子,则由主丧者报讣,或者其子幼小,则由主丧者率幼子之名报讣亦可。①

此外,丧礼中比较重要的礼制为丧服制,丧服制牵涉到中国伦理原则和等级制度,强调"内外有别""上下有序",丧服有五等,分别为正服、加服、义服、降服、报服,即五服。朱子《家礼》对丧服制度考订甚详,分注甚严,记载甚备,但所定尺寸为古尺式,虽然在注明度用指尺,裁制之际,又当以量其人身材长短肥瘦为度,即便如此,以此试之,犹有未尽合式者。但在徽州民间,"今人遭丧,恬然不考其制,不服其服,以致义失亲疏"。明隆庆年间歙县富泽王氏宗族规定:"自后遭丧,的派有服,男妇当遵。御制《孝慈录》禀承问答释疑定制,各服其服,得见衰功缌亲疏远近麻,族义无失。"②《茗洲吴氏家典》的撰写者吴翟认为:"丧服有一不合《礼》制,便非孝子仁人之用心矣。服丧服者顾可忽乎哉!"因而深入考证古礼,参以个人见解,对斩衰三年、齐衰三年的衣制、裳制、冠制、绖冠制、杖履制、妇人服制进行整理,斩衰三年的服制用极粗生麻布为之,凡衣裳旁及下际皆不缝缅。齐衰三年的服制用比斩衰次等粗生麻布,凡衣裳旁及下际皆缉。③

二 明清徽州民间的丧葬习俗

(一) 徽州府属六县的丧葬习俗

现存徽州族谱、方志、文书等各类文献对明清徽州的丧葬礼俗有着生动记载。嘉靖年间,休宁汪溪金氏宗族面对世风浇漓,清醒地认识到丧礼中存在诸多违礼逾制之处:"今俗唯思待吊宾之失礼,而不思送死者

---

① 雍正《茗洲吴氏家典》卷5《报讣议》。
② 隆庆《泽富王氏宗谱》卷8《宗规》。
③ 雍正《茗洲吴氏家典》卷5《丧服制度》。

后时之有失礼也。近或一二年，远或四三年，一事不备不敢成丧，一物不备不敢蒙吊，叛制害义莫此为甚。至于启殡之时，供张劝酬，恬然饕餮，无异平日。然此特有服之人犹为可诿，甚至孝子亦有执盏受饮而莫之辞者。此与禽兽又奚别焉。夫丧礼，古以尽忱，今以眩俗，一不如此，人辄谓之不孝，叔世陷溺乃至如此。延浮屠以说法饭僧，召羽流以焚奏箓，视王制家礼以为人生桎梏，此丧礼古今之大差殊也。"① 隆庆《珰溪金氏族谱》卷十八《陈俗》记载了休宁珰溪金氏宗族丧礼习俗的前后变化，其旧俗淳厚，凡人子在三年丧内不看戏，不参加喜宴，不随众人行喜庆礼，如遇不得已者，则易首服等众人庆贺结束后才行。凡在外经商者，听闻父母遇丧，必迅速回乡奔丧，至有水陆三千里，十余日即达者。而隆庆间则风气为之一变，族中子弟居丧三年内，看戏和参与喜宴已成为常事，人亦恬不为怪，甚至亲者故后，尚未成服与出殡，即去看戏、宴乐，殊无悲戚之情。在外地的子弟闻丧亦十九不奔，问之则曰买卖缠身无法返家，令人为之诧异。而且村中遇丧之家只有一二家不用浮屠，余皆用浮屠，甚至读书家亦用之。明万历《休宁县志》简要记载了县内的丧礼习俗："邑中亲丧旧尚简易，嘉隆以来多遵文公《家礼》，厚薄虽称家，而衣衾含殓，人子务自致焉。初终，披发徒跣，讣闻四方。四日始成服，设灵座，树铭旌，擗踊苫次，茹素啜粥，以承四方之吊。朝夕设饭，七日致奠，或讽口具言，或诵云笈，凡七七日乃出谢客，不即葬也。将及葬，先期乞志铭表传于当世作者，择日布素帷于室，树素旐于门。凡三日，戚属咸吊奠如初。丧毕，具志帛以谢，所费不赀，中人之家或岁久不能举，则丧礼之敝也。近溺形家言，待吉年深，风雨之所伤，樵牧之所毁，有历世不克葬者，则敝之敝矣。乃今丧家每皇皇卜地，敝或可少瘳乎。"② 这段材料是对明代休宁民间丧葬礼俗的高度总结，死者初终后，讣告亲友，四日成服，接受吊唁，七日致奠，七七谢客后，并不急于下葬。待择得吉壤下葬时，葬礼前后持续三日，各方亲友前来吊唁、祭奠一如丧礼。事后，主家具礼物至各家谢孝，花费甚多。但因详细阴阳家之说，民间多停棺不葬，致使棺木遭受风雨侵蚀，被视为陋俗。

---

① 嘉靖《新安休宁汪溪金氏族谱》卷3《丧祭礼说》。
② 万历《休宁县志》卷1《舆地志·风俗》。

清代休宁孚潭的丧礼则严格遵守朱子《家礼》,不请佛老,不尚浮华,颇有古风:"父母初丧,袒免徒跣,讣告四方,五服内外旦夕哭临,孝子受之则止。年来不作佛事,或于出殡时陈设祭筵,不过牺牲奠帛,引赞读祝而已,亦无鼓乐演剧、夸张华丽之事,颇得《家礼》遗意。"① 时至清末,休宁县的丧葬礼俗没有较大的变动,"初丧,则将死者换内衣,具路饭,焚冥轿,焚锡箔。一面报本家亲戚,吊哭者至,助冥箔,助丝棉,随人而异。用僧道以诹时,唤火夫以入殓。而伙夫之抬价讹索,昔有碑禁,今犹踵弊。入殓之后,办回归,逢七请其棺,多用杉木十合、十二合不等,棺内用布、用棉、用绫纺、石灰亦不等。丧家满四十九日而除灵,穿麻穿白递蓝素而止,剃发从俗,贵贱不改。葬事礼有定期,例禁久厝,蒿目山邱,浮厝遍地者。"清末徽州知府刘汝骥总结徽州民间为何遍地浮厝的原因,一是因为县内义冢、官山丛葬已满,棺柩要安葬,必须先买坟地,但是"买地之难,休宁为最",坟地交割手续多不清楚,致使葬后多受牵累。二是坟地的交易价格为主一册二,中人佣资、推印费用也为数不少。三是对父母的棺柩,"兄弟牵制,一房擅主,众人为难",致使棺柩无法择地入土。为此,刘汝骥认为,民间浮厝不葬不能仅仅视为沉溺于迷信吉凶之言,而是有着更为深刻的现实原因。②

明代祁门县的丧葬仪节多沿用朱子《家礼》,但民间浮厝不葬之风较盛,富裕之家多盖厝室,贫困者则仅覆以茅草,时间一长便有可能暴露于野,虽殊违礼制,却无法禁革,"丧祭多用文公礼。然于阴阳家拘畏,亲殁不即葬,富为厝室,贫藉茅,久久或至暴露,见者悲心,然弗止"。③ 入清之后,祁门县的丧祭礼在"浮屠间用之"以外,仍然"不即为死者营宅兆,亲没厝室以居之,或有覆茅茨,致暴露,由信阴阳家拘忌,乃迁延未能归土"。康熙《祁门县志》还批评了县内目不识丁即轻议礼的浮佻习俗,反映在丧礼上,行祖祭迁柩礼时,俗令孝子回避,从人移柩出,反报曰:某公某甫失矣,乃哭追柩而行。尸骨未寒,即欺其父死,此俗

---

① 雍正休宁《孚潭志》卷3《风俗》。
② 刘汝骥:《陶甓公牍》卷12《法制科·休宁风俗之习惯·丧葬》,《官箴书集成》第10册,黄山书社1997年版,第588页。
③ 万历《祁门县志》卷4《人事志·风俗》。

殊为怪异。俗以丧礼不送客，由臬右拱而别外，列子姓送之。不知丧，不送客，主人拾方杖而起，由治丧者代之，此为哀有余而礼不足。① 清末祁门民间丧葬从初终到发引、栗主题于家，其间各仪节一遵礼制，但厝棺待之风依旧未能革除，"初终，迁居正寝内，外属纩，乃含。家礼含饭，祁俗用银钱代之。丧主治棺，以油樕为最。小殓，衾樑三五层不等，家资丰者间用绸绫，裹以丝棉，实以石灰。停柩在堂，设孝帏以障内外，俟设新奠而去之。置灵座，设魂帛，灵座设真容，亦曰'寄颜'，程子曰：'若有一毫不似，则为他人也。'殓毕，设新奠，主人以下各归丧次，亲戚僚友皆往吊，送赙敬。知礼之家不作佛事。殡日，持功布，用方相，亲友相送如常。栗主题于家，于亲友中择有德者为之。祁俗又有择地待葬者，厝棺在外，架木覆瓦，四围砌泥砖。惑于阴阳家之说，或历数十年未得一佳城，既得地开茔域，亲友具馔送葬，葬则填石灰泥土，面筑草饼甚坚，立石碣于墓前"②。

清代婺源县丧葬尚简朴，遵礼制，丧家用素膳待客，服重亲疏，但也经年停柩或浅厝待葬，"丧戚多于易敛用纩，丧家不举火，亲戚馈粥，敛后而成服。吊哭者以疏戚为序。丧家以素膳膳客，无饮酒食肉。顾泥于形家言，葬宁迟无亟，有经年停柩于庭者，即殡而多厝诸浅土。墓中之石，惟士绅之家有之，然言多征实，无虚张，无溢美，毋多金以求谀墓。士绅而外，即素封章著，其于志若状窅如也"③。婺源县民众在丧礼仪节中多俭省自持，自大敛、成服之后，丧家子孙要行朝奠、夕奠礼。自七七直至出殡即发引期间，亲朋以茶果致奠，女婿、外甥以羊豕致奠，在发引前夕，丧家设祖奠，贫困之家仅做仪式，富家也不过分追求盛大场面，更没有铺设绣幕于道路，搭台演戏，张罗歌舞伎乐的不经之事，"亲丧之祭，自几筵朝暮奠之外，率以七七至发引，亲朋以茶果奠，婿甥以羊豕奠。发引前夕，丧家设祖奠，贫者仅成仪，富者无过侈。若于道路张绣幕，架戏台，罗歌舞，列伎乐，一切不经，绝而无有"④。清末，

---

① 康熙《祁门县志》卷1《风俗》。
② 刘汝骥：《陶甓公牍》卷12《法制科·祁门风俗之习惯·丧葬》。
③ 康熙《婺源县志》卷2《疆域志·风俗》。
④ 乾隆《婺源县志》卷4《疆域志·风俗》。

婺源士大夫之家犹有丧葬礼意之存，但风气渐趋奢靡，延请僧人为亡者忏悔，丧祭之日招锣鼓吹打，如同演剧一般，殊非良俗，"婺俗，丧葬士大夫家犹有礼意之存。人子遭丧，一切绞衾、衿冒、棺椁与夫衰麻之等、哭泣之节、饘粥之食、祭奠之期，皆有治丧者为之戒备。欲荣其亲者，则请贵人题主；欲存其亲者，则请文士志墓。五乡风气大略相同。至若迷信风水，顾忌时日，小数经年停丧不葬，或厝诸浅土，致为盗贼所发。素封之家往往供佛饭僧为亲忏悔，丧祭之日多招吹手拟金伐鼓若演剧，然俱非美俗，此则急宜整顿者也。"①

明代绩溪县丧礼习俗遵文公《家礼》，不用浮屠，但民间却多沿旧习，亲殁不即营宅兆，富者构屋以殡，贫者仅覆茅茨，以至于暴露于野而不忍见者，"由俗溺阴阳，择地择日拘忌，以故至屡世不能覆土举葬"。② 进入清代，绩溪县的丧礼尚保持古风，丧服用疏麻，亲戚不送赙金，唯馈素食、冥仪之物，民间依旧择地择日而葬，偶有用僧人超度亡灵者，"葬择吉壤，预为累砖成塄，逾年启枧吉然后卜葬，谓之试塄，其先殡后葬者年久棺腐收白骨盛以木匣，谓之'拾黄金'，此风大谬，然习俗相沿，恬不为怪。"③ 在清末徽州六县民情民俗绅士办事习惯调查中，绩溪县最为认真，其中对民间丧葬仪节的调查详细完整，主要有：（1）小殓，先撤床帐，子女亲扶落枕，并为沐浴、梳发、穿裹，请人裹以丝棉，焚锡箔无算。送殓者，皆馈锡箔礼。（2）大殓，用吉礼，孝子穿吉服，奏乐，入殓后乃穿丧服，服制用麻，一遵古礼。（3）棺木，俗称"寿具"，用杉木八抖为上，十二抖为次，棺外涂黑漆，棺内用数十觔石灰和数百包或数十包锡箔灰敷底。（4）衾襚，俗呼"寿衣"，有九层、七层、五层，或缎，或绫，或布不等。死者胸前悬一大禅林，有印香袋，如黟罗经被。服式如古衣冠，男女一样，只有官员、士绅加穿品服入殓。（5）领帖，俗曰"开吊"，亦称为"起灵"，或三日、五日、七日，有多至数十日者，是为遵受佛家数七之说。礼生设祭，请僧道诵经。（6）赙礼，不以银钱为重，多送纸箔、香烛，亲戚另送幛联，并用盒装十色素

---

① 刘汝骥：《陶甓公牍》卷12《法制科·婺源风俗之习惯·丧葬》。
② 万历《绩溪县志》卷2《舆地志·风俗》。
③ 嘉庆《绩溪县志》卷1《风俗》。

礼，或用竹篮盛四色素礼及冥衣帽，或送各种纸扎奇巧冥器。丧家悬挂帏幛，名曰"盘缎"。（7）成主祔庙，不待释服，出殡后即行之，停棺家中者不待举殡即行之。孝子穿吉服，谓之"借吉"，而脚下必穿素靴或穿麻布鞋，剃发以四十九日为限，遵例而百日剃发者极少。（8）堋，先择吉地开一穴，用石灰和土将地筑平后，用砖砌成堋，上覆以石灰和土，经多次推筑，极为坚固，以后逐年开看，谓之"窨堋"，三年后决定吉凶，始将棺迁入。（9）蹲基，出殡即使有邸，亦不遽然居入，或拘忌阴阳，或迷信吉凶，暂择空地，下铺以石，外围以墙，谓之蹲基。数十年后未及安葬而棺木腐坏，即捡骨盛于小匣，或用棕包裹，谓之"拾黄金"。①

  与朱子《家礼》相比较，以上丧礼仪节简洁明晰，虽然名称不能彼此相对应，但可以看出，棺木即治棺，衾椁即治衣衾，赗礼相当于奠、赗，这是为绩溪民众所践行的丧礼习俗，基本程式具备，但省去了很多繁文缛节，说明礼虽规整严谨，但如何融入民众日常生活中，指导民众的日用常行，还要因时制宜，因地制宜，进行调整，简化成可行方案，才能为普通民众所接纳、采用。清末绩溪丧葬习俗调查也明确介绍了民间停棺不葬的实际情况和做法，并对该陋俗提出批评，"堪舆风水之说兴，而孝思转薄。停棺不葬，厝所累累，有力者惑于吉凶，无力者窘于资斧，棺朽骨露，习不为怪，呜呼！谈慈善者捐巨金以建义冢尚无吝惜，借祖宗之骸骨以求子孙富贵何其慎也！至于纸帛、锡箔焚积如山，岁耗不下十万金，而妇孺迷信之心固结不解，殆佛氏之说有以中之"②。

  明代歙县葬礼拘忌阴阳，迷信风水，看重吉壤，甚至不惜千金以求之，"至于蒿里荒凉，华堂琼隔，葬于何地，举在何年，此非独子孙置之度外，则以形家祷张兆域。卜者拘忌阴阳，抑又年时消长，陵谷变迁，前日出殡之家，无能置一抔之土。比年以来，此风渐隔，而堪舆之事，急于营谋矣。但求者既多，而售者顿踊，甚至周椁片地，可以布金而成。又且奈之何哉？要之，死者得土，不啻得金，则为之子若孙者唯尽吾心，其得失吉凶付之于数而已"③。清代前期歙县的丧礼尚七七，崇浮屠，鼓

---

① 刘汝骥：《陶甓公牍》卷12《法制科·绩溪风俗之习惯·丧葬》。
② 刘汝骥：《陶甓公牍》卷12《法制科·绩溪风俗之习惯·丧葬》。
③ 万历《歙志》考卷五志卷六《风土》。

吹迎宾，忘记哀戚，黩礼甚矣，唯讣状以服长主丧符合礼制。至于葬礼，俗不轻举，权厝于家，号称"卜吉"，甚至始终无法安葬，棺柩暴露于荒原，良为可叹。虽然歙县境内多山，但在富裕之家的推动下，坟地价格不断高涨，致使贫困者一抔难觅。而富人下葬，延请宾客，号曰"贺坟"，竟有脱去丧服而被衮绣者。对歙县日益浇漓的葬俗，有识之士提出严厉批评，"例以过墟而悲，虞祭卒哭之义，夫何有纤悉之存？吾甚愿父母斯民一破其拘墟之见，而兴其仁孝之心也"。①《歙风俗礼教考》对歙县丧葬礼俗的描述颇为细致，"殡殓一遵《家礼》。讣状推服长为丧主，得长长亲亲之义。惟尚七七从事浮屠"，而设吊之期或五日、或三日、一日，视家道丰约、宾朋多寡而定，届期鼓吹迎宾，祭奠异常侈靡，与新丧哀戚之容颇不相协。歙县素有择吉不葬之习，举葬日则呼朋引伴，张灯结彩，此风虽屡遭批评但终无法根除。"亲殁不即营葬，富者为屋以攒。贫者仅覆层瓦，或以茅茨，有至日久暴露者。由俗溺堪舆之说，拘忌卜择之故。意为求福，实以致祸，不孝孰甚。夫徽为山郡，岂少牛眠，则虽曰卜择，亦半属因循耳。所赖贤有司檄示劝化，立以节限，破拘墟之习，而兴其仁孝之心，德莫大焉。举葬之日，延宾速客，曰贺坟。祖道层台，饰以灯彩。富者欲过，贫者欲及，縻费不资。或则去丧服而衣衮绣，易哭泣而事趋跄，过墟而哀，虞祭卒哭，夫何有焉？绳以治葬服缌之制，其罪大矣。此徽俗之尤，有弗能为乡邑讳者。秉礼之君子，其可身蹈之哉？"② 歙县江村的丧葬活动基本上遵奉朱子《家礼》，但殡殓用鼓吹，七期设祭，则不适合新丧，更有延浮屠诵经者，名曰超度。在灵车出田后，即祔神主于宗庙，与其他地方不设神主或将神主置于私室者相比，江村的做法颇符合古礼。但江村亦借风水之说，棺柩浮厝浅土以卜吉壤，有积数十年或终子孙之身未葬而致暴露者。下葬之日，广接亲朋，借行吉礼，曰"贺坟"，甚至设剧张灯，连旬浃日，生哀殊多未当，于礼甚为不合。③ 清末，歙县厚葬之风愈演愈烈，延请僧道，置办冥

---

① 乾隆《歙县志》卷1《舆地志·风土》。
② 许承尧撰，李明回、彭超、张爱琴校点：《歙事闲谭》卷18《歙风俗礼教考》，黄山书社2001年版，第608—609页。
③ 乾隆《橙阳散志》卷6《礼仪志·丧葬》。

器，焚烧冥财，鼓乐迎宾以及求神散福之食用等项耗费甚多，不如此则被视为慢待亲戚，遭受非议。坟地价格也不断攀升，高出普通地价数倍乃至数十倍，远非普通人家所能承受。民间浮厝习俗亦始终存在，厝而不葬者十之九，殡而葬者仅十之一，令人触目惊心："歙多浮棺久且暴露，半惑于堪舆福祸之说，半为习俗所缚。中人之产，苟遇大故，棺敛之费仅数十金，而僧道之追荐冥器、冥财之焚耗、求神散福之食用，往往数倍于此，否则众訾之。偶有心知其非者，亦震于物议，不敢居薄待其亲之名。俗以越七日为一七，至七七四十九日而殡。殡而葬者什一，不葬而厝者什九。徽歙治茔坚固华美，较胜于他属。山地最贱，卜葬购数丈隙土较常价数倍或数十倍不等，其最不可解者属犷衣衾泥，用古服色，男女裙服冠履皆同正，不独鼓乐迎宾，贻经生家之訾议也。"① 时至民国，民众对延僧诵经的做法已深为认同，许承尧认为此举不失为表达哀思的一种方式，只是招待宾客，喧嚣哄闹，殊为失礼。"殓死衣冠犹存古制，俗尚七七，延僧诵经，相沿已久，虽迹近佞佛，然藉以展哀思伸孺慕，于俗固无损。至鼓吹迎宾，酒筵款客，喧笑于素帏丹旐之旁，蔑礼甚矣。惟讣状以服长主丧庶几长长之义焉。"②

与徽州其他各县相比，清代黟县的丧葬习俗较为淳厚，用素食款待宾客，不尚浮厝之法，民间浮厝之风亦炽："丧礼，殡殓于众厅者十姓而九，亲族送吊仪并饷以素食，恐哀戚之余，未及举火，至来吊唁者亦皆素食，今丧祭或亦参用文公《家礼》，能不信浮屠之法。地多山水，故土薄，择葬地实难，而形家说又杂出，或不仅求安，且欲以求福利。至亲殁，不即葬，多为厝屋，至有副茅茨者，岁久将不能葬。今严为示禁，且量助以赀，或冀此风稍改。"③ 时至民国，黟县丧葬习俗有所变化，最主要的一点是出殡之日棺柩下葬，亡者神主送入祠堂后，宾客即换上吉服，至主家贺喜，甚至在七七之内也有是举，颇令人不解："丧家出殡之时，服亲服色悉遵文公《家礼》，远服之人俱素衣冠，略无可议。独怪殡后奉主入祠，远近殡送之客俄更吉服，不到祠拜其主，专往丧家贺喜，

---

① 刘汝骥：《陶甓公牍》卷12《法制科·歙县风俗之习惯·丧葬》。
② 民国《歙县志》卷1《舆地志·风土》。
③ 嘉庆《黟县志》卷3《地理·风俗》。

三年丧外或可，且有七七之内莫不皆然。"①

（二）徽州文书记述中的丧葬习俗

婚丧嫁娶是每一位徽州民众都无法绕过的重要事件，散落在民间的徽州文书中有相当一部分的丧务账簿，是每一次丧葬活动的真实记录。清雍正休宁吴氏《誊叙历过要务》是吴模在晚年整理其一生经历的几次重大变故的记录，其中一部分是誊抄其妻李孺人过世后举办丧礼的过程。李孺人于雍正八年十月十九日申时离世后，其家人开始着手治丧之礼，备物设出枢上堂之祭，延僧殡殓做斋，吴模之吴标代作祭文，吴模外孙制祭仪奠章，列亲赐奠，本门烧香，亲族送殡以及送殓出枢上堂，酒酌、打狗粿、米饼、煎豆腐饭、唐羔、孝衣、谢帛、白头披巾并朱村寺口家里出去婢仆人等应役食用等项，皆由吴模之孙吴选誊记清楚。廿一乙卯日申时小殓、吊慰，廿四乙未日申时入棺，延僧请佛，烧香送殓。十一月初三日戊辰日延僧写疏，初四乙巳日写斋经簿，铺设，请佛起手。初五庚午日礼佛，荐亡拜灵，破血湖，满散。十八祭，未白，大厅上设祭。十九甲申日辰时出枢，安厝朱村张后头园，奉木主至老宅安灵座。吴模在此处书写："乃大葬吉期，周堂值亡八座重丧橦命报怨，一切不犯。"廿一日合家备供仪，上坟行亡。廿八癸巳日大厅上设祭。廿九甲午日祭三代，送木主上香火楼。十二月初一日选仝彩霞拕见高屋下谢孝。初二夜分散所积衣饰，似玉缎衫一件、旧蓝裙一件，顺宜、婉宜各把子夹衫一件，媳毛青夹披风一件，孙媳羊毛毡套一件，曾孙媳旧绒色夹衫一件，旧京青披风，银香茶饼和谨身录里袄一件，耳挖一支与爱，扁方一支益裙一件与彩霞。初三日，送上堂煎豆腐饭，见妇人各一。初四日送殓，送殡辞灵煎腐饭各三碗。初五日送流光堂妇人煎豆腐饭，每人三碗，选仝双禄往乌旻谢孝。初六日选仝双禄至永禧寺及宜璋娘、得璋娘三家谢孝。初七日蒸唐羔送送殡妇人，选仝双禄至族家谢孝。似女回宅。初八日苓母终七之期，办祭仪金银箔纸，模仝选夫妻和爱、易上坟。初九日选仝双禄李坑口谢孝。初十日选仝双禄至查坑。口谢孝。十九日苓母安厝满月，备供仪香纸，模仝选夫妻和爱、易上坟。雍正九年正月十九日，媳仝选夫妻和爱易至纱帽山后头园大圣亭拜坟年。廿九日荃母百日，模

---

① 民国《黟县四志》卷3《地理志·风俗》。

仝选夫妻三小曾孙女备供仪香纸上坟，拜请。苓儿黄昏到，即仝托往母坟上去，选持灯去接。二月初八日，盘外孙备物来挂钱。初九日霞挑物，盘仝模、苓、选、骥、见高上坟。十二日苓备供仪上坟祭，银山缎架二，银钱箱二，衣裙、膝裤、鞋，荤菜廿四碗、十蜜饯、十唐果、十树果、五巧唐、五茶食、五唐尖、五桌面、五人物、十马狮、五色粿、二屏风、白绫坐褥、桌围锡炉瓶，茶、汤、酒。成均备供仪上坟挂钱，五色钱（银锭、香烛）荤素菜、唐尖、桌面、唐树果、人物、花盆，共十路，各五。上坟：模、苓夫妇、选夫妇、表嫂、见高、骥和爱易，标苞芦，讬揽、彦、六妇女、仁寿旧、成均、福、顺宜仝二子、下人三人，异新父子，似女夏荣，双禄、三禄、彩霞、云霞。十三日又臣备五荤、五素上坟。廿七日喜璋备五荤、五素、五色米饼二盒上坟。①

从上文可知，李孺人过世后，家人开始准备治丧之礼，从三日小殓，再三日入棺，然后延僧请佛、写疏、起手、礼佛、荐亡拜灵、破血湖，满一个月出柩、安厝，奉神主入祠，把死者衣饰物品分给子女孙辈，至各家亲戚谢孝，亲戚备物仪上坟，主家备煎腐饭招待宾客等，是一份丧礼过程的完整记录，真实地反映了徽州民间丧礼的举办情况，不难看出，僧人在丧礼仪节中所起的独特作用，而吴氏也是浮棺安厝，这两种不合礼制要求的做法在徽州民间始终革除不掉，或许有着更为现实的原因。

民国《绩溪庙子山王氏谱》的编纂者王集成亦整理了本村的丧葬习俗，可与休宁吴氏的做法相比照而观。人离世后，子女暨全家跪床前大哭，用纸盖其面，将金银或钱放其口中，把锡箔折成圆宝形状在床前焚烧。选择入殓时刻，置办石灰包、寿衣、丝绵等物品，石灰包用来密封棺中的缝隙，丝绵用以包裹死者，寿衣先由死者之子试穿，再给死者穿上，薄者五层，通常七层、九层，有至十三层者，多用布，亦有布绫合用，视用绫之数谓之几层，亦有全用绫者。及殓时，雇僧人摇钟招魂，全家又大哭。亲戚前来吊唁，多送锡箔、钱、纸、香烛，如系长亲，一定亲自挽送，逾数日再唁生者，多带猪肉、桂圆、枣等物品，亦有送贵重物品者。前来吊唁的亲友会对说"好了千斤担万斤担多他一人挑去了"的话。盖棺后，棺置于堂中，棺头放灯一盏，朝夕不熄，棺头另放木主

---

① 雍正休宁吴氏：《誊叙历过要务》，中国社会科学院历史研究所图书馆藏。

牌位，题曰"先显考妣"或"先祖考妣"，视死者称某某府君或孺人之灵柩。用僧人祭谓之"和尚祭"，亦有接礼生祭之者，称为"礼生祭"。贫困人家多隔日或数日即出殡，富裕家庭有隔四十九日者，每隔七日谓之头七、二七、三七等，每逢七必祭，四十九日谓之七七，七七则七尽，虽是富者也必须要在这个时候出殡。殡出门，家中一定要请和尚念经，用铁器把桌堂前屋中全部敲击一遍，谓之赶杀。出殡时，死者如是长辈，则全族男女子弟必送，是为"送殡"。出殡后再奉死者木主于祠堂，谓之"上堂"，上堂时子孙穿吉服，意思为死者之吉事。棺柩下葬前必选择吉地，有死者尚在世时就已建好生圹者，就葬圹中。如果没有生圹，要请堪舆先生寻觅坟地，如时间仓促，一时找不到满意的坟地则暂厝于野，谓之"厝基"，甚而有厝至数代不葬者，实为一大弊俗。①

现存徽州丧务账册虽然记载的内容详略不一，但基本上包括祭文、亲朋馈送的赙仪、丧务开支等几类。中国社会科学院历史研究所图书馆收藏了数份徽州丧礼费用账簿，《道光二十六年胡嘉秀祭母文及收吊仪账》是祁门县胡嘉秀安葬其母亲储社弟孺人的账册，收录了胡嘉秀与其子孙写的祭文、外孙王观顺兄弟祭奠外祖父母墓文与吊仪账目，所收吊仪以米、香纸为主，另有部分香仪钱、面、煎豆腐、腐干、粟米、索面、黄豆、烛、大锭、挽联等物品，总共收过香仪钱四千四百文，又收家人库九九钱五千三百文，又加洋钱二元，折钱二千八百文，合计收过钱一十二千五百文，另米十四斝二斗五筒、腐干二百六十块、面五十斤、白腐一百五十六块、煎腐一百三十五块、黄豆九升、粟米五斗。《光绪十二年立舒氏〈室人出家一切仪节并铺设及需用对象总登簿（祭文联额轴附抄后幅）〉》主要包括孝堂铺设、需用对象、题主仪节、孝堂设祭、祀土仪节、墓祭仪节、出柩事宜、孝堂祭文、墓祭文和虞祭文等，内容丰富。《光绪二十一年三月程氏〈藁园结果〉附先妣孺人罗氏丧事使用开支》共有两部分内容，一是光绪二十一年歙县灵山在外地经营的程姓商人自知将不久于人世，专为其子写下的身后丧葬仪节，以免其临事不知所措；二是民国21年罗氏过世后的丧务开支账目。前者共十八款：（1）扎终身轿；（2）临终断气；（3）终期之日防范重丧，列出一年十二个月内的重

---

① 民国《绩溪庙子山王氏谱》卷9《宅里略二·丧葬》。

丧、重复日期，除此之外，每月逢己、亥二日，是天地重复日，人死过重丧重复日，用白纸做小函一个，用黄纸朱书四字置于函内，安棺上同出，弃于十字路口；（4）扎尸殓绵；（5）棺材存放小马头屋内；（6）漆匠封棺；（7）出柩义地；（8）出柩托人；（9）包柩泥柩；（10）栈内净室解厌；（11）谢孝；（12）除疑心；（13）回呼；（14）各事用钱；（15）搬柩回徽；（16）上徽路道；（17）收眼光杀；（18）四局。罗氏孺人丧事开支账主要收录了入殓和丧礼其他仪节的各种物品，亲眷朋友致送的奠礼以果包、锡箔、烛、香、纸为主，另有部分礼金、冥洋、粉干、粽、料糕、挽联、挽轴等。《光绪二十六年八月祁门谢氏大殓费用簿附丙辰年安葬礼账》记载了祁门谢氏大殓仪节的各项开支费用及亲友送来的礼物，礼物主要有灯烛礼包、鞭炮、猪肉、鱼、鸡子等。

歙县上丰乡祁村祁松岳老宅收藏有两份丧务账，其中一份《民国十一年正月立祁德馨堂丧务计数》是吴世芳孺人的丧务账，主要记载了自正月二十五日起每天置办物品及人力的各项开支，如火纸、白纸、洋钉、烟、酱油、腐乳、水腐、笋、粉丝、萝卜、腐干、腐油、海砂、鸡子等各类，以及七期祭仪、谢帖式、五七之期祁传功与其子祁德厚写的祭文、各家亲友致送的赙礼、出殡使用人员及其费用、魂亭联和亲友送的挽联、挽幛内容等，涵盖了整个丧礼过程。该册文书抄录了七期的祭仪和使用人员：首七，对灵开路经，用和尚四名；二七，自请；三七，解结拜忏，用和尚六名，在祠内做；四七，自请；五七，家祭，用吹手四名，礼生富茂、义德等共十名，自备酒二席；六七，二姊、三姊请；满七，自请。做事名目为：入殓一名，解三朝一名，首七开路四名，三七解结拜忏六名，解回呼一名，拆灵四名，祠堂解杀出殡四名，传经，上堂，吹手，入殓牵著二名，五七做祭四名，出殡四名，占主，占堂祭。因五七祭文内容丰富，史料价值突出，现抄录如下：

维中华民国十一年岁次壬戌二月丙朔越十有七日壬午之辰，俗称五七之期，宜奠，不孝男传功、降服孙德厚稽颡，致奠于先妣讳世芳孺人吴氏之灵前，其哀词曰：东陆曦和正聚家庭之乐，北堂春永冀承菽水之欢。庶几罔极深恩得稍酬于万一，乃何意突然来鹏鸟速驾青霭，竟弃不肖而长游耶。呜呼哀哉！忆昔趋庭常闻母训，自归祁氏，祸起萧墙，倾覆流离，备尝难苦，擢发难数，更仆难终始。聆之若风吹之过耳，漠不关心，既而思之，何一而非实事也。念先考服贾东海，旋遭叔考染疾而终，遗留孽妾，心似蝎毒者，鸦张陡作风波，遂致先考宛如一叶扁舟，飘荡于万丈洪涛之内，前浪未静后复兴，安得不形容皆悴心力俱疲乎？赖吾母数千里往还，亲视汤药，扶带而归，正忧病以膏肓，势将易箦。又何料竟忽染复疾，由芜回徽，先考殡未出门，而二兄又忽短折矣。呜呼哀哉！斯时也，为之堕泪，天地因之生愁，吾母忿不欲生，惟怜不肖犹在髫龄，尚须教养，是以苟延残喘以待天年。不肖窃思同母有五人，嫁者嫁，亡者亡，膝下瞻依仅存。不孝满拟晨昏定省，左右追随，然而业尽家倾，饥寒所迫，欲谋衣食，不得不异地遨游，而今何如哉？游子之征车未发，而慈母已泉台先赴矣。感夙木而增伤，抚怀棬而抱痛，呼天号泣，饮恨终身。兹届五七之期，谨陈萍藻，虔具壶浆，吾母在天之灵其抑来格来歆者乎？呜呼哀哉，伏维尚飨！

祁传功在这份祭文中交代了家庭遭受的变故，回顾了其母辛劳奔波的一生，情真意切，表达了对父母亲的悲痛哀思。

另一份《民国十七年岁次戊辰正月立祁德馨堂丧务账》为许世煌孺人的丧务账，主要记录了七期祭仪、各家亲友的奠仪及主家回礼、购买物品的开支、挽联、谢帖底、祭文稿等内容。从账册内容来看，许世煌于戊辰年正月初二日辰时寿终，于当日酉时入殓，初三成服，初五正呼，初九头七，开路经，和尚四人；十四日，二七，自请；十九日，三七，家祭十人；四七，廿三日，自请；廿七日，五七，解结破血湖；二月初五日，六七，拜忏；二月十二日，七七满，家祭十人；十三出殡。祁松岳老宅还收藏一份报讣，其主要内容为：

不孝承重孙田芳罪孽深重，不自陨灭，祸延显祖妣钟母颜太夫人恸于民国二十年国历八月十四日申时寿终内寝，距生于前清二年丙子旧历九月初八日未时，享年五十有六岁。不孝等随侍在侧，亲视含殓，即日遵礼成服，停柩在堂，讽经礼忏，谨筮于国历八月十五日治丧，十八日家奠，二十日成主，廿一日巳时发靷暂厝于全楚会馆旅寄园，随后择吉扶榇回籍。叨属谊哀，此讣。

在制承重孙钟田芳泣血稽桑
哀子良 翰 泣血稽桑
降服子良朝泣血稽桑
齐期孙田莆拭泪稽首
功服夫弟寿揆、寿恺拭泪顿首
功服侄良善、良宝拭泪顿首
护丧期服夫弟寿龙拭泪稽首代告

这份报讣样式与雍正《茗洲吴氏家典》制定的报讣样式有所不同，交代了死者的生卒年，过世后其家人含殓、成服、停柩在堂、诵经礼忏、治丧、家奠、成主、发引等各仪节的日期。从讣报式的署名者可以发现，主丧者为死者长孙钟田芳，其长子钟良翰已经过世。这是一份客死他乡的徽州人发给祁氏的讣报，告知棺柩已暂厝在全楚会馆，将择吉日扶榇归里。

在上述两份丧务账中，死者入殓后，都请了僧人做法事，超度亡灵，虽然朱子《家礼》中明确提出不做佛事，徽州宗族制定的族规家法也禁止延请僧道，但因僧道在民间丧葬活动中发挥的作用至关重要，民众对其有着广泛的现实需求而始终无法禁革。如 20 世纪 20 年代歙县南乡芳坑大茶商江耀华及其夫人先后过世，在其奢华的丧葬仪节中处处可见僧道的身影，死者入殓后，请僧、尼、道士按七做佛事。徽州民间七期推算的规则为死后的第三日为头七，正回呼日为三七，三七后每七日为一七，至七七满为止。回呼又称亡人回归日，有三天，前一天为偷呼，当日为正呼，第三天为解呼。江耀华与其夫人亡后做七的方法是按七单开列的七期，分别设坛诵经。头七上叩送表，诵念开路经文，夜送鬼。二七孝子祭，解三朝。三七男官灯祭，女血湖祭。解回呼，解杀。四七亲友祭。五七由女儿做拦路祭，有烧五七、请五七两种，款待亲友及全部殓葬，尺盒、箱担奠拜。六七亲友、宗族祭，如略去不祭亦可。满七，神主上堂红祭。在丧礼其他仪节中，僧道尼姑下材前要忏下材经，尸首放妥后"开咽喉"，神主上座诵《奉安经》，出丧时诵出丧发引经文。安葬完毕，做法事安山。坟葬妥帖，还要请道士安山，道士诵经时要焚香设奠。江耀华夫人于民国己未年闰七月初九亥时病逝，闰七月十三为头七，请尼姑四个念开路经；二十日为二七，请尼姑四名拜忏；二十七日三七之期，请和尚六名破血湖，解结；五七之期，二女拜忏等经，道士拆灵；八月十一日正五七出殡，请道士两名，每人余白布三尺三，和尚两名，每人余白布三尺三；八月十四日，道士二名安山；八月十八日，六七期，道士至大源厝屋灵前请七；二十五日七七满，道士二人到大源厝屋灵前请七。① 徽州民间请僧道的数目视家庭经济状况而定，贫困之家仅请道士一人，富裕之家可请多名僧道。江耀华出殡时，请了四僧、四道、四尼姑、六吹手，女眷、媳妇、女儿各用四抬大轿，场面甚为壮观。僧道在徽州民间丧葬活动中发挥的作用可见一斑。

三 明清徽州丧葬陋俗及治理举措

结合上文分析，明清以来徽州丧葬活动中违礼逾制，备受批评之处主要有做佛事、宴宾客和久不葬三方面。康熙《周氏重修族谱正宗》对族内丧葬中的逾礼行为作了严厉批评，初丧时，衣衾棺椁苟且从事，笑迎前来吊唁的宾客，毫无悲戚之情。出柩时，旐盖旌幢，寓人寓马，意为"死者有知，将以荣之"。归葬时，张乐设宴，犒师劳宾，谓之"克尽大事，可无遗憾"。安葬后，广设道场，饭僧命道，希望死者升天，不入地狱。周氏宗族认为族人的这些做法极为愚陋："盖始死则于附身者必诚必信，既殡则于附棺者必诚必信，既葬则于所以追慕之者必诚必信，自是其分，诸余虚文重费何益？"② 光绪绩溪县南关许氏宗族总结了宣、歙间丧事存在的三大非礼行为，其一是做佛事，谓之"超度"，"试思父母行善，何劳超度？父母若行恶，惟有行善以解父母之恶，又岂此辈所能超度？临丧不哀，妄信邪说，大非礼一"。其二是亲房不举火，而就食于丧家，丧家以酒肉宴客。"夫孝子三日不食，亲邻当具馆粥以劝之食，奈何幸人之灾，为醉饱计乎？至远来吊客，亦止当具蔬食以待之，奈何每

---

① 江怡桐：《歙县芳坑的民俗风情》，载劳格文、王振忠主编《歙县的宗族、经济与民俗》，复旦大学出版社2016年版，第37—40、43页。
② 康熙《周氏重修族谱正宗》卷1《宗训》。

夕轰饮，同于喜庆？大非礼二。"其三是惑于风水，停丧不葬。"夫亡者以归土为安，人家祸福由于善恶，故阴地由于心地，心地好，当得好地，十日内亦可得好地；心地恶，当得恶地，一百年还得恶地，断非地师所能代谋。不求心地而求阴地，以亲死为求福计，大非礼三。"许氏宗族据此认为凡孝子应当去此三大非礼，而后才可以言丧礼。① 光绪《仙源杜氏宗谱》卷首《家礼》归纳出徽州、宁国、池州三府丧事中的五大非礼之处。（1）以金珠玉帛含殓，徒启宵小觊觎之心，时常发生开棺、烧棺、盗窃殉物、乱翻骸骨的事件。（2）作佛事，谓之超度。（3）亲房不举火而就食于丧家，饮酒食肉，视同喜庆事。（4）亲友赙奠，不答以布帛而答以财物，财物不丰，反被视为不知礼，致使无力者或停棺不葬，或草草出殡，不能成礼。（5）惑于风水，久不安葬。致使棺柩久暴露于荒烟蔓草间，甚至横遭野火焚柩的祸端，惨不忍闻。

"丧祭为诸礼之事重"，② 徽州宗族讲求宗法，重视族人的身后之事，"丧祭大节，礼有明条，凡在世家大族，罔不遵而行之。"③ 面对丧葬活动中的诸种违礼行为，徽州宗族在家规、宗规、祠规、家训等各类族规家法中，对丧葬活动做出详细规定，要求遵循朱子《家礼》，禁止请僧做佛事，以谨丧祭而厚族。明嘉靖积庆坊葛氏宗族规定："父母之丧，固宜自尽。自是而降，若期年，大功、小功、缌麻等服，或少而三朝，大而旬日，衣食之类当从朴素。若亲属方殁，即衣鲜啖肥，非所以安此心也，宜互相戒敕。或有结亲事体，礼宜整酒，适与丧期相值，则客固茹荤，主当从素，以严世教。"④ 嘉靖年间，歙县呈坎罗氏重新整理了丧葬仪式，并将之写进家政，以规范族人的丧葬活动。服式、丧具、吊哭、治葬、释服俱依文公《家礼》，初葬行祭如祭大宗仪。朝夕哭奠并庐祭如告庙仪。大殓如告庙仪，前后加举哀、读祝、哀止。辞灵前几日行祭，礼如大宗仪，前后加举哀，读祝，止哀。先一日奉魂帛至祠朝祖，如告庙仪。厥明迁柩，如告庙仪，前后加举哀、读祝、止哀。迁葬后土，如告庙仪。

---

① 光绪《绩溪县南关许氏惇叙堂宗谱》卷8《家礼》。
② 宣统《富溪程氏中书房祖训家规封丘渊源考》。
③ 康熙《歙西金山宋村宋氏族谱》卷末《附纪·祠规》。
④ 嘉靖《绩溪积庆坊葛氏重修族谱》卷3《家规》。

迁主如告庙仪。新主入庙如大宗仪。祧主入告庙仪。改主如告庙仪。初丧,除子孙外,余止行三日香。开堂亦如之。宗族行香,用四拜礼,孝子谢宗族并亲友,行香亦用四拜礼,不离苦次。举丧葬礼时,会首按户收钱买鹅一只、猪首一没、鱼二尾、酒一尊、果五盘,请集同门往祭,孝子之家不必答席,如鳏寡无依,贫不能葬者,远近族人宜金处以赒之。如不能尽赒,折钞亦可。丧礼主哀,毋事虚饰,毋作佛事,毋惑于阴阳非礼以致暴露不葬。埋葬之法,按左昭右穆,如另择葬地,以藏风聚气为上,不可溺于阴阳风水之说。新丧,祭礼旧有定规,各量财力大小行之,举行者亦当预闻于尊长,无法举行亦不得乱用浮奢。七七百日,设祭如告庙仪,前后举哀,以符感时不忘之义。①隆庆歙县泽富王氏宗族面对族内"丧礼久废,世俗多信浮屠之诱,供佛饭僧,俗习已久,卒难变乎"的现状,在宗规中要求:"今按礼文子之丧亲,朝夕奠哀,中心哭泣,殡送举乐,岂可安乎？今皆屏绝,其仪式并遵文公《家礼》。"②隆庆祁门文堂陈氏宗族规定:"亲丧,人子大事,当悉如文公《家礼》仪节襄事,不得信用浮屠,以辱亲于非礼,以自底于不孝。尤不得拘忌地理外家之说,以致长年暴露。"而依古礼,丧家三日不举火,亲朋裹粮赴吊。所以陈氏要求今后凡有丧之家,不得具陈酒馔,以免违礼。③万历休宁城北周氏先人悉以文公《家礼》行丧事之礼,但是族内各房贫富不一,又到受风俗败坏的影响,专以佛事为尚,使古礼多废。为此,周氏在家训中规定:"凡我子姓遵守祠规,随其贫富,称家有无,葬之以礼,祭之以礼,各尽人子之心。如衣衾、棺木、择地、圹记、砖灰之类,固不可缺。惟墓志尤当紧要,亦不必请文,浼族中擅书者,用青石两片。如无青石,方砖代之,其上为盖,其下为底。书'志铭'二字于面上,用锥画文。"④万历休宁范氏宗族要求:"丧则惟竭力于衣衾棺椁,不作佛事,棺内不得用金银玉物。吊者止款茶,途远待以素饭,不设酒筵。服未除,不嫁娶,不听乐,不与宴贺。衰绖不入公门。葬必择地,避五患,不得

---

① 明《罗氏重刊家政》,国家图书馆善本阅览室藏。
② 隆庆《泽富王氏宗谱》卷8《宗规》。
③ 隆庆《文堂乡约家法》。
④ 万历《重修休邑城北周氏宗谱》卷9《家训》。

泥风水徼福，至有终生不葬、累世不葬。不得盗葬，侵祖葬、水葬，尤不得火化，犯律斩罪。送死大事尤甚于养生，必葬之以礼，然后送死之事始毕。徽俗拘溺风水，忍弃亲棺于厝地，富者贪穴徼福延以岁月，贫者役志营生忘其根本，至有终其生而不葬者，父母生子谓何？言之汗出，闻之心酸。今请王坦厝基已满，疾风折树可虞，府县以孝教民，明文催葬且急，各宜自省，称家有无，速行安葬，以毕人子大事，庶食可下咽，寝可安枕耳。或厝后无子孙者，众为瘗之。"① 万历歙县岩镇百忍程氏宗族规定："凡族内有丧之家，须依文公《家礼》仪节举行，富厚者不得逾制，贫乏者量减行之。其有贫困之甚，首各助银三分或五分。如富厚者愿多助银三五钱或上两，听其以意行之。"② 万历休宁商山吴氏宗族看到徽州葬俗拘泥风水，棺柩委弃暴露，甚至数代不葬，子以贻孙，孙则贻于不可知之人，致使成为无主之棺而始终无法入土，各种弊俗中此之为甚。为此，吴氏宗族要求："自今已后吾族各家但有可葬之地，即当安葬。为子孙者暴露其亲而顾俟时，以求风水之利何耶。切宜深省。"③

清康熙歙县金山宋村宋氏宗族明确要求族人慎丧祭，因族内人户贫富不同，在行丧礼时，宋氏区别对待，不强求划一，并革除殓殡期间宴客酌酒的做法："吾族素重礼教，不尚时趋。嗣后，丧事贫者遇七，献羹饭，间以牲帛自奠。稍有力者遇七，牲醴自荐，祭则间行。馔不必丰，惟致其洁；礼不必繁，惟竭其诚。族中襄祭礼生，既同族众领祭酌外，各领带帛一围、祭饼一双，其送殡者，惟领布帛一围。旧例，送殓有酌，送殡有酌。夫孝子正在荒迷匆邃之时，不暇迎宾，族众亦在哭死送柩之际，何心恋饮。既不合礼，又不近情，革之。"宋氏宗族鉴于为择吉地而逾年不葬的习俗，不但有悖礼制，而且在元旦祭祖时也无法行礼，殊多不便之处，遂要求族人早厝葬，违者予以罚银："葬必及时，律有严戒。吾族凡尊长死，殡于祠堂，每心卜吉因循，逾年不出殡者，不惟于律有妨，而且元旦谒祖，多不成礼，甚非尊祖敬宗之义也。嗣后，应以满七为期，或厝或葬，必须出殡。或遇岁杪，不能待满七者，亦必权其轻重，

---

① 万历《休宁范氏族谱》卷4《谱祠·林塘宗规》。
② 万历《歙西岩镇百忍程氏本宗信谱》卷11《族约篇第九》。
③ 万历《商山吴氏宗法规条》。

随殡随出。否则，殓于私家，亦可成礼。彼族大人繁，殓吊于室，断未有以此而非之者。倘违，众议罚银二两。"① 乾隆歙县东门许氏族内的丧礼习俗日益浇薄，古人每用赙仪吊唁，以厚待死丧之家，但许氏族人对赙仪一概不受，还要款待前来吊丧者，深受遭丧之累，尤为甚者，丧礼中，聚议有酒，三日有饭，送殡有饭，谢礼有酒，靡费不赀，劳扰不堪，中产之家以下，虽竭力供给而终无法应付。至于殡葬送行，本应多用资财，使亡者享受哀荣，却因财力不继而一切从俭，于绢帛之类悉数省去，从而失去了丧礼的本意。礼以义起，亦可以义裁之，许氏决定裁革款待族人吊丧之费："今后，居丧者不必勉强备此，而吊丧者亦不必责人以此。尊长临丧，止揖，不得概行拜礼，抑亦秉礼之一端也。"② 道光婺源龙池王氏宗族要求族人丧礼远佛老，"佛老之说，最惑人心。人死岂有轮回之理？修斋供佛，何益于事？若以为孝，则一切小人皆能之。苟谓必如是，父母方脱地狱，则又以父母为有罪之人矣，有孝子而罪其父母者乎？"同时要崇典礼："养生送死，自有一定礼制，智者过，愚者不及，皆非也。如祭葬之类，宜遵文公《家礼》，不丰不俭，乃为合中。贤、智之过，不称有无，祇欲自家争体面，亟宜戒之。"③ 道光新安琅琊王氏在宗族规约中专辟"营葬篇"一节，罗列了迁延不葬或改葬的现象，解释了棺宜早葬的理由。徽州民间向有贪求吉地、迁延日久者，亦有既葬多疑、屡行起掘者，不思古人卜地之义，唯是孝子慈孙重亲遗体不为风水所侵、虫蚁所蚀、耕犁所及，他日不为道路沟池，如是而已，而不应将亲之骸骨作为子孙福利的工具。此外又有兄弟多人，都想把父母棺柩葬在对自家有利之处，既择年月日时，更怀疑山水偏向，致使父母多生一子，反增一日之暴露，年复一年，几无安土之望，棺柩或遭水火，更时刻面临焚溺之虞。而忘了人之祸福各有因缘，为人子者岂能于心无愧。因而王氏宗族规定："地有龙穴沙水、土色坚凝，实在可信，不必多疑。而葬法必须如《朱文公家礼》所载，用炭研碎作格，石灰籍土互筑，可驱潮气并截树根。若力不能者，揉土极细，加工坚筑，勿计时日。每见

---

① 康熙《歙西金山宋村宋氏族谱》卷末《附纪·祠规》。
② 乾隆《重修古歙东门许氏宗谱》卷8《家规》。
③ 道光《龙池王氏宗谱》卷首《家法》。

今人棺柩甫下，慌忙掩杵，未逾时，扶冢去矣。即有坚结之地，难免阳水之渍，切宜谨戒。至权厝一事，万不可久，久则雨水侵淋、日气下蒸，未及归土，木已就腐。仁人孝子，尤当念之。"①同治绩溪县华阳舒氏宗族指出，丧礼久阙，世俗多信浮屠，超荐用鼓乐徂送，悖谬甚矣，为此规定："今按礼文，子之丧亲，朝夕奠哀哭泣。送殡举乐，岂可安乎？若以佛法为超度，是以亲为罪人也，今皆屏绝，仪式并遵儒礼。"②同治祁门武溪陈氏宗族针对族内埋葬吊祭等事，要求："凡有丧者，初丧三晨，七七之期，率各房大小男妇，莫问亲疏，各遵服式，临柩哀泣。供佛饭僧，亦许从俗，葬之远近，从其便也。若无葬地，可效北方人族葬之法，男左女右，左昭右穆次第，岂可听信术言，拣择风水之谬，侵欺祖陇，并或以势加行，此谓不孝之子，不义之孙。纵然富贵，岂得其长久乎？"③可见陈氏宗族对延僧礼佛持开放态度，认为可从俗。光绪黟县碧山李氏宗族规定："居丧之礼，只当哀痛迫切，不顾其他，择子弟知礼者为护，丧悉遵文公《家礼》行之。衣衾棺椁惟力是视，枕苦浸块，不得饮酒食肉，混处家室，若作佛事修荐求福，是为不孝。"④光绪绩溪南关许氏宗族将敬祖宗写进家训，其中一条就是要修整坟墓以安祖宗之体魄。新择葬地，只要无水、无蚁、无石，藏风聚气即可，不可迷惑于术士之言，停丧不葬。凡治棺椁衣衾，要根据家境贫富情况，切不可以金玉入殓。⑤宣统绩溪上川明经胡氏宗族要求族人慎丧葬，凡一应衣衾棺椁、附身附棺之物，不妨事先办成，庶可尽情尽礼："凡有亲殁者，即当安葬。如必欲卜地，亦须急于寻求，早妥魂魄，毋得悠忽，以干不孝之罪。"⑥宣统休宁富溪程氏宗族规定："丧祭之礼，尤人子所当尽心。得为不为，是俭其亲；不得为而为，是僭亲分。当称家有无，毋俭毋僭，其诸礼仪节并见文公《家礼》。"⑦民国绩溪城南方氏宗族要求："丧事务遵朱子《家

---

① 道光《新安琅琊王氏宗谱》卷首《丧礼礼制十条附溺女歌》。
② 同治《华阳舒氏统宗谱》卷1《家规十则》。
③ 同治《祁门武溪陈氏宗谱》卷1《家法三十三条》。
④ 光绪《黟县碧山李氏宗派谱》卷首《家训》。
⑤ 光绪《绩溪县南关许氏惇叙堂宗谱》卷8《家训》。
⑥ 宣统《上川明经胡氏宗谱》下卷之中《规训》。
⑦ 宣统《富溪程氏中书房祖训家规封丘渊源考》。

礼》，七内开吊柱香，一切浮屠混费概行除免。其门族亦遵旧例，邀集多人，各配赙钱四十二文，诣灵设祭，本家不必散席。力有余者，听。"①民国绩溪旺川曹氏宗族鉴于族人在处理父母之丧时存在诸多不合礼之处："今则肥甘厌腹，钟鼓延宾，重新浮屠，自始死及七七，饭僧追荐。或溺风水，累数十世，至弃捐骸骨，可云孝乎？"便将"谨丧祭以厚族"写进家训，并以此为约："凡遇凶丧，务啜粥饮水如礼。宾客吊奠者，款以素饭，毋得妄陈荤酒，及用僧道斋醮与鼓乐之类，葬亦如之。至于棺椁葬具，务尽心合节，毋得借口力绌。时至即窆，毋得迁延岁月，忍终暴露。"②

　　明清徽州宗族对族内做佛事、迁延不葬的失礼行为不可谓不重视，在族规家法中予以严厉禁止，并提出要遵守文公《家礼》而行之，但结合徽州方志、文书所载，不难发现徽州宗族以礼治丧的努力与民众丧葬中的失礼行为并行不悖，形成了两条平行线。"礼从宜，使从俗"，③丧葬活动中那些虽不合礼制却已经约定俗成的做法或许更容易为徽州民众所接受。

　　明清徽州官府对民间丧葬活动更是高度重视，特别是民众惑于风水，迁延不葬或为择得吉壤，屡屡发生盗葬案件，令府县官员头疼不已。万历年间，徽州知府古之贤上任后，看到府属各县风俗惑于风水，多不葬亲，将棺柩放置于道傍山圳之间，历二三十年甚至三四世都无法入土安葬，便颁布告示，劝民葬亲以厚风俗。古之贤以礼法人情及风水之说，向郡中士民详细解释了按时葬亲的原因。要求各县官吏与士民明确约定，限期一年之内将浮厝棺柩全部安葬。告示发布时正值大寒，遂令民人不必拘于年月节令先葬一半，待次年清明节墓龙不守冢时，再葬一半，至来年冬季时务必不留一棺。若棺柩查无后人，可于本图无碍官地，准其报官瘗殡，每棺一具，仍给食谷三石以资扛抬。每季终责令地方将各都未葬尸棺呈报到官，着落地方催督里长，里长催督人户依约举行。如有抗违，一经查出即照子孙弃尸律令一体治罪，申府施行，毋得违误。告

---

① 民国《绩溪城南方氏宗谱》卷2《祠谱·祠规》。
② 民国《曹氏宗谱》卷1《家训·旺川家训后十则》。
③ 宣统《上川明经胡氏宗谱》下卷之中《规训》。

示还特别指出，如果是士大夫之家不葬者，将族长治罪。晓谕之后，凡遇官吏承差人等起复、起选、起送等项，奉例行各县学查结者，俱要遵照学院明文行里，排查无停丧过犯方准给文，如有朦胧查结回报者，事发坐赃究罪。① 古之贤出示劝谕民间瘗葬后，徽州府属六县遵奉督葬，因家贫无力举葬或无子孙者由官府代为处理，取得了一定成效。其后，古之贤在巡查过程中，访得歙县二十二都七图先贤程玠系成化甲辰科进士，其"生而博雅，死而灵异"，棺柩始终未能归土。古之贤特命差役前往该都，会同里长查找先贤程公之柩厝在何处，有无枝下子孙，因何年远不葬，中间是否为无知山民阻挠，迅速查明回报以凭区处施行，并带其子孙、里排赴府查审。②

明清鼎革之后，民间停棺不葬不仅是徽州一地存在的陋习，其他地方也很盛行，雍正十三年发布上谕称："朕闻汉人多惑于堪舆之说，讲求风水，以致累年停棺，渐至子孙贫乏，数世不得举葬，愚悖之风至此为极。嗣后守土之官必多方劝导，俾得按期埋葬以妥幽灵，以尽子职。此厚人伦美风俗之要务也，务各凛遵毋忽。钦此。"《大清律例·礼律仪制》亦载："凡有丧之家，必须依礼安葬，若惑于风水及托故停柩在家，经年暴露不葬者，杖八十。"③ 这说明地方浮厝之风已引起清朝统治者的注意，其蔓延与影响程度不可小觑。

清康熙休宁县知县廖腾煃上任以后，处理多起坟山争夺案和盗葬案，④ 他发出感慨："县民之健讼者十之七八，而讼之以坟墓者又十之七八，虽尺寸之壤，在所必争。"而富者惑于形家利害之说，越分妄图停丧不葬，致使贫者无可立锥。为解决棺柩浮厝难题，廖腾煃决定立义冢以顾恤贫乏无力营葬者，国学生程时发慨然将九都西馆老柏山一所周遭数十丈之地捐为义冢，廖腾煃大为激赏，亲笔写下《义冢记》以志其善

---

① 古之贤：《新安蠹状》下卷《牌票·行六县劝士民葬亲》。
② 古之贤：《新安蠹状》下卷《牌票·禁暴露亲尸》。
③ 同治《黟县三志》卷11《政事志·劝葬·劝葬集证》。
④ 廖腾煃的《海阳纪略》卷下收录了多起占葬坟山案件和对案件的看语，如《李彩控张为锦占葬坟山案》《孙珲等控程兆纯占坟山案》《孙君宜汪新控争坟山看语》《勘审张绶张德泓坟山看语》等。

行。① 廖腾煃任知县期间，休宁山斗程氏生员程其藻、程之纯等人牵头设立义冢，并制定了营葬条例，以山斗程氏宗族的名义鸠助公银，收葬族中有主无主棺柩，交祠长公同封锁，随时给发。首事之人选择族中廉明素著，为众人所信服者担任。凡遇义葬，查实无主者须由里保亲邻开册报明，有主不能葬者，则必须由其亲房自斋告词，开列中保有据，交予祠长，以便举行。如遇到有主棺柩，因家庭贫困造成迁延不葬，又不愿接受资助者，允许写立借约，从祠中借出公银，自行营葬。程其藻等人将义冢条例、地亩等项编成《义冢录》呈送给廖腾煃，廖腾煃对山斗程氏设立通族义冢，施地埋枯，给资代葬的义举甚为赞同，不但题写匾额旌表之，还颁示县内以扬其盛举。② 乾隆五十七年，歙县知县吴殿华因公下乡期间留心察看民风乡俗，却看到沿途殡厝累累，历经数十年而未葬者颇多，甚至厝屋倾颓，棺身尽露，仅用片瓦掩覆，或以束草遮盖。其最惨者，骨摊椁外，树长棺头。吴殿华仔细查访后，发现这些暴露于野的棺柩或系无主，或因赤贫，又有惑于风水而久停误事者。为使死者入土为安，扭转浮棺迁延不葬的陋习，吴殿华于当年十二月初三日，发布《劝谕埋棺札》，令县内各图士民收葬骸骨，掩埋胔骼。要即刻查明图内暴露棺柩，如有主者，劝令该亲属急行安葬。若无主及子孙赤贫者，即在该图内广行劝谕积善之家代为掩埋。倘图内实在没有殷实之户，而又多暴露之棺，准即协同地保验明棺数，开呈给知县，由其自行捐廉，给付埋瘗。为督促士民切实查察，不致遗漏，吴殿华特意交代，次年清明节后，他将亲赴各乡，挨图查勘，令家丁分头点验，以期取得实效。③

乾隆三十年十二月，黟县知县孙维龙奉徽宁道札谕将境内暴露棺骸逐一设法掩埋。孙维龙当即刊示晓谕，责令各乡保掩埋暴露无主之棺。当时黟县只有三处义冢，偏远山乡无法尽行收埋。经巡查，黟县一都有高阜隙地，孙维龙当即捐俸十六两，照时价购买，刊立义冢石碑。三都士绅汪元佑也慨然捐置一都隙地一块，连同原有义冢，共设五处。孙维

---

① 廖腾煃：《义冢记》，道光《休宁县志》卷22《艺文·纪述》。
② 廖腾煃：《海阳纪略》卷下《山斗程氏通族义冢示》，《四库未收书辑刊》集部，第7辑第28册，北京出版社1997年版。
③ 许承尧撰，李明回、彭超、张爱琴校点：《歙事闲谭》卷18《歙风俗礼教考》，第610—611页。

龙遍谕远近乡村，将浮棺抬至义冢，由灰工安葬，棺柩朽坏者，则给以木匣检盛骨骸。自乾隆三十一年二月至七月间，共埋一千一百八十余具棺柩，而县内富家巨姓各自收葬及好义捐赀收埋者则不下千具，自此各乡山麓已无暴露棺骸。为保证以后浮棺能够掩埋，孙维龙又筹划善后章程，绅士汪元佑、汪锡辂等人集议，愿捐银两置买山田豆坦，每年收取租息以资埋葬之费。另在二都九莲庵设善局，由僧人妙椿司其事，逐年所收租息除完纳钱粮外，悉供局中之用。棺数、银数详载簿册，岁终呈县核明，不足则官为捐补，有余则留备次年，以垂久远。①

同治元年，谢永泰任黟县知县，他到任后，看到厉坛本为合邑义冢，因历年既久，瘗棺日多，渐无旷地，而黟县在咸同兵燹中又屡遭劫掠，死难者无数，便于同治三年在慈济庵捐俸置坦地二块，作为合邑瘗埋义冢，以使尸骸无暴露之虞，除刊碑立石并饬房存案外，另出示晓谕，凡有无力营葬之家均许在该处义冢瘗埋。②谢永泰捐置义冢，立限饬埋后，县内的浮厝棺柩仍多于入土之棺，人们习惯面对遍地浮棺已以为常而恬不知怪。谢永泰认为，厝棺年久，虽是由义冢葬地有限导致，但很大程度上是风水之说深入人心。为廓清民众对风水的认识，认清停棺浮厝的荒谬之处，谢永泰还把清朝典训以及古今圣贤关于丧葬之礼的认识编为一册散发给黟县民众，主要有孔子、孟子、司马光、程颐、程颢对丧礼的论说以及西晋皇甫谧的《笃终论》、唐太常博士吕才的《阴阳家书》、宋李昌龄的《乐善录》、明顾炎武的《日知录》等书中对葬礼和停丧之事的考证、观点。谢永泰希望此举能使人观之动于心，以后暴露之棺渐次归复于土。③可见，黟县知县谢永泰不仅身体力行，捐建义冢，归葬浮棺，还从思想源头上入手，破除民众对风水的迷信，真正把停棺不葬的陋俗革除掉。事实证明，这种做法收效甚微，民间习俗的影响力和支配作用不容忽视。

四　结语

在中国古代灵魂不灭、儒家孝道和祖先荫庇后代等思想观念的指引

---

① 乾隆《黟县志》卷1《纪事》。
② 同治《黟县三志》卷11《政事志·义冢》。
③ 同治《黟县三志》卷11《政事志·劝葬·劝葬集证小引》。

下，无论官民均十分重视丧葬仪礼，在人生仪礼诸礼节中，丧葬礼最为严格遵守旧规，也是最为隆重的，子孙既借此向世人显示孝道，同时也祈求获得先人的庇护而使家道昌隆，因而丧葬仪节繁缛沉闷。朱熹认为，古丧礼冗长琐细，世代流转，只存其大概，已无法全部照搬，孝子只要能表达其哀戚之情即可，而不必尽依古礼："某尝说，古者之礼，今只是存他一个大概，令勿散失，使人知其意义，要之必不可尽行。如始丧一段，必若欲尽行，则必无哀戚哭泣之情。何者？方哀苦荒迷之际，有何心情——如古礼之繁细委曲？古者有相礼者，所以导孝子为之。若欲孝子——尽依古礼，必躬必亲，则必无哀戚之情矣。况只依今世俗之礼，亦未为失，但使哀戚之情尽耳。"① 朱子《家礼》遵循古礼，结合世俗之礼，删减增补，提出一套简明实用的丧葬仪节，共 21 项，以便民众易于接受，便于操作。

明清徽州的丧葬仪礼多依《家礼》而行，休宁范氏、茗洲吴氏等宗族承袭《家礼》丧葬礼的基本仪节，归并简省，因地制宜，提出适于本族的仪式程序。徽州宗族把丧葬仪礼遵守《家礼》而行写进族规家法，力图对族人形成约束。徽州地方志对民间丧葬礼俗的记载详细生动，比较全面地概括了徽州丧葬的推行情况及特点。因生老病死是每个家庭都无法绕过的沉重话题，徽州民间留存着大量的丧务账簿，记载了徽州人为过世祖先办理身后事的各项仪节，为先人写的祭文、亲友致送的赙仪、丧务开支也都有登录，是徽州民众丧葬活动的直观反映。

宴请宾客、延请僧道、浮厝不葬是明清徽州丧葬礼俗中的三大问题，也是最困扰士大夫、宗族、官府的难题，无论怎么努力都无法根除，一定程度上是因为这些问题关系到徽州民众切身利益，有其存在的合理根源。亲人故去，后人为了表达无限悲痛，竭尽所能地把丧事办得隆重体面，也借机向外界展示家庭的实力和孝道，特别是当女性先人过世后，丧礼隆重与否更关系到娘家所在宗族的颜面，民间因此问题而发生冲突的事件比比皆是。丧礼中不计资财甚至四处举债而大摆酒席，宴请宾客成为通行的做法，虽然冲淡了哀戚的氛围，但也是地方关系网中必不可

---

① 黎靖德辑：《朱子语类》卷89《礼六·冠昏丧·丧》，《朱子全书》第17册，上海古籍出版社、安徽教育出版社2002年版，第3013—3014页。

少的环节，亲房不举火而就食于丧家亦有了充分理由。在灵魂不灭观念的指引下，僧人和道士成为沟通现世与故人的中介，他们为故人诵经、做法事，既为故人消孽、祈福，亦保故人家属的平安。丧葬中每一项烦琐神秘的仪节都有成法，蕴含着一定的意义，世人亦步亦趋而不敢轻易逾越，唯恐招致更大的祸患，僧道便成为仪节的引导者，扮演着礼生的角色，具有突出的现实性，自然受到民众的欢迎。

徽州民众停棺不葬是一个长期存在的社会问题，不但屡禁不止，且愈演愈烈，浮厝数年、数十年甚而数代者已成为普遍的社会现象，乃至演化为一种社会习俗。其背后的原因有多种，民间习俗、家庭实力等因素都有所影响，但最主要的原因则是徽州人深受风水观念的影响，希望择得一块吉壤而葬，以保后世人丁兴旺，家资富饶，这也正如司马光所指出的那样："然世俗信葬师之说，既择年月日时，又择山水形势，以为子孙贫富贵贱，贤愚寿夭，尽系于此，而其为术又多不同，争论纷纭，无时可决，至有终身不葬，或累世不葬，或子孙衰替，忘失处所，遂弃捐不葬者，正使殡葬实能致人祸福，为子孙者，亦岂忍使其亲臭腐暴露，而自求其利耶？悖礼伤义，无过于此。然孝子之心，虑患深远，恐浅则为人所扪，深则湿润速朽，故必求土厚水深之地而葬之，所以不可不择也。"[①] 可见停棺不葬的习俗不局限于一时一地，而是具有普遍性。其实选择理想的坟地，不仅是受风水的影响，也是对后人的一种心理安慰，有其现实因素的考量，程颐曾言："卜其宅兆，卜其地之美恶也，非阴阳家所谓祸福者也。地之美，则其神灵安，其子孙盛。若培拥其根而枝叶茂，理固然美。地之恶则反是。"程颐认为所谓地之美者，应是土色光润，草木茂盛。为人子者不能拘泥于阴阳家之言，专事择地之方位，决日之吉凶，应当以安奉先人为要，而不能专以利后为虑。但是要慎重考虑坟地有五患者，即要使其他日不为道路，不为城郭，不为沟池，不为贵势所夺，不为耕犁所及。朱熹亦认为坟地要远离沟、渠、道路、村落、井窑，指出古人择葬地葬日取决于卜筮，但今人不晓占法，从俗择之即可。[②] 不难看出，程颐、朱熹等理学家对择地而葬秉持包容理解的态度，

---

① 《朱子全书》第7册，第915页。
② 《朱子全书》第7册，第915—916页。

承认其现实意义。但普通民众则深受阴阳家的影响，把重点放在了"以利后为虑"上，且形成了互相攀比之心，务求吉壤而葬，甚至不惜盗葬，徽州因盗葬而起的冲突、纠纷所在所有，对簿公堂者亦屡见不鲜，这也是徽州官府大力治理民间停棺不葬的一个重要根源。

明清徽州府属各县的治理举措除了发布告示，劝谕民众瘗葬远年丧柩，还捐置义冢，"听贫民埋葬"，极为贫困乏力之家则由官府代为掩埋。如清代黟县在历任知县孙维龙、吴甸华、谢永泰等人的治理下，境内暴露于野的棺柩得以入土，停棺不葬的问题得到了极大的缓解，但浮厝择地的风气仍然无法根除，至宣统年间，"山地厄隘，择葬地实难，形家说又杂出，亲殁不即葬，多为厝屋，至有覆茅者"。① 治理的难度由此可见一斑。徽州宗族对停棺不葬问题亦持反对意见，严厉谴责停丧不葬的行为，要求族人遵《家礼》而行，在族规家法中对停丧不葬的房支进行劝解乃至惩罚，其规定不可谓不严，但收效并不明显，依然未能遏制住族人停棺不葬的势头。官府、宗族的治理与民众的做法成了平行线，由此可见，民间习俗的惯性和力量不容小觑。

作者为安徽大学徽学研究中心研究员。

---

① 刘汝骥：《陶甓公牍》卷12《法制科·黟县风俗之习惯·丧葬》。

论南宋初年新安及第士人与新安学术

王　威

【摘要】 北宋虽亡，南宋基本继承了北宋的政治遗产，各地因科举进入朝堂的士人，正是朝堂在地方的代表。南宋初期新安及第士人中，很多有先辈于北宋时期即依靠科举进入朝堂，经过多代积累，他们在科举中占据明显优势，但在南宋政局稳定后，因新安政治地位的提高，士人读书环境改善，新兴地方士人兴起。他们助力县学、郡学建设，开斋授学，改良了社会风俗，促进了学术发展。

【关键词】 南宋初年　新安　及第士人　学术发展

一　南宋初新安及第士人分析

经统计，自南宋建立以讫孝宗，新安地区及第士人（包括特奏名）共71人，其中婺源30人，休宁15人，祁门8人，黟7人，歙6人，绩溪5人，以婺源及第者最多。建炎元年（1127）至绍兴三十二年（1162），又以绍兴五年（1135）及第者最多，达11人，36年间不断有新安士人以科举进入仕途。但因事久多故，多数人已不可考，其中可考者有汪若海、黄汝能、韩邦光、汪杞、胡舜举、汪皋会、汪勃、程楫之、滕恺、张敦实、汪若容、宋松年、张敦颐、汪若思、程叔达、汪安仁、王允恭、李绮、郑之纯、汪端彦、朱熹、王观国、俞舜凯、程大昌、朱安国、陈尚文、汪安行、祝华、李知己、吴俛（吴儆）、程令说，其中大多数士人都因晋身仕途而使家族光大。传统儒学世家继续保持了在科第中的优势，汪叔詹、胡舜陟家族不断有士人及第。南宋政局稳定后，新安地区又有新兴儒学家族产生,比如休宁会里程氏家族、商山吴氏家族,他们先辈以经商、务农为业,因读书环境的改善,才得以晋身朝列。

值得注意的是,新安大族在科场上的优势并未因北宋灭亡而丧失,长久的积累使他们依然保持了其家族地位。北宋完善科举制度,士人多以科举为晋身之阶,新安自不待言,从事举业者自北宋以后不断增多。北宋灭亡后,中央政府虽已崩溃,但有赖于完善的地方治理制度,高宗政府依然能够在东南站稳脚跟。正因如此,出身东南的士大夫的地位愈加重要,构成了朝堂的中坚力量,新安地区的科举世家也不例外,比如汪叔詹家族,叔詹崇宁五年(1106)进士,北宋名臣,其子汪若海、汪若容、汪若思在南宋建立后,先后及第,延续了歙县汪氏家族长期以来的文化传承。又如绩溪金紫胡氏家族,胡舜陟既是北宋名臣又参与了南宋的建立与稳固,后受秦桧迫害而死,可谓一时无两。他本身为徽宗大观三年(1109)进士,其弟胡舜举建炎二年(1128)进士,其侄胡仔以荫补官,是南宋著名文学家,诗名远播,交游广泛,与一时名公巨卿都有来往。又如黟县程氏家族,程迈为元符三年(1100)进士,活跃于南宋初年,死于绍兴十五年(1145),其子程楫之绍兴二年进士,为濠州通判,其孙程叔达为绍兴十二年(1142)进士,对天文历法深有研究,仕途宦达,为光宗潜邸旧臣,得帝王信任,其家族在往后发展中得益不少。可以说,北宋虽亡,其余波回响依然波及南宋,诸多儒学世家基本延续了北宋以来的科第优势。经过数代人筚路蓝缕的经营,家族日益壮大。他们往往由商入文,经过数代财富积累,才能脱离生产从事文化研究,以科举为途径进入权力核心,而后又因为官中央,为家族的兴盛与延续提供更多便利。

除了传统儒学家族保持了优势外,入南宋后,新安地区新兴儒学世家产生。从及第士人的家世背景看,最初几年及第士人多出生于科举世家,他们依托长久的积累,多有家庭成员中举。但这并不意味着他们完全把持地方士人上升的渠道,在政局稳定后,更多地方士人通过科举进入朝堂。科举是宋代吸纳人才的主要方式,由此产生了一系列以此为核心的社会变动。新安地区在北宋号为难理,不仅仅是因为经济的落后,地理环境的闭塞,更是因为无法吸收来自文化发达地区的影响。但在南宋以后,因与行都临安较近,且是行都与湖广、川陕联结的重要通道,其政治地位转变明显，由此，新安地方士人崛起，休宁商山吴氏家族与休宁会里程氏家族即是其中的佼佼者。他们的先世都不显达，从现有资料看，商山吴氏自北宋以来多以务农为生，经多代殖产兴业，才有其祖辈吴彦启为进士，但并未找到更多史料，又有吴授于绍兴十二年及第，同样资料甚少。仅有系年要录卷一百七十二："绍兴二十六年三月丁未，右朝散郎直秘阁吴授行尚书工部员外郎。""胡宿有《吴授可金部员外郎制》《吴授可主客员外郎制》"。周必大有《赵不愚等转官制》，是吴授等人曾官四川，并筹备前沿军队钱粮事。吴授具体从学经历，家世情况今已不得而知。而其侄孙吴儆、吴俯兄弟，先后于绍兴二十七年（1157）、乾道二年（1166）及第，两兄弟具以文学名场屋，在乡里影响很大。吴儆及第后，虽一直为官地方，但与吕祖谦、张栻、陈亮、陈傅良、薛季宣等人相师友，是新安地区重要的学者。至于程氏家族更是如此，南宋新安闻人程大昌即出自休宁会里程氏家族，"独繁衍于是邦，为新安甲族。少保倜傥尚志气，富而仁，延礼名儒训迪子弟，士有来就学皆馆粲无倦。由其家塾以成名者甚众"。① 他于绍兴二十一年（1151）及第，一生仕途平顺，不参与朝廷党争，与诸多学者交流甚多，其中就有朱熹、吕祖谦等，其后人中亦名臣辈出。其家族先世并非以儒学传家，从"富而仁"的描述看，应当是从事经济活动。

二 新安及第士人与地方学术

新安及第士人由地理分布看，婺源为多，文风亦最盛，诸多文化名人出自其乡，个人以为这与其县学建设有关。新安地处东南，受中原文化影响较小，相反，本地道师文化盛行。五代时期佛教传入后，释氏之学影响力不断扩大，士人深受影响，甚至士人为寻清净之地读书而进入佛寺。宝元元年黟县进士孙抗"寄食浮屠山中，步行借书数百里，升楼诵之，""盖数年，而具众经。后遂博极天下之书"。（王安石：《临川先生文集》卷89《广西转运使孙君墓碑》）可见，士人对佛教并不排斥，为求仕进借佛寺读书，其所受佛教文化的影响可见一斑。婺源县学建于熙宁年间，为士人提供读书环境，这应当也是其于新安各县中独树一帜

---

① 程敏政：《新安文献志》，卷74《行实》，清文渊阁四库全书本。

的重要原因。南宋以后情况有所好转，各县先后建立县学，为学子提供安定的读书场所和各类典籍，这也为基层士人参与科举提供了便利。休宁县学始建于绍兴六年县尉陈之茂，"陈尚书之茂为尉，县人相率从授业，乃以差出钱为屋五十楹。"① 他不仅仅教授地方学子，还出资修建了县学，淳熙四年（1177），傅公本又主持了修缮，而后，嘉泰四年（1204）知县张抃、淳佑二年程珌又两次修缮，方岳所作《休宁县学记》中可见休宁县学自南宋以来的兴废概况。教学场所的兴建与维护，为士人学习提供了必要条件，使得新安文教日益普及，学术不断发展。而地方文教场所的完备不再似北宋年间士人借佛寺读书的情景。这也是儒学持续影响地方士人的直接表现，佛教势力进一步退缩，而儒学的影响力不断深入，为后来理学成为地方秩序的维护者提供必要条件。

地方学术事业的发展离不开世家大族的支持，它们在其中扮演着重要角色。汪藻于绍兴十二年主持修建了郡城的庙学，"中设知新堂，辟八斋，以处学者"。为散居各地的新安学子提供了住宿，以接受学者教导。又"藏御书《周易》《尚书》《毛诗》《周官》《中庸》《春秋左氏传》《论语》《孝经》《孟子》《乐毅论》《羊祜传》，并法帖、御制文宣王赞、七十二子赞、《损斋记》，凡四十八卷"。② 学子在文献缺乏的南宋时代，得以了解经典，修习儒学。在修建县学的过程中，新安大族亦参与其事。"庙学在县东，先是熙宁中秘书丞鄱阳刘定为县，从学者率常百余人，以旧学之庳相与请于州，即县治西为屋百二十楹。乾道中知县彭烜又请于部使者，以迎恩驿更为之，而县之先进王允恭李知己皆助以地，至后政洪邦直成之。"③ 王允恭绍兴十二年进士，李知己绍兴二十四年进士。王允恭之父乃北宋宣和六年进士王昺，与丞相京镗友善，可见其在朝中影响甚大，李知己亦乡里闻人，他们助力庙学建设，对新安文教帮助很大。

除了支持官学的发展，士人亦建立私学，授徒讲学。南宋员多阙少，官员虽得官职，多要待阙。待阙虽然是南宋冗官的无奈之举，也使及第

---

① 赵不悔、罗愿修：《（淳熙）新安志》，卷5《城社》，清嘉庆十七年刻本。
② 赵不悔、罗愿修：《（淳熙）新安志》，卷5《庙学》。
③ 赵不悔、罗愿修：《（淳熙）新安志》，卷5《庙学》。

士人有机会接触基层士人，联系同乡之好。吴儆绍兴二十七年及第后，及至绍兴三十年才得为明州鄞县尉，此期间开馆授徒，乡里多从其学，而后历任地方，致仕后仿胡瑗分斋教学之制，建立私学。"又以余闲与从游之朋，穷经论史考德订业，四方之士闻之负笈而至岁数百人，居不足以容或相率结茅其傍，因号为竹洲先生。公分斋肄业如安定湖学之法。以教之士由以成材者，有方公恬首春官，汪公义端首胪传，其他簪佩满州县，言有章，行有操，官有业，问有学未有不自竹洲之门者。"① 可见及第士人虽长期在外为官，但在南宋待阙制度下，对乡里依然有很大影响，他们传授科场要诀，儒学经典，构成了地方学术的重要环节，而这也是南宋儒学昌盛的重要原因。除了吴儆般的待阙士人讲学外，世家亦有针对本族学子兼及同乡学人的私学。汪安行绍兴二十四年进士，"龟从建屋一区于狮子峰，拟朱文公义学遗规，买田以为士友费"。② 汪氏家族自北宋以来一直为绩溪大族，实力雄厚，以朱熹所拟学规聚徒讲学，扩大家族影响力。也正是他们的讲学，理学才能在基层士人中广泛传播。"胡舜举，绍兴间知州事，清静岂弟，吏不忍欺。尝置田于学，以充养士之费。始舜陟既贵，父尚在，尝以当赐五品服回授焉，弟舜申、舜举既仕，乃与约悉以租产畀弟之在家者。"③ 世家大族积极投产建设族学，为家族后辈能以科举进入朝堂铺平道路。正是因为他们长久的家族建设实践，为朱熹《家礼》的诞生提供参照，开后世明清徽州宗族先声。

三 新安学术的转变

由前所述，南宋初年新安及第者很多有家族传承，北宋以来学术传统依然影响着新安士人。北宋世家子弟都有游学京师的经历，受到北宋末年学术熏陶，汪叔詹之子汪若海即其中的佼佼者，"未弱冠，游京师，入太学"，"若海豁达高亮，深沉有度，耻为世俗章句学，为文操纸笔立就，蹈厉风发"。④ 他不喜章句注疏之学，更擅长文章词赋，当学习三苏

---

① 程敏政：《新安文献志》，卷69《行实》，清文渊阁四库全书本。
② 汪舜民：《（弘治）徽州府志》，卷8，明弘治刻本。
③ 陈道：《（弘治）八闽通志》，卷38《秩官》，明弘治刻本。
④ 脱脱等撰，中华书局编辑部点校：《宋史》，中华书局1985年版，第12217页。

辞章之学。靖康元年（1126），钦宗诏求文臣董武略者，若海所上之文为时所重，可见他不仅擅长词赋，还精研兵书。但在其父辈以前汪氏家族先世以地方"道师"为生，至其祖辈才经营举业。又"其先祖贵溪人，迁居小石坑之里，地名汪家襟，祖世修巫祝，役使鬼神笃，里中所尊信，称曰'汪师'。盖所居处有皱角，鞭笞山形地灵显之理或然也，至若海之父迁居饶私架，而失其业"。① 可知其先祖曾从事地方祭祀等宗教活动，直到汪若海的父亲一辈才失去地方居民的信任而失业。无独有偶，建炎二年榜黄汝能，徽州黟人，"绍兴十七年为临安北厢官，少子年十七矣，生平不能诗，忽如有物凭依，作诗十数篇，飘飘然有神仙之志，多喜道巫山、神女事"。② 可知早年新安地区士人多喜谈道、巫事。即使到了南宋初年，道师、巫术在新安地区依然有很大影响力，但在往后，此种影响不断减少，汪氏家族对诗词的偏好并非个例，绩溪金紫胡氏家族亦擅长词赋，名臣胡舜陟大观三年进士，曾奏："向者晁说之乞皇太子讲孝经，读论语，间日读尔雅而废孟子。夫孔子之后深知圣人之道者，孟子而已。愿诏东宫官遵旧制，先读论语，次读孟子。"又奏："涪陵谯定受易于郭雍，究极象数，逆知人事，洞晓诸葛亮八阵法，宜厚礼招之。"③ 胡氏家族除了对经学的推崇，对诗词亦深有研究，其弟胡舜举之子胡仔便是当时有名的诗人，以荫补官，有诗集六十卷，与当时有名的士大夫具有交往。

除了对北宋学术的继承外，南宋朝廷对科举的调整，也对新安学术产生影响。南宋秦桧为相期间，王安石新学一直是取士标准，新安及第士人的为文思想当不出新学窠臼，即使绍兴二十四年后，学禁渐解，对新学的尊崇短期内不会因此改变。绍兴二十七年，有诏"学者竞习词赋，治经甚少。又于诸经之中，舍其所难，则经学浸微。乞于二科所取分数，稍损诗赋二优经义。"④ 由此也可见当时士人舍难求易，争习诗赋而舍弃经学。这从绩溪汪氏与胡氏家族都喜词赋中亦能看出，朝廷决定通过稍

---

① 石文器：《翠筠亭集》，卷四《汪若海修族谱序》，清文渊阁四库全书本。
② 洪迈撰，何卓点校：《夷坚志》，中华书局2006年版，第165页。
③ 脱脱等撰：《宋史》第11669页。
④ 徐松：《宋会要辑稿》，选举四之三一、三二，稿本。

改科举惯例以激励士人习经学。不仅是经学，史学亦在朝堂关注中，绍兴二十六年闰十月二十四日，宰执进呈权兵部侍郎兼国子祭酒杨椿"今时经学者白首一经，如蠹书之虫；词赋者骈四俪六，如儿女之戏，而皆不读史。乞下诏训导，使学者博约兼通"。① 此奏得到高宗重视，下诏二十七年春施行。不仅是对经义、词赋、史学的平衡，在具体考试为文的内容上也因高宗喜好发生改变，二十七年三月八日，高宗说："朕谓祖宗设科，非特网罗人材，盖将以求直言之士。朕前日谕考试官，令取直言，置之上列，非为虚文。"② 高宗激励士人直言，绍兴二十七年科举较之前更行不同。休宁吴儆绍兴二十七年前列及第，其文章自然不离高宗所立标准，其学术倾向当以词赋为主，又以词赋表现经义与史事，在《答吴益深书》中，吴儆透露了自幼至老的求学方向，由此可知他受到过哪些人的影响。"某未第时，常从陈阜卿先生学为举子之文，历仕后常见尹少稷论古文，二先生于古今之文盖习矣而察者。晚而后见薛士隆言王伯之略、见南轩先生论诚明之妙，而志气已衰，精力已惫，方且茫然自失，未知所以为根本之计。"③ 他并非个例，而是代表了大多数新安士人由词赋之学转而研究经学的治学之路。程大昌自不待言，其丰富的为官经历和众多著作也显示了他的才能与博学。其研究涉及了地理学、经学及词赋之学，尤擅《禹贡》。他们的学术经历表现了南宋初年新安学术由继承北宋遗产，到开创新路径的过程。

结　语

新安北宋时期地处偏僻，与北宋都城距离较远，因而受其影响不大。又因地方学校设施不完善，文风不盛，士人多受道师文化、佛教文化影响。北宋熙宁后，特别是南宋以后新安地区与政治中心的距离缩短很多，成为行都与江西、四川等内郡的联系重要通道，其政治地位大升，从边地穷壤，一跃而为股肱之地、内郡、辅郡。新安因此得以稳固发展，县

---

① 徐松：《宋会要辑稿》，选举四之三一、三二，稿本。
② 徐松：《宋会要辑稿》，选举八之八、九，稿本。
③ 吴儆：《竹洲集》，卷9《答吴益深书》，清文渊阁四库全书本。

学、郡学逐渐建立，基层士人得以接受儒学教育，新兴士人群体诞生，由此使地方文化亦产生变化，佛教、道师文化影响进一步下降，文学、经学、理学借助地方学校和私家讲学迅速传播，可以说，南宋初年是新安文化承上启下的重要时期。

作者为安徽大学历史系博士生。

论朱子义学思想体系的构建

姜 波

【摘要】 义是中国哲学的重要范畴。在朱子哲学中，义之本质论、价值论与实践论构成了完整的义学思想体系。"义者，心之制、事之宜也"，概括了义之内涵的内、外两方面；"义者，天理之所宜"，则将义提升到了本体的高度，且义是"性中一理之名""根于人心之固有"，关联着人性之本然。同时，义在人道"四德"、天道"五常"中价值突出，是仁之"断制""把定处"，也是礼行之、逊出之、信成之的根本。不仅如此，义在"涵养用敬"与"格物致知"的修养层面皆发挥重要作用，"穷理"与"集义"在实践论中的统一性，凸显了宋明理学知行合一、内圣外王的精神特质。

【关键词】 朱子 义学 本质论 价值论 实践论

"义"是中国哲学，尤其是儒家哲学思想的重要范畴，将其训为适宜、恰当、当然之则抑或道德的本然等意思，已成学界共识。但是，《易传》何以将"仁义"与"阴阳""刚柔"并列呢？① 很明显，将"仁义"释为"爱宜"并不准确。朱子指出："天下之物，未尝无对：有阴便有阳，有仁便有义，有善便有恶，有语便有默，有动便有静。"② "仁便有

---

① 庞朴先生认为："儒家道德学上的仁与义，也就如它的政治学上的德与刑。或者说，这两对范畴，正是统治阶级应有的两手政策在儒家学说的两个领域中的表现。它们都是对立而又同一的。"（庞朴：《儒家辩证法研究》，中华书局2009年版，第28—29页。）

② （宋）黎靖德：《朱子语类》，中华书局1986年版，第122页。

义,如阳便有阴。"① 显然,朱子这里将"仁"与"义"视为相对举、对立的概念。故而,仅将"义"释为"宜",并没有完全凸显"义"贯通天地人物我诸方面,并体现于朱子哲学本质论、价值论与实践论全域之中的价值。"义者,天理之所宜。"②"义者,心之制、事之宜也。"③"仁义根于人心之固有,天理之公也。"④"义有裁制割断意,是把定处,便发出许多仁来。"⑤ 等等,皆从不同层面,对"义"学做了哲理化的诠释与价值论的提升。学界目前对"义"学的研究偏重在伦理学层面,形成了道义论、正义论或义利论的诠释模式,而"仅仅把它(义)理解为道义,或是单纯说成正义,这是对儒家义学的误解、误读"⑥,并没有充分揭示、生发出"义"学的哲理价值。深入挖掘朱子"义"学的哲学形上学价值,从其本质论、价值论和实践论层面入手,全面展现朱子"义"学思想体系,是朱子学研究的一把钥匙,对于凸显宋明义理之学的地位与价值有重要意义。

一 "义"之本质论

"义"之本质论,就是要说明"义"的根本内涵是什么的问题。经古文字学家的考证,在甲骨文中,"义"字为"上羊下我","我"代表的是一种带有利齿的武器,而"羊"则指祭祀所用的牺牲⑦,所以,和几乎所有古老的文字一样,"义"字最开始则与祭祀相关,且并无确切的哲学意蕴。许慎在《说文解字》中也指出:"义为己之威仪,从我羊"。"就目前所出土的甲骨文资料显示,甲骨文中的'义'字并未有孔子以降的'宜'或'适宜'之说。"⑧ 而最早对"义"字本质内涵进行确切界定的是《国语》和《中庸》,《国语·周语下》中记载"义,文之制也",《中庸》有言"义者,宜也",前者以"制"释"义",后者以"宜"释

---

① (宋)黎靖德:《朱子语类》,第1559页。
② (宋)朱熹:《四书章句集注》,中华书局1983年版,第73页。
③ (宋)朱熹:《四书章句集注》,第201页。
④ (宋)朱熹:《四书章句集注》,第202页。
⑤ (宋)黎靖德:《朱子语类》,第122页。
⑥ 涂可国:《儒家之"义"的责任伦理意蕴》,《孔子研究》2017年第5期。
⑦ 徐中舒:《甲骨文字典》,四川辞书出版社2014年版,第1380页。
⑧ 杨东:《儒家"义"观念的三重理论维度》,《东岳论丛》2017年第6期。

"义",故而,"义"字的内涵包含"制"和"宜"两个方面,这两个方面是对立统一的关系。汉代刘熙在《释名》中说:"义者,宜也。裁制事物,使合宜也。"即要想"合宜"就必然要经历"裁制"的过程,"裁制"是使事物"各得其宜"的必要条件。由此看出,"义"之为"义"的本质内涵首在断制、裁制,重在适宜、合宜,二者相辅相成,缺一不可。① 清人段玉裁在《说文解字注》里也指出:"义者,从我羊,从我者,必由中断制;从羊者,与美善同意。"②[6](P639) 很显然,这里的"由中断制"即是"由心断制",是指人内心的决断能力,属内;而"与美善同意"则是指行为的效果,属外。

宋儒朱熹较为全面地论述了儒家义学的本质内涵。"义者,天理之所宜,凡是只看道理之所宜为,不顾己私。"③[1](P702) 朱子这一论断受到了《中庸》的影响,也是对"义"的通行解释。不仅如此,他还进一步解释道:"义者,宜也。君子见得这事合当如此,却那事合当如彼,但裁处其而为之,则何不利之有。"④[1](P702) 很显然,朱子这里将"义"释为"合当",符合"义"的通义。但是,"合当"的标准是什么呢?如何做才能算是"合当""合宜"了呢?朱子的回答符合宋明理学家的一贯态度,即行为处事要合乎"天理"。在对《论语》"君子喻于义,小人喻于利"章进行剖析时,朱子指出:"君子只知得个当做与不当做,当做处便是合当如此。小人则只计较利害,如此则利,如此则害。君子则更不顾利害,只看天理当如何。"⑤ 君子有所当为也有所不当为,无论是当为与不当为,

---

① 庞朴先生指出,作为"义"之通义的"宜"本义为"杀",而在战国中后期的孟子及其弟子手中,实现了以"义"代"宜",掩盖了"义"之本义中倾向于"制断""杀戮"一面。(庞朴:《儒家辩证法研究》,中华书局2009年版,第23—24页。)张岱年先生则指出,"宜"之本义为"杀",是没有根据的臆断。(张岱年:《中国古典哲学范畴要论》,中国社会科学出版社1989年版,第161页)周桂钿先生也认为,将儒家的"义"释为"杀人"是不严密的。(周桂钿:《中国哲学研究方法论》,福建教育出版社2017年版,第8页)以上几位先生的论争牵涉到文字学和训诂学的相关问题,不是本文研究的重点。但是,从诸多文献来看,将"义"字仅仅释为"合宜""适宜"的"善善"并不能完全揭示其本来面目,"义"的本质也有"恶恶"的一面,即"裁制""截断"甚至"割弃"之义,朱子说"善善恶恶为义"。

② (清) 段玉裁:《说文解字注》,中华书局2013年版,第639页。

③ (宋) 黎靖德:《朱子语类》,中华书局1986年版,第702页。

④ (宋) 黎靖德:《朱子语类》,第702页。

⑤ (宋) 黎靖德:《朱子语类》,第701页。

都是以是否合乎"天理"为根本准则的。换句话说,"义"之所在,就应全力以赴,这是君子的品行,"君子只理会义",而"利"自在其中;相反,如若违背了"义",而一味地追逐"利",则应及时做出裁断和割舍,否则就会沦为小人。

那么,如何才算是合乎"天理"?朱子从人伦的角度阐释道:"所谓义者,如父之为父,子之为子,君之为君,臣之为臣,各自有义。"① 为夫者慈、为子者孝、为君者仁、为臣者忠等道德品质就是符合天理,符合"义"了。同样地,在注解《孟子》"义,人之正路也"时,朱子指出:"义者,宜也,乃天理之当行,无人欲之邪曲,故曰正路。"② 人之行为一方面要符合天理之当行,另一方面也不能任由私欲之膨胀,这就是"正路"。这种"正路"就是"人路",行此人路,"则可以见其为出入往来必由之道",故"不可须臾舍矣";如若"舍正路而不由",则与禽兽无异,是十分悲哀的事情了。然而,为了确立"义"的本体地位,朱子将其推至"太极""天理"的层次,他说:"阴阳成象,天道之所以立也;刚柔成质,地道之所以立也;仁义成德,人道之所以立也。道一而已,随事著见,故有三才之别,而于其中又各有体用之分焉,其实则一太极也。"③ "阴阳,以气言;仁义,以道言。"④ "仁义两字是个大界限。如天地造化,四序流行,而其实不过于一阴一阳而已。"⑤ 由此可见,朱子以"仁义"对阴阳流行,赋予"仁义"以太极、天道、天理的色彩,将"义"的正当性根据归之于更具本体意味的"天下之正理"⑥,"到那义,裁断千条万绪,各得其宜,亦都浑是这天理流行。"⑦ 故而,"义"之宇宙本体意蕴就表达得十分清晰了。

---

① (宋)黎靖德:《朱子语类》,第1705页。
② (宋)朱熹:《四书章句集注》,第281页。
③ (宋)朱熹:《太极图说解》,《朱子全书》第13册,上海古籍出版社、安徽教育出版社2002年版,第76页。
④ (宋)朱熹:《通书注》,《朱子全书》第13册,第108页。
⑤ (宋)朱熹:《晦庵先生朱文公文集·玉山讲义》卷74,《朱子全书》第24册,第3589页。
⑥ (宋)黎靖德:《朱子语类》,第606页。
⑦ (宋)陈淳:《北溪字义》,中华书局1983年版,第23页。

近人冯友兰将此"天理流行"之"义"称为"合乎道德底本然办法"①。然而,"义"若仅仅只是一种"合乎道德底办法",就有"义外"的嫌疑。这也正如陈淳所说:"韩文公以行而宜之之谓义,则是就外面说,成'义外'去了。"② 这种看法是孟子和告子关于"仁义内外"问题辩论时,告子所持的观点③。所以,朱子对"义"之内涵的理解不能止于此,他一定要发掘"义"概念更为内在的本质。为此,他指出:"'事之宜'虽若在外,然所以制其义,则在心也。"④ "盖物之宜虽在外,而所以处之使得其宜者,则在内也。"⑤ 朱子在这里将"义"解释为"心之制",是"事之宜"的根本所在,易言之,如果将"义"是释为"宜""事之宜"是通行的解释,那么将"义"释为"制""心之制"则是最根本的解释。

"心之制"却是说义之体,程子所谓"处物为义"是也。扬雄言"义以宜之",韩愈言"行而宜之之谓义"。若只以义为宜,则义有在外意。须如程子言"处物为义",则是处物者在心,而非外也。⑥

天地以生物为心者也,而人物之生,又各得夫天地之心以为心者也。……盖天地之心,其德有四,曰元、亨、利、贞,而元无不统。其运行焉,则为春、夏、秋、冬之序,而春生之气无所不通。故人之为心,其德亦有四,曰仁、义、礼、智,而仁无不包。⑦

朱子批判了扬雄、韩愈等人视"义"在外的思想,认为人之所以能按照"道德底本然"行事,并且能"得其宜",关键不在于外在的方法,而在于内心的制断和裁决。"所谓事之宜,方是指那事物当然之理,未说到处置合宜处也。"⑧ 这是在对程颐"在物为理,处物为义"思想的维护和进一步诠释。从这个意义上看,朱子认为"心"是才起决定作用和支配作用的,这显然继承和发展了孟子的"义内"思想。关于此,朱子从

---

① 冯友兰:《新理学》,生活·读书·新知三联书店2007年版,第125页。
② (宋)陈淳:《北溪字义》,第19页。
③ 周海春、荣光汉:《论孟子之"义"》,《哲学研究》2018年第8期。
④ (宋)黎靖德:《朱子语类》,第1219页。
⑤ (宋)黎靖德:《朱子语类》,第1219页。
⑥ (宋)黎靖德:《朱子语类》,第1219页。
⑦ (宋)朱熹:《晦庵先生朱文公文集·仁说》卷67,《朱子全书》第23册,第3279页。
⑧ (宋)黎靖德:《朱子语类》,第1220页。

心性论的维度指出:"仁义根于人心之固有,天理之公也。"①"仁义礼智皆性中一理之名"②,即"义"同"仁"一样,是天理内化于人心的德性,是内心所固有的良知良能,换言之,"义"源于人之本性,是与生俱来的,同物性有着根本的区别。

厘清了朱子"义"概念的本质为"心之制"和"事之宜"两个层面,也就把握住了朱子"义"学的关键,但问题并没有结束。朱子"义"学的两个方面的关系如何,是必须要予以回答的,如若将此打成内、外两橛,那么从本质上而言,依然没有跳出告子、韩非等人"义外"的框架。关于这一问题,朱子的弟子们也意识到了。

"心之制",是说义之主于中;"事之宜",是说义之形于外,合内外而言之也。曰:"心之制",亦是就义之全体处说。"事之宜",是就千头万绪各有所宜处说。"事之宜",亦非就在外之事说。看什么事来,这里面便有个宜处,这便是义。……又曰:义似一柄利刀,看甚物来,皆割得去。非是刀之割物处是义,只这刀便是义。③

由此可知,朱子否定了将"心之制"和"事之宜"释为"义"之内外的说法,他认为,"心之制"是就"义"之全体处说的,是合与内外的,"事之宜"也是如此,并非仅就外在之事说的。"义"并不是刀割万物使其合宜,而这刀本身就是"义",是明断是非、规矩事物的准绳。所以,在朱子那里,"义"既内在也外在(外显),但本于义内。理学家们是要经邦济世、修齐治平的,所有如此,正在"义内",其外在体现就是道德的主体、挺立的人格、刚毅的品质、大义的立场等,这是所有理学家们的共性。朱子还说:"由仁义行,非行仁义,则仁义已根于心,而所行皆从此出。非以仁义为美,而后勉强行之,所谓安而行之也。"④ 很显然,朱子将"义"提升至了本体的高度,"义者,天理之所宜"⑤,以"理"行之,就是"为义"。对此,杨国荣指出:"新儒学之以理规定义,

---

① (宋)朱熹:《四书章句集注》,第202页。
② (宋)黎靖德:《朱子语类》,第92页。
③ (宋)黎靖德:《朱子语类》,第1220页。
④ (宋)朱熹:《四书章句集注》,第294页。
⑤ (宋)朱熹:《四书章句集注》,第73页。

更多地着重于为义的至上性提供本体论的论证。"①

二 "义"之价值论

学界公认：独立论仁，荣誉当归孔子；而"仁义"并举，贡献则在孟子。朱子在《玉山讲义》中说"孔子只言仁"而"孟子兼言义"②，同时他也借用程颐的话说："孟子有功于圣门，不可胜言。仲尼只说一'仁'字，孟子开口便说仁义。"③ 当然，并不是孔子没有说过"义"，而是在孔子那里"义"基本都是独立使用，且意义相对简单，主要是指人们日用伦常之道义、情义，诸如"君子喻于义，小人喻于利""义以为上""见利思义"等。到了孟子那里，开始将"仁义"并举，并构成了其性善论思想体系中最主要的"两端"，前文说过，从人性的角度来看，"义"与"仁"同样都是人所固有的德性，其共同构成的仁义礼智"四端"，是人之为人的独特属性。不仅如此，在仁、义、礼、智或仁、义、礼、智、信并称的儒学价值体系中，仁与其他德目之间被理解成为一种特定的关系，这种关系贯穿于儒家哲学体系，尤其是宋明理学宇宙论和人性论模式之中，而"仁"的价值往往居于主导地位。陈来先生说："孔子并没有明确地强调德性的统一性，而宋明理学的四德说，则明确强调德性以仁为本的统一性，仁统领一切，贯通一切。并且用一种宇宙论来说明这种统一性的根源与性质。"④

"仁"的价值和地位，已有诸多论述，自不待言。那么，相对于"仁"而言，"义"的价值何在呢？换句话说，在"四德"或"五常"之中，"义"是否或在多大程度上有其独特的价值，值得进一步探讨。关于此，朱子曾说：

仁字须兼义礼智看，方看得出。仁者，仁之本体；礼者，仁之节文；义者，仁之断制；知者，仁之分别。犹春夏秋冬虽不同，而同出于春：

---

① 杨国荣：《善的历程——儒家价值体系研究》，上海人民出版社 2000 年版，第 227 页。
② （宋）朱熹：《晦庵先生朱文公文集·玉山讲义》卷 74，《朱子全书》第 24 册，第 3589 页。
③ （宋）黎靖德：《朱子语类》，第 199 页。
④ 陈来：《仁学本体论》，生活·读书·新知三联书店 2014 年版，第 423 页。

春则生意之生也，夏则生意之长也，秋则生意之成，冬则生意之藏也。①

仁，固仁之本体也；义，则仁之断制也；礼，则仁之节文也；智，则仁之分别也。正如春之生气，贯彻四时，春则生之生也，夏则生之长也，秋则生之收也，冬则生之藏也。②

通常来看，这是价值论上仁的一元论，仁是本体，而其他德目则是仁体的某一方面的作用。但是，换个角度看，朱子这里的"须"字，透露了义礼智的价值，即义是仁之断制、礼是仁之节文、而智则是分别，如若不"兼义礼智看"，则仁体的价值"看不出"，也无法凸显。这就如春、夏、秋、冬四季一样，四季总体上是天地生意之"仁"的流行，但是生意流行的各个阶段所显示的特征是不一样的，从某种意义上说，春生、夏长、秋成、冬藏皆有生意，"春夏秋冬，亦只是一气"③，而任何一环的缺失，都构不成春、夏、秋、冬四季及其循环往复，如此一来，何谈生意贯通四季，仁体贯通四德。故而，朱子指出："义，则仁之断制也。"④ "义有裁制割断意，是把定处，便发出许多仁来。"⑤ "义"对于"仁"而言的价值是至关重要的，若没有"义"之"断制"与"把定"，"仁"的生发之气就容易泛滥，无法按照天理之规定发用流行。所以，包括"义"在内的诸德目的价值与作用值得肯定。

为进一步说明"义"之价值，朱子还具体指出，代表"义"之"肃杀之气"也是生气的一种，只不过相比较"仁"之"生发之气"要收敛一些。

问："仁是天地之生气，义礼智又于其中分别。然其初只是生气，故为全体。"曰："然。"问："肃杀之气，亦只是生气？"曰："不是二物，只是敛些。"⑥

朱子那里，类似的说法还有："义之严肃，即是仁底收敛。"⑦ "盖严

---

① （宋）黎靖德：《朱子语类》，第109页。
② （宋）朱熹：《晦庵先生朱文公文集·玉山讲义》卷74，载《朱子全书》第24册，第3589页。
③ （宋）黎靖德：《朱子语类》，第107页。
④ （宋）朱熹：《晦庵先生朱文公文集·玉山讲义》卷74，第3589页。
⑤ （宋）黎靖德：《朱子语类》，第122页。
⑥ （宋）黎靖德：《朱子语类》，第107页。
⑦ （宋）黎靖德：《朱子语类》，第121页。

肃之气，义也，而万物不得此不生，乃是和。"① "仁义如阴阳，只是一气。阳是正长底气，阴是方消底气；仁便是方生底义，义便是收回头底仁。"② 显然，朱子凸显了"义"的"生意"的价值，"义"也是万事万物得以生生、发展之基础，换句话说，"义"德是"仁""礼""智"得以贯通流行的重要一环，若没有秋（义）之成，就没有冬（智）之藏，同样也没有春（仁）之生与夏（礼）之长。故而，在人事之当然与天德之自然的层面，"义"皆有重要价值。

"义"对于其他德目的价值，需要进一步说明。孔子说："君子义以为质，礼以行之，孙以出之，信以成之。"（《论语·卫灵公》）这里"义以为质，礼以行之"是摄"礼"归"义"的理论，"质"即"实质""本质"，而"礼"要依于"义"才能成立，换句话说，"义"是"礼"的内在实质，"礼"是"义"的外在表现。朱子在注解此章时，继承发展了孔子的思想，将"义"规定为规范事物的根本，是实质与骨干，即"义者制事之本，故以为质干。"③ 同时，"义"也是在应事之前决定其合当与否的根本，"'义以为质'，是制事先决其当否了"。④ 如果这里"义"之价值还仅在事理层面的话，那么接下来朱子则借用程颐的话，将"义"提升至天理本体的层面，承认"以义为本"。

程子曰："义以为质，如质干然。礼行此，孙出此，信成此。此四句只是一事，以义为本。"又曰："义以为质，则礼以行之，孙以出之，信以成之。"⑤

显然，为了确立"义"之本体的价值，朱子肯定"义"就像"质干"一样，一切礼仪制度、生活秩序所代表之"礼"，皆要以此为基础，同时，人之逊让也出于这里，信誉的成就也是由于这一点，总结起来就是一件事，即"以义为本"，唯有如此，才能使"礼""逊""信"等行为德目得以成立。由此可知，"义"在人伦"四德"或天道"五常"价值体系中处于重要地位。

---

① （宋）黎靖德：《朱子语类》，第1705页。
② （宋）黎靖德：《朱子语类》，第121页。
③ （宋）朱熹：《四书章句集注》，第165页。
④ （宋）黎靖德：《朱子语类》，第1159页。
⑤ （宋）黎靖德：《朱子语类》，第165页。

三 "义"之实践论

"义"之实践论，就是要把握"义"在人们身心修养、为学次第等践履层面的独特作用，与修养工夫论类似，但同时也包含了知行关系的问题。程朱一派的修养方法有两条："涵养省察"与"格物致知"，这是理学体系中沟通人道与天道的重要桥梁。朱子的工夫论经历了最初的道南一派"静中体验未发"，到湖湘学派之"先察识后涵养"，终归程门之"涵养须用敬，进学在致知"的过程。他说："乃知所谓'涵养须用敬，进学则在致知'者，两言虽约，其实入德之门无逾于此。"① 同时，朱子还继承发展《易》之"君子敬以直内，义以外方，敬义立而德不孤"的思想，援"义"入"敬"，突出了"义"在修养实践中的重要地位，发前人所未发。

敬有死敬，有活敬。若只守著主一之敬，遇事不济之以义，辨其是非，则不活。若熟后，敬便有义，义便有敬。静则察其敬与不敬，动则察其义与不义。如"出门如见大宾，使民如承大祭"，不敬时如何？"坐如尸，立如齐"，不敬时如何？须敬义夹持，循环无端，则内外透彻。②

朱子提出的"死敬"是只关注思想之端正与态度之恭敬，是静态的、主内的；而"活敬"则是"主一之敬"与"济之以义"的结合，注重与外界的事物接触，分别事物的差别，是动静合一、内外合一的。朱子虽然重视"敬"的价值，但是他反对"死敬"而提倡"活敬"，根本在于他突出了"义"在"主敬"过程中的重要作用。"且如敬，只是一个敬；到敬君，敬长，敬贤，便有许多般样。"③ "敬"虽只是"敬"，但因对象不同，"敬"的方式也有差别，这就是"义"的价值。他继承了伊川"敬义夹持"的观点，进一步指出："敬、义只是一事。如两脚立定是敬，才行是义；合目是敬，开眼见物便是义。"④ 即"敬"与"义"并不是两回事，而是一回事，是一个问题的两个方面，就像两脚的站立与行走、

---

① （宋）朱熹：《晦庵先生朱文公文集·答吕伯恭》卷33，载《朱子全书》第21册，第1425页。
② （宋）黎靖德：《朱子语类》，第216页。
③ （宋）黎靖德：《朱子语类》，第2797页。
④ （宋）黎靖德：《朱子语类》，第216页。

眼睛的睁开与闭合一样。

关于"敬义夹持"的内涵，朱子有一段详细的论述。

"敬以直内，义以方外，敬义立而德不孤"，此在坤六二之爻，论六二之德。圣人本意谓人占得此爻，若"直方大"，则不习而无不利。夫子遂从而解之，以敬解直，以义解方。又须敬义皆立，然后德不孤，将不孤来解"大"字。然有敬而无义不得，有义而无敬亦不得。只一件，便不可行，便是孤。必大录云："敬而无义，则做出事来必错了。只义而无敬，则无本，何以为义？皆是孤也。"须是敬义立，方不孤。施之事君则忠于君，事亲则悦于亲，交朋友则信于朋友，皆不待习而无一之不利也。①

朱子认为，"主敬"是为了培养"心"的纯净无污染，进而保持对性与天理的持守，而突出"义"的价值，显然是为了防止"敬"无落实处。朱子在"敬""义"问题上，反对一味强调"敬"的僵硬、教条的修养方式，提倡并突出"义"的用工处，"敬"与"义"相互夹持，才能在处理政治与人伦关系中无不利之处，最终实现内外合一、天人一体，并达至"天理之正"的境界。朱子的这一思想对注重心性修养的明代前期的哲学家们产生了重要影响。

"敬义夹持"表达了朱子"敬""义"之间的内在逻辑，那么，"义"与朱子"格物致知"的为学之方又有何关联呢？朱子指出，"格物致知是'义以方外'"，"'义以方外'是讲学工夫"②，即"义以方外"是在处事接物上处之合理、适宜，这是"义"的作用和目的，只有在接物处事之中察明义理，才能得以方正。而程朱的"格物致知"也即是此道理，通过"今日格一物，明日格一物"的工夫，达到"豁然贯通，终知天理"的认识高度，这也是孟子"集义"的过程。因此，朱子这里的"义"学工夫与"格物致知"是等同的，或者说二者都能起到对天理把握的作用。据此，朱子总结说：

"敬以直内"是无纤毫私意，胸中洞然，彻上彻下，表里如一。"义以方外"是见得是处决定是恁地，不是处决定不恁地，截然方方正

---

① （宋）黎靖德：《朱子语类》，第 1740—1741 页。
② （宋）黎靖德：《朱子语类》，第 1739 页。

正。……若只恁地说过，依旧不济事。若实是把做工夫，只是"敬以直内，义以方外"八个字，一生用之不穷！①

很显然，在朱子那里不仅突出了"敬"的地位，也更加注重"义"的价值，"敬以直内，义以方外"的修养工夫论，是士人身心修养的核心法门，应该用一生加以持守。

在知行关系层面，朱子认为"理"或"穷理"是属于"知"的范畴；而"义"或"集义"是属于"行"的范畴。"穷理"与"集义"的知行关系在修养工夫的过程中并不能被划分为两截。"尧卿问：'穷理、集义孰先？'曰：'穷理为先。然亦不是截然有先后。'曰：'穷是穷在物之理，集是集处物之义否？'曰：'是'。"②朱子认为，"集义"是实践论的重要内容，和为学次第基本一致，须是事事都要合义而行，偶然做某一件事合义，即所谓的"义袭"，并不能算是真正的修养工夫，只有将"众义"积集既久，才能生出浩然之气。

凡事有义，有不义，便于义行之。今日行一义，明日行一义，积累既久，行之事事合，然后浩然之气自然而生。③

今说"集义"，如学者工夫，须是于平日所为之事，求其合于义者而行之。积集既久，浩然气自生。若说"义袭"，则于一事之义勇而为之，以壮吾气耳。④

由此，从义学的实践论角度可以窥见朱子理学，乃至整个宋明理学"重知重行""明体达用""内圣外王"的特质。宋明义理之学并不像清儒所说的那样，是对抽象道德的思辨和空虚德义的体悟，是脱离实际、空疏无用的知识学问。相反，它从一开始就是包含着创通经义与革新政令、世道人心与经邦济世的双重目标，旨在创建一种明体达用、内圣外王的学说⑤。

综上所述，"义"是朱子思想体系中的重要范畴，具有哲学形而上学的地位，同时也形成了"三位一体"的义学思想体系。从本质论层面看，

---

① （宋）黎靖德：《朱子语类》，第1739页。
② （宋）黎靖德：《朱子语类》，第152页。
③ （宋）黎靖德：《朱子语类》，第1263页。
④ （宋）黎靖德：《朱子语类》，第1263页。
⑤ 朱汉民：《宋儒义理之学新诠》，《哲学研究》2016年第12期。

义者"天理之所宜""天理之当行",朱子在继承了《中庸》思想的同时,也将"义"提升至宇宙本体的高度,天地造化,四序流行,不过阴阳(仁义)而已;另外,义者"心之制""人心之固有",在批判告子、韩愈"义外"思想的同时,朱子突出了"义内"的价值和作用,也为义学寻找到了心性学的依据。从价值论层面看,义者"仁之断制也""有裁制割断意,是把定处",若没有义之"断制"与"把定",天地一体之仁的生气就会泛滥,无法实现发用流行的作用;同时,义也是礼、智、信得以贯通的重要环节,是"礼以行之,孙以出之,信以成之"的根本所在。从实践论层面看,"君子敬以直内,义以外方",朱子"敬义夹持"的思想在修养工夫与为学次第方面皆发挥重要作用;不仅如此,朱子强调,"穷理"之知与"集义"之行不能截然二分,应达到高度统一,由此凸显了儒家思想知行合一、"内圣外王"的精神特质。

作者为安徽大学哲学系博士生。

托中查处：明清"中人"的调解作用

——以徽州为中心的考察

郭睿君

【摘要】"中人"的身影出现在各类纠纷的调解中，"中人"参与纠纷的调解并不是都会成功，它主要受以下三个方面因素的影响：一是纠纷的复杂程度；二是双方当事人的身份地位与态度；三是"中人"的身份与调解技巧。"中人"调解并不以法理为依据，而是以传统的风俗、情理、情面作为调解的准则。"中人"的调解并非万能，它存在诸多的局限。

【关键词】 明清　徽州　中人　调解

第三方参与纠纷调解由来已久，秦汉时期县以下的基层组织设有"三老"，"三老"掌管教化，也负责调处民间争讼。宋代民事纠纷也多为民间自行调处，《名公书判清明集》中有族人、亲友等作为第三方从中调解矛盾纠纷的记载。元代乡下设社，社长管理社内的事务，其中社长的职责之一就是调处民间纠纷。《至元新格·听讼》规定："诸论诉婚姻、家财、田宅、债负，若不系违法重事，并听社长以理谕解，免使妨废农务，烦扰官司。"①

及至明清，随着人地矛盾的增加，商品经济的繁荣，一条垄界不明，几棵山木被盗，甚至猪鸡耗散都会使双方积怨不解，争讼不断，"事起渺忽，蔓滋不休"。而官府并不能提供及时有效的解决办法，以清代为例，"地方行政长官同时也是审判官大约是以20万人比1的比例来设定的，这些父母官在每月约有6天的诉讼受理日里，每一天都会收到百来份这

---

① （民国）柯劭忞：《新元史》卷一百二志第六十九，民国九年天津退耕堂刻本。

样的诉状"①，因此随着传统社会民事纠纷日益多样化、复杂化，民间自我调处机制也在不断地发展与完善，族长、里长、族人、姻亲等各类身份的"中人"都广泛地参与到矛盾的调解中。

一 "中人"参与调解纠纷的类型

明清时期的徽州，"中人"的身影出现在各类纠纷调解中，其中以调解产业纠纷最为普遍多见。"中人"参与产业纠纷调解主要有以下几种：田地山场房屋等盗卖、重复典买典卖纠纷，回赎找价、亲邻先买权纠纷，产业界限不清、契据不明纠纷，遗产继承中产业分配纠纷，等等。除此之外，"中人"还参与到借贷纠纷、口角纠纷等各类纠纷中。

例一：山地重复买卖纠纷

> 十西都方寿原有父方添进存日于永乐二十二年间，依祖方味名目，买到本都谢孟辉名下七保土名方二公坞山一片，系经理唐字三百八十七号，计山一十亩，有本都谢能静先于永乐十八年间，用价买受谢孟辉前项山地，已行雇人拨作，栽养杉苗在山，是父添进将山地拨去一弯，致被能静状告，老人谢志道蒙索二家文契参看，系干重复，今索原凭亲眷李振祖等言说，自情愿将前项山地悔还先买人谢能静照依先买文契永远管业，本家再无言说，所有原价并收足讫，未悔之先，即不曾与家外人重复交易，如有一切不明，并是索原承当，不及能静之事，所是原买文契与别产相连，不及缴付，日后赍出，不在行用。今恐无凭，立此退还文契为用。
>
> 　　　　　　　　　　　正统八年十二月初八日
> 　　　　　　　　　　　退契人　方寿原
> 　　　　　　　　　　　见人　　李振祖
> 　　　　　　　　　　　　　　　方安得
> 　　　　　　　　　　　依口代书人　邵志宗②

---

① 寺田浩明：《权利与冤抑：寺田浩明中国法史论集》，清华大学出版社2012年版，第413页。
② 王钰欣、周绍泉：《徽州千年契约文书》（宋元明编）卷1，花山文艺出版社1993年版，第139页。

十西都方寿原的父亲方添进在永乐二十二年间买到谢孟辉名下山地一片，而谢能静在永乐十八年间，已经买了谢孟辉前项山地，并且已行雇人拨作，栽养杉苗在山。方寿原父亲方添进将山地拨去一弯，被谢能静状告，通过老人谢志道等人查看两家的文契发现属于重复买卖山地，于是方寿原找到中人亲眷李振祖、方安得从中调解，将前项山地还给了先买人谢能静，并照依先买文契由谢能静永远管业。

例二：田地权属纠纷

> 立合同文约人谢孟宗秩下谢石臣等同康明远，原因康姓买受土名枧坑口田业，挖取磁土，其枧坑口之田与枧坑口并枧坑之山毗连，其山康亦买有分籍，但枧坑与规坑口之山，乃系谢姓祖家坟脚。因康取土，以致二家屡经构讼无休。今凭中调处，其康姓所买枧坑口、枧坑并陈公坑之山，尽数立契出卖与谢姓，永远保祖为业，而康姓田内取土，不得有侵山界，其康姓所买枧坑口之田，听康在田取土，而谢姓亦毋得异言。凭中立石为界，日后两毋侵占；如违，听执此墨赴公呈理。
>
> 今欲有凭，此合文一样二纸，各收一纸，永远为照。
>
> 乾隆元年十二月初一日
> 立合文约人 谢孟宗
> 谢石臣
> 康明远
> 中见人 方晋若
> 谢子和①

康姓买一处田业土名枧坑口用来挖取磁土，枧坑口之田与枧坑口、枧坑之山毗连，康姓虽然在枧坑之山也有份额，但是枧坑与规坑口之山，乃系谢姓祖家坟脚。因为康姓取土，导致两家屡经构讼无休。通过中人调处：康姓所买枧坑口、枧坑、陈公坑之山，全部卖给谢姓，康姓田内取土，不能侵犯山界，而谢姓要允许康姓在规坑口之田取土。

---

① 扬晏平、张志清：《清乾隆年间契约文书辑录（一）》，《文献》1993年第4期。

例三：山地划界纠纷

一都谢忠、谢深，十一都，□□□□□□□□，系七百九十四号，坐落十一都六保，土名□□坞，今□□等将本山立木砍斫，是谢忠赴县，□仰里老、"中人"方金安、吴斯胜、吴景槃等到山踏勘，缘系二家各买得实，今凭"中人"劝谕，免政紊繁终讼，将充笋坞山立定界，至将充笋坞、西培坞□□出第二坵田塍直上随弯弦直上□□□□听自谢忠等栽笋管业，□□□□谢□等栽苗管业，自议合同之后，各照此文永远管业，二家毋许悔易（异），如违，将此文赴官陈出□，甘罚白银五两入官公用，仍依此文为准。今恐无凭，立合同一样二纸，各收一本为照。

成化二十年八月二十日立合同人　谢忠　谢深

中人　胡永护

方金安

吴斯胜

胡　瑛

李　津

劝谕里老　吴景槃

李唤达

汪福安

一都　汪　宪

代书人　李　涛①

从合同中我们推断，谢忠、谢深山场应该相连但界线不清，谢深立木砍斫，谢忠赴县状告，里老、中人方金安、吴斯胜、吴景槃等到山踏勘，又凭中人在其中劝说调解，两家将充笋坞山立定界，将界线划分清楚不再相争。

例四：山地契据不明纠纷

---

① 王钰欣、周绍泉：《徽州千年契约文书》（宋元明编）卷1，花山文艺出版社1993年版，第224页。

立议合同人汪敬茂、凌凤鸣。今有本都八保土名瓦窑山，律字六百叁拾八号，计山二亩。东降，西田，南坦末，北古路。四至之内，凌姓将山出拚与青邑客人烧炭，汪姓执契争论。蒙中兑契，二家俱有契据，因股份多寡不一。以致蒙中劝理，将山分为里外二截。其外边竹山切与凌凤鸣为己业，当即埋石订界。其山东降，西坦，南坦末，北埋石。其里边东降，西田，南埋石，北古路，刮作五股相分，汪得三股，凌得二股。日后成材之日，照（股）相分，毋得生端异说，自立合文二纸各收一纸永远存照。

  乾隆四十八年四月二十二日立议合同人：汪敬茂、仝业凌凤鸣

              中见人：汪景儒、凌德云

              代笔中：王惟乔[①]

凌姓将瓦窑山出拚给青邑客人烧炭，汪姓执契争论。于是通过中人验明契约，发现两家都有契据，只是所拥有产权股多少不同。通过中人在其中劝解说理：将山分为里、外二截。其外边竹山切与凌凤鸣为己业，剩下的部分作五股相分，汪得三股，凌得二股。日后山上树木成材之日，按照拥有山地股多少分配。

例五：遗产分配纠纷

立覆分据人孙连芳、弟媳对氏同子承父遗下楼屋贰堂，前于道光十年阄分新旧堂各执一半。今因同居不睦，二造各自情愿覆托经手凭公言定，下首新屋一堂，归于对氏同子所管安居；上首老楼屋一堂，连芳同弟媳孤霜（孀）。身妇不睦，终日争论，自愿带妻同子居上首老屋，其老新屋内妆所零星料件，俱以凭公论定，二造无得争执。下首柴屋凭经手有界为据，新屋门前余地上首连芳该管一半，下首对氏同子归管一半。上首老屋旁吴姓出当，有余地七步六分，贴老屋连芳名下管业，一便搭造。自分之后，二家永无反悔，以免后代子孙争斗。

[①] 王钰欣、周绍泉：《徽州千年契约文书》（清民国编）卷11，花山文艺出版社1993年版，第234页。

今恐无凭,二造各自情愿立此覆字据一样二张,各执一张存照。

道光八年正月　日
立分据人　孙连芳同子
明忠
全忠
孙门　对氏同子
孙海华
代书人　孙振彩
再批:老新屋前后石旁搭榻各居自做。

又批:柴屋里边考山旁,对氏同子管业,外边至路连芳管业。①

孙连芳、弟媳对氏同子于道光十年阄分新旧堂各执一半。后住在一起不和睦,通过经手人将下首新屋一堂归对氏同子,上首老楼屋一堂归连芳及弟媳。之后两家还是不满意,终日争论,经过中人的调解:新屋门前余地连芳一半,对氏同子归管一半。上首老屋旁余地七步六分,贴给老屋连芳名下。

例六:借贷纠纷

立收领人许义滋,缘因咸丰十年六月二十八日堂兄许圣智借身银洋八十五元正,历年子金未收,每年取讨本利全无,与同治三年收过洋一元,身在于同治七年托中取讨账目,承蒙中友奉劝,底业自系两相允诺,自愿将土名敬字七百七十八号,田枕二分,土名斋堂前,其税随即过户,其业眼同打界为规,其业作底账目,计本洋八十五元,日前往来账目一并清讫,又找付洋十元,其业内听凭早晚取用。此系两愿,不得反悔。恐口无凭,立此收领为据。

同治七年正月日立收领人　许义滋
中见　许兆祥　许凤祥　许耀章　许正杨
代书　朱有章②

---

① 原件由田涛藏。转引自春杨《清代民间纠纷调解的规则与秩序——以徽州私约为中心解读》,《山东大学学报》(哲学社会科学版)2008年第2期。

② 安徽师范大学图书馆馆藏。

许义滋的堂兄许圣智借了许义滋银洋八十五元，多年都没有还一分钱，每年去要都本利全无，仅在同治三年还了一元。同治七年许义滋托中人取讨账目，估计又是分文未要到，于是引发矛盾纠纷。后来，中人在其中调解劝说，许圣智将土地给了许义滋抵债，平息了这场纠纷。

例七：口角细故纠纷

  立和约人王汪氏同媳王方氏、孙林桂，因身子王连生本年正月与方大顺因口角细故起见，不料身子一时自忿服毒身亡，凭中劝息，承方天德兄念身老幼无依，出洋壹佰柒拾五元以为养老安殁之费，其洋如数领收，随将身子连生尸身备棺成殓安葬，此后不得生端异言，恐口无凭，立此和约存照。

宣统三年正月初七日
立和约人　王汪氏
同媳　王方氏
同孙　王林桂　亲房　王德水
凭中　吴沛之　吴广立　洪杏高　王吉庵
王素之　方境清　方与笙　方永年　方廷顺
总保　方春林
代笔　方介眉①

王汪氏的孙子和方大顺发生了口角细故，一时想不通，于是自杀了。经过众多中人的调解：方天德出洋壹佰柒拾五元作为王汪氏养老以及安葬孙子的费用。

例八：盗木纠纷

  十六都汪春清等，于今年正月间，自不合令男前□□到十五都郑仕索原葬祖坟在本都四保，土名张捕港坟林内，砍掘杉木枒杪，致被仕索家寻获，要行告理，春清等不愿素烦，自托郑永隆浼免醮谢外，

---

① 原件由田涛藏。转引自春杨《清代民间纠纷调解的规则与秩序——以徽州私约为中心解读》，《山东大学学报》（哲学社会科学版）2008年第2期。

愿自立还文约，自今以后，再不到仕索祖坟林内砍拨□□及盗杉木，以致侵犯，倘有他人砍拨春清等，亦行□说文之后，自宜遵守，若有再犯，听自告理，甘罚无词。今恐人心无凭，立此文约为用者。

成化二十三年三月初六日立文约人　汪春清
同立文约人　郑文奎　郑文惠　郑文辉　叶太缘
　　　　叶伏缘　叶仕缘　胡远　郑希宁
　　　　　　　　郑希文　余原通
　　　　　　　　中人　郑永隆①

汪春清等人砍掘郑仕索山上的杉木，被仕索发现，郑仕索要行告理，春清托"中人"郑永隆在其间说情调解，保证不再砍掘。

及至晚清民国时期，其他地区也有关于"中人"调解的记录，如浙江嘉兴县"遇有交涉，必须先向此全中理论"②，高淳县发生不偿还债务的情况时"一经诉追，仍由原中和解者多"③。在江西陵都县，也多由"第三者从中调停"④。"中人"调解普遍存在于各类纠纷中，涉及乡土社会生产生活的方方面面，他们出现在民众生产生活中的各种琐事里，扮演着民间秩序维护者的角色。

二　"中人"调解成败的影响因素

"中人"参与纠纷的调解并不是都会成功，它受到诸多客观因素的制约。总的来说，主要受以下三个方面因素的影响：一是纠纷的复杂程度；二是双方当事人的身份地位与态度；三是"中人"的身份与调解技巧。

民间纠纷如上文所述包括产业、借贷、人身等诸方面，在这些纠纷中，如果双方当事人之间的关系比较简单，纠纷的事实比较明晰，如单纯的银钱借贷、口角纷争、遗产分配多寡等诸如此类的纠纷，通过"中人"的斡旋、劝解、调处，一般都可以获得解决。但如若是明代徽州

---

① 王钰欣、周绍泉：《徽州千年契约文书》（宋元明编）卷1，第234页。
② 原南京国民政府司法行政部：《民商事习惯调查报告录》，台湾进学书局1969年版，第1019页。
③ 《民商事习惯调查报告录》，第873页。
④ 《民商事习惯调查报告录》，第1012页。

《不平鸣稿》中余、潘两姓为争夺土地与佃仆，自天启四年至崇祯二年展开了漫长的纠纷与诉讼这种复杂程度，就非"中人"能够成功调处的。除此之外，还有如清代清水江地区著名的"争江案"，涉及清水江中下游贵州省锦屏和天柱两县交邻的六个村寨及湖南省黔阳县等清水江沿江村寨，他们为得到清水江木材贸易权而进行了旷日长久的绵延争斗。诸如此类纠纷，都远远超出了"中人"可调解的程度和范畴。另外，若双方当事人社会地位悬殊较大，拥有较高身份地位的一方常凭借自身的身份欺压另一方，或是对调处的"中人"不屑一顾，在这种情况下"中人"调处也无法取得成功。在纠纷的调解中，"中人"的社会地位直接影响着调解的成败，但最为重要的是由于"中人"并没有强制执行的权力，调解是否有效，归根结底只能靠当事人的个人信誉，以及其对周围舆论的遵从。如果当事人不讲信誉，不讲道理，并且对周围的社会舆论压力满不在乎，"中人"的调解就无法取得成功。

《儒林外史》第五回"王秀才议立偏房，严监生疾终正寝"中有这样一段描写：

> 有知县喝过一边，带那另一个上来问道："你叫做甚么名字？"那人是个五六十岁老者，禀道："小人叫做黄梦统，在乡下住。因去年九月上县来交钱粮，一时短少，央'中人'向严乡绅借二十两银子，每月三分钱，写借约，送在严府。小的却不曾拿他的银子。走上街来，遇着个乡里的亲眷，他说有几两银子借与小的交个几分数，再下乡去设法，劝小的不要借严家的银子。小的交完钱粮，就同亲戚回家去了。至今已是大半年，想起这事来，问严府取回借约，严乡绅向小的要这几个月的利息钱。小的说：'并不曾借本，何得有利？'严乡绅说，小的若当时拿回借约，他可把银子借与别人生利；因不曾取约，他将二十两银子也不能动，误了大半年的利钱，该是小的出。小的自知不是，向'中人'说，情愿买个蹄酒上门去取约；严乡绅执意不肯，把小的驴儿和米同梢袋，都叫人拿了回家，还不发出借据来。这样含冤负屈的事，求大老爷做主！"①

---

① （清）吴敬梓：《儒林外史》，作家出版社1955年版，第49、50页。

在这则纠纷中，当事人双方乡下人黄梦统与严监生明显地位悬殊，且黄梦统所托的这位中人也是无名无姓的小民，因此当纠纷发生时，黄梦统找"中人"去说情调解，并"情愿买个蹄酒上门去取约"，结果却是严乡绅执意不肯，不仅如此，还强行抢走黄梦统的家什。在这则纠纷里，当事人严乡绅根本不讲个人信誉，且与乡下人黄梦统并不处在一个生活交往圈内，因此他也不忌惮周围的舆论压力。而此处的中人社会身份是远远低于严乡绅的，他没有能力对严乡绅施加压力，严乡绅更不会给他"面子"，因此"中人"的调解就无法取得成功，最终黄梦统只得告到县衙。

而在《徽商会馆公所征信录汇编》中有一则《义庄移界兴讼始末》则因为中人有很大的"面子"即有较高的社会地位，使得纠纷得以平息。

道光七年，内务府正黄旗管理圈房人程大等，将庄屋东边远年石界忽行改移，指称伊业，同乡京官于南城察院呈讼得直，和息结案。各呈节录于后：

七月二十四，呈为强移旧界，侵占义庄，叩究改正事。（后略）

八月初九日，呈为坊官验明移占属实，指驳饰词，再行陈诉事。（后略）

十月初八日，呈为凭中调处，言明还界安业，情愿息讼事。窃职等前控程姓强移义庄石界，已蒙宪委坊官勘明，录供在案。今程姓浼伊亲戚候选知县祥安，谆谆情恳，据称程大、程二自知理曲，恳将石界照旧址竖立，以后古坟内外永不生端侵占，愿具甘结等语。现蒙宪台饬取程大、程二切结存案，并谕令程姓即请详明府眼，同将石界归还原处。至界内荒堆，程姓借端起衅，已据详明府言明，程姓不复冒认，程之结内亦以无词，相应职等立石堆前，题明古塚，以杜异日彼此再滋事故，各安各业，永息争端。谨呈。①

事情的主要经过大致是：道光七年，内务府正黄旗管理圈房人程大、程二及其家人、车夫等多人，将义庄屋东边远年石界改移，并声称是他们的产业，义庄的人去阻止他们不听。于是义庄将程氏告上公堂，十月程氏

---

① 李琳琦、梁仁志：《徽商会馆公所征信录汇编》，人民出版社2016年版，第214、215页。

托中人"谆谆情恳",最终纠纷平息。义庄与程氏都拥有一定的社会地位与权势,在这场纠纷中,我们看到所托中人为"伊亲戚候选知县祥安",在双方势均力敌的情况下,知县兼亲戚的面子是平息这场纠纷的关键。

三 "中人"调解的准则与局限

在官方话语中,钱债、田土、户婚等此类民事纠纷称为"民间细故",并且认为这些诉讼的发生是由于民众交相争利、人心不古导致的,加之明清时期官吏对"无讼"境界的追求,都使得大量民事纠纷无法通过官府诉讼的方式得到有效解决。且在法律上对"民间细故"调解带有强制性色彩,如果当事人不经调解就直接诉讼,会被视为"越诉"而受到处罚,因此民间调解在涉及纠纷的文书中大量存在。而"中人"调解作为民间调解一个重要的类型也是有其原因的。首先,"中人"与交易双方处在同一个社会交往圈内,对当地的风土民约人情世故都比较熟悉,在涉及交易的契约中,"中人"作为第三方,对整个交易情况都比较了解,"中人"也就成为调解纠纷最合适的人选。其次,诸如土地房屋的典当买卖,法律规定必须在成交后投税,由官方批准的办理过户手续的牙行收取税金,并且规定了纳税期限。对不纳契税的"笞五十,追契内田宅价钱一半入官";对不过户的一至五亩,"笞四十,每五亩加一等,罪止杖一百,其不过割之田入官"。[①] 在实际的交易中,很多人都为了逃税不通过牙人进行交易。因此,此类交易纠纷一旦诉讼至官府,不但要补交契税,还要受到惩罚。最后,"中人"调解有其独特的奥妙所在,在"没有陌生人"的熟人社会里,"中人"调解既使得公理得到了申诉,又保留了理亏一方的脸面。因此,"中人"调解在乡土社会有其不可替代的独特地位。

那么"中人"在调解的过程中,依照什么作为调解的准则呢?我们从上引文书中看到,康姓挖土本与谢姓无关,但枧坑与规坑口之山是谢姓祖家坟脚。徽州当地风水观念很强,因此在这桩纠纷调解中,即使康姓挖自己的土并没有过错,但中人在调解过程中依然考虑到谢姓的祖坟

---

① (清)庄纶裔:《卢乡公牍》卷2,清末排印本。

风水问题，于是让康姓将所买枧坑口、枧坑并陈公坑之山都卖给了谢姓以保谢姓风水；在借贷纠纷中，孙枝发借了祠银五两三钱一直不还，中人在调解中体念族谊，并没有对此有什么惩罚，还是按照三股均分，孙枝发自己还收到一股；在口角纠纷中，王连生一气之下服毒自杀，在法律上来讲与方天德并无直接关系，然而中人在调解时，考虑到王家老幼无依，让方天德出了壹佰柒拾五元用以王家养老安殁；在墓地纠纷调解中，族弟吕其玉等将此号山地卖与何宅为业，吕应珪理应起棺让地，但中人在中间调解时，念及入土为安安葬已久，最后并没有让吕应珪将曾祖母坟墓移走。通过上述事例，我们发现："中人"调解的依据并不是法理，而是以传统的风俗、情理、情面作为调解的准则，这正是中国传统文化与思想对民众深刻影响的表现。日本学者滋贺秀三通过对明清案件的研究，对情理有贴切的解读。他说："所谓'情理'，简单说来就是'常识性的正义衡平感觉'。这里不得不暂且借用'正义衡平'这一在西洋已经成熟的概念。但什么被感觉为正义的，什么被感觉为衡平的呢？当然其内容在中国和西洋必然是不同的东西……概言之，比起西洋人来，中国人的观念要顾及人的全部与整体。也即是说，中国人具有不把争议的标的孤立起来看而将对立的双方——有时进而涉及周围的人们的社会关系加以全面和总体考察的倾向；而且中国人还喜欢相对的思维方式，倾向于从对立双方的人和一侧都多少分配和承受一点损失或痛苦中找出均衡点来……无论如何，所谓情理是深藏于个人心中的感觉而不具有实定性，但它却引导听讼者的判断"。[①]

然而，"中人"的调解并不是万能的，它有诸多的局限。"中人"调解不以法而是以情理为准则，抱着"息事宁人"的态度以平息纠纷、化解矛盾为最高的追求，"中人"甚至会劝说权力人放弃其应有的权力，或是在纠纷双方争夺的利益中寻求一个平衡点，通过双方放弃部分利益以求双方整体利益要求得到某种程度的满足，从而得到一种契约关系的稳定与无讼的结果，这往往会造成理亏的一方不断提出要求，如反复"找

---

① 滋贺秀三等：《明清时期的民事审判与民间契约》，王亚新等编译，法律出版社1998年版，第13、14页。

价""加价"的现象：

立贴绝池荡文契郁炳先有祖遗池荡一处，于康熙三十年间凭中陈思泉等绝卖与江处管业，得过价讫。今复央原中陈思泉至江处加贴绝银三两正。自贴之后，永无异说。恐后无凭，立此贴绝池文契为照。

随契收足贴绝银三两整。

康熙三十年月日立贴绝池荡文契郁炳先
见贴陈思泉
张有伟
孙囊壹

立绝卖二次加绝文契郁炳先因先年契卖池荡一处，当得过价讫又于康熙三十年得过加绝粮讫。今复央原中陈思泉等至江处加贴绝银二两正。自加之后，再无不尽不绝，永无异说。恐后无凭，立此二次贴绝契为照。

随契收领贴绝银二两正。

康熙三十年月日立二次绝契郁炳文
见贴陈思泉
张有伟
永远大吉

立绝卖三次加绝池荡文契郁炳先有祖遗池荡一处于康熙三十年间，凭中陈思泉等绝卖与江处管业，当得过价讫。今复央原中陈思泉等至江处加绝银一两正。自贴绝之后，一卖三绝尽情尽理，再无不尽不绝永无异说，立此三贴绝文契为照。

随契收足贴绝银一两整。

康熙三十年月日立三次贴绝郁炳先
见贴陈思泉
张有伟
孙囊壹[①]

[①] 刘伯山：《徽州文书》第三辑卷四，广西师范大学出版社2009年版，第428—430页。

郁炳先在康熙三十年的时候凭中人陈思泉将祖遗池荡一处绝卖给江姓，但康熙三十年即同一年又央求原中人陈思泉于江姓处加贴三两，其后又央求原中人陈思泉于江姓处加贴二两正，还没多久央求原中人陈思泉于江姓处加贴一两。反反复复一连找价三次，因为文书中只有此三次的加价契遗存，至于后续是否还有加价我们不得而知。在不以法为准则的民间调处中，经济较差的"弱势方"总是因各种现实上的困难，如"立杜断加字朱韩氏兹因子死异乡，回家之资无借""立加当山税契人程锦祥今因安葬父母葬费无措，事属急需""今因日食难度并户役无措"不断通过中人"找价""加价"，使土地房屋等买卖典当等交易呈现出"卖而不断""断而不死"的状态。①

结　语

"中人"作为契约当事人之外的特殊平衡机制，在作为第三方参与到契约关系中时，从契约订立到实现契约目的，从契约的议价到价银交付都给予保障与支撑，在纠纷发生后调解矛盾维持和谐，有意识地维护着契约关系的稳定。在日常的行为中，"中人"自觉或不自觉地遵循着乡土社会固有的行为规范，"中人"也就成为传统社会秩序维护与乡村自我运行机制的有力保障，它是传统社会秩序的遵守者与维护者。

作者为安徽大学徽学研究中心助理研究员。

---

① 近年来，学者们如岸本美绪、范金民、阿风等，对找价现象有了更为全面和深入的认识。笔者也认为，找价现象不能简单仅视为一种陋习，它是地方习惯的一种表现，是对国家政策的一种应对，也是民众自我关系调解的一种反映。

关　　学

从"太极"到"太虚"

——张载对天道本体的抉择与论证*

丁为祥

【摘要】"北宋五子"是第一代理学家群体,因而从哲学的角度看,"北宋五子"的理论探索也就体现着汉宋之别,起码表现着从汉学到宋学的根本性转向。那么这一转向是什么呢?这就是从汉唐宇宙论向宋明本体论的转向。不过,这一转向并不是像化学变化一样可以一蹴而就,而是仍然表现为一种"盈科而后进"的过程;因而,从"太极"到"太虚"也就可以视为汉宋之别在理学内部的表现,也是汉唐儒学的宇宙论向宋明理学之本体论转变的标志。所以,比较二者不同的探索视角与不同的概念规定,不仅可以认知汉宋学术的基本区别,也可以看出"北宋五子"思想发展之逐层走向深入的特点,进而认知宋明理学的基本规模与理论纲维。

【关键词】 太极　太虚　邵雍　周敦颐　张载　天道本体

"北宋五子"是朱子在《伊洛渊源录》中对理学崛起阶段主要代表人物的一个总结和概括,也是对理学崛起思路的一种整理与诠释。因而,无论其概括与诠释是否准确,这种整理和反思都是必要的。但在这一整理与重塑的过程中,由于朱子着意塑造周敦颐这位道学之祖,因而其理

---

* 该文为作者主持的国家社会科学重大项目"宋明道学核心价值研究(批准号:15BZD008)"的阶段性成果。

论诠释也难免存在一定的"躐等"之嫌。又由于朱子本人集汉宋学术之大成,因而无论是从其主观还是从客观上看,似乎都有导致汉宋学术界限模糊的后果。今天,重新整理理学崛起的历史及其理论发展逻辑,就会发现"北宋五子"之间其实也存在一种"盈科而后进"的关系,而从邵雍、周敦颐的"太极"到张载的"太虚",则又体现着从宇宙之"始源"到作为形而上之天道本体的重大跨越。这样看来,从"太极"到"太虚"再到"天理",不仅表现着汉唐宇宙论与宋明本体论的基本区别,也体现着汉宋学术在理论视角上的重大转向及其探索之层层深入的特征。

一 "太极"始源论

"太极"是北宋理学中最早出现的一个核心概念,这当然可以说是"北宋五子"借助儒家经典《周易》从而展开对天道本体探索的表现。不过,一提到"太极",由于周敦颐一直被尊为道学"开山鼻祖",因而人们往往就会想到周敦颐的《太极图说》。作为"北宋五子"的代表人物,周敦颐的《太极图说》确实系统地表现了作为理学主体之"北宋五子"中的"太极"思想,但无论是从年龄的长幼还是理论发展的逻辑上看,邵雍对于"太极"的论说都处于一个更为先在的位置。

邵雍对"太极"的论述是通过诠释《周易》的方式展开的,在《邵雍集》中,其关于"太极"的讨论便有如下说法:

> 太极既分,两仪立矣。阳下交于阴,阴上交于阳,四象生矣。阳交于阴、阴交于阳而生天之四象;刚交与柔、柔交于刚而生地之四象,于是八卦成矣。八卦相错,然后万物生焉。①
>
> 太极,道之极也;太玄,道之玄也;太素,色之本也;太一,数之始也;太初,事之初也。其成功则一也。②

这两段论述,前者是对《易传》的解读,其"太极"—"两仪"—"阴阳"—"四象"—"八卦"的顺序本身就是依据《易传》的叙述展

---

① 邵雍:《观物外篇》中之上,载《邵雍集》,郭彧整理,中华书局2010年版,第107页。
② 邵雍:《观物外篇》下之下,载《邵雍集》,第164页。

开的；而后者则是对扬雄《太玄》的解释，所以就有"汉易"中的特定称谓，比如"太玄""太素""太一""太初"等。但在邵雍这些论说中，"太极"却始终保持着含义的一致性，这就是宇宙万物之始源。从这个角度看，邵雍的"太极"论说虽然比较系统，但仍然属于对宇宙始源的一种思辨性追溯。①

对"太极"更为系统的论说则见于周敦颐的《太极图说》。由于周敦颐一直被尊为道学"开山鼻祖"，所以其《太极图说》也被视为理学的经典文献。虽然如此，但其内容说到底不过是一种宇宙生化图式而已：

> 无极而太极。太极动而生阳，动极而静，静而生阴。静极复动。一动一静，互为其根；分阴分阳，两仪立焉。阳变阴合，而生水、火、木、金、土。五气顺布，四时行焉……②

这就是《太极图说》的主要内容。对于这种从"无极而太极"出发一直到"动静""阴阳"与"五行""四时"的历时性叙述，无论朱子怎样诠释，其实都免不了宇宙万物之生化图式的定性。虽然朱子也给了周敦颐的"太极"以"天地万物本然之理"③的定性，并以"周子所以谓之'无极'，正以其无方所，无形状，以为在无物之前，而未尝不立于有物之后；以为在阴阳之外，而未尝不行乎阴阳之中；以为通贯全体，无乎不在，则又初无影响之可言也"④作为论证。但所有这些论证，却始终无法排除从"无极而太极"出发以指向"阴阳""五行"与"四时"之历时性与过程性色彩，也就是说，无法排除其宇宙始源的定位。

为了证明周敦颐的《太极图说》确实是一种宇宙生化图式，我们这里可以将其与汉代纬书中关于宇宙之生化发育过程稍加比较，以揭示二者的共同性。《七纬》载：

---

① 因为这种论证既缺乏实证的基础，也缺乏科学的根据，所以刘述先先生曾将其称为"宇宙论的玄想"。参见刘述先《朱子哲学思想的发展与完成》，台湾学生书局1995年版，第273页。
② 周敦颐：《太极图说》，载《周敦颐集》，中华书局1990年版，第3—4页。
③ 朱子云："所谓太极乃天地万物本然之理，亘古亘今，颠扑不破者也。"朱熹：《答陆子静》六，载《朱熹集》卷36，四川教育出版社1996年版，第1582页。
④ 朱熹：《答陆子静》五，载《朱熹集》卷36，第1575—1576页。

> 夫有形生于无形，则乾坤安从生？故曰：有太易，有太初，有太始，有太素。太易者，未见气。太初者，气之始。太始者，形之始。太素者，质之始。气形质具而未离，故曰浑沦。言万物相浑成而未相离，视之不见，听之不闻，循之不得，故曰易也。（《易纬·乾凿度》）

> 天地未分之前有太易，有太初，有太素，有太极，是为五运。形象未分，谓之太易；元气始萌，谓之太初；气形之端，谓之太始；形变有质，谓之太素；质形已具，谓之太极。五气渐变，谓之五运。（《孝经纬·钩命诀》）

汉代的纬书属于对儒家经典的解释系统，但同时又是青年学子研习经典的教科书。从上述两段可以看出，无论是其"四环节说"还是"五运说"，实际上都是围绕宇宙之生成演化过程展开的。如果将其与周敦颐的《太极图说》稍加比较，那么，在关于宇宙之生成演化这一点上，《太极图说》反而比纬书显得更为简单，它已经没有所谓的"四环节说"或"五运说"，而是由"无极而太极"直接指向了"阴阳""五行"与"四时"。这样看来，作为一种宇宙生化图式，《太极图说》并不比纬书更复杂、更细致，只是显得简洁一些而已。这只能说是人们更为熟习之后的表现。

如果再将周敦颐的《太极图说》与邵雍关于"太极"—"两仪"—"阴阳"—"四象"—"八卦"的展开顺序稍加比较，那么它们显然属于同一发展环节。当然，如果再将周敦颐从"无极而太极"出发一直到"动静""阴阳"与"五行""四时"的历时性叙述与邵雍所突出的"太玄""太素""太一""太初"等环节加以比较，也可以看出邵雍的"太极"论说确实比周敦颐的《太极图说》保留了更多汉学色彩。孟子所谓"盈科而后进"（《孟子·离娄》下）一说固然是表达水流之基本趋势的，但在揭示从汉学到宋学的历史演变上，从邵雍到周敦颐之层层递减的汉学色彩与层层递增的宋学成分，也得到了极为典型的表现。

至于朱子对周敦颐"太极"之"天理"化诠释，实际上可能并不符合周敦颐的本意与历史实际。因为程颢曾自述说："吾学虽有所受，天理二字却是自家体贴出来。"① 如果周敦颐的"太极"就是"天理",那么程颢关于"天理"之"自家体贴出来"一说就无法坐实,而是应当归结于其师承所受。这就成为一个"真伪"难以并立的格局了,而这一格局也往往会使人更倾向于相信程颢的自述,至于周敦颐的"太极"论说,则有可能并不包含或者说起码并不直接就是"天理"的含义。

除此之外,关于周敦颐之"太极"并不具有"天理"内涵这一点,我们还可以找到一个间接的证据。因为宋明理学总体上就建立在"天人合一"这一共同的大方向下,因而一位思想家对于"天"的认识也往往会同时表现在其对人性的认知上。也就是说,其人性论也可以视为思想家关于天道认知的一种反证。那么,周敦颐的人性规定如何呢?请看其对人性的论述:

性者,刚柔、善恶、中而已矣。②

仅从周敦颐对人性的这一规定来看,就可以清楚地看出他完全是从人之禀气赋形角度来讨论人性的,所以朱子也在下面注释说:"此所谓性,以气禀而言也。"③ 从朱子关于周敦颐之"气禀"人性论的说明来看,也可以反证其"太极"论说并没有达到天道本体的高度,自然也不可能具有"天理"这种形上本体的内涵。所以说,无论从哪方面看,周敦颐的"太极"都不具有形上本体的含义;而从与汉代纬书的比较来看,则只能说邵雍、周敦颐的"太极"论说都还停留在汉儒宇宙始源论的层面。从这个角度看,邵雍、周敦颐的"太极"论说还没有走出汉唐儒学之宇宙生化论视角。

二 从"太极"到"太虚"

实际上,认为"北宋五子"中只有邵雍、周敦颐以"太极"为其思想体系之核心概念并不一定准确,因为在"北宋五子"中,张载也有关

---

① 程颢、程颐:《程氏语录》卷18,载《二程集》,中华书局1981年版,第424页。
② 周敦颐:《通书·师》第7,载《周敦颐集》,第20页。
③ 周敦颐:《通书·师》第7,载《周敦颐集》,第20页。

于"太极"的论说。不过,张载虽然也谈到了"太极",但其"太极"就已经没有邵雍、周敦颐那样的核心地位了,而仅仅是作为阴阳未判之元气而存在,并且也不具有核心概念的地位。张载指出:

> 一物而两体,其太极之谓与!①
> 一物两体,气也;一故神,(两在故不测。)两故化,(推行于一。)……②

当张载提出"一物而两体,其太极之谓与"时,也许还带有一定的猜测意味,因为这一概念毕竟是邵雍、周敦颐二位所共同推崇的。但当其明确断言"一物两体,气也"时,就几乎是对"太极"进行明确的定性与定位了。而且,从其"一故神,(两在故不测。)两故化,(推行于一。)"的角度看,所谓"一故神"自然是指"太极"自身;至于所谓"两故化",则只能是指从"太极"到阴阳之划分。这说明,对于邵雍、周敦颐所共同推尊的"太极",张载除了明确将其归结为"气也"之外,似乎并不完全认可其核心地位。

张载为什么不认可邵、周所共同主张的"太极"始源说呢?还在《正蒙》的开篇,张载就对当时思想界的混乱现象展开了一种较为系统的批评,他分析说:"语天道性命者,不罔于梦幻恍惚,则定以'有生于无'为穷高极微之论。入德之途,不知择术而求,多见其蔽于诐而陷于淫矣。"③ 这里虽然是对陷于佛老视角之各种糊涂认识的批评,但其对"不知择术而求"现象的反省,却无疑是包含着许多儒学同仁在内的。自然,此说起码也就包含着对与其同为"北宋五子"的邵雍、周敦颐及其"太极"论说的批评。

张载之所以不认可邵、周二位的"太极"说,无疑是与张载对"太极"性质的把握与认定密切相关的。既然张载已经明确以"一物两体"来定位"气",同时又以"一物而两体"来定位"太极",这就说明,在

---

① 张载:《正蒙·大易》,载《张载集》,第48页。
② 张载:《正蒙·参两》,载《张载集》,第10页。
③ 张载:《正蒙·太和》,载《张载集》,第8页。

张载看来，所谓"一物两体"既然是对"气"的基本规定，那么，作为"气"之原始未分状态的也就只能是"太极"。这可能也就是张载能从"一物而两体"来定位"太极"的根本原因。但这样一来，从作为"一物"的"太极"到作为"两体"的"气"也就被张载从核心概念的角度明确否定了，也就是说，曾经作为邵雍、周敦颐之核心概念的"太极"，现在已经不再作为张载哲学之核心概念了。从张载对"太极"性质的这一认定出发，那么，视张载哲学为"气本论"的看法，无论是从文献还是义理的角度看，似乎也都存在再斟酌、再反思的必要。

那么，张载所主张的核心概念是什么呢？就是"太虚"。"太虚"之所以能够作为张载哲学的核心概念，首先也就表现在张载思想体系的展开及其基本概念的规定上。关于其思想体系，张载曾有如下明确的表达。

由太虚，有天之名；由气化，有道之名；合虚与气，有性之名；合性与知觉，有心之名。①

仅从概念规定的角度看，所谓"由太虚，有天之名"，说明"太虚"就是张载对于"天"的定名，也是其体系的首出概念；又由于其接着表达的"由气化，有道之名"，也说明"气"包括"气化"都属于比"太虚"次一级的概念。至于这一表达的次第，从其"天"—"道"—"性"—"心"的一线相连来看，不仅展现了其天人一贯的逻辑，而且也与其哲学之"天人合一"的主题密切相关。这样看来，作为张载思想体系之概念化表达，既然"太虚"是其整个体系的首出概念，同时又是其对"天"的定名，那么我们也就只能承认，只有"太虚"才是其哲学的核心概念。

不仅如此，在张载哲学中，其以"太"冠名的概念不仅有"太虚"，而且还有"太和"与"太极"，这就是张载哲学中的三"太"。但"太和"与"太极"都出自《周易》；而"太和"除了作为《正蒙》开篇的"太和所谓道"一句之外，只在《横渠易说》中以《周易》之原有概念的方式出现；至于"太极"，则是从汉儒一直到邵雍、周敦颐所共同推崇的概念，但其在张载哲学中也就仅仅是如上所引的两见。这说明，"太和"与"太极"基本上属于原典文献所有或时代思潮所重视的概念，但

---

① 张载：《正蒙·太和》，载《张载集》，第9页。

却并不是张载所重视的概念。所以，作为张载哲学中的核心概念，基本上是可以排除"太和"与"太极"的。

至于"太虚"，虽然其始见于《庄子》，并且也是作为空间概念出现的，但在张载哲学中，则其不仅将"太虚"规定为"天"的承当者，而且也代表着"天"的学理落实。仅从这一角度，就可以看出"太虚"在张载三"太"中的独特地位。不仅如此，在张载语录中，也充满了其对于"太虚"含义及其作用的反复斟酌。比如：

> 与天同源谓之虚……①
>
> 金铁有时而腐，山岳有时而摧，凡有形之物即易坏，惟太虚（处）无动摇，故为至实。
>
> 言虚者未论阴阳之道。
>
> 静者善之本，虚者静之本。静犹对动，虚则至一。②
>
> 气之苍苍，目之所止也；日月星辰，象之著也；当以心求天之虚。大人不失其赤子之心，赤子之心今不可知，以其虚也。
>
> 天地以虚为德，至善者虚也。虚者天地之祖，天地从虚中来。③

上述几条，完全是张载语录的原样照搬，由此也可以看出张载对于"太虚"的定位及其多方面的思考。所谓"与天同源谓之虚"一如"由太虚，有天之名"一样，完全是张载对于"太虚"地位的一种学理化表达。而"金铁"之腐、"山岳"之摧，以及所有有形之物的"易坏"特征则正反衬着"惟太虚（处）无动摇，故为至实"的存在属性及其特征；所谓"言虚者未论阴阳之道"及其对"动静"的超越，又显现出"太虚"之"至一""至静"的品格。至于超越于"气之苍苍"而"以心求天之虚"，则又体现着"太虚"作为"天德"之"至善"及其贯通天人、贯通"大人"与"赤子之心"的品格。

当我们对张载关于概念规定的三"至"进行统一把握时，"至实"显

---

① 张载：《语录》中，载《张载集》，第325页。
② 张载：《语录》中，载《张载集》，第325页。
③ 张载：《语录》中，载《张载集》，第325页。

然是指天地万物所以存在的先在前提而言，因为任何存在都不可能脱离"太虚"所指代的空间而存在；所谓"至一"则又是指万物生化发展的基础，尤其是比"气"更为重要的基础，因为"气"本身就已经涉及具体存在了，比如张载就有明确的"气之为物"①一说。最后，作为超越于"动静"的"至静"、超越于"善恶"的"至善"，又代表着人伦文明的价值根源；离开了"至静""至善"，则人间所有的善恶将失去其根源与标准，因而，"至善"既可以说是人伦文明之根据，同时又是人间善恶的评价标准。

"太虚"所具有的这些品格，不仅邵雍、周敦颐的"太极"未必有，而且儒学史上所有的概念也都不曾有过这样深入的讨论。这说明，"太虚"就是张载所精心打造的超越于天地万物又内在于气化流行，从而作为天地万物所以存在之"至实""至一"的基础，同时又是作为人伦文明之"至善"根源的天道本体概念。

三 "太虚"与"气"

上述规定，固然也可以说是张载对其哲学之形上根底的一种基本澄清，但从其表现层面看，张载哲学又可以说是一种以气为基础之生化流行的哲学。那么，张载的"太虚"与"太极"（气）究竟是一种什么样的关系呢？

对于其同辈学人所共同主张的"太极"，张载似乎并不满意，但对于"气"的作用，张载又是积极肯定的。比如他说："凡可状，皆有也；凡有，皆象也；凡象，皆气也。"② 这就包含着从客观实存角度对于"气"及其存在之普遍性的一种明确肯定。但同样明显的是，对于作为同一实存层面的"气"与"太极"，为什么张载对前者是一种积极肯定的态度；而对于后者，则除了"一物而两体"这种存在方式或存在属性上的客观揭示之外，张载基本上再没有提到"太极"，至于"气"，张载却从《正蒙》之开篇一直到其终结，始终都在讨论"气"的作用。这就涉及人们所赋予"太极"的一个基本属性，也就是作为"天地之根"或宇宙之

---

① 张载：《正蒙·太和》，载《张载集》，第7页。
② 张载：《正蒙·乾称》，载《张载集》，第63页。

"始源"的属性。比如从其最初的"《易》有太极，是生两仪。两仪生四象……"（《周易·系辞》上）一直到邵雍的解释与周敦颐"太极动而生阳……静而生阴"的阐发，"太极"似乎始终没有摆脱"天地之根"或万物之"始源"这样的定位。张载当然并不反对"生生"，而是认为这种由"有生于无"式的追溯最后只能陷入庄子所揭示的"有未始有无也者"（《庄子·齐物论》）之无限性的陷阱。① 明白了这一点，也就可以理解为什么张载可以明确地肯定气化生生的作用，但他宁愿用"气"之"聚散""攻取"来说明万物之成毁变化，也绝不愿意提到"太极"。这样看来，"太虚"与"太极"以及张载与邵雍、周敦颐的关系，似乎也就一下子集中到"太虚"与"气"的关系上了。

这样一来，"太虚"与"气"也就成为张载哲学中最基本的关系；而作为《正蒙》之开篇的"太和所谓道，中涵浮沉、升降、动静、相感之性，是生纲缊、相荡、胜负、屈伸之始……散殊而可象为气，清通而不可象为神"② 一说，其实就是从"太虚"与"气"之关系的角度展开的。对于二者的关系，张载还有如下论述：

> 太虚无形，气之本体，其聚其散，变化之客形尔；至静无感，性之渊源，有识有知，物交之客感尔。客感客形与无感无形，惟尽性者一之。
>
> 气之为物，散入无形，适得吾体；聚为有象，不失吾常……然则圣人尽道其间，兼体而不累者，存神其至也。③
>
> 聚亦吾体，散亦吾体，知死之不亡者，可与言性矣。④

上述三段，实际上都是作为《正蒙》开篇之第一页中的内容，而由上述三段也可以看出，对于"太虚"与"气"的关系，张载是采取了一种先"分论"而后"统一"的思路。比如从"太虚无形，气之本体"到

---

① 请参阅拙作《宇宙本体论与本体宇宙论——简论朱子对〈太极图说〉的诠释》，《文史哲》2018 年第 4 期。
② 张载：《正蒙·太和》，载《张载集》，第 9 页。
③ 张载：《正蒙·太和》，载《张载集》，第 7 页。
④ 张载：《正蒙·太和》，载《张载集》，第 7 页。

"聚散""变化"之"客形",然后再从"至静无感"的"性之渊源"到"物交之客感",就属于对"太虚"与"气"之不同存在方式或存在属性的"分论",至于所谓"客感客形与无感无形"的"惟尽性者一之",无疑又属于对"太虚"与"气"的统一而言。而"无形""有象"的气化表现与"吾体""吾常"的内在支撑,也同样属于对二者的"分论",而所谓"圣人尽道其间,兼体而不累者",则又是圣人统一"虚气""形神"的表现。至于最后的"聚散"以及超越"聚散"的"死之不亡"之性,同样是就"太虚"与"气"的统一关系而言的。

张载为什么要如此聚焦于"太虚"与"气"的关系问题呢？在他看来,这当然首先是由于"太虚"与"气"不仅决定着我们这个世界之"聚散""变化"的"客形"层面,而且也蕴含着我们这个世界所以如此之"吾体"与"吾常"的内在根据层面,因而,如果准确地把握了"太虚"与"气"的这种关系,也就把握了世界上最重要的关系,进而可以把"客感客形与无感无形"统一起来,从而也就可以像圣人那样"尽道其间,兼体而不累"。显然,对于生存于这个世界上的人来说,这就涉及人生价值观的层面,也是决定其人生价值观的本体论基础。

其次,也可以说是最重要的一点,就在于当时的思想界包括儒佛道三教在对于"太虚"和"气"的关系上存在许多糊涂认识,把人们的思想搅得如同一团乱麻,从而导致了现实生活中的错谬百出。所以,当张载从"客感客形与无感无形"的角度区分了"太虚"与"气"之后,又必须从其不同存在属性的角度,分析现实人生中各种错误认识所以形成的根源。所以,张载接着指出：

> 知虚空即气,则有无、隐显、神化、性命通一无二,顾聚散、出入、形不形,能推本所从来,则深于易者也。若谓虚能生气,则虚无穷,气有限,体用殊绝,入老氏"有生于无"自然之论,不识所谓有无混一之常；若谓万象为太虚中所见之物,则物与虚不相资,形自形,性自性,形性、天人不相待而有,陷于浮屠以山河大地为见病之说。[①]

---

① 张载:《正蒙·太和》,载《张载集》,第8页。

如果说其前面的论述主要在于对"太虚"与"气"之关系进行一种全面的揭示，那么这一段也就专门针对各种错会二者关系的现象及其根源进行一种深究与详细解剖了。当然，所谓"知虚空即气，则有无、隐显、神化、性命通一无二……"，仍然是对"太虚"与"气"之关系的一个正面确认，所以说是"深于易者也"；因而所谓"通一无二"也就可以说是张载对"太虚"与"气"之关系的一种正确认识或经典性表达。至于此后的两个"若谓"，也就全然围绕着各种错误认知展开了："若谓虚能生气，则虚无穷，气有限，体用殊绝，入老氏'有生于无'自然之论……"，也就是说，如果将"太虚"与"气"理解为一种前后相生的关系（这种理解也就相当于以"太虚"为"太极"），那么，由于"虚"具有"无穷"的属性，而"气"则属于"有限"的范围，这就成为一种"体用殊绝"："太虚"与"气"、生与所生之间无法统一，这就只能走向"老氏'有生于无'自然之论"。至于"若谓万象为太虚中所见之物，则物与虚不相资，形自形，性自性，形性、天人不相待而有……"，则是指如果将"万象"理解为一种凭"空"起"见"，那么，由于"物与虚不相资"——二者原本就属于不同的存在层级，这就必然会导致"形性、天人不相待而有"。很明显，如果说张载关于"太虚"与"气"之关系的正面表达可以概括为"通一无二"，而"虚能生气"则可以概括为"体用殊绝"，那么，建立在"物与虚不相资"基础上的"形性、天人不相待而有"也就可以"体用悬隔"来概括。

这种通过两个"若谓"所展开的分析，实际上就代表着张载著《正蒙》时宋代社会的思想格局，也是张载所极力批评并努力加以扭转的现象。但这两种现象，都是当时思想界的真实存在甚或是主流性的存在；而其偏颇之处，则要么以"体用殊绝"的思路，从而走向"老氏'有生于无'自然之论"；要么又因为"体用悬隔"，从而又走向了佛教的"形性、天人不相待而有"。至于"太虚"与"气"、体与用包括天与人之"通一无二"的关系，则始终是张载所坚持的方向。所以，就在这一段的末尾，张载又强调指出："此道不明，正由懵者略知体虚空为性，不知本天道为用……语天道性命者，不罔于恍惚梦幻，则定以'有生于无'，为穷高极微之论。"① 到了这一步，张载也就把当时社会上看似"穷高极微"的两种不同思路完全归结于是受佛老思想的影响了，而张载之辟佛排老精神，也就集中表现在其对受佛老思想影响的两种看似"穷高极微"思路的批评中。

这样一来，整个《正蒙》也就以"太虚"与"气"之关系为纲领，既坚持其"通一无二"的总体方向，同时又将"体用殊绝"与"体用悬隔"作为需要时时防范并加以批评的两种偏颇现象展开了。

四 "太虚"对宋明理学的作用

那么，"太虚"与"气"的关系何以会具有如此重要的作用呢？这就首先集中在张载提出"太虚"时的"择术而求"上。前面已经提及，作为张载哲学中的三"太"，基本上出于《周易》和《庄子》，那么，史称"以《易》为宗"②的张载居然越过作为儒家经典的《周易》而从《庄子》思想中择取核心概念，这究竟是为什么呢？实际上，此中的关键并不在于张载对《庄子》的特殊偏好，而主要在于"太虚"这一概念所表示之独特的存在方式或存在属性上。

前边已经提到，庄子之所以提出"太虚"，主要是因为其有憾于老子"有生于无"的逻辑追溯必然会导致一种沿着时间维度展开的无限性，故而特从空间的角度来转换老子单纯的时间视角，所以也就有了"不过乎昆仑，不游乎太虚"（《庄子·知北游》）一说；而"昆仑"与"太虚"的并提以及其指谓的相互说明，也明确提示"太虚"只能是空间的含义。同时，由于庄子又有所谓"虚室生白，吉祥止止"（《庄子·知北游》）一说，似乎又为作为空间的"太虚"赋予了"生"的含义。"太虚"这两个方面的含义一定深深地启发了张载，从而使其将庄子的"虚室生白"与《周易》的"天地之大德曰生"（《周易·系辞》下）相结合，这就有了"虚则生仁，仁在理以成之"③一说，从而使"太虚"从空间这种天地万物存在的前提、生化的基础与儒家天德之仁这一价值根源融合成为

---

① 张载：《正蒙·太和》，载《张载集》，第8页。
② 《宋史·张载传》，载《张载集》，第386页。
③ 张载：《语录》中，载《张载集》，第325页。

一种有机统一的关系。①

　　这三个方面的统一也就充分体现在张载对于"太虚"具有极致意义的三个"至"的论证中。比如说，在张载关于三"至"的论证中，首先出现的就是超越"金铁"之腐、"山岳"之摧并作为"无动摇"的"至实"，这显然是就万物存在之基本前提而言的。而所谓"至一"，则又指"太虚"超越于阴阳——"言虚者未论阴阳之道"、超越于"动静"而言，所以说又是万物生化的基础。至于所谓"至善"，又是指"太虚"作为天地万物的价值根源而言，所以说"虚者天地之祖，天地从虚中来"。如果说人伦文明的道德根源就在于天地，那么天地又是"以虚为德"的，所以说"至善者虚也"。至于所谓"虚无穷，气有限"以及"太虚"之贯通天人、贯通"大人"与"赤子之心"的品格，实际上都是围绕着"太虚"的三"至"品格展开的。从张载的这些论证来看，则"太虚"之取代"太极"并且超越于生化流行之气的品格，也就使其除了天地万物之形上本体之外别无选择。

　　正因为"太虚"的这一特征，所以它理所当然地成为"太极"的取代者；而随着"太极动而生阳……静而生阴"而来的"气"，由于其始终承担着万物之"始源"与发展之"动力"的作用，这就只能使其成为"太虚"本体的外在表现（而"太虚"则始终内在于"气"的生化流行之中）了。因而，张载之所以很少提到"太极"，完全是因为"太虚"对"太极"作用的超越与含义的全面取代所致；而其（他）之所以聚焦于"太虚"与"气"的关系，则是因为"太虚"与"气"已经足以表达天道本体及其发用流行的两面了。所以，在张载的哲学中，只要抓住了"太虚"与"气"的关系，也就抓住了"神"与"气"，抓住了"天地之性"与"气质之性"所形成的根源；而只要抓住了"太虚"与"气"之不可分隔的统一关系，也就理解了张载的"诚明一致"与"天人合一"。

　　上述当然是就"太虚"与"气"之关系对于张载哲学的作用而言的，但以"太虚"为天道本体、以气化流行为"太虚"本体之发用表现，其

---

① 关于张载对"太虚"的这一赋义，请参阅拙作《"太虚"是怎样成为自然天道之形上本体的？——关于张载哲学的思想史解读》，《南国学术》2017年第2期；另请参阅《从"太虚"到"天理"——简论关、洛学旨的承继与转进》，《哲学与文化》2018年第9期。

重大意义并不止于张载哲学，而首先在于对作为宋明理学之主流与正源的"北宋五子"理论发展逻辑的准确理解上。

众所周知，仅从年岁上看，张载固然处于"北宋五子"之中间；而从对理学发展的作用来看，则张载又完全可以说是"北宋五子"的中坚。仅从辟佛排老的角度看，邵雍的思想根源本来就在于道家，因而其既不辟佛也不排老；周敦颐则不仅其人有一身的"烟霞气"，同时又有一定的"莲花"因缘，① 因而周敦颐同样不排佛老。这样看来，如果说辟佛排老就是宋明理学崛起的一个"大事因缘"，那么从一定程度上看，邵雍、周敦颐与这一重大任务甚至可以说是基本无缘的。那么，这一任务究竟是通过谁才真正成为宋明理学发展之自觉的重大任务呢？他就是张载，因为张载不仅是"北宋五子"中第一位以辟佛排老标宗的理学家，而且也是率先通过对汉唐儒学之深入反省与对佛老之学的反戈一击同时实现为儒学"造道"三者的统一，张载因此而成为宋明理学基本格局与理论规模的开拓者。

更重要的一点还在于，张载的"太虚"本体论不仅为梳理"北宋五子"的理论发展提供了一个非常清晰的中间环节，而且也为汉宋之别、为揭示宋明理学的发展指向提供了一个标准。比如从邵雍、周敦颐的"太极"论说固然也可以看出汉唐儒学向宋明理学的发展，但总体而言，邵、周二位的"太极"论说毕竟还停留在宇宙生化论的规模中，其"太极"仍然具有万物之"始源"的性质，但自从张载提出形而上的"太虚"以来，这就实现了从汉唐宇宙论向宋明本体论的根本性转向，从而也实现了从汉学向宋学的跃进和提升；因而，"太虚本体论"的提出，也可以说是宋明理学得以确立的标志。由此而继续发展，从"太虚本体论"到二程的"天理本体论"，也就成为一种水到渠成之举了。因为既然周敦颐的"太极"并不具有"天理"的内涵，那么也就很难实现从邵、周关于"太极"的"始源"论说直接向作为形而上之"天理"本体论说的提升与跨越，只有在"太虚本体论"得以确立的基础上，"天理本体论"的提出才成为一种自然而又必然的指向。

这样看来，张载提出的"太虚本体论"就代表着宋明理学理论建构

---

① 侯外庐主编：《宋明理学史》，人民出版社1984年版，第80—84页。

的一个巨大跃进，它不仅实现了对汉唐宇宙论的纠偏，而且通过对佛老之学的钻研与借鉴，也为理学之辟佛排老确立了坚实的理论基础。从理学的发展来看，张载关于"太虚"的形上本体论说也为程朱的天理本体论提供了必要的理论铺垫。至于张载在对其"太虚本体论"之论证中所提出的"诚明两进"的为学进路与"以礼为教"之为学入手，也规定了宋明理学发展的基本道路与总体指向。正是从这个意义上说，张载的"太虚本体论"才成为宋明理学理论格局的开拓者与理论规模的奠基人。

作者为陕西师范大学关学研究院院长，
陕西师范大学哲学系教授，博士生导师。

南大吉：关中王学第一人

许 宁

【摘要】 黄宗羲《明儒学案》"重南轻北"，对北方王门的叙述过于粗略和简单，带有相当的局限性。本文认为南大吉作为王门高第，第一次在关中地区传播王学，由南大吉开创的"关中王学"学术传承有始有终，对阳明末流的思想弊端进行了补偏救弊的工作。南大吉支持王阳明在越期间的讲学活动，重建稽山书院，续刻《传习录》，并因捍卫王学遭到罢免，堪称心学护法。南大吉的学术思想以良知本体论、慎独工夫论、道化境界论为主要内容，可命名为"元善学"。南大吉是"关中王学"第一人，"元善学"是"关中王学"的创始理论。

【关键词】 南大吉　王阳明　关中王学

黄宗羲在《明儒学案》中注重儒学的地域性特色，故而用地域名来称呼学派，如阳明学派就被称为"姚江学案"。同时他也较早用地域来划分王学门派，将阳明以后的王门分成七派，即浙中、江右、南中、楚中、北方、粤闽和泰州王门。这种编纂原则反映了黄宗羲非常独特的心学观。一是王门学案占了《明儒学案》将近一半的内容，说明黄宗羲是以心学立场来建构明代主要学术思潮的，其他学术思潮则居于次要的地位；二是在王门学案中，南方王门占七分之六，北方王门占七分之一，若以卷数统计，王门学案计有二十六卷，北方王门仅占二十六分之一，体现了

---

* 该文系贵州省2017年度哲学社会科学规划国学单列课题"关中王学研究"（项目编号：17GZGX17）阶段性成果。

其重南轻北的思想倾向。这种基于人文地理的划分，最大的特色是能够较为方便地叙述师承脉络，其弊端在于无法全面展现明代王学分化的基本方向和脉络。

正如不少学者所指出那样，黄宗羲似乎只认识到王门或王门之外存在"所见而复失去者"的缺憾，而并未意识到一些重要地域的遗漏（如黔中王门）或虽有其名但无其实（如闽中王门）的缺失，具有明显的局限性。例如，就"北方王门学案"而言，所谓"北方"的地理范围就包含了山东、直隶、河南、陕西等地，对于陕西关中地区仅提及南大吉一人，而冯从吾则被列入"甘泉学案"。黄宗羲对"北方王门"的整体评价偏低，认为："北方之为王氏学者独少……即有贤者，亦不过迹象闻见之学，而自得者鲜矣。"① 但南大吉又属于"王门高第"，王阳明曾给予非常高的赞誉，这就与黄宗羲的评价存在较大的反差。换言之，黄宗羲的学案体评述既难以准确客观地揭示学术发展脉络，又无法做到地域因素和人物特点在评价标准上的一致性。

由此可见，黄宗羲对北方王学的划分较为粗疏简略，所列的穆孔晖、张后觉、孟秋、尤时熙、孟化鲤、杨东明、南大吉七人学术水平参差不齐，不能等量齐观。故而，本文认为对于北方王学要区别对待，开展进一步的细化研究，提出并论证"关中王学"的概念，以南大吉（1487—1541）为"关中王学"的开山和首领，从而探讨南大吉在阳明学发展中的重要贡献。

一 南大吉与"关中王学"

"关中王学"这一概念出自晚清关中学者柏景伟。柏氏指出："阳明崛起东南，渭南南元善传其说以归，是为关中有王学之始。"② 柏氏的观点值得高度重视。他提出了三个重要论断：一是"学"的定位，明确提出了"关中王学"的概念，不仅是"王学在关中"，而且是"关中有王学"，是地域性和学术性的统一，是关中文化与阳明心学激荡相生的理论

---

① 黄宗羲：《北方王门学案》，《明儒学案》卷二十九，载《黄宗羲全集》（第七册），浙江古籍出版社1985年版，第739页。
② 冯从吾：《关学编》（附续编）附录一《柏景伟小识》，中华书局1987年版，第69页。

产物；二是"归"的来源，指出南大吉作为王门高第，自觉传承阳明心学并首先在关中地区加以传播；三是"始"的开端，柏氏肯定"关中王学"有始有终，存在系统的学脉，是关学重要的组成部分，而南大吉作为"关中王学"之始，具有重要的地位和影响。本文的基本观点就是在柏氏基础上展开的，但同时也认为柏氏"关中有王学之始"亦是渊源有自，显然是受到王阳明的启发，是对阳明思路的概括。

王阳明获悉南大吉昆仲在关中传授阳明心学，十分欣慰，在复信中说："关中自古多豪杰，……自此关中之士有所振发兴起，进其文艺于道德之归，变其气节为圣贤之学，将必自吾元善昆季始也。今日之归，谓天为无意乎？谓天为无意乎？"① 可见，南大吉作为"关中王学"之始的第一人地位是阳明予以表彰首肯的。

"关中王学"是关中地区阳明心学结合张载关学思想所形成的理论成果，表现为以南大吉为代表的开创期，以冯从吾为代表的高峰期，以李二曲为代表的终结期三个发展阶段。② "关中王学"不是通过明确的师承关系来接续的，而是通过自觉的学承关系得以延续的，其基本特征是本体与工夫合一兼重，强调以实修实证的反身工夫补救矫正阳明末流玄虚蹈空的思想弊端。

南大吉与王阳明的关系非常密切，非同寻常，而且阳明对南大吉也非常赏识推重。南大吉是正德辛未科进士，阳明为座主，二人是师生关系。阳明对南大吉的学术路向起到了发端指引的作用，确立了心学的基本取向。大吉"从王公学，得实践致力肯綮处，乃大悟曰：'人心果自有圣贤也，奚必他求？'"③ 其弟南逢吉、其侄南轩皆师从阳明。

南大吉与王阳明的学术讨论集中在观过、问政方面，下面试作阐述。

（一）观过

南大吉向阳明请教如何看待错误，如何避免犯错误。阳明基于良知本体的心学立场揭示了"过"的三重维度。

---

① 王守仁：《答南元善》，载《王阳明全集》第一册，中国书店2015年版，第211页。
② 陈俊民先生在《张载哲学思想及关学学派》中认为，李二曲代表了关学的终结。本文认为李二曲只是代表了"关中王学"这一历史阶段的终结，而关学在清代仍在转型发展中。
③ 冯从吾：《瑞泉南先生》，《关学编》卷四，第51页。

1. "过"如何知——良知自知

郡守南大吉以座主称门生,然性豪旷不拘小节,先生与论学,有悟。乃告先生曰:"大吉临政多过,先生何无一言?"先生曰:"何过?"大吉历数其事。先生曰:"吾言之矣。"大吉曰:"何?"曰:"吾不言,何以知之?"曰:"良知。"先生曰:"良知非我常言而何?"大吉笑谢而去。①

阳明让大吉历数其过,其意殷殷,其情拳拳,非良知本体不能知其过,非阳明不能言良知,非大吉不能知良知。常人不能发见良知本体,懵懂不觉;小人暗昧良知本体,文过饰非。大吉在《寄马西玄仲房书》中提出了"圣人无过,君子不贰过,小人文过"的观点。所以,阳明指出:"知得良知却是谁?自家痛痒自家知。若将痛痒从人问,痛痒何须更问为?"②

2. "过"如何悔——良知自悔

居数日,复自数过加密,且曰:"与其过后悔改,曷若预言不犯为佳也。"先生曰:"人言不如自悔之真。"大吉笑谢而去。③

知"过"是良知本体的第一重维度,悔"过"则显示了良知本体的第二重维度。大吉以"不犯过"为目标,阳明则肯定"过"乃是心性修养的重要途径,他人的警醒提点终究是外在的,尚隔了一层,莫如对于"过"采取"自悔"的方式,痛下针砭,自作主宰,方知悔"过"的真切、笃实。大吉发挥了阳明的悔过思想,指出:"闻贵悔,悔贵改,改斯善,而可与圣贤同归矣。"④

3. "过"如何免——良知自明

居数日,复自数过益密,且曰:"身过可勉,心过奈何?"先生

---

① 王守仁:《年谱三》,载《王阳明全集》第四册,第68页。
② 王守仁:《答人问良知二首》,载《王阳明全集》第三册,第103页。
③ 王守仁:《年谱三》,载《王阳明全集》第四册,第68页。
④ 南大吉:《答贺长洲府书》,载《南大吉集》,第83页。

曰:"昔镜未开,可得藏垢,今镜明矣,一尘之落,自难住脚,此正入圣之机也。勉之!"①

大吉进一步提出身过和心过如何免除的问题,他看到身过虽然暂时免除了,若心过不免除,身过还会继续产生。阳明指出人的身过和心过是联系在一起的,正如镜暗垢来,镜明垢去,心体亦复如是。一旦良知本体通透自在,外来的尘垢难以遮蔽,身心之过自然可以免除。对治心过的过程,恰恰是"入圣之机",不可忽视轻放。阳明类似"良知自明"的表述很多,强调本体的觉悟开发与当下现成,如"良知之明,万古一日","此心光明,夫复何求","悟后六经无一字,惟余孤月湛虚明","千圣本无心外诀,六经须拂镜中尘",等等。

(二)问政

南大吉治越期间,曾经向阳明请教政治。阳明回答:政治的根本在亲民。大吉复问曰:何以亲民?阳明回答:在于明明德。大吉复问曰:何以明明德?阳明回答:在亲民。大吉恍然有所悟:明德和亲民是一回事吗?阳明回答道:明德是本体,亲民是工夫,至善是极则,三者构成了完整的体系。"夫是之谓大人之学。大人者,以天地万物为一体也。夫然后能以天地万物为一体。"② 所谓大人,就是能以天地万物为一体的人;大人之学,就是真正做到明德、亲民、至善的统一,能以天地万物为一体的学问。大吉喟然而叹:原来大人之学易简如斯。我终于明白天地万物一体的精蕴了。我终于明白天下为一家、中国为一人的至理了。这样,南大吉将其莅政之堂命名为"亲民",表明其以亲民为务,通过"亲吾之民以求明吾之明德"。阳明应南大吉之邀撰写《亲民堂记》。

阳明居越期间,对"万物一体"思想进行了深入的阐发。在《答顾东桥书》中提出了著名的"拔本塞源论",批评了功利之毒和佛老之术,强调"圣人之心,以天地万物为一体"。陈来先生指出:"阳明先生论万物一体思想,第一个材料,就是嘉靖三年的《答顾东桥书》的最后一段《拔本塞源论》。阳明先生'痛悼末学支离,深忧世风败乱',要'力陈

---

① 王守仁:《年谱三》,载《王阳明全集》第四册,第68页。
② 王守仁:《亲民堂记》,载《王阳明全集》第一册,第241页。

万物一体之旨'。这是最早论万物一体的文献记载。"① 然后，他认为在嘉靖五年阳明在《答聂文蔚》第一书中进行了更为明确的论述。"夫人者，天地之心，天地万物本吾一体者也。生民之困苦荼毒，孰非疾痛之切于吾身者乎？……视人犹己，视国犹家，而以天地万物为一体。"②

本文认为，阳明居越讲学，着力阐发《大学》万物同体之旨，除了嘉靖三年的《拔本塞源论》，嘉靖五年的《答聂文蔚》外，还有嘉靖四年的《亲民堂记》，构成了阳明"万物一体"的系列文献，体现为连续性的理论拓展。据《年谱》，嘉靖四年乙酉四月条，"是年南大吉匾莅政治堂曰'亲民堂'，……先生皆为作记"。正如陈来先生所指出的："（阳明）晚年出现的万物一体的思想，在格致诚正的功夫论以外，同时强调外在的亲民实践。"③《亲民堂记》构成了从《拔本塞源论》到《答聂文蔚》的关键环节，外化为亲民实践的鲜明指向。

二　王门高第，心学护法

南大吉于嘉靖二年（1523）升任绍兴知府，此时正值阳明居越讲学，大吉对阳明的讲学活动不遗余力地给予支持，堪称阳明学的大护法。"辟稽山书院，聚八邑彦士，身率讲习以督之，而王公之门人益进已。又同诸门人录王公语为传习录，序刻以传。"④ 其中，提到了南大吉"辟稽山书院"和"序刻"《传习录》的重要事件。

（一）重建稽山书院

稽山书院原为北宋范仲淹创设，朱子亦在此讲学，但年久失修，破败不堪，加之到阳明处听讲的学生甚众，需要另择地点，故南大吉重建了稽山书院，并在书院后院增建了尊经阁、明德堂、瑞泉精舍等。"复拔诸髦士于稽山书院，令其亲炙。乃给之饮食笔札，俾专心向学，无他累

---

① 陈来：《王阳明的万物一体思想》，《中共宁波市委党校学报》2019年第2期。施邦曜在《阳明先生集要》中评论："此书前悉知行合一之论，广譬博说，旁引曲喻，不啻开云见月。后拔本塞源之论，阐明古今学术升降之因，真是将五藏八宝，悉倾以示人。读之，即昏愚亦恍然有觉。此正是先生万物一体之心，不惮详言以启后学也。当详玩勿忽。"
② 王守仁：《答聂文蔚》，《传习录中》，载《王阳明全集》第一册，第99页。
③ 陈来：《王阳明的万物一体思想》，《中共宁波市委党校学报》2019年第2期。
④ 冯从吾：《瑞泉南先生》，《关学编》卷四，第51页。

焉。以故从游之士成者十九，至今绍兴称科目之盛始于乙酉，夫先生作人之功顾可少邪！"① 稽山书院一时群彦荟萃，八方学者300余人环坐而听，王阳明"发《大学》万物同体之旨，使人各求本性，致极良知以至于至善，功夫有得，则因方设教"。王阳明弟子钱德洪曾记："诸生每听讲，出门未尝不踊跃称快，以昧入者以明出，以疑入者以悟出，以忧愤愊忆入者以融释脱落出。"②

大吉重建稽山书院的初衷乃是"慨然悼末学之支离，将进之以圣贤之道"，命名为"尊经阁"，并且指出："经正，则庶民兴；庶民兴，斯无邪慝矣。"于是，他盛邀阳明作《尊经阁记》。阳明欣然允诺。阳明认为，"六经者非他，吾心之常道也"，"六经者，吾心之记籍也，而六经之实则具于吾心"，严厉批评了所谓的"乱经""侮经""贼经"等不齿行径。阳明的结论是"既得吾说而求诸其心"，将六经与吾心相贯通，使六经成为吾心之发用流行，这样"尊经即是尊心"，回归心学的思想立场。

（二）续刻《传习录》

阳明弟子徐爱将从正德七年以来陆续记录的阳明论学观点予以整理，编为《传习录》。之后，薛侃将徐稿予以补充，增加了陆澄和自己辑录的资料，再次刊刻。嘉靖三年，南大吉增补了若干书信，扩充为五卷。钱德洪高度肯定南大吉的编纂之功："斯录之刻，人见其有功于同志甚大，而不知其处时之甚艰也。"③

南大吉在《传习录序》中强调："是《录》也，门弟子录阳明先生问答之词、讨论之书，而刻以示诸天下者也。某也从游宫墙之下，其于是《录》也，朝观而夕玩，口诵而心求，盖亦自信之笃。"④ 大吉肯定吾心之本体自有真是真非，天下之是是非非，或蔽于闻见之私，或隔于门户之见，而吾心之真知昭然如斯。他认为《传习录》有两种解读方法，一种是"以《录》求《录》"，另一种是"以我求《录》"。"以《录》求

---

① 马理：《明故中顺大夫浙江绍兴府知府瑞泉南先生墓表》，载《南大吉集》，第123页。
② 钱德洪：《刻〈文录〉叙说》，载《王阳明全集》第一册，第25页。
③ 王守仁：《传习录中》，载《王阳明全集》第一册，第67页。
④ 南大吉：《刻传习录序》，载《南大吉集》，第63页。

《录》"是着意于文本，拘泥于文字，既不知其是，又不通其明，因而昧于阳明主旨；"以我求《录》"是从吾心之本体出发，觉悟《传习录》不是文字，而是吾人心性中之所固有。前一种是他所反对的，后一种是他所提倡的。

（三）学传东南，道倡西北

阳明因平叛功劳甚高，谤议日炽，被迫居越，专意讲学著述。对于阳明遭受的非议和排挤，大吉极力予以辩护："夫王先生之学，天下方疑而非议之，而某辄敢笃信而诚服之者，非所以附势而取悦也，非谓其所惑也，非喜其异而然也，反而求之，窃有以见夫吾心本如是，道本如是，学本如是，而不可以他求也。"①

南大吉于明武宗正德六年（1511）进士及第，授户部主事，历员外郎、郎中、浙江绍兴府知府，但因维护阳明受到攻讦，于嘉靖五年（1526）罢归故里，阳明特意渡江为之送行。钱德洪说："元善当时汹汹，乃能以身明斯道，卒至遭奸被斥，油油然惟以此生得闻斯学为庆，而绝无有纤芥愤郁不平之气。"② 应当说，王阳明晚年回绍兴创"致良知"之学，南大吉是重要的组织者、参与者和见证者。

大吉回到陕西仍然不改心志，在关中地区设湭西书院，其弟南逢吉建姜泉书院，阐扬良知学脉。渭南县志记载："公（南大吉——引者注）自绍兴归，偕弟姜泉公倡明正学，远迩闻二南之风者依归盖众，即渭上人才科目之盛实始于此。"③ 冯从吾称誉道："王公报书为论良知，旨甚悉，谓关中自横渠后今实自南元善始。……先生之学以致良知为宗旨，以慎独改过为致知工夫，……故至今称王公高第弟子，必称渭南南元善云。"④ 此后十余年，大吉一直坚守于书院，弘化关中，为阳明心学的传播做出了卓越贡献。

阳明希望大吉在关中传播阳明心学，能够给关中文化带来新的转变，即接续横渠学脉，从重文艺转变为重道德，从尊气节转变为尊圣贤，展

---

① 南大吉：《寄马西玄仲房书》，载《南大吉集》，第78页。
② 王守仁：《传习录中》，载《王阳明全集》第一册，第67页。
③ 南轩：《湭西草堂》，《明万历渭南县志》（天启增刻本）封域志卷2，《南大吉集》附录一，第154页。
④ 冯从吾：《瑞泉南先生》，《关学编》卷四，第52页。

现关学思想的新风貌。可见,阳明对大吉给予了极大的期望,"非贤昆玉,畴足以语于斯乎!"① 冯从吾也说:"文成公门人虽盛,而世传其学者,东南则称安成邹氏,西北则称渭上南氏。"② 将南大吉与邹守益并列为阳明之学在西北、东南的重要传人。在此意义上,二程门下有杨时的"道南学派",而大吉则是阳明门下的"道南学派"。

三 元善学述要

"象山学""阳明学""船山学"等体现了学界以学者的号命名其学术思想的惯例,在关学发展历程中也要充分重视代表性学者的思想研究。关学以"横渠学"为核心内容,在其后的传承中,出现了吕柟的"泾野学"、冯从吾的"少墟学"、李颙的"二曲学"等。本文认为,南大吉的学术思想可以命名为"元善学"。

(一)元善学的思想体系

冯从吾指出:"盖先生之学以致良知为宗旨,以慎独改过为致知工夫。"③ 南轩指出:"伯父之事功仅见于守越,而行法敦仁、与物同体之志,则终身罔懈,俟后不惑矣。"④ 本文则认为元善学包括良知本体论、慎独工夫论和道化境界论三个方面。

1. 良知本体论

阳明指出:"良知者,心之本体。"他在《答南元善》中对"良知"本体作了细致的规定:"盖吾良知之体,本自聪明睿知,本自宽裕温柔,本自发强刚毅,本自斋庄中正、文理密察,本自溥博渊泉而时出之;本无富贵之可慕,本无贫贱之可忧,本无得丧之可欣戚、爱憎之可取舍。"⑤ 以"四本自""四本无"论"良知"。大吉对此深有契悟。耿定向指出:"守越时闻阳明先生良知之旨,辄数数造请而虚受焉。此其与撤皋比之勇何殊哉!"⑥

---

① 王守仁:《答南元善》二,载《王阳明全集》第一册,第211页。
② 冯从吾:《越中述传序》,载《冯从吾集》,西北大学出版社2015年版,第252页。
③ 冯从吾:《瑞泉南先生》,载《关学编》卷四,第52页。
④ 南轩:《跋刻先伯父瑞泉公集》,载《南大吉集》,第130页。
⑤ 王守仁:《答南元善》,载《王阳明全集》第一册,第210页。
⑥ 耿定向:《瑞泉南伯子集叙》,载《南大吉集》,第3页。

大吉以"定理""定体"规定"良知"。他指出:"夫有定理而无定法,有定体而无定用,其圣人之心乎!无定理而有定法,无定体而有定用,其今人之心乎!定理、定体,其即吾心之良知乎!"①"理"与"法"相对,"体"与"用"相对,"理"和"体"具有确定性内涵,就是良知本体,至于"法"和"用"是良知本体的发用流行,则是不确定的。如果定于"理"和"体",就是圣人之心;如果定于"法"和"用",就是放逸流失的今人之心。

在他看来,天下有两种治理模式:一是圣王之治,其特点是"本诸道以为法";二是后王之治,其特点是"本诸法以为道"。前者得乎人心所同悦,天下之人皆以一人之心为心,邪慝息而其事简。后者得乎人心之所同惧,天下之人各自以其心为心,邪慝兴而其事繁。

同样,良知本体承载了价值的根据,包含了仁、义、礼、智等道德义理。"吾心有仁焉而亲亲,仁也;吾心有义焉而尊尊,义也;吾心有礼焉而节斯二者,礼也;吾心有知焉而别斯二者,知也。故曰:仁义礼知,非由外铄我也,我固有之也,是所谓良知人心所同然者也。"② 对于大吉的体悟,王阳明认为庶几近乎"致良知"之道。他肯定:"元善今日之所造,其殆庶几于是矣乎!"③

2. 慎独工夫论

南大吉昆仲从学于阳明,记录阳明语数万言,藏于家。南逢吉的孙子南居益将之编纂为《越中述传》,分为四篇,即立志、格物、从政、教人,并邀请冯从吾作序。冯从吾发问,阳明心学用"致良知"一语就可以概括了,为何要分为四篇呢?南居益说:"此正所以致良知也。"于是冯从吾恍然有悟:"是立志、格物、从政、教人,正所以致良知也。良知是本体,致知是功夫,识得本体,然后可做功夫。做得功夫,然后可复本体。"④

冯从吾这段话可以分疏出三层意思:一是《越中述传》所强调的

---

① 南大吉:《杂说二首》,载《南大吉集》,第 71 页。
② 南大吉:《高氏宗祠说》,载《南大吉集》,第 73 页。
③ 王守仁:《答南元善》,载《王阳明全集》第一册,第 210 页。
④ 冯从吾:《越中述传序》,载《冯从吾集》,西北大学出版社 2015 年版,第 252 页。

"立志、格物、从政、教人",正是"致良知"的具体内涵,是工夫之切实下手处,若不讲从政、教人之学,则良知无所致;二是本体与工夫是辩证统一的,识本体是做工夫的前提,做工夫是复本体的保障;三是阳明末流空谈心性良知,割裂本体与工夫的关系,不切实用,流于虚静,南氏的观点恰恰可以对治补救阳明后学的思想弊端。可见,南氏极为重视工夫在体证良知本体过程中的作用。

3. 道化境界论

首先,大吉认为道具有本根性,构成了天地万物的本原。他指出:"道者万世无敝者也,通天地、亘古今。其在尧舜者,即其在吾心者也。"①

其次,"道化"是主体精神的最高境界,"道化"就是"化于道",与道同体,主体生命忘怀于大道流行之中,与天地万物为一体。"是故古者大道之明于天下也,天下之人相忘于道化之中,而无复所谓邪慝者焉。"②"道化"换言之就是"与天地万物为一体"。阳明指出:"大人者,以天地万物为一体也。夫然后能以天地万物为一体。"大吉系统发挥了阳明心学"以天地万物为一体"的思想命题。他指出:"王子苟自是而反求之,则见夫吾之性本与天地万物同体者也。"③"所念者仁人心也,仁者以天地万物为一体。"④"推是心也,则天下一家也,四海一人也,天地万物一体也。"⑤

最后,大吉区分了"道化"和"物化",认为二者存在巨大的差异。圣人是生而知道之人,贤人是学而知道之人,这个"道"就是视天地万物无一而非我,但一般人不知道,故而"相交于物化",造成天地自然和人伦社会的失序。

(二)元善学的理论定位

"关中王学"究竟是归属王学,还是归属关学?这需要从南大吉的学术生平中去探求。

---

① 南大吉:《拟浙江乡试录前序》,载《南大吉集》,第64—65页。
② 南大吉:《刻传习录序》,载《南大吉集》,第62页。
③ 南大吉:《书山阴府蓬庵卷》,载《南大吉集》,第76页。
④ 南大吉:《寄骆秀才行简王秀才懋明书》,载《南大吉集》,第82页。
⑤ 南大吉:《高氏宗祠说》,载《南大吉集》,第73页。

> 昔我在英龄，驾车词赋场。
> 朝夕工步骤，追踪班与杨。
> 中岁遇达人，授我大道方。
> 归来三秦地，坠绪何茫茫。
> 前访周公迹，后窥横渠芳。
> 愿言偕数子，教学此相将。①

大吉在《示弟及诸门人十五首》诗中对自己的学思经历进行了全面回顾，分为三个阶段。

第一个阶段侧重文学，他少年时对辞赋颇有兴趣，以班固和扬雄为文学偶像，效法他们的文章笔法，"乃遂驰骛于词翰之场，争奇而斗胜者，然且十数年"，以古文鸣于世，除开科取士、谋致功名外，于心性义理无所得。

第二个阶段侧重王学，从进士到知府，他逐渐认识到阳明心学的价值并不遗余力加以弘扬，以道鸣于世，"以守越获登尊师之门，而领致知之教，始信人皆可以为尧舜，而七十子之所以服孔子者非伪也"。他真诚地相信，阳明就是所称的"达人"，心学就是所谓的"大道方"，随后因阳明而受到排挤打压，罢归故乡三秦大地。"坠绪"就是失落感，没有王门师友的交游和切磋，他的失落感是深重而孤独的。

第三个阶段侧重关学，他"勉强惕厉以求自存其心，自成其身，而不至不仁不孝之大者，皆导师之赐也"，在三秦大地自觉传承从周公到张载的文化学脉，使之和阳明心学结合起来，形成了自己的"元善学"，而且肩负着重大的使命感，将关中王学的思想传播开来。

这样，我们对南大吉的理论定位可以做如下的结论。"元善学"既是王学，又是关学。从阳明心学的发展脉络看，南大吉自觉地接受王学并在关中地区弘传教化，发展为阳明学中本体与工夫兼重的学术路向；从关学思想的发展脉络看，南大吉接续周公和张载以来的礼乐教化的传统

---

① 黄宗羲：《郡守南瑞泉先生大吉》，《北方王门学案》，《明儒学案》卷29，《黄宗羲全集》（第七册），第761页。

和厚重质实的学风，敢于纠正补救阳明末流的思想弊端，实现了对明代关学思想的扭转，开辟了从南大吉到冯从吾乃至李二曲的"关中王学"的新阶段。

作者为陕西师范大学关学研究院副院长，
陕西师范大学哲学系教授、博士生导师。

"关学洛学化"辨正

曹树明

【摘要】 关学是否有洛学化的问题,学界一直有争议。赞成者认为,张载去世后,转投程门的吕大临在思想特征上发生了某些实质性转变,丧失了关学的精神。反对者则主张吕大临只是理性地吸收了二程的某些观念,在思想、方法上有所调整而已,并未放弃对关学宗旨的坚守。其实,淡化学派意识,回归道学初创期的原初语境,就可发现关学并不存在洛学化的问题。

【关键词】 关学 洛学 辨正

梳理关学史时,学界提出了"关学洛学化"这一问题,追问关学在张载之后除李复等"正传"之外,是否还有一支发生了洛学化的转变?赞成者认为,张载去世后,转投程门的吕大临在思想特征上发生了某些实质性转变,丧失了关学的精神。反对者则主张,吕大临只是理性地吸收了二程的某些观念,在思想、方法上有所调整而已,并未放弃对关学宗旨的坚守。结论相反的两种论证,构成了对这一问题一定程度的消解,也促使我们反思:带着学派意识去研究早期道学的形成及所谓学派之间的关系,有无方法论的局限?

思想家在创立理论体系时,一般没有学派意识,而只是就时代问题发表己见。学派分殊乃日后的学者所为,北宋道学家也不例外。以学派形式总结古代哲学,当然有一定的合理性,能使寓于古典文献中的思想从散乱无章变得整齐、规范和系统。研究者有意识地探究某个学派的核心观念和思想特征,甚至会根据不同学派的思想特质建构出颇有学术价值的逻辑发展线索。但是，往往也会画地为牢、强立门户，只看到某个学派思想的独特一面，而忽略该学派与其他学派思想之间的相通性及其共同的理论主题，进而极端推崇其所信奉的一派学说，将其立为正统。学派名称的出现，肯定滞后于相关思想事件的发生。中国历史上，司马谈《论六家要指》一文开创性地用阴阳、儒、墨、名、法、道德六个学派名称概括春秋战国以来的学术思想。自此，学派研究模式深入中国学者的心灵。然而，学派的划分及其思想特征的归纳毕竟具有主观性，与客观史实之间存在或近或远的距离。司马谈指陈五家各有短长，独评判道家兼具五家之长而避其所短，就明显是门户之见，而远非客观描述。

就"关学""洛学"二词而言，早期使用时并没有门户意味。南宋刘荀在《明本释》中说张载"倡道学于关中，世谓之关学"，此"关学"即以地域命名，指在关中地区发扬的道学，并不只在表明其殊异的理论特征。程颐、杨时的弟子王蘋所谓"洛学源流，世之学者皆能历历指数"，也是客观叙事，未见门户之别。乾道九年（1173），朱熹的《伊洛渊源录》问世，"宋人谈道学宗派自此书始，宋人分道学门户亦自此书始"（《四库全书总目》）。此书中，周、程、邵、张的出场次第已显然与历史顺序相悖。《元史》并称"濂洛关闽"则意味着，对宋明道学而言，学派模式研究已被官方确定为主流。这一历史追溯提示我们：对朱熹之前的道学尤其是处于初创期的道学而言，学派模式的研究存在弊端。仅从表述来看，"关学洛学化"这一提法就已落入此种窠臼。因此，澄清这一问题，弱化对所谓学派之体征的探究尤为必要。

面对佛老的冲击，张载、二程及其弟子吕大临的思想目标是相同的，即对抗佛老，建构儒学新形态。用他们自己的话说，即"倡明道学"，此"道"指儒家的"圣人之道"。张载说"为生民立道"，"圣人之道……某唱此绝学亦辄成一次第"。《明道先生行状》记程颢曰"慨然有求道之志"。程颐云"忧道学之寡助"，且对汉唐儒颇有微词，认为毛苌、董仲舒"见道不甚分明"，王弼"元不见道"，"韩子之学华，华则涉道浅"。《横渠先生行状》则直接宣扬张、程"共语道学之要"。吕大临《上横渠先生书三》说"天道性命之微，承学久矣"，张载则称赞吕氏专心向道为"过人远矣"。凡此种种，都表明他们追求的是道学的建构。

批判佛老而又吸取其理论优长，道学家在重构儒学的过程中重视体用不二，提倡天人合一，确立了"天道性命相贯通"的道学主题。邵雍、周敦颐引领风气，张、程、吕则迎头赶上。在相同的理论主题下，张、程既独立思考，又在交流、论辩中互相启发。即便是作为弟子的吕大临，也不是单纯继承师说。在张载门下时，他就已完成《易章句》《礼记解》等重要著作，提出"一偏"之见。张载说他"求思也褊"，虽不是赞美之词，却能反证其见解的独特性。到程门后，吕大临既能适度接受二程的教导，如听取程颢"学者须先识仁"的建议而调整修养功夫的进路，又能坚守自己的学术理念。这些都说明，作为朋友、亲戚或师徒的张、程、吕，是从不同维度阐发道学思想的。"然道学初起，无所谓门户也。"（《柏景伟小识》）张载故去，三吕、范育等转师二程之举，催生了"关学洛学化"的追问，但亦可作为张、程之间没有门户的史实依据。若门户森严，转奉他师又怎么可能？

从文献角度看，后人整理张、程的著作时经常发生相互误入的情况。此中原因固然是复杂的，但至少能表明他们思想是相通的，而非门户性的相斥。否则，何至误入？南宋魏了翁在《横渠〈礼记说〉序》中就已指出"有二程先生之说参错其间"。明代汪伟在《横渠〈经学理窟〉序》里也提到"其间数条，与《遗书》所载不殊"。《二程语录》里亦掺杂了张载言论。据林鹄《〈经学理窟·宗法〉与程颐语录》一文考证，《经学理窟·宗法》中有多条语录或属程颐，《礼记集说》所收张载语有的也是程颐语。不只在张、程之间，吕大临《中庸解》也被误作程颢作品而收入《河南程氏经说》。

从思想上看，张、程、吕之间可谓同中有异、异中有同，相互启迪、相互吸收。首先，他们都对形上的天道表现出浓厚兴趣，但具体理解又不同。二程以"理"为最高的天道范畴，以至误解张载"以清虚一大为天道""乃以器言而非道也"。其实，在张载的天道范畴里，无论"太虚"还是"气"，尽管都会下贯到形下领域，但其形上属性也是一直被强调的，如说"太虚无形""（气）运于无形之谓道，形而下者不足以言之"。此外，张载之"天道即性也"，程颐之"性即理也"，皆意在凸显"性"的超越面向，而张载的性"合虚与气"始有，程颐的"性"则直接与"理"等同。吕大临"实有是理，故实有是物；实有是物，故实有是用"的天道观及"中即性也"的性论也有鲜明特色，而绝非简单地承自张、程,更非"关学洛学化"的结果。

其次,在一些具体思想上,他们也是各抒己见或相互借鉴。如关于"格物",张载释为"外物也""虚心则能格物";二程说"格,至也。物,事也""格犹穷也,物犹理也";吕大临则曰"格之为言至也。致知,穷理也,必穷万物之理同至于一而已,所谓格物也"。吕大临既不同于张载,亦与二程有明显差异。最能体现吕大临不轻从二程之说的,是其《论中书》。尽管因程颐批评他"大本已失"而"茫然不知所向",但吕大临仍坚持自己的想法,甚至令程颐接受了他的心之体用说。当然,吕大临对二程的思想也是有所吸收的。但是,如果因此而断言"关学洛学化"了,那么张载区分"天地之性"与"气质之性"、"德性所知"与"见闻之知"被二程吸纳,岂不又成"洛学关学化"了?因此,淡化学派意识,回归道学初创期的原初语境,或许能更为准确地认识"关学洛学化"问题。

作者为陕西师范大学哲学与政府管理学院、关学研究院教授。

张载关学对阳明心学的接受与传播

李敬峰

【摘要】 张载关学是在与不同时期、不同学派的交融、互通中动态地生成、发展的理学学派。张载关学对阳明心学的容受经历了最初的辩难与阐扬、晚明的光大与会通、清初的延续与修正、晚清的维系与终结，显豁出接受与传播阳明心学的"关学模式"：一是阳明心学未能取代张载关学、程朱理学在关中地区的主导地位；二是呈现出起伏不显、波折不大的抛物线式的传播态势；三是以会通朱王为基调。这种模式所映射出的关学与阳明心学的交融与互动，一方面不断生成和更新着关学，推动关学的心学化；另一方面亦促使阳明心学实现自我的重构和完善，将阳明心学在可能的衍化方向上提揭出来，拓展和深化阳明心学的理论维度，成为我们探究地域儒学接受和传播阳明心学的一个具体而生动的个案。

【关键词】 张载关学　阳明心学　关中地区　会通朱王

张载关学是在与不同时期、不同学派的交融、互通中动态地生成、发展的理学学派。当阳明心学以"新天下耳目"的姿态打破一世皆安于朱子学的现状时，旋即在全国传播开来。而我们需要追问的是，阳明心学在是时全国不同区域的接受与传播是齐头并进还是参差不齐，这并非一个无病呻吟、无关痛痒的问题，它关乎阳明心学的地域性和多样性，关系地域儒学与主流学术的争鸣互动与交融相益等富有意义的学术问题。基于此，我们特择取"濂洛关闽"当中有传衍千年、条贯秩然、脉络清晰、旨趣独特之谓的张载关学为对象，以不同时期的典范人物为线索，将其置于明、清两代宏阔的学术背景之下，通过剖析张载关学对阳明心学的接受与传播，进一步展现关学与阳明心学的互动、生成与更新，揭示阳明心学接受与传播的"关学模式"，以期从一个侧面细化和深化关学、阳明心学的研究，丰富和呈现阳明心学的地域特质和多维样态，尤其是张载关学建构的内在理路与衍化进程。

一 辩难与阐扬：阳明心学在关中地区的初传

阳明心学传入关中地区的确切时间是一个颇有价值但又难以考证的问题，然这并非无状可寻，据晚清学人柏景伟（1830—1891）载：

> 关中沦于金、元，许鲁斋衍朱子之绪，一时奉天、高陵诸儒与相唱和，皆朱子学也。明则段容思起于皋兰，吕泾野振于高陵，先后王平川、韩苑洛，其学又微别，而阳明崛起东南，渭南南元善传其说以归，是为关中有王学之始。①

柏景伟认为关中有王学之音，当源于阳明亲炙弟子南大吉（1487—1541）于嘉靖五年（1526）罢职回乡之后，在渭南地区积极传播阳明心学。实际上，早在南大吉之前，就已经有诸多关中士人与阳明有所往来，我们试举几例一窥其详：三原籍李伸（1471—？）在正德年间（1506—1521）巡按江西之时，曾与阳明"与为讲友，自谓深得其学"。②"关学集大成者"吕柟（1479—1542）在正德七年（1512）就与阳明"得数过从说《论语》，心甚善之"。③同州人尚班爵④亦师从阳明问学，成为阳明在关中的另一及门弟子。另外，曾于1521—1526年任职陕西提学副使的唐龙（1477—1546）亦与阳明交情深厚，推重其学，交辩有年，将阳明

---

① 柏景伟：《小识》，载冯从吾《关学编》，中华书局1987年版，第69页。
② 张骥：《关学宗传》卷15，载《关学史文献辑校》，西北大学出版社2015年版，第259页。
③ 吕柟：《赠玉溪石氏序》，载《泾野先生文集》卷6，西北大学出版社2015年版，第233页。
④ 尚班爵，字宗周，陕西同州人，曾任安居知县。著有《小净稿》一卷，《云林集》一卷。

心学带入关中亦甚为可信。① 如此事例，不胜枚举。如果我们抛开传播的范围和效果不论，阳明心学传入关中地区应在正德年间，而非嘉靖年间。柏景伟所说的关中地区有王学始于南大吉，则主要是指传播的自觉程度和师承渊源而论。实际上，南大吉传播王学也主要限于其家乡关中东部的渭南一隅，而广大的关中地区对阳明心学基本上持抵制和批判的态度，与江南炽热风靡之势迥然有别。正是基于关中这种复杂的情形，阳明心学在关中地区的初传便形成了辩难与阐扬并存的景象。

众所周知，关中地区自南宋后，关学、程朱理学就主导着这一区域的学术，一方面我们可从《明史》的"明初诸儒，皆朱子门人之支流余裔，师承有自，矩矱秩然"② 看出明代学术的大背景；另一方面可从柏景伟"关中沦于金、元，许鲁斋衍朱子之绪，一时奉天、高陵诸儒与相唱和，皆朱子学也"（的论述中）一见关中学术。而当阳明心学传入（关学、）程朱理学主导已久的关中地区时，学者之反应正如黄宗羲所指出的"骤闻阳明之学而骇之，有此辩难"，③ 这就准确地揭示出关中大部分学者面对学界新声之心态，是时关中地区以吕柟、杨爵、马理等为代表的关中大儒皆以辩难、批判阳明心学为务，他们"宗程朱以为阶梯"④，围绕阳明心学的核心命题"良知""知行""格物"等展开辩难。就良知来说，吕柟在肯定阳明"良知"学说所具的警醒世道人心、一扫旧学阴霾之功后，着重指出阳明"良知"之教的弊病在于：

> 何廷仁言："阳明子以良知教人，于学者甚有益。"先生曰："此是浑沦的说话，若圣人教人，则不如是。人之资质有高下，工夫有生熟，学问有浅深，不可概以此语之。"⑤

---

① 唐龙于1521年赴陕西上任时，王阳明曾作《与唐虞佐侍御》，表达对唐龙传播心学的期许。唐龙督学关中期间，颇有政绩，"时士学趋诡异，乃新正学书院。选士群肄之，划其奇靡而约诸理，其所登进悉为名臣。"（姬乃军、韩志侃：《延安府志》，陕西旅游出版社2001年版，第352页。）
② 张廷玉等：《明史·儒林传序》卷282，中华书局1974年版，第7222页。
③ 黄宗羲：《明儒学案》卷43，中华书局2008年版，第1041页。
④ 张骥：《关学宗传》卷15，第258页。
⑤ 吕柟：《泾野子内篇》卷13，西北大学出版社2015年版，第99页。

在吕柟看来，阳明的"良知"之教不分受教者资质、工夫、学问等方面的差异，将所有人等同视之，皆以良知教之，有悖于圣人因材施教的方法和原则，故而不足取，亦不足信。很明显，吕柟主要是从教法上来批判阳明的"良知"之教，这实际上并不完全符合阳明的本意，因为阳明所讲的"良知"主要是从本体立论的。"良知"作为本体，圣凡相一，无有不同。吕柟挚友马理（1479—1556）也对阳明的"良知"思想批评道：

> 夫良知者，即孩提之童，良心所发，不虑而知者也，与夫隐微之独知异矣，与夫格致之后至知，则又异矣。其师（王阳明）曰："此知即彼知也。"又以中途有悟，如梦斯觉为言，此真曹溪（禅宗）余裔，其师如此，徒可知矣。乃又以其所见非程、朱之学。①

较之吕柟，马理宗本程朱理学之意更为明显，他认为阳明所讲"良知"与程朱旨意不符，反倒与禅宗如出一辙。可以看出，吕柟、马理等主要发挥的是关学、朱子学"践履笃实、下学上达"的学派精神，对纯粹的形上之学并不钟情。虽然他们不认同阳明的"良知"之教，但并非完全排斥，从另一件事中可见端倪：

> 时阳明先生讲学东南，当路某深嫉之，主试者以道学发策，有焚书禁学之议，先生（吕柟）力辨而扶救之，得不行。②

上述之事发生在嘉靖二年（1523）会试之时，主试者嫉妒阳明心学，欲以焚阳明之书、禁阳明之学命题，吕柟极力辩护，终于阻止此议的实施。以此可见，吕柟等人并不因不认同阳明之学而落井下石，显示出其兼容并包的关学底蕴。在他们的影响下，关中士人如吕潜、郭郛、张节、李挺等，多以排斥阳明心学为务，如郭郛以朱子学"主敬"自律，不为

---

① 马理：《上罗整庵先生书》，《马理集》卷4，西北大学出版社2015年版，第322页。
② 冯从吾：《关学编》，中华书局1987年版，第43页。

心学所动，他说："学道全凭敬作箴，须臾离敬道难寻。"① 这些关中士人对阳明心学的辩难，相当程度上延缓了阳明心学在关中地区的传播速度，且成为明代中期关中地区回应阳明心学的基调。但必须指出的是，主流声音之外仍有阳明及门弟子南大吉、南逢吉兄弟在渭南一地不遗余力地传播阳明心学，为阳明心学在关中的传播奠定了良好基础。南大吉与吕柟、马理等生卒年大致相当，他在嘉靖二年任职浙江绍兴府时，恰逢阳明讲学绍兴，南大吉遂与其弟南逢吉一起拜师阳明，精研心学，并在次年修缮稽山书院，礼请阳明讲学书院，一时好学之士皆慕名前来，文教鼎盛一时，尤其是南大吉在绍兴刊刻《传习录》，极大地促进了阳明心学的传播。然好景不长，在嘉靖五年（1526），南大吉因开罪同僚，被罢职回乡，阳明在表达同情之余，也对其寄予厚望：

> 关中自古多豪杰。其忠信沉毅之质，明达英伟之器，四方之士，吾见亦多矣，未有如关中之盛者也。然自横渠之后，此学不讲，或亦与四方无异矣。自此关中之士有所振发兴起，进其文艺于道德之归，变其气节为圣贤之学，将必自吾元善昆季始也。今日之归，谓天为无意乎？谓天为无意乎？②

在这段话中，阳明盛赞关中地区自古豪杰之士辈出的卓异士风，但此风在张载之后，学绝道丧，萎靡不继，阳明则希望南大吉能够通过在关中地区传播其学，来提振这一风气，以此足见阳明对其学的自信和对南大吉北归的期许。南大吉不负师命，以道自担，我们可从其北归所作之诗"归来三秦地，坠绪何茫茫？前访周公迹，后窃横渠芳"③ 而见其传道之志。对于其传道情形，冯从吾曾有明确记载："先生既归，益以道自任，寻温旧学不辍。以书抵其侣马西玄诸君，阐明致良知之学。构湭西书院，以教四方来学之士。"④ 冯氏所述不差，南大吉以传播师说自任，

---

① 冯从吾：《关学编》，第58页。
② 王阳明：《答南元善》，载《王阳明全集》卷六，上海古籍出版社1992年版，第210—211页。
③ 冯从吾：《关学编》，第52页。
④ 冯从吾：《关学编》，第51页。

在渭南宣讲阳明心学达十五年之久,直至其于嘉靖二十年(1541)因病去世,可见其用力之笃。同时,其弟南逢吉亦在致仕归乡后,继续在渭南一地传播阳明心学,教化一方。南氏兄弟虽有传播、光大之功,但影响区域毕竟有限,尚未扩散至广大的关中地区。而这种状况的改观则有待于晚明冯从吾、张舜典等人来推动和完成。

二 晚明张载关学对阳明心学的光大与会通

顾宪成(1550—1612)在描述中晚明学界现状时说,"弘、正以前,天下之尊朱也甚于尊孔子……正、嘉以后,天下之尊王子也甚于尊孔子",① 顾氏此言不虚。嘉靖末隆庆初,得益于尊奉阳明心学的阁臣徐阶(1503—1583)、李春芳(1511—1584)的推动,阳明心学在全国的传播趋于高峰。顾炎武(1613—1682)就指出:

> 嘉靖中,姚江之书虽盛行于世,而士子举业尚谨守程、朱,无敢以禅窜圣者,自兴化(李春芳)、华亭(徐阶)两执政尊王氏学……科试文字大半剽窃王氏门人之言,阴诋程朱。②

从顾氏的论述中可以看出,仰赖于徐、李二人的政治影响力和名人效应,阳明心学已然渗透到科场程式之中。另一学人沈德符(1578—1642)亦表达类似看法:

> 徐文贞(徐阶)素称姚江弟子,极喜良知之学。一时附丽之者,竞依坛坫,旁畅其说。③

阳明心学在是时全国的热火朝天,并未带动在关中的传播势头。究其因,主要是此时关中地区传道者严重断层,关中籍阁臣马自强

---

① 顾宪成:《日新书院记》,《泾皋藏稿》卷11,文渊阁四库全书第1292册,台湾商务印书馆1986年版,第144页。
② 顾炎武:《举业》,《日知录集释》卷18,上海古籍出版社2014年版,第415页。
③ 沈德符:《嫉谄》,《万历野获编》卷8,上海古籍出版社2012年版,第180页。

（1513—1578）曾指出，"关中成、弘间人才济济称盛。自嘉靖来渐衰，至于今日，则寥落而孤弱极矣"，① 之所以出现这样的情形，一个很重要的原因是嘉靖三十四年（1555），关中地区发生有历史记载以来最为严重的大地震，据载：

> 山西、陕西、河南同时地震，声如雷。渭南、华州、朝邑、三原、蒲州等处尤甚。或地裂泉涌，中有鱼物，或城郭房屋陷入地中，或平地突成山阜，或一日数震，或累日震不止。河、渭大泛，华岳、终南山鸣，河清数日。官吏、军民压死八十三万有奇。②

不难看出，这次地震造成巨大的人员伤亡，关学翘楚韩邦奇、马理、王维桢等皆未能幸免，这对关中学术的延续造成毁灭性的打击，极大地影响阳明心学在关中地区的传播。而这种低迷之状则迟至晚明才略有改观。我们知道，心学一系的许孚远于万历十三年（1585）至万历十六年（1588）督学关中，任陕西提学副使，"开正学书院，拔志趣向上士讲明正学"，③ 一时关中学风为之一振，"凡寓内后进之士，思挹台光而聆绪论者，不翅如泰山北斗"，④ 在他的直接影响下，门下弟子出现了服膺心学的冯从吾（1557—1627）、张舜典（1557—1629）等辈，他们再度复振关学，清初三大儒之一的李二曲（1627—1705）就指出："（张舜典）与长安冯少墟先生同时倡道，同为远迩学者所宗，横渠、泾野而后，关学为之一振"，⑤ 许孙荃（1640—1688）亦称："有明关学，继文简公（吕柟）而起者，长安则有冯少墟先生，岐阳则有张鸡山先生，二公生同时，东西相望，与往复辩论，倡明斯道，学者景从，一时称极盛焉！"⑥ 这些赞语虽表述不一，但无不昭示出冯、张二人卓绝的学术地位。就冯从吾

---

① 马自强：《与孙侍御》，《马文庄公文集选》卷10，《四库禁毁书丛刊补编》第66册，北京出版社2005年版，第104页。
② 朱国桢：《地震》，《涌幢小品》卷27，上海古籍出版社2012年版，第549页。
③ 冯从吾：《关学编》，第71页。
④ 冯从吾：《奉许敬庵老师》，载《冯从吾集》卷15，西北大学出版社2015年版，第279页。
⑤ 李二曲：《题跋》，《二曲集》卷十九，西北大学出版社2015年版，第222页。
⑥ 许孙荃：《鸡山语要序》，载张舜典《鸡山语要》，第109页。

（1557—1627）而言，他服膺阳明心学，但并不以此自限，而是对阳明心学保持一种较为中肯之态度，当赞则赞，当批则批。首先，他对阳明的"良知"之教高度赞道，"阳明先生'致良知'三字真得圣学真脉，有功于吾道不小"，① 又言，"阳明先生揭以'致良知'一言，真大有功于圣学，不可轻议"。② 由此可见，冯从吾对阳明提揭"良知"，直指本心，抉发根本的赞赏。另外，张舜典亦盛赞阳明的"良知"学说，他说：

> 辞章口耳，圣道支离。公排群议，独揭良知。致之一字，工夫靡遗。虞渊取日，人心仲尼。③

可见，张舜典与冯从吾一样，皆高赞阳明提揭"良知"的晰迷破惑之功。平心而论，阳明在朱子学流弊尽显之时，标揭"致良知"，即知即行，即行即知，绝非只是为标新立异，而是要凸显道德的统领性作用，以期矫正朱子学的"支离烦琐"之病。阳明的这种思维模式深刻影响到冯从吾，他反复指出：

> 圣人之学，心学也。④
> 圣贤学问总只在心上用功。不然即终日孳孳，终属枝叶。⑤
> 吾儒学问要在心性。⑥

很明显，冯从吾完全是从心学的角度来理解和定位圣人之学的，这就与关中一贯的尊奉程朱理学的学术传统相异。更进一步地，冯从吾对学问根本的强调，更可彰显出心学对其的影响，他说：

> 学问之道，全要在本源处透彻，未发处得力，本原处一透，未

---

① 冯从吾：《答黄武皋侍御》，载《冯从吾集》卷15，第301页。
② 冯从吾：《学会约》，载《冯从吾集》卷6，第144页。
③ 张舜典：《鸡山语要》，第137页。
④ 冯从吾：《辨学录》，载《冯从吾集》卷1，第32页。
⑤ 冯从吾：《太华书院会语》，载《冯从吾集》卷10，第197页。
⑥ 冯从吾：《答陈可绩茂才》，载《冯从吾集》卷15，第310页。

发出得力，则发皆中节，取之左右，自逢其原，诸凡事为，自是停当。①

冯从吾将学问之道的根本落脚在体悟本体上，主张在本源处用力，在未发处着手，唯有在本源透彻，则已发自然符合中道。显然，冯从吾的主张与程朱理学所主导的"下学而上达"的为学进路明显不同，而与心学的直从本体入手，"先立乎其大"旨趣相近。但这并非说冯从吾不重视工夫，恰恰相反，冯从吾、张舜典皆对晚明阳明后学好高骛远，轻视工夫所造成的"玄虚而荡""情识而肆"有着清醒的认识，并且皆主张用程朱理学的"主敬"工夫来补救王学之失，冯从吾就说：

学问工夫又总之归于一敬。君子小人之分只在敬肆之间，敬者，众善之根；肆者，众恶之门。敬者，众福之根；肆者，众祸之门。敬则父子，人人敬则天下治；人人肆则天下乱。②

"主敬"虽为程朱一系的工夫纲领，但却受到阳明心学的否定③，而冯从吾却看重程朱一系的主敬工夫，将其作为工夫纲领、众善根本、圣门之要、善治根本，这就赋予"敬"无以复加的地位，意在通过实实在在的工夫来涵养本源，以期纠治阳明后学"以明心见性之空言，代修己治人之实学"④之弊病，显豁出明显的援朱救王特质。而张舜典亦表达类似看法，他多次表达对程朱"主敬"思想的推崇：

谁哉我之师，人心有仲尼。考亭严主敬，姚江致良知。⑤
出处隐显，阙惟一敬；可质三王，可俟后圣。⑥

---

① 冯从吾：《关中书院语录》，载《冯从吾集》卷12，第225—226页。
② 冯从吾：《池阳语录》卷下，载《冯从吾集》卷11，第213页。
③ 王阳明说："若须用添个'敬'字，缘何孔门倒将一个最紧要的字落了，直待千余年后要人来补出？正谓以诚意为主，即不须添'敬'字。"（王阳明：《传习录》上，载《王阳明全集》上，第34页。）
④ 顾炎武：《日知录》卷7，上海古籍出版社2014年版，第158页。
⑤ 张舜典：《鸡山语要》，第139页。
⑥ 张舜典：《鸡山语要》，第139页。

从这两段话中可以看出，张舜典不仅拔擢"敬"的地位，更把"主敬"与"致良知"分别作为朱熹、阳明的标志性思想，相提并论，以期各取所长，相资为用。从晚明关中地区代表性人物对阳明心学的接受情况可以看出，他们所思考的主题就是如何实现朱王会通，而这种会通已经有效地推动关学心学化，实现心学与关学的交融互构，推动阳明心学在关中的传播达至鼎盛，并使张载关学思想旨趣在晚明发生根本性的转向，这就是从推崇外在的格物致知和礼仪之学转变为以崇尚心性之学为主。但必须指出的是，在这种转变中，关学并未完全随着阳明心学滑转，而是仍然保持着其躬行践履、倡导实行的学术特色，并依此来修正阳明后学的空虚邋等之弊。

三 清初张载关学对阳明心学的赓续和修正

明清易代，阳明心学被作为亡国学术遭到清算，并在清初形成尊朱黜王的学术思潮。在这种大背景的裹挟下，阳明心学在关中地区保持着修正与批判交错并存的理论图景。但相对而言，羽翼、修正王学的成就和影响更为突出，缘由在于清初关中地区出现了以李二曲、王心敬等为代表的尊奉阳明心学的二曲学派。他们的影响我们可从李元春的"二曲之学盛吾乡，几如阳明之学盛天下"①评价中得以详见。李二曲（1627—1705），陕西周至人，与孙奇逢、黄宗羲并称为"清初三大儒"，全祖望指出，"关学自横渠而后，三原、泾野、少墟，累作累替，至先生而复盛"，②梁启超称其为"王学后劲"。③二曲生逢尊朱辟王日趋高涨之时，他虽宗本阳明心学，但却因应时变，推动阳明心学的自我补正和更新。他高赞阳明的"良知"学说：

> 先生始拈"致良知"三字，以泄千载不传之秘。一言之下，令

---

① 李元春：《书笺》卷11，载《李元春集》，西北大学出版社2015年版，第383页。
② 全祖望：《全祖望集汇校集注》（中），上海古籍出版社2000年版，第233页。
③ 梁启超：《中国近代三百年学术史》，江苏人民出版社2015年版，第41页。

人洞彻本面，愚夫愚妇，咸可循之以入道，此万世功也。①

姚江当学术支离蔽锢之余，倡"致良知"，直指人心一念独知之微，以为是王霸、义利、人鬼关也。当几觌体直下，令人洞悟本性，简易痛快，大有功于世教。②

可以看出，到明末清初，关中学者对阳明的"良知"之教已经不再像明代中期的学者那样排斥，而是极力肯定和赞赏。二曲肯定"良知"，亦主要是认为阳明标揭"良知"，简易直接，洞彻本体，为人点出入学之方，使人皆有成贤入圣之道。不唯如此，二曲着重凸显阳明所讲"良知"可以导向王道事功的一面，以矫正世人对阳明心学有内圣无外王的偏见。正是对"致良知"的这种深契，二曲在修正王学时，着意以此为基，开辟出兼取朱王的路径，他说：

以致良知为本体，以主敬穷理、存养省察为工夫。由一念之微致慎，从视听言动加修。庶内外兼尽，姚江、考亭之旨，不至偏废。上学下达，一以贯之。故学问两相资则两相成，两相辟则两相病。③

二曲针对朱子学、阳明心学的各自所长，提出以阳明心学为本体，以程朱理学为工夫的方法，来纠补各自所偏，如此方能实现相互补救。当然，必须指出的是，这并不意味着二曲是中间派，在两者之间，他更为偏好的是阳明心学，他说：

问：学须主敬穷理，存养省察，方中正无弊，单"致良知"，恐有渗漏？曰：识得"良知"，则主敬穷理、存养省察方有着落，调理脉息，保养元气，其与治病于标者，自不可同日而语。否则，主敬是谁主敬？穷理是谁穷理？存甚？养甚？谁省？谁察？④

---

① 李颙：《李颙集》卷7，西北大学出版社2015年版，第59页。
② 李颙：《李颙集》卷15，西北大学出版社2015年版，第130页。
③ 李颙：《李颙集》卷15，西北大学出版社2015年版，第130页。
④ 李颙：《李颙集》卷15，西北大学出版社2015年版，第136页。

可见，二曲认为朱子学所讲的"主敬穷理"必须由阳明所讲的"良知"作为头脑，否则"主敬穷理"就会落空，就会茫然无下手处。这就将其宗本阳明，兼取程朱之意显豁出来。要之，二曲在清初尊朱辟王的大势下，不随波逐流，逆风而上，依然坚守、修正阳明心学，以期为阳明心学争夺生存空间。

二曲之后，从庙堂到民间，尊朱辟王之风愈演愈烈，二曲高弟王心敬①（1658—1738），陕西户县人，历康、雍、乾三世，以学术造诣闻名于朝野，阁臣朱轼、额伦特、年羹尧、鄂尔泰等迭次举荐，其学被时人以"原是陆王者"②"似得之王阳明"③ 相称，由此足见其学宗阳明之特质。他在著述中反复强调心学宗旨之"心外无理""心外无道"作为自己立论的根基，更祖述师说，以调停朱王为务。他首先对那种诋毁阳明心学的行为进行反驳：

> 陆王之立本良知，非陆王之私创，乃孟子之本旨。陆王可排，孟子亦可排耶？孟子之立本良知不为禅，陆王之立本良知遂禅耶？④

王心敬的辩护逻辑是这样的：陆王心学源自孟子，而孟子思想纯正无疑，自然陆王心学亦不容置疑，因此那种诋毁阳明心学为禅学的是站不住脚的。但这并不是说王心敬只是盲目地恪守门户。相反，他对阳明心学之弊病亦有清醒的认识：

> 陆王立论，意在张皇本体之本善，未免于尽性复性实工夫容有脱疏，殊与六经四子本旨有异。苟不善学，虚见不实之弊所不能免。⑤

---

① 梁启超说："二曲门下最众，执贽籍号以千计，其成就较大卓称继起者以丰川为最。"（梁启超：《近代学风之地理分布》，载《梁启超全集》卷14，北京出版社1998年版，第4261页。）
② 王心敬：《姑苏论学》卷3，载《王心敬集》，西北大学出版社2015年版，第894页。
③ 周元鼎：《丰川王先生》，载冯从吾《关学编》，中华书局1987年版，第96页。
④ 王心敬：《姑苏论学》卷1，载《王心敬集》，第882页。
⑤ 王心敬：《姑苏论学》卷2，载《王心敬集》，第885页。

王心敬认为陆王之学为矫正朱子学的支离闻见之病，偏于强调内在，过于凸显本体，这就难免在下学工夫上有所脱略，流入蹈空不实。王心敬这一指陈显然是切中阳明后学弊病的。而就朱子学来说，王心敬亦明白指出：

> 学朱子自平正稳确，但朱子生平之学，日进日邃，亦屡变益精。其初鉴程门末流之弊也，故其言道问学处居多，其后鉴学者多牵于文句训诂也，故又时时为之指示本体。①

在王心敬看来，朱子学平实稳健，步步着实，只是为纠正程门后学，尤其是明道一系偏于体悟之病，所以在格物穷理、道问学等方面强调得多了，而后学则在此方向上愈走愈远。换言之，朱子学本身并无多大问题，主要是后学偏离其说，导致种种流弊。面对愈演愈烈的门户之争，基于心学、理学的各自所长，王心敬提出新的解决方案：

> 大抵论其立心，皆守先待后之大儒。论其得力，则紫阳学之功勤而密姚江之功锐而精。合之皆可入圣，分之皆可成家。无紫阳，此道空疏，师心之病无以救；无姚江，此道闻见支离之弊无以救也。②

可以看出，王心敬认为朱子学笃实，可以防空疏不实之病；而阳明心学挺立道德主体，可以抵制支离之弊，所以两者不可偏废，必须兼取并用，他指出：

> 专尊陆王而轻排程朱，是不知工夫外原无本体，不惟不知程朱，并不知陆王；若专尊程朱而轻排陆王，是不知本体外无有工夫，不

---

① 王心敬：《姑苏论学》卷2，载《王心敬集》，第885页。
② 王心敬：《姑苏论学》卷1，载《王心敬集》，第882页。

惟不知陆王，并不知程朱。①

也就是说，程朱、陆王不能尊其一，废其一，否则是两相不知。可以看出，王心敬面对清初的门户之争，采取的是以心学为基，会通朱王，修正王学的方式。总括来看，清初关中地区尊奉王学的学者，在愈演愈烈的门户之争下，在朱子学重新定为一尊的情势下，延续晚明冯从吾、张舜典等的以心学为本，会通朱王的思路，积极修正和推阐阳明心学，主张采用以程朱理学的笃实工夫来补救阳明心学的空虚不实之弊，舍弃阳明心学好高骛远，偏于心性体悟的学术取向，推动阳明心学向经世致用的方向转变，使得阳明心学在清初展现出新的学术方向。

四 清末张载关学对阳明心学的维系和终结

阳明心学在清初的关中地区虽然有李二曲、王心敬辈在极力回护，这种回护的结果我们可从张秉直（1695—1761）的"尝恨二曲、丰川（王心敬）以陆王之余派煽惑陕右，致令吾乡学者不知程朱的传"②评述中略见一斑。张氏之论难免有过分夸大之嫌。实际上，在二曲、心敬弘道关中之际，宗本朱子的部分关中学者如李因笃、王弘撰、王建常、刘鸣珂、史调等人极力批判阳明思想，措辞激烈，态度严苛。李因笃（1632—1692）就说，"先朝天下之乱，由于学术之不正，其首祸乃王阳明也"，③这就将亡国之罪归于阳明。史调（1697—1747）更称阳明为"圣门罪人"④，类似言论不一而足，反映出当时关中地区与是时全国的主流趋势是大体相近的。也就是说，随着关中地区朱子学群体的崛起和壮大，阳明心学在关中地区走向势弱和无声，以致尊奉阳明心学者几无其人，而程朱理学在二曲、心敬之后重新主导关中地区，这一风气在后来的李元春（1769—1854）、贺瑞麟（1824—1893）那里得到进一步的强

---

① 王心敬：《寄无锡顾杨诸君》，载《丰川续集》卷14，《四库全书存目丛书》集部第279册，齐鲁书社1997年版，第360页。
② 张秉直：《答姬厘东书》，载《萝谷文集》卷3，贫劳堂刻本，道光二十三年，第4页。
③ 王弘撰：《正学隅见述》，载《王弘撰集》卷9，西北大学出版社2015年版，第500页。
④ 史调：《语录》，《史复斋集》卷4，《四库全书存目丛书》集部第281册，齐鲁书社1997年版，第37页。

化。贺瑞麟说,"窃谓千古学术,孔孟程朱已立定铁案,吾辈只随他脚下盘旋,方不错走了路",① 李元春亦说,"独宋程朱诸子,倡明正学而得其精。通世顾横诋之亦大可感矣",② 二氏之说将独尊程朱、排斥阳明之意明白无疑地表露出来。但随着全国形势的转变,阳明心学在沉寂了百余年后,到晚清亦迎来转机,③ 渐趋开始复苏。而这首先可从清廷统治者那得到映射,一是康熙皇帝虽极力推崇朱子学,但终康熙一朝及整个清季,始终未取缔阳明从祀孔庙的政治礼遇,二是乾隆帝于1751年南巡期间,专谒阳明祠,后在1784年再度南巡期间,诏令修葺阳明祠,并御赐"名世真才"匾额。上层态度的松动,为阳明心学留下一线生机。如早在乾隆初年,李绂(1675—1750)就刊刻《陆子学谱》,乾隆五十二年(1787),刘原道刊刻《阳明先生年谱》,而到嘉庆、道光年间,王学著作得以大量刊行,如嘉庆三年(1798),刘永宷刊行《王文成公集要》,道光五年(1825),张恢等人补刻《广理学备考》,专门收录心学一系的《王阳明集》《王心斋集》《王龙溪集》等,此后的道光十一年(1831)、道光二十五年(1845)皆有大量的阳明学著作得以刊行。心学著作在清代中期的解禁,为阳明心学在晚清的复兴奠定底子。但也可以看出,阳明心学的复苏主要局限在有心学传统的江南地区,而在关中地区的传播则要晚至清末才出现。以刘古愚(1843—1903)、李寅(1838—1877)、柏景伟(1831—1891)等为代表的关中学者,在晚清世道多变之际,依然艰难维系、改造和传播心学思想,而尤以刘古愚的成就最为杰出。刘古愚,名光蕡,号古愚,陕西咸阳人,与康有为(1858—1927)并称为"南康北刘"。康有为称其学"以良知不昧为基",④ 李岳瑞(1862—1927)称,"先生之学,渊源姚江,会综洛、闽,而其用归于阜民富国",⑤ 张骥亦说:"先生学术推重姚江。"⑥ 从这些学人的赞语中可见刘

---

① 贺瑞麟:《答蒋少园书》,载《贺瑞麟集》卷7,西北大学出版社2015年版,第224页。
② 李元春:《学术是非论》,载《李元春集》卷1,西北大学出版社2015年版,第11页。
③ 康有为说:"明正德之后,王阳明之学盛行,至国朝而学复昌。"(康有为:《万木草堂口说》,载《康有为全集》第2册,中国人民大学出版社2007年版,第145页。)
④ 康有为:《烟霞草堂文集序》,载《刘光蕡集》,西北大学出版社2015年版,第7页。
⑤ 李岳瑞:《墓志铭》,载《刘光蕡集》,西北大学出版社2015年版,第281页。
⑥ 张骥:《关学宗传》卷56,第537页。

古愚归宗阳明心学的学术旨趣。他首先对学界争讼已久的朱王异同问题发表自己的看法:

> 以程朱为孔门正派正途,陆王为异,所谓异同者,谁定之耶?其非孔子预定,为孰正、孰异?则为各私其门户之说也,明矣。……今之辨程朱、陆王者,何异于是?学术之不同也,自古至今,所谓正统、嫡传,亦未有全体胥同,而无丝毫之不异。正如孪生之子,虽极相似,亦必不尽同。……则何必学圣人者而仅朱子之一途为正业?①

在刘古愚看来,学界将程朱理学视为名门正派,而将陆王心学打入异类杂学,实乃门户之见。因为程朱、陆王皆是圣贤之学,并无正统、异类之分,它们两者正如同孪生子,皆为正统,不必苛求两者一切皆同。因此,学习圣贤无须只将朱子学视为正统。这里,刘古愚表面上在程朱、陆王异同问题上力破门户之见,但实际上字里行间他都是在为抬升阳明心学而努力。我们更可从其对阳明"致良知"的评价中一见其志:

> 阳明会和二家之说,括以"致良知"三字,单传直指,一针见血,使学人闻言立悟,有所执持,以徇徇于学文之途。故自阳明之说出,海内学人蜂起,名儒辈出。自周程创兴儒教以来,未有若斯之盛也。②

刘古愚认为阳明的"致良知"折中、融汇陈献章、湛若水两家思想,直指根本,为人开示简易直接的为学门径,使人人有入圣之门,一时硕儒辈出,前世不及,后世不逮,开一代风气之先。这里,刘古愚肯定阳明"致良知"在教化大众上的普及之功。更进一步地,他不惜笔墨对诋毁阳明"良知"思想的学说进行严厉批驳:

---

① 刘光蕡:《与门人王伯明论朱陆异同书》,载《刘光蕡集》卷5,第122页。
② 刘光蕡:《与门人王含初论致良知书》,载《刘光蕡集》卷5,第124页。

> 凡诋阳明者，谓入于禅，遁于虚，皆胸中有物，未尝平心以究其旨。一见"致良知"三字，怒气即生，遂不惮刻论深文，以罗致其罪也。①

> 明末国初，诸儒鉴王学末流空疏之失，欲矫而救之，遂痛诋阳明。夫矫末流之空疏，可也，以空疏诋阳明，不可也。诋阳明而以"致良知"一语为遁于虚，尤不可也。②

刘古愚着重分析学界将阳明"致良知"等同于"禅"的缘由：一方面，是学者私意作祟，不能公心领会阳明"良知"精髓；另一方面，是学界将王学末流空虚之病迁怨至阳明本人。当然，刘古愚并非只是一味墨守心学，他因应时变，对阳明"良知"学说进行世俗化和经世化的推阐。就前者而言，刘古愚说：

> 夫"良知"者何？即世俗所谓"良心"也，"致良知"者何？"作事不昧良心"也，此则蠢愚可晓，妇孺能喻矣。③

很显然，刘古愚以"良心"解释"良知"，以"不昧良心"解释"致良知"，无疑是在为阳明思想祛魅，将其简单化、通俗化，使其更容易为世人所接受和认可。就后者而言，刘古愚有感于王门末学将"致良知"虚无化，故着意将"良知"思想向经世化一面转进，以纠治心学之偏。名士陈三立（1853—1937）就敏锐地点出刘古愚"尤取阳明本诸良知者归于经世"，④ 陈氏所言不虚，刘古愚以"良知"为基，积极开拓"良知"的经世致用维度，他指出，"日本仿行西法，不遗余力，而其学校必先伦理……其道何由？阳明以'格物'为'诚意'之功夫者，此也"，⑤ 又说，"中国'格物'之学，必须以伦理为本，能兼西人而无流

---

① 刘光蕡：《与门人王含初论致良知书》，载《刘光蕡集》卷5，第124页。
② 刘光蕡：《与门人王含初论致良知书》，载《刘光蕡集》卷5，第124页。
③ 刘光蕡：《与门人王含初论致良知书》，载《刘光蕡集》卷5，第124页。
④ 陈三立：《刘古愚先生传》，载《刘光蕡集》，第3页。
⑤ 刘光蕡：《大学格致说》，载《刘光蕡集》卷1，第20—21页。

弊也"，① 刘古愚的意思再清楚不过，那就是实学、实业必须在诚意、良知、伦理等的范导下开展才有积极的意义，否则必将祸害无穷。刘古愚身体力行，践行其说，学习西学，创办近代教育，开设工厂，投身实业，并在陕西积极开展维新运动等，无不处处强调"良知"的规范和引导。但必须指出的是，刘古愚对阳明心学的这种通俗化、经世化的解读，实际上是减杀了心学的理论强度。也就是说，他并没有在传播阳明心学时，深化阳明心学。相反，他终结了心学形态之关学。② 之所以这样说，一方面当然与刘古愚本身对阳明思想的改造有关，另一方面是清代关中地区的心学气息原本就十分薄弱，综观《关学宗传》所录清代关中学人，尊奉阳明者几无其人，再者，亦与清末民初整个理学衰败，传统心学理论转换，出现"今人一见人讲道学，即以假道学诋之"③ 密切相关。

结　语

张载关学对阳明心学的接受与传播，形式上是地域思想对主流学术的容受，而在根本上则是新、旧两种学术的博弈，不仅涵具和体现阳明传播学史的一般特征，亦别具和呈现区域学术形态的特质。（1）影响相对有限，基本上没有撼动关中地区张载及程朱理学的主导地位。阳明心学虽然在明末清初的关中地区达至鼎盛，但相对于明清四百余年的传播历程，它更多的是昙花一现。（2）呈现出抛物线、马鞍状的传播趋势，但起伏程度并不明显。阳明心学在关中的传播，经历初传的低迷，至明末清初达至鼎盛，随后即进入低迷、衰退状态，至晚清虽有刘古愚等的苦苦坚守，但不过是孤军作战，难挽颓势。（3）以会通朱王为基调。以冯从吾、李二曲、王心敬、刘古愚等为代表的主流阳明学者，虽然学宗阳明，但并不以阳明心学自限，而是主张以朱子学之笃实稳健工夫来补正阳明心学的空虚邈等之病，以阳明心学之简易明捷来矫正朱子学的支离烦琐之弊。换言之，如何会通朱王一直是关中地区阳明心学的主题。

---

① 刘光蕡：《大学格致说》，载《刘光蕡集》卷 1，第 21 页。
② 刘宗镐：《崇实致用：关学多元理论中的统一精神》，《中国哲学史》2019 年第 6 期。
③ 皮锡瑞：《皮鹿门学长南学会第三次讲义》，《湘报》第 17 号，中华书局影印本 1965 年版，第 100 页。

以上所述正是张载关学接受与传播阳明心学的"关学模式",表征出关中地区接受与传播阳明心学的个性特质。同时,我们也必须注意到,阳明心学与关学是双向的争鸣与互动的关系,它在关中地区的传播亦不断更新和生成着关学,推动关学的心学化,使得关学能够回应时代关切,永葆学术生命,赓续学术脉络。反过来,关学通过会通朱王,修正心学等方式亦不断促进阳明心学的自我重构和完善,将阳明心学在可能的衍化方向上提揭出来,拓展和深化阳明心学的理论维度,丰富阳明心学的学术样态。要之,张载关学对阳明心学的接受与传播清楚明白地向我们表明:阳明心学在其时全国的接受与传播绝非同步等质的,而是有着明显的地域差异,显豁出关中地区特有的保守与开放。

作者为陕西师范大学哲学系副教授。

论晚明清初的关学与阳明学之关系

米文科

【摘要】 从晚明清初关学与阳明学的关系来看,关学学者在继承"崇实""尚行"的传统学风中又积极主动地去吸收阳明学的思想资源,并与当时思想界的发展状况联系起来,从而使得关学一方面既显现出较强的融合性和兼收并蓄的性格,另一方面又具有自身的特点,这种特点具体体现在:一是主张以"本体与工夫合一"的方式来融合朱、王之学,反对门户之争;二是以纠正当时的学风之弊为问题意识,而不是关注对阳明学各种概念的理解与阐释;三是在强调体认良知心体的同时,又积极提倡经世致用、躬行实践。

【关键词】 关学 阳明学 冯从吾 李二曲 王心敬

"北方之为王氏学者独少"①,这是黄宗羲在《明儒学案》中对阳明学在北方传播情况的一个总的说明,而黄氏所说的"北方",主要是指山东、河南和陕西三省。在这三省之中,黄宗羲对陕西的阳明学者记述尤少,仅仅介绍了渭南的南大吉(瑞泉,1487—1541)一人,且因对南大吉的著作是"所见而复失去"②,故并未摘录其讲学语录或论学书信等,以致后人从《明儒学案》去了解阳明学时,对关中的阳明学所知甚少,

---

① 黄宗羲:《明儒学案》(修订本),中华书局2008年版,第635页。
② 黄宗羲:《明儒学案·发凡》(修订本),第15页。

印象不深，这不能不说是一个遗憾。① 黄氏的记载虽或不完全②，但关中以阳明学为宗的学者确实比较少则是一个不争的事实，而这同时也为阳明学在关中的发展和与关学的传统学风相结合留下了较广阔的空间，如南大吉就很少讨论"良知"的寂感、体用、未发已发等关系，也不见他对"见在良知""无善无恶"等说法有何意见，南大吉更多的是强调对"良知"的笃信与如何"致良知"等。随着南氏兄弟的去世，阳明学虽然在关中一时沉寂下去但却并未绝迹，到了晚明万历中期，它又重新出现在关中学者的讲学之中，并对晚明与清初的关学产生了深远的影响。不过，此时的"关中王学"已非阳明后学，而只是阳明学在关中地区的传播与发展。

一 冯从吾：本体与工夫合一

晚明关学最重要的代表是长安的冯从吾（少墟，1557—1627），当时江右王门学者邹元标（南皋，1551—1624）就说："华岳萃崒造天，黄河鸿洞无涯，代有巨儒，横渠之后，明有仲木（吕柟），今有仲好（冯从吾），可称鼎足，可以张秦，亦可以张明。"③ 清初山西学者范鄗鼎（彪西，1626—1705）也说："前有横渠，后有泾野，今见先生（指冯从吾），太华三峰，真关中大观哉！"④ 从童年时起，冯从吾之父就以王阳明的"个个人心有仲尼"之诗，令其习字并学其为人。成为诸生后，冯从吾又进入西安正学书院师从时任陕西提学使的许孚远（敬庵，1535—1604）。许孚远虽为湛若水的再传弟子，并与阳明后学周汝登（海门，1547—

---

① 南大吉是王阳明在关中最重要的弟子，也是第一个在关中自觉传播阳明学的人。晚清关中学者柏景伟（沣西，1831—1891）说："阳明崛起东南，渭南南元善传其说以归，是为关中有王学之始。"（冯从吾：《关学编（附续编）》，中华书局1987年版，第69页）

② 南大吉之弟南逢吉（姜泉，1494—1574）亦为王阳明弟子。嘉靖二年（1523），他与其兄南大吉一起在浙江绍兴师从王阳明，后来又随其兄在家乡渭南传播良知学，晚年又建姜泉书院讲良知学。《王阳明全集》卷32《传习录拾遗》中收有南逢吉向王阳明请教"尊德性"与"道问学"关系的问答之语（见王守仁《王阳明全集》，上海古籍出版社2014年版，第1288页）。此外，又有陕西三原人张元相（《王阳明全集》，第309—310页）和同州（今大荔）人尚班爵师从王阳明（《关学编（附续编）》，第52页）。

③ 邹元标：《少墟冯先生集序》，载《冯从吾集》，西北大学出版社2015年版，第12页。

④ 范鄗鼎：《冯先生集前识言》，载《广理学备考》，康熙二十三年重刻本。

1629）就"无善无恶"一说进行过激烈辩论，但他并不否定王阳明的"致良知"说。年少之时的庭训和成年之后的师教极大地影响了冯从吾日后的为学道路。

首先，阳明学对冯从吾的影响体现在他对儒家之学的认识上。

> 窃谓圣贤之学，心学也，心之不养，而徒事于枝叶间，抑末矣。
> 夫心学之传肇自虞廷，而孔子一生学问只在"从心所欲不逾矩"，至孟子而发明心性，更无余蕴，此万世学者之准也。……心学不讲，而曰我能学，是后世枝叶之学，岂孔门根本之学哉？①

冯从吾强调，儒家圣人之学即是"心学"，而非别的什么学问。尽管冯从吾所说的"心学"，并非专指阳明心学，而是心性之学的意思，② 但他的这一认识对于明代关学来说意义重大。因为在其之前，关学大体上是以"主敬穷理""读经重礼"为学，继承与恪守着朱子之传与张载学风，如明代前期三原学者王承裕（平川，1465—1538）在其主讲的弘道书院中就教诸生"以宗程、朱以为阶梯，祖孔、颜以为标准"，并"教人以礼为先"③；其弟子马理则"执礼如横渠，其论学归准于程朱"④；明代中期关学的主要代表高陵的吕柟"接河东薛瑄之传，学以穷理实践为主"⑤。但到了冯从吾这里，关学的为学方向开始发生转变，转向心性之学的领域，强调对良知、性善等价值本体的探讨，与此同时，工夫的重心也从强调经学的学习和礼教的践行，以及外在的格物穷理转向内在的心性涵养，特别是要在"一念未起"和"一念方动"时做工夫。正如冯从吾所说："学问之道全要在本原处透彻，未发处得力。本原处一透，未

---

① 《冯从吾集》，第237、233页。
② 这可以从冯从吾对心、性的区分中看出，如其曰："性者，心之生理，非心之外别有性也。如心是心，心之仁义礼智是性。"（《冯从吾集》，第227页）又说："人得天地之理以为生，此所谓义理之性也，而气质乃所以载此理，岂舍气质而别处讨义理哉？"（《冯从吾集》，第48页）以及在此基础上对人心道心、气质之性义理之性等的划分中都可以看到冯从吾思想中的朱子学特点。
③ 冯从吾：《关学编（附续编）》，第38页。
④ 冯从吾：《关学编（附续编）》，第48页。
⑤ 张廷玉等：《明史》，中华书局1974年版，第7244页。

发处得力，则发皆中节，取之左右自逢其源，诸凡事为自是停当。不然，纵事事点检，终有不凑泊处。"① 这不能不说是受到阳明学的影响。

其次，阳明学对冯从吾的影响还体现在其"本体与工夫合一"的为学方向上。

冯从吾对阳明学的认同并不仅仅是来自家教与师教，更主要是他对晚明学术思想的分歧与争论的认识，亦即出自现实的关怀和问题意识，如冯从吾说：

> 近世学术多歧，议论不一，起于本体、工夫辨之不甚清楚。……若论工夫不合本体，则泛然用工夫必失之支离缠绕；论本体而不用工夫，则悬空谈体必失之捷径猖狂，其于圣学终隔燕越矣。
>
> 后世学术庞杂，议论偏颇，不知学者无论，即知学者往往舍工夫而专谈赤子之心，则失之玄虚；舍赤子之心而专谈工夫，则失之支离，心学几为晦蚀。②

冯从吾认为，晚明学术之所以多歧，争论不休，就在于学者对本体与工夫的关系认识不清楚，不是离开本体谈工夫，就是离开工夫谈本体，从而陷入支离闻见或玄虚猖狂之中。只有将本体与工夫统一起来，"识得本体，然后可做工夫；做得工夫，然后可复本体"③，才是孔门所说的"一贯"，才能够化解晚明学术上的分歧。而在冯从吾看来，只靠阳明学是不可能解决这一现实学术问题的，因为王阳明的"致良知"说虽然"直指圣学真脉，且大撤晚宋以来学术支离之障"④，但同时，王学末流"空谈良知""脱略工夫"之风也比较流行，"无善无恶"的说法更与释氏的"空寂"相同，不仅在理论上与孟子的"性善"论相悖，而且会在实践中导致猖狂无忌惮的风气。⑤ 在这种认识下，冯从吾强调应将阳明学

---

① 《冯从吾集》，第272页。
② 《冯从吾集》，第288、241页。
③ 《冯从吾集》，第252页。
④ 《冯从吾集》，第304页。
⑤ 参见刘学智、米文科《关学大儒冯从吾哲学思想述论》，《地方文化研究》2013年第6期。

与朱子学会通起来，以良知为本体，以主敬穷理为工夫。

这样，阳明学便通过"本体与工夫合一"的方式在冯从吾那里实现了与朱子学的融合。所以，如果说南大吉是第一个自觉地在关中传播阳明学的学者，那么冯从吾就是第一个将阳明学与朱子学融合起来的明代关学学者。而且，这种融合对关学的发展至为重要，它不仅改变了过去关学以朱子学为宗的主流趋势，而且开启了晚明清初关学的"朱王会通"之路。

二 李二曲："朱王会通"与"明体适用"

冯从吾之后，关学开始逐渐走向衰落，五六十年间，无论是阳明学，还是朱子学，在关中都没有出现具有较大影响力的学者，也没有大的讲学活动，清初关学学者李颙（二曲，1627—1705）说：

> 凤翔张鸡山先生……与长安冯少墟先生同时倡道，同为远迩学者所宗，横渠、泾野而后，关学为之一振。两先生没而讲会绝响，六十年来，提倡无人，士自辞章记诵之外，不复知理学为何事，两先生为何人。①

关学的这种衰微状况一直持续到康熙年间周至的李二曲出现。全祖望（谢山，1705—1755）说："关学自横渠而后，三原、泾野、少墟，累作累替，至先生（李二曲）而复盛。""先生起自孤根，上接关学六百年之统，寒饿清苦之中，守道愈严，而耿光四出，无所凭藉，拔地倚天，尤为莫及。"② 而李二曲所复兴的关学便是以阳明学为主要内容，同时融合了朱子学的工夫理论。

首先，在思想上，李二曲极力强调融合程朱与陆王之学的必要性。他说：

> 孟子论学，言言痛切，而"良知"二字，尤为单传直指，作圣

---

① 李颙：《二曲集》，中华书局1996年版，第222页。
② 全祖望：《二曲先生窆石文》，见李颙《二曲集》，第612、614页。

真脉。……后阳明先生以此明宗，当士习支离蔽锢之余，得此提倡，圣学真脉，复大明于世，人始知鞭辟着里，反之一念之隐，自识性灵，自见本面，日用之间，炯然焕然，无不快然自以为得，向也求之千万里之隔，至是反诸己而裕如矣。

夫姚江之变，乃一变而至于道也。当士习支离蔽锢之余，得此一变，揭出天然固有之良，令人当下识心悟性，犹拨云雾而睹天日。否则，道在迩而求诸远，醉生梦死，不自知觉，可不为之大哀耶！①

在这里，李二曲先是肯定王阳明讲的"良知"学是本自孟子，也属于儒家正学，并强调阳明学在纠正朱子后学支离蔽锢方面的积极作用，能使学者从此知道深入堂奥，反之心性。因此，李二曲指出，对于朱、王之学不可存有门户之见，既不能"是朱非陆"，也不能"是陆非朱"，特别是那种不能实学朱子之学却以语言文字来"尊朱辟王"的风气尤其对学问有害。当然，二曲也看到了晚明王学末流往往略工夫而谈本体，舍下学而务上达的现象，对此，他认为只有将程朱之学与陆王之学融会贯通起来，"'先立其大'、'致良知'以明本体，'居敬穷理'、'涵养省察'以做工夫，既不失之支离，又不堕于空寂，内外兼诣，下学上达，一以贯之矣"②，所以二曲强调："学术之有程朱，有陆王，犹车之有左轮，有右轮，缺一不可，尊一辟一皆偏也。"③

其次，在主张融合程朱、陆王之学的同时，李二曲特别注意到当时士子"所习惟在于辞章，所志惟在于名利"，"士自辞章记诵外，茫不知学问为何事"④，他认为这种士风士习造成了现在儒学的晦暗，而儒学不明不只关系到正人君子的盛衰，更关系到生民休戚、世运否泰，因此在他看来，当今之急务既不是辨别儒佛异同，也不是朱、王之争，而是要讲明学术，提醒人心。他说：

---

① 李颙：《二曲集》，第529、199页。
② 李颙：《二曲集》，第532页。
③ 李颙：《二曲集》，第532页。
④ 李颙：《二曲集》，第105、159页。

> 世道隆污，由正人盛衰；而正人盛衰，由学术明晦。故学术明则正人盛，正人盛则世道隆，此明学术所以为匡时救世第一务也。
>
> 治乱生于人心，人心不正，则天下不治；学术不明，则人心不正。故今日急务，莫先于讲明学术，以提醒天下之人心。①

因此，相较于程朱之学，李二曲更看重阳明学对提醒人心、唤醒此心的作用，换言之，相对于工夫，本体更具有优先性，更何况，工夫只是本体之工夫，是为了全其本体、复其本体，故二曲说："识得良知，则主敬穷理、存养省察方有着落，调理脉息，保养元气，其与治病于标者，自不可同日而语。否则主敬是谁主敬？穷理是谁穷理？存甚，养甚？谁省，谁察？"② 如果离开本体而做工夫，所成就者也只是一"德业名儒，醇正好人"。因而李二曲反复强调学者要先识本体，"先立乎其大"，把良知看作水之源、树之根。他说：

> 时时唤醒此心，务要虚明寂定，湛然莹然，内不着一物，外不随物转，方是敦大原、立大本。"先立乎其大者"，能先立乎其大，学问方有血脉，方是大本领。若舍本趋末，靠耳目外索，支离葛藤，惟训诂是耽，学无所本，便是无本领。即自谓学尚实践，非托空言，然实践而不"先立乎其大者"，则其践为践迹，为义袭，譬诸土木被文绣，血脉安在？③

在工夫上，李二曲也更重视默坐澄心、静中体认等体证本体的工夫，而较少谈及主敬穷理、省察慎独和读经习礼等理学传统工夫。他说："夫天良之为天良，非他，即各人心中一念独知之微；天之所以与我者，与之以此也。……而体认下手之实，惟在默坐澄心。盖心一澄，而虚明洞彻，无复尘情客气、意见识神为之障蔽，固有之良，自时时呈露而不

---

① 李颙：《二曲集》，第172、456页。
② 李颙：《二曲集》，第530页。
③ 李颙：《二曲集》，第527页。

昧矣。"①

最后，李二曲还特别强调理学的入世性，试图将理学内在的心性修养与外在的经世致用重新统一起来，以发挥理学经世的作用。他说："儒者之学，明体适用之学也。"② 又说："明体而不适于用，便是腐儒；适用而不本于明体，便是霸儒；既不明体，又不适用，徒汩没于辞章记诵之末，便是俗儒。"③ 可以说，"明体适用"是关中王学发展到清初最显著的一个变化，也是李二曲良知心学的总的特征。不过，由于李二曲更关心的是如何使士子从辞章、名利中振拔出来，因此，相对于"适用"，他更偏重于心体的涵养、本原的洞彻，亦即"明体"方面。但他的这一为学方向却被其弟子王心敬（丰川，1656—1738）等人所继承下来。

虽然在清初的关中，除了李二曲之外，还有学宗程朱的朝邑（在今陕西大荔）王建常（复斋，1615—1701）和稍后的泾阳王承烈（逊功，1666—1729）、蒲城刘鸣珂（伯容，1666—1727）等人，但清初关学的主流无疑是以李二曲及其弟子王心敬为代表的以阳明学为主、会通程朱的思想。④ 晚清学者唐鉴（镜海，1778—1861）就说："关中之学，二曲倡之，丰川继起而振之，与东南学者相应相求，俱不失切近笃实之旨焉。"⑤

三 王心敬：回归孔孟，《大学》为宗

王心敬是李二曲的著名弟子，也是继二曲之后关中又一以王学为宗，提倡融会朱王的重要学者。乾隆时的理学名臣陈宏谋（榕门，1696—1771）说："余维关中学者，近推李二曲先生。丰川为二曲高弟，得其蕴

---

① 李颙：《二曲集》，第144页。
② 李颙：《二曲集》，第120页。
③ 李颙：《二曲集》，第401页。
④ 除李二曲、王心敬之外，当时武功的康吕赐（南阿，1644—1731）与李二曲的另一弟子邠州的王吉相（天如，1645—1689）亦以"致良知"为宗，强调工夫实践。不过，二人在当时关中的影响不大，特别是康吕赐一生绝意仕途，里居数十年，很少与其他关中学者交往，其著作也已佚失。(参见王钟翰点校《清史列传》卷66《儒林传上一》，中华书局1987年版，第5302页。)
⑤ 唐鉴：《唐鉴集》，岳麓书社2010年版，第611页。

奥，扩而大之，修身淑世，更为切实。"① 晚清关学学者贺瑞麟（复斋，1824—1893）也说："自明季姚江之学盈天下，而二曲、丰川阴用其说，以倡导后进，关中学者靡然从之。虽恪守程朱如朝邑王复斋，秦士或莫之知。"② 与其师以"讲明学术，提醒人心"，救士子于辞章训诂、举业名利之中为匡时救世第一务一样，王心敬亦有其强烈的现实关怀和问题意识，即解决朱、王门户之争。

王心敬认为，如果学者把精力都放在辨朱辨陆或只以"尊朱辟王"为事上，不但会忽视自己的身心道德修养，而且更会使理学缺少发展的动力，难以发挥其本有的作用。因此，他一方面继承其师二曲的"会通朱王"的为学道路，另一方面则自觉地把解决朱、王之争当作自己一生的学术使命。王心敬说：

> 心敬窃不自量，尝以为学术至近世，门户分淆，每欲从家师究探异同离合之根，折衷同归一致之旨，冀随当世大儒先生后稍助廓清之力，使一切纷纷门户之争悉会归皇极，则亦我辈于宇宙千万世内生世一番之职分也。奈识力暗浅，未能穷探宗传，居恒每与家师言至于此，未尝不慨然太息，而家师亦以幼无名师良友之依，徒从前圣贤经书中以己见为抉择。故今虽既老之年，尚思得大儒先生质疑请正，以折衷于一是。③

而在王心敬看来，要解决朱、王之争，首先要对朱子和陆王之学都有一个全面、清楚的认识，亦即要真正把握两家之学的精神，否则就只是泥形逐迹，陷入一偏之中。

首先，对于朱子学，王心敬说：

> 朱子生平之学，日进日邃，亦屡变益精。其初鉴程门末流之弊

---

① 陈宏谋：《培远堂文集》卷1《王丰川先生续集序》，见《陈榕门先生遗书》，民国33年铅印本。
② 贺瑞麟：《贺瑞麟集》，西北大学出版社2015年版，第25页。
③ 王心敬：《答友人求印正所著书》，《丰川全集（续编）》卷10，清康熙五十五年额伦特刻本。

也，故其言道问学处居多，其后鉴学者多牵于文句训诂也，故又时时为之指示本体。然要之，言学问非偏废存心养性之功，而言本体亦即在日用伦常之间，细观大全集并朱子本传自见。我辈尊朱子，要知其生平救弊之苦心，更要知其晚年矫偏之本意，乃不至以尊朱子者病朱子耳。①

王心敬强调，朱子平日之所以讲"道问学"处比较多，其实是想通过工夫修养来纠正程门末流的空疏之弊，但朱子晚年也看到学者常常陷于文句训诂之中，故又时时强调本体，因而不能把"道问学"看作朱子唯一的学问工夫，认为朱子只讲"道问学"。王心敬认为，只有了解朱子的这种救弊苦心和晚年矫偏之意，才能真正得朱子之学的精神命脉，才是真学、真尊朱子。

其次，对于陆王之学，王心敬则从其学之根源、与禅学的区别以及对儒学的作用三个方面进行了说明。

第一，王心敬强调，陆、王的"立大本"和"致良知"说是出自孟子，与朱子的"主敬穷理"同为儒家正学。他说：

> 象山之立大本本于孟子，阳明之致良知亦本孟子。今观孟子曰先立其大则小者不能夺，是立大本初非遗末也；阳明之致良知，其为说本曰实致良知于日用伦物之间，是致良知初非遗行也。但二公当日欲矫支离闻见之弊，不免意有偏重，而从之学者每不能善守其原说，读其书者复不能会通其本旨，遂致有于内偏重之疑，由是禅学之疑因之起，而争门户者遂聚讼盈庭矣。②

王心敬指出，不仅陆象山的"先立乎其大"与王阳明的"致良知"说都是源自孟子，而且象山和阳明也并非重本遗末或重知遗行，只不过为了矫正朱子后学的闻见支离之弊，故不免意有偏重，对"尊德性"讲得较多。至于脱略工夫而空谈本体，则是其后学末流之过，非象山、阳

---

① 王心敬：《姑苏论学》，《丰川全集（续编）》卷2。
② 王心敬：《姑苏纪略》，《丰川全集（续编）》卷3。

明之本意。可见，与朱子重"道问学"一样，陆、王强调"尊德性"也主要是为了补偏救弊，而非其学原本就是如此。

第二，王心敬对陆王之学为禅学的说法进行了辩护。他指出，以陆王为禅，不仅是对陆、王的救弊之心不了解，更是将其后学末流之失加之于陆、王本人之上。更何况，是否强调心性并不是儒家与佛老的本质区别，儒学原本就是以心性为学的。王心敬说：

> 吾儒之学，原本心性。故朱子曰"千圣相传，只此一心"，而生平孜孜者，以心性之存养为要归，全集所载可考而知也。今以陆王之重心性而昧者禅之，势必至割吾儒性命精微之旨尽归二氏，又必至舍朱子性命精微之蕴而徒求诸著述立说，致令二帝三王以来一中相传之心法沦弃于世儒口耳意见之私而后已。①

王心敬指出，心性并不是儒家与佛老之学的根本区别之所在，三教之异乃在于经世与出世上。他说："吾儒之道原是经世之道，故一切虚者归实；二氏之道原是出世之道，故往往实者归虚。不实不足以经世，故吾儒所尚者，仁义礼智、忠孝节烈；不虚不足以出世，故二氏所尚者，虚无空寂、清净超脱。"② 在王心敬看来，陆王之学虽然重视良知心体的体认，但良知并不离人伦日用，这与佛老的"虚无空寂"、清净超脱绝然不同，因而不能把陆王之学看作禅学。

第三，王心敬强调了陆王之学对儒学具有重要作用。他指出，如果以陆、王为禅，否定"立大本"和"致良知"，那就等于是把儒家的心性之学割让给佛老，而认为儒学只是辞章训诂、博闻多识等，这样势必会使学者逐末迷本、任情冥行。王心敬说："以立大本为禅，不善学者将必至于情识口耳，逐末迷本；以致良知为禅，不善学者将必至于支离扰扰，任情冥行，其不至举吾道尽性至命之宗流于见闻标榜、格套假借之途不止也。"③

---

① 王心敬：《存省录》，《丰川全集（正编）》卷1。
② 王心敬：《侍侧纪闻》，《丰川全集（正编）》卷9。
③ 王心敬：《姑苏论学》，《丰川全集（续编）》卷1。

既然程朱、陆王都是以孔孟为宗，并且都属于儒家正学，只不过因各自为救学问之弊而在本体、工夫、内外上不免有所偏重，因此今日之学者应该将二家之学结合起来，兼采其说，取长补短，而非党同伐异、喜同恶异，即所谓"陆王正宜资朱子之实功，而心体始得平实圆满；朱子惟其兼陆王之心体，而学问乃为切近精明"①，"为学不知尊德性，则流为俗儒之支离闻见；然徒知尊德性而不知道问学，亦类于二氏之溺空滞寂"②。

不过，廓清迷雾，厘清朱、王之学的源流和各自偏重的原因，以及与佛老之学的区别等，只是王心敬为解决清初朱、王之争上所做的诸多工夫的一个方面。另外，他还试图从孔孟之学这个源头上为其合会朱、王之学找到一个根本性的依据。在王心敬看来，孔孟之学原本就是全体大用、真体实功一以贯之的，《大学》的"明新止善"就体现了这一点。他说：

> 千古道脉学脉只以全体大用、真体实功一贯不偏为正宗，故举千圣百王之道、六经四子之言，无一不会归于此，而惟《大学》一书则合下包括，更无渗漏。……故学术必衷于孔子，教宗必准乎《大学》，然后范围天地，曲成万物，无门户意见之流弊得以淆之。③

因此王心敬认为，从今论道，应当以《大学》为归，孔孟为宗，认为唯有如此，才能做到全体大用、本体工夫一贯不偏，也不会有朱、王门户意见之弊。这样，通过向先秦孔孟之学的回归，王心敬就为晚明清初以来关学的"会通朱王"之路找到了一个合法性的依据。

最后，在"会通朱王"之外，王心敬还继承了李二曲所提出的"明体适用"中的"适用"之学，在其著作《丰川续集》中他对礼制、选举、积储、备荒、水利、筹边、军事等诸多现实问题进行了大量的讨论，这也是其"全体大用、真体实工"学问宗旨在"大用"上的一个体现。

---

① 王心敬：《传道诸儒评》，《丰川全集（正编）》卷13。
② 王心敬：《姑苏论学》，《丰川全集（续编）》卷2。
③ 王心敬：《存省稿》，《丰川全集（正编）》卷1。

四　结语

通过晚明清初关学与阳明学的关系我们可以看到，关学学者一方面以阳明学来加强个体的身心修养和纠正学风之弊，另一方面则坚持朱子学的躬行工夫，这也是关学"崇实""尚行"学风和精神的一种体现，这就使得晚明清初的关学呈现出很强的融合性与兼收并蓄的特征来。具体来说，这一时期的关学有着如下特点。一是反对分立门户，主张"会通朱王"。二是学问重心不在于对阳明学各种概念和命题的发挥上，而是有着强烈的问题意识。如冯从吾试图通过本体与工夫合一的方式来化解晚明的学术分歧；李二曲则以"明学术，醒人心"来纠正士子以辞章、名利为学的风气；王心敬则是为了解决清初流行的"辟王尊朱"之风。三是清初关学在强调体认本体的同时，又积极提倡经世致用，并先后提出"明体适用"和"全体大用"的观念，以矫正晚明学术的空疏，并为清初关学开辟了一条新的发展道路。

但与其他地区的理学或阳明学的发展相比，晚明清初的关学总体上比较趋于保守和传统，其在思想上拘于程朱、陆王之间，且多以"本体与工夫"合一的方式来融合二者，而不像其他地区的王学常与其他学术相结合，或发展出新的思想理论来，或开辟出新的学问路径。如浙东余姚的黄宗羲（梨洲，1610—1695）一方面肯定"心即理"，另一方面又认为"心即气也"，"心即气之灵处"，而"心体流行，其流行而有条理者，即性也"①，从而发展了阳明心学理论，走出了一条"心气合一"的心学与气学交融的学问之路。而余姚的邵廷采（念鲁，1648—1711）则倡言"经学与心性之学本出一原，圣人作经，皆以发挥心性"②，认为在经学之外别求心性，必失圣人作经之意而流于空谈，这既赋予了经学以新的意义，又避免了王学的空虚之病。邵廷采又非常重视史学，认为治史在于鉴古知今，以救时弊，从而推动王学走上经史之学的道路。又如，苏州的彭定求（南畇，1645—1719）也在以陆王为学的同时，主张经学与理

---

① 黄宗羲：《黄宗羲全集》（第1册），浙江古籍出版社2005年版，第60页。
② 邵廷采：《思复堂文集》，浙江古籍出版社2012年版，第317页。

学相结合，认为"理莫备于六经，则舍理更何所为学"①，反对考据学家把经学只当作考据训诂，而主张在经中追求身心性命之理。

另外，在看待朱、王之学看，关学也多是把二者看作互救其弊、相辅相成，如车之两轮一样，不像河北的孙奇逢（钟元，1584—1675）认为朱、王之学并不是一种互补的存在，而是殊途而同归、一致而百虑的，"所谓小德川流，总之以海为归宿。其道理虽有迂直远近，朝宗于海则一。见不必相同，意不必相非"②，故"道问学与尊德性，原是一桩事，正不妨并存，见圣道之大，各人入门不同"③。可见，孙奇逢之学的气象和规模都是比较大的。

虽然在王心敬之后，晚明以来关学的"朱王会通"之路不再流行，朱子学又重新成为关学的主流④，但不管怎样，李二曲、王心敬所开创的"适用"和"大用"之精神和关学躬行实践的学风却被此后的关中王学与关中朱子学继承下来，并成为清代关学的一个显著特点。

作者为宝鸡文理学院马克思主义学院副教授。

---

① 彭定求：《彭定求诗文集》，上海古籍出版社2016年版，第708页。
② 孙奇逢：《夏峰先生集》，中华书局2004年版，第128页。
③ 孙奇逢：《夏峰先生集》，第315页。
④ 乾嘉时期，关中考据训诂之风并不盛行，当时关中地区流行的主要还是朱子学，这一期间，著名的关学学者有张秉直（萝谷，1695—1761）、史调（复斋，1697—1747）、孙景烈（酉峰，1706—1782）、王巡泰（零川，1722—1793）和刘绍攽（九畹，1707—1778）等人。到了晚清，又有李元春（桐阁，1769—1854）、郑士范（冶亭，1795—1873）和贺瑞麟（复斋，1824—1893）、杨树椿（损斋，1819—1874）等学者提倡程朱之学。不过，此时王学在关中也有一定程度的复兴，影响较大的有柏景伟（沣西，1831—1891）和刘光蕡（古愚，1843—1903）。但他们在主张王学的同时，更关注经世致用和学习西方的"新学"，从而使关学逐渐在清末走出传统理学的范围。

浙　　学

阳明心学向新安地区的渗透与曲折

钱 明

【摘要】 江西具有朱学与陆学发源地的双重身份，故而王学在与朱学争夺话语权的过程中，在江西遇到的抵制与挫折要大大超过浙江。而王学在江西的遭遇，又主要集中在皖浙赣交界的新安地区。明正德中后期王学在新安地区首先遇到了以汪循、程曈等为代表的新安理学集团的阻击。尤其是汪循，早在王学进入新安之初，他就已归乡讲学，培植势力，致使盛极一时的王学思潮在进入该地区后，几乎"颗粒无收"，遂使新安地区成了王学传播过程中的一个"孤岛"，这与王学在南方其他地区畅行无阻的情形形成了鲜明对照。尽管汪循等人的阻击与抵制可能只是王学难以顺利传入新安地区的原因之一，但把以汪循为代表的新安理学集团的存在与活跃，视为王学在该地区传播的最大障碍之一，则是能够成立的。

【关键词】 新安地区 阳明心学 传播

地处皖、浙、赣交界的新安地区，东临浙江严州府，北接安徽宁国府，西为安徽池州府，南与江西饶州府接壤，下辖歙、休宁、婺源、祁门、黟、绩溪六县，明代属徽州府，因此新安学又称徽学。晋太康元年（280）改新都郡为新安，治所在始新（今浙江淳安西）。隋开皇九年（589）废。隋大业三年（607）改歙州置，治所在休宁（今县东万安），后移歙县。新安治所无论在淳安还是休宁或歙县，其辖境皆包括皖、浙、赣交界地区，其中尤以歙县、婺源为重，所谓"歙、婺顿成邹、鲁"，[①]

---

① 傅岩：《歙纪》，黄山书社2007年版，第40页。

即为时人视歙县、婺源为新安文化之中心的佐证。然若以"大徽州"的地域概念观之，浙江严州府（府治在今建德市梅城镇）亦当属徽州文化之范畴。① 严州府所属的淳安县，与徽州有着重要的渊源关系。② 王阳明的高足钱德洪、王畿等曾在淳安的瀛洲书院等地讲学并为之作序，与淳安的关系相当紧密。在文化地理上，淳安属于大浙西的范畴。明中后期以杭州天真书院为中心的阳明学的传播路线，向东而与浙东学界相互动，向西而与浙西学界乃至徽州理学相互动，向北部而与吴中理学相互动。本文所检讨的阳明心学与新安理学的话语权之争，其人文地理背景即在于此。

一

一般来说，若能以浙江绍兴为中心，把阳明学的传播路径画一幅路线图，可以大体上勾勒出以下四条线路：一条是从浙东经过江西、湖南进入贵州，并逐渐扩散到滇中、川东南（内江地区）；一条是从浙东经过浙西北进入江苏、安徽而传播到皖南的池州、宁国等地；一条是从浙东经过浙中进入赣东、赣南而传播到粤东的揭阳、潮州、河源以及闽西的平和、上杭、长汀、连城等地，③ 然后又从赣东或粤东进入闽中的泉州、福州地区；一条是从浙江经过江苏、安徽而传播到北方的山东、河南、河北、陕西等地（其中还应包括阳明的弟子门人在北京讲学然后向四周辐射的辅助效应）。这四条传播路线图，可以说是引导我们深入探究阳明学传播史和王门流变史的便捷通道，其中无疑应当以浙东—浙中—赣东—赣南—粤东线与浙东—浙西—苏中—皖南线为主线。前一条线所经过的区域，在宋代以后就是心学思潮较为兴盛的地方，也是各派道学家

---

① 据明戴廷明、程尚宽等撰《新安名族志》载："丹阳者为歙之东乡，今属严州，是为徽、严二州之共祖也。"（黄山书社2004年版，第71页）可知徽州、严州二府，古时地域疆界常有变动。

② 参见王振忠《湮没的古镇》，《读书》2010年第6期。按：当时徽州至严州，通常是在徽州歙县的渔梁坝搭船，由新安江经深渡、街口进入严州。

③ 按：平和县是王阳明所建，上杭县是王阳明在福建驻军时间最长的地方（近一个月），长汀县是王阳明的路经之地，而连城县则是阳明的闽中门人后学较为集中的地方。

较为集中的地区；后一条线因为要经过程朱理学的重点区域浙西、苏中等地（也是文人才子较为集中的地区），所以相对来说要比前一条线艰难许多，但这并不等于说前一条线路就没有曲折与困难了。

事实上，程朱理学在江西全境都具有巨大的影响力。朱熹虽出生于福建尤溪，但其父辈以上则世居江西婺源，其四传弟子元代理学大师吴澄亦是江西崇仁人，明代两位重要的理学家吴与弼及其门人胡居仁也都出身于江西，而与胡居仁同时倡讲朱学于江西的，还有其门友娄谅、胡九韶、罗伦、张元祯，乃至明中叶的"江右大儒"罗钦顺等人，这些人作为程朱理学在江西最得力的传播者，是绝不会向来势很猛的阳明心学拱手让出话语权的。授徒讲学，自振门户，以抵制和削弱王学在江西的影响力，乃是当时江西理学家有意无意中所达成的共识。然而，即使如此，江西毕竟在南宋时期就是象山心学的大本营，进入明代以后，陆学余韵犹存，心学思潮迭起，尤其是赣南地区，因与粤北相邻，遂使陈白沙心学及后续的湛甘泉心学强力渗透，这些都为明中后期阳明学在江西的传播和发展奠定了坚实的基础，并最终使江右成为阳明心学传布最广大、最重要的区域。①

不过，相比之下，由于江西具有朱学与陆学发源地的双重身份，这就必然使王学在与朱学争夺话语权的过程中，在江西遇到的抵制与挫折要超过浙中。而王学在江西的遭遇，又主要集中在皖浙赣交界处即所谓的新安地区。

王学传入新安地区的路径当时主要有三条：一条是水路，即杭州经建德、淳安后进入屯溪和休宁；一条是水陆并通、水远陆近的饶州至婺源路；一条亦是水陆两路，即南京经芜湖、宁国、广德后进入徽州六县。② 这三条路，都是当时进入新安地区的便捷通道，要比王学的其他传

---

① 余姚人黄宗羲称"盖阳明一生精神俱在江右"（《明儒学案》卷十六）；台州人王士性在比较江南诸省时，独称"江右讲学之盛，其在于今，可谓家孔孟而人阳明矣"（《广志绎》卷之四《江南诸省浙江江西湖广广东》，中华书局1997年版，第70页）。这些皆可作为笔者此言之佐证。

② 参见杨正泰《明代驿站考》，上海古籍出版社2006年增订版，第222、273、275、321页。

播路径方便许多。加之新安地区距离王学发源地绍兴地区也不远,故而王学进入该地区可以说是相当便利的。更何况,早在弘治、正德年间,王阳明就尝二游九华山,在与新安地区比邻的安徽池州府滞留数月,培养了以李呈祥为代表的池州弟子。① 正德二年(1507),阳明又与新安人吴淳(号清甫,与阳明同登弘治十二年进士)建立了深厚友谊,尝曰:"正德二年,予以刘瑾被谴。同年,吴子清甫亦以刘瑾落职。心一遇同,相得欢甚,朝夕谈道,上下古今时事,未尝不为之慨叹。"② 后还应邀为吴淳写了《新安吴氏家谱序》。然而,尽管两人"相得欢甚,朝夕谈道",却并未喷发出如弘治十五年"告病归越,筑室阳明洞中",与越中学人共创心学,以及弘治十八年在京师,与湛甘泉"一见定交,共以倡明圣学为事"③那样的思想火花。

二

事实上,王阳明很早就开始注意培养新安弟子。比如后来成为其"论敌"的汪循(详见后述),就曾推荐过同族汪尚和赴南京受学于时任南京鸿胪寺卿的王阳明。④ 除此之外,阳明弟子中徽州籍的还有歙县人毕

---

① 按:万斯同《儒林宗派》卷十五收录阳明池州籍弟子两人,即贵池李呈祥和青阳柯乔。李呈祥,字时龙,39岁应岁贡,赴廷试。后谒阳明于江西,辨析同异,深契良知之旨。转授门徒,柯乔、丁旦、吕一麒、井一成等皆其入室弟子。著有《古源日录》二卷、《知行论》二卷、《开州政绩》二卷。除阳明外,李呈祥还久慕湛甘泉,嘉靖二十五年八月,甘泉过池阳,登九华山,李呈祥出门相迎,并向甘泉执弟子礼,后筑神交亭以作纪念,甘泉为之作《神交亭记》,详述其事。甘泉对李呈祥评价甚高,嘉靖《池州府志》卷九记甘泉《六字诀》云:"甘泉子曰:'可以与吾随处体认天理之学者,其古源李子乎! 夫随处体认天理,此吾心学六字诀也,千圣万言之会也,尽之矣。苟能终日终身而致力焉,直上达天德无声无臭焉,至矣。李子其勖之哉,是在李子。'"在李呈祥的影响下,其弟子大都出入王、湛,二学兼备。他们不仅在九华山上建有阳明书院,而且还建立了甘泉书院(参见尹文汉《王阳明游九华山综考》,《池州师专学报》2006年第2期)。在笔者看来,这些都反映了池州王门的独特个性,而这一个性,与其比邻的新安理学的强大辐射力不无关系。换言之,阳明学传入池州地区后,也同样碰到了不小的抵制与抗衡。池州王门之所以选择王、湛合一的调和路线,就是想把这种抵制与抗衡降到最低限度。

② 吴光、钱明、董平、姚延福编校:《王阳明全集》,上海古籍出版社1992年版,第1198页。

③ 《王阳明全集》,第1225、1226页。

④ 参见束景南《王阳明年谱长编》(第2册),上海古籍出版社2018年版,第779页。

珊、洪侄等人，他们也是阳明为官南京时前往受学的。① 而正是通过这种推荐同里受学的模式，汪循才与阳明建立起较为紧密的关系，并逐步对阳明学说有了认识，进而才拉开了其归乡后以讲学为事，并通过书信与阳明展开论辩的序幕。

或许因为在自己众多的门人弟子中，新安籍的确实不多，于是王阳明在感到"沮丧"的同时，还会对新安理学家误解自己对朱子的态度产生紧张和忧虑。因此，当他离开南京后，依然对徽州学人牵挂在心，诚如其《与徽州程毕二子》和《送徽州洪侄承瑞》诗所云："句句糠秕字字陈，却于何处觅知新？紫阳山下多豪俊，应有吟风弄月人。""平生举业最疏慵，挟册虚烦五月从。……念我还能来夜雪，逢人休说坐春风。"② 更如其《紫阳书院集序》所谓：

> 豫章熊侯世芳之守徽也，既敷政其境内，乃大新紫阳书院以明朱子之学，萃七校之秀而躬教之。于是校士程曾氏采摭书院之兴废为集，而弁以白鹿之规，明政教也。来请予言，以谂多士。……然予闻之：德有本而学有要，不于其本而泛焉以从事，高之而虚无，卑之而支离，终亦流荡失宗，劳而无得矣。是故君子之学，惟求得其心，虽至于位天地，育万物，未有出于吾心之外也。……心外无事，心外无理，故心外无学。……然而世之学者往往遂失之，支离琐屑，色庄外驰，而流入于口耳声利之习，岂朱子之教使然哉？故吾因诸士之请，而特原其本以相勖，庶几乎操存讲习之有要，亦所以发明朱子未尽之意也。③

这篇序文，不仅亮出了"心外无事，心外无理，心外无学"的心本体论，而且道出了欲"发明朱子未尽之意"的为学目的。王阳明能如此鲜明地在徽州士人面前用自己的心本论来抗衡朱子的理本论，一方面说

---

① 《王阳明年谱长编》，第775页。
② 《王阳明全集》，第735、738页。
③ 《王阳明全集》，第239页。

明他有与朱子学争夺话语权的强烈意识，另一方面也说明他向徽州诸多"豪俊""觅新知"的高度期许。

三

尽管我们不能说王阳明是在有意识地培养徽州弟子，甚或在徽州地区物色"代言人"，但他愿意与各地包括理学重地的人进行广泛交流，以获得更多人的理解和信任则是肯定的。王阳明去世后，王门中的一批领袖级人物纷纷继承他的遗志，先后前往新安地区讲学传道，似可作为佐证之一。比如嘉靖二十九年（1550），邹守益应邀赴祁门东山书院（该书院由信奉阳明学的徽州知府刘志淑与祁门知县洪哲于正德末年所建）、休宁建初山房、歙县岩镇及斗山书院（斗山书院在当时相当有名，由信奉甘泉学的徽州知府冯世雍所建）讲学；嘉靖二十八年（1549），王畿赴宁国府泾县讲学时亦曾取道祁门、歙县，后又多次赴新安各地讲学；① 嘉靖三十三年至三十五年（1554—1556），钱德洪在新安讲学期间，尝与歙县知县史桂芳"相质正不倦"，② 据明人祝世禄记载：

　　昔绪山先师（钱德洪）主新安盟，五邑人士云集，独华阳无一抠衣至者。师曰："良知人人具足，特无呼而觉之者，安得华阳一人焉加嚆矢？以不慧承兹土六年，举会几遍。顷年华阳附歙以修会事，犹若逡巡不前。今且独当一面，号召五邑人士至矣。"③

绪山对主盟新安的热忱之高，由此可见一斑。

到了阳明后学时期，王门学者在新安地区传播阳明心学的热忱依然

---

① 按：王畿曾先后于1557年在歙县福田山房和婺源普济山山房，1564年、1571年在歙县建初山房，1575年在歙县斗山书院讲学（参见陈时龙《明代中晚期讲学运动》，复旦大学出版社2007年版，第305—306页）。

② 史桂芳：《皇明史惺堂先生遗稿》附录《史惺堂先生年谱》嘉靖三十三年癸丑条、嘉靖三十五丙辰条，《四库全书存目丛书》集127。

③ 祝世禄：《环碧斋诗三卷尺牍五卷》尺牍卷三《与华阳会会友》，收入《四库全书存目丛书》集94，第213页。

不减。如耿定向弟子祝世禄于万历二十五年（1597）主会休宁还古书院；① 耿氏的另一弟子潘士藻于万历十八年（1590）会同祝世禄在歙县建功德堂，为白岳之会；② 周汝登于万历三十年（1602）讲学于婺源霞源书院和歙县岩镇的南山道院和开化寺；③ 焦竑于万历三十一年（1603）至还古书院主教六邑大会；④ 等等。用焦竑的话说，即"新安之会，从来已久，岁必延耆儒钜公以主之，自甘泉、东廓而下，至今不绝"。⑤ 其中周汝登讲学后，新安地区便有汪乘甫于丙午冬负笈来浙江嵊州问学；⑥ 后周汝登又作《书汪鼎甫卷》，汪鼎甫也是新安人，与汪乘甫是两兄弟。周汝登说："余壬寅会于其乡，越八载访予于舍，与谈津津相臭味也。"⑦ 万历三十二年（1604），新安人余舜仲举进士，来令山阴，使山阴的讲学活动有所恢复，周汝登特作《文成祠讲学图序赠山阴令舜仲余君入觐》，并且还为王舜仲的父亲作《念山余先生传》。⑧

也就在嘉、隆、万时期，新安学子与王门之间的交往亦逐渐增多。如婺源人王仲时尝游学于浙中王门的程文德、钱绪山和江右王门的邹东廓，程文德提出的"真心"说即与王仲时有一定关系。据程文德说：

> 自吾得仲时，而学日信。……学求无累，惟自信焉尔。夫信也

---

① 按：祝世禄（1539—1610），字延之，号无功，江西鄱阳人，万历二十三年进士。钱德洪、王畿讲学江右，祝世禄"与其群从祝以直惟敬、祝介卿眉寿为文蘢之会。及天台倡道东南，海内云附景从，其最知名者，则新安潘去华、芜阴王德孺与先生也。……天台以不容已为宗，先生从此得力。'身在心中'一语，实发先儒所未发"（沈善洪主编、吴光执行主编：《黄宗羲全集》第8册，浙江古籍出版社1994年版，第106页）。

② 按：潘士藻（1598年前后在世），字去华，号雪松，江西婺源人，万历十一年进士。"初至京师，入讲学之会，如外国人骤听中华语，错愕不知所谓。得友祝延之世禄，时时为述所闻，随方开释，稍觉拘迫辄少宽之，既觉心懈辄鞭策之"（《黄宗羲全集》第8册，第90页）。

③ 为此，周汝登作《新安会语》，叙述"壬寅九月十一日会于婺之霞源书院"，"廿一日会于岩镇之南山道院"，"二十四日会于歙之开化寺"的讲学内容与细节（《东越证学录》卷二，《四库全书存目丛书》集165，第443—450页）。

④ 参见陈时龙《明代中晚期讲学运动》，第301—317页；李琳奇《明中后期心学在徽州的流布及其原因分析》，《学术月刊》2004年第5期。

⑤ 焦竑：《澹园集》，上海古籍出版社2001年版，第727页。

⑥ 参见周汝登《东越证学录》卷5，《四库全书存目丛书》集165，第508页。

⑦ 《东越证学录》卷9，《四库全书存目丛书》集165，第594页。

⑧ 《东越证学录》卷12，《四库全书存目丛书》集165，第644—646页。

者，心之真也，心之一也，心之恒也。真则不妄也，一则不贰也，恒则不息也。有妄、有贰、有息，皆不信也，皆见小欲速之私累之也。是故无不信之心，则无不慎之独，而于学也几矣。……有语及阳明先生及海内诸同志者，辄俛首忾息，泫然欲涕，思从之游而不可得也。……时（石）玉溪先生为郡，学道爱人，风动高凉。仲时之游，良多裨益。兹往也，又将之安福，见东郭先生；之姑苏，见绪山先生，而就正焉，其益成其信矣乎！①

前些年，安徽大学的解光宇教授曾赠与笔者一本《新安理学先觉会言》，② 书中内容基本上是王门巨子写的文章。如王畿的《福田山房序》③、邹善的《书东山会六邑诸同志籍》、刘邦采的《福山书院序》、王畿的《婺源同志会约》④ 和《余氏家会籍题辞》、邹守益的《书婺源同志会约》⑤、刘邦采的《书祁门同志会约》、钱德洪的《书婺源叶氏家会籍》、王畿的《书绩溪颖滨书院同心会籍》和《甘泉湛翁勉立六邑会书》、刘邦采的《圣学端绪辨》、罗汝芳的《指授讲语》等。其中王畿、钱德洪等有几篇文章是未被收录于通行本的佚文。从这些文献中可以感觉到王门诸子与新安地区的密切交往关系。或许正因为有这些交往以及王门在新安地区所造成的影响，才会有明天启年间阉党张讷提出的"天下书院最盛者，无过东林、江右、关中、徽州"并把这四个地区作为禁毁书院的重点地区的政策主张。要知道，当时朝廷禁毁天下书院，主要是冲着王门讲学、讲会去的。

---

① 《程文德集》卷之五《送王仲时归婺源序》，香港银河出版社2000年版，第66—67页。
② 《新安理学先觉会言》二卷，卷首有"安徽省图书馆馆藏印"，手抄本，所用纸张为"安徽通志馆稿纸"。卷首有万历癸巳初秋祁闻生甫谢存仁书的《新安理学先觉会言序》《晴阳范先生答徽先觉会言序帖》，汪仁峰名循写的《附新安师友文集序》《汪练溪先生答徽先觉会言序帖》。此抄本有许多倒置和缺漏，正文与目录也有不一致处，或者正文有而篇名不见于目录。
③ 王畿序曰："嘉靖丁巳（1557）春暮，予赴水西期会，新安歙县学谕徐子汝洽闻予至，遣友人程元道辈趋迎于水西，遂从旌德以入新安，馆于福田山房。至则觉山洪子偕六邑诸友颙颙然侯予旬日矣。"说明王畿与新安学者交往密切。
④ 此文与《王畿集》中的同文作对比，发现文末缺了一段非常重要的话。
⑤ 《新安理学先觉会言》目录作"绩溪同志会约"。与《邹守益集》所收同文对比，两者多有不同，尤其是开始部分。

四

但是，话又得说回来，尽管从王阳明本人开始直到其第二、三代弟子，都曾为在新安地区扩大阳明学的影响力进行过种种努力，但相比之下，阳明学在新安地区的传播效果或者说所受的欢迎程度，还是远不如其他地区。究其原委，我以为大要有三。

第一，明中晚期被阳明学者主导的新安讲会虽然不少，但主教者大多为外来的阳明高足或甘泉门人，① 这与稍后主教紫阳、还古等书院讲会者多以本地朱子学者为主的状况形成了鲜明对照。而王门中的著名学者之所以如此热衷于赴新安讲学，目的无非想通过"动拈本体，揶揄晦庵"，② 以突破新安地区这个阳明心学传播过程中的坚固堡垒。但结果却并未取得预期的效果，当地精英几乎很少有人随声附和、由朱入王者。

第二，阳明高足来徽讲学时，王学弊端尚未充分暴露，故而新安人士在不放弃朱学立场的前提下尚能宾礼相迎、宽容接受。后来随着王学之弊的逐渐显露，到万历年间周汝登来讲学时，听到的斥责声便大大超过了嘉、隆时期。如与周汝登一起讲学的汪应蛟就对他很不客气。③ 即使作为新安心学代表人物的祝世禄、潘士藻，在讲学时也始终牢记"道以紫阳师"，④ 把朱熹当作顶礼膜拜的对象。诚如邵庶《还古书院碑记》所言："吾徽餍饫紫阳之教，兴起习近，籍令仰止，诵法暗然真修，不为吊

---

① 汪佑《紫阳书院会讲序》称："维时嘉靖丁酉（1537），甘泉湛先生主教于斗山，庚戌（1550）东廓邹先生联会于三院，厥后心斋王、绪山钱、龙溪王、师泉刘诸先生递主斋盟，或主教于斗山，或缔盟于休天泉、还古，或振铎于婺福山、虹东，以及祁东山、黟中天诸书院，亦既茌止，未有一赴紫阳者，岂紫阳固不可会讲欤？"（施璜：《紫阳书院志》卷十八《艺文》，清雍正三年刻本）与此同时，甘泉门人洪垣、谢显等人在当时的新安地区也非常活跃（参见陈时龙《明代中晚期讲学运动》，第295—301页）。

② 施璜：《还古书院志》卷15艺文二《还古书院会讲序》，清道光二十三年刻本。

③ 另据施璜《还古书院志》卷11《会纪·天启元年辛酉十月休宁大会条》载：汪佑曾对汪六符《学会录》中所谓周汝登主教新安六邑大会的记录表示强烈不满，声称："佑自弱冠志学以来，即侍教当日同事诸前辈。其时老成，或耆或艾，曾无一人晤周先生者。惟云歙吴百昌先生、汪六符先生等赴会。六符先生或目击梁溪《要语》，有愤于中，故以心学入禅者为主教而尊其所言。"（参见陈时龙《明代中晚期讲学运动》，第327页）汪佑的目的，就是要把周汝登在新安讲学的窘境展示给世人。

④ 潘士藻：《闇然堂遗集》卷4《赠郡中同志》，明万历刻本。

诡,蕲于论笃。见不徇拘挛,蕲于默识;行不为作辍,蕲于真常。"①

第三,王门学者讲学新安甚勤,但入门者寥寥,中坚分子更是难觅。黄宗羲在《明儒学案》中所认定的新安阳明学者只有三人,即程大宾(字汝见,号心泉,歙县人,受学钱德洪)、程默(字子木,休宁人,从学王阳明)、郑灿(字景明,歙县人,及邹守益之门)。② 万斯同《儒林宗派》卷十五所载的四百七十余名阳明学者中,仅有5名是新安人,即程默、孟化鲤、吴林、程大宾和郑灿。此外,《王龙溪先生全集》卷五《颖宾书院会纪》(记王畿万历三年"赴新安六邑之会")中所记载的绩溪葛文韶、张懋、李逢春亦可视为王畿在歙县斗山书院培养的弟子。当葛氏等人见到王畿时,曾叩首曰:"某等深信阳明夫子良知之学,誓同此心,以此学为终始。惟先生独得晚年密传,窃愿有以请也。"③ 表现出对阳明学的无比虔诚。

在新安地区最值得称道的阳明学信奉者应该算是胡宗宪。胡宗宪(1512—1565),字汝贞,号梅林,绩溪人。嘉靖十七年(1538)进士,初任知县,三十三年出任浙江巡按御史,三十九年以平海盗王直功,加太子太保,以得世宗宠信,晋兵部尚书。他在主持东南御倭战争期间,曾得到钱德洪的襄助,钱氏向他推荐了戚继光等将领。正是出于与钱德洪的亲密关系,嘉靖三十六年(1557)他受钱氏委托写了《重刊阳明先生文录叙》,钱读后称赞道:"子言真有裨于先师之教也,夫吾党其共勖诸。"④ 其实在此之前的嘉靖二十二年(1543),他就曾写过《阳明先生批武经序》,序中流露出对阳明的无比崇拜,自称"余诸生时,辄艳慕阳明先生理学勋名,前无古,后无今,恨不得生先生之乡,游先生之门,执鞭弭以相从也"⑤。然而,像胡宗宪这样的王学坚定分子,在新安地区毕竟太少了。

总的来说,阳明心学进入新安地区可大致分为三个阶段。

一是阳明在世时,因为有汪循这样的与阳明势均力敌的著名学者存

---

① 引自陈时龙《明代中晚期讲学运动》,第317页。
② 《黄宗羲全集》,第7册,第674页。
③ 吴震编校:《王畿集》,凤凰出版社2007年版,第115页。
④ 《王阳明全集》,第1595页。
⑤ 《王阳明全集》,第1607页。

在，使阳明心学进入新安遇到了很大困难。可以说这是具有时代特征的王学之"流行"文化与具有地域特征的新安之正统理学文化的对决阶段。

二是阳明殁后，由于新安地区暂时缺少像邹守益、王畿、钱德洪那样掌握学术话语权的精英人才，从而使王门的一些重量级人物能轻轻松松地在新安地区开展讲学传道活动，并赢得该地区部分人士的青睐和推崇。可以说这是王学之"流行"文化对新安之正统理学文化的挑战阶段。

三是晚明时期，王学末流的弊病已暴露无遗，新安讲学亦随之出现了以下新变化，即或者像周汝登那样受到讥讽和排斥，或者像祝世禄、潘士藻那样用朱王折中的姿态开展讲学活动，或者像余懋衡、汪应蛟那样展开对阳明学的全面反击。相比之下，无疑又以余、汪等朱学坚定分子的反击举措影响最大。可以说这是新安之正统理学文化对王学之"流行"文化的反击阶段。

新安地区的讲学活动，从中明以前的独尊朱学，到中晚明的朱王争夺，再到明末清初的崇朱斥王，无不显示出该地区强大的朱学传统与深厚的区域文化底蕴。而面对如此强大的对手，阳明学事实上从未真正在该地区占据过主导地位。从这一意义上可以说，新安地区是阳明心学传播过程中的一个"孤岛"。在周边区域皆被阳明心学所主导的情势下，新安地区能够独善其身，的确不易。而这一切，又不能不使我们特别关注到新安地区的学术传统。

五

新安地区的学术传统源于宋代理学，被视为朱子学的重要分支，有"新安理学"之称。新安理学号为"朱熹嫡传"，并以朱子学的卫道者自居。比如名噪一时的元代新安理学名儒倪士毅（字仲弘）教授于黟县二十余年，"非仁义道德之说尝论定于郡先师子朱子者，不以教人"（《新安学系录》卷十四《倪道川墓志》）。又比如婺源人吴师道（字正传），一生穷研经旨，"务在发挥义理，而以辟异端为先务"（《元史》卷一九〇《吴师道传》）。再比如婺源人程子见著《纂释》等书，"辨正异同，增损详略"，以发明"修、齐、治、平之要旨"（《新安学系录》卷十二）。这种唯"朱"是归的学术心态，可谓阳明心学传播的最大阻力。

对于新安地区的学术传统，汪循在《新安师友文集序》中曾有过明确揭示：

> 吾郡典章文物之盛，理学相传之真，在他郡或未之过也。……始以朱子之乡观望而起，能自得师于是乡邑之中，师友渊源，英才辈出，而其所以为学者，务淑诸身心，尊乎德性，言必有裨于圣训，行必取法于古人……是故文盛一郡，远余百年，在当时有东南邹鲁之称，朱子世嫡之号，信不诬也。（《新安学系录》卷首《新安学系录序》）

新安学者吴曰慎在清康熙三十五年（1696）写的《新安学系录序》亦曰：

> 吾郡继起诸贤，笃守其（指朱熹）学，代不乏人。其与金溪（指陆九渊）之顿悟，新会（指陈献章）之静虚，姚江（指王守仁）之良知，不啻薰莸之判也。是以道统归于程、朱三夫子，而学系之正，莫如新安，故独标之以见。（《新安学系录》卷首《新安学系录序》）

十六卷本的《新安学系录》，是汪循好友程瞳的代表作。① 程瞳"当王学盛行之日，独得程朱正传……述先贤学行，为后世仪型，以成此录，刊而布之，其有功于人心世道者，非浅也"（《新安学系录》卷首《新安学系录序》）。在新安理学家看来，二程远脉出于新安，为休宁人程忠壮公（灵洗）之后裔；而朱熹则不仅屡称新安人为"同乡"，而且数十次署名"新安朱熹"，又因新安有紫阳山，故亦常号"朱紫阳"。朱熹还曾两次回新安扫墓讲学，其间培养了大批弟子。而通过朱熹及其弟子的讲学活动，新安学风为之一变，以朱学为宗的新安士人，在新安建朱子祠、

---

① 按：程瞳，号峨山，徽州休宁人，系明正、嘉年间新安理学承前启后的代表性人物，一生致力于弘扬程朱之学，有《闲辟录》《新安经籍志》《新安学系录》等传于世。相对于阳明的朱陆和会论，程瞳主张朱陆相异论，其立场与汪循非常接近（参见解光宇《程敏政、程瞳关于"朱、陆异同"的对立及其影响》，《中国哲学史》2003 年第 1 期）。

修书院，为传播理学文化不遗余力，从而使新安地区在世人眼里成了名副其实的"程朱阙里"。致使该地区以"朱子世嫡之号"而闻名天下。明代中后期，程朱理学面临全面危机，新安地区亦不例外。程瞳便欲通过为新安理学家立传立言的方式，以抗衡王学，维护朱学。其"辑新安诸儒出于二家治传者，编为此录（指《新安学系录》），自宋至明凡百有一人，皆徵引旧文，以示有据……《江南通志》列瞳于儒林传中，称所著新安学系，与朱子合者存，背者去。足尽是书之大旨矣"。① 在这样的背景下，当时几乎所向披靡的阳明学风潮，在新安地区遇到想象不到的阻力是很正常的。

六

不难看出，汪循在新安学术圈的地位非常重要。汪循（1452—1519），字进之，号仁峰，又号京兆；② "世为新安望族"；③ 自幼"锐志求道，不以举业自局"；早年尝从布政使祁门谢莹游；弘治九年（1496）登进士第，次年"选宰永嘉④，洁以持己，仁以子民，兴学校，一风俗，均赋役，息词讼，弭盗贼……行《吕氏乡约》，创鹿城书院，以祀温之先哲，从程朱氏学者，毁境淫祠几尽"。⑤ 明正德初，刘瑾擅权，汪循一月三上抗疏，请裁革中官，又上内修外攘十策，语甚剀切，为瑾所忌，"遂

---

① 《四库全书总目》，中华书局1966年版，第551页。
② 程瞳：《仁峰先生传》作"京判"（见《汪仁峰先生外集》卷2，《四库全书存目丛书》集47，第578页）。
③ 谢迁：《竹山汪公墓表》，《汪仁峰先生外集》卷2，《四库全书存目丛书》集47，第576页。
④ 见万历《温州府志》卷7《秩官》上。按：汪循于弘治十一年至十五年（1498—1502）任永嘉知县，"尝乡举耆艾，以资政体"（《张璁集》，上海社会科学院出版社2006年版，第456页）。
⑤ 按：汪循于弘治年间创鹿城书院之事，切不可小视。据《四库全书总目·鹿城书院集》载：邓淮"弘治中官温州府知府，以南宋时温州之士游二程、张、朱之门者，有周行己等二十三人，乃命永嘉知县汪循即鹿城建书院，祀二程、张、朱，而以行己等侑焉。复辑诸人志铭、家传及其遗事绪论见于志书、语录中者，汇为此编。虽亦讲学家标榜之书，然永嘉学派，颇异新安。淮不分门户于其间，则视党同伐异者，其公私相去远矣"（第550页）。程瞳《仁峰先生传》亦曰："（汪）乃举温之诸儒学于程朱之门者二十人，自太府建鹿城书院以祀之。"浙南的温、台地区，后来成为阳明学传播的薄弱区域，固然与当地的学术传统不无关系，但朱子学者的多年经营，恐怕也是其中的重要原因（详见后述）。

乞养母而归，盖自是无用世之志矣"。刘瑾诛，例得起用，为顺天府通判。尝及庄杲之门，而与李东阳、谢迁、程敏政等"下上其讥论，造诣渊深，识见宏廓。其为诗若文，皆以明道救时，不尚葩藻，朱陆异同之辩，尤能折以独见"。① 为学"悦濂溪、考亭之学，以求周、孔之源，且契先天之旨，沉潜默识，有人不知而己独知之之妙者"。② "人有学行，起敬缔交，虽在远外，遗书通问，以达景慕之意，而于执懿不悛者（如王阳明），则摘责无所贷，以是往往徼怨弗恤也"。③ 清人施璜称其"为弘治间理学名儒，自修齐家以至居官立朝，壹是皆以朱子为法"。④ 故后人遂将其归入"休宁理学九贤"之一。

汪循在新安聚徒讲学期间做的最重要的一件事，就是为捍卫程朱理学而与王阳明"数相论辩"，以防止王学思潮向新安地区的扩散与渗透。不过，汪循并不是从一开始就对阳明持批判立场，他对阳明也有个认识过程。可以说，直到正德十年（1515）前后，汪循对阳明的人格魅力与思想学说都还比较欣赏，这从其当时写给阳明的信中即可看出。

七

与新安地区不同的是，正德中后期阳明学进入江西时，在赣中南的吉赣地区几乎未碰到任何像样的对手。以罗钦顺为代表的吉赣理学家，只是在南京作了些有限的回应，⑤ 然鞭长莫及，对其家乡而言，作用甚微。罗钦顺直到晚年即嘉靖五年后才致仕归乡，潜心学问。此时他与阳明虽有书信往来，论辩不遗余力，然罗氏归乡后并未收徒勤讲学、"嚣张

---

① 王瓒：《仁峰汪君墓碣铭》，载《汪仁峰先生外集》卷2，《四库全书存目丛书》集47，第577页。
② 程瞳：《仁峰先生传》，载《汪仁峰先生外集》卷2，《四库全书存目丛书》集47，第582页。
③ 王瓒：《仁峰汪君墓碣铭》，载《汪仁峰先生外集》卷2，《四库全书存目丛书》集47，第578页。
④ 施璜：《重刊汪仁峰先生文集序》，载《汪仁峰先生外集》卷首，《四库全书存目丛书》集47，第169页。
⑤ 王阳明在正德十五年（1520）寄赠《大学古本》《朱子晚年定论》于罗钦顺时，罗正在南京为官，虽致书批评，但收效不大（参见罗钦顺《困知记》附录《与王阳明书》，中华书局1990年版，第108—113页）。

争门户"，因而在赣中南地区并未产生太大的影响力，对王学的扩张势头亦谈不上有效的抵制与抗衡。① 面对已在赣中南地区经营多年，扎根很深，影响力已势不可当的王学思潮，以罗钦顺为代表的吉赣理学家实际上已是回天乏术，只能眼睁睁地看着王学思潮横扫赣中南大地，且以赣南为基地而迅速扩散至粤、闽两省。

然而，就在罗钦顺为官南京、任由王学在自己的家乡大行其道之时，在皖浙赣交界的新安地区，王学却碰到了以汪循、程曈等为代表的新安理学集团的全力阻击。尤其是汪循，早在阳明学进入江西之初，他就已归乡讲学，培植势力，致使盛极一时的王学思潮在进入该地区后，几乎"颗粒无收"，无功而返。这与阳明学在南方其他地区畅行无阻的情形形成了鲜明对照。尽管汪循等人的阻击与抵制可能只是阳明学难以顺利传入新安地区的原因之一，但把以汪循为代表的新安理学集团的存在与活跃，视为阳明学在该地区传播的最大障碍，恐怕也是能够成立的。

其实，汪循学说也同时传播到了江西其他地区，比如他的著作《仁峰文集》，最早刊刻于江西雩都，这与王阳明的《朱子晚年定论》最早刊刻于雩都不无关系，说明汪学在赣南地区也有一定的影响力，同时也说明朱子学者与阳明学者在江西争夺思想舆论阵地的斗争还是十分激烈的。然而，无论是罗钦顺的《困知记》还是汪循的《仁峰文集》，在江西全境都未产生如同王阳明及其著作那样巨大的影响力。而同样是罗氏、汪氏著作之刊刻，在别的地区所产生的作用就要比赣南地区大得多。比如汪循著作在新安地区的影响力就要远远大于赣南；再比如嘉靖十六年（1537），潮州知府郑宗古在潮州刊刻《困知记》，这一举措就对潮州儒学产生过莫大影响，后来唐伯元信奉罗钦顺，即与此事有关，而嘉靖二十年前后，潮州王学热潮开始消退，也与此事有密切关系。

---

① 嘉靖七年（1528）十一月己亥朔日罗钦顺撰《困知记序》曰："山林暮景，独学无朋，虽自信则尔，非有异同之论，何由究极其归趣乎？每遇病体稍适，有所寻绎，辄书而记之。少或数十言，多或数百言……同志之士有过我者，则出而讲之，不有益于彼，未必无益于我也……《记》分为上下两卷，通百有五十六章，名以'困知'，著其实尔。"（《困知记》，第1页）半个月后阳明去世，故《困知记》阳明没见到。对《困知记》反批评的任务，落到了阳明弟子身上。嘉靖十三年欧阳德作《答罗整庵先生寄〈困知记〉》书三通，反驳罗氏的观点，即为其中之代表。

靠近徽州府婺源县（今属江西）的上饶府德兴县，也同样发生过这样的"话语权"之争。从地理上可以看出，作为王学中心的赣州、吉安地区与作为朱学中心的徽州地区及福建南平等地，也都出现过这样的话语权之争，而且随着距离中心区域的远近而出现了程度上的差别（这是笔者之推测）。据胡荣明说："根据之前的研究，笔者发现德兴地区有着深厚的理学传统，其中宋元时期更是朱子学流传的一个重要区域。只是，德兴朱子后学虽代不乏人，但却逐渐背离了朱子学对性理的体悟而趋于'训诂之学'的危险，且在入明以后几近销声匿迹。而且，在阳明学派建构的过程中，德兴已完全丧失了预知风气之先的能力，根本没能感受到思想领域的变化，在1510年代当王阳明亲身讲学江右时期，我们暂时未见德兴有信服良知学而归入王门之人，这与德兴士子师事朱熹时已不可同日而语，以致德兴士子错失了阳明学的第一波冲击。而当1530—1540年代邹守益、罗洪先、聂豹、欧阳德等人在江右特别是在吉安府进行了轰轰烈烈的讲学活动，阳明讲学达到鼎盛的时期，德兴士人仍没有人前往求学，这可能与他们同江右王学缺乏必要的学术关联有关。只有等到1550年代后期讲学之风波及德兴邻近之地时，德兴士子才沿着早已熟知的道路前往求学，跟风附会，并表现了一定的热情，但讲学风气渐衰，德兴士子之讲学更是过眼云烟，转瞬即逝。"①

因此，如果说阳明学在赣中南等地受到的抵抗仅仅是局部性和暂时性的，那么它在新安地区的遭遇则可以说是全局性和持续性的。即使在后阳明时期，王门高足们想方设法地试图主导这一地区，但效果皆不理想。究其原因，无疑与这一地区的理学力量过于强大，加上有像汪循、程曈这样的理学中坚的严防死守有关。正因为新安理学的势力过于强大，才导致了后世的反拨力量也异常巨大，于是在清初汉学繁盛的背景下，戴震遂走上了朱学反动的道路。在他的引领下，新安学朝着反对空谈义理、专事考据的方向迈进，从而完成了从新安理学到皖派经学的转变，宣告了历宋、元、明、清四朝近700年的新安理学的终结。② 反观明代浙

---

① 胡荣明：《钱德洪佚文两篇辑录与注释——兼论德兴地区阳明学的发展》，载《国际阳明学研究》第2辑，上海古籍出版社2012年版，第328页。
② 参见周晓光《试论新安理学向皖派经学的转变》，《安徽师大学报》1988年第4期。

学，由于是在阳明学所固有的心学与史学统一或者说以心学统合史学的路径上向前演化的，因而促使心学朝着史学的方向滑转，最终完成了从阳明心学到浙东史学的重构。换言之，如果说从新安理学到皖派经学的转变是由于朱学的过于强大所致，那么从阳明心学到浙东史学的转变则是由于王学所具有的史学的内在品格所致。清代皖、浙两地学术发展之大势，与明代朱、王二学在两地争夺话语权的胜出与否有非常密切之关系。

      作者为绍兴文理学院越文化研究院"鉴湖学者"讲座教授。

曾几家族事迹补考

——以新见绍兴出土之曾氏家族墓志为中心

诸凤娟　钱汝平

【摘要】文章通过新发现的曾几家族的十方出土墓志，研究了如下几个问题：一、曾氏家族不是由曾几这一辈从赣州迁入河南的，而是从曾几之父曾准始就已迁入河南了，纠正了传世文献的错误；二、考证了曾几南渡后定居绍兴的事实，并指出曾几之所以落籍绍兴，与弟子陆游的深厚情谊或许也是其中的一个重要因素；三、补充了曾几子孙的信息；四、考察了曾几家族的婚姻；五、揭示了曾几家族世代聚葬的现象。这种聚葬现象或与东莱吕氏有一定的关系。

【关键词】曾几　陆游　婚姻　墓葬　墓志

近年出版的《宋代墓志》一书披露了 10 方宋代著名诗人、江西诗派巨擘曾几家族的墓志。这 10 方墓志分别是：曾㮚（曾几孙）墓志、曾㮚妻王善贤墓志、曾栗（曾几孙）墓志、曾栗妻韩氏墓志、曾棐（曾几孙）墓志、曾勋（曾几曾孙）墓志、曾勋妻薛氏墓志、曾庶（曾几曾孙）及妻刘氏墓志、曾烝（曾几曾孙）妻钱氏墓志、曾知白（曾几曾孙）[①] 墓志[②]。这些墓志对于考察曾几家族的迁徙路径及内部情况都具有很高的文

---

① 曾知白墓志因右上文字残缺，已难知其名，只知其字"知白"，与曾勋、曾庶、曾烝为同辈，其名当从灬旁。笔者推测其为曾棐之子曾默，详见下文。
② 绍兴市档案馆、会稽金石博物馆编：《宋代墓志》，西泠印社 2018 年版，第 100—119 页。

献价值。兹不揣谫陋，就曾氏家族的籍贯、子嗣、婚姻、墓葬诸方面略作考述，尚祈博雅君子不吝赐教。

一　曾几落籍绍兴事实之考证

关于曾几的籍贯及子嗣，曾几的弟子陆游《渭南文集》卷三十二《曾文清公墓志铭》有较为详细的记述：

> 公讳几，字吉甫。其先赣人，徙河南之河南县。曾祖识，泰州军事推官，妣祖氏，宁晋县君，李氏；祖平，衢州军事判官，赠朝散大夫，妣慈利县君刘氏；考准，朝请郎，赠少师，妣魏国太夫人孔氏……有司谥曰文清。娶故翰林学士钱勰之孙、朝请郎东美之女，封鲁国太夫人。男三人：逢，朝散大夫、尚书左司郎中；逮，朝奉大夫、充集英殿修撰、知湖州；迅，通直郎、主管台州崇道观……孙男七人：槃，迪功郎、监户部赡军乌盆酒库；栗，承务郎、新知平江府长洲县；梁，从政郎、监户部赡军诸暨酒库；荣，迪功郎、监建康府提领所激赏酒库；槩，宣教郎；棐，修职郎、监明州支盐仓；棠，迪功郎、新湖州长兴县尉……孙女九人，长适从事郎、衢州江山县丞李孟传；次适通直郎、新通判扬州军州事朱铬；次适宣义郎、新浙东提举常平司干办公事詹徽之；次适从政郎、新婺州金华县丞邢世材；次适宣教郎、干办行在诸军审计司叶子强；次适修职郎吕祖俭；次适文林郎、湖州长兴县丞丁松年；次适迪功郎、前明州慈溪县主簿王中行；次适迪功郎、监衢州比较务张震。曾孙男女十三人……

墓志只是说曾几"其先赣人，徙河南之河南县"，《宋史》卷三百八十二《曾几传》亦云"其先赣州人，徙河南府"，并没有明确指出曾氏家族何时何代由何人迁徙到河南，这容易导致一些地方志和家谱对曾几籍贯记载的错误。同治《赣州府志》卷五十四《儒林》列有曾几传，下有按语："李《志》云：'曾吉甫既由赣入豫，入河南籍，吉甫后人俱不得隶赣籍，窦《志》为吉甫之子（曾）逮作传，误矣。'今删之，而存吉甫传，以吉甫实生长于赣云。"可见，历代《赣州府志》一致认定曾氏家族是从曾几开始迁入河南的。虽然曾几已加入河南籍,但由于曾几自幼生长于赣州,遂姑且将其传列入。至于其子嗣,同治《赣州府志》就概从删削了。然而,曾栗墓志黑底白字明明白白刻着:"曾祖少师,葬河南,为河南人。"曾勋墓志也称"高祖少师葬河南,故今为河南人"①,可见迁入河南的是曾几之父曾准,而不是曾几。同治《赣州府志》卷五十四《儒林·曾准传》云:"字子中,赣县人。刻励嗜学,登嘉祐八年(1063)进士。判武功簿,摄理狱事,抗法不挠。知公安,火燔民居,叩天返风。判临江,明慎刑狱,芝草生于圜扉。或劝以献,曰:'此偶然耳。'历集庆军节度推官,知蓝田,所至俱有治迹。卒祀乡贤。"可知曾准是进士出身,其迁入河南或许是为了仕宦的方便。曾几作为曾准的幼子②,很有可能就出生在河南,而不一定如同治《赣州府志》所云"生长于赣"。因为曾准是嘉祐八年(1063)的进士,此时曾几远未出生。若曾准以登进士第的嘉祐八年(1063)入仕,那么曾几在曾准在外游宦期间出生的可能性很大。因此,曾几没有"生长于赣"这一点是基本可以肯定的。而且曾几南渡后也没回归原籍,曾栗墓志也明确刻着"南渡不常厥居",从这里也可以看出曾几没有"生长于赣"的端倪。其实这也很好理解,因为曾几是仕宦之人,一直游宦在外,调动频繁,很难在某个地方固定下来。在曾几籍贯这个问题上,历代《赣州府志》均有误,应据曾栗、曾勋墓志纠正。

其次,曾栗墓志还提到了曾几最后落户越中的情况:"祖文清公,葬山阴,因家焉。"曾知白墓志亦云"今居越",可见曾氏家族自曾几开始就落户于绍兴了。这个情况,历代《赣州府志》均未提及,只提到其占籍河南之事,对南渡后之事概从缺略,这方墓志足可补此缺失。曾几葬于绍兴,在绍兴地方志中也有记载,嘉泰《会稽志》卷六《冢墓》云:"曾文清公墓在(山阴)道树,大卿(曾)逢、侍郎(曾)逮并祔文清墓。"与上引陆游《曾文清公墓志铭》和曾栗墓志提到的"绍兴府山阴县承务乡凤凰山"完全相合,可以进一步确定曾几一族落户于绍兴这一事

---

① 《曾㮒墓志》则记为"自高祖葬河南,囗占籍焉",与曾栗、曾勋墓志稍有不同。或《曾㮒墓志》将高祖、曾祖混淆了,今从曾栗、曾勋墓志。
② 同治《赣州府志》卷五十四《儒林·曾几传》称其为曾准季子,今从之。

实。1966年，余姚梅溪乡南岙出土了南宋曾静真墓志，曾静真是曾几孙女、曾逢之女，是上引陆游《曾文清公墓志铭》中提到的嫁与"迪功郎、前明州慈溪县主簿王中行"者，是曾槩、曾栗的堂妹。志文由曾静真孙子王笙所撰，云："祖妣令人，姓曾氏，讳静真。其先赣人也，后迁河南府大口。文清公葬绍兴，因家焉，今为绍兴府人。"①也提到了曾氏家族由于曾几"葬山阴，因家焉"的事实，完全可以助证上述曾栗墓志的说法。最近，笔者又从上虞墓志收藏爱好者方仲元先生处获睹一方曾几曾孙女的圹志，志主曾氏为曾槩之女，是嫁与上虞李光之孙李知先者。圹志为其兄曾黯所撰②。近年来，浙江省武义县明招山出土了南宋吕祖谦家族的一大批墓志，其中一方是吕大器妻曾氏圹志，这个曾氏就是上引陆游《曾文清公墓志铭》中提到的曾几唯一的女儿③。上述曾几子孙多在浙东一带婚配的事实也侧证了曾几晚年落户于绍兴这一事实。又《渭南文集》卷三十《跋曾文清公奏议稿》："绍兴末，贼亮入塞时，茶山先生居会稽禹迹精舍。某自局罢归，略无三日不相见，见必闻忧国之言。先生年过七十，聚族百口，未尝以为忧，忧国而已。"也已经点出了曾几一族百口聚居于绍兴的事实。这一点在时代稍后的文献中也可得到印证。宋刘克庄《后村先生大全集》卷一百五十一《墓志铭·王孺人》："孺人王氏，新昌人。年二十，归于新临安府右司理参军曾坚④……曾氏去章贡居越，自文清始，参军于文清为高祖，于侍郎（指曾逮）为曾祖，奕世文

---

① 此据章国庆录文，见其编著《宁波历代碑碣墓志汇编》，第255页，上海古籍出版社2012年版。按：录文"大口"当作"大父"，应属下读，作"大父文清公葬绍兴"。

② 圹志云："孺人曾氏，家世赣川人。父槩，见任朝请大夫、新除湖南运判；母詹氏。淳熙四年正月二日生，年二十有二，适迪功郎、庆元府司户参军李知先。嘉定四年七月三十日，以疾卒于官舍之正寝，享年三十有五。生女一人，曰建儿，男一人，未名，皆早夭。以嘉定五年正月十一日己未葬于余姚县兰风姜山文西原，与姑宜人曾氏墓之左相去才百步。兄从政郎、监三省枢密院激赏库曾黯记。"曾氏之姑"宜人曾氏"，就是陆游《渭南文集》卷32《曾文清公墓志铭》中提到的曾几的长孙女，适从事郎、衢州江山县丞李孟传者，李知先是李光之孙、李孟传之子。另据《山阴天乐李氏宗谱》卷十《行传·李孟传》记载，曾黯娶李孟传第五女。由此看来，曾几一族与李光一族世代通婚。

③ 见郑嘉励《明招山出土的南宋吕祖谦家族墓志》，《唐宋历史评论》（第一辑），第200页，社会科学文献出版社2015年版。

④ 按"坚"字误，据《曾忞妻钱氏墓志铭》，钱氏生有二子曾塾、曾垩，"坚"当作"垩"，形近之误。

献，本朝名家也。"可见曾氏家族确实是从曾几开始迁入越中的。只是刘克庄忽略了曾几曾为河南人的一节，那是曾氏在河南居住时间并不长的缘故。又，同书卷一百〇二《跋放翁与曾原伯帖》："温伯（曾几曾孙曾黯）擢第，人物高雅，词翰精丽，有晋唐风韵，放翁尝举自代。今挂冠居于越上。"从"今挂冠居于越上"一句不难窥见曾几一族世代定居于越中的消息。还有一点也顺便提一下，曾逢、曾逮死后也祔葬于曾几之墓，上文已提及，此处不赘述。可见曾氏父子确实把绍兴当作了自己的归骨之所。因此，现在绍兴一带的曾姓中必定有大量曾几家族的后裔，但笔者翻检今人所编《绍兴家谱总目提要》一书①，未发现有曾几家族的宗谱，甚至连广泛意义上的曾氏宗谱也没有一部。或许由于年深月久，谱牒散佚无存，从而导致现在的曾几家族的后裔都不知所出了。

二　曾几落籍越中心理之蠡测

曾几之所以最终选择落户越中，可能与他三次旅居越中有关。第一次是在绍兴二十一年（1151）夏，他来绍兴探望其兄曾班。《茶山集》卷六有《长至日述怀兼寄十七兄》诗，自注："辛未年长至日在绍兴侍兄宴会。"辛未即绍兴二十一年（1151），这与《说郛》卷四十三陆游《感知录》所云"文清曾公几，绍兴中自临川来省其兄学士班，予以书见之。后因见予诗，大叹赏，以为不减吕居仁。予以诗得名，自公始也"也相合，因此有学者认为陆游从曾几学诗始于是时②，其说可信。此时的曾几馆于女婿吕大器家，陆游《渭南文集》卷三十一《跋吕伯恭（祖谦）书后》云："绍兴中，某从曾文清公游，公方馆甥吕治先（大器），日相与讲学。治先有子未成童，卓然颖异，盖吾伯恭也。"据吕祖谦之弟吕祖俭所撰《东莱吕太史年谱》，绍兴二十一年（1151），吕大器为浙东提刑司干办官，吕祖谦随侍于越。第二次是在绍兴二十五年（1155），他以朝请大夫出任提点两浙东路刑狱。上引陆游《曾文清公墓志铭》："（绍兴二十五年）十一月，起公提点两浙东路刑狱。"十二月到任，宝庆《会稽续

---

① 绍兴市档案馆、绍兴图书馆、绍兴市家谱协会合编：《绍兴市家谱总目提要》，西泠印社2015年版。
② 参见邱鸣皋《陆游师从曾几新论》，《文学遗产》2002年第2期。

志》卷二《提刑题名》："曾几，绍兴二十五年十二月以朝请大夫到任。"不过，这次任职时间不长，次年三月即移知台州。第三次是在绍兴三十年（1160）夏，因长子曾逢通判绍兴，他就养曾逢任所。这一次居住时间较长，长达四年，直到隆兴二年（1164）初赴行在临安为止。到了该年闰十一月，其二子曾逮出为提点两浙西路刑狱，两浙西路刑狱驻地在苏州，曾几于是又赴苏州，就养于曾逮任所。① 或许正是由于这样多次的旅越经历，使得曾几对越中的风土人情有了较深的了解，从而产生了依依不舍之情。他留下了不少歌咏绍兴的诗作，《茶山集》卷四《留别荣茂实侍郎》诗："老为吴会客，耆旧不相忘。千年书穴在，六月镜湖凉。"虽然他已久为吴会之客，但他对越中的老朋友还是无法忘怀，对"千年书穴在，六月镜湖凉"的越中风景更是心心萦念。同书卷五《次苏守朱新仲舍人留会稽之行韵》："公知此老发船时，不作河梁送别诗。但说江湖留我住，为言岩壑与人期。凝香燕寝定自好，怀绥稽山无不宜。早晚欢迎剡溪上，去公亦复意迟迟。"平江知府朱翌（字新仲）为了挽留曾几②，就借口说苏州的江湖需要你留下，而曾几却说我与越中的岩壑有期约，应该回去，虽然住在苏州的"凝香燕寝"里也很好，但"怀绥（指隐居）"于越中的稽山镜水之间对我来说更相宜。同书同卷《适越留别朱新仲》："长洲茂苑著身久，秦望镜湖行脚宜。"在苏州待得久了，他更急切地向往来越中的秦望山、镜湖行脚。可见曾几已经深深地留恋上了越中的风物人情。更何况越中还有他最得意的弟子陆游在等着他。曾几与陆游的因缘，早已成为师生相得的一段佳话。其实，陆游真正追随曾几杖履的时间并不长，亲聆謦欬的机会也不多。陆游只在绍兴三十一年（1161）从行在敕令所删定官罢归山阴的一两个月里与曾几直接接触较多。《渭南文集》卷三十《跋曾文清公奏议稿》："绍兴末，贼亮入塞时，茶山先生居会稽禹迹精舍。某自局罢归，略无三日不相见，见必闻忧国之言。先生年过七十，聚族百口，未尝以为忧，忧国而已。"完颜亮入

---

① 参见白晓萍《宋南渡初期诗人群体研究》，博士学位论文，浙江大学，2006年，第117—122页。
② 曾几与朱翌也是亲家。据上引陆游《曾文清公墓志铭》，曾几有一孙女嫁与了"通直郎、新通判扬州军州事朱辂"。这个"朱辂"就是朱翌的次子。参见张剑《朱翌及其家族事迹考辨》，《汉语言文学研究》2011年第2期。

寇，时在绍兴三十一年（1161）九十月之间，此时陆游从行在罢归，但是该年冬陆游又赴行在，入玉牒所为史官。① 可知两人真正频繁接触的时间就在这一两个月内。而且陆游的诗风也并没有被曾几的江西诗派所束缚，金性尧先生认为陆游在诗歌创作上受曾几的影响不大，但门墙熏陶，对他的立身报国自有重大影响，可谓的论②。然而陆游对这位授业师却一直念兹在兹，敬仰感恩之情洋溢在诗文的字里行间。曾几去世后，陆游写下了不少怀念曾几的深情绵邈的诗篇。《剑南诗稿》卷二《追怀曾文清公呈赵教授赵近尝示诗》："忆在茶山听说诗，亲从夜半得玄机。常忧老死无人付，不料穷荒见此奇。律令合时方帖妥，工夫深处却平夷。人间可恨知多少，不及同君叩老师。"同书卷十二《与黎道士小饮偶言及曾文清公慨然有感》："临川税驾忽数月，嗜睡爱闲常闭门。君诗始悟病僧意，吾道难为俗人言。秋雨凄凄黄叶寺，春风酣酣绿树村。曾公九原不可作，一尊破涕诵《招魂》。"同书同卷《书李商叟秀才所藏曾文清诗卷后》："陇蜀归来两鬓丝，茶山已作隔生期。西风落叶秋萧瑟，泪洒行间读旧诗。"同书卷七十九《梦曾文清公》："有道真为万物宗，巍然使我叹犹龙。晨鸡底事惊残梦？一夕清谈恨未终。"往往一个不经意的生活细节就会引起极度敏感的诗人对已归道山的业师的深情缅怀，乃至寤寐之间也常出现他的身影。那种念兹在兹、挥之不去的刻骨追怀跃然可见。并写下了声情并茂的《曾文清公墓志铭》，堪称墓志铭写作的名篇。而作为一代宗匠、"一世龙门"素少许可的曾几，生前对陆游这位弟子也是称赞有加，揄扬备至。《茶山集》卷五《陆务观效孔方四舅氏体倒用二舅氏题云门草堂韵某亦依韵》诗："陆子家风有自来，胸中所患却多才。学如大令仓盛笔（自注：寺本王子敬宅，有笔仓），文似若耶溪转雷；襟抱极知非世俗，簿书那解作氛埃。集贤旧体君拈出，诗卷从今盥水开。"对陆游的多才博学、豁达襟抱备致钦挹褒扬之辞，看得出来，这绝非敷衍寒暄式的虚应故事。而且曾几临终前还在给陆游写信，上引《曾文清公墓志铭》："某从公十余年，公称其文辞有古作者馀风。及疾革之日，犹作书遗某，若永诀者，投笔而逝。"不难发现，陆游这位弟子在曾几心目中的

---

① 参见邹志方《陆游家世》，北京出版社2004年版，第226页。
② 金性尧选注：《宋诗三百首》，上海古籍出版社1995年版，第292页。

地位。对此陆游也不由得产生知己之感，《渭南文集》卷第三十《跋曾文清公诗稿》："河南文清公早以学术文章擅大名，为一世龙门，顾未尝轻许可，某独辱知，无与比者。士之相知，古盖如此。方西汉时，专门名家之师众至千余人，然能自见于后世者，寡矣。扬子惟一侯芭，至今诵之。故识者谓千人不为多，一人不为少，某何足与乎此! 读公遗稿，不知衰涕之集也。"陆游以扬雄弟子侯芭自喻，意谓侯芭虽非扬雄高足弟子，未能发扬其师奥义，但侯芭能在扬雄死后，为其起坟，守丧三年。陆游对曾几的感激之情于此灼然可见。曾几与陆游的关系，早已超越了师徒之情而具有了朋友之间风义相期、惺惺相惜的意味，这或许也是曾几最终选择在越中息影的原因之一。

三 曾几孙曾补考

曾几有三子一女，上引陆游《曾文清公墓志铭》已提及，但该墓志铭提及的曾几的孙辈、曾孙辈并不完整，因为曾几去世后，孙辈、曾孙辈还在陆续出生。该墓志铭提及曾几孙子七人，分别是槃、栗、梁、槊、橾、棐、棠，而新见的曾氏家族墓志中出现了曾樵，此人当是在曾几去世后出生，《曾勳墓志》云："（曾勳）弱冠丧父，事母竭□□，且学且养，迄能有成，而百不一试以死，是可哀也。□□妻薛氏。男坦，女授孙，皆幼。樵惟叔父。"墓志文末题"修职郎嘉兴府崇德县主簿樵谨书"。只是传世文献中关于曾樵的记载甚少，嘉靖《嘉兴府图记》卷十二《人文》三《官师》有崇德簿有曾樵，绍熙中任，与墓志可相印证。淳熙《严州图经》卷二《知县题名》建德知县中有曾樵之名，云："嘉定十四年六月十三日以通直郎到任，十五年该宝赏转奉议郎，十六年十一月十四日通理替满。"可见至少曾官至知县。

另外，曾几三个孙子栗、槊、棐的墓志也已出土，既可与传世文献相印证，也可补传世文献之缺讹。如《曾栗墓志》云：

> 宋故朝请大夫□[1]公，讳栗，字德宽。其先赣人，曾祖少师，葬河南，为河南人。南渡不常厥居。祖文清公，葬山阴，因家焉。曾

---

[1] 此字漫漶难辨，但据下文可知是"曾"字。

祖讳准，朝请郎、轻车都尉，累赠少师，曾祖妣孔氏，魏国太夫人；祖讳几，通奉大夫、敷文阁待制，累赠少师，谥文清，祖妣钱氏，益国太夫人；父讳逮，中奉大夫、徽猷阁待制、知泉州，累赠少师，妣冯氏，秦国太夫人。公生于绍兴十五年十月八日，以文清公郊恩补将仕郎，试吏部出官，授迪功郎、秀州华亭县尉。以赏转承务郎，知平江府长洲县，通判严州。丁父忧，服阕，主管临安府城北右厢公事，知江阴军，改知广德军。召除太府寺丞、刑部郎官，兼敕令所删修官，度支郎官。以左曹郎官总领淮西江东军马钱粮，就除太府少卿。改差福建路转运副使，未上，以母老丐祠，主管建宁府武夷山冲佑观。起知婺州，荆湖南路转运副使，两浙西路提点刑狱公事。过阙奏事，除直焕章阁。寻召除太府少卿，移大理，就迁卿，兼删修敕令官，移司农卿。丁母忧，服阕，除直焕章阁、福建路提点刑狱公事，以言者罢。嘉定八年七月十九日，以疾终于正寝，享年七十有一……公才高识远，质厚气劲。自幼侍文清公，常在左右，洒扫应对，奉承惟谨。文清公自幼教之，初学为诗，即有惊人语，公喜，教之愈力。壮而从仕，表表自立，扬历既久，绩效著明。折狱理财，三登卿列；分符仗节，七奉除书。晚岁居闲，一意书史之乐……

从墓志记载来看，曾栗是曾几次子曾逮之子，自幼随侍在祖父身边，"洒扫应对，奉承惟谨"，因此深得曾几的喜爱，一直由曾几亲自教诲，在发现其孺子可教后，"初学为诗，即有惊人语"，曾几更是倾囊相授，"教之愈力"。而其初入仕途，也是蒙曾几的恩荫，"以文清公郊恩补将仕郎"。可见曾几对曾栗这个孙子倾注了很大的心力，寄予了很高的期待。应该说，曾栗也没有辜负祖父的期望。他"才高识远，质厚气劲"，"壮而从仕，表表自立，扬历既久，绩效著明，折狱理财，三登卿列；分符仗节，七奉除书"。似乎无论在人品，还是事功上，都卓有表现。从墓志记载来看，曾栗还是皇亲国戚，他的继配韩氏，是韩同卿之女、宁宗恭淑韩皇后之姊。从履历上来看，曾栗的升迁还是比较顺利的，其间受到过韩皇后的照拂也未可知，这就为我们考察宋代越中名门望族之间的通婚现象提供了极好的资料①。

传世文献中有关曾栗的记载虽然不多,但也可和曾栗墓志的部分内容相互印证,相互补充。比如曾栗"知平江府长洲县"事,宋吕祖谦《东莱集》附录卷三《祭文》二《曾知县德宽》:"维淳熙八年岁次辛丑九月戊戌朔,表弟承务郎、知平江府长洲县主管劝农公事兼主管运河堤岸曾栗谨以清酌庶羞之奠致祭于近故提宫大著直阁郎中表兄吕公之灵。"可见曾栗淳熙八年(1181)已在知长洲县任上。

其"通判严州"事,淳熙《严州图经》卷一《正倅题名》云:"曾栗,淳熙十五年三月初三日以宣教郎到,十五年十一月十七日丁忧。"可知其"通判严州"在淳熙十五年(1188),但不久因丁父忧去职。

其"知广德军"事,嘉靖《广德州志》卷七《秩官志·宦籍》云:"鲁栗,庆元二年知军事,政多仁惠。时有大水入城,筑三堤以障之,民免水患。"将"曾"字误为"鲁"字,乾隆《广德州志》也沿袭其误,应据改。陆游《渭南文集》卷十九《广德军放生池记》亦云:"承议郎曾侯栗以庆元二年来领郡事。"可知曾栗出知广德军在庆元二年(1196)。

其以"左曹郎官总领淮西江东军马钱粮,就除太府少卿,改差福建路转运副使"事,景定《建康志》卷二十六《官守志三·总领所题名》云:"曾栗,朝奉郎、守尚书户部郎中,庆元五年八月二十八日到任,六年闰二月十六日除守太府少卿,依旧淮西总领。当年六月一日磨勘,转朝散郎。当年七月十三日,因修庆元宽恤诏令,转朝请郎。十二月初七日,改除福建运副。"可见其事发生在庆元五年(1199)至六年(1200)之间。宋蔡幼学《育德堂外制》卷三《曾栗降朝请郎》云:"中兴以来,邦赋之入于四总司者居大半焉。受其任者,可不谨乎!尔夙以能称,将命淮右,而妄费无度,达于朕闻。夺尔三阶,是为中典。尚图后效,以盖前非。"看来曾栗在总领淮西江东军马钱粮时还因"妄费无度"遭受处分。

其"起知婺州"事,万历《金华府志》卷十一《官师》知婺州军州事中有曾栗,注云:"嘉泰二年由朝奉大夫任。"陆游《渭南文集》卷二

---

① 韩同卿属相州韩氏韩肖冑一支,韩肖冑南渡后定居于越中,参见钱汝平《新见相州韩氏韩肖冑家族墓志考释》,《殷都学刊》2018年第2期。

十《婺州稽古阁记》云："嘉泰元年，太守丁公逢乃即讲堂后得旧直舍地以为阁，而请于今参知政事许公大书其颜。公书宏伟有汉法，于是阁一日而传天下。丁公既代去，曾公栗来为郡，阁之役尚未既也。"可知嘉泰二年（1202）曾栗确实出知过婺州。

其为"荆湖南路转运副使，两浙西路提点刑狱公事。过阙奏事，除直焕章阁，寻召除太府少卿"事，绍定《吴郡志》卷七《官宇·提点刑狱司》云："曾栗，以朝散大夫、荆湖南路计度转运副使除，嘉泰三年八月到任，十七日除直焕章阁，当年除太府少卿。"可见其事发生在嘉泰三年（1203）。

其为"福建路提点刑狱公事，以言者罢"事，清徐松《宋会要辑稿》职官七五："（嘉定元年）正月九日，大理卿奚士逊降两官；江西运副陈景思、福建提刑张嗣古并放罢；新福建提刑曾栗罢新任；直秘阁知镇江府钱廷玉落职，更追三官勒停，送宜州羁管。以右谏议大夫叶时言士逊洊更麾节，俱无廉称；景思、嗣古本无才望，超迁骤进；栗凶暴贪残，赃污著闻；廷玉迎合侘冑，纵臾（怂恿）兵事。"可知曾栗确实曾被任命福建路提点刑狱公事，但因遭言官叶时弹劾而被罢免。所谓"凶暴贪残、赃污著闻"，追究的主要还是发生在曾栗总领淮西江东军马钱粮期间的事情。蔡幼学对此有更详细的记载，其《育德堂奏议》卷三《缴大理卿奚士逊新福建提刑曾栗放罢旨（指）挥状》云：

> 臣窃惟权臣专政以来，私庇亲党，公受货赂，纵贪残之吏，毒州县之民，风俗变迁，廉耻尽丧。其极至于庙堂之上，请托恣行；辅相之尊，赃污狼藉，有胥吏市井之所不屑为者。积习至此，岂一朝一夕之故哉？陛下更化之始，下诏求言，臣尝妄有条奏，乞将盗取官钱、赂遗权幸者显治一二，以警其余。盖转移人心之机，不可无以耸动之也。今臣寮所论韩侂冑亲党奚士逊等，次第窜黜，允协公论。臣区区之愚，犹以为奚士逊洊更麾节，俱无廉称；曾栗妄用官钱，万数浩瀚，则比之他人，其罪宜加重焉。士逊止以幸中法科，夤缘膴仕，出守近郡，政以贿成，修饰苞苴，倾竭帑藏，以悦侂冑及苏师旦、周筠之意，恃其权势，肆为凶残，凡善良之家，偶有小小争讼，必辄逮系罗织，文致其罪，必使纳赂如意而后释之。士逊

既逞其私，而其父及诸子，亦皆各任爪牙，交通关节，一门三世，黩货无厌，邦人不堪，至以鼷鼠目之。以臣所目，贪吏之无忌惮者，未有如士逊者也。至于栗之奸赃，则踪迹已著，众人所共知者。商飞卿具到淮西总领所累任乾没钱物，惟栗最多，侂胄深欲庇之，而迫于公议，黾勉行遣。于五人之中，栗为首坐，而止降三官，固未足以当其罪也。夫害民蠹国，莫如赃吏，祖宗用法，最所加严。臣愚，欲望圣明特降指挥，将士逊与栗并永不得与亲民差遣，除栗先已降官及今复褫职外，其士逊仍重行镌降，庶几人知戒惧，渐革贪污之习，其于治道，诚非小补。

看来，曾栗与韩侂胄有千丝万缕的联系。其所谓"凶暴贪残、赃污著闻"之罪，还曾受韩侂胄一力庇护。韩侂胄和韩肖胄都属相州韩氏，两人为堂兄弟，恭淑韩皇后乃韩肖胄曾孙女。曾栗续娶恭淑韩皇后之姊，与韩侂胄渊源较深，依附韩侂胄实属平常。韩侂胄倒台后，曾栗失去保护，于是言官纷纷上书弹劾，要求深究，最后曾栗又被降官革职。为此曾栗也曾上书自辩，朝廷也曾降指挥给予祠禄官，但又被给事中曾从龙封驳，清徐松《宋会要辑稿》职官七五："（嘉定八年四月）十二日，曾栗差宫观指挥寝罢。先是，栗自陈得祠，既而兼给事中曾从龙论驳，故有是命。"

曾栗虽有"凶暴贪残、赃污著闻"的历史污点，但其为干练有为的能吏这一点也应该是事实，墓志称其"扬历既久，绩效著明。折狱理财，三登卿列；分符仗节，七奉除书"，当亦非虚语。比如在知广德军任上，他重修了历任知军都未能修成的谯楼，周必大称其"有绝人之才"，周必大《文忠集》卷五十八《广德军重修谯门记》："会承议郎曾侯栗被命分符，有绝人之才，百废兴举，谓万乘行在，吴中郡乃近辅，华丽嶕峣，当应古义。适岁丰人和，鬻材僦工，兴役于暮春，落成以季夏。"又比如在浙西提刑任上，曾栗曾就邮传一事向朝廷建议，并蒙允纳。清徐松《宋会要辑稿》方域一一："（嘉泰三年）八月十四日，浙西提刑曾栗言：'置邮传令，古人重之，今之递铺，反为虚设。衣粮不时支，缺员不时补，甚至屋宇破坏，不芘风雨，衣食窘迫，私役之人。遂使僻州远县有号令而不知，文书往来虽遗失而不问，平居且然，缓急何赖？倘非严行约束州郡，安肯奉行。乞下诸路，常切检察，无得视为闲慢，监司巡历，并宜按行，其巡检官不职者，即行奏劾。'从之。"这些记载都在说明曾栗不是一个毫无作为的尸位素餐的庸吏。

这方墓志完整揭列了曾栗一生的仕履，可补传世文献对曾栗记载之不备，比如"秀州华亭县尉""主管临安府城北右厢公事""太府寺丞""敕令所删修官""主管建宁府武夷山冲佑观""大理少卿""大理卿""司农卿"等职务就为传世文献所失载。这方墓志是了解曾栗生平和曾氏家族情况的第一手材料，因此弥足珍贵。

而曾櫐是曾几长子曾逢之子。《曾櫐墓志》记载其弱冠擢进士第，淳熙十四年（1187）以疾卒，享年三十八，则其当生于绍兴二十年（1150）。墓志未提及其中第的具体科分，按宝庆《会稽续志》卷六《进士》，曾櫐是乾道五年（1169）郑侨榜进士，中第时刚好是弱冠之年，与传世文献若合符契。乾隆《杭州府志》卷六十四《职官》三《海宁富阳》中列有海宁①县丞曾櫐，云淳熙七年（1180）任，根据墓志所记曾櫐"弱冠擢进士第，调绍兴府余姚县主簿，未上。摄会稽县尉，以伐石口江岸功，循修职郎。既而之官余姚，用荐者改宣教郎、知临安府盐官县丞，避亲两易明州之鄞县丞"的履历来看，乾隆《杭州府志》记载其淳熙七年（1180）任盐官县丞应该是可靠的。由于曾櫐盛年去世，官位不显，故传世文献提及他的甚少，这方墓志记载的曾櫐仕履可补传世文献之缺。

《曾棐墓志》由于下半部漫漶，文字缺失，已难完整获知其一生仕履。志中有"公以母太淑人方……"之语，考之《曾櫐墓志》，其母亦为方氏，可见曾棐亦是曾逢之子。宋董煟《救荒活民书》卷二《治盗》云："淳熙十五年，德兴饥荒，民有剽黥道路者。县令曾棐廉得二人，锁项号令于地头，日给米一升，俟来年麦熟日放，盗贼由是衰止。"可见其出任过德兴县令，与墓志所云"德兴为番阳剧邑，输郡之钱月有常数……"的记载相合。从曾棐的治盗之法看来，他无疑是一个干练的地方官吏，这与墓志所记"御吏如束湿，而于民事则常思所以……""未数月，纪纲大振，财用沛然""综核精密，官无遗利""改弦易辙，政令一新""吏奸既绝，财赋无所散逸"等也相合。这是一个有手腕、有才干、有担当

---

① 该卷卷首有按语云："秦汉已来，盐官与海盐未析。"

的基层干吏。

至于曾几曾孙曾勳,则是曾槩之子。曾勳与其父曾槩一样,也是少年科第,他是庆元二年(1196)①进士,年仅二十七岁,授真州州学教授。可惜两年后即因病去世。见《曾勳墓志》。

曾几曾孙曾庶则是曾栗之子。据《曾庶及妻刘氏墓志》,曾庶以父荫为将仕郎,历湖州司户参军、监镇江府东比较务、庐州录事参军、知盱眙县,擢淮东安抚制置司准备差遣,官至承直郎。其时李全的忠义军在楚州作乱,曾庶及妻刘氏、子曾壂、曾壂妻余氏一门四口全部壮烈殉难,墓志对此记载甚详。宋洪咨夔《平斋文集》卷十九《外制》三《曾庶赠通直郎制》云:"敕具官某:掎鹿固为共蹯之谋,养虎必有反噬之患。山阳荼毒,尔以幕僚死事,阖门不免焉。念之惨怛,追畀升朝之秩,仍录应门之孤。魂而有知,歆此殊渥。"可见朝廷对曾庶阖门被害一事也作了回应。

曾几曾孙曾知白则是曾棐之子。据《曾知白墓志》,曾知白以父荫为将仕郎,调严州司户参军,历官淮南节度推官、福州录事参军、宁国府观察支使等职,淳祐年间曾教授于荣王府资善堂,以八十四岁高龄寿终。

今据新见曾氏墓志中反映的家族情况,并结合传世文献,将曾氏家族的世系列表如下,并略作说明,女眷略去。

说明:曾几有三子曾逢、曾逮、曾迅是可以确定的,但他的孙曾辈肯定远不止下图所列人数,由于书缺有间,尚待日后再补。如曾几去世时有七孙槩、栗、梁、棨、櫟、棐、棠,但在新见《曾勳墓志》中却出现了"樵惟叔父"的记载,并且《曾勳墓志》就是曾樵所撰。当然,古人的称呼比较宽泛,这个曾樵不一定就是曾勳的亲叔父,或许是从叔父也未可知,今姑作亲叔父计。曾几的另外两孙曾梁、曾棨,尚不知其父为谁。又曾烈,在《曾槩墓志》中记为次子,早夭,但在《曾栗妻韩氏墓志》中则记为韩氏之子,也就是曾栗之子,但《曾栗墓志》未提及曾烈,据此,曾烈当是曾栗与韩氏之子,后被过继给曾槩为子。又曾埴,并非曾庶亲生子,而是嗣子,曾庶一门死于楚州忠义军作乱,曾庶长兄

---

① 宝庆《会稽续志》(清嘉庆十三年刻本)卷六《进士》将曾勳列入庆元三年邹应龙榜进士,"三"当是"二"之误。

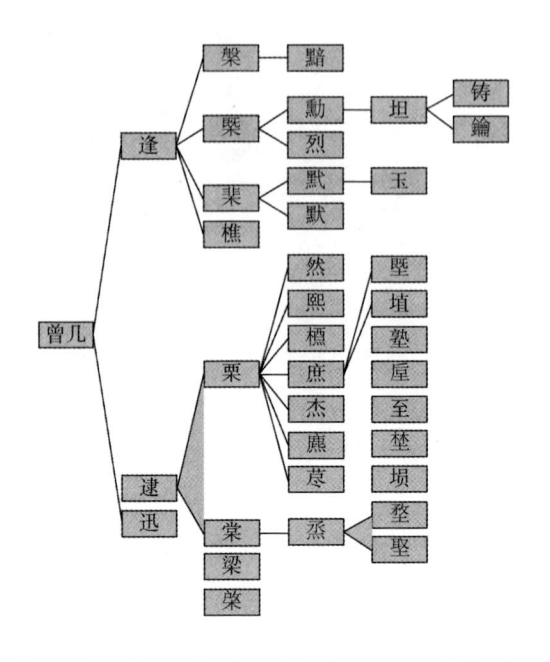

曾熙命曾埴为其后，《曾庶及妻刘氏墓志》云："公伯兄熙以公无嗣，命公从兄子埴为后。"可以为证。可见曾埴其实就是曾庶从侄，只是未知其生父究竟为谁。又曾杰，《曾栗墓志》记为曾栗第五子，但《曾栗妻韩氏墓志》则未见记载。韩氏为曾栗续娶之妻，曾栗先娶李氏，先曾栗四十三年而亡，那么曾杰会不会是李氏所生呢？不会。因为曾杰若是李氏所生，必是长子无疑，而曾杰却是第五子，所以曾杰当是曾栗妾侍所生，韩氏墓志未将其计入。又《曾栗墓志》记其四孙为塾、垕、堅、至，然《曾栗妻韩氏墓志》则记其四孙为塾、垕、堅、埊。韩氏卒于嘉定三年（1210），曾栗卒于嘉定八年（1215），若曾至是曾栗妾侍之孙而韩氏墓志不予计入的话，则曾栗应有五孙，不止四孙，据此，疑曾埊后来改名为曾至者。又曾棐二子黙、嘿（"嘿"字模糊，暂定为"嘿"），而曾知白是曾棐之子这一点可以确定，但未知其是曾黙还是曾嘿。按黙乃黑色之意，与白为反义，曾黙字知白，正好名、字以正反义相配，与初唐诗人王绩字无功出自同一机杼，因此姑且定曾知白即为曾黙。

四　曾氏家族的婚姻

曾几一族虽然是典型的书香仕宦之家，但是总体上讲，曾氏一族并不是特别官高爵尊的显赫家族。曾几生前只是礼部侍郎，长子曾逮官至试大理卿，次子曾逢历官户、刑二部侍郎，知泉州；孙子曾槃官湖南运判，曾楪通判建康军府事，曾栗司农卿、福建路提点刑狱公事，曾棐添差通判镇江府事，曾棠知道州。而曾孙曾勋虽是进士及第，但英年早逝，官只真州教授，曾庶为淮东安抚制置司准备差遣，均不贵显。此后似也未见有大闻人出现。因此，曾氏一门的地位在整个仕宦家族圈中只能算中等偏上水平。而家族联姻是讲究门当户对的，这一点从与曾氏联姻的仕宦家族中也大体上可以看出来。

吴越钱氏。自曾几开始，曾氏就与吴越钱氏世代通婚。曾几娶翰林学士钱勰之孙、朝请郎钱东美之女。钱勰乃吴越国钱镠六世孙。据《曾烝妻钱氏墓志铭》，曾几曾孙曾烝又娶钱植之女，钱植则是钱镠九世孙。曾孙女、曾栗第三女适文林郎、台州军事判官钱如川。吴越钱氏虽然贵显，但支派繁多，贵显者只是个别支派，与曾氏联姻者似非吴越钱氏之贵显者。

东莱吕氏。曾氏与吕氏的联姻始于曾几将唯一的女儿嫁与时任"右朝散郎、知吉州"的吕大器，而据陆游《渭南文集》卷三十六《吕从事夫人方氏墓志铭》，吕大同又将女儿嫁与曾几孙子曾棐，吕大同是曾几师事的吕本中之子。吕大器与曾氏生二子祖谦、祖俭，而曾几又有孙女一人嫁时任修职郎的吕祖俭。

桐庐方氏。《曾楪墓志》记曾楪母为方氏，《曾知白墓志》亦称曾祖妣为"安康郡夫人方氏"，曾知白父为曾棐，与曾楪为亲兄弟。也就是说，曾逢之妻为方氏。这个方氏很可能与陆游《渭南文集》卷三十六《吕从事夫人方氏墓志铭》提到的方氏是同族，吕从事即吕大同。据墓志，方氏是严州桐庐人，曾大父楷，尚书驾部员外郎；大父蒙，朝散郎、尚书屯田员外郎；父元矩，朝散郎、知建州。可见是一般的仕宦家族。

山阴冯氏。《曾栗墓志》记其母为冯氏，《曾庶及妻刘氏墓志》称其祖妣为"越国太夫人冯氏"，也就是说，曾逮之妻为冯氏。曾栗先娶李氏，后娶韩氏，韩氏乃宁宗恭淑韩皇后之姊。据《曾栗妻韩氏墓志》，其祖妣为冯氏，"赠吴越国夫人"。这两个冯氏疑是同族。《宋代墓志》披露了一方《冯承祖墓碣》，据墓碣，冯氏世居越之山阴，曾祖晖之，奉议郎；祖攄，朝散郎、大宗正丞，特添差通判饶州；父必大，通直郎、知建康府江宁县事①。也是一般的官宦之家。

上虞李氏。此李氏指高宗朝的参知政事李光。《曾文清公墓志铭》记曾几长孙女"适从事郎、衢州江山县丞李孟传"。据《宋史·李光传》，李孟传是李光的幼子。又，上文已提及曾几曾孙女、曾槃一女嫁李知先，而李知先是李光之孙、李孟传之子。另，据《山阴天乐李氏宗谱》卷十《行传·李孟传》记载，曾黯娶李孟传第五女。可见曾几一族与李光一族世代通婚。

遂安（淳安）詹氏。陆游《渭南文集》卷三十九有《詹朝奉墓表》，詹朝奉即詹靖之，詹氏为郡望族。詹靖之历官浙东安抚司主管机宜文字，监潭州南岳庙，婺州金华、常州宜兴县丞，浙东提举常平司干办公事，通判靖州。其长女嫁"朝请郎、前通判湖州曾槃"，而上引《曾文清公墓志铭》记曾几一孙女"适宣义郎、新浙东提举常平司干办公事詹徽之"，据《詹朝奉墓表》，詹徽之乃詹靖之之弟，詹靖之第三子詹表民出继詹徽之。可见曾、詹二族亦世代通婚。

会稽邢氏。《曾文清公墓志铭》提到曾几一孙女"适从政郎、新婺州金华县丞邢世材"。从吕祖谦《吕东莱先生文集》卷八有《邢邦用墓志铭》，知邢邦用即邢世材。邢氏先为青州人，后徙汴，绍兴间始家会稽。邢氏初娶何氏，续娶曾氏。其亲兄邢世亨的墓志铭已出土②，《邢世亨墓志》云"邢氏世为河北清州人"，当以《邢世亨墓志》为是。《邢邦用墓志铭》的"青"当是"清"字之误。邢氏籍籍无名，至邢世材始登乾道二年（1166）萧国梁榜进士，然享年不永，三十七岁即去世，后世亦无贵显。

缙云叶氏。《曾文清公墓志铭》提到曾几一孙女"适宣教郎、干办行在诸军审计司叶子强"。同治《苏州府志》卷七十一《名宦》四《昆山》有其传，云："叶子强，缙云人。学问该博，工诗文。淳熙二年，知昆山，政尚简易。在任三年，百度修举。以邑有'潮至唯亭出状元'之谶，遂建问潮馆于驷马桥西。后潮过唯亭，卫泾遂魁天下。以先任无所考稽，遍稽史牒，取雍熙以后五十六人刻诸石。留意学校，增修黉舍。入官奉

---

① 绍兴市档案馆、会稽金石博物馆编：《宋代墓志》，西泠印社2018年版，第260页。
② 绍兴市档案局、会稽金石博物馆编：《宋代墓志》，西泠印社2018年版，第137页。

常，擢朝奉郎。"叶氏家世待考。

上虞丁氏。《曾文清公墓志铭》提到曾几一孙女"适文林郎、湖州长兴县尉丁松年"。据宝庆《会稽续志》卷六《进士》，丁松年是隆兴元年（1163）木待问榜进士，万历《绍兴府志》卷三十一《选举志》二《进士》则注明其为上虞人。上虞丁氏的具体情况待考。

余姚王氏。《曾文清公墓志铭》提到曾几一孙女"适迪功郎、前明州慈溪县主簿王中行"。此孙女名曾静真，为曾逢之女，其墓志出土于余姚，上文已引。余姚王氏家族有多方墓志出土。王中行之父王逑的墓志铭详细记载了王氏的先世。王氏本大名府人，以河决迁葬于洛阳。王逑高祖王轸，赠吏部尚书，徙居陈州之宛丘；曾祖王景章，尚书屯田员外郎，赠金紫光禄大夫；祖王直臣，朝议大夫致仕，赠银青光禄大夫父；父王俣，工部尚书，以左中大夫、敷文阁待制致仕，赠光禄大夫，徙居绍兴府之余姚，而王逑则终于国子司业。《王逑墓志铭》为时任朝请大夫、中书门下省检正诸房公事曾逢所撰，其中记载了曾、王两家联姻的因缘："（上缺）于临安，一见如旧交，语必移时。后数年，相见于余姚，从容道门内琐碎如骨肉。逢多女子，公一一问所归，至第六女，顾仆夫呼其子出焉。总角知诗书，端秀可爱，笑谓逢曰：'吾曹雅相善（下缺），盍相与姻乎？'逢退而媒者至，逢谢曰：'吾见其子矣，（下缺），则王氏未之详也。贫富丑好继不问，亦安知吾女之疾病乎？何太草草也。'媒者曰：'王氏不相疑如此，公女傥有疾，岂欺之乎？'（上缺）中行，大临我之自出也。"①

歙县张氏。《曾文清公墓志铭》提到曾几有一孙女"适迪功郎、监衢州比较务"的张震。弘治《徽州府志》卷八《人物二》有张震传，云："字彦亨，歙人。登乾道己丑第，历院辖、寺丞，知抚州江西仓。以不附韩氏，为言路论罢。嘉定初，召为郎，迁右司郎官，奉祠不复出。娶会稽曾文清公几之孙，因家于越。时论以正人许之。"与《曾文清公墓志铭》相合。可见张氏原为歙人而定居于越者。据《曾栗墓志》，曾栗有二女分适"从事郎、新建康府溧水县丞张澄""迪功郎、监台州赡军酒库张淮"，不知此二人是否张震一族。而据上引张震传，张震兄弟七人，张震

---
① 章国庆编著：《宁波历代碑碣墓志汇编》，上海古籍出版社2012年版，第196页。

先以荫资兄子大猷为官而后及己子远猷，看来张震子侄辈以"猷"连名，似与张澄、张淮之名不合。待考。

桐城朱氏。《曾文清公墓志铭》提到曾几有一孙女"适通直郎、新通判扬州军州事朱辂"。朱辂乃朱翌次子，上文已提及，此不赘述。

山阴王氏。据《曾楪妻王善贤墓志》，王氏世居越之山阴，祖俊彦，左宣义郎，赠特进；父佐，宝文阁直学士、通奉大夫、提举凤翔府上清太平宫，赠银青光禄大夫。王佐即是绍兴十八年（1148）状元，陆游《渭南文集》卷三十四有《尚书王公墓志铭》，于王佐家世生平记载颇详，足资参证。

鄞县薛氏。《曾勳妻薛氏墓志》云："庆元府鄞县人也。曾祖朋龟，朝奉大夫、知衡州；祖居实，朝请大夫、直秘阁、知扬州；父佑祖，通直郎、成都府路钤辖司干办公事。"薛朋龟及其妻王氏墓志均已出土①，与薛氏墓志记载相合。

鄞县魏氏。据《曾栗墓志》，曾栗幼女"适迪功郎、前监绍兴府和旨酒库魏渊"。魏渊是孝宗朝宰相魏杞的长曾孙，魏杞的神道碑已经出土，可得证实②。但是魏渊本名赵榘，乃出继魏氏者。《宋冯妙定墓志》已出土，据墓志，冯氏是宣义郎、主观台州崇道观赵端之妻，生六子，从其第二子"榘出继魏氏，姑名渊，从事郎、监临安府青山酒库"③，可证。

山阴韩氏。上文已提及曾栗续娶韩氏，乃恭淑韩皇后长姊、太师韩同卿之女。韩氏原籍相州，是北宋名相韩琦之后。韩肖胄是韩琦嫡长曾孙，曾官签书枢密院事，以资政殿学士出知绍兴府，从此定居绍兴。韩同卿则是韩肖胄之孙。南宋时期，绍兴一带是相州韩氏的大本营④。

宗室赵氏。据《曾栗墓志》，其一女"适承事郎、新知福州侯官县赵汝镒"；据《曾勳妻薛氏墓志》，其女"适故从事郎、监泰州如皋县买纳盐场赵善啓"；据《曾知白墓志》，曾默一女"适漕贡进士赵崇桂"。这些

---

① 章国庆编著：《宁波历代碑碣墓志汇编》，第152、187页。
② 见《宋故太师右丞相食邑五千九百户实封三千九百户谥文节鲁国公魏公神道碑》，《宁波历代碑碣墓志汇编》，第271页。
③ 章国庆编著：《宁波历代碑碣墓志汇编》，第232页。
④ 钱汝平：《新见相州韩氏韩肖胄家族墓志考释》，《殷都学刊》2018年第2期。

人都是宗室远支,名位均不显。

山阴陆氏。据《曾烝妻钱氏墓志铭》,其一女"许嫁放翁陆待制之孙元质"。陆游因为与曾几结缘,所以与曾几子孙也交往密切。陆游诗文集里就有颇多这方面的记录。比如曾几长子曾逢,《剑南诗稿》卷一有《病起寄曾原伯兄弟》,同卷有《曾原伯屡劝居城中,而仆方欲自梅山入云门,今日病酒,偶得长句奉寄》,同书卷六十七《素饭》自注云:"曾乐道(曾槃)近馈茶山茶。"《入蜀记》卷一:"(乾道六年闰五月)十九日……曾原伯逢招饮于其子(曾)槃廨中,二鼓归。原伯复来,共坐驿门,月如昼,极凉。四鼓解舟行,至西兴镇。"曾逢死后,陆游还撰写了《祭曾原伯大卿文》(《渭南文集》卷四十一)。可知陆游与曾逢、曾槃父子关系非同一般。又比如曾几次子曾逮,《剑南诗稿》卷十七有《曾仲躬见过,适遇予出,留小诗而去,次韵二首》。清卞永誉《式古堂书画汇考》卷十四《书》十四收有陆游《拜违言侍帖》,云:"游顿首再拜,上启仲躬侍郎老兄台座。"可见陆游与曾逮交情也不浅。又比如曾几曾孙曾黯(温伯)。《剑南诗稿》卷五十一有《赠曾温伯邢德允》,《渭南文集》卷五有《除宝谟阁待制举曾黯自代状》,云:"令侍从授告,讫限三日内,举官一员充自代者。右臣伏睹从政郎、总领淮东军马钱粮所准备差遣曾黯克承家学,早取世科,操行可称,文词有法,臣实不如,举以自代。"能在辞职后举荐曾黯来代替自己的职务,可知交谊匪浅。在这样的世代交情之下,曾、陆两家联姻是再自然不过的事情了。

象山刘氏。《曾默墓志》提到曾默妻刘氏,"象山人,吏部尚书、赠银青光禄大夫刘俣之女"。嘉靖《宁波府志》卷二十七《传》三《刘俣》记其登绍兴三十年(1160)进士第,历官知华亭县、通判绍兴府、知兴国军、改知岳州、直秘阁,召除尚书礼部郎中,卒。而《曾知白墓志》则称其为吏部尚书,从其历官顺序来看,当以《宁波府志》作"尚书礼部郎中"为是。

慈溪余氏。《曾庶及妻刘氏墓志》提及曾墅"娶四明余氏……今淮东幕府余公元赓女也"。据《南宋馆阁续录》卷八,洪咨夔《平斋文集》卷十七、二十,许应龙《东涧集》卷三,周密《齐东野语》卷九"李全"条等,可知余元赓是庆元府慈溪县人,嘉定七年(1214)袁甫榜进士,曾任国子监簿、监丞、司农寺丞、著作佐郎、秘书郎、知衢州等职,后死于李全之乱。

昌王氏。上引刘克庄所撰王孺人墓志提到曾塈娶妻新昌王氏。该墓志云："按王氏去乌衣入剡，自武毅始。孺人于水心叶公所志长潭公为伯祖，于实斋王公所志孝友公为皇考，一门雍睦，江左旧族也。"所谓"长潭公"，即王思文，叶适《水心先生文集前集》卷二十四有《长潭王氏墓志铭》，据该墓志铭，可知王氏自称是王导之后，然累世不显，至王思文之子王梦龙始登进士第，王梦龙曾知龙游县，"历御史，入宗寺为卿，直中秘书，出守永嘉"。

另外，《曾栗墓志》提到曾栗一女"适文林郎、新知光化军光化县祝文之"，早卒，曾栗遂又将次女适祝文之。《曾庶及妻刘氏墓志》提及刘氏"曾祖曰宥，封承事郎。祖彭年，仕至朝奉郎。父壎，终朝议大夫、直秘阁"。《曾知白墓志》提到其一女"适进士马锜"。祝、刘、马三氏的具体情况待考。

家族的联姻对象自然不止上述这些家族，但是仅这些家族就足可供我们分析曾氏联姻的一些事实了。（1）其联姻的地域主要集中在绍兴一带，大体上不出今浙江省范围。歙县张氏因已嫁于越，可算是绍兴本地家族。桐城朱氏可能是因仕宦之间的交集而结成的联姻对象，并不很具有典型性。（2）其联姻的家族在地位上与曾氏大体相当，并不是特别显赫的仕宦之家。魏氏因出过孝宗朝宰相魏杞而显得地位较高，但魏杞后世并不显达。（3）其联姻对象似也无白丁和商贾，一般都是有"官"（包括实职虚职）之人，这充分体现了宋代婚姻"尚官""贵人物相当"的传统①。（4）中表婚比较常见。这一点在曾氏与吴越钱氏、东莱吕氏、上虞李氏、遂安（淳安）詹氏等家族的联姻中表现得非常明显，这是古代家族世婚所不能避免的一个现象，也是宋代提倡中表婚②政策的必然结果。曾氏家族通过联姻方式形成的广泛社会关系无疑是推动家族繁荣发展的重要助力，也是维持家族门风、地位于不坠的秘诀之一。

---

① 张邦炜：《宋代婚姻家族史论》，人民出版社2003年版，第62页。
② 张邦炜：《宋代婚姻家族史论》，第96页。

五　规模宏大的家族墓地

关于宋代的墓葬制度，著名考古学者郑嘉励先生有一个基本观点是：北宋时期中原士大夫家族，普遍打造自己多代聚葬的墓地，而这在南方是没有的。因为江南独特的地理气候环境和讲究风水的功利观念导致家族墓地很难产生。郑先生还举了例子，如鄞县的史弥远家族，从史浩、史弥远到史嵩之都是南宋时权倾一时的宰相，如果他们想打造家族墓地，那么完全可以做到，但是他们并没有。史弥远埋在鄞县，史嵩之埋在余姚河姆渡，有些人埋在奉化，有些人埋在慈溪，每个墓相距非常远。又如理学家朱熹，其父朱松葬在福建的政和县，朱熹本人葬在建阳，其子朱塾墓在建阳另一乡镇，相距十几里。朱熹所撰《朱子家礼》中，于族葬一事只字未提，表明朱熹本人也没有族葬的观念。而这种墓葬传统被从中原南渡过来的家族所打破，东莱吕氏家族在婺州武义明招山打造家族墓地即是一个著例，它直接开启了元明时期江南地区的族葬风气。① 笔者仔细研读新出的曾氏家族的墓志，发现曾氏家族或许也是郑先生所说的在南方打造家族墓地的中原南迁家族之一。当然，曾氏原籍赣州，是典型的南方人，但正如上文所述，至少从曾几之父曾準起就已迁居河南洛阳，曾準死后并葬于河南，曾几自幼生活在北方，因此深受北方士大夫族葬观念的影响也是可以理解的。由于这十方曾氏墓志为盗墓者盗挖，失去了出土时间和地点等信息，墓葬或也已被破坏殆尽，因此已无法从考古学角度来现场考察曾氏家族墓葬的具体情况了。但这十方墓志中透露的信息足以让我们相信这是一个颇具规模的家族墓地。现将相关信息罗列如下。

上引陆游《曾文清公墓志铭》提到的曾几葬于"绍兴府山阴县承务乡凤凰山之原"。葬于凤凰山的曾氏族人有：

> 曾槃，"归祔于绍兴府山阴县承务乡凤凰山先茔之侧"。(《曾槃墓志》)

---

① 郑嘉励：《武义明招山：一场理想主义者的族葬》，https://zj.zjol.com.cn/news/135962.html。

曾槃妻王善贤，与曾槃"合葬于山阴县承务乡凤凰山之原"。(《曾槃妻王善贤墓志》)

曾栗，"葬于绍兴府山阴县承务乡凤凰山先茔之侧"。(《曾栗墓志》)

曾棐，"葬于绍兴府山阴县承务乡凤凰山文……"①（《曾棐墓志》)

曾勋，"葬于绍兴府山阴县口口乡凤凰山承议墓之侧"。(《曾勋墓志》)

曾勋妻薛氏，与曾勋"合祔于绍兴府山阴县承务乡凤凰山教授之兆"。(《曾勋妻薛氏墓志》)

另外，上文已提到曾逢、曾逮也祔于父墓。

葬于茶山之原的曾氏族人有：

曾栗妻韩氏，"祔于绍兴府山阴茶山之原"。(《曾栗妻韩氏墓志》)

曾棠、曾烝父子，"道州守讳棠……今予此来，则道州与子从事烝即其处坟久矣"。(《曾烝妻钱氏墓志铭》)

曾烝妻钱氏，"葬茶山，祔从事②兆"。(《曾烝妻钱氏墓志铭》)

曾默（知白），"祔于山阴茶山提辖公茔之左"。(《曾知白墓志》)

曾堊妻王氏，"葬于山阴茶山"。(刘克庄《后村先生大全集》卷一百五十一《墓志铭·王孺人》)

葬于山阴之东山的曾氏族人有：

曾庶及其妻刘氏、曾堅及其妻余氏，"藏于会稽山阴之东山（衣冠冢）"。(《曾庶及妻刘氏墓志》)

其实茶山就是凤凰山。因为曾默"祔于山阴茶山提辖公茔之左"，而"提辖公"就是其父曾棐，因曾棐曾官提辖榷货务都茶场，故称提辖。据

---

① "文"下缺，"文"下当是"清"字，文清即曾几，此句当指曾棐葬于祖父曾几之侧。
② 从事即曾烝，曾官从事郎。

《曾棐墓志》，曾棐葬于绍兴府山阴县承务乡凤凰山其祖父曾几墓侧，足证茶山即凤凰山。嘉泰《会稽志》卷六《冢墓》云："曾文清公墓在（山阴）道树，大卿（曾）逢、侍郎（曾）逮并祔文清墓。"据此，凤凰山、茶山、道树实是同地，这个地方其实在秦望山，嘉泰《会稽志》卷十一《泉》："苦竹泉在秦望山侧曾文清墓，林多苦竹，泉出其下，泓洁宜茶。"

而山阴之东山则与凤凰山、茶山非一处。检嘉泰《会稽志》，未见山阴有名东山者，然清周铭鼎所撰《柯山小志》卷中《胜览》有"东山"条云："山与柯山相连属，在柯山之西，自蔡家堰视之，则东也，故名。"①《柯山小志》虽为晚出方志，但地名往往是历代口耳相传的，故其记载或有根据。曾庶一门四口为什么未能入葬家族墓地呢？笔者推测，曾庶一门四口均死于兵灾，兵者乃不祥之器，且四人尸骨无存，从楚州带回的只是四人生前的衣冠而已，或许因此而未能入葬祖坟。这样解释似乎稍合情理一些。曾庶一门四口葬于宝庆三年（1227），而曾忞妻钱氏葬于嘉熙四年（1240），曾黖（知白）葬于宝祐五年（1257），如果说曾庶安葬时，祖坟已无隙地，需另觅地安葬的话，那么为什么迟于曾庶安葬多年的钱氏和曾黖却反而能入葬祖坟呢？据常理，似乎说不过去。故笔者作出上述推测，相信离题不远。

曾氏家族墓地还有曾几祠堂。《曾忞妻钱氏墓志铭》是落款为"迪功郎宜改添差两浙东路提举常平茶盐司幹办公事"的钱时所撰，其云："宝庆三年春，予陪越率②游茶山，谒故敷文阁待制、礼部侍郎文清曾公祠，始获拜益国夫人钱氏遗像。益国，吴越逊王曾孙，文肃公之孙女，实予祖姑行。道州守讳棠，其仲子子也，相与从容终日，且指他日归藏之所，洁觞豆，款精舍也。"可见在茶山（凤凰山）墓地设有曾氏祠堂。

宋代皇室、贵戚、勋臣、官员及一般士夫庶民之家，都有在家族坟地中设置坟寺的传统，这是敬祖收族以及尚祈福、尊鬼神的社会风俗的反映。曾氏于家族墓地设置祠堂以祭祀始迁祖曾几，其目的自不出此。

---

① 《绍兴县志资料》（第一辑），台湾成文出版社1983年影印本，第1039页。
② 率通帅，越率即越帅，绍兴知府例兼两浙东路安抚使，安抚使俗称帅司，故两浙东路安抚使称可越帅。此句意谓陪伴越帅游览茶山。

坟寺所掌，一是守坟，二是祠祭。在南宋理学家倡导的家族祠堂和影堂未得到普遍流行之前，坟寺实际上承担起了家族祠堂的大部分职能。刘克庄《后村先生大全集》卷九十三《记·荐福院方氏祠堂》一文，就将坟寺与祠堂并列。又比如咸淳《临安志》卷八十一《寺观七》"惠林寺"条亦云："在荐桥门外蒲场巷，去城一里，旧在天庆坊，系绍兴中建以处随驾僧行。嘉定四年毁，徙建于报国寺基，以奉魏惠宪王、沂靖惠王祠堂。"明确指出惠林寺乃为"奉魏惠宪王、沂靖惠王祠堂"所用。可以这么说，墓祠是在家族墓地坟寺中设置的祠堂。据此，笔者推测曾氏家族的茶山墓地可能还设有坟寺。

仅据上述有限的文献资料，我们就可获悉包括曾几在内的至少有五代十五位曾氏族人入葬了茶山家族墓地这一事实。当然，入葬茶山家族墓地的曾氏族人肯定远不止这些，只是书缺有间，暂时不能得到定论。如此大规模的族葬现象在南宋时期并不多见，目前所知只有一个东莱吕氏家族。这两个家族都迁自中原，而且存在世代联姻的关系，如吕祖谦就是曾几的外孙，这两个家族在墓葬制度上是否存在互通声气的情况，这一点值得进一步研究。另外，曾氏家族墓地设置祠堂这一点也为我们考察宋代的坟寺特别是墓祠制度提供了珍贵的信息。这些都值得注意。

作者诸凤娟为绍兴文理学院越文化研究院院长、教授；钱汝平为绍兴文理学院越文化研究院副研究员。

浙学与蜀学在近现代的互动

张宏敏

【摘要】 由于清代中前期蜀学发展相对滞后，蜀、浙两地学人之间的互动有限，但是清代全祖望补编《明儒学案》，表彰三苏"蜀学"，有专门学案及《苏氏蜀学略》。近代以来，西学东渐，中华传统文化遭遇前所未有的冲击，传统经学、史学如何转型便成为那一时期国人面临的重大课题。面对文化领域的"古今中西之辨"，浙、蜀两地的国学大师或坚守传统、承古开新，或借鉴西学、会通中西，从一定程度上推动并促成了对中华国学的重新审视与评价。浙学、蜀学在近现代的学术互动相当频繁，我们可以通过章太炎、马一浮、谢无量、廖平、蒙文通等国学大师之间的交谊，以及两地学人诸如唐君毅、贺麟围绕国学、经学、阳明学的专题研究来考察，进而归纳总结浙学、蜀学共同的人文精神。

【关键词】 浙学 蜀学 近代 互动

一 廖平的经学与周予同、蒋伯潜的经学史研究

在中国古典经学的终结与近现代经学史研究的开拓上，四川、浙江籍的学者做出了重要的学术贡献。我们可以这样认为：廖平、蒙文通是"中国哲学史中经学时代"的终结者，而周予同、蒋伯潜则可谓现代经学史研究的主要肇启者。

四川井研人廖平（1852—1932）作为晚清著名今文经学大师，被称

为中国儒学史上"最后一个儒家学派的最后一位思想家"①，以礼制判分今、古文经，认为"经学之要在制度不在名物"，使千余年来今古之纠纷涣然冰释；并倡"托古改制"说，使古代经学有了近代政治思想色彩，康有为、梁启超受其启迪，从而为资产阶级改良运动找到理论依据。近代浙江籍思想家章太炎为廖平撰写《清故龙安府教授廖君墓志铭》②，对其生平学行诸如"学凡六变"等进行了客观评价。"一代儒宗"马一浮在四川创办复性书院之时，对廖平《大同学记》之宗旨"大同者，化不同以为同之谓也"有过学理上的认同，对世界大同的理想作出了今文经学式的阐发："吾中国古者南北之分，实即今日中西之界。来者之视今，亦如今之视昔，世界大同固可由中国小同而决之者。"③冯友兰两卷本《中国哲学史》以"经学时代之结束"来为廖平的经学定位："廖平之学，实为经学最后之壁垒，就时间言，就其学之内容言，皆可以结经学时代之局者也。"④ 此外，廖平高足蒙文通（1894—1968，四川盐亭人）对"浙学"研究也有关注，早年"游学于吴越之间，访学于各大经史家门下，与章太炎论古今之流变，与欧阳竟无论佛典之影响"；晚年遗著《越史丛考》，对百越民族的来源、古越文化的内涵，有深刻的学术辨析与事实考证⑤。

浙江瑞安人周予同（1898—1981），少年时代就读于晚清经学大师孙诒让创办的蒙学堂，1945年后任复旦大学教授，一直到去世。从1959年起，开始对经学史进行系统研究，开设全国独一无二的课程"中国经学史"；借此推动了学术界对经学史的研究。经学论著有：《周予同经学史论著选集》（增订版，上海人民出版社1996年版）、《经学历史》（皮锡瑞著、周予同注释，中华书局2004年版）、《群经概论》（中国书籍出版

---

① 基金项目：浙江省哲学社会科学领军人才培育课题（青年英才培育）"浙学的创造性转化和创新性发展研究"阶段性成果。

［美国］约瑟夫·列文森：《儒教中国及其现代命运》，中国社会科学出版社2000年版，第274页。

② 上海人民出版社编：《章太炎全集·太炎文录续编》，上海人民出版社2014年版，第298—299页。

③ 吴光主编：《马一浮全集》第4册，浙江古籍出版社2013年版，第434—436页。

④ 冯友兰：《中国哲学史》，中华书局2014年版，第889—890页。

⑤ 蒙文通：《越史丛考》，人民出版社1983年版。

社 2006 年版)、《周予同经学史论》（朱维铮编校，上海人民出版社 2010 年版）。浙江富阳人蒋伯潜（1892—1956）于经学研究有很深造诣，著《经与经学》《十三经概论》《经学纂要》等。有研究认为，蒋伯潜的经学研究至少具有如下四大特色：第一，以持平的态度对待今古文经学之争等学术问题；第二，身为著名经学家，但并不盲目崇经；第三，精辟、独到见解甚多；第四，著述大多为教学服务，深入浅出，雅俗共赏。①

二 马一浮与四川

现代杰出的"国学大师"马一浮与四川之关联，可以从马一浮祖父、父辈供职四川及其本人生于成都，抗战期间马一浮在乐山筹办复性书院，通过讲学、刻书方式推动了以"六艺之学"为代表的国学在蜀地的传播，以及马一浮与蜀籍"国学大师"谢无量之间的交往来解读。

1. 马一浮生于四川成都

马一浮（1883—1967），籍贯浙江上虞，但因祖、父在四川为官，遂生于四川成都西府街1号。马一浮祖父马楚材，清咸丰年间因平"滇寇"而牺牲于四川仁寿县尉任上，其生子亦从父就义，葬于叙州庆符县；侄马廷培（马一浮之父）继为后，弱冠即入川佐幕，光绪初年署潼川府通判、仁寿县知县。马一浮6岁时，随父母出川返乡上虞；出川前，至叙州庆符县南岸坝展拜祖父母之墓。

光绪二十七年（1901），马一浮曾致书在四川叙府的姑表兄鲁同，告以离川返乡后父母病故等家事。② 马一浮母亲何定珠，陕西沔县人；马一浮一家离川后，其母系亲属则留置在川。光绪三十三年（1907），两次致书三舅父何稚逸，告知自己近况。③ 宣统元年（1909）六月，何稚逸因"左迁"而进京"陈情"，甥男马一浮为声援舅父，乃赴京觐谒，事竟又护送舅父回川。④

1935年5月，因思亲之念，马一浮致书四川庆符县政府及县长戴宝

---

① 陈东辉：《蒋伯潜经学成就发微》，《中文学术前沿》辑刊，浙江大学出版社 2010 年版。
② 吴光主编：《马一浮全集》第 2 册（上），浙江古籍出版社 2013 年版（下引版本同），第 286 页。
③ 《马一浮全集》第 2 册（上），第 292—295 页。
④ 丁敬涵：《马一浮先生年谱简编》，载《马一浮全集》第 6 册（上），第 14 页。

苏,请求保护南岸坝之祖茔。① 因为与三舅父之子何茂桢失去联系,1935年5月,马一浮还草发《寻表弟何茂桢启》;② 1937年7月,何茂桢自川来杭,由于三十年未见母系亲属,马一浮见之,欣喜不已。因日寇侵华,杭城告急,何茂桢在川有老母、妻儿,乃返川。返川前,马一浮跋表弟所携《董文敏早朝诗卷》,在盛赞董文敏书法的同时,叙三舅父得此诗卷之始末。1939年,马一浮为避寇,至四川乐山创办复性书院。在乐山,由表弟何茂桢安排住宿,先住城外武圣祠,后因病移居城内;至乐山即叩见三舅母,行跪拜礼。③ 1942年8月4日,何茂桢为复性书院购油,因船失事而不幸殉职。为安排表弟后事,马一浮写《为何茂桢招魂辞》,④并临江亲自主持招魂仪式。

1943年5月,仁寿县徐子静来函询及(马一浮)祖父祠堂事,马一浮乃抄寄当时专祠碑记诸文,以及1935年致庆符县政府感谢立案保护祖茔函,同时表示,"此事存废,系于贵邑民意",自己"尤不欲轻事干求"。⑤ 1946年3月31日,马一浮离乐山回杭,途经叙府时,特留一宿,往南岸坝拜谒祖茔。⑥ 这也是马一浮最后一次祭拜滞留蜀地的先祖坟茔。

2. 马一浮在乐山创办"复性书院"⑦

1937年"七七事变",日本发动全面侵华战争。1938年,杭州沦陷,辗转桐庐、开化避难的马一浮应浙江大学校长竺可桢之聘,至浙大"特约讲座"为学生讲授国学,并随校转移至江西泰和、广西宜山。由于对现行教育体制不满,马一浮无意长期滞留浙大,遂有创办传统古典书院、自由讲学的设想,后得到友生寿毅成、刘百闵、张立民等人及国民政府的支持与资助。在《书院之名称旨趣及简要办法》中,马一浮建议以"复性书院"为名开展自由讲学活动,且心目中的书院"为纯粹研究学术

---

① 《马一浮全集》第2册(下),第1011—1013页。
② 丁敬涵:《马一浮先生年谱简编》,载《马一浮全集》第6册(上),第37页。
③ 丁敬涵:《马一浮先生年谱简编》,载《马一浮全集》第6册(上),第45页。
④ 《马一浮全集》第2册(上),第270—273页。
⑤ 《马一浮全集》第2册(下),第1010页。
⑥ 丁敬涵:《马一浮先生年谱简编》,载《马一浮全集》第6册(上),第65页。
⑦ 关于"复性书院"要事,读者朋友还可参阅王培德记录的《复性书院日记》,载《马一浮全集》第5册,第388—528页。

团体，不涉任何政治意味。凡在院师生，不参加任何政治运动"①。在与国民政府接谈之际，马一浮提出三项条件：（1）书院不列入现行教育系统；（2）除春秋祭奠先师（孔子）外，不举行任何仪式；（3）不参加任何政治活动。蒋介石、陈立夫等明确表示"名义章制俱候尊裁""始终以宾礼相待"，并在办学经费上予以资助。

1939年2月，马一浮应聘赴川；3月，书院董事会成立，聘马一浮为主讲，"统摄学众，总持教事"。由于复性书院是社会学术团体，筹委会、董事会、基金保管会均由赞成书院宗旨的社会贤达组成，如谢无量、熊十力、陈布雷、屈映光、梁漱溟、寿毅成、沈尹默、贺昌群、梅迪生、沈敬仲等②。为支持马一浮筹建书院，时任浙江大学史地系教授贺昌群（四川乐至人）辞去教职，追随马一浮前来书院任书院筹备委员、讲友、监院。③ 书院选址乐山（嘉州）乌尤山，以乌尤寺内旷怡亭为讲习之所。马一浮不赞成现代学术分科，复性书院课程设置分"通治""别治"二门：前者共同修习，以《孝经》《论语》为一类，诸子附之；后者为选修，以《尚书》《周礼》《仪礼》《礼记》为一类，名法墨三家附之；《易》《春秋》又一类，道家附之。

《复性书院》的学规是"主敬""穷理""博文""笃行"："主敬为涵养之要，穷理为致知之要，博文为立事之要，笃行为进德之要"。④ 根据贺昌群草拟的《复性书院征选肄业生细则》，学生分肄业生和参学人两种：肄业生需先送文字请求甄别，文字合格，方准入院，书院津贴膏火，每年课试两次；参学人只要赞同书院宗旨、有志于学、经主讲许可即可入学，书院不津贴膏火，课试听其自便。⑤ 书院成立之初，学员人数本欲多取，招生简章发出后，慕名求学者达数百人。马一浮对寄来文章，逐一甄别，最后录取30人，加上参学人亦不足40人。

1939年9月1日，书院正式开讲，马一浮开讲词为《开讲日示诸

---

① 《马一浮全集》第4册，第328页。
② 丁敬涵：《永怀集：怀念一代儒宗、舅祖马一浮》，西南财经大学出版社2016年版，第41页。
③ 丁敬涵：《马一浮交往录》，浙江大学出版社2013年版，第194页。
④ 《马一浮全集》第1册（上），第86—102页。
⑤ 《马一浮全集》第4册，第331—333页。

生》，就抗战时期设立书院讲学之旨趣，阐明时势常变因应之理。① 讲唯识论的熊十力、讲德国哲学的张真如、讲儒道名墨杂家诸子的黄离明，及讲儒家思想与中国传统政治的钱穆，先后以"讲友"身份执教书院。书院教学以自由讲习与悉心体究为主，每周讲习一个上午，另外四个半天安排学生向主讲自由请益，请益者预告典学，由典学具体安排进谒请益时间。请益时，由学生自由提问，主讲作引导式回答。其余时间各人自习，写读书札记。札记，每半月呈阅一次，由主讲阅批。每半年举行一次课试。比如，1940 年 1 月 4 日第一届课试、6 月 20 日第二届课试、12 月第三届课试，1941 年 6 月第四届课试，② 系开卷考试。复性书院学生受马一浮及诸讲座教育，对六经义理之学能有较深理解，不少人在通治群经的基础上专治一经。书院还刻印有书院教辅人员张立民选编的学生论文集《吹万集》③，于 1941 年排印。

抗战期间的国民政府欲把书院置于"官办"地位，不再"以宾礼相待"，这与马一浮创办书院的初衷冲突，遂萌生罢讲之念。1941 年暑期，马一浮开始罢讲。④ 从 1939 年 9 月开讲，到 1941 年 5 月 25 日停止讲学，复性书院讲学活动共持续了一年零八个月。马一浮先后主讲"群经大义"，包括《论语大义》《孝经大义》《诗教绪论》《礼教绪论》《观象卮言》《洪范约义》等。⑤

办学之初，马一浮就有书院"刻书与讲学并重"的理念，认为，"刊刻书籍，不特为书院必办之事，亦稍存广书院于天下之意"，"多刻一板，多印一书，即使天地间能多留此一粒种子"⑥。复性书院在乐山办学期间，马一浮拟出《复性书院拟先刻诸书简目》200 余种，分《群经统类》《儒林典要》《文苑菁英》《政典先河》《诸子会归》五大类予以刊刻，⑦ 由于

---

① 《马一浮全集》第 1 册（上），第 84—86 页。
② 《马一浮全集》第 4 册，第 339、345、349、353 页。
③ 《吹万集》影印版，收录于王强主编的《复性书院丛刊选辑》第 3 辑（四川大学出版社 2016 年版），以及翟奎凤主编的《复性书院丛刊》（广陵书社 2019 年版）第 25 册。
④ 关于马一浮罢讲原因，可以参考丁敬涵《永怀集：怀念一代儒宗、舅祖马一浮》，第 48 页。
⑤ 《马一浮全集》第 1 册（上），第 134—393 页。
⑥ 《马一浮全集》第 1 册（下），第 568 页。
⑦ 《马一浮全集》第 4 册，第 356—371 页。

刊刻成本较高、底本选择不易等原因，实际刊刻了《四书纂疏》《系辞精义》《春秋胡氏传》《毛诗经筵讲义》《延年答问》《上蔡语录》《太极图说》《先圣大训》《朱子读书法》等；还有马一浮著作《泰和宜山会语》《复性书院讲录》《避寇集》《蠲戏斋诗编年集》《尔雅台答问》《濠上杂著》等28种38册。①

罢讲后，马一浮仍允许好学之生继续留院，自由请益，亦时加指点。直至1946年春，马一浮离开乐山，将书院迁往杭州西湖葛荫山庄，易名为"儒林图书馆""智林图书馆"，专以刻书为事，不再招收学生。总之，马一浮主讲的复性书院，肇始于四川乐山，终结于浙江杭州。

3. "嘤其鸣矣，求其友声"：马一浮与谢无量的交谊

马一浮与谢无量（1884—1964）为"总角交"，共同经历了清王朝、中华民国以及中华人民共和国三个大时代，通过面晤、诗行、书信等方式，进行了长达60余年的交往，可谓"翰墨情深"，也堪称二十世纪文人交往的"典范"。

马一浮、谢无量同为近现代杰出的国学大师，博古通今，学贯中西，于诸子百家、儒、佛、道学乃至考据学、医学、西学等皆有探究，兼擅诗词、书法。"天下文章推马谢"，作为新儒家思想家的马一浮，系"当代理学大师""中国现代唯一的理学家"（周恩来语②），为中华传统文化（国学）的传承做出了努力；而"一直是站在时代的前沿，是历史的先驱"（冯其庸语③）的谢无量，则对传统文化的系统研究与现代转型贡献了心力，是谓现代学术研究的开拓者④。

（1）早年：志同道合（略）

---

① 丁敬涵：《永怀集：怀念一代儒宗、舅祖马一浮》，第43页。王强主编《复性书院丛刊选辑》36册，2016年由四川大学出版社影印出版；翟奎凤编《复性书院丛刊》30册，2019年由广陵书社影印出版。此外，何俊主编《群经统类》，2017年起由上海古籍出版社陆续出版。

② 丁敬涵：《马一浮交往录》，第185页。

③ 冯其庸：《怀念国学大师谢无量先生：谢无量先生文集序》，《冯其庸文集》卷五《剪烛集》，青岛出版社2014年版，第44页。

④ 比如，论者以为"谢无量是最早用现代学术观念、方法来研究《诗经》的学者之一，是现代诗经学发展的先导"（见徐铭鋆主编《神霄真逸：谢无量诗书文稿》，上海书画出版社2017年版，第9页）。

(2) 中年：惺惺相惜（略）

(3) 晚年：老骥伏枥（略）

同为"国学大师"的马一浮、谢无量，学识渊博，在诗学、词学、佛学、书法等诸多领域，为中华国学的传承与弘扬做出了重要贡献。正如马一浮弥甥女丁敬涵所云："（马一浮、谢无量作为）我国学术界的两颗巨星已陨落五十多年了，但他们的学术成就、他们的诗歌、他们的书法艺术，以及他们翰墨情深的友谊典范，将万古长存！"① 他们的著作文献以及书法作品，也为后人编辑整理：1988 年，四川美术出版社出版《谢无量书法》，1996 年，河北教育出版社、广东教育出版社出版《二十世纪书法经典·谢无量卷》；2005 年，北京师范大学出版社出版《二十世纪书法经典·马一浮卷》，2012 年，浙江古籍出版社出版《马一浮书法集》。1996 年，浙江古籍出版社、浙江教育出版社联合出版《马一浮集》（三卷本）；2011 年，中国人民大学出版社出版《谢无量文集》（九卷本）。2012 年，浙江省文史研究馆主持编校整理的《马一浮全集》（六册本），由浙江古籍出版社出版；2019 年 3 月，四川省文史研究馆正式启动了《谢无量全集》的编校整理工程。

三 谢无量的浙学人物与浙东学派研究

谢无量的研究范围覆盖文学、史学、哲学、经学等众多领域，堪称博学深思的学术大师，尤其对历史上"浙学的开山祖"王充、王阳明与阳明学派亦有专业的研究。

1. 谢无量的《王充哲学》

毛泽东主席曾高度评价谢无量的王充研究，说："谢无量先生是很有学问的，对中国古典文学和哲学都很有研究，思想也很进步，在苏联十月革命以前就写了《王充哲学》，这本书提倡唯物史观。"② 谢无量于 1916 年编著、初版的《中国哲学史》第十八章，以"天道无知主义""破除迷信主义""时运进步主义""强力竞争主义""文学实用主义"来

---

① 丁敬涵：《永怀集：怀念一代儒宗、舅祖马一浮》，第 192 页。
② 转引自徐鲁《世间已无谢无量》，《中华读书报》2015 年 5 月 20 日。

总结王充《论衡》的哲学思想，还从"形而上学""伦理学"两个维度来阐述王充的自然宇宙观、命论、鬼论及其人性论思想。①

1917年5月，《王充哲学》初版，②该书共两编，第一编"序论"分两章"王充略传""王充学术之渊源及其述作之旨趣"进行论述，认为王充《论衡》之作"义在正世之虚妄"③；第二编"本论"，分三章"形而上学""伦理学""评论哲学"，对王充的"形而上学"诸理论（诸如"自然［宇宙原理］论""命论""感应论""祸福论""死与鬼""妖祥""卜筮"）、"伦理学"诸主张（诸如"性善恶论""道德与时势""儒生与文吏""成功与善心""人格标准论"）、"评论哲学"之内涵（诸如关于"物理""文学""历史""礼俗"之评论），皆有精辟的解读。④我们可以说，谢无量的《王充哲学》是现代学术史意义上第一部研究王充思想的学术专著。

2. 谢无量的《阳明学派》

谢无量著《阳明学派》⑤，由上海中华书局1915年11月初版，此后不断重版，至1934年8月，发行11版。⑥《阳明学派》一书分四编共二十章，分别介绍了王阳明的生平及其与陆象山之关系，尤其对阳明之哲学（"宇宙观""人生观""天地万物一体观"）、伦理学（"性说""心即理说""知行合一论""良知""阳明学说相互之关系""天理人欲论""四句教""立志说""非功利论"）进行了精辟的解读，还总结了王阳明对前人学术观点的评论（诸如"三教评论""朱子晚年定论""五经臆说""格物致知与随处体认天理""程朱与陆王""关于学术杂论及王学末流"）。《阳明学派》书末还附有"陆象山学略""王门诸子略述"二文。谢无量的《阳明学派》成书之后，梁漱溟先生不以为然，厥撰《阳

---

① 谢无量：《中国哲学史》（《谢无量文集》第二卷），中国人民大学出版社2011年版（下引版本同），第254—262页。
② 彭华：《一代名流谢无量》，《关东学刊》2016年第7期。
③ 谢无量：《王充哲学》（《谢无量文集》第三卷），第367页。
④ 谢无量：《王充哲学》，第373—511页。
⑤ 谢无量：《阳明学派》（《谢无量文集》第三卷）。
⑥ 彭华：《谢无量年谱》，《儒藏论坛》第3辑，第141页。

明宗旨不可不辨：评谢著〈阳明学派〉》一文予以"辨正"①。

1916年初版的《中国哲学史》第五十七章、六十章，也专论王阳明与王学诸子之学，认为"心即理说""知行合一说""良知说"为阳明学之"三纲领"，三者相待相成；又揭"去人欲存天理"六字，以为一贯之正鹄，阳明生平讲学之要，不出乎此；而阳明晚年的"四句教"，也可概括阳明学大意。谢无量还指出：王阳明的人性论，则传承孟子，推其良知良能说，以性为善；王阳明的宇宙观，主要是以"一心契合天地万物之妙"。② 对于"王学诸子"的评述，指出：徐爱、钱德洪、欧阳德、季本、邹守益、陈九川以及稍后的黄道周、刘宗周等，"皆践节笃实，学术气节，兼有可尚者也"③；同时认为流于禅学的王学诸子，如罗洪先、颜钧、何心隐、罗汝芳之学"陈陈相因，殆无足述"④。

《中国哲学史》第六十一、六十四章论述刘宗周、黄宗羲之学，指出：宗周之学，虽亦出阳明之绪，而兼宗程朱；又以慎独为证人之要旨，证人者即自证其性，以见敬肆之分、人禽之辨；还仿周敦颐《太极图》为《人极图》，其"无善而至善，心之体也"云云，则取之于王阳明"四句教"之语而广之。⑤ 黄宗羲作为刘宗周高足，亦宗阳明学，而以"慎独"为入德之要，慎独者即所致良知之功，故《明儒学案》力主阳明良知之论；谢无量还对黄宗羲辨析阳明"四句教"之"无善无恶心之体"一句为非，驳斥王畿"性本空寂，随物而有善恶之说"进行评论，认为黄宗羲治学以"致用"为宗，不喜空虚之谈，而归重于实践。⑥ 此外，《中国哲学史》第六十九章论述陆稼书之学，对陆氏治学推崇朱子而贬黜阳明学的基本特征进行综论。

---

① 中国文化书院主持编纂：《梁漱溟全集》（第四卷），山东人民出版社2015年版。2006年3月，笔者前往上海图书馆查访"阳明学文献"，发现上海市图书馆古籍部藏有一部民国学者（不署撰人）所著的《〈阳明学派〉之商榷》（线普531653—54，民国13年即1924年成书）的手稿，《〈阳明学派〉之商榷》对梁漱溟的"辨正"有征引，进而又对谢无量的《阳明学派》一书进行全方位的评判。
② 谢无量：《中国哲学史》，第455页。
③ 谢无量：《中国哲学史》，第460页。
④ 谢无量：《中国哲学史》，第462页。
⑤ 谢无量：《中国哲学史》，第465页。
⑥ 谢无量：《中国哲学史》，第471页。

3. 谢无量《中国哲学史》对"浙东学派"的评述

谢无量于 1916 年 10 月初版的《中国哲学史》是 20 世纪第一部"中国哲学史"①，早于胡适的《中国哲学史大纲》和冯友兰的《中国哲学史》，其中有不少章节是对历史上浙江籍思想家（"浙学家"）哲学的思想的总结。在《中国哲学史》"绪论"中，谢无量就认为黄宗羲《宋元学案》《明儒学案》的编撰体例"皆近于今之所谓哲学史者也"②。

《中国哲学史》第四十六章专论南宋"浙东学派"。为突出吕祖谦在南宋浙东学派中的学术地位，谢无量征引全祖望《同谷三先生书院记》文中对"吕学"的评论："宋乾淳以后，学派分而为三，朱学也，吕学也，陆学也。三家同时，皆不甚合。朱学以格物致知，陆学以明心，吕学则兼取其长，而复以中原文献之统润色之。门庭径路虽别，要其归宿于圣人，则一也。"③ 据此，谢无量评述与朱熹、陆九渊友善的吕祖谦，其学术特长是史学，故流为浙东永嘉一派。为进一步论说吕学对永嘉、永康之学的影响，谢无量又转引朱熹论浙东学派语："伯恭（吕祖谦）之学，合陈君举（陈傅良）、陈同甫（陈亮）二人之学问而一之。永嘉之学，理会制度，偏考其小小者，惟君举（陈傅良）为有所长。若正则（叶适）则涣无统纪；同甫（陈亮）则谈论古今，说王说霸；伯恭则兼君举、同甫之所长。"据此，谢无量得出结论："浙东永嘉一派，好言政治，虽不必出于东莱，而当时相与讲论，其功利之说，东莱宜必有所取焉，故诸子乃日昌言而不已也。同甫、止斋、水心，皆尤与东莱相契。所言关于哲学者良少，亦南宋有力之学派。"④ 借此，谢无量对吕祖谦、陈亮、陈傅良、叶适之学进行评述，指出：吕祖谦受业程氏（程颢、程颐）之门人，初治性理之学，深通经术，注重践履，出言甚醇，后乃博习于史事；陈亮自孟子以下，唯推王通，其学主于致用，而非当时所谓性理之说；永嘉之学，其原亦出于程门，虽言功利，而放恣不如永康之甚，陈

---

① 谢氏《中国哲学史》一书，分上古、中古、近世三编共七十二章，对中国从黄帝到清末戴震约五千年中的一百多位哲学人物作了专文研究，对时代发展趋势亦有简述。

② 谢无量：《中国哲学史》，第 5 页。

③ （清）全祖望：《鲒埼亭集外编》卷十六，载《全祖望集汇校集注》，上海古籍出版社 2018 年版，第 1048 页。

④ 谢无量：《中国哲学史》，第 421 页。

傅良最为当时所称,盖其考核经制典章,将以见诸行事者,所言类醇恪平实;叶适晚出,长于讥评古今学术得失,于古书正伪道统之辨,多所考论。总之,在谢无量看来,南宋"浙学"之婺学(吕祖谦)、永康学(陈亮)、永嘉学(陈傅良、叶适)其学术渊源相近,皆源于中原二程之学,故三家之学"契合尤深"。①

总之,谢无量的《中国哲学史》对浙江历史上著名哲学家的思想进行了综论,从中也提炼出"浙学"经世致用、讲究实践的基本特征。

四 章太炎论巴蜀学术

近代民主革命家、"国学大师"章太炎(1869—1936,浙江杭州人),与不少的巴蜀学人有交往。四川大学彭华教授撰文指出:巴蜀学人与章太炎的交往,主要集中于东京"国学讲习会"时期(1906—1911)和苏州"章氏国学讲习会"时期(1935—1936);与章太炎有交往的巴蜀学人,主要有廖平、邹容、吴玉章、向楚、谢无量、赵少咸、李植、任鸿隽、钟正楙、邓胥功、李蔚芬、蒙文通、徐耘畐、杜钢百、殷孟伦、李源澄、周光武、傅平骧、李恕一,以及"私淑弟子"庞俊和长期寓蜀的汤炳正等。② 限于篇幅,兹就章太炎与廖平之间的学术交涉略作考察。

章太炎治学崇实,系古文经学的路数③,对古代典籍与事件,都主张审慎考订,而廖平则是一位今文经学家,故而二人之间难免有学术交涉。光绪二十五年(1899)十一月,章太炎著有《今古文辨义》文,针对廖平的今文经学进行评论,认为廖平过度尊崇孔子乃至神化孔子,把孔子以前的历史人物视作子虚乌有,又把孔子之后的庄子等人说成"宗述孔子":"宗廖氏(廖平)诸说,一曰经书完整,以为有缺者刘歆也。一曰六经皆孔子所撰,非当时语,亦非当时事,孔子虚构是事而加王心也……夫廖平之义,特以宰予尝言夫子贤过尧舜,苟六经制作,不过祖述宪章,知尧舜固为作者之圣,而孔子特为述者之明,恶得以加于尧舜

---

① 谢无量:《中国哲学史》,第422—425页。
② 彭华:《章太炎与巴蜀学人的交往及其影响》,《淮阴师范学院学报》(哲学社会科学版)2013年第4期。
③ 章太炎《国故论衡·明解故》有云:"六经皆史之方,治之则明其行事、识其时制、通其故言,是以贵古文。古文者,依准明文,不依准家法。"据此,可以判定章氏为古文经学家。

之上哉？于此思之不通，则尽谓尧舜之事为虚，而以归之孔子，然后孔子为生民所未有，而群疑皆析矣……综其弊端，不过特欲尊孔子，而彼此牴触，疑义丛生，故不得不自开一径耳。"① 在章太炎看来，廖平这种随心所欲地编造、否定的治学态度，实不可取。或许是不认同廖平的今文经学立场，章太炎在《说林·定经师》一文中则把廖平定位"第五等"经师，② 而第一等经师则是浙籍经学家俞樾、黄以周、孙诒让。民国24年（1935），章太炎与廖平弟子李源澄之间多有论学书信，就今古文两派之争进行辩论③。

民国六七年间（1917—1918），章太炎参与孙中山领导的"护法运动"，孙中山任中华民国军政府大元帅、章太炎系护法军政府秘书长，受孙中山委托，章太炎至云南、四川和两湖为军政府争取外援以共同反对北洋政府。其中，在四川（重庆）期间，曾两次祭拜亡友邹容（1885—1905，四川巴县人）祠堂，数次做公开演讲，"说今日青年之弱点""说真如""说忠恕之道""说道德高于仁义""说职业""说音韵"。④ 其中"在四川学界之演说"中，讲论巴蜀历史文化的特点、巴蜀历史名人的成就及今日蜀人治学应取之路径，⑤ 章太炎《自订年谱》有云："余观四川文化，通儒特起能名其家者，不如下江；然人尽读书，鲜有不识文字之子，亦视下江为优。……四川重江复关，自为区域，先后割据者七矣，公孙述、刘备、李特、王建、孟知祥、明玉珍、张献忠皆自外来，而乡土无作者。扬（雄）、（司）马（相如）、陈（子昂）、李（白），文学为最高，……宋世二苏（轼、苏澈），善为章奏。范镇、张浚，则忠正之士，皆不能有大就。可数者，虞允文、杨廷和耳。清世岳、杨诸将，因主威而立功，非经纬之才也。文高而实不副，得非先浮华后器识之过欤？"为此，章太炎建议蜀籍学人应重视历史文献的研读，"但习《资治通鉴》《文献通考》《方舆纪要》三书，斯为切要，不烦求高远也。"⑥ 对

---

① 转引自姚奠中、董国炎《章太炎学术年谱》，三晋出版社2014年版，第55—57页。
② 《章太炎学术年谱》，第118页。
③ 《章太炎学术年谱》，第482页。
④ 章念驰编订：《章太炎全集·演讲集》，上海人民出版社2015年版，第257—267页。
⑤ 《章太炎全集·演讲集》，第268—271页。
⑥ 转引自汤志钧编《章太炎年谱长编》（增订本），中华书局2013年版，第336—337页。

此，四川隆昌人曾琦（1892—1951）在致蒙文通的书函中这样转述章太炎的建言："余杭章太炎先生有言：蜀中多清才而少雄才，其故由于不读历史。盖历史之于政治，犹棋谱之于行棋云。"① 并且以为，章氏此言为"不刊之论"。

此外，章太炎不少著作，像《太炎教育谈》②《太炎学说》③ 相继在四川出版，这也推进了"章学"在蜀地的传播。据记载，唐君毅的父亲唐迪风（1886—1931，四川宜宾人）早年为学之时十分推崇章太炎，好文字音韵之学，一度加入章太炎组织的"统一党"；④ 唐迪风因推崇章太炎，就嘱咐童年时期的唐君毅阅读章太炎的新编白话文《教育经》⑤。章太炎病逝后，蜀人曾举办各种悼念活动追忆章太炎，1936 年 10 月，成都各界追悼章氏大会举行，大会照片刊登在《制言》第 34 期的扉页上，挽联云："富贵不能淫贫贱不能移威武不能屈，泰山其颓乎梁木其坏乎哲人其萎乎。"⑥

此外，在清朝末年，为学术救国、变法图强，浙江、四川两地的知识分子纷纷举起地域学术为旗帜，成立"兴浙会""蜀学会"的政治兼学术性质的社会团体。其中，在光绪二十三年（1897），章太炎与宋恕、陈虬等人在杭州创办"兴浙会"、制定《兴浙会章程》、主办《经世报》，以期振兴浙江，学习历史上的刘基、于谦、王阳明、黄宗羲、张苍水等浙江先贤风节行谊高尚之人⑦；而在光绪二十四年（1898），四川维新派宋育仁、廖平等在成都创办"以通经致用为主，以扶圣教而济时艰"为宗旨的"蜀学会"、制定《蜀学会章程》、主办《蜀学报》，意在"昌明蜀学，开通邻省"；光绪三十三年（1907），谢无量与蜀籍进步人士周紫

---

① 陈正茂等编：《曾琦先生文集》，台湾"中研院"近代史研究所 1993 年版，第 737 页。
② 《章太炎学术年谱》，第 303 页。
③ 《章太炎学术年谱》，第 308 页。
④ 唐君实：《阿爸和我们一家在成都的日子》，《唐君毅故园文化》（内刊），2005 年总第 7 期。
⑤ 汪丽华、何仁富：《唐君毅先生年谱长编》，中国社会科学出版社 2018 年版，第 22 页。
⑥ 转引自李润苍《章太炎与四川》，见"豆瓣小组"网络文章，https：//www.douban.com/group/topic/3774523。
⑦ 《章太炎学术年谱》，第 49 页。

庭等在上海恢复"蜀学会",与成都的"蜀学会"遥相呼应①。

五 刘咸炘对浙东章学诚史学思想的继承与发展

四川双流人刘咸炘（1896—1932，字鉴泉，号宥斋）的学术思想，既接受了其祖父刘沅（1767—1855，字止唐）融合儒、释、道三教的"槐轩之学"，也继承、吸收了"清代浙东经史学派殿军"章学诚（1738—1801，字实斋，浙江会稽人）的史学观念、目录学方法与方志学理论，从而建构了自己的"人事学"思想体系。

刘咸炘三十岁时撰《宥斋自述》，自述为学宗旨："吾之学……所从出者，家学祖考槐轩先生（刘沅），私淑章实斋（学诚）先生也。槐轩言道，实斋言器；槐轩之言，总于辨先天与后天，实斋之言，总于辨统与类。凡事物之理，无过同与异，知者知此而已。先天与统同也，后天与类异也。槐轩明先天而略于后天，实斋不知先天，虽亦言统，止明类而已。又止详文史之本体，而略文史之所载，所载广矣，皆人事之异也。吾所究即在此。故槐轩言同，吾言异；槐轩言一，吾言两；槐轩言先天，吾言后天，槐轩言本，吾言末而已。实斋名此曰'史学'，吾则名之曰'人事学'。"② 缘此，当代蜀籍哲学家萧萐父先生以为刘咸炘对浙东"通史家风"学脉的继承、对章实斋"六经皆史"义理之阐发，更是其史学思想的独特贡献。③

刘咸炘治学从校雠目录学入手，遵循章学诚所云的"辨章学术，考镜源流"④，对此，他毫不讳言自己治学的"原理方法，得之章先生实斋，首以六艺统群书，以道统学，以公统私。其识之广大圆通，皆从浙东学术而来"。刘咸炘先是著《〈文史通义〉提要》，而后又缀取《章氏遗书》中《汪泰岩家传》《邵与桐别传》《家书》等，撰《章实斋先生传》一文，对章学诚的学术宗旨、学术渊源进行简要勾勒，得出章氏之学"根

---

① 彭华:《蜀学会与蜀学报》,《蜀学报》2016年复刊号,第15—16页。
② 转引自欧阳祯人《大家精要：刘咸炘》,陕西师范大学出版社2017年版,第36—37页。
③ 萧萐父:《刘鉴泉先生的学思成就及其时代意义》,载《吹沙二集》,巴蜀书社2007年版,第453页。
④ 叶瑛校注:《文史通义》,中华书局1985年版,第945页。

本则实在于史"的结论。刘咸炘在章学诚《文史通义》"识语"中有云："（章）先生之学，校雠、目录、史志、义例皆主于各如其分，所谓尽人以求合于天也。倡目录之学于目录学不讲之时，明史例文法于史例文法凡猥之时，救汉学委琐之弊，皆所谓前略后详，前无后创，前习后变。"①《校雠通义》是章学诚的目录学代表作②，刘咸炘于章氏《文史通义》《校雠通义》而明读书之法，而编著《续校雠通义》《校雠丛录》《目录学》，以示自己的治学路径效法章氏而有。

此外，刘咸炘专注于史学研究，受"浙东之史学"影响颇深，在《阳明先生外传》一文中说："吾于性理，不主朱（熹），亦不主王（阳明），顾独服膺浙东之史学。浙东史学，文献之传，固本于吕（祖谦）氏；而其史识之圆大，则实以阳明之说为骨。"③进而对章学诚"六经皆史"④的提法作过深入发挥："吾之学，其对象一言以蔽之，曰史。此学以明事理为目的，观事理必于史。所谓史，不仅指纪传、编年各史，经书亦包括在内。子之言理，亦从史出，周秦诸子，无非史学而已。横说则谓之社会科学，纵说则谓之史学，质说、括说则谓之人事学。"刘咸炘还在《经今文学论》中有言："吾宗章实斋'六经皆史'之说，于经学今古文两派，皆不主之。"⑤

受章学诚方志学理论影响，刘咸炘还重视地方志的编纂，并认为地方志与国史不同，有独特的体例："一代有一代之时风，一方有一方之土俗，一纵一横，各具面目，史志之作，所以明此也。国史纪注之上，更有撰述，撰述之上，更有贯通之识，为文之主而存于文外。自章（学诚）先生出，而撰述之道大明，贯通之识，亦有端绪，惟方法则粗有记注之法。章先生所撰，诚撰述矣，而贯通之识，仍未之见。"为了实践章学诚的方志学理论，刘咸炘编撰《蜀诵》，用政事、土俗贯通立论，叙述四川

---

① 转引自刘咸炘著，黎孟德编《部次流别·以道统学：刘咸炘目录学论集·序》，生活·读书·新知三联书店 2018 年版，第 1 页。
② 叶瑛校注：《文史通义》，第 945—1084 页。
③ 转引自欧阳祯人《大家精要：刘咸炘》，第 76 页。
④ 叶瑛校注：《文史通义》，第 1 页。
⑤ 转引自欧阳祯人《大家精要：刘咸炘》，第 29 页。

地方史古今变迁的大势；并有《蜀学论》，对蜀地学术史进行概论。①

此外，刘咸炘著书立说，推崇章学诚"言公"的宗旨，凡主张一个义理，前人已经说过的，必定把原文引在前面，不足之处就加以补充或发挥引申，所以他的识见是精核宏通，自抒心得。蒙文通在评论刘咸炘的史学功底时有云："双江刘鉴泉言学宗章实斋，精深宏卓，六通四辟，近世谈两宋史学者未有能过之者也。"② 与刘咸炘同时代的史学大家张尔田（1874—1945，浙江杭州人），也是研究章学诚的名家，但是见到刘咸炘的史学著作后，赞之曰："目光四射，如珠走盘，自成一家。"对于刘咸炘、张尔田之于章学诚史学理论的"接受"，有论者以为："张尔田之学源自章学诚而归于西汉今文经学，刘咸炘推十之学则私淑章学诚，又继承了刘止唐（刘咸炘祖父）的穷理尽性之学，并且最终以儒家的心性之学为归依"，③ 简言之，尽管二人的学源相同，但是最终的归宿有别。

此外，刘咸炘辑编《旧书·附录》，对历史上浙江籍学者的文献目录予以汇编，并有评述。认为：（1）龚自珍的《五经大义终始论》"文仿匡、刘，贯穿雅密，义虽不周，文可匹徐干"，其《五百字》一书"托之韩熙载集王羲之字，与周兴嗣《千字文》无复者，盖自造也"④。（2）孙诒让的《名原》一书"分篇系字，体仿《尔雅》，说词慎密"，进而指出："孙氏考据之文，雅密无伦，其集名《籀庼述林》，极可观览。"⑤（3）"记明末西南之书甚多"，邵廷采的《东南纪事》《西南纪事》，"其最善也"⑥；在邵廷采的《思复堂集》下有评语："实斋（章学诚）极推之，谓'文集有子家之义'，又谓'诸传皆史法'。"⑦（4）宋王应麟的《汉制考》一书："自序慨念先王，文极深美。近世考据家好搜佚典，多无旨意，皆推原伯厚（王应麟），而实未能法其意也。"⑧（5）宋叶适的《习学记言》："义偏驳而词简劲，虽零条而有宗旨，实相贯穿，亦近代所

---

① 转引自欧阳祯人《大家精要：刘咸炘》，第80—81页。
② 蒙文通：《跋张君〈叶水心研究〉》，《中国文化》1994年第2期。
③ 欧阳祯人：《大家精要：刘咸炘》，第138页。
④ 刘咸炘著，黎孟德编：《部次流别·以道统学：刘咸炘目录学论集》，第301页。
⑤ 刘咸炘著，黎孟德编：《部次流别·以道统学：刘咸炘目录学论集》，第302页。
⑥ 刘咸炘著，黎孟德编：《部次流别·以道统学：刘咸炘目录学论集》，第303页。
⑦ 刘咸炘著，黎孟德编：《部次流别·以道统学：刘咸炘目录学论集》，第304页。
⑧ 刘咸炘著，黎孟德编：《部次流别·以道统学：刘咸炘目录学论集》，第306页。

罕。陈亮《纵言》不及也。"① (6) 宋邓牧的《伯牙琴》："笔势酣纵自然，包倦翁称之。"② (7) 明刘基《郁离子》、宋濂《龙门子凝道记》、叶子奇《草木子》："刘（基）、宋（濂）齐名，言皆有物。叶（子奇）书似琐而实浑成，复堂称其根极理要，不在刘（基）下。"③ (8) 宋吕祖谦《皇朝文鉴》："意在治道，旨同《通鉴》。朱子谓其篇篇有意，叶水心曾细评之。"④

六 贺麟"新心学"对阳明心学的传承与创新

现代哲学家贺麟（1902—1992，四川金堂人）早年主张"心"是"最根本最重要"的，认为"不可离心而言物"，在20世纪30年代创立了与冯友兰"新理学"相对的"新心学"体系，成为现代新儒家的倡导者之一。而明代哲学家王阳明的良知心学，尤其是其"知行合一"论，则是贺麟"新心学"体系的重要理论来源。

贺麟在少年时期即在家父的指导下，研读王阳明的《传习录》，接受传统儒学的熏陶。1924年在清华大学求学期间，亲炙推崇阳明学的梁漱溟，梁漱溟对贺麟说："只有王阳明的《传习录》与王心斋的书可读，别的都可不念。"1934年3月，贺麟在《大公报·现代思潮》周刊发表"哲学思想的宣言"——《近代唯心论简释》。1938年12月，代表贺麟知行观的重要文章《知行合一新论》，作为"北京大学四十周年纪念文集"之一，出版单行本。⑤ 1940年5月，在《战国策》第3期发表《五伦观念的新检讨》，开始提出"新心学"的基本思想。1941年8月，在《思想与时代》第1期发表代表贺麟"新儒学"思想的重要文章《儒家思想的新开展》；同年10月，在《新认识》第3卷第5期发表《论知难行易》，1942年6月，反映贺麟"新心学"思想代表作之一的《近代唯心论简释》，收论文15篇，由重庆独立出版社出版，此乃贺麟第一本论文集。1943年12月，《知难行易说与知行合一说》由重庆青年书店出版，

---

① 刘咸炘著，黎孟德编：《部次流别·以道统学：刘咸炘目录学论集》，第307页。
② 刘咸炘著，黎孟德编：《部次流别·以道统学：刘咸炘目录学论集》，第308页。
③ 刘咸炘著，黎孟德编：《部次流别·以道统学：刘咸炘目录学论集》，第308页。
④ 刘咸炘著，黎孟德编：《部次流别·以道统学：刘咸炘目录学论集》，第308页。
⑤ 贺麟：《五十年来的中国哲学·新版序》，上海人民出版社2012年版，第4页。

书末附录《知行合一新论》。1945年4月，在《建国导报》第1卷第17期发表《陆王之学的新开展：介绍熊十力及马一浮二先生的思想》一文；同年，在《五十年来的中国哲学》一文的基础上写成《当代中国哲学》一书，由重庆胜利出版公司出版。1947年11月，《文化与人生》由上海商务印书馆出版。

贺麟笔下的"五十年来的中国哲学"，主要是指1884年孙中山创立兴中会之时为起点至1949年中华人民共和国建立为止这一阶段的中国哲学，其中"陆王之学得了盛大的发扬"，比如：康有为"一贯服膺的学派仍是陆王之学"，而康有为的两个大弟子谭嗣同、梁启超的思想"亦倾向陆王"；章太炎晚年思想渐趋于接近陆王，认为阳明之学的长处在"内断疑悔，外绝牵制"；欧阳竟无早年专治陆王，对阳明之学，见之至深，执之至坚，友人劝他学佛学，皆被严拒；梁漱溟坚决地站在陆王学派的立场，提出了"敏锐的直觉"以发挥孔子的仁和阳明的良知，新文化运动以来，倡导陆王之学最有力量的人，当然要推梁漱溟先生；熊十力对陆王本心之学，发挥为绝对的本体，且本翕辟之说，而发展设施为宇宙论，用性智实证以发挥陆（九渊）之反省本心，王（阳明）之致良知；马一浮解释经典，讲学立教，一本程朱，而其返本心性，祛习复性则接近陆王之守约；而孙中山则是"王学之发为事功的伟大代表"，蒋介石对阳明之学实有亲切精辟的发挥，且于事功方面发挥出伟大的作用。①

贺麟对王阳明"知行合一"说的阐发与诠释，是终其一生所致力的研究兴趣，在1938年12月的《知行合一新论》文中，开篇明示："知行合一说与王阳明的名字可以说是分不开的。王阳明之提出知行合一说，目的在于为道德修养，或致良知的功夫，建立理论的基础。"进而指出"阳明的知行合一说，本有两个含意，亦可说是有两个说法：一是补偏救弊说的知行合一；一是本来如是的知行合一，或知行本来的体段。所谓补偏救弊的说法，即是勉强将知行先分为二事，有人偏于冥行，便教之知以救其弊；有人偏于妄想，便教之行以救其弊。必使他达到明觉精察之行，真切笃实之知，或知行合一而后已。……至于阳明的知行本来的体段；或本来的知行合一说，似亦相当于我们所谓自然的知行合一论。"

---

① 贺麟：《五十年来的中国哲学》，第16—33页。

总结起来，关于知行合一可以有两种不同的看法。（一）自然的知行合一观。这是作者所提出来的。（二）价值的知行合一观：1. 理想的价值的知行合一观（朱子为代表）。2. 直觉的价值的知行合一观（王阳明为代表）。"自然的知行合一观与任何一种价值合一观都不冲突，不唯不冲突，而且可以解释朱王两种不同的学说，为他们的知行合一观奠立学理的基础。……故自然的知行合一论，实由程朱到阳明讨论知行问题的发展所必有的产物。"① 在1945年出版的《五十年来的中国哲学》第四章《知行问题的讨论与发挥》（亦作《〈孙文学说〉的哲学意义：引言》）一文中，认为孙中山"知难行易说的归宿是（王阳明）的知行合一"，指出：知行合一说不仅是王阳明在中国哲学史上的伟大贡献，而且也是关于知行问题中外古今哲学家最根本的见解。② 1981年10月，贺麟前来杭州参加"全国宋明理学讨论会"，发表自己对宋明理学研究心得，其中涉及阳明心学。1983年10—11月，应香港中文大学新亚书院之邀至港讲学，其中在11月7日下午，主讲《知行合一问题：由朱熹、王阳明、王船山、孙中山到〈实践论〉》，其中再对王阳明的"知行合一"进行儒家式解读："（王阳明）所说的知行合一，不是唯物的、改造客观世界的、经过曲折反复，千锤百炼，矛盾发展在社会实践中实现了知与行，理论与实践的辩证结合；而只是主观上内心体验里'随感而应'，'寂然不动，感而遂通'，甚或由静坐方法得来的个人道德修养的境界。"③

贺麟对近代浙学家的研究还包括对一代国学大师章太炎、马一浮学术思想的评论。在《康德、黑格尔哲学在中国的传播》一文中，对章太炎介绍康德的星云说，从佛学唯心论的观点批评康德，以及对黑格尔的批判，贺麟均有叙述与回应④；《中国哲学的调整与发扬》一文中，贺麟认为章太炎的"思想深刻缜密，均超出康（有为）、梁（启超），在哲学方面亦达到相当高的境界，其新颖独到的思想不惟其种族革命的思想，

---

① 贺麟：《五十年来的中国哲学》，第139—164页。
② 贺麟：《五十年来的中国哲学》，第165—205页。
③ 贺麟：《五十年来的中国哲学》，第209页。
④ 贺麟：《五十年来的中国哲学》，第96—98页。

是当时革命党主要的哲学代言人,而且可以认作五四运动时期新思想的先驱",进而指出章太炎对哲学的贡献,"在于提倡诸子之学的研究,表扬诸子,特别表扬老庄,以与儒家抗衡,使学者勿墨守儒家";"在于发挥道家的自然主义,用佛学解释老庄"。进而指出,章太炎晚年时期的思想是"回复到儒家",其思想渐趋接近陆王心学。① 同在《中国哲学的调整与发扬》一文中,贺麟认为马一浮"本系隐居西子湖畔的一位高士,也是我国当今第一流的诗人","马(一浮)先生兼有中国正统儒者所应具备之诗教、礼教、理学三种学养,可谓为代表传统中国文化的仅存的硕果"②。此外,贺麟对近代浙学家王国维、蔡元培与康德哲学之间的关联做过简要的介绍与分析。③

七 唐君毅的蕺山学、阳明学研究

四川宜宾人唐君毅(1909—1978)是现代学者中最早、最系统地研究"宋明理学(心学)殿军"刘蕺山(1578—1645,浙江绍兴人)的新儒家学者。他早年即对蕺山学有兴趣,认为蕺山学实与朱子学、阳明学鼎足而三,撰《论中西哲学之本体观念之一种变迁》(载《东西哲学思想之比较研究论集》,1935)、《晚明理学论稿》(载《哲学论集》,1945)两文,对刘蕺山哲学的核心命题"诚意说""慎独教""意者心之所存"进行阐发。1956 年还撰文《略述刘蕺山诚意之学》,在《原泉》上刊发④。

此外,《中国哲学原论·原性篇》第十五章有对刘蕺山"即心与情言性,与即意之定向乎善,以通心之已发未发之工夫"的"心性之本体工夫义"的阐释⑤,并对刘蕺山的思想做出了综合性的解读;并且认为刘蕺山的努力方向,就是在朱熹与王阳明之间走出一条路来。《中国哲学原论·原教篇》第十八章题曰《刘蕺山之诚意、静存以立人极之道》,对

---

① 贺麟:《五十年来的中国哲学》,第 20—21 页。
② 贺麟:《五十年来的中国哲学》,第 28 页。
③ 贺麟:《五十年来的中国哲学》,第 101—104 页。
④ 汪丽华、何仁富:《唐君毅先生年谱长编》,中国社会科学出版社 2018 年版,第 248 页。
⑤ 唐君毅:《中国哲学原论·原性篇》,中国社会科学出版社 2005 年版,第 308—314 页。

"蕺山之为己之学中之'己'之'意'、及蕺山学之方向""王一庵、王塘南之言'意'与蕺山之言'意'""心之性情与理气""以静存摄动察而立人极之工夫节次"进行论述,并对蕺山的心性论进行了评论①。特别需要说明的是,1970 年秋,唐君毅应美国哥伦比亚大学中国思想教授狄百瑞之请,赴意大利科莫湖畔参加"十七世纪中国思想会议",其发言题目为 "Liu Tsung – chou's Doctrine of Moral Mind and Practice and His Critique of Wang Yang – ming"(《刘宗周道德心之学说与实践及其对于王阳明的批判》);1975 年,该文编入狄百瑞主编、哥伦比亚大学出版部出版的《理学之开展》(The Unfolding of Neo – Confucianism)会议论文集,② 这也是欧美学界第一篇以刘宗周为选题的学术论文。

对于阳明学,尽管唐君毅没有专门的研究论著,但是有一系列的学术论文,比如 1948 年在《学原》上发表的《泛论阳明学之分流》,1954 年发表的《罗近溪之理学》《王龙溪学述》,1956 年在《原泉》上发表的《述江右王学(聂双江与罗念庵)》《王塘南与王一庵》《晚明王学修正运动之起源》,1967 年的《朱陆异同探源》,1968 年在《新亚学报》上发表的《阳明学与朱陆异同重辨(一)》、在《东西文化》上发表的《朱子与陆王思想之一现代学术意义》,1969 年在《新亚学报》上发表的《阳明学与朱陆异同重辨(二)》,1972 年在《阳明学论文集》上发表的《阳明学与朱子学》。此外,在 1966 年 6 月,唐君毅前去美国伊利诺伊大学参加由哥伦比亚大学中国思想教授狄百瑞主持的"明代思想会议",其发言题目为《从王阳明到王龙溪之道德心概念之发展》;③ 1972 年,唐君毅应邀赴美国夏威夷大学参加"王阳明五百周年学术讨论会",提交的会议论文为《当代学者对于王阳明之教所提出之疑难》④。可见,对于王阳明与阳明后学、阳明学与朱陆之辨学理问题的思考,是唐君毅后半生极为关心的一个研究课题。

---

① 唐君毅:《中国哲学原论·原教篇》,中国社会科学出版社 2006 年版,第 303—320 页。
② 汪丽华、何仁富:《唐君毅先生年谱长编》,第 475 页。
③ 汪丽华、何仁富:《唐君毅先生年谱长编》,第 431 页。
④ 汪丽华、何仁富:《唐君毅先生年谱长编》,第 490 页。

关于阳明学的理论成果，主要见之于《中国哲学原论》诸篇中。《导论篇》（1966）第九、十章《原致知格物》对王阳明以《大学》之"知"为"良知"之说之得失、王阳明之"致良知"与《大学》之"知止"及"明明德"，进行了详细的论述，得出结论："阳明之直接以《大学》之'知'为'良知'虽误，然通《大学》之言'明明德'及'知'而观之，则必引出'致良知'之说，而此亦为《大学》思想之一新发展。"①《原性篇》（1968）第十四章对王阳明的心性工夫，以"王阳明之良知义之心学""阳明四句教与其心性工夫论之关系""良知无善无恶与至善""阳明学之三变与四句教"为节目进行阐发；第十五章对阳明学派对"至善"及"无善无恶"之重辨进行论述，主要内容有"王学精神与双江、念庵之由归寂以通感之教""王龙溪之先天心体上立根之学，与见本体即工夫之教""泰州学派安身之教之即生言心"，并得出结论："阳明之承象山而言致良知，以好善恶恶，则又是摄《大学》之诚意之教，于此本心之良知天理之实现历程之中。此皆可谓孟学之流。……自象山阳明以下言性之说，皆是人直接内部反省其道德的心性而生之说，……阳明之言致良知、双江念庵之言寂体、龙溪之言一念灵明、近溪之即生言仁以达天德，……皆初是由人在道德生活之自反省其正呈现之道德心、道德意志或道德生活之内容、初几、归向而立之论也。"②

《原教篇》（1975）第十二章对"王阳明之致良知之道"进行阐发，主要议题有"总述阳明与朱陆之异，与其同于朱而异样于陆，及兼尊朱陆之诸篇""阳明之摄格物诚意等工夫所成之致良知义，与知行合一义""良知天理之即体即用义""朱子与阳明言戒惧义""良知即心体、即天理之昭明灵觉义""良知与儒之通二氏义""良知之应物现形，与生生不已义""致良知之疑义，并总结阳明朱子之工夫论之关系，并附及朱王之工夫之论，有待于象山之教，以开其先""总述朱陆之学圣之道及王阳明之致良知之道"③，第十三、十四章对"王学之论争及王学之二流"进行

---

① 唐君毅：《中国哲学原论·导论篇》，中国社会科学出版社2005年版，第181—223页。
② 唐君毅：《中国哲学原论·原性篇》，第344页。
③ 唐君毅：《中国哲学原论·原教篇》，第187—225页。

论述，议题包括"吕泾野、罗整庵对阳明学之评论""湛甘泉与阳明学之异同""阳明朱子对良知之所见之异同问题""由工夫以悟本体之良知学——钱德洪言致良知之四变、季彭山之警惕义及邹东廓之戒惧义""聂双江、罗念庵之归寂主静、知止之学""悟本体即工夫之良知学及王龙溪之先天正心之学""王心斋之格物安身即以安家安国安天下之学及其言学乐相生之旨""罗近溪之性地为先及大人之身之学"①，第十五章专题讨论"罗念庵之主静知止以通感之道"并附论"李见罗之止修之学"②，第十六章专题讨论"罗近溪之即生即身言仁、成大人之身之道"③，第十七章"王学之弊及东林学之止至善之道与其节义之教"中对"王学之弊与李卓吾之学"进行了评述④。总之，《原教篇》关于阳明学的基本论调是："阳明学足为朱陆之通邮之处，"⑤ 并且力主"阳明后学诸子皆可会通"。

先前，唐君毅为麦仲贵《王门诸子致良知学之发展》（1973）一书所作"序言"中讲道："明代儒学，以王阳明为中心。阳明之学，自言初奉朱子之言，如神明蓍龟；而其所自悟者，则还契于象山之旨。故吾尝为文论朱陆之邮，亦可由阳明之学以通。"⑥ 而阳明学之于宋明儒学所扮演的"继往开来"性质的学术地位，唐君毅指出："阳明以良知言象山之心即理，而其说此心即理之名言，则又多出于朱子，此即阳明学之继往。阳明言良知之明，万古不息，恒生生不已，亦不离现在，故闻其教者，皆可直下有所开悟兴发，以自知其良知，此是阳明学之开来。"基于儒家工夫论视域下的"朱陆会通""陆王会通""朱王会通"，对于阳明后学诸派所产生的"致良知"之教法之异同（比如浙中王门中"四有、四无"之辨，江右王学与泰州学派之别，浙中王学与江右王学之异），唐君

---

① 唐君毅：《中国哲学原论·原教篇》，第226—253页。
② 唐君毅：《中国哲学原论·原教篇》，第254—269页。
③ 唐君毅：《中国哲学原论·原教篇》，第270—286页。
④ 唐君毅：《中国哲学原论·原教篇》，第287—289页。
⑤ 唐君毅：《中国哲学原论·原教篇》，第187页。
⑥ 麦仲贵：《王门诸子致良知学之发展·唐（君毅）序》，香港中文大学出版社1973年版，第5页。

毅也力主用"会通"的方法论去加以评判:"王门诸子,虽皆言良知,而其所言之良知之义,自皆与阳明之学有同有异,而亦互有同异。不可视如黄茅白苇,一望皆是,良知生生不已,此人之知其良知之所以为良知之义之学之教,亦自当生生不已。……然其原既同,则其流之异者,亦未尝不能婉转和会,以成其通。'通'也者,非'同'非'异',而能通'同'与'异'。凡论学皆当始于观同异,更于异而知其通,睽而知其类。"①

关于唐君毅与阳明学研究的最新动态,可以参阅翟因奇的硕士学位论文《唐君毅论王阳明哲学》(吉林大学"中国哲学专业",2010年);何仁富《唐君毅与宋明理学》第六、七章《阳明工夫论及朱王会通》,②还有台湾学者林月惠的《唐君毅、牟宗三的阳明后学研究》③、游腾达的《论唐君毅对阳明学的定位:"朱陆之通邮"说的理路探析》④。

此外,唐君毅为香港新亚研究所而倾注毕生心力,与钱穆一起创办有新亚研究所所刊《新亚学报》,该学报第8卷第2期、第9卷第1期刊有长文《阳明学与朱陆异同重辨》⑤。此外《新亚学报》第16卷(下)刊发陶国璋的论文《王阳明哲学的体系性分析》,第18卷(上)《唐君毅、牟宗三先生百周年诞辰纪念国际学术研讨会论文》中,刊有李瑞全的论文《唐、牟二先生之阳明学:兼论朱陆异同》。

八　近现代浙学、蜀学共同的学术特征与人文精神

源远流长、历久弥新的浙学、蜀学,同为"多元一体"的中华地域文化(侧重学术思想)的重要组成部分,尽管因所处地理位置(沿海、内陆,长江上、下游)、经济发展样态(商业、农业)、民俗民风的不同,

---

① 麦仲贵:《王门诸子致良知学之发展·唐(君毅)序》,第6—8页。
② 何仁富:《唐君毅与宋明理学》,中国广播影视出版社2016年版,第125—160页。
③ 林月惠:《唐君毅、牟宗三的阳明后学研究》,《杭州师范大学学报》(社会科学版),2010年第1期。
④ 游腾达:《论唐君毅对阳明学的定位:"朱陆之通邮"说的理路探析》,《鹅湖学志》第60期,2018年6月,第139—184页。
⑤ 香港新亚研究所编:《〈新亚学报〉目录》,资料来源:http://newasia.org.hk。

使得两种地域文化各具独特性格①；然而由于人口的迁移、人才的流动（比如苏东坡在杭州、陆游在巴蜀）也促成了两种地域文化的交流、互鉴、融合、发展，从而也就具有了以"天人合一""经史并重""经世致用""和合兼容"为基本特征的共同的学术特征与人文精神。

(一) 天人合一

天人合一作为中华文化的基本特征，主要包括老庄道家意义上的"天地与我并生，而万物与我为一"，也有儒家意义上的"天地万物一体之仁"精神境界。而作为地域学术的浙学、蜀学，也为中华文明中"天人合一"理念提供了一定的理论支撑。王阳明的良知心学认为：人的良知就是草木瓦石的良知，若草木瓦石无人的良知，不可以为草木瓦石；同理，天地无人的良知，也不可以为天地。王阳明以草木瓦石、天地万物皆有良知为前提，提出了"大人者，以天地万物为一体者也，其视天下犹一家，中国犹一人"，"圣人之心，以天地万物为一体"，"盖其心学纯明，而有以全其万物一体之仁"的"万物一体"说②。进而言之，人类与自然是同呼吸、共命运的共同体，"万物一体之仁"所蕴含的人与自然、人与社会的一体同在、和谐共存的思想，可以为我们超越西方传统的人类中心主义、有效解决生态危机、实现人类社会的可持续发展，提供重要的学术资源与理论启示。

"二十世纪中国最伟大的人文主义者"唐君毅晚年著两卷本的《生命

---

① 比如：四川学者谭继和教授认为"蜀学"的特征是"文史并重，兼综百科"（《简论蜀学》，载《蜀学·湘学与儒学学术研讨会论文集》，线装书局2018年版，第174页），蔡方鹿教授认为蜀学的基本特征是"释经创新，超越前说；多元会通，兼容开放；知行统一；躬行实践，注重事功；沟通道欲，清理结合"（《近现代蜀学与珞珈学派》，《蜀学报》2018年第2期），舒大刚教授认为"蜀学"的特征是"诸学并重，集杂为醇；尊道贵德，玄而不虚"（《蜀学论衡：舒大刚学术论集》，第374页），彭华教授认为"蜀学"的特色是"经史为基，儒学为本；学风崇实，经世致用；融会贯通，赫然名家"（《蜀学之形神与风骨综论：以文史哲或经史子集为考察对象》，《殷都学刊》2014年第3期），王小红教授认为"巴蜀文化"的特征是"勇于担当、敢于创新、兼容并蓄、好文重史"（《从历史文化十位名人看巴蜀文化的特征》，载《蜀学·湘学与儒学学术研讨会论文集》，线装书局2018年版，第270—272页）；浙江学者吴光教授认为"浙学"的基本精神是"实事疾妄、崇义谋利、知行合一、经世应务、兼容并包"（《简论"浙学"的内涵及其基本精神》，《浙江社会科学》2004年第6期），滕复教授认为"浙学"基本的思想精神是"实事求是、海纳百川、自得创新、开拓进取"（《浙学传统与浙江精神》，载《浙学研究集萃》，上海古籍出版社2005年版，第12—15页）。

② 《王阳明全集》，第47、798—799页。

存在与人生境界》，基于传统文化"天人合一"的基本理念，综合中西印哲学，依"生命三向"开出"心灵九境"，将宇宙万事万物（"天"）都看作求超越的过程，生命的存在（"人"）不仅是为存在而存在，乃是为超越自己而存在；心灵的活动也是在这个基础上，从现实的生命逐渐向上求更高的价值，最后止于天德与人德一致（"天人合一"）的最高价值世界[①]。唐君毅执笔起草的《为中国文化敬告世界人士宣言》中明确指出：在中国的人生道德思想中，重视天人合德、天人合一、天人不二、天人同体的观念，正是由于我们人与天地万物实为一体，宋明儒的"性理即天理、本心即天心、人的良知之灵明即天地万物之灵明、人的良知良能即乾知坤能"的思想，亦即所谓"天人合一"的思想[②]。

（二）经史并重

经学和史学共同构成中国传统学术的主体，经学与史学的辩证关系，则是中华传统学术思想中一个重要命题。而历史上的蜀学家、浙学家为处理经史关系，主要通过著书立说的方式论证与传承"通经明史""经史并重"的优良学统。

近现代蜀学家刘咸炘专精于宋史、蜀史，有《宋学论》《宋学别述》《宋史学论》等专论以及精深至极的《蜀诵》《蜀学论》，并有论"盖唐后史学，莫隆于蜀"[③]，还在《重修〈宋史〉述意》中发出了"宋一代之史实在蜀"的感慨！刘咸炘《论蜀学》中也有"统观蜀学，大在文史，寡干戈之攻击，无门户之眩眯"[④]的评论，指出蜀学的学术特征主要体现为"重文史""崇实学"两个方面。故而当代蜀学研究专家得出这样的结论：巴蜀哲学具有经史并重的学风，不少哲学家，又是史学家；既有哲学著作，又有史学论述，在历代巴蜀著述统计中，哲学与史学的著作往往是分量最重的两个部分。[⑤]

---

① 中国大百科全书出版社、美国不列颠百科全书公司合作编译：《简明不列颠百科全书·唐君毅》，中国大百科全书出版社1985年版，第677页。
② 汪丽华、何仁富：《唐君毅先生年谱长编》，第287页。
③ 刘咸炘：《蜀学论》，载《推十书》，成都古籍书店1996年版（影印本），第2101页。
④ 刘咸炘：《推十书》，成都古籍出版社1996年版，第2010页。
⑤ 黄开国：《巴蜀哲学的发展历程》，载《蜀学·湘学与儒学学术研讨会论文集》，第224页。

四川、浙江的经学学统厚重，古代的蜀刻十三经，近代廖平、蒙文通的经学，足以印证蜀学中经学学统所占据的重要地位。蒙文通既是一位经学家，也是一位史学家。对于经史，蒙文通一向视之为历史的经纬，二者与文学互相交叠共同组成历史的洪流。他的著述论证也常以经治史，以史注经二者相互叠交，相互出入而辉映成趣。在巴蜀史的研究中，蒙文通的研究也贯穿了他由经入史、经史兼治的学风，故而当代蜀籍哲学家萧萐父先生以"淹贯经传，博综子史，出入佛典，挹注西学，超越今、古、汉、宋之藩篱，融会考据、义理于一轨"来评论蒙文通的治学路径。① 近代浙江籍的国学大师马一浮提倡以"六艺一心论"为学术宗旨的"新经学"，② 而周予同则是现代意义上开展经学史研究的重要开启者。

（三）经世致用

　　求真务实、经世致用，是历史上浙籍、蜀籍思想家的治学理念。清光绪年间，马一浮之父马廷培在四川潼川、仁寿任职期间，躬践笃实、做事不苟、爱民亲民，深受百姓的爱戴，还抄录《佐治药言》《格言纂》，③ 以期实现自己的政治理想。光绪初年，成都"尊经书院"创建，其建院宗旨即是"邵先哲""起蜀学""成人才"，"要其终也，归于有用"，④ 借此可知，尊经书院培育人才的模式即是"通经致用"。

　　同在清光绪年间，"有学问的革命家"章太炎为振兴浙江、变法图强，创办"兴浙会"，主张学古通今；在《兴浙会章程》以"学以致用"为学问之道："大抵经以《周礼》、两戴《记》为最要，由训诂通大义，足以致用。史以三史、《隋书》、《新唐书》为最要。"⑤ 在"兴浙会"成立的同时，宋育仁、廖平等人在四川成都成立"蜀学会"并创办《蜀学报》，"蜀学会"的宗旨是"以通经致用为主，以扶圣教而济时艰"，"发扬圣道，讲求实学"⑥。民国7年（1918）春，章太炎在四川学界演讲，

---

① 萧萐父：《蒙文通与道家》，载《吹沙二集》，第211页。
② 吴光：《马一浮新经学的基本特色》，载吴光、徐立望主编《马一浮先生诞辰130周年纪念大会暨国学研讨会论文集》，浙江大学出版社2013年版，第59—62页。
③ 丁敬涵：《马一浮先生年谱简编》，载《马一浮全集》第6册（上），第5页。
④ 舒大刚主编：《巴蜀文献》第2辑，四川大学出版社2015年版，第29页。
⑤ 姚奠中、董国炎：《章太炎学术年谱》，三晋出版社2014年版，第49页。
⑥ 彭华：《宋育仁与近代蜀学略论》，《历史教学问题》2011年第2期。

大讲经世致用之学："盖学有求是、致用二途。求是之学，但当精诣确当，不论适用与否。……致用之学，为乱事所当预储。"① 浙学、蜀学中"通经明史""经世致用"的优良学统与治学范式，昭然若揭。

（四）和合兼容

不同地域的学术文化因包容，才有交流互鉴互融的动力。历史上浙、蜀两地的思想家顺应传统学术的发展趋势，互学互鉴，兼容博采，才促成了中华文明大家庭的繁荣兴盛。当代蜀学研究学者指出："蜀道内外的勾连，入蜀与出蜀的交互，使巴蜀文化善于学习借鉴其他地域的文化特点，而其他区域的士人来到蜀中之后，也能得到巴蜀文化的沾溉，迅速成长、提升以至超越自我。"②

明代蜀籍阳明学者席书"和会朱陆"，促成王阳明提出"知行合一"的论断。新儒家中"新心学"的开创者贺麟，一生推崇王阳明"知行合一"，其《知行合一新论》《〈孙文学说〉的哲学意义：引言》《知行合一问题：由朱熹、王阳明、王船山、孙中山到〈实践论〉》，得出的无论是朱熹的"知先行后"，还是孙中山的"知难行易"，其最终的理论归宿均是王阳明的"知行合一"。③贺麟创建"新心学"的方法论就是"中西哲学比较参证、融会贯通"。另一位蜀籍新儒家唐君毅认为"必读西哲印者书，而后益知中国先哲之不可及，知中庸之高明也"④，其早年代表作《人生之体验》就是融通中西印各种人生哲学思想，以中国儒家人生哲学为重，以自己生命体验为根基的人生哲学典范著作；其晚年最后之遗著《生命存在与心灵境界》，更是"通中外古今以为说"，"目的在合哲学、宗教、道德为一体，以成一学一教之道"⑤。

作为今文经学家的廖平，融合古今中西各种学说，建立了一个熔三教于一炉、合诸子为一体无所不包的大学问——"孔经哲学"。以至于当代学者用"廖平及受他影响的蜀中学人之文化共同体，在清末至民国之

---

① 《章太炎全集·演讲录》，第 270 页。
② 潘殊闲：《试论巴蜀文化对苏轼的影响》，载《蜀学·湘学与儒学学术研讨会论文集》，第 785 页。
③ 贺麟：《五十年来的中国哲学》，第 139—214 页。
④ 汪丽华、何仁富：《唐君毅先生年谱长编》，第 125 页。
⑤ 汪丽华、何仁富：《唐君毅先生年谱长编》，第 626—627 页。

文化转型期,对中西文明所作的深刻反思之学,以蒙文通、刘咸炘、唐君毅等为代表"来界定"近代蜀学"的内涵与外延;进而指出,近代蜀学具有中西文化相资互补之属性,其特色在于:"传统学术的根底厚实,特别是深通经史之学,而又堂庑宽广、心态开放、兼容并包、不囿成法,在表达上颇具诗性特质,做到哲诗互济,在人格上追求完美,仁智双彰。"①

而马一浮、谢无量同为一代国学大师,博通古今,学贯中西,于诸子百家、儒、佛、道乃至考据、医学、西学等皆有探究,兼擅诗词、书法;有论者以"打通文史哲、会通中西印"来评价谢无量的治学领域:"谢氏学识渊博,其治学领域与研究范围,淹贯经、史、子、集四部,覆盖文学、史学、哲学、经学等多个领域,涵括中(国学)、西(西学)、印(佛学)三大学术体系,甚至对马克思主义(辩证法、《资本论》等)亦有涉猎与探究,而且具有非凡的开创性、良好的代表性、可贵的前瞻性,堪称'好学深思,心知其意'的一代学问大家。"② 章太炎早年致力于西方哲学家康德、叔本华、黑格尔、罗素的研究,致力于会通东西方哲学,创建东西和合兼容性质的哲学思想体系。而刘沅、刘咸炘"槐轩学派"的治学特色更是会通三教、三教合一,实则以儒为本、兼采佛道。③ 浙江绍兴人蔡元培任北京大学校长期间,提倡"循思想自由原则,取兼容并包主义"的学术主张。

总之,在源远流长、历久弥新的历史文化长河中,作为地域文化形态并富有地方特色的浙学、蜀学在近现代的互学互鉴中相得益彰,形成了"你中有我、我中有你"的学术格局。20 世纪尤其是改革开放 40 年来,浙学、蜀学相继为当代学林所重视与发掘,使之成为新兴的学科或专门研究领域。④"文明因交流而多彩,文明因互鉴而丰富",我们希望也期盼,浙江、四川(重庆)两地从事浙学、蜀学研究的学者联起手来,

---

① 郭齐勇:《萧萐父先生与近代蜀学》,《四川师范大学学报》(社会科学版)2011 年第 4 期。
② 彭华:《一代名流谢无量》,《关东学刊》2016 年第 7 期。
③ 舒大刚:《"蜀学"的包容与儒道互摄的价值体系》,《四川大学学报》(哲学社会科学版)2018 年第 3 期。
④ 舒大刚:《学统四起,百花齐放》,《孔学堂》2017 年第 2 期。

与海内外的浙学、蜀学研究同行保持密切的学术互动，精诚合作、继往开来、守正出新，为浙学、蜀学乃至中华优秀传统文化的创造性转化与创新性发展做出有益的学术探索与积极的贡献。

作者为浙江省社会科学院哲学研究所副研究员。

万斯同"学凡三变"考

胡游杭

【摘要】 万斯同是明末清初大儒黄宗羲高足,因"不署衔,不受俸"以布衣身份入明史馆修史,初步奠定后来殿本《明史》规模而为人所熟知。然而万斯同的学术并非从一开始即自专于明史,而是伴随着万斯同的成长,经历了多次的转变后,逐渐定型并发展成熟。万斯同的学术著述大致可以划分为经世之学、经史之学、明史、浙东乡邦文献四大类,而万斯同在与亲友的五封书信——《与从子贞一书》《寄范笔山书》《与友人书》《与钱汉臣书》《与李杲堂先生书》——中恰好集中而各有侧重地阐述了他自己对以上四类学术的旨趣,正是沿着这一思路,万斯同的学术逐渐定型并走向成熟。万斯同学术转变定型的过程大致是在康熙四年(1665)至康熙十二年(1673),其初始是万斯同对修己之学与治平之学矛盾的焦虑,如何将儒家经世的传统学问重新纳入新的思想体系中是万斯同开始走向转变的起点;随着思考的深入,直接承载圣人之道的经书和记载古今兴亡治乱的史册成为溯源传统儒家、立制垂范后世所无法回避的环节,遂奠定经史研究的基本框架;而潘平格的干扰与黄宗羲的压制对万斯同彻底回归自己的学术轨道起到了催化剂的功效,万氏从此"专力经史",遂开一代之先河。

【关键词】 万斯同　学术转型　经世　经史之学

万斯同是明末清初大儒黄宗羲高足,因"不署衔,不受俸"以布衣身份入明史馆修史,初步奠定后来殿本《明史》规模而为人所熟知,黄宗羲曾有"四方声价归明水，一代贤奸托布衣"①之赞。然而万斯同的学术并非从一开始即自专于明史，②而是伴随着万斯同的成长，经历了多次的转变，逐渐定型并发展成熟的。

万斯同自称一生"学凡三变"：

> 仆生平学凡三变。弱冠时为古文词诗歌，欲与当世知名士角逐于翰墨之场。既乃薄其所为无益之言以惑世盗名，胜国之季可鉴矣。已乃攻经国有用之学，谓夫天未厌乱，有膺图者出，舍我其谁？时与诸同人兄弟自有书契以至今日之制度，无弗考索遗意，论其可行不可行。又思此道迂远，而《典》、《考》、《志》诸书所载，有心人按图布之有余矣，而涂山二百九十三年之得失竟无成书，其君相之经营创建与有司之所奉行、学士大夫之风尚源流今日失考，后来者何所据乎？昔吾四代死王事，今此非王事乎？祖不难以身殉，为其曾玄乃不能尽心网罗以备残略，死尚可以见吾先人地下乎？故自己未以来，迄今廿年间，隐忍史局，弃妻子兄弟不顾，诚欲有所冀也。凡此皆仆未白之衷，君深知我，故为君详之。他日身后之《状》，君岂得委哉？③

此虽为万斯同好友刘坊所作，但为万斯同亲炙口授，是万斯同"未白之衷"。万斯同于康熙十八年（1679）应新任《明史》监修徐元文之邀北上入京编修《明史》，除中途三次短暂回乡外，④余生二十三年皆在京师史馆，据"迄今廿年间"推算，此语当于康熙四十年前后说与刘坊，而康熙四十一年（1702）万斯同即逝世于北京。故此为万斯同晚年自陈

---

① 黄宗羲：《送万季野北上》，载《黄宗羲全集》第11册，浙江古籍出版社2005年版，第328页。

② 后人为万斯同所撰传记中多有万斯同早年喜读明史之事，如全祖望《万贞文先生传》曰："已而以其顽，闭之空室中。先生窃视架上有明史料数十册，读之甚喜，数日而毕。"（《鲒埼亭集》卷二八）但其时万斯同尚幼，其后也并未就此潜心明史研究，故不足为据。

③ 刘坊：《万季野先生行状》，载方祖猷主编《万斯同全集》，宁波出版社2013年版，第8册，第511页。

④ 万斯同第一次南归在康熙二十七年（1688）冬，次年春返京；第二次约在康熙三十二年（1693）夏秋之交；第三次在康熙三十七年（1698）春，是年秋季返京。参见朱端墙《万斯同与〈明史〉修纂纪年》，中华书局2004年版，第205、209、239—240、262—265页。

其学术之定论无疑。

万斯同一生著述颇丰，据今人考证，其著作超过三十种，现今尚存二十余种。其内容虽遍贯经史，旁涉方志、舆地、金石、考证、音韵、诗词等多方面，而其主体大致可以划分为四大类别。（1）经世之学，即万斯同自称为"经国有用之学"。内容包括古代政、刑、兵、农、礼、乐等各项制度，《万季野先生四明讲义》（《讲经口授》）①即其典型代表作。（2）经史之学。包括助徐乾学撰《读礼通考》（包括《读礼通考附论》《庙制折衷》等）、《书学汇编》、《群书疑辨》、《补历代史表》、《历代纪元汇考》、《历代宰辅汇考》等皆为其代表作品。（3）明史、南明史以及宋季史。除了在京史馆期间经万斯同审核修订的《明史稿》外，尚有《新乐府》《明通鉴》《明代河渠考》《宋季忠义录》《南宋六陵遗事》《庚申君遗事》等。（4）浙东乡邦文献。如《明季两浙忠义考》《两浙名贤录》《鄞西竹枝词五十首》等。②

巧合的是，万斯同在与亲友的五封书信——《与从子贞一书》《寄范笔山书》《与友人书》《与钱汉臣书》《与李杲堂先生书》——中恰好集中而各有侧重地阐述了万斯同本人对以上四类学术的旨趣。万斯同正是沿着这五封信所表达的思路，才产生了其后来的众多著述；也正是沿着这一思路，万斯同的学术思想逐渐定型并走向成熟。可以说，这五封书信的写作是万斯同"学凡三变"的关键时间节点，同时也基本奠定了万斯同后来学术的基本框架和规模。因此，确定这五封书信的写作年代时间，阐发其思想背景，对于勾勒万斯同学术转变的轨迹，进而深入理解万斯同成熟时期的学术具有重大意义。

一 从"古文词诗歌"转向"经国有用之学"

五封书信虽侧重点各有不同，却有一条共同的线索贯穿其中，即对俗学——举业之学与古文词诗歌——的批判。在《与友人书》中，万斯同指出其不慕科举、不为举业而为人所诟病，"其故无他，直以不为举

---

① 二者实为一书。参见《万斯同全集》第 5 册，第 276 页。
② 此四类并非畛域分明、互无关涉，万斯同本人亦未作此划分，四者应是互有重叠和观照的一个整体。此乃笔者依据其著述之侧重不同而"强名之"，不应以此误读万斯同学术。

业，不务进取耳"。① 而在《与从子贞一书》《寄范笔山书》《与钱汉臣书》以及《与李杲堂先生书》中，万斯同更是不遗余力地奉劝四位亲友放弃古文之学。如《与从子贞一书》曰："尝叹吾子之才，以为远过乎我，而惜其仅域于古文词也。"②《寄范笔山书》曰："故弟之意，愿吾兄暂辍诗古文之功。"③《与钱汉臣书》曰："故弟之意，愿兄毋急急于文集，且绝笔不为。"④《与李杲堂先生书》中虽未明言，但亦有暗示，曰："往时士人一登仕籍，即有文集遗世，徒供他人覆瓿之用，此可已者也……先生之文诚善矣，传之后世，必不至于覆瓿，然但可成一身之名，初何益于天下之事？"⑤ 然而，万斯同初时亦热衷古文之学，诚如前引万自述曰："弱冠时为古文词诗歌，欲与当世知名士角逐于翰墨之场。"其时，万斯同更是与诸兄侄、同里友朋约为文会，畅谈古文。据万斯同侄子万言载：

丙申、丁酉之际，世变粗定，余叔侄集郡中俊彦为文业之会，比舍诸家子殆居其半……虽以年齿俱少，不敢高言性命，要之所论，非史书治乱，即古文歌辞，以为异日当各以所长自鸣，其视世路赇利之事直如土芥，一不置齿颊间。⑥

又曰：

余少习举业，弱冠，出与郡中诸大家子为文会。于时会者城南沈氏四人，城东李氏九人，月湖徐氏二人，比闾黄氏五人，其他高氏、葛氏、傅氏、水氏、陈氏各一人，及家叔充宗、允诚、季野凡二十九辈，皆年少勤学。更十日或十五日一会，会试二义，必剧饮尽欢而散。郡中传为盛事，即他邑多闻而效之者。⑦

可见，此时文会万氏叔侄与甬上诸贤多参与其中，所论确有古文诗

---

① 《万斯同全集》第 8 册，第 286 页。
② 《万斯同全集》第 8 册，第 260 页。
③ 《万斯同全集》第 8 册，第 257 页。
④ 《万斯同全集》第 8 册，第 259 页。
⑤ 《万斯同全集》第 8 册，第 256 页。
⑥ 万言：《管邨文抄内编》卷二《蓁竹庐诗草序》，《四明丛书》。
⑦ 《管邨文抄内编》，卷一《李重明墓志铭》。

辞。此事还受到了万斯同父亲万泰的肯定，万泰专门从岭南来书曰："儿辈在家，自相师友，最是好事。"且特意勉励万斯同曰："八儿有志，吾亦甚怜之，在家读书，当与诸兄相砥砺，但要虚心平气，方有长进。"①正是在这样的氛围下，万斯同创作出了《放歌行》《秋怀》《寒松斋即事》《永思堂即事》《应吞先茔记》等诗文。然而，其后万斯同为何转变了研究重心且劝说亲友也暂停古文诗辞的创作呢？

据万斯同自述：

> 弱冠时为古文词诗歌，欲与当世知名士角逐于翰墨之场。既乃薄其所为无益之言以惑世盗名，胜国之季可鉴矣。已乃攻经国有用之学，谓夫天未厌乱，有膺图者出，舍我其谁？时与诸同人兄弟自有书契以至今日之制度，无弗考索遗意，论其可行不可行。②

这是万斯同成年后学术重心发生的第一次转变，从"古文词诗歌"转向"经国有用之学"。《与从子贞一书》即是万斯同集中阐发其经世致用理想的一篇重要文献。

贞一即万斯同长兄万斯年的长子、万斯同的侄子万言。据万言子万承勋《千之草堂编年文抄·先府君墓志》载，"先考……生于前明崇祯丁丑七月初六"，即明崇祯十年（1637），而万斯同生于明崇祯十一年戊寅（1638），二人年齿相若，故常相与论学出游，为万斯同一生中极为重要的亲人兼学友。③ 此信正是万斯同写给万言的一封重要的论学书信。

---

① 万斯大、万经：《濠梁万氏宗谱》卷十三《祖训录》著录万泰《训子书》两篇。原注："两书俱寓粤东五羊城寄。"
② 刘坊：《万季野先生行状》，载《万斯同全集》第8册，第511页。
③ 万言之后与万斯同一起入京纂修《明史》，并兼修《大清一统志》和《盛京一统志》。因主修《崇祯长编》，力拒史书中所涉人物的后人为其先祖求得宽免之事而触怒权贵，出知五河县，几近被害丧命。方祖猷《全祖望、钱大昕所著万斯同传纠误》认为全祖望所作《万贞文先生传》误以将此事属万斯同，故后世以讹传讹而增误，皆以为万斯同事。然全祖望《鲒埼亭集内编》卷二十二《陈卜年志》载："同里万征君管村之在史馆也，性鲠直，不肯徇所干请。其时，故国辅相家子弟多以贿入京，求史馆诸总裁未减其先人之传，而管村适主《崇祯长编》，力格之。"《万贞文先生传》曰："故督师之姻人，身居要津，乞史馆于督师少为宽假，先生（指万斯同）历数其罪臆告之。"可见，全祖望既知此为万言事，何以又在《万贞文先生传》中窜为万斯同事？甚怪之。然此亦可知万斯同与万言叔侄二人关系之紧密。

此信总体上是劝说万言暂时放弃古文之学，与自己一同致力于经世之学。信中万斯同把当时的学问划分成四类：举业之学、诗歌古文之学、"身心性命之学"与"经世之学"，曰：

> 今天下但知制举业矣，使有一读书好古之士，鄙举业为不足道，而力工诗歌古文，以庶几于古之作者，岂不诚贤？顾儒者当为之事，宁无更进于此者乎？其上者如身心性命之学，此犹饥渴之于饮食，固不俟言矣。至若经世之学，实儒者之要务，而不可不宿为讲求者也。今天下生民何如哉？历观载籍以来，未有若是其憔悴者也。使有为圣贤之学，而抱万物一体之怀者，岂能一日而安居于此？夫天心之仁爱久矣，奚至于今而独不然？良由今之儒者皆为自私之学，而无克当天心者耳。吾窃不自揆，常欲讲求经世之学，苦无与我同志者。若吾子者，既有好古之志，又有足为之才，是可与我共学矣，奈何专专于古文，而于经世之大业，不一究心也耶？①

在万斯同看来，四种学问中举业之学最为鄙薄，古文之学虽稍善但亦未有安，"身心性命之学"虽必不可少，但"经世之学"更为切要。而学术的分野正是造成学者皆为"自私之学"，儒家学问丢失经世传统的重要原因。

万斯同对于"经世之学"提出了自己新的看法，曰：

> 夫吾之所为经世者，非因时补救，如今所谓经济云尔也。将尽取古今经国之大猷，而一一详究其始末，斟酌其确当，定为一代之规模，使今日坐而言者，他日可以作而行耳。②

万斯同还认为，讲求经世济民、治国安邦的学问与精神是儒家自孔孟以来的儒家传统，不应被抛弃，因此欲变革沉溺于诗歌古文和身心性命之学的时代学风，而将经世治平、救时济世的儒家传统发掘出来，使

---

① 《万斯同全集》第8册，第260页。
② 《万斯同全集》第8册，第260页。

学术与经济、性命与经世、修身与治平再度合二为一。曰:

> 吾窃怪今之学者,其下者既溺志于诗文,而不知经济为何事;其稍知振拔者,则以古文为极轨,而未尝以天下为念;其为圣贤之学者,又往往疏于经世,见以为粗迹而不欲为,于是学术与经济遂判然分为两途,而天下始无真儒矣,而天下始无善治矣。呜呼!岂知救时济世,固孔孟之家法,而已饥已溺,若纳沟中,固圣贤学问之本领也哉!①

此书大致作于康熙五年(1666),②而促成万斯同这次学术转变的很可能与其师黄宗羲的影响有关。

康熙三年至四年间(1664—1665),万斯同与甬上当地澹园社成员陈赤衷、陈锡嘏、陈自舜、董允瑫、董允璘、范光阳等人过从甚密,并与郑梁结识,之后,除上述人士外,加上万斯选、万斯大、万言叔侄以及钱鲁恭、张九英等人一起组成了策论之会。而从康熙四年至六年(1665—1667)期间,包括万氏叔侄与策论会成员在内的甬上诸贤还数次前往余姚谒见黄宗羲,并先后执贽于其门下。③而在康熙二年(1663)时,黄宗羲的《明夷待访录》书成,④其中部分内容还与万斯同有过讨论商议,如《南雷文约》卷三《科举》曰"余尝与万季野私议"云云。可见,万斯同应该在《明夷待访录》成书之前就已对其有所批览,甚至做出过间接贡献,而在《待访录》书成后,万氏也应是最先一批看到的人。因此《贞一书》中所论颇近《待访录》。如《贞一书》曰:

---

① 《万斯同全集》第8册,第260页。
② 王焕镳《万季野先生系年要录》称作于康熙四年,陈训慈、方祖猷《万斯同年谱》与朱端强《万斯同与〈明史〉修纂纪年》均系于康熙五年。
③ 关于甬上诸贤受业黄氏门下的具体时间尚存争议。万言《怀旧诗八首为陈怡庭寿》、全祖望《证人讲社诸弟子诗》、黄炳垕《黄梨洲先生年谱》记为康熙四年己巳;而(雍正)《宁波府志》、陈锡嘏《陈母谢太君六十寿序》则称在康熙六年丁未。按结合诸史料之说,盖甬上诸贤曾先后数次拜谒黄宗羲,且正式入学黄门也有先后,大致皆在康熙四年至六年期间。
④ (清)全祖望:《鲒埼亭集外编》卷三十一《书〈明夷待访录〉后》曰"康熙癸卯",即康熙二年(1663)。见朱铸禹汇校集注《全祖望集汇校集注(中)》,上海古籍出版社2018年版,第1392—1393页。

吾尝谓三代相传之良法，至秦而亡，汉唐宋相传之良法，至元而尽失。

《待访录》曰：

三代之法，藏天下于天下者也……夫古今之变，至秦而一尽，至元而又一尽。经此二尽之后，古圣王之所倚恻隐爱人而经营者，荡然无具。（《原法》）

又如《贞一书》曰：

明祖之兴，好自用而不师古，其他不过因仍元旧耳。中世以后，并其祖宗之法而尽亡之。至于今之所循用者，则又明季之弊政也。

《待访录》曰：

有明之无善治，自高皇帝罢丞相始也……阁下之贤者，尽其能事曰"法祖"，亦非为祖宗之必足法也……祖宗之所行事未必皆当，宫奴之黠者又复多举其疵行，亦曰法祖，而法祖之论荒矣。（《置相》）

其后，万斯同在北京、宁波的讲会中所论历代典章制度，其科举、定都、封建、税赋等亦多与《待访录》相似，可知万氏经世之学直承黄氏。

此外，还可以从万斯同对于其"经世"之学的界定而窥见端倪，曰：

夫吾之所为经世者，非因时补救，如今所谓经济云尔也。将尽取古今经国之大猷，而一一详究其始末，斟酌其确当，定为一代之规模，使今日坐而言者，他日可以作而行耳。

"经世"一词最早见于《庄子·齐物论》，曰："《春秋》经世，先王之志，圣人议而不辩。""经"在先秦文献中有"经营""经纶"之意，如《周易》"屯"卦：

> 象曰：云雷屯，君子以经纶。

孔颖达疏曰：

> 经谓经纬，纶谓纲纶。言君子法此屯象，有为之时，以经纶天下约束于物。故云君子以经纶也。①

"世"虽有"纪年"之意，②但在与独立用作动词的"经"在一起组成一个完整的动宾词组时就具有"世务"的含义了。如《文子》曰"养生以经世"，《盐铁论·论儒》曰："孟轲守旧术，不知世务。""世务"与"旧术"相对，显然具有当世实务的意思。且在古文献中，"世"往往也与"时"义通，如《运命论》云："夫道足以济天下而不得贵于人，言足以经万世而不见信于时。"③由此可见，在古人的思想意识中，"经世"一词本身就有"治理当世，管理时务"之意。儒家向来就有积极入世的传统，儒家的经世精神即可以理解为一种强烈的参与处理当下现实社会政治事务的精神，这一经世的传统在明清之际的大变革中几乎为当时的博学硕儒所共同倡导而成为知识界的普遍共识，并赋予其新的思想内涵。

从以上引万斯同语可见，万氏所理解的"经世之学"并非仅局限于日常社会治理事务中的具体措施（因时补救），而是基于对历史上所形成的国家社会制度（古今经国之大猷）进行全面的批判总结，从而制定出

---

① 《十三经注疏·周易正义》卷一"屯"，中华书局1980年版，第19页。
② 章太炎：《检论》卷二《春秋故言》："自《春秋》作，十二公始有叙次，事盖首尾，以年月相衔，归之隐括，而文无殆疑，故曰'经世'。'经世'者，犹云世纪编年矣。"见《章太炎全集》，上海人民出版社2014年版，第415页。
③ （南北朝）萧统编，（唐）李善注：《文选》卷五十三李康《运命论》，中华书局1997年版，第1172页。

一套可为后世所效法的典章制度体系（一代之规模）。这一颇具"改制立法"意味的设想，显然与当时的时代背景与思想潮流密不可分，尤其是与其师黄宗羲的历史反思息息相关。

黄宗羲的《明夷待访录》对历代的诸多制度，包括君相、法律、学校、科举、方镇、兵制、财政等各方面都有精辟的反思和论析，但其并没有止步于此，而是深入制度设计的背后，探索深藏其中的政治原理。[①]此书中，黄宗羲一切思考批判的起点都围绕着一个核心问题——何以"三代以下有乱无治"？在黄宗羲看来，制度设计的优劣并不是历史治乱的关键，其理想化的"三代以上"和有乱无治的"三代以下"归根结底是两种政治原理或预设的对立，即"三代以上"的天下是天下之天下，是万民百姓的天下，是公天下，而"三代以下"是以天下为帝王"一家之私"，是君王的天下，是私天下。故而，"三代以下"的制度设计对一切是防之又防，密之有密，以致越防越密，越密越乱，最后归于无效和崩溃。而《明夷待访录》则倡导回归到"三代以上"公天下的理念，并以此原理出发，重新规划君臣、法律等一切制度和关系，从而形成"有治法而后有治人"的新局面。

从新的政治原理（理想化的三代）出发自然要求重新审视两千多年来的一切政治制度设计和实践，岂非万氏所言之"详究""斟酌""古今经国之大猷"？重新规划制定新的各种政治法律关系，岂非万氏所言之"定为一代之规模"？可见，正是出于对政治原理的反思与重塑，才引导出万斯同对于经世之学的重新界定与新的导向。如果说对"经世之学"的倡导是明清之际学者的共同关怀，那么促成万斯同这一变化径路的因素恐怕很难与黄宗羲，尤其是与《明夷待访录》撇清关系。

二 潘平格事件

从《贞一书》中，还可以看到万斯同的一个困惑：身心性命之学如

[①] 钱穆即认为黄宗羲《明夷待访录》的贡献在于其政治原理："梨洲对政治理想之贡献，则较同时诸老为宏深。其时如顾亭林注重各种制度实际之措施，王船山注重民族观念之激励，而梨洲则着眼于政治上最高原理之发挥，三家鼎峙，而梨洲尤为尽探本穷源之能事。"见梁启超《中国近三百年学术史》，九州出版社2011年版，第35页。

何展开而为治世之学？曰：

> 如身心性命之学，此犹饥渴之于饮食，固不俟言矣。至若经世之学，实儒者之要务，而不可不宿为讲求者也。今天下生民何如哉？历观载籍以来，未有若是其憔悴者也。使有为圣贤之学，而抱万物一体之怀者，岂能一日而安居于此？夫天心之仁爱久矣，奚至于今而独不然？良由今之儒者皆为自私之学，而无克当天心者耳……若谓儒者自有切身之学，而经济非所务，彼将以治国平天下之业，非圣贤学问中事哉？是何自待之薄，而视圣学之小也……其为圣贤之学者，又往往疏于经世，见以为粗迹而不欲为，于是学术与经济遂判然分为两途，而天下始无真儒矣，而天下始无善治矣。呜呼！岂知救时济世，固孔孟之家法，而已饥已溺，若纳沟中，固圣贤学问之本领也哉。

万斯同在大力倡导经世之学的同时，也对宋明理学中高谈性命、视经纶世务为粗迹的学风大为不满。诚然，宋明理学发展到后期出现了严重的危机，晚明大儒刘宗周就曾对阳明学者和朱子学者在具体政教实践过程中表现出的流弊提出了尖锐的批评，曰：

> 王守仁之学，良知也，无善无恶，其弊也必为佛、老，顽钝无耻；宪成之学，朱子也，善善恶恶，其弊也必为申、韩，惨刻而不情。①

尤其是心学末流，片面地发展了阳明学说，走向了否定社会道德与秩序的歧路，甚至到了将探究身心性命之学与建构社会政治伦理对立起来的地步。这可从晚明东林学派领袖人物顾宪成、顾允成兄弟的一次对话中窥见端倪：

---

① （明）刘宗周：《修正学以淑人心以培国家元气疏》，载吴光主编《刘宗周全集》第3册上，浙江古籍出版社2007年版，第20页。

一日（顾允成）喟然而叹，泾阳（顾宪成）曰："何叹也？"曰："吾叹夫今之讲学者，恁是天分地陷，他也不管，只管讲学耳。"泾阳曰："然则所讲何事？"曰："在缙绅只明哲保身一句，在布衣只传食诸侯一句。"泾阳为之慨然。①

　　批判反思宋明理学走向空疏无用的弊病，是包括万斯同的老师黄宗羲在内的一大批明清之际的学者都无法回避的课题。从《贞一书》中可见，在万斯同看来，经世之学也是"儒者要务"，"救时济世"亦是"孔孟家法"，即经世致用、治平天下本就应该是儒学的传统。那么如何使"判然分为两途"的"学术与经济"重回一体，即如何从已经被前儒推向巅峰的身心性命之学中开展出真正能治国平天下的经世之学？如何将儒家的经世学问与精神重新纳入"孔孟心法"？这是万斯同当下所面临的最大困扰和焦虑。而潘平格的出现似乎解答了万斯同的困惑，也在黄氏门人内部引发了一场轩然大波。

　　据万斯同晚年向好友李塨回忆自述：

　　　　吾少从游黄梨洲，闻四明有潘先生者曰："朱子道，陆子禅。"怪之，往诘其说，有据。同学因衋言予叛黄先生，先生亦怒。予谢曰："请以往不谈学，专穷经史。"②

　　潘平格，字用微，生于明天启五年（1625），幼年丧父，少年时以豪杰自命。潘氏先后从事于程、朱、王、罗（念庵）之学，后又沉迷于老庄、禅学，后觉程、朱、王、罗、二氏之学皆不合于孔孟，"竭力参求，惭痛交迫四十日如一日，而亲证浑然天地万物一体，当下知孔、曾一贯之道。"③潘氏于康熙八年（1669）年造访由宁波黄宗羲门人兴办的甬上证人书院，与多名甬上黄门弟子有过辩论，最终包括万斯同、毛文强、

---

① （明）黄宗羲：《明儒学案·东林学案三》，载《黄宗羲全集》第8册，第838页。
② （清）李塨：《恕谷后集》卷六《万季野小传》，载《万斯同全集》第8册，第483页。
③ （明）潘平格：《潘子求仁录辑要》，中华书局2009年版，第4页。

郑性、颜长文在内的黄宗羲最赏识的几位学生都被潘平格的学说吸引，而引发了黄门内部一场不小的风波。

万斯同究竟何时与潘平格辩论并信服其学说尚不明，而据毛文强《潘先生传》曰：

> 余少受业于南雷黄先生，学蕺山刘子之学。癸丑岁，馆于宁城，因万季野得先生书书帙，一见而嗜之，同志者皆非余，余信之益笃。①

可见，至迟在癸丑即康熙十二年（1673），万斯同就已经信服了潘氏的学说②并将其书带给了同学毛文强，毛后来成为潘氏最忠实的信徒。

潘平格虽然极力批判宋明理学，但其思想框架和语言体系都未脱离理学的矩镬。但潘氏的思想体系是："用'仁者浑然与天地万物为一体'将宋明理学以来一切问题装进去，并加以改造，使得理学体系能与'保天下，救四海'的哲学结合起来。"③ 潘氏极力强调"浑然天地万物同一体"，认为这是人类社会的最高境界，欲如此，就必须打破人我之间、个人与社群之间的隔阂，感通人与人、人与天地之间的关系。基于此，潘氏将宋明理学中最关键的概念"格物"训为"格通人我"，格即是通，物即是家国天下，格物就是贯通家国天下为一。潘氏曰：

> 吾性浑然天地万物一体，故吾志必欲明明德于天下，而吾学无离家国天下以为工夫也……不离家国天下以为工夫，正复吾性浑然天地万物一体之实用力处也，学者其可不知乎！④

---

① 《潘子求仁录辑要》，第5页。
② 关于万斯同与潘平格会晤的时间，目前通行的说法均是康熙十二年（1673），如方祖猷《万斯同评传》，朱端强《万斯同与〈明史〉修纂纪年》等均持此说。但此说依据只有毛文强《潘先生传》中之"癸丑"，不足以据此推论万、潘初晤即在此年。由潘平格是在康熙八年（1669）至甬上，故知在康熙八年至迟康熙十二年之内万斯同得晤潘平格。
③ 王汎森：《潘平格与清初思想》，原刊《亚洲研究》二十三期，1997年7月，收录于《晚明清初思想十论》，复旦大学出版社2004年版，第293页。
④ 《潘子求仁录辑要》，第18—19页。

又曰：

> 格物则八目一齐俱到，盖所以格物者，心、意、知也，心、意、知并力于格，则自具致、诚、正之功候，所格之物，即家国天下也。①

又曰：

> 无离家国天下之身、心、意、知，无遗齐、治、平之修、正、诚、至。盖浑然身、家、国、天下一体之谓心，心运于身、家、国、天下之谓意……若离家、国、天下，则失其所谓身、心、意、知……心复其浑然一体之谓正，意运于家、国、天下而真实之谓诚……②

不同于宋明理学中心、意、知、物、身、家、国、天下由内而外、逐次扩展的传统思路，潘平格的体系将心、意、知、物的对象，格、致、诚、正的目标都挂搭在了家、国、天下上，从而试图排除在心性形而上学层面的纠缠，而直接指向人类社群与社会政治。

潘平格的思想体系虽不算严密精致，却将宋明理学中的核心概念与当时知识界普遍关怀的经世问题结合在一起，这样既回应了正处于学术转型期知识界所关心的要害问题，又使用了传统的概念语汇，故其极易为受众所接纳信服，而万斯同等人恰恰就处在"学术与经济判然为二途"的焦虑中，又试图重新引入经世精神，因此很快为潘氏所俘获。

三 回归经史

万斯同等人对潘平格学说的推崇引发了黄门甬上弟子的分歧，黄宗

---

① 《潘子求仁录辑要》，第19页。
② 《潘子求仁录辑要》，第18页。

羲甚至亲自致书万斯同、姜希辙等驳斥潘氏学说,在《与友人论学书》中,黄宗羲指摘潘氏学说是灭体、灭心、灭气。① 但是,黄宗羲的斥责似乎并未获得万斯同等人发自内心的认可,面对老师的批评,万斯同说:"请以往不谈学,专穷经史。"这看似是在回避与老师的正面冲突,细品之下,也许正是从这时开始,万氏便不再认同理学话语下所展开的思想体系(即其所谓之"学"),而要自己亲自回到原典——经史——中去发现真正的圣学正脉。②

在与好友钱鲁恭的书信中,万斯同认为经史乃文之源,劝诫钱氏读书当"先经而后史",通经史而后乃可作古文,曰:

> 大凡儒者读书必有先后,当先经而后史,先经史而后文集……诚使通乎经史之学,虽不读诸家之集,而笔之所至,无非古文也。何也?经者,文之源也,史即古文也……盖必尽读天下之书,尽通古今之事,然后可以放笔为文耳。苟其不然,则胸中不能无碍;胸中不能无碍,则笔下安能有神?……故弟之意,愿兄毋急急于文集,且绝笔不为,而大肆力于经史。俟经史之学既充然其有余,则放笔之时,自沛然其莫御。

而在《与友人书》中,万斯同更是明确提出自己要以经史之学为己任,曰:

> 故尝谓同志,吾师之学既非一人所能兼,曷各取而分任之?弟窃不自揆,敢任经史之学。向者同人讲《易》,颇常究心诸家传注,当时不及笔记,至今恨之,行当续此事以补宿恨。《仪礼》一经,向常考索,苦无定本,尝欲葺成一书,以课家塾。明代之史,未有全书,尝与友人言,将共肆力于此。诚得一二十年之功,将此数书有

---

① (明)黄宗羲:《与友人论学书》,载《黄宗羲全集》第10册,第150—157页。
② 余英时在《从宋明儒学的发展论清代思想史——宋明儒学中的智识主义的传统》中也说道:"清初万斯同曾述及他从理学争辩转到经典研究的过程……这不是逃避问题,而实是探本溯源的态度。"收录于《中国思想传统的现代诠释》,江苏人民出版社2003年版,第153页。

所纂述、采辑，则虽饥寒坎壈，布衣穷老，亦无所憾。

可见，对于经史之学，万斯同此时已依稀拟订了一份计划：于经学欲致力于《易》和《礼》，于史学则欲攻明史。而在《寄范笔山书》中，更是较为详尽地表露了万氏编修明史的计划，曰：

> 客岁馆于越城，得观有明历朝实录，始知天下之大观盖在乎此，虽是非未可尽信，而一朝之行事，暨群工之章奏，实可信不诬，因其事以质其人，亦思过半矣。始叹不观国史，而徒观诸家之书者，真犹以管窥天也。弟窃不自揆，尝欲以国史为主，辅以诸家之书，删其繁而正其谬，补其略而缺其疑，一仿《通鉴》之体，以备一代之大观。故凡遇载籍之有关明事者，未尝不涉览也，即稗官野史之有可以参见闻者，未尝不寓目也……诚留意于此，不但可以通史，并一代之制度，一朝之建置，名公卿之嘉谟嘉猷，与夫贤士大夫之所经营树立，莫不丕见于斯，又可以备他日经济之用，则是一举而兼得之也。

由此书可知，万氏修明史之意不仅仅在于删繁正谬、补略阙疑，更在于"备他日经济之用"。至少在万斯同自己看来，明史正是其安放自己经世志向的一个重要的立足点。

在《与李杲堂先生书》中，万斯同则表达了自己欲搜集乡邦文献的计划，曰：

> 前朝人物，其显著者既已备列于国史，其侧陋者亦已采辑于郡乘法，此书似可无作。顾国史但纪政绩，而不及家乡之行，其书既略而不详；郡乘多徇请托，而不免贤否之淆，其书又杂而无别。欲免二者之弊，其惟《浦江》人物，《吴郡》先贤之例乎？望先生仿此二家之法，著为一书，采实录之明文，搜私家之故牍，旁及于诸公之文集，核其实而辨其伪，考其详而削其滥，使善无微而不显，人无隐而不章，此实不朽之盛事，而亦先贤之有待于后人者也。

之所以要重视编修地方史志，是因为正史旨在反映一朝一代历史的全貌，故而对于地域性的历史就不得不有所牺牲，而重新编修乡邦文献则能详尽该地域的史事，去伪存真、除恶扬善，起到和正史一样鉴往知来的作用。故万氏称此为"不朽之盛事"。

以上几封书信，均作于康熙八年（1669）至康熙十二年（1673）之间，①可以说，这个时候万斯同的学术规模与框架业已基本成型，之后万氏正是在这几个领域内有所成就的。巧合的是，这也与万斯同接触到潘平格的时间几乎完全重叠，这也使得黄宗羲之于万斯同的学术具有了新的意义。之前学者认为，由于在潘平格事件上黄宗羲的强势压服了万斯同，以致限制了万氏学术的自由发展。②但也正是由于黄宗羲的介入，使得万斯同重新回到了此前为自己铺设的学术轨道上，从经史之学中探索圣学正脉，而这恰好符合了清初转向经典考证研究的学术风气。

四 结论

万斯同的学术转型虽其自述是由古文诗辞转向经世之学最后转向明史，却是一个在内外因的共同作用下不断深入、层层推进的连续过程。这一过程大致是在康熙四年（1665）至康熙十二年（1673），即万斯同二十八岁至三十六岁之间完成的。其初始是万斯同对修己之学与治平之学矛盾的焦虑，如何将儒家经世的传统学问重新纳入新的思想体系中是万斯同开始走向转变的起点；随着思考的深入，直接承载圣人之道的经书和记载古今兴亡治乱的史册成为溯源传统儒家、立制垂范后世所无法回

---

① 《寄范笔山书》中有"客岁馆于越城"，万斯同于康熙八年（1669）赴会稽授经姜希辙家中，知此书作于康熙九年（1670）；《与友人书》中有"尝与友人言，将共肆力于此"，此当指《寄范笔山书》所言之事，故所作应略晚于《范书》；《与李杲堂先生书》有"余既为此书，逾年，值郡邑有修志之役"之语，所谓"修志之役"乃康熙十二年（1673）宁波知府邱业组织重修《宁波府志》一事，知此书作于前一年即康熙十一年（1672）；而钱鲁恭更是康熙十二年去世，故《与钱汉臣书》至迟不会超过此年。

② 如王汎森认为："万氏的思想学问启自黄氏，可是限制也来自黄氏，在黄氏痛驳之后，遂不敢再往前走。"见《权力的毛细血管作用——清代的思想、学术与心态》，北京大学出版社2015年版，第22页。

避的环节，遂奠定经史研究的基本框架；而潘平格的干扰与黄宗羲的压制对万斯同彻底回归自己的学术轨道起到了催化剂的功效，万氏从此"专力经史"，遂开一代之先。对万斯同学术转型这一个案的考察，对于从微观层面研究明清之际学术何以由心性义理转向经史考证，以及由黄宗羲所开创的浙东一脉的学术转变都具有重要意义。

作者为同济大学人文学院博士生。

王阳明与塾师陈壮交往事迹考

汪柏江

【摘要】 王阳明自十一岁随祖父赴京至独自去江西南昌完婚的这一时间段，正是就读私塾社学的年龄。其间，大部分时间都随父王华在京师生活学习，也有几次返回越中，如十三岁时母亲郑氏去世归葬余姚穴湖山，王阳明曾在越中待过一段时间。史料中有提到王阳明的塾师这一人物，如《年谱》《图谱》等均有，但塾师究竟姓甚名谁，都没有明确记载。就王阳明的生活轨迹来看，他在京师时一定有塾师，无论是私塾还是社学，但史料中没有记录塾师姓名，然而在绍兴却留有塾师的姓名。《王阳明全集》中有《陈直夫南宫像赞》一文，文中有"始予拜先生于钱清江上，欢然甚得"一语。陈直夫即为王阳明的塾师。陈直夫即陈壮，绍兴山阴人，致仕后在钱清江边构筑"鸥沙亭"，读书其中。王阳明归越时曾入陈壮门下受业，且获益匪浅。束景南先生在《王阳明年谱长编》记载了弘治十六年（1503）王阳明"经山阴钱清，访古迁陈庄"事迹，其实王阳明与陈壮之间还有更为紧密的关联。王阳明《陈直夫南宫像赞》一文当作于京师，是应陈壮之子陈子钦所请而作，时间在弘治十七年（1504）陈壮先生去世并安葬之后。

【关键词】 王阳明　塾师　陈壮

史料所载王阳明的塾师事迹

明代的私塾，按照教育程度的不同，有蒙馆与经馆之分，其私塾教师也相应有蒙师与经师之别。蒙师因其所授对象为年龄较小的幼童，故被称为童子师、子弟师或句读师；经师是以讲授基本经义——"四书五经"为主，是一种直接为以后科举考试做准备的"科举启蒙"，其目标是考上秀才，亦称生员或诸生，正式进入府、州、县各级官办学校学习。在私塾就读的学生一般称为童生，只有通过童子试后才可称为生员或秀才。民间开设的家塾、义学、书馆和官方支持的社学、养正书院等，教师通常兼具蒙馆与经馆的双重责职，故又有里社师、社学教读或社师之称，而"塾师"则是私塾教师的众多称谓中较为普遍、最为常见的一种称呼。

考究相关史料，《年谱》中就有关于王阳明塾师的记载：

> 明年（成化十九年）就塾师，先生豪迈不羁，龙山公常怀忧，惟竹轩公知之。一日，与同学生走长安街，遇一相士。异之曰："吾为尔相，后须忆吾言：须拂领，其时入圣境；须至上丹台，其时结圣胎；须至下丹田，其时圣果圆。"先生感其言，自后每对书辄静坐凝思。尝问塾师曰："何为第一等事？"塾师曰："惟读书登第耳。"先生疑曰："登第恐未为第一等事，或读书学圣贤耳。"龙山公闻之笑曰："汝欲做圣贤耶？"①

该记载所呈现的信息比较丰富：有王阳明就塾师的时间——成化十九年（1483），王阳明十二岁；有地点，在京师；有神化了的故事，虚设一相士点破将来将走圣人之路，并能功德圆满结"圣果"；更著名的是塾师与其一段关于读书目的对话，读书是为登第还是学圣贤。可能是嫌该塾师资质平平，没有教导王阳明树立远大目标，故《年谱》内没有记录塾师的姓名。邹守益撰《王阳明先生图谱》也十分详尽地记载了王阳明与塾师的这一个故事，只是比《年谱》所记更为形象生动，但也没有记录这位塾师的名字：

> （成化）十九年癸卯，龙山公命就塾师。督责过严，先生郁郁不

---

① （明）王阳明著，吴光等编校：《王阳明全集》（新编本），浙江古籍出版社2011年版，第1226页。

怪，伺塾师出，率同学旷游，体甚轻便，穷崖乔木攀援，如履平地。公知之，锁一室，令作经书义，一时随所授辄就，窃启钥以嬉。公归，稽课无所缺。久而察而忧之。一日，走长安街，弄一黄雀，见众拥听相语，因失之，遂捻相士须责偿。相士偿之，为之相曰："须拂领，其时入圣境；须至上丹台，其时结圣胎；须至下丹田，其时圣果圆。"先生大笑，放其雀而归。自是对书静坐，思为圣学而未得所入。公怪问曰："不闻书声。"曰："要做第一等事。"公曰："舍读书登第，又何事耶？"对曰："读书登第还是第二等事，为圣贤乃第一等事。"①

黄绾《阳明先生行状》对该塾师仅留下简单数语，系《全集》编纂者有意删减："有相者谓塾师曰：此子他日官至极品，当立异等功名。"②明王世贞《弇山堂别集·史乘考误十》先录其事迹：

> 王文成行状谓：公少从塾师读书，出游市上，与鬻雀者争。有相者目而异之，以钱买其雀与公，送归书馆，谓塾师曰："此子他日官至极品，当立异等功名。"因遍阅馆中诸小生，第其官崇卑显晦，后皆悉验。

后对其进行质疑：

> 《年谱》则谓：与同学生立长安街，遇一相士，异之曰："吾为尔相，后须忆吾言：须拂领，其时入圣境；须至上丹台，其时结圣胎；须至下丹田，其时圣果圆。"先生异其言云云。按草《行状》在《年谱》二十年之前，为公门人黄绾，岂不知有圣境、圣果之说？而待钱氏著谱于二十年之后，乃发之耶？大抵欲过崇其师，而不免于

---

① （明）邹守益编：《王阳明先生图谱》一卷，民国30年（1941）影印本。
② 《王阳明全集》（新编本），第1425页。

增饰非，所以崇之也。①

以上三则史料，所录者均为王阳明的弟子，无一例外，都没有记录塾师之名，也没有记录这位塾师书教得如何，读其文意，反而使人感到是为王阳明做了个铺垫和背景。钱德洪替尊者讳言，"过崇其师"，将王阳明就读期间荒唐不检点的行事加以掩饰，凸显其"豪迈"气宇；邹守益虽载有王阳明放荡不羁的行为，但叙事角度也有所选择，目的是想表明王阳明从小生来不凡；而黄绾则仅实录了王阳明从塾师读书及出游市上的一次遭遇，没有涉及相士对王阳明所说的"三大人生境界"及与王华的对话。

成化二十年（1484）王阳明十三岁时，母亲郑氏去世归葬余姚穴湖山返越，《年谱》记载：

> 二十年甲辰，先生十三岁，寓京师。母太夫人郑氏卒。居丧哭泣甚哀。②

这一年的记录十分简略，而第二年即成化二十一年（1485）则是完全没有记录。前后一年多时间王阳明的事迹几乎为空白。然而从其他史料可以证明，王阳明在成化十一年回过绍兴，而且还居留了不短的时间，直到十五岁，即成化二十二年（1486）才返回京师。回京后，王阳明曾出游居庸三关，遭到王华的斥责，命王阳明重新回归私塾研习科举之业，即宋儒朱熹的格物之学。"阳明格竹"故事即发生在此时。据钱德洪纂辑《阳明先生遗言录下》记载：

> 先生云："某十五六岁时，便有志圣人之道，但于先儒格致之说苦无所入，一向姑放下了。一日寓书斋，对数筮竹，要去格他理之所以然，茫然无可得。遂深思数日，卒遇危疾，几至不起，乃疑圣

---

① （明）王世贞撰：《弇山堂别集·史乘考误十》卷二十九（见《四库全书》之集部·别集）。
② 《王阳明全集》（新编本），第1227页。

人之道恐非吾分所及,且随时去学科举之业。既后心不自已,略要起思,旧病又发。于是又放情去学二氏,觉得二氏之学比之吾儒反觉径捷,遂欣然去究竟其说。"①

而在《年谱》中又载王阳明十七岁上半年归越,此年七月赴江西南昌"亲迎":

> 弘治元年戊申,先生十七岁,在越。七月,亲迎夫人诸氏于洪都。②

王阳明在成化末年(1487)即从十五六岁时,对圣人之道即先儒的"格致之说"还是茫茫然一无所入,"格竹"失败便是明证。"格竹"失败倒在其次,不期落下了病根儿,"略要起思,旧病复发",并影响了其一生。或为调理身体,王阳明又接触了"佛老二氏"之学,且居然比举子业还要学得轻松。因此,在十五六岁的时间段里,王阳明出入于求圣人之道、学举子业、究竟二氏之间,其塾师为谁,依旧没有出现在所有的记载里。

梳理王阳明少年时代的就学之路,主体在京师,似无名师指点。而在十三四岁回乡之时,王阳明曾有过两位塾师,其中一位就是绍兴山阴人古迂陈壮,另一位为许璋。

陈壮生平事迹考略

陈壮(一作庄)(1437—1504),字直夫,号古迂,绍兴府山阴人。天顺八年(1464)登进士第,历官南京御史、江西佥事、河南副使等,致仕后归故里。万历《绍兴府志》《天府广记》《明史》等史志均有传,陈壮同里晚辈周祚、阳明弟子黄绾也为陈壮作过传。周祚撰的《河南按察司副使陈公壮传》对陈壮的生平所述最为详尽,兹录于后:

---

① 《王阳明全集》(新编本),第 1606 页。
② 《王阳明全集》(新编本),第 1227 页。

陈大夫讳壮，字直夫，越之山阴人，世居禹会乡行义里。祖珪，号毅庵，被诖误死。父简，号居兰，代戍交趾，后移京师，陈大夫即京师所生。予幼时，获尝会陈大夫长躯秀月，不知大夫之贤者也。稍长，乃悉大夫之贤，大夫已不在世矣。大夫生时，骨相奇秀，居兰公爱之，每抱与人曰："此子宜当还吾乡也。"大夫读书日有名，年二十中景泰丙子顺天乡试，二十七中进士，三十授南道御史。大夫素有直气，不能阿世，求合读书，亦务实践，有用于己。思御史，天子谏官，天下事多有不足大夫者，御史当触邪自分，死可为也。不然，当推之人走吏部，谢不允。时方石谢公铎、西涯李公东阳与大夫为莫逆，交相促之行，大夫无逊，是大夫能也。大夫至南道，未久，翰林枫山章公懋、定山庄公昶、未轩黄公仲昭俱谏鳌山谪官，大夫慨然疏章力救，得改谪为御史。数年，辄上章，不绝其大要。从根本之说，直欲置国家于无穷之休，而人有不能尽知大夫者。一峰罗公伦居官南都，知大夫，遂极契厚。及持居兰公丧，大夫与一峰计处丧事，往复周悉。大夫辄身行之，一峰尝叹："大夫之勇，真可爱也。"扶柩归山阴，营葬事毕，即结庐墓山，不复与世交涉。居三年，人有不知陈大夫者。成化辛卯夏，服阕，徼居钱塘，配张氏，卒，继娶徐氏。徐出大司马贞襄公孙女，贞襄公子镒特立与俗寡，偕见大夫，每加敬焉，且曰："浙士居丧如古礼者，吾见二人，少保于公及今陈大夫御史耳。"至京，复以母徐老，乞南道便养。上书论中官汪直，尚书姚夔留守，未仪言，皆剀切激厉，有益治道。乙未，太孺人徐卒，居丧一如居兰公时……弘治丙辰，南京吏部尚书张公悦荐大夫，起为福建按察佥事，辛酉擢河南按察副使。非大夫素意，虽随职必有发明，而刚直之气不衰，且复有仇大夫者矣。刑部尚书林公俊为都御史，时特举公自代，然要天下四海之广，而知大夫者寡矣。癸亥，遂乞身还，时年六十六岁，至甲子仲冬卒于家。

赞曰：陈大夫进则为忠臣，退则为孝子，其读书不为无用矣！今人类读书取官，乃不能皆大夫，岂其皆云读书而实未尝有所得邪？观大夫平日诸友如枫山、如定山、如一峰，大夫亦自不能不贤矣。大夫既能读书，又能取友，其贤固不可及也。世之欲贤者，舍二者其何以哉！①

万历《绍兴府志》《明史》等陈壮的史传中均不记其生卒年，上述传中也同样没有记载，但可以加以推算：从"年二十中景泰丙子顺天乡试，二十七中进士"句知，陈壮二十岁中乡试，二十七岁中进士，乡试年为景泰七年（1456）丙子科，七年后的天顺癸未科中进士。然而，细考该科即天顺七年（1463）癸未科并无春闱，会试和殿试亦不在同一年进行，这在明清的科举时代是比较少见的。据天一阁藏《明代科举录选刊·会试录》记载："天顺癸未科春二月，礼部会试天下贡士。遇风火之变，弗克成。皇上既惩有司不恪，乃命移试于秋八月。而以明年甲申三月，赐廷对焉。"② 而在《天顺七年会试录》载有中式举人250名，其中："第六名陈壮，留守左卫籍，监生。《诗经》。"③ 一般来说，会试考中者为贡士，再经殿试赐出身，乃为进士，但习惯上也说会试考中后即称进士，因为殿试只不过是由皇帝钦点在会试中举人之间进行重新排名而已。

天顺八年（1464）这一年是明代很有名的甲申科，李东阳就是天顺甲申科的二甲第一名，而陈壮同为该科的二甲进士。据《明代科举录选刊·天顺八年进士登科录》记载："陈壮为二甲第七十一名。赐进士出身。"④ 陈壮其人的科第情况，万历《绍兴府志》亦载为：景泰七年在顺天中式⑤；天顺八年举进士⑥。天顺甲申科在绍兴府尚有多人中式：会稽的周鉴，山阴的汪镃（汪应轸之祖）、薛纲、袁晟，新昌的丁川、徐志文，余姚的胡恭、翁遂、翁信。由此可推，陈壮生于明正统二年（1437）丁巳，景泰七年（1456）丙子二十岁中举，天顺八年（1464）甲申二十七岁成进士，所记年龄相差七年、时间间隔八年，其中必有一个记录错误。据传中"癸亥，遂乞身还，时年六十六岁，至甲子仲冬卒于家"语。

---

① （明）焦竑编撰：《国朝献征录》卷92，广陵书社2013年影印本，第4007—4008页。
② 龚延明主编：《天一阁藏明代科举录选刊·会试录（点校本）》上册，宁波出版社2016年版，第316页。
③ 《天一阁藏明代科举录选刊·会试录（点校本）》上册，第317页。
④ 《天一阁藏明代科举录选刊·登科录（点校本）》上册，第288页。
⑤ （明）萧良幹、孙鑛、张元忭修纂：《万历〈绍兴府志〉点校本》，宁波出版社2012年版，第610页。
⑥ 《万历〈绍兴府志〉点校本》，第651页。

癸亥为弘治十六年（1503），这一年陈壮六十六岁，与其出生正统丁巳时间相符。则推算乡试的景泰八年应为十九岁，则天顺八年二十七岁无误。癸亥后一年为甲子年，即弘治十七年（1504），陈壮于这一年冬天在家去世，终年六十七岁。李东阳（1447—1516）撰《河南按察司副使致仕陈君直夫墓志铭》明确记载了陈壮的生卒年：

> 直夫讳壮，自号古迂，浙之山阴人。生正统丁巳，其举进士以天顺甲申，卒以弘治甲子十一月十三日，乙丑某月某日葬黄龙兴山之原。予与直夫同京产，又同甲第，雅相知厚。予久叨仕籍，直夫每致书札，无一褒誉语至，相称谓虽老必以字，未尝效时俗，举爵号，故予铭直夫亦以字。庶其有知，尚能谅予，且以为其子，终治命云。铭曰：抗世孤立，不西以东；执德之恒，以与始终。众哄而嚣，我若弗聪；行我者天，藏我在躬。纵不大施，弗丧厥衷。吁嗟，直夫其古人之风乎！①

在周祚撰的传中可获悉陈壮生平，父亲陈简戍交趾，后移京师。陈壮出生于京师，乡试在直隶顺天，是以军籍的身份，没有入籍顺天，籍贯还是浙江山阴，最后也是落叶归根。其父母死后也是归葬山阴，陈壮均在山阴庐墓三年，谨守古礼。陈壮字直夫，人如其字，刚直不阿，时人称其"素有直气，不能阿世"。李东阳誉其"抗世孤立，不西以东；执德之恒，以与始终"。有古人之风。万历《绍兴府志》载其"寻擢河南副使，甫莅官，又恳疏乞休。既得请，又杜门读书，绝请托事，有不平者，辄为直于所司，或归德焉，辞不居……壮直道事人，志未竟而退，退而为乡之典刑者二十年"。②《明史·列传第四十九》记陈壮事迹："编修章懋等建言得罪，抗疏救之。帝遣中官采花木，复疏谏。尚书陈翌请以马豆代百官俸，壮言饲马之物，不可养士大夫。事乃寝。壮家素婆，常禄外一无所取。父母殁，庐墓侧，居丧一循古礼。"③周祚称其"大夫踪迹

---

① （明）李东阳撰：《怀麓堂集》卷87，上海古籍出版社1991年版，第1830页。
② 《万历〈绍兴府志〉点校本》，第799—800页。
③ （清）张廷玉等撰：《明史》，中华书局1974年版，第4392页。

寡出，非公事未尝入城府，然风采凛然，乡人仰之，善者足藉，不善者足畏。有司亦尝惧大夫知，不敢辄移曲直。良民善众，玩心高明，见道益切，礽先训后，皆足作世典则"。① 陈壮的这一"直气"，成了他为人立世的鲜明标志。陈壮好友以及姻亲庄昶撰的《送陈直夫先生序》对陈壮的记述更为生动：

> 余在京师时，见天下之贤者多矣，得与十人者交焉。如陈白沙之大、罗一峰之廓、陈直夫之直、李宾之之敏、娄克让之公、潘应昌之伟、章德懋之浩、沈仲律之温、黄仲昭之畅、林缉熙之雅，皆予所不敢望而及者。予皆取以为友，是十人者不以余为不肖，亦皆有愿纳交之想。而直夫与余又有婚媾之雅，视他人尤厚善，未尝不责过，未尝不规。凡所以教诲余者无一不尽，而余亦不敢负直夫也……今年直夫起复御史，余喜得侍时，或听其议论以助不及。未几，直夫又与应昌出而佥宪大藩矣。余之喜者又不能不为之惧也。余终于何所归哉！直夫将行，过江与余言别，余留之三宿不能舍去，直夫亦以远别，于是极论古今上下人物题品略尽，凡所以规余者亦无不至，直夫视前日盖加直矣。直夫因自谓去其官，居于乡者十年，乡之人皆以直夫之直为好奇。虽直夫亦不能与之以自辨者，于乎！直夫果好奇哉！世俗之人软美圆熟，上下雷同不以为怪，偶见吾直夫之直，抗不容物，譬之夏雪冬雷，见者必骇，不谓直夫之好奇，吾不信也……宾之赠直夫之诗曰：病来缄口坐，今日为谁开？事忌于名近，身宁与世猜？凤鸾终瑞物，鹰隼亦雄才。毕竟将安作，烦君次第裁。②

陈壮的交游圈大都为有官声、有名望之人，诸如李东阳、谢铎、章懋、庄昶、刘大夏、罗伦等。弘治十六年（1503）癸亥，由谢铎发起，仿唐九老之在香山、宋五老之在睢阳的故实，在闵珪宅第有过一次有名

---

① 《国朝献征录》卷92，第4007—4008页。
② （明）庄昶撰：《送陈直夫先生序》，余姚黄宗羲编《明文海》卷289，文渊阁《四库全书》《定山集》第六卷。

的甲申十同年集会。此集会有图传世，现藏北京故宫博物院。十同年为：户部尚书谨身殿大学士李东阳、都察院左都御史戴珊、兵部尚书刘大夏、刑部尚书闵珪、工部尚书曾鉴、南京户部尚书王轼、吏部左侍郎焦芳、户部右侍郎陈清、礼部右侍郎谢铎、工部右侍郎张达。十人均题诗纪念，李东阳作长序记其事。后王世贞在《甲申十同年图》题跋中称：明朝人才之盛，莫过于孝宗朝，而孝宗朝大臣中又以甲申科进士最为人称道。图中的十位官员，除焦芳因在武宗正德初年依附宦官刘瑾而被列入阉党之外，其余九人均有清正美名。甲申即天顺八年甲申科，正是这一年，也是甲申同年的陈壮在河南按察副使任上致仕回到了山阴老家。在这十人中大都与陈壮友善或定交。

王阳明拜师陈壮及与其的交往

陈壮家在绍兴府山阴县禹会乡行义里。禹会乡设于宋时，今在柯桥区钱清街道东部、华舍街道西边。当时禹会乡下辖仅一里名广陵里。民国21年（1932），设广陵乡，应为原禹会乡所在，新设禹会西乡、禹会东乡，但所辖村如张溇、迎驾桥已在今华舍街道的东边，三乡下辖均无广陵里、行义里村名。民国23年（1934）乡镇区划调整，撤了广陵乡，保留了禹会乡，又从柯桥镇析出行义乡。此后又有多次调整，但禹会乡始终存在。新中国成立后，初期尚有禹会乡，1950年调整时禹会乡又被撤销，但恢复了钱清区行义乡，1961年调整时，行义乡撤销，并入南钱清公社，行义村为其下辖村，一直存在到2003年村级行政区划调整，行义村并入江墅村，村名消亡。但至今仍有广陵桥、行义桥等相关遗迹留存。

记述陈壮与王阳明两人关系和交往事迹的文献，唯有王阳明亲自撰写的《陈直夫南宫像赞》，此文系王阳明受陈壮子陈子钦所请而作。其文曰：

> 夫子称史鱼曰："直哉！邦有道如矢，邦无道如矢。"谓祝鮀、宋朝曰："非斯人，难免乎今之世矣。"予尝三复而悲之。直道之难行，而诡谀之易合也，岂一日哉！鱼之直，信乎后世，其在当时，不若朝与鮀之易容也，悲夫！

> 吾越直夫陈先生，严毅端洁，其正言直气，放荡佞谀之士，嫉视若仇。彼宁无知之，卒于己非便也。故先生举进士不久，辄致仕而归；屡荐复起，又不久辄退，以是也哉！然天下之言直者，必先生与焉。始予拜先生于钱清江上，欢然甚得。先生奚取于予？殆空谷之足音也。世日趋于下，先生而在，虽执鞭之事，吾亦为之。今既没矣，其子子钦以先生南宫图像请识一言。先生常尘视轩冕，岂一第之为荣！闻之子钦，盖初第时以相遗者，受而存之。先生没，子钦始装潢，将藏诸庙，则又为子者宜尔也。诗曰：
>
> 有服襜襜，有冠翼翼；在彼周行，其容孔式。秉笏端弁，中温且栗。既醉以酒，既饱以德。彼何人斯？邦之司直。邦之司直，宜公宜孤。既来既徂，为冠为模。孰久其道，众听且孚。如江如河，其趋弥污。邦之司直，今也则亡！①

王阳明在行文的开头就用《论语》中孔子论及的人物如史鱼、祝鮀、宋朝来感叹世风日下，直道难行，而陈壮就像史鱼一样直道事人，没有祝鮀那样的口才，也没有宋朝那样的美貌，在当下社会上处世立足就比较艰难了。其中文内有"始予拜先生于钱清江上"一语，道出了王阳明与陈壮有着不为人知的拜师和交往经历。

王阳明自述在钱清江上拜师陈壮，也就是在绍兴山阴的钱清江上，地点明确，于何时拜师则没有记录。从陈壮在山阴庐墓及居住的时间分析，他在绍兴山阴生活的时间除了丁忧期累计约六年外，还有两段致仕回山阴的时间：前段长达十余年，于弘治中起复；后段为任河南副使，在"巡抚孙君需奏留之，又二年"之后至去世。万历《绍兴府志》载"退而为乡之典刑者二十年"，为陈壮在山阴丁忧和致仕生活的全部时间。两次丁忧成化五年（1469）父居兰公卒，归乡丁忧，成化十一年（1475）母太孺人徐氏卒，归乡丁忧，前一次归乡时王阳明尚未出生，后一次王阳明也年幼，都不可能去禹会乡行义里的钱清江边拜师。成化十九年（1483）陈壮于江西佥事任上致仕，至弘治九年（1496）起复福建按察佥事止，居乡长达十三年之久。其间王阳明因成化二十年（1484）母亲卒，

---

① 《王阳明全集》（新编本），第994—995页。

回绍兴守孝，是年王阳明十三岁，且年谱里又缺载成化二十一年（1485）王阳明十四岁时的事迹，分析应在绍兴。之后十五岁回京师，十七岁去江西完婚，次年即弘治二年（1489）年底偕妻子归绍兴余姚省亲，弘治三年（1490）正月便是祖父王伦病逝，王华亦丁外艰归余姚，此后至弘治五年（1492）举乡试前，一直在越。因此，对比这两个时间段，第一个时间段王阳明十三四岁时拜师陈壮的可能性更大一些。因为第二个时间段，王华归越丁忧期间，"命从弟冕、阶、宫及妹婿牧相，与先生讲析经义。先生日则随众课业，夜则搜取诸经子史读之，多至夜分。四子见其文字日进，尝愧不及，后知之曰：'彼已游心举业外矣，吾何及也！'先生接人故和易善谑，一日悔之，遂端坐省言。四子未信，先生正色曰：'吾昔放逸，今知过矣。'自后四子亦渐敛容。"① 此时，王阳明主要和几个叔叔、姑父一起从王华学举子业。

王阳明在像赞中十分明确记录最初拜谒陈壮是在"钱清江上"。钱清江是地处绍兴府山阴、萧山两县的重要界河。据南宋嘉泰《会稽志》卷十记载："浦阳江，在（萧山）县东，源出婺州浦江，北流一百二十里入诸暨县，溪又东北流，由峡山直入临浦湾，以至海，俗名小江，一名钱清江。"②《明史·地理志五》卷四十四亦载："绍兴府山阴倚……三江者，一曰浙江；一曰钱清江，即浦阳江下流，其上源自浦江县流入，至县西钱清镇，曰钱清江；一曰曹娥江，即剡溪下流，其上源自嵊县流入，东折而北，经府东曹娥庙，为曹娥江，又西折而北，会钱清江、浙江而入海。"③ 明宣德年间，浦阳江被疏归故道入富春江，西小江遂自成系统。明嘉靖年间，浦阳江进行了人工改道，将原先阻隔运河的钱清南北堰拆除，与浙东运河相通。故万历《绍兴府志》载："钱清江，在府城西五十里，浦阳江下流，汉刘宠投钱处也。今通为运河，江废。"④《越中杂识》亦载："钱清江，在山阴县西五十里，汉刘宠投钱处也。为山阴、萧山分

---

① 《王阳明全集》（新编本），第1228页。
② （南宋）施宿等撰：嘉泰《会稽志》、宝庆《会稽续志》点校本，安徽文艺出版社2012年版，第183页。
③ 《明史》，第1107页。
④ 《万历〈绍兴府志〉点校本》，第156页。

界处。"① 钱清江源于蟼斯岭,经晏公桥进入江桥上板,经杨汛桥,在钱清穿越浙东运河,折东北经南钱清、新甸、管墅、华舍、嘉会、下方桥、狭獴湖,于荷湖与直落会合,经三江闸,注入曹娥江,直通杭州湾。但在陈壮生活的明成化、弘治年间,钱清江还未与运河连通。王阳明在"钱清江上"拜见陈壮,确切在江的什么位置? 黄绾撰的《古迂先生传》有记载:

> 生事萧然,闭户读书,不入公府。祠墓之外,不问他事。构亭清江之上,曰"鸥沙",日坐其中,若将终身。②

这个"鸥沙亭"便是陈壮的读书处。陈壮构筑"鸥沙亭"的时间应该是在江西佥事任上致仕归来后,而在之前的父母丁忧期间,他"庐于墓侧""守礼庐墓,一如曩昔",是不可能在钱清江上构筑"鸥沙亭"的。周祚撰的《河南按察司副使陈公壮传》亦载有陈壮在"鸥沙亭读书其中"的事迹:

> 复起为御史,迁江西按察佥事。大夫念父母卒,后虽官不为荣,遂乞病归,居乡即如乡人,不复知为御史。时布袍、蔬食于清江之浦,作鸥沙亭读书其中,为老焉之计。大夫踪迹寡出,非公事未尝入城府,然风采凛然,乡人仰之,善者足藉,不善者足畏。有司亦尝惧大夫知,不敢辄移曲直。良民善众,玩心高明,见道益切,祀先训后,皆足作世典则。③

周祚之父周廷泽系绍兴山阴钱清人,富而好施,万历《绍兴府志》将其列入"乡贤孝义传"。周祚家居钱清镇,与陈壮同里,是陈壮的晚辈,正德十六年(1521)登进士第,官至给事中。"祚尤长于文学,有

---

① (清)徐承烈撰:《越中杂识·水利》上卷,浙江人民出版社1983年版,第5页。
② (明)黄绾撰,张宏敏编校:《黄绾集》,浙江古籍出版社2014年版,第430页。
③ 《国朝献征录》卷九十二,第4007页。

《周氏集》，为词家所称，卒祀学宫云。"① 明末清初孙承泽撰的《天府广记·人物二》卷三十四亦有记载：

> 迁江西按察使佥事。壮念父母卒，无意仕宦，遂乞归，居乡布袍、蔬食，作鸥沙亭读书其中，为老焉之计。②

综上所述，王阳明少年时拜师陈壮于钱清江上，应当就在钱清江边陈壮的读书处——鸥沙亭。因为师生关系的存在，陈壮生前与王阳明两人见面的次数也不会少。

弘治十七年（1504）秋，王阳明在山东主考乡试，九月改兵部武选清吏司主事时，是年冬十一月十三日，陈壮离世。王阳明所作《陈直夫南宫像赞》文，"南宫"即是北京礼部会试的地方，"南宫像"即是陈壮初第进士时在南宫留存的画像。陈壮之子子钦特地来京，是在北京会考的南宫档案中或在京城的老家中找到了陈壮的画像，在京师请与其父有师生之谊的王阳明在其南宫像上作赞诗，用以藏家庙供奉。束景南先生在《王阳明年谱长编》仅简单地说成是弘治十六年（1503）王阳明"经山阴钱清，访古迁陈庄"及"陈庄致仕乃归居山阴，故阳明可顺道拜访"③ 时所作，这一表述并不确切。王阳明此文当作于弘治十八年（1505）陈壮先生安葬之后。

作者为绍兴职业技术学院阳明学院院长。

---

① 《万历〈绍兴府志〉点校本》，第864页。
② （明末清初）孙承泽撰：《天府广记·人物二》卷三十四，北京古籍出版社1983年版。
③ 束景南：《王阳明年谱长编》，上海古籍出版社2017年版，第208—209页。

越文化对鲁迅文学创作范式特征的生成性影响

卓光平

【摘要】 故乡越地的思想传统、文化艺术是鲁迅精神世界和艺术世界的重要维度和内化资源。越地文化背景以及越地的生活经历不仅深刻影响了鲁迅的精神气质和思维方式，而且还深深影响到鲁迅文学创作范式特征的生成。具体而言，越地远古时期的古越文化精神、东汉以来的崇实疾妄的思维方式、晚明以来的启蒙思潮、明清绍兴师爷的幕府文化与鲁迅文学创作的刚性美学风范、"为人生"的创作思想、执着于现实的精神向度以及深刻犀利的艺术风格的形成有着深刻的内在关联，是越地文化和精神在其创作中的沉淀和结晶。

【关键词】 鲁迅　越文化　创作范式

鲁迅以其非凡的文学创造力创作了大量的小说、散文、散文诗以及杂文，这些作品不仅显示了新文学在当时的创作实绩，而且还作为新文学的重要创作范式给中国现代文学的发展带来重要影响。而作为中国"新文学之父"，鲁迅的诞生固然是在中西文化的碰撞、交流和融合中造就和生成的，但是长期浸润其间的故乡越文化才是鲁迅精神世界和艺术世界的重要维度和内化资源，尤其是从小就耳濡目染的越地民俗、越地文艺、越地典籍、越地学术传统以及越地民间文化，使鲁迅具有了深远的越文化背景和深厚的越文化积淀。有学者就指出："在中国现代文学作家群中，像鲁迅这样与其所属的区域文化联系如此深刻紧密，怕再无出其右者。"①

事实上,越文化在越地可谓源远流长,越地自远古时期就形成了以大禹、勾践为原型的古越文化精神、东汉的王充则开启了延续至浙东学派崇实疾妄的思维方式、明朝的阳明心学又开启了越地晚明至近代的启蒙思潮,明清之际的越地则形成了昌盛的师爷文化。鲁迅的越地背景以及越地生活经历使得绵延不绝的越文化在其身上留下了深深的印痕,不仅深刻影响了其精神气质和思维方式,而且还深深影响了其文学创作范式特征的生成。具体而言,鲁迅文学创作所特有的刚性美学风范、"为人生"的创作思想、执着于现实的精神向度以及深刻犀利的艺术风格等范式特征不仅与越文化有着深刻的内在关联,而且是越地文化在创作中的沉淀和结晶。

一 古越文化精神与鲁迅创作的刚性风骨

从地理上来说,地处东南一隅的古越民族远离中原地带,一直处在周公礼乐文化的教化之外,因而古越民族原初率真任性的生活习性便得以长期保存。虽然随着中华"各民族之间文化的交流与融合,原生态的越文化也随着岁月的流逝而发生着变异,但是孕育了独特的古越先民文化的原型与基因却像遗传密码一样顽强地伸展在这一由独特的地理山川环境和深厚的人文积淀所构成的文化场中,影响着后来的每一个人"。② 作为古越精神的原型和代表,首推古越时期的大禹和勾践。大禹勤苦治水三过家门而不入,勾践卧薪尝胆终于报仇雪耻,他们代表了越人坚韧顽强的抗争精神。鲁迅所说的"于越故称无敌于天下,海岳精液,善生俊异,后先络绎,展其殊才"③,便是对古越文化精神特质的概括。

考察大禹、勾践等为代表的古越文化精神的形成,显然应该追溯到越族形成的史前时期。越地多山少地,生存环境恶劣,越地先民一直处

---

① 陈越:《论鲁迅的越文化背景》,《鲁迅研究月刊》2000 年第 6 期。
② 王晓初:《鲁迅:从越文化视野透视》,北京大学出版社 2012 年版,第 17 页。
③ 鲁迅:《集外集拾遗补编·〈越铎〉出世辞》,载《鲁迅全集》第 8 卷,人民文学出版社 2005 年版,第 41 页。

在与自然界和其他部族的搏斗中,而激烈的生存竞争也造就了越人不畏艰难、敢于拼搏、百折不挠、坚韧不屈的硬劲与韧劲。故而有所谓"浙东多山,民性有山岳气"①和"锐兵任死,越之常性也"②之说。越文化精神原型大禹、勾践等所代表的古越文化精神,经一代代越地先贤的承传,形成了越人自古以来"硬气"人格的精神传统。而越文化发展史上像大禹、勾践这样具有硬劲与韧劲的人物可谓层出不穷,魏晋刚肠嫉恶、反抗礼教的嵇康,明季愤世嫉俗、豪放不羁的徐渭,明末怒斥奸相马士英,拒其退避绍兴的王思任以及在绍兴被清兵陷落后绝食而亡、壮烈殉国的刘宗周,日记中"上自朝章,中至学问,下讫相骂"③无所不至的有棱有角的李慈铭以及清末"辛亥三杰"徐锡麟、秋瑾和陶成章等无不是刚直不阿之士,都无不具有越人的"硬气"人格和抗争精神。作为一位生于越地长于越地的绍兴人,鲁迅自然深受越地先贤的影响。他曾称赞越民"复存大禹卓苦勤劳之风,同勾践坚确慷慨之志"④。大禹带领人们在极端险恶的自然环境中顽强拼搏,显示了越地先人们的坚忍不拔、艰苦卓绝的斗争精神,使鲁迅深为敬佩。他曾多次登临禹陵,并带领他在绍兴任教时的学生在禹陵进行考察参观,用大禹精神来熏陶和教育他们。而对于勾践,鲁迅曾多次引用王思任"夫越乃报仇雪耻之国,非藏垢纳污之地"这句名言,并自称"身为越人,未忘斯义"⑤。由于受古越文化精神潜移默化的影响,鲁迅不仅形成了"硬气"的精神人格,而且更催生了他文学创作中刚性美学风范的生成。

　　正因为具有越人这种"硬气"的精神与人格,鲁迅留日期间很快便对摩罗诗人的反抗精神产生了深深的共鸣。在弃医从文后,身为越人的鲁迅极力推崇摩罗诗人的抗争精神,对"不撄人心"的诗歌传统进行了批判。五四时期,作为新文化运动的先驱者,鲁迅更以小说和杂感为武器来猛烈抨击封建礼教和社会现实。而五四新文化运动的低潮期,他也

---

　　① 徐梵澄:《星花旧影——对鲁迅先生的一些回忆》,载《鲁迅研究资料》第11辑,天津人民出版社1983年版,第156页。
　　② 袁康:《越绝书·第八卷》,贵州人民出版社1996年版,第163页。
　　③ 鲁迅:《华盖集续编·马上日记》,载《鲁迅全集》第3卷,第326页。
　　④ 鲁迅:《集外集拾遗补编·〈越铎〉出世辞》,载《鲁迅全集》第8卷,第41页。
　　⑤ 鲁迅:《书信·360210致黄苹荪》,载《鲁迅全集》第14卷,第24页。

仍然像一个布不成阵的战士坚持着精神上的抗争。即使在其历史题材小说《故事新编》中，他依然表现了对源于越文化的批判、抗争精神的张扬，如《铸剑》《理水》和《非攻》等作品无不显露出浓烈的复仇和抗争精神。在被认为蕴含了鲁迅生命哲学的散文诗《野草》中，鲁迅虽然袒露了大量内心深处的苦闷，但在《复仇》《立论》等篇章中依然聚焦了"复仇"、批判国民性等主题，而这更多的是源自其越文化的性格和精神。如《秋夜》所写："在我的后园，可以看见墙外有两株树，一株是枣树，还有一株也是枣树。"① 这看似重复烦琐而实际简练遒劲的话语中，凸显了寂寥秋夜中两株枣树突兀而苍劲的存在，表达出一种执拗地抗争黑暗与虚无的沉毅感。甚至在"任心闲谈"的散文集《朝花夕拾》中，那冤屈而又洒脱的"无常"，那似乎有"伟大的神力"的"阿长"以及那沉郁而又求索的"范爱农"，都表露出一种执拗坚韧而又充满生气的精神力量。

至于本身就被誉为"匕首""投枪"的鲁迅杂文，更表现出了一种刚性的美学风范。鲁迅杂文的基本精神是"为现代抗争"，从其接受的影响而言，也显然是受到过越地"抗争派"杂文的影响。鲁迅指出，杂文作者的任务就是"在对于有害的事物，立刻给以反响或抗争"②，而杂文"必须是匕首，是投枪，能和读者一同杀出一条生存的血路的东西。"③ 他把杂文分为"社会批评"与"文明批评"两类，其所强调的正是杂文的批判功用。鲁迅所有的杂文集，几乎可以看成一部思想文化斗争的编年史：《热风》《坟》是他五四前后对封建旧礼教、旧传统的批判，以及对中国历史、国民性的解剖批判；《华盖集》《华盖集续集》《而已集》等则是"五卅"运动与"三一八"惨案中对残杀中国人民和青年学生的帝国主义、封建军阀的揭露和与现代评论派的论战，以及表达了大革命失败后对于国民党杀戮青年学生的暴行的抗击；《三闲集》《二心集》主要是与创造社、太阳社关于"革命文学"的论争，以及对民族主义文学的批判以及与新月派的论战；《南腔北调集》《伪自由书》则是与"第三种

---

① 鲁迅：《野草·秋夜》，载《鲁迅全集》第 2 卷，第 166 页。
② 鲁迅：《且介亭杂文·序言》，载《鲁迅全集》第 6 卷，第 3 页。
③ 鲁迅：《南腔北调集·小品文的危机》，载《鲁迅全集》第 4 卷，第 592—593 页。

人"、论语派的论争;《花边文学》《伪自由书》《准风月谈》等是对20世纪30年代中国半殖民地社会现状的透视与批判;《且介亭杂文》《且介亭杂文二集》以及《且介亭杂文末编》等是对明清思想、文化、学术以及儒道各家的重新审视与清理,以及对国民党政府法西斯专政的抗议,对中国共产党内"左"倾路线包括文化路线的批评。总之,鲁迅的杂文显示了其强健刚劲的批判和抗争精神。

鲁迅骨子里继承了越地先贤坚韧的精神品质,身上流淌着越文化"硬气"的精神血液,以至他崇尚抗争、复仇的思想个性至死也没有丝毫改变。在去世前不久,鲁迅相继写下了《死》《女吊》两篇杂文,前者表明了自己死前决不妥协的抗争态度:"让他们怨恨去,我也一个都不宽恕"①,后者则极力赞扬了越地"女吊"这个"带复仇性的,比别的一切鬼魂更美,更强的鬼魂"②。可以说,古越文化中"锐兵任死"的"越之常性"已积淀在鲁迅的精神人格中,以至于他不断发出"身为越人,未忘斯义"的感兴。而作为创作者,崇尚抗争、复仇的古越文化精神是深深渗透到鲁迅的创作中的,并内化为鲁迅作品刚性的风骨和底蕴。

二 越地崇实思维与鲁迅创作的写实向度

越地崇实疾妄思维的形成有着深远的历史根源。越人在会稽山区居住生活了3000多年,在与严酷自然环境斗争的过程中,养成了他们不畏艰险、坚忍不拔的精神意志,并同时铸就了他们崇实疾妄的思维特征。越地崇实思维对越地文人士子产生了深远的影响,而崇尚实事求是的精神就作为一种文化基因一直流淌在越人的血液之中。越地东汉思想家王充的专著《论衡》,以"实事疾妄"严厉批驳了当时盛行的"天人感应"等虚妄学说,提出了"事有证验,以效实然",显示了其实事求是的思维特征。南宋时期,浙东思想家也都显示出崇实的思想倾向,永康学派代表人物的陈亮和永嘉学派代表人物的叶适都崇尚事功,金华学派代表人物吕祖谦也明确提出讲实理、育实才而求实用的主张。明清之际浙东学者贵史学而求切于人事,更以深刻见长。章学诚指出,"浙东之学,言性

---

① 鲁迅:《且介亭杂文末编·死》,载《鲁迅全集》第6卷,第635页。
② 鲁迅:《且介亭杂文末编·女吊》,载《鲁迅全集》第6卷,第637页。

命者必究于史","史学所以经世,固非空言著述也","正以切合人事耳"。① 浙东学术迥异于"舍人事而言性天"的程朱理学,显示出了越地知识阶层与现实人生的深刻联系。深受越文化濡染的鲁迅自然也受到这一思维定式的深刻影响,所以他对于抽象的思想体系并不感兴趣,而是借用文学的方式贴近社会现实和现实人生。许寿裳就曾指出,鲁迅的思想方法"不是从抽象的理论出发,而是从具体的事实出发,在现实生活中得其结论"②。

越地崇实疾妄的思维方式和重人事而少虚妄的崇实传统在鲁迅身上得到继承和发展。而这也就不难理解,鲁迅为什么一直怀有"作一部中国的'人史'"③的强烈愿望。越地崇实风尚与"经世致用"的人文主义思潮,是鲁迅现实主义文学思想形成的重要源头之一,并由此产生其"为人生"、批判国民性的文学创作观。其在创作中的表现就是,鲁迅总是执着于现实人生,一方面刻画出了旧中国沉默的国民的灵魂,另一方面也对知识分子现实人生的出路进行了不懈的探寻。他的《呐喊》《彷徨》不仅展现了批判"国民性"和"为人生"的思想启蒙,而且以其深沉冷峻的笔调描绘出社会人生的种种生命状态,以剖示人物灵魂的深度来批判现实。鲁迅的文学创作植根于现实人生,透露出强烈的现实针对性,因而带有很浓的"人间烟火"气息。也正是由于在越地深刻的生活体验和丰富的乡土阅历,鲁迅在其小说中建构的鲁镇、未庄以及S城的文学世界,就是以绍兴为原型,以越地的水乡村镇为背景的。小说中的闰土、阿Q、祥林嫂、单四嫂子都无一不是取自越地底层农民的形象。在谈到对《阿Q正传》这篇小说的解读时,他也一再提醒人们,他写这篇小说,"实不以滑稽或哀怜为目的"④,"大约是想暴露国民的弱点"⑤。可以说,鲁迅现实题材的小说,都是经过对现实的深刻洞察,"画出这样沉默的国民的灵魂"。他说:"我也只得依了自己的觉察,孤寂地姑且将这

---

① 章学诚:《浙东学术》,《文史通义校注》,中华书局1985年版,第523—524页。
② 许寿裳:《鲁迅的人格和思想》,《挚友的怀念》,河北教育出版社2000年版,第137页。
③ 鲁迅:《准风月谈·晨凉漫记》,载《鲁迅全集》第5卷,第248页。
④ 鲁迅:《19301013 致王乔南》,载《鲁迅全集》第12卷,第245页。
⑤ 鲁迅:《伪自由书·再谈保留》,载《鲁迅全集》第5卷,第155页。

些写出,作为在我的眼里所经过的中国的人生。"① 鲁迅小说的取材"多采自病态社会的不幸的人们,意思是在揭出病苦,引起疗救的注意"。② 所谓的"病态社会的不幸的人们"也就是其早年在故乡越地所接触到的人和事,如《狂人日记》中的狂人原型就是鲁迅的表弟阮久荪,《白光》则是以叔祖周子京为原型,《故乡》里闰土的原型就是鲁迅儿时的玩伴章闰水,《药》也是取材于徐锡麟、秋瑾被杀的事件,《阿Q正传》中的阿Q也是取自越地现实中的原型人物。

正是崇实疾妄和切合人事的思维惯性,使鲁迅在其创作中表现出一种执着于现实人生的精神向度。鲁迅重视通过文学来改变国民麻木愚昧的精神状态,他的文学创作既源于现实生活体验,又是对现实生活的提炼。即便在历史题材小说《故事新编》的创作中,鲁迅也不忘在小说中对现实中的种种怪诞进行调侃和针砭,他总是情不自禁地将现实中的人和事杂糅进古代神、英雄和圣贤的世界之中,而这也就是《故事新编》中"油滑"出现的根本原因。同样地,鲁迅杂文涉及的现实问题也十分广泛,几乎涵盖了现代人生活的方方面面,如其所说:"'中国的大众的灵魂',现在是反映在我的杂文里了。"③ 鲁迅不仅自己从始至终都执着于现实描摹和批判,他还影响和带动了许多年青作家。在《致傅斯年信》中,鲁迅就曾号召《新潮》的年轻作者们"无论如何总要对中国的老病刺他几针"④。可以说,从东汉王充的"疾虚妄"破除"天人感应"的迷信,到浙东学派的提倡实事求是,坚持批判的意识,到黄宗羲的"经世致用",到章学诚的"六经皆史",再到鲁迅执着于现实的文学创作,用文学来刻画沉默的国民灵魂,都可谓对越文化崇实疾妄传统的一脉相承。

三 越地启蒙思潮与鲁迅创作的"为人生"思想

越地明清以来启蒙文化思潮的浸染,是鲁迅在启蒙主义影响下"做

---

① 鲁迅:《集外集·俄译本〈阿Q正传〉序》,载《鲁迅全集》第5卷,第84页。
② 鲁迅:《南腔北调集·我怎么做起小说来》,载《鲁迅全集》第4卷,第512页。
③ 鲁迅:《准风月谈·后记》,载《鲁迅全集》第5卷,第423页。
④ 鲁迅:《新潮》第1卷第5号,1919年5月。

起小说来"的重要创作动因,由此形成其"为人生"的创作思想。就文化的发展演变来说,有所谓的"远传统"和"近传统"的区分。以鲁迅为例,他所说的大禹坚毅勤苦、勾践报仇雪耻的精神,就属于越文化的"远传统",而浙东学派、浙东史学以及章太炎思想等对他的影响,则是越文化的"近传统"。在中华文化内部,与儒家正统的中原礼乐文化相比,越地文化不仅具有相当程度的异质性,而且更具有先进性的文化要素。特别是由南宋叶适、陈亮、吕祖谦等开启的"浙东学派"创立了事功学体系,确立了近代理性所需的务实精神和张扬人的精神主体性的哲学理念,一方面构成了对传统儒学的剧烈冲击,另一方面也开启了中国近代思想启蒙的先河。而明清之际,王阳明的心学思想与以黄宗羲为代表的浙东史学,更是促成了事功学与心学的合流,建构了一种兼具主体精神与事功精神的哲学理论体系,抨击压抑人性的理学思想。从"浙东学派"到王阳明的心学思想,到黄宗羲的经世致用思想,到章学诚"六经皆史"的史学观念,再到近代龚自珍、章太炎等人反叛传统的思想,中国近现代启蒙思想传统的主导线索正是由这些越地思想家所组成和推动的。这些属于越地"近传统"的"浙东学派"、王阳明的心学以及浙东史学所表现出的启蒙思潮、越地强烈的个性意识对整个传统文化的内部变革起着重要的推动作用,对近现代越地士人也产生了较为直接的影响。而且,由于宋明以来越地反叛封建道统的人文主义思潮在时间上与鲁迅所生活的年代相去不远,在这样浓烈的启蒙文化氛围中,置身其中的越地近现代士人必然会深受其惠。梁启超就曾指出,产生于浙东的"残明遗献思想"已处在当时的"文化中心"地位,其影响深广并成为促成近代"思想界的变迁"的"最初的原动力"。[①]

对鲁迅而言,他从小便濡染在这一启蒙思潮的文化传统中,很自然地接受了越地独异精神和启蒙思想的熏陶濡染和潜移默化的影响。在中国现代化的历程中,鲁迅"立人"和改造"国民性"的启蒙思想的形成就是对明清以来越地启蒙思想合乎逻辑的发展,同时也开创了中国现代启蒙思想一个坚实的新起点。早在1902年,他和许寿裳一起在东京弘文

---

① 梁启超:《中国近三百年学术史》,见《梁启超论清学史二种》,复旦大学出版社1987年版,第123页。

学院读书时,就已经关注于"中国人"的"国民性"的问题,"见面时每每谈中国民族性的缺点。(一)怎样才是理想的人性?(二)中国民族中最缺乏的是什么?(三)它的病根何在?他对这三大问题的研究,毕生孜孜不懈。"① 而正是从个性主义和启蒙主义的角度出发,鲁迅提出了"国人之自觉至,个性张,沙聚之邦,由是转为人国"②,认为只有每个作为个体的人自己觉醒了,才可能有群体的觉醒,最终才有国家的强盛。

也正是置身于启蒙主义传统的越文化背景中的缘故,鲁迅最终选择了将文学作为自己终生的志业,并抱着"为人生"的启蒙主义观念进行小说创作。而且早在弃医从文之时,他便认定"文艺是可以转移性情,改造社会的"③。后来在谈到自己创作小说的缘起时也说:"说到'为什么'做起小说罢,我仍旧抱着十多年前的'启蒙主义',以为必须是'为人生'而且要改良这人生。"④ 可以说,启蒙主义是鲁迅文学创作的出发点,也是其文学创作的主导思想。他改变了过去旧小说被视为"消闲"的玩意儿,赋予了小说创作"为人生"的价值功用,并把批判"国民性",改良人生当作自己小说创作的宗旨。他从启蒙主义文学观念出发,开创了"表现农民与知识分子"两大现代文学的主要题材,改变了传统小说中"主角是勇将策士、侠盗赃官、妖怪神仙,才子佳人,后来则有妓女嫖客,无赖奴才之流"⑤ 的狭隘现象,拓宽了小说题材的表现领域。

从启蒙主义的文学观念出发,鲁迅在现实题材小说中一方面以深沉冷峻的笔调描绘出那些麻木的灵魂,并进行针砭批判;另一方面则又执拗地对知识分子的现实人生出路进行了不懈的探寻。因而,在其小说世界里,反抗吃人礼教的狂人、疯子,社会变革的失意者魏连殳、吕纬甫,勇敢走出封建大家庭的子君、涓生,俨然构成了一个现代独异之士的谱系。在散文诗《野草》中有着对现实庸众的复仇和反抗,甚至在回忆散文《朝花夕拾》中也有着对摧残人类天性的封建旧伦理、旧道德、旧制度的批判和审视,不断地流露出对现实人生的关怀意识。也正是从启蒙

---

① 许寿裳:《回忆鲁迅》,《挚友的怀念》,第110页。
② 鲁迅:《坟·文化偏至论》,载《鲁迅全集》第1卷,第57页。
③ 鲁迅:《译文序跋集·〈域外小说集〉序》,载《鲁迅全集》第10卷,第176页。
④ 鲁迅:《南腔北调集·我怎么做起小说来》,载《鲁迅全集》第4卷,第526页。
⑤ 雁冰:《读〈呐喊〉》,1923年10月《文学周报》第91期。

主义的角度出发，鲁迅认为"文明批评"和"社会批评"本应在当时文坛上占有重要的地位，但实际却很缺乏，所以他将自己很大一部分精力都耗费在杂文、随感的写作上，并在几乎所有的杂文创作中都一直贯穿着具有启蒙意义的"文明批评"和"社会批评"这样两个主题。可以说，越地启蒙主义思想传统为鲁迅提供了向现代转化的精神动力和内在支撑，对鲁迅"为人生"的启蒙主义创作思想的生成和发展具有重要的意义。

四 越地师爷文化与鲁迅创作的犀利风格

由于深受越地文化传统的长期浸润，特别是受以绍兴师爷为代表的越地民间智慧的影响，鲁迅形成了深刻犀利的艺术风格。在现代文学史上，鲁迅的小说素以"表现的深切"[①]著称，而他犀利尖刻的杂文更是以"师爷气"闻名。关于鲁迅文章中的"师爷气"，很早就有人注意到。1926年"女师大"事件中，陈源曾说鲁迅有"贵乡绍兴的刑名师爷的脾气"，是"做了十几年官的刑名师爷"。[②] 在"革命文学"口号论争中，成仿吾说鲁迅"词锋诚然刁滑得很，因为这是他们师爷派的最后的武器"[③]。而苏雪林在咒骂鲁迅时也说他"是一位刀笔吏，而且是一位酷吏"，"其文笔尖酸刻毒，无与伦比"[④]。在为鲁迅所作的评传中，曹聚仁也一再指出："周氏兄弟的性格与文章风格，都属于绍兴的，有点儿刑名师爷的调门的"[⑤]，"鲁迅的骂人，有着他们祖父风格，也可以说有着绍兴师爷的学风，这是不必为讳的。"[⑥] "鲁迅的风格，一方面可以说纯东方的，他有着'绍兴师爷'的冷峻、精密、尖刻的气氛"[⑦]。可见，鲁迅文章深刻老辣的风格深受越地民间智慧影响，尤其是受师爷文化的影响是

---

① 鲁迅：《且介亭杂文二集·〈中国新文学大系小说〉二集序》，载《鲁迅全集》第6卷，第238页。
② 陈源：《闲话的闲话之闲话引出来的几封信》，见《围剿集》，河北教育出版社2000年版，第3页。
③ 石厚生（成仿吾）：《毕竟是"醉眼陶然"罢了》，见《围剿集》，第83页。
④ 苏雪林：《论鲁迅的杂感文——四年前的一篇残稿》，《文学界》2008年第12期，第57页。
⑤ 曹聚仁：《鲁迅评传》，东方出版中心1999年版，第11页。
⑥ 《鲁迅评传》，第17页。
⑦ 《鲁迅评传》，第231页。

早有定评的。

  20 世纪 80 年代，钱理群在他的《心灵的探寻》中再次打破关于鲁迅文学风格与绍兴师爷这一话题多年的沉默。他指出："在思维方式与相应的文字表现上，鲁迅与绍兴师爷传统，确实存在着某种继承关系。"① 如钱理群所言，鲁迅创造性思维与绍兴刑名师爷传统的继承，"是一种善于察视事物隐匿方面的锐利观察力；善于透过纷纭复杂的现象，迅速切入本质，'简括'的提炼，敏捷而明确的判断力以及从整体上把握事物，'提挈全般'的'写意'式的思维方式。这种思维方式的特点，是'深刻'与'简明、锐利'的统一，他同时表现为一种严峻的人生态度。"② 自然，鲁迅的杂文"满口柴胡"，殊少儒家的"温厚温和之气"。而 1995 年，彭晓丰、舒建华合著的《"S 会馆"与五四新文学的起源》一书，不仅再次肯定了"'师爷气'给鲁迅的性格、文风留下深刻的烙印"，而且更语出惊人地指出："更重要的是，在拗硬尖刻之外，'绍兴师爷'留下了一笔巨大的精神财富，那就是：在中国漫长封建社会最后二百年内，以一种特殊的身份，'绍兴师爷'在文山牍海中，精读了整个封建社会结构，因为他们以他人无法企及的深度和广度介入了那架古老机器的运作。在'S 会馆'里沉默的鲁迅，完成了这种精读的思想升华。在这种意义上，那位当年不愿做'师爷'的绍兴青年，成为最后一位'师爷'，也是最伟大的一位'师爷'。"③

  绍兴师爷作为一种地域文化现象，它是越地文化和民间智慧的一种社会表征。绍兴人入幕做师爷的风气盛行于明清之际，所谓"无绍不成衙"，越地先贤徐渭、王思任、汪辉祖、邵晋涵、章学诚等都曾当过师爷。绍兴师爷这一行业也造就了相应的行业文化即师爷文化，"由于职业的关系，绍兴师爷在漫长的职业训练和行业生活中，逐渐形成了一种特殊的思维方式、工作方式、心理素质、性格脾气和文章风格，这就是师爷文化。"④ 正是因为师爷文化的影响，使得越地"养成了一种尖锐锋利

---

① 钱理群：《心灵的探寻》，河北教育出版社 2000 年版，第 66 页。
② 《心灵的探寻》，第 67—68 页。
③ 彭晓丰、舒建华：《"S 会馆"与五四新文学的起源》，湖南教育出版社 1995 年版，第 289 页。
④ 李乔：《烈日秋霜——鲁迅与绍兴师爷》，《鲁迅研究月刊》2000 年第 9 期，第 47 页。

的目光,精密深刻的头脑,舞文弄墨的习惯。相沿而成一种锋利、深刻、含幽默、好挖苦的士风"①,这种风气就是所谓的"师爷气"。

由于受到越文化的长期浸润,鲁迅的文学创作风格显得坚韧犀利,有如"老吏断狱"般深刻老辣。鲁迅文章风格犀利尖锐,透露出老辣的"师爷气",这正是绍兴师爷所凝聚的越地文化和民间智慧在鲁迅身上融合的结果。鲁迅在文章构思上往往别出心裁,论断犀利高明,对常规思维形成了一种挑战,人们也总是以绍兴师爷、刑名师爷来阐说其杂文词锋的尖刻、语言的老辣。"鲁迅的文章,是特别出众的,锋利无比,针针见血,而且生动有趣,引人入胜,尤其思想的深刻,独具见解。"②鲁迅文风的深刻犀利,包括"着眼的洞彻与措词的犀利"③,这固然是受越地文风的深刻影响,但同时却又超越了他的同乡先辈。鲁迅杂文的文体不符合"文学概论"的规范,也进不了"文苑",但是却"和现在切贴,而且生动,泼剌,有益,而且也能移人情"④,让那些"文苑"中所谓的文学显得苍白无力。绍兴师爷烈日秋霜般尖刻、老练、刻薄的笔法,不仅在很大程度上影响了鲁迅杂文的写作风格,而且也使他对"人性恶"看得十分透彻,并深刻影响了他对"国民劣根性"的深入挖掘。鲁迅洞察现实的敏锐眼光及其犀利、深刻的艺术风格的形成,正是越地民间智慧的闪光。而对越地文化精神的汲取和民间智慧的吸收,对深刻犀利"鲁迅风"的形成产生了至深影响。

作者为绍兴文理学院人文学院副教授。

---

① 蒋梦麟:《谈中国新文艺运动》,载《新潮》,台北传记文学出版社1967年版,第112页。
② 寿洙邻:《我也谈谈鲁迅的故事》,载《鲁迅回忆录(上)》,北京出版社1999年版,第7页。
③ 周作人:《地方与文艺》,载《周作人早期散文选》,上海文艺出版社1984年版,第309页。
④ 鲁迅:《且介亭杂文二集·徐懋庸作〈打杂集〉序》,载《鲁迅全集》第6卷,第301页。

其他地域文化

齐鲁文化及其精神特质

杨朝明

【摘要】 西周时期，由于齐、鲁两国受封所享特权不同，地理环境、立国基础和建国方针的差异，经济、政治、文化乃至风俗方面已显现出不同特色。鲁人崇礼乐，重文化，长农耕，发展成为礼乐文化中心；齐人尚武功，骋霸政，重工商，发展成为经济政治的霸主国之一。齐鲁近邻，山水相连，互通婚姻，交往频繁，至春秋时期，两国文化交流融合，发展繁荣，已达时代文化之高峰，并为战国时代形成诸子蜂起、百家齐鸣的文化重心奠定了坚实基础，对中华民族的精神气质产生了重要影响。

【关键词】 齐鲁　精神特质　文化

周初分封，首封齐、鲁，不仅是周统天下的重要标志和在山东地区称齐、鲁之称的肇端，也是齐鲁文化真正形成之始。"泰山之阳则鲁，其阴则齐"（《史记·货殖列传》），西周时期，由于齐、鲁两国受封所享特权不同，地理环境、立国基础和建国方针的差异，经济、政治、文化乃至风俗方面已显现出不同特色。鲁人崇礼乐，重文化，长农耕，发展成为礼乐文化中心；齐人尚武功，骋霸政，重工商，发展成为经济政治的霸主国之一。齐鲁近邻，山水相连，互通婚姻，交往频繁，至春秋时期，两国文化交流融合，发展繁荣，已达时代文化之高峰，并为战国时代形成诸子蜂起、百家齐鸣的文化重心奠定了坚实基础，对中华民族的精神气质产生了重要影响。

齐、鲁两国在文化上存在一定的区别。然而，从本质上观察，从文化价值角度分析，似乎二者并不像有的学者所说"隔了一座泰山，就变成了两个世界",毕竟两国的始封之君都是周初重臣,两国都是周王室的封国,在政治、经济、婚姻等许多方面往来频繁,交流不断,使得两国文化在许多方面表现出了相同或相通之处。综合齐、鲁两国的文化,将其与中华大地上许多的区域文化相比,可以看出它的独特精神气质。大要说来,可有以下数端。

一 兼容并蓄,胸襟博大

齐鲁文化从来源上就是多元的,这就决定了齐鲁文化的开放性和包容性,从而具有了兼容并蓄的博大胸襟。春秋战国时期,齐、鲁两国不仅是东方文化的中心,甚至是当时整个东周文化的中心。

春秋战国时期,齐、鲁两国文化表现了宽广能容的博大气势,鲁国是有名的礼乐之邦,齐国更具泱泱大国之风,不同的文化因素交汇融合,不同的思想火花激荡碰撞,使这里诸子蜂起,名家辈出。鲁国产生了被称为"显学"的儒家和墨家,齐国的稷下学宫更有儒家、道家、名家、阴阳家、法家等会聚在一起,他们著书讲学,又切磋辩难,推动了思想的解放,也发展了各家各派的学说,齐鲁文化的开放气质可以说体现得淋漓尽致。

从文化的构成上讲,鲁国文化全面继承宗周文化,但决不排斥其他文化,在鲁国,除周朝礼乐文化以外,还保留了许多其他的文化因素。最为典型的是,周人伯禽一支来到鲁地后,他们要"变其俗,革其礼",试图全面推行周朝的礼乐制度,但这种变革基本上是在制度的层面上,因为不仅当地居民保留了自己的风俗习惯,而且迁徙而来的"殷民六族"也保存着殷人的习俗。

例如,鲁国自西周以来一直保存着的"三年之丧",就是当地居民比较典型的风俗之一。还有,鲁国故城发掘时,人们发现了一个有趣的现象,就是古鲁城内居住着两个不同的民族。在对两组墓葬的发掘中,发现周人墓保持着灭商以前的作风,而另外一组墓与周人墓"作风迥异",随葬器物、腰坑、殉狗等"皆与商人墓的作风相似",而且这种墓葬"从西周初年至少延续到春秋晚期",这个事实说明他们"固有的社会风尚曾牢固地、长时间地存在着"。这都证明在丧葬之礼方面,鲁国仍然一直允许旧有习俗的完整保留。众所周知,周人重礼,礼乐之中,又以丧祭之礼最为重要,当地居民中这种风俗的存留很能说明问题。

鲁国的社会风俗中,周人礼俗之外的文化不一而足。如鲁国立有周社,同时也立有"亳社"。"亳社"就是殷社。传统上认为,周朝建立后,诸侯国中立有"亳社"是为了"戒亡国",认为它是亡国之社。其实,情况可能并不如此,鲁国立有"亳社"是因为鲁有殷商遗民,而鲁国的国人主体是殷民后裔,他们还在"亳社"中举行祭祀、盟誓等活动。鲁国周社、亳社并立,至少能表明周人对殷商遗民采取了怀柔与拉拢的政策。种种现象,都表明鲁国文化并不封闭、保守。另外,孔孟儒学更不是封闭、保守的思想体系,关于这一点,学术界早有研究,无须赘言。

二 刚健有为,积极进取

在齐、鲁两国,无论是政治家还是思想家,都表现出了刚健有为和积极进取的文化品格,这是齐鲁文化的一个重要精神。在孔子所作的《易传》中,"刚健"和"自强"的观念十分清晰。《象传》曰:"天行健,君子以自强不息。"《彖传》有"刚健而不陷,其义不困穷矣","刚健而文明","刚健笃实,辉光日新。其德刚上而尚贤,能止健,大正也";《文言》有"刚健中正,纯粹精也"等,这从一个侧面反映了齐鲁文化的刚健品格。

齐、鲁两国人民的积极进取也是齐鲁文化得以不断丰富和发展的不竭动力。两国始封时,无论是对当地风俗进行因循还是变革,都是根据本地实际,力图政治稳定和尽快获得发展的积极措施。以后,两国的政治家不断努力,为了自身的富足,不断采取措施,在政治、经济、军事等方面谋求变革,以图国力增强。在鲁国,公元前495年实行的"初税亩"是春秋列国赋税制度改革的先声,以后又"作丘甲""用田赋",不断更新,以求变革。齐国的改革自管仲相齐开始,很快取得了国富民足,国力强盛的良好效果,以后,不少政治家都反对故步自封,他们招贤纳士,任用贤才,接受谏言,尽职尽责。这些变革给国家的发展不断注入新的活力,使国家的发展充满勃勃生机。

刚健有为和积极进取更是齐鲁思想家们共同的特征。无论是鲁国的孔孟儒家、墨家,还是齐国的管仲、晏婴或者稷下各家,他们大都积极入世,致力于治国安邦的事业。他们洞察列国大势,分析世态发展,从而积极进取，自强不息，他们是齐鲁文化的重要代表，是齐鲁文化中一朵朵鲜艳的奇葩。

管仲力行改革，相桓公，"九合诸侯，一匡天下"，取威定霸。晏婴事君以忠，谏君以智，强公室，抑私门，薄赋省刑，施行仁政，从而在内外形势复杂的境况之下，内安社稷，外靖邻邦。齐国的兵家同样卓越，他们总括历史与现实，透析政治、经济与军事之间的联系，在列国纷争的复杂形势下，写出一部又一部不朽的兵学圣典，不愧为先秦兵学的顶峰。

孔子自幼好学，他一生"学而不厌，诲人不倦"，他积极推行自己的政治主张，为了宣传自己的学说，他到处奔走，甚至"知其不可而为之"，希望实现天下大同的政治理想。孔子以后，鲁国的儒家们无不继承孔子的精神，致力于安邦定国，济世救民。墨家也是如此，著名的思想家墨子为了推行其兼相爱，交相利的主张，"日夜不休，以自苦为极"（《庄子·天下篇》），"摩顶放踵利天下为之"（《孟子·尽心上》）。

总之，齐鲁诸子虽然观点不同，成就各异，但在刚健进取方面是基本一致的。齐鲁文化中的这一精神也是中华民族的基本精神内核，是我们民族不断发展、自强的重要精神支柱。

三　富于人文关怀和人道精神

春秋战国是中国历史上一个重要的过渡阶段，社会各领域都处于新旧交替的状态。社会的变革猛烈冲击着夏、商、周三代的传统观念，致使"礼崩乐坏"，"疑天""怨天"的情绪弥漫社会，人文理念逐渐打破了传统宗教意识的垄断地位。人文理念的上升意味着人文关怀和人道精神的张扬，在这样的情势下，人的因素受到空前的重视，从而大大超越了对于鬼神的虔敬。于是，人的价值受到尊重，人的权利和尊严得到维护。表现在思想观念上，西周以来"敬天保民""敬德保民"，因其重点强调"保民"，强调以民为本，以民为中心，而在春秋战国时期得到了很大程度的提升和弘扬。

春秋战国时期，随着社会变动兴盛起来的"士"阶层空前活跃，频频走公室，跑私门，希图得到大大小小权势者的任用。他们由于身份和所依附的阶级集团不同，便成了不同阶级、阶层的代言人。而权势者也在招揽贤者，礼求士人，以为自己服务。因此士人得以自持其说，"合则留，不合则去"，自由地在权势者间奔走游说；或自立学派，收徒授学。于是，诸子百家的思想在齐鲁之邦滥觞其源，形成学派之后又以齐鲁为争鸣舞台。此时，人们崇尚德治，热爱邦国，注重群体，善于创造，主张厚德仁民，先义后利，这些思想观念，都在齐鲁文化中占有主导地位，都充满了人文关怀和人道主义精神。从实质上讲，组成齐鲁文化的各家各派，其思想都属于政治文化的范畴，他们在论述治国方略时，又都无一不积极崇尚民本主义，应当说，人文关怀和人道精神是齐鲁文化的灵魂。

齐鲁诸子各家大都主张厚德仁民，重视民众，充满了人道主义精神，人本主义色彩极其浓重。这些思想家有的讲"王道"，有的讲"霸政"，但他们都关心国家的繁荣与安定，都关心人民的富庶与满足。齐国重武图霸，政治思想家都想到要首先顺民，以富民、利民为前提，无论管仲还是晏婴，无论兵家典籍还是稷下著作，都一致注意到了顺应民心，认识到从民所欲的关键意义。在重文图治的鲁国，从春秋前期的臧文仲、柳下惠到春秋末年的孔夫子，从孔门弟子到孔门再传，从儒家到墨家，他们思维的起点都是"人"，都是从"人"出发的。

以孔子为代表的儒家学派，其思想体系最为典型、最为集中地体现了人文关怀和人文精神。儒学是修己安人之学，希望从修身开始，然后齐家、治国、平天下。为了达到这样的目的，儒家大谈"修己"、修德，正是人道精神的最高体现。儒学谈论人性，无论孔子、子思，还是孟子、荀子，都谈论人性问题，他们对人性的探讨，实际正是探讨人，关心人；他们所思考的如何修身、修德，如何正心、诚意，怎样致知、格物，都是围绕"人"展开的，都是对"人"的重视。

在鲁国产生的墨家，以对儒学的反动为表现形式，其实也同样是人文关怀和人道精神的体现。墨子学孔子之学而走向了儒学的反面，主张兼爱、非攻、非命、节葬、贵义、兴利，希望"兴天下之利，除天下之害"（《墨子·非乐》），乃是为劳动人们的利益进行考虑的结果。

四 崇德重法，德、法兼顾

在齐、鲁两国，崇德重法，德、法兼顾应该说是一个非常突出的思想观念，无论是思想家的系统论述，还是政治家的施政实践，对处理德治与法治的关系问题，人们都有十分明确和清醒的认识。

表面看来，齐国与鲁国民风差异很大。正如司马迁在《史记·货殖列传》中所描述的："齐带山海，膏壤千里……其俗宽缓阔达而足智。"战国时的著名纵横家苏秦也曾以齐都临淄为例描述过齐人的豁达与富足，似乎与拘泥和执着于周礼，讲究揖让进退的鲁国民风形成明显区别。其实，在尊崇周礼上，齐与鲁是一致的，只是两国对待周礼各有侧重而已。

德法关系与礼法关系、礼刑关系、德刑关系在意义上大体一致。由于对周礼不同方面的取舍，齐、鲁两国对于德、法关系的态度有所区别。儒家经典《周礼》中有主管教化的司徒之官，"使帅其属而掌邦教，以佐王安扰邦国"，也有"帅其属而掌邦禁，以佐王刑邦国，以诘邦国"的司寇之官，他们的任务在于"刑百官"，"纠万民"。儒家注重教化孔子的治国思想中，有德有法，总体上讲，孔子的思想以德治为本，以刑罚作为补充，此即所谓德主刑辅。

鲁人重德，但并不是鲁国无法。《吕氏春秋·察微》和《淮南子·道应训》都提到"鲁国之法"，1983年末湖北江陵张家山出土的汉简《奏谳书》有柳下季断案事例，其中引鲁法云："盗一钱到廿，罚金一两；过廿到百，罚金二两；过百到二百，为白徒；过二百到千，完为倡。"看来，鲁国也有健全的法律。

相比之下，鲁儒的见解应当更为深刻。孔子可以说是一位典型的德治主义者，但孔子认为，治国者不可不有"德法"和"刑罚"。从《孔子家语》的《执辔》篇看，孔子将"德法"与"刑辟"对举，他把治国形象地比喻为驾车，而把德法看作统御人民的工具。刑罚何时为用？刑罚怎样作为德法的补充？孔子认为应在德教难行之时。据《孔子家语》的另一篇《刑政》记述，孔子曾经说过："大上以德教民，而以礼齐之。其次以政焉导民，以刑禁之，刑不刑也。化之弗变，导之弗从，伤义以败俗，于是乎用刑矣。"在这里，刑之用乃以德为前提，刑只使用于愚顽不化、不守法度的人。刑以止刑，刑以佐教，宽猛相济，这其实正是孔子的一贯主张。

刑之设不独为刑，更在于止刑，惩恶不是终极目的，劝善才是最高宗旨。德政与刑政的关系也就像孔子所说的行政中的"宽"与"猛"的关系,《左传》昭公二十年记孔子曰:"政宽则民慢,慢则纠之于猛。猛则民残,民残则施之以宽。宽以济猛,猛以济宽。宽猛相济,政是以和。"《尚书·大禹谟》曰"明于五刑,以弼五教",《孔丛子·论书》中也记有孔子类似的话,即"五刑所以佐教也"。《孔丛子·刑论》记述孔子在与卫文子的交谈中,也说上古时期"先王盛于礼而薄于刑,故民从命"。孔子认为注意教化是为政治国的根本,他反对不教而杀,《论语·尧曰》记孔子之言曰:"不教而杀谓之虐。"

孔子认为,治国者不可丢弃德法而专用刑罚,这样,一定会造成非常严重的后果。《大戴礼记》的《盛德》篇与《孔子家语》的《执辔》篇相近,并且都进一步指出了正确措置德、刑的重要意义。认为治国要以德以礼,用刑适当,而不可急用棰策,无德用刑。在郭店楚墓竹简中,《成之闻之》所论述的儒家治国理论颇引人注目。其中有谓:"上不以其道,民之从之也难。是以民可敬道(导)也,而不可弇(掩)也;可馭(驭)也,而不可畋(驱)也。"

不论是孔子还是后世儒者,他们较多地论述德、刑关系,而格外强调德治,原因在于人们往往比较功利地去看待问题,而以德治国功效却不是短时间内可以见到的。《大戴礼记·礼察》中说道:"凡人之知,能见已然,不能见将然。礼者禁于将然之前;而法者,禁于已然之后,是故前,而法者禁于法之用易见,而礼之所为生难知也。"应当承认,儒家的这一认识是十分深刻的。

如果说鲁儒崇德,在德、法二者之间偏重于德,那么齐国则是重法,在德、法之间偏重于法。像鲁国的儒家那样,齐国名相管仲、晏婴都重视礼治,但他们与鲁儒的不同,在于重视礼治的同时十分强调法治,强调法在治理国家中的作用。管仲初为齐相时,桓公询问如何保持宗庙社稷,他说应该"设象以为民纪",即树立榜样,作为民之表率,然后"劝之以赏赐,纠之以刑罚"(《国语·齐语》),《管子》中关于德之重要性的论述更是比比皆是,这其实与鲁儒没有什么不同。但后来,管子后学发挥了管仲思想,从而系统阐发了法治思想,走上了重法的道路。例如,《管子》中说"法出于礼"(《管子·枢言》),"仁义礼乐皆出于法"(《管子·任法》),虽然也注重礼与法之间不可分割的密切关系,但总是以法作为更为根本性的东西。

晏婴也十分重视法,认为"国无常法,民无常纪"乃"亡国之行"(《晏子春秋·内问上第二十五》),他认为不仅要立法,而且要人人遵守,谁也不能违犯;在进行具体的赏罚时,要注意平等公正,不可因身份的不同而有不同。田齐时期,从齐国君臣到稷下诸子,大都强调"德法兼治",不过,二者的天平似乎仍然向"法"倾斜。这就是说,他们一方面强调法治,另一方面又不单纯强调法,而同时注意德的作用,从而与三晋法家判然有别。

荀子的观点更具有代表意义。荀子久居齐国,但他属于儒家;荀子属于儒家,却批评儒家,与鲁儒不同;他处在战国时期,对各家各派各种思想研究反思,带有总结性质;他三为稷下学宫祭酒,其学说一定得到大多稷下学士的认可。在德法关系上,荀子提出礼法结合,以礼为本,以刑为用,他注重教化,注重"礼义之化",又注重"邦禁",他的思想不仅与《周礼》合拍,也集中了齐鲁思想家们的精到论说。荀子礼法结合的思想,齐鲁文化中德法结合的思想具有永恒的意义。

作者为孔子研究院院长、研究员。

贵州地域文化的基本特征

索晓霞

【摘要】 相较于我国其他地域文化，贵州文化的独特性极为明显。这种文化独特性的形成是一个长期的历史过程，既是贵州这片土地的地理生态环境所造就的思维方式和生活方式的体现，也是贵州经济社会发展所经历的种种外在因素影响的反映。

【关键词】 贵州　文化　特征

贵州地域文化的形成是一个长期的历史过程，既是贵州这片土地的地理生态环境所造就的思维方式和生活方式的体现，也是贵州经济社会发展所经历的种种外在因素影响的反映，更是一个不同文化经过接触、混杂、联结和融合的过程。一方水土养育一方人，培育一方文化。贵州地域文化具有贵州高原这片神奇土地的地域特色，和不同于其他地区的显著特征，这些特征可以归结为以下几个方面。

一　包容性特征

包容性是贵州地域文化的首要特征。主要体现在贵州人作为一个群体对不同文化的开放性心态和多民族和谐共处，互促互助，和而不同、和睦相处的家国情怀。这个特征一方面表征了贵州地域文化形成的历史印记；另一方面，体现了贵州地域文化价值理想和价值追求的内在结构和外在张力。正是这种包容性，使得贵州文化呈现出多元一体，和谐共生，多姿多彩，美美与共的文化景观。

贵州地域文化的包容性特征与贵州这片土地的历史进程关系密切，

也与贵州文化形成的多源性紧密相连。虽然贵州古代的先民们在贵州这片土地上早已创造了自己的文化,但从贵州历史的发展来看,贵州人文精神的逐渐形成与贵州的开发史、移民史是紧密相关的。在长期的历史发展过程中,因其特殊的地理位置和生态环境,贵州不仅是中国古代南方四大族系流动的交汇之处,还是汉族移民的"五方杂处之地"。秦汉至宋元时期,贵州区域呈现民族大迁徙、大分化、大融合、大发展的景象,汉晋以来,"濮僚"渐渐衰落,"氐羌"东进,"南蛮"西移,"百越"由南向北推进,汉族自北向南移动,相互对流,互为穿插,分化、融合的现象极为明显。① 明清直至解放后,贵州的移民和贵州的开发呈现出更为密切的关联。到了明代,统治者在西南大规模屯田养兵,庞大的汉族军民移居贵州,此外,还有通过政府招徕到贵州的民屯、商屯等汉族移民,这些移民来自明朝的各省区,如湖南人、湖北人、四川人、江西人、浙江人、河南人等。这些来自不同地方的汉人,把自己原住地的生活方式带到了贵州。清朝时期,汉人仍然持续来到贵州居住。这里面有因军事需要而来的,有在募民垦荒政策鼓励下来的,有因商业的兴盛和矿业的开发被吸引而来的,也有逃难流亡放逐而来的。这时期的贵州,汉人也如明朝一样,来自全国各地:江西、福建、陕西、云南、广东、东北等。到了新中国成立后,陆续不断有移民来贵州支援贵州发展。特别是在"三线"时期,有相当大数量的一批全国各地的人来到贵州,他们大多是汉族移民。他们将各自的故土文化搬到了贵州,并且把这些生活方式习俗传给了在贵州长大的后代。② 在贵州,世居在这里的氐羌族系的彝族和土家族来自云南和四川等地,百越族群的布依族、侗族、水族、毛南族、壮族祖先的故土在长江中下游以南的广大地区,苗瑶族系的苗族和瑶族其先辈生活在黄河中下游和淮河流域。由于各族系来自不同的地方,带来了各自不同的文化形态,形成了不同的生活方式,即使同是汉族的移民,由于来自四面八方,其文化意识也存在较大差异。各民族在贵州这片土地上共同劳动,共同生活。要和睦相处,要共同发展,必须相互包容,相互尊重,相互帮助,相互学习,包容性成为生活在贵州历史发展

---

① 索晓霞等:《贵州:永远的财富是文化》,贵州人民出版社2009年版,第18页。
② 张幼琪、史继忠等:《贵州开发引出的考量》,贵州人民出版社2008年版,第17页。

过程中各民族社会成员生存和发展的一个客观需求。在开发贵州、建设贵州、促进贵州经济社会发展的同时，包容性也成为贵州文化形成和发展过程中一个鲜明的特征。在贵州文化的发展过程中，正是这种包容性推动着各民族文化间的交流和融合。形成了美美与共，和而不同的文化景观。

贵州地域文化的包容性特征与贵州经济社会文化发展一直处于边缘和相对落后的境地密切相关。由于地理位置的特殊性，在新石器时代，贵州就与长江流域和珠江流域发生了经济交往和文化联系，是重要的文化传播通道。秦汉时期，贵州是由印度、缅甸，经滇西、巴蜀而入楚的古代"南方丝绸之路"的重要通道。三国时期，贵州是蜀汉政权的南方屏障。唐代，贵州地域是沟通唐与南诏关系的重要通道。两宋时期，贵州地域是盐马贸易的转运站。元明时期，贵州地域是西南交通的咽喉。文化的地位与经济社会的发展密切相关，在远古贵州这片地域虽然较早出现了人类生活遗迹，也创造过辉煌的文化，春秋战国时期，贵州高原也出现了一个国力较为强盛的奴隶制政权夜郎国。但是，夜郎国灭亡之后，贵州地域长期处于分裂的局面，直到建省前，都没有形成一个相对统一的地域文化圈，文化都处于一种自然生长的状态。贵州建省后，贵州与内地政治经济文化一体化的进程大大加快。随着各地方政权的相继建立，卫学、司学、府州县学等各种官办教育机构在贵州全境逐步建立起来，一些地方官员和有识之士依托民间力量积极发展书院和私学，加上嘉靖十四年（1535）贵州开科取士的实现，阳明心学在贵州的传播，作为官方大一统的儒学迅速在贵州传播。但是，由于种种原因的制约，贵州的经济社会文化发展一直处于边缘和相对落后的境地。经济社会发展的落差带来了文化发展上的落差，也带来了文化心态上的开放性，外来的影响一直持续不断。外来的文化不断被贵州吸收融合，加上贵州人口结构上的多民族和文化传统的多样性，形成了贵州文化意义上的开放传统和包容心态。

贵州历史、文化的演进特点，造就了贵州各民族在分布上的交错杂居，文化上的兼收并蓄，经济上的相互依存，情感上的相互亲近，形成了你中有我，我中有你，美美与共，各具特色的多元一体格局。

二 民族性(传统性)特征

民族性(传统性)是贵州文化的地域性特征。"天人合一""知行合一"是贵州人作为一个群体的精神风貌,是贵州人价值取向和集体人格的高度概括,更是贵州人做事为人的行为特征和实践遵从。作为多民族人口构成的贵州,这种人文精神在不同的民族身上体现出不同的文化特征,而这种不同的文化特征正是贵州地域文化民族性(传统性)的具体体现。这种特性一方面体现在各民族在长期的历史发展过程中,对其传统文化的高度认同和对文化传统的继承性发展,另一方面体现在当下各界对民族文化多样性的自知、自信和自觉。

贵州人文精神民族性特征的形成,主要源于三个方面的原因。

第一,贵州高原为各民族的生存提供了相对稳定的自然生境,提供了文化保护的天然屏障。贵州地质构造奇特,地貌千姿百态,类型复杂多样。贵州是世界上喀斯特地貌发育最典型、最完整、最集中,规模最大、形态最全的省区,在全省17.6万平方公里的国土面积中,喀斯特面积占全省土地面积的61.9%,是世界上鲜有的喀斯特地貌突出发育的典型地区。独特的喀斯特地貌使贵州呈现出山峰多、溶洞多、瀑布多、峡谷多的自然景观,全省土地面积的92.5%都是山地和丘陵。山川阻隔,地理环境的分割在古代虽然制约着民族之间的交往和发展,但贵州得天独厚的气候条件,温暖湿润、植物种类繁多的生态环境,却为不同生活方式、不同族群的生存提供了多样化的地理空间,也为不同族群的文化在相对封闭的文化生态中自然生长提供了天然屏障。

第二,贵州不同民族聚族而居的人口分布结构也为这些和而不同的文化小岛提供了文化传承发展的文化生境。

贵州在历史上是一个民族迁徙的大走廊,中原文化与本土文化交融的大平台,虽然贵州各族人民来自四面八方,来自不同族群,有着不同祖先、不同地域的文化背景,但来到贵州之后,都在这里找到了适合自身发展的空间,他们往往聚族而居,在长期的历史发展中,相互吸收、碰撞、融汇,形成了"大杂居、小聚居""既杂居、又聚居"民族人口分布格局。在贵州17万平方公里的广袤土地上,各少数民族人口分布颇为广泛,呈现大分散、小集中,或各少数民族成片聚居,多个民族错居杂处的特点。现贵州全省各少数民族主要聚居在 3 个自治州和 11 个自治县。此外，全省各地有 253 个民族乡，也集中分布着较多的少数民族人口。2011 年 4 月发布的第六次人口普查数据显示，贵州省民族构成以汉族为主体，共分布有 54 个民族，常住人口中，各少数民族人口为 1255 万人，占 36.11%。全国 56 个民族中除塔吉克族和乌孜别克族外在贵州省均有分布。各少数民族常住人口中数量排前 5 位的依次为苗族、布依族、土家族、侗族和彝族，这 5 个民族占少数民族人口总量的 82.09%。其中：苗族 397 万人；布依族 251 万人；土家族 144 万人；侗族 143 万人；彝族 83 万人。按人口数量多少排序，全省 1255 万少数民族依次分布在黔东南、铜仁、黔南、毕节、黔西南、安顺、六盘水、贵阳和遵义。其中：少数民族人口最多的黔东南州，有少数民族人口 273 万人；铜仁地区少数民族人口 217 万人；黔南州少数民族人口 180 万人；毕节地区少数民族人口 172 万人；黔西南州少数民族人口 111 万人；安顺市少数民族人口 83 万人；六盘水市少数民族人口 74 万人；贵阳市少数民族人口 73 万人；遵义市少数民族人口 72 万人。"大杂居、小聚居""既杂居、又聚居"民族人口分布格局，为不同民族在相对同一的文化生态里传承着自己的民族文化提供了良好的环境。

第三，中央政府治理的特殊性政策。

在漫长的历史进程中，统治者在贵州这块土地上往往实行的是与内地和中原不一样的特殊政策。虽然历朝历代各有不同，但纵观贵州的历史，可以发现，建省前的贵州所在地是大中国版图中的腹地心脏的边缘，又是中国边疆连接中央王朝的腹地，在政治上游离于"边"和"内"之间。建省前，由于贵州分属不同的郡、县、州的管辖，治理也仅是通过"遥领"，没有更明确的管辖。可以说，贵州成了集权中央的真空地带。由于中央政府的治理"鞭长莫及"，贵州在政治上处于大稳定、小变动，行政区划又分属不同地区，对文化的凝聚起到了消解作用，加上山川阻塞，各民族的交流融合受到制约，建省前的贵州政治边缘化、经济弱小化，文化多样化。[①] 明代贵州建省后，从明到清 500 余年，虽然实行了"改土归流"，政治体制逐渐接近内地，但贵州始终远离国家的政治经济

---

① 《贵州开发引出的考量》，第 11—13 页。

文化中心，加上自然地理的分割，交通的阻滞，大山的阻隔，一些地方依然实行的是"土流并治"，客观上为地方文化的发展提供了自由生长的空间。新中国成立后，在少数民族聚居的区域推行民族区域自治制度，少数民族在政治、经济特别是文化上的特殊要求得到特别保护，贵州少数民族人口集中的地区成为民族区域自治制度的实施地，3个自治州（黔东南苗族侗族自治州、黔南布依族苗族自治州、黔西南布依族苗族自治州）和11个自治县、253个民族乡①都是这一制度的受惠者。因为这一特殊政策的推行，少数民族文化得到了较好的保护。天时地利加人和，贵州在今天成为一个民族文化资源富集省、民族文化基因库，呈现出"一山不同族，五里不同俗，十里不同风"的民族文化奇观。贵州拥有若干或大或小的文化生态圈，构成了一个多元文化荟萃的文化大观园，被赋予"文化千岛"的美誉，被联合国教科文组织圈定为"人类需要保护的生态文化圈"之一。在国家8部委组织的中国传统村落评选中，②贵州共有546个村落列入中国传统村落名录。在国家民委命名的首批中国少数民族特色村寨中，贵州省黎平县肇兴镇肇兴侗寨、剑河县革东镇屯州村等62个村寨获得命名挂牌，成为"中国少数民族特色村寨"。

三 实践性特征

贵州地域文化的实践性特征是贵州人人格精神的突出表现和行为特征。体现在说得少，干得多。干得比说得好。蕴含一种求真务实、勇于担当的实干精神和实践品格。"天人合一，知行合一"的价值追求和人文理念在贵州以朴素的形式存在着。这种朴素性体现在它以一种浸润于生活的地方性知识存在和发生作用。对老百姓而言，它往往以一种"常识"的形式表现出来，以一种"自然"的方式落实在行动中。作为价值取向和实践追求，贵州人往往通过一种朴素的方式内化于心，外化于行，以生活化的形式，贯穿在日常的生产生活和工作中。

---

① 该数据为2011年统计，2017年1月公布的数据，因为城镇化的影响，贵州民族乡已经从2011年的253个减少到193个。

② 传统村落"是指形成较早，拥有物质形态或者非物质形态文化遗产，具有历史、文化、科学、艺术、社会、经济等价值的自然村落"。

以贵州少数民族为例，少数民族文化以十分丰富的形式对应于各族群众的一切创造性活动，并以思维方式、意识形态、风俗习惯、情感方式等体现自己的价值理想并贯穿在生活实践、生产实践和社会实践中。例如，崇尚勤劳、扬善去恶是贵州少数民族的传统文化主张和文化追求，虽然这种文化主张和文化追求没有系统的阐释，但在他们的文化传统中，我们不难看到这种鲜明的实践导向。各少数民族长期生活在高山峡谷、条件恶劣的穷乡僻壤，历史上长期受到封建王朝与地方统治当局的歧视欺凌。封闭的环境，险阻的交通，使他们的生存之路变得十分坎坷。为了生活，为了民族的发展，各族群众在与大自然的斗争中劈山修路，垦荒造田，在实践中养成了自强不息、吃苦耐劳、艰苦奋斗的美德。布依族的民间谚语说"困难怕硬汉""好马在力气，好汉在志气"。水族人民在长期的社会实践中，为征服自然、改造环境，形成了一套自己的人生哲学，认为一切都要靠自己去努力，去争取，艰苦奋斗成了人们遵从的美德。"要吃大米饭，开山把田办"、"有吃有穿，开好河山"等谚语，用简短的语言告诉人们，只有通过辛勤的劳动，才能过上好日子。其青年男女择偶的条件，主要看对方是否手勤脚快，是否掌握了基本的生产和生活技能。对村民或村寨某一人的评价，通常也是以是否热爱劳动、勤于耕作以使生活富足为标准。在苗族、侗族、布依族、彝族等少数民族大量的古歌、神话、民间故事及谚语中，对勤劳勇敢的美德都作了热情的歌颂。如苗族谚语说："长节方成树，勤快才致富""勤快钱粮足，懒汉肚皮空""要想穿好勤纺织，要想吃好勤耕种""兄弟勤劳亲友赞扬，兄弟懒惰地方耻笑""贪心不发财""为贼不会富""勇敢靠培养，力量靠锻炼""干活方能长寿，为贼必定命短"。除此之外，他们信奉"为人公平正直才能长寿，办事稳重求实才能安邦""心直才到老，语和才长寿""不要用藤条，交友要真心""成树要有心，为人要真诚"等。

自古至今，面对艰苦的客观条件，贵州各族人民没有怨天尤人，而是埋头苦干，艰苦奋斗。一部贵州史，就是一部贵州人面对恶劣自然环境筚路蓝缕、以启山林的历史。奢香夫人不畏艰难，率领各族同胞"伐薪焚石""凿山刊木"，开"龙场九驿"，打通了贵州与周边三省连接的驿道。葛镜矢志不渝，倾尽家资三次建桥，立下"桥不成兮镜不死"的豪迈誓言，终于建成葛镜桥，留下"义垂千古"的美传。大关人劈石造田,改善生存条件和生活环境,造就了闻名遐迩的大关精神。"三线"人扎根大山、毕生奉献,为贵州建起了较为先进的工业体系,铸就了宝贵的"三线"建设精神。兴义市冷洞人,抗旱中创造了土法滴灌,折射出贵州人顽强拼搏、战胜困难的大智大慧。正是凭借自强不息、勇创出路的志气,使贵州发生了翻天覆地的变化,一条条大路在崇山峻岭延伸,一座座桥梁在沟壑峡谷跃出,一户户贫困农民走上致富道路,一项项战略目标从蓝图变成现实。①

四 和谐性特征

贵州地域文化的和谐性特征是指贵州人作为一个群体,在天人观、发展观、人生观上的和谐主张和价值指向。在贵州的先民哪里,万物皆有灵,自然界的万事万物都是有生命的。这种理念孕育了人们敬天畏天、顺应自然、与自然界和谐相处的文化传统。在贵州先民那里,个人是集体的一部分。这种理念孕育了互助友爱、团结协作、尊老爱幼、个人服从集体、局部服从大局的文化传统和"天地国亲师"的家国情怀。在贵州先民那里,"饭养身、歌养心",这种理念孕育了少数民族用歌舞平衡身心,用精神享受平衡物质享受的文化传统。

贵州地域文化的和谐性特征体现在人与自然和谐相处的文化主张上。贵州各民族,特别是少数民族,由于大多居住在远离城镇的高山、坝子、峡谷,加上历史的原因,大多交通不便、生产力水平相对滞后,因此,对自然环境的依赖显得十分突出,人们在与自然相存相依的生产、生活实践中,凭着感性直觉形成了一系列关于与自然和谐相处的生存经验,这些经验经过无数人的积累,逐渐形成了少数民族传统文化中朴素的天人观。首先,这种天人观体现在对自然的敬畏之心和崇敬之情上。在贵州少数民族的传统观念中,自然是高于人类的,人无力与自然相抗争。因此,人要与自然和平共处,只能依顺自然,祈求自然的保护。禁忌、乡规民约、民俗活动是他们实现这种生存智慧的主要手段。例如,贵州的侗族普遍信奉万物有灵,他们崇拜的自然神有太阳神、月亮神、雷神、

---

① 谢一、刘正品:《科学把握贵州人文精神特质 提升贵州人的"颜质"和"气质"》,《贵州日报》2016年3月29日第10版。

火神、河神、水神、桥头神、田神、牛栏神、寨神等。因此，在生产活动中打猎要祭山神、拉木头要祭祀山神、溪神、河神等。不仅如此，为了让这种文化主张广泛传播、世代传承，侗族还通过侗歌不停的传唱让这种观念深入人心。侗歌里唱的"江山是主，人是客"要大家尊重自然，"山上没有树，万物要哭诉"要大家爱护自然。其次，这种天人观体现在对解决人与自然的矛盾时对人口发展的理性控制上。在贵州各少数民族地区，为避免族群向大自然过度索取，导致人和自然的矛盾激化，都有这样一个传统：当一个村寨的人口发展到一定规模时，就要迁出一部分人口到另外的地方建新寨。不仅如此，有些地方的少数民族还通过对人口增长的控制来解决人与自然矛盾的激化。在贵州省从江县占里村，就有着控制人口增长的文化传统，这种传统是占里人的先辈们在经历了人口无限制增长给占里人带来的苦难后理性自觉的结果。为了保障子孙后代有栖身之地，这个村通过乡规民约，要求一对夫妇只许生一男一女两个孩子，以便他们长大成人后"一进一出"保持平衡；而全村的总人口要控制在 700 人左右，谁家多生孩子就要杀他家的猪牛让全寨人吃，以示惩罚。惩罚后还要多生的，将永远逐出寨门。并且规定，每年农历二月初一和八月初一，全寨人都要聚集在鼓楼下，听寨老训诫，并用侗歌传唱上述寨规。① 人口的有效控制，使占里人避免了其他地区由于人口增长导致的耕地减少、生态环境急剧恶化、贫困等困境。如今，占里是一个古树环抱，树木葱葱，门前小桥流水，四周有良田大片的美丽村寨。占里人通过人口的有效控制，实现了人与自然的协调发展，走上了一条可持续的发展道路。

贵州地域文化的和谐性特征体现在人与人和谐相处道德指向。在贵州少数民族的文化传统中，其人文精神和人文主张不仅在处理人与自然

---

① 关于独特的生育传统，占里的村民中流传着这样一个故事：占里人的祖先是隋唐时期从广西梧州迁徙而来的一对结拜兄弟，一个姓吴，叫吴公力，一个姓孟。在深山密林的占里居住下来后，他们的子孙繁衍很快。数十年后，占里坝几乎都被开垦了，四周的树木也多半被砍来做了柴火。为了争夺田土，和睦的大家庭中开始出现偷盗、械斗等现象。一天，子孙们聚居起来给吴公力祝寿，吴公力看着满堂的儿孙却怎么也高兴不起来，他担心后辈子孙们越来越多，长此以往，占里将会粮食不够吃，柴不够烧，子孙后代将没有栖身之地。于是，他召集全寨人集中在鼓楼下，立下人口控制的寨规。

的相互关系中体现出来,还在处理人与人、人与社会的相互关系时表现出来,其道德原则和道德理想充分表明了他们人与人和谐、人与社会和谐的文化主张。少数民族传统的道德原则是每个民族在长期的社会生活和历史发展中逐步形成的,它起着协调个人与集体、个人利益与社会利益的关系的作用,有着稳定民族的生活秩序、维护社会利益的功能。生活在贵州高原上的各少数民族,在其历史发展的过程中形成了各具特色的道德原则和道德观念,但我们仍能从各民族的道德规范中发现一些共同的道德原则和道德理想。在处理人与人,人与社会的关系上,和谐主张主要体现在以下几个方面。第一,互助友爱、团结协作。在贵州少数民族的传统文化中,团结协作、互助互爱是最普通的道德要求。一家有事,众邻相帮已成为一种约定俗成的传统,更成为民族村寨中一道动人的人文风景。如在贵州水族村寨中,抢收抢种季节,劳力强的家庭完成自己的农活儿后,都会主动帮助那些缺少劳力的亲族干活儿,进行义务的劳力支援,进行并不斤斤计较的人力与畜力的互换互助。苗族的《祝福歌》一开始就对这种协作意识有了很直接的表达:前天我已祝福了/昨天我又祝福了/要富大家富/要好大家好/同享一样福/好比过秤称/不让这边低/不让那边高/不让这边哭/不让那边笑/恰如一对千里马/跑到天边无输赢/大家都吃不完/大家都用不尽/恰如土中谷/雀鸟啄不尽。苗族俗语说:"坐在一方土,便是一家人。"把帮助别人看成应尽的义务。在黔东南苗族中现在还盛行一种"分牛肉"的互助形式,即某一家的耕牛不幸死亡,大家都主动地去买牛肉,以帮助其挽回经济损失,使遭受不测的人家有能力另外购买耕牛进行农耕。第二,尊老爱幼。尊老爱幼是贵州各少数民族都普遍推崇的道德规范。在他们的社会生活中,敬老的道德意识主要表现在诸多的生活习俗当中。例如,在布依族的传统社会里,老年人在村寨中普遍受到尊重。每逢遇到大事时,要请老人们来商量,征求他们的意见。入席就餐,堂屋正中的上席座位要让给老人坐。青年人和老年人坐在一起,青年人不能跷脚盘腿,否则是对老年人的不尊。和老人同行,要让老人走在前面。骑马或坐车遇到老年人,要下马下车让路。水族的儿女见到父亲做活路回来,要马上端来板凳让父亲坐下休息,接着要给老人打水洗脸、洗脚,并守在老人旁边等老人洗完后即把脏水倒掉。还要给老人递烟、点烟。吃饭时,如果有老人,要先给老人盛饭并双手递上。平时有什么事，要先与老人商量，听取老人的意见。老人讲话，不能随便插嘴，一定要等老人讲完才能谈自己的想法。路上遇到相识或不相识的老人，要主动为老人让路，若老人手下有重物，要尽可能接过来帮忙。仡佬族家庭中也有尊重长辈，尊重老人的道德要求。

第三，集体意识、大局意识。贵州各少数民族都充满了强烈的集体主义精神，这是在长期的历史发展过程中形成的。在地理、历史、社会等条件的制约下，大多数少数民族的生产力水平都十分有限，只有靠集体的力量才能战胜客观世界中的种种困难。集体主义的道德观念便在千百年的民族社会中凝结而成。我们所看到和听到的各民族为数众多的古歌和传说故事，无一不在颂扬集体的力量，无一不在赞美维护民族集体利益、为集体献身的精神。贵州少数民族分布大杂居、小聚居，你中有我，我中有你。这种民族分布特点和人口构成特点为各民族的接触、交往、相互学习、相互影响提供了条件。从历史上看，汉族和少数民族交往、生活的历史在千年以上。各民族在共同开发建设的过程中，互相影响、相互学习，形成了某些共同的生产生活习俗、共同的文化和共同的心理，也形成了某些共同的道德情感和道德观念。这些共同特点比较集中地反映在对待民族关系、对待国家的态度等问题上。汉族和少数民族由于共同的利益、共同的命运形成了世世代代相沿的谁也离不开谁的相互依存关系，这种关系在政治思想上的反映就是各民族团结、爱国、维护祖国统一的共同信念。在历史上，即使在极其艰苦的情况下，包括民族明智的思想家、政治家、民族领袖、民族上层在内的各族群众，总是把各民族的共同利益、国家的安危放在首位。国家有难，尤其是面对外敌入侵时，各民族群众就会团结一致、同仇敌忾、共同抗敌，表现出高度的爱国主义精神。

贵州地域文化的和谐性特征体现在物质追求与精神追求的和谐统一上。贵州的少数民族大多能歌善舞，实际上，在这种能歌善舞的背后，是各少数民族在艰苦的生存环境下调节物质与精神，调节身心平衡的一种文化创造。

"饭养身，歌养心"是流传在贵州侗族地区的一句谚语，而"不种田地无法把命来养活，不唱山歌日子怎么过"则是侗族世代传唱的侗歌歌词，表达了他们视物质需求和精神需求同等重要的一种文化指向。因为有了这样的价值指向,唱侗歌就像每天的吃饭睡觉一样成为常态,呈现出一种人人会唱,人人参与,全民互动的文化景象。音乐在侗族人的生活中无处不在,劳动生产、社会交往、祭祀祖先、节日庆典、男女相恋、娱乐逗趣,几乎所有的民间风俗都有特定的歌唱方式参与。以从江县高增乡小黄村的侗歌为例,仅大歌就有许多种:有歌调古朴原始的古老大歌,有以听声音为主的声音大歌,有迎客进寨时唱的拦路大歌,有正月祭祀或节日庆典时,男女踩堂时唱的踩堂大歌,有说唱叙事的曲艺大歌,有敬酒大歌、儿童大歌、赞颂大歌等,歌不仅成为侗族人表达喜、怒、哀、乐的一种形式,更成为侗族人日常生活的一个有机组成部分。在贵州的其他少数民族那里,我们也能看到这样的文化景观,尽管生活条件艰苦,但生活中有歌舞,生命里有激情,呈现一种积极乐观向上的生活姿态。

五 创新性特征

创新性特征是贵州人作为一个群体所表现出来的内在张力和实践指向。表现为敢为人先、锐意进取、勇立时代潮头、善开风气之先的精神风貌。

在历史上,贵州人有着敢为人先、勇立时代潮头的传统。有清一代,时任清廷委员的贵州人李端棻目睹中国的政治现状,深切感受到民族的存亡危机,支持康梁变法维新,成为维新官僚的代表,戊戌变法的领袖人物之一,他以其举足轻重的政治地位和作用,为戊戌变法做出了全面的贡献。特别是对教育改革的推动,勇开先锋,开启了中国近代教育史上的崭新篇章,奠定了中国近代教育制度的基础。[①] 1896年6月12日,李端棻上《请推广学校折》,请求设立立京师大学堂,为国家培养高级专门人才;在各省设中学,州县设小学;注重自然科学,围绕学堂创办仪器院(科学馆),设立图书馆、翻译局和报馆,选派留学生等。光绪皇帝当即批准。李端棻随即奔走呼号,京师大学堂很快建立起来。李端棻的那份奏折,成为中国近代教育史上有名的纲领性文件。

改革开放以来,贵州发展的历程更是凸显着"敢为人先"的精神特质。1977年关岭顶云公社的农民,冒着极大的政治风险,与人民公社的

---

① 何光渝:《贵州人文精神读本》,贵州人民出版社2017年版,第142—148页。

旧体制抗争，大胆探索实行"定产到组""包产到户"，成为中国农村改革"北凤阳、南顶云"的两个先锋之一。1988年建立的以"扶贫开发、生态建设、人口控制"为主题的毕节试验区，稳稳把准了贵州生态恶化、农民贫困的病症，率先在喀斯特贫困山区探索出了一条经济、社会与人口、资源、环境协调发展的新路子。[①] 当前，贵州已经进入后发赶超、加快建成全面小康社会的重要阶段，正在开拓创新努力走出一条有别于东部、不同于西部其他省份的发展新路。贵州在生态文明实践、大数据实践、大扶贫实践、大旅游实践，大健康实践、大交通实践和民族文化大省建设上的战略布局和开拓实践，充分彰显了贵州人从上到下敢为人先、锐意进取、勇立时代潮头、善开风气之先的精神风貌。生态文明贵阳国际论坛，"国家大数据综合试验区""国家生态文明建设实验区""攻坚扶贫的主战场""民族团结进步发展繁荣示范区""原生态文化保护示范区""山地公园省"等，贵州人正用行动赋予"天人合一""知行合一"的贵州人文精神以时代内涵，正在将人与自然和谐相处的文化传统上升为理性自觉，正在通过"突出环境保护、突出绿色循环、突出协调共享、突出集聚集约、突出民族文化"探索有别于东部的发展道路，通过"注重以构筑精神高地引领干事创业、注重以主基调主战略引领赶超跨越、注重以高端定位引领创新转型、注重以绿化贵州引领生态建设、注重以扶贫开发引领民生改善"探索不同于西部其他省份的发展道路。敢为人先、锐意进取、勇立时代潮头正成为贵州一道美丽的人文风景。

作者为贵阳孔学堂文化传播中心研究员。

---

① 谢一、刘正品：《科学把握贵州人文精神特质　提升贵州人的"颜质"和"气质"》，《贵州日报》2016年3月29日第10版。

明清之际伊儒对话的地位和影响

李 伟 薛塞峰

【摘要】 明末清初,在中国内地的回回学者中兴起的"汉文译著"运动,用儒家理学的思想来诠释伊斯兰教的教义,促进了伊斯兰教本土化的进程。这一过程中儒学民族化和伊斯兰教本土化二者相辅相成、相得益彰,为回族的形成发展和思想理论体系的形成奠定了思想文化基础。引入诠释学的方法来重新解读儒学民族化的进路,探究中国回族思想的核心理念,可以为儒学的区域化、民族化的探索提供一个新的视角和研究路径。

【关键词】 明清 伊斯兰教 儒教 对话

在中国的少数民族中,回族是一个人口较多、经济文化较发达的民族,也是我国信仰伊斯兰教人口最多的民族。回族的起源最早可以追溯到唐朝,从族源血亲关系来看它的产生和发展既不同于中国其他的民族,不是由古代氏族部落发展而成;也不是移植而来的外来民族。它是一个以来自域内域外信仰伊斯兰教的人在中国大地上长期的历史发展中吸收和融合了多种民族成分而逐渐形成的本土民族。从文化来源上看,回族是中华文化与伊斯兰文化相互交流对话过程中形成于中华大地的一个文化起点较高的民族。回族形成的基本要素之一就在于开始大量使用汉文印刷伊斯兰教经书典籍,和用汉语宣讲伊斯兰教教义。宋代是大食蕃客最活跃的时期,广州、泉州等地都建有蕃学,蕃客子弟不仅学习汉文,还能听懂并讲解经学。

自伊斯兰教传入中国至明清时期,如何处理伊斯兰教教义与中国传统文化的关系伴随着回族形成和发展的始终。虽然伊斯兰教在回族的形成和发展中起着非常重要的作用，但它在中国大地上生存发展就必须与以儒家文化为中心的中国传统文化相协调、相适应，使伊斯兰教文化与中国传统文化相结合。明末清初，我国北方穆斯林开始建立经堂教育制度，用阿拉伯语和汉语传袭经典，培养宗教人员；在江南以南京、苏州为中心的经文评著活动非常活跃，在经堂教育中培养了一批"回汉兼通""回而兼儒"的宗教职业人才；同时，在回族学者中兴起了"汉文译著"运动。"汉文译著"是一种以新的"回儒对话"方式对信仰伊斯兰教的民众进行文化教育。汉文译著用儒家的思想来诠释伊斯兰教的教义，从而有效地解决了伊斯兰宗教文化与中国传统文化的关系，促进了伊斯兰教本土化的进程。这其中，中国经学对经典文本的解释和理学对经典文学的解义，对回族学者的汉文译著活动起到了重要的方法论作用。在汉译著述中，回族学者以伊斯兰教教义为轴心，熔伊斯兰教思想与儒家思想为一炉，形成了比较系统而又具有明显回族特点的思想学说。从内容上看，回族学者在汉译著述中大量吸取了儒家理学思想，如王岱舆的《清真大学》、马注的《清真指南》，特别是刘智的《天方性理》和《天方典礼》，都试图用理学的思想来阐释伊斯兰教的教义从而使它能更好地实现伊斯兰教的本土化。

儒学何以能被回族知识分子在汉文译著中来阐释伊斯兰教的教义，并使之本土化，这与中国古代儒学所具有的注经与注传的两种阐释形态有着直接的关系。前者儒学在注经阐释形态中的方法，汤一介先生曾经以先秦时代典籍注解的不同方式归纳出三种早期经典阐释的路向。一是"历史事件的解释"，它对经文的说明是叙事式的，从而在对"时间的历史"进行阐释的过程中形成了"叙述的历史"。这一点与西方早期宗教的文本叙事有着惊人的相似之处。二是"整体性哲学解释"，这一解释包含了哲学本体的观念和对宇宙生成变化的整体性看法。三是"社会政治运作性的解释"，汤先生以《韩非子》对《老子》的论说为代表，提出这些著作大多以法家的社会政治观点来解释《老子》或干脆用历史的故事来说明君主成败、国家兴衰之故。而在宋明理学的以传记为中心的阐释形态中，许多儒家经典经过理学家们的创造性的诠释之后，使经典的阐释具有了根源性的意义。这种阐释不仅延续了注经阐释的传统方法，而且更注重于文本义理的发挥，这就为回族知识分子阐释伊斯兰教教义提供了新的创造空间，形成了以儒诠经的伊斯兰教本土化路径，从而完成了回族自身的思想理论系统。

理学亦称"道学"，其最大的特点是以儒家的伦理纲常为核心，吸收佛教、道教的宇宙观和诸子思辨方法，建立起思辨而精致的新儒学体系，它的产生使传统的儒家思想获得了完备的理论形态，达到了最高的发展阶段，并使儒学以新的形态重又取得了独尊的地位。理学这种不拘于经学经典阐释的传统方法将经典解释与自身哲学体系的建构紧密地结合在一起，通过儒、佛、道的对话、交融和相互作用，在理论上既传承了以往儒学的特点，又独树一帜实现了儒学理论形态上的创新。这种阐释进路本身就为回族学者的汉文译著提供了一种新的阐释形态和方法进路。儒学在思想形态上既坚持儒学的传统立场，又吸收佛、道的思想精华，从而使儒学获得了新的理论形态。例如：在宇宙观和道德本原论上，程朱把封建道德"三纲五常"抽象化、客观化为天地万物的本原和本体，即"天理"；在"理气"（道器）关系上，主张"理在气先""理在事先"；然后倒过来再由"天理"推出封建道德。从而在天与人即"天道"与"人道"的关系上，构建了一个以天人"一理"为形式的"天人合一"的宇宙伦理模式。它抛弃了汉儒"天人合类"的神学形式，采取了纯哲理的思辨形态，实际上是对"以无为本"的"玄学"本体论的改造，即以"仁义礼智"为内容的"天理"取代了"无"。这就为论证封建伦理纲常的合理性、绝对性找到了更为合适的理论形式。由宇宙论推衍人性论，理学家又提出了"天地之性"与"气质之性"相结合的人性结构"二重"说。他们从理为气"本"、理又不离气的"理一元论"出发，认为人禀理为"性"，"性即是理"，是为"天地之性"；人又禀气而生，"气即性"，是为"气质之性"。前者为"至善"，后者有善、有恶，是恶的根源，从而使儒家的德性人性论沿着先验论的道路达到了"圆备"的形态。二程说："论性不论气，不备；论气不论性，不明，二之则不是。"[1] 在逻辑上，它比以往"人性"诸说对善恶根源的回答，显得更为彻底、更为精致。理学的这一"性命之学"或曰"心性之学"，还从根本

---

[1] 程颢、程颐：《二程集》，王孝鱼译注，中华书局1981年版，第81页。

上规定了"义利理欲"之辨的基本原则,并由此规定了对理想人格的塑造。程朱理学充实和完善了前代儒学的理论,强调"格物、致知、正心、诚意、修身"是"齐家、治国、平天下"的前提,强调通过道德自觉达到理想人格的建构与实现,也强化了中华民族注重人格气节和德行情操,注重社会责任与历史使命感的文化性格。上述这些思想为回族文化的形成提供了重要思想文化资源。诠释学的目标在于说明人类文化和心灵的意义问题,其关注的焦点是文本的理解问题。通过理解可以对知识有一种主体的说明和把握,并可通过主体的活动予以表达。伊斯兰教在中世纪取得世界性胜利后,一方面获得广泛传播,另一方面又遇到了如何解释教义中的某些疑义的问题,如安拉完美与世界不完美的矛盾等。在西方,这些神学问题是通过把伊斯兰教义与希腊——罗马哲学和科学理性结合起来加以解决的。而在东方的中国,则是通过伊斯兰教义与中国传统理性思想的融合,而使之完善、完备。作为把伊斯兰教教义与中国传统哲学思想相融合,并使之完备和完善,成为一个独立的理论和认识框架的回族译注家,为伊斯兰教的本土化和民族的理论化提供了一种新的诠释视角和方法。这种视角和方法就在于它用汉族的语言和文字,儒家正统官方的术语,通过对伊斯兰教教义和儒家经典文本的理解和诠释,来表达回族的信仰与民族文化和心灵的意义问题。这其中刘智是最为突出的回族学者。

刘智的哲学伦理思想主要集中在他的《天方性理》和《天方典礼》中。康熙四十三年(1704),刘智首先完成了《天方性理》一书,从哲学的角度探讨了伊斯兰教有关天人性命的学说。康熙四十九年(1710),刘智完成的第二部著作《天方典礼》(亦称《天方典礼择要解》)。全书共20卷,总计28篇,是刘智参考阿拉伯、波斯文经典,包括《古兰经》、"圣训"、教法、苏非主义以及自然科学经籍,同时参阅中国文化经史、稗官、天官、律数等,然后用自己的体例和语言加以阐述编纂而成。该书的内容,用他自己的话说:"始著立教之原,中述为教之事,天道五功、人伦五典,穷理尽性之学,修齐治平之训,以及日用、寻常、居处、服食之类,皆略述大概,而以婚姻丧葬终焉。"[①] 因此,与其说这是一部

---

① 刘智:《天方典礼》,纳文波译注,云南民族出版社1990年版,第24页。

礼仪集成，毋宁说是一部将伊斯兰教原理和儒家学说精编巧织而成的哲学伦理学著作。

刘智《天方性理》和《天方典礼》著述的特点是通过对宋明理学的概念、术语、命题、思想加以改造，使之与伊斯兰精神相融合。他以伊斯兰真宰为旗帜，程朱性理为神髓，改造和扩展了的太极图为框架，融会佛道、苏非主义及其他伊斯兰哲学思想基因形成具有中国特色的伊斯兰哲学。它既是伊斯兰哲学的一个分支，又可以说是中国宋明理学的一个分支。刘智创造了一种传统伊斯兰思想与传统儒学思想相结合的独特形式。他在外来思想中国化的过程中既发展了外来思想，也发展了中国传统思想，从而建构起回族的中国伊斯兰哲学思想体系。

在刘智的时代，中国高层次文化领域中关于人格神的理论早已经衰微，儒、释、道三家都用自己的新观念取代了它。为了使真主观念在中国传统文化中得到某种认同，刘智大力表彰先秦典籍中关于上帝的言论，认为古代圣人肯定人格神的观点是正确的，与天方圣哲所见略同。他在《天方典礼》卷三《识认篇》中引证了《诗》《书》中许多关于上帝的言论之后说："《诗》《书》之言上帝，亦犹吾清真之言主宰也。"① 同时又指出："自孔孟而降，不言帝但云天。庸愚者不达至理，滞于有象之天，聪明者顿起疑思，凿为无稽之论，斯异端之所以乘虚而入也。"② 这里对孔孟已有微词，认为他们虽未否定上帝的存在，但在用语上出了毛病，以天代帝，这种不准确的表达在后代产生了思想混乱，使人模糊了对真主的认识。"不泥于形象，即落于空无，曰老，曰佛，曰天，曰理。拟度为主，非真主也。"③ 这是对宋明理学、佛学、老庄之学进行的严厉批评。言下之意是，只有天方传来的伊斯兰教，恢复了中国古代的圣人之道，使真理重光于天下。

俞楷的《天方性理序》多次强调"介廉之学真有合于周子也"，④ 但是刘智并不是把周子图说简单地加详加密，刘、周两个体系有很多不同。

---

① 刘智：《天方典礼》，第92页。
② 刘智：《天方典礼》，第92—93页。
③ 刘智：《天方典礼》，第67—74页。
④ 刘智：《白话天方性理》，马宝光、李三胜译，中州古籍出版社1994年版，第10页。

回族学者黑鸣凤说："中土以太极为先天，以天为理，以金木配五行，以东西为有定位，以土旺寄四时。而吾教以理气本于一真，太极以前为先天，而分九品之性理；太极以后为后天，而分九品之人物；以天地为大世界，由理之气；以人为小世界，由气之理；以水火土气为四行，而金木活类为其子；以四行分四时，而金木为气土之余也。"① 这是儒伊的差异，也是周刘的差异。

和程朱之学是性理之学一样，刘智之学也是性理之学。俞楷说："刘子不逃杨，不归墨，不逃佛，不归老，而又止谈性理，不言术数，则非吾儒而谁与?!"② 徐元正说："天方去中国数万里，衣冠异质，语言文字不同形声，而言性理，恰与吾儒合。"③ 他所说的天方言性理，其实只是刘智所言性理。性理是程朱理学的中心概念。性理是天地人物的所以然之故和所当然之则，是它们的根据、本质。性理的纯粹形态是太极，其显现形态是天地人物，正是它使天人得以贯通一致，它决定天产生人，人又复归于天。围绕性理有一系列概念如体用道器，行上行下，心、情、欲，元气，阴阳，五行等。刘智哲学思想的中心概念，正如他的主要著作《天方性理》展示的那样是性理。围绕性理也有一系列概念，如体用、元气、阴阳、四象、天地、万物、人等，也是程朱理学所固有的。尤其重要的是，在刘智那里，仍然是先天性理决定后天人物的本性，决定人物的产生和向最初实有的复归。因此从主要的方面看，刘智的体系与程朱的体系是同构的、兼容的。不能说这是偶然的巧合，合理的解释是，刘智受到中国传统文化的影响，宋明以来高度发展的程朱理学深深融入他的思想之中。

天人合一是中国最古老、最深刻的思想传统。从殷周到宋明，天人合一思想一直存在，但表现形式不同。天与人是神与人的关系，活灵活现的上帝决定世间的一切，主宰人类的命运，人类应该服从上天旨意，不然就会受天的惩罚，这种思想在董仲舒以前占主导地位。魏晋隋唐以降，由于玄学、佛学的影响，义理的天逐渐取代了人格神的天，天与人

---

① 刘智：《白话天方性理》，第284—285页。
② 刘智：《白话天方性理》，第10页。
③ 刘智：《白话天方性理》，第6页。

的关系成为世界理性、最高价值标准即人之本性与人的关系。刘智哲学中的天人合一思想采取了后一种形式。"本性者,本乎先天之所分与,而无美不备者也。"①"天地,上下,人物、表里,皆本然之流行也,而唯圣人能实践,以趋其境。圣人,以继性为性者也。继性者,浑同于真宰之本然。唯浑同,故能实践也。"②"先天之浑同,浑同于虚寂;后天之浑同,浑同于实践。实践与虚寂非两境也,实践之所在即虚寂之所在。"③这就是说,人的本性就是真宰的本然,两者之间以继性即"公共之大性"为中介。本性与本然是浑同即合一的。在先天的情况下,本性尚未分化出来,它们在虚寂状态下浑同,在后天情况下,本性落实在各个人身心之中,它与本然的浑同在实践状态下实现,人依照他的本性去思考与行动,即是与本然浑同,与天合一。

  刘智把孟子的尽心知性知天的认识路线加以改造,作为认识真宰的方法。他说:"今日由尽心而得以知性,由知性而即以认识主宰,此后天之事也。"④刘智把人性分为六类,提出"六品"说:继性、人性、气性、活性、长性、坚定。刘智认为人的这六类品性都是无形的,但它又与人的形体不可分,有形体才有人性,身与性之间的关系是辩证的,不能互相分离的,因此,"不得于性外求身,亦不能于身外见性。"⑤因为性与身是相联系的,所以尽心知性又要与修身相联系。他认为修身才能明心,明心才能见性,见性才能认识真宰。所以,刘智提倡:"勤德敬业,所以修身也,穷理尽性,所以明心也,克己完真,所以见性也。身不修,不可以明心;心不明,不可以见性;性不见,不可以合天,性之不可见,己私之蔽也。"⑥由此看来,尽心知性的方法虽然源自孟子的思想,但其内容和孟子又有所区别,比孟子要宽泛得多。

  中国哲学诠释传统的突出特点是以经典诠释的方式建构或表达新的哲学体系,这样必然会出现经典文本自身意义与诠释者的新体系之间的

---

① 刘智:《白话天方性理》,第147页。
② 刘智:《白话天方性理》,第186页。
③ 刘智:《白话天方性理》,第10页。
④ 刘智:《天方典礼》,第15页。
⑤ 刘智:《天方典礼》,第100页。
⑥ 刘智:《天方典礼》,第24页。

紧张或矛盾。因为，经典诠释会带来文本的限制，而体系建构则要求创造。那么，经典诠释与体系建构二者之间是什么关系？二者孰轻孰重，孰先孰后？二者是否有冲突？如何可以合为一体？这可能是分析、评价中国哲学诠释传统最困难、最吃紧的地方。

刘智在《天方性理》和《天方典礼》中是这样解决上述矛盾的：一方面，他坚持伊斯兰教信仰，以正统官方术语表达伊斯兰教义，注意协调宗教信仰与中国的理性精神的关系，使伊斯兰教适合中国民族的内在心理特征。在"三极"（天、地、人）之中突出人道，在"三乘之法"（凡性、理性、神性）中突出民族的"理性"。另一方面，他把中国诠释传统与儒家经世致用的传统结合起来，在《天方性理》和《天方典礼》中大量的儒家思想术语和伊斯兰教文化术语都被他在中国传统的诠释话语体系下给予了新的诠释。比如在本体问题上，把理学的"理气生造化"说与伊斯兰教的"真主造化"论糅合起来，提出了"真宰造化一切"的宇宙观。《天方典礼·原教篇》首先肯定："维初太始，万物未形，惟一真宰，无方无似。"①"实天地人物之本原也。"②"维皇真宰，独一无相，生天生地，生人生物。"③"前无始后无终，大无外，细无内。"④"真宰者，造化天地、人神万物之本原也。"⑤ 在这里，他强调了真宰的造化万物之本原意义，是独一无二的最高本体。同时，在承认真宰全能"至尊无上"的前提下，刘智对伊斯兰教关于天地万物生成的"真主造化"论作了自己的解释，在这一思想过程中，他通过比附、吸收和改造理学的重要概念和命题，建构起了既讲真主独一造化，又讲太极阴阳，理气生化的中国伊斯兰教宇宙观。再比如，在认识问题上，刘智将理学"格物致知""主敬涵养"的认识修养理论与伊斯兰教认主学相融合，提出了"即物识主""率性修道"的认主修养学说。刘智把体认真主作为认识的归宿和最高境界，这是他认识论的核心问题。刘智明确断言："故吾教致

---

① 刘智：《天方典礼》，第1页。
② 刘智：《天方典礼》，第1页。
③ 刘智：《天方典礼》，第43页。
④ 刘智：《天方典礼》，第48页。
⑤ 刘智：《天方典礼》，第556页。

知格物之学，以认识主宰为先务焉。"① 他又指出："今人处天地间，仰观俯察，周旋于万物之中，而不知造化天地万物之主，岂可谓致知格物者乎？"② "不能致知格物，而又何以率性修道？则甚矣，不可不知有主宰也。"③ 这就把认识论提高到信仰观的高度，真正实现了由理学认知学说到伊斯兰信仰学说的转换。刘智把加强主体的道德修养看成认主的要本，指出："远取诸物，近取诸身。"④ "人惟不能自知本性之所以然，故不能知主宰之所以然也。若返求诸己，能识自己本性之所以然，则主宰之所以然，不外当身之本性而得之矣。"⑤ 进而去"明心见性""率性修道""存养""省察""诚正""成己""修身以礼，明心以道"，达到"尽性复命，全体归真"的境界，这完全是改造和借用了理学所提倡的修养之道。在人性问题上，刘智借用理学"天命之谓性""性分二元"的人性论，论证伊斯兰教的"克己修身"的修养说，提出了"清心尽性""归根复命"的性命观。刘智认为存在先验的至善人性，"人之初正，皆秉于正"，⑥ 同时又借用和改造了理学家关于气质之性的思想来补充真主之性，认为人在禀受真主之理而生的同时，还禀受了气性，"气性者，人所禀于后天气质之性也，是谓爱恶性"。⑦ 他从气禀之性把人分为"圣贤智愚"四类，又进而把人性分为至圣性、大圣性、钦圣性、列圣性、大贤性、智者性、廉介性、善人性和庸常性九个等级。刘智吸纳了朱熹的人性转化理论，认为人的气质之性是可以转化的，"圣贤智愚之分，分以先天理气，亦分以后天知行。先天之理气天定者也，人之所不得而与。后天之知行，自由者也，人之所可得而与也。是故圣贤智愚之分也。半以天定，半以自由。"⑧ 刘智结合理学"明明德""天人合一"等思想进一步阐发了"回回清真镜子"内涵，为广大穆斯林指明了一条"正身、清心、尽性"的功修之路。

---

① 刘智：《天方典礼》，第 67 页。
② 刘智：《天方典礼》，第 67 页。
③ 刘智：《天方典礼》，第 65 页。
④ 刘智：《白话天方性理》，第 3 页。
⑤ 刘智：《白话天方性理》，第 1 页。
⑥ 刘智：《天方典礼》，第 555 页。
⑦ 刘智：《白话天方性理》，第 197 页。
⑧ 刘智：《白话天方性理》，第 249 页。

伽达默尔认为，诠释学文本理解的过程是"读者视域"与"文本视域"相融合的过程，即在理解过程中，借由"效果历史"之观念，将传统因素和历史因素综括为一，作为文本理解的基本要素。刘智在其《天方性理》和《天方典礼》中所关注的焦点实际有三个方面：一是回族的生存和信仰所遇到的困境；二是民族与宗教和家族与皇族两大关系碰撞时所遇到的困境；三是超越与现实、终极关怀与世俗世界的关系困境。三个困境具体来讲，就是信主与忠君的矛盾，忠孝与孝亲的矛盾，现世与前世和来世的矛盾。这三个矛盾在理论上的解决既关系着回族生存和发展的问题，又关系到回族信仰和现实生活的问题。这就使得刘智和他同时代的回族学者们，在汉文译著和诠儒解经过程中不得不把读者的视域与文本的视域相融合。换句话说，他们所作出的理论回答，既要满足于统治者的政治要求，又要满意于广大回族教民的理论诉求。正是在这一经典诠释的背景下，刘智和王岱舆等回族学者提出了"二元忠诚"的政治哲学思想、孝亲伦理思想和两世吉庆终极关怀思想。从而既完成了伊斯兰教本土化，又构建了具有回族特色的思想体系。

二十多年来，中国哲学研究领域关于中国诠释学问题一直被持续关注、争论和探讨，无论这种讨论多么热，分歧多么大，争论多么激烈，但是中国诠释学无论如何建立，它都必须回答三个问题：一是它的理论体系和研究的方法必须能为经典文本的诠释提供新的视角和方法；二是对经典文本的解读必须能回答人类历史和现实文化及心灵的意义问题；三是诠释的内容和关注的焦点必须把文本的理解与传统和历史文化的创新综括为一，广为人知。刘智的《天方性理》和《天方典礼》在他所处的那个时代似乎回答了这些问题。

关于前两个问题，文章已经在前两部分给予了简单的陈述，而第三个问题则已被刘智所处那个时代的统治者、回汉学者以及广大的回族教民的认可所回应。刘智的《天方性理》和《天方典礼》问世后，得到了社会上下的普遍认可。正如作者在《天方至圣实录》"著书述"中所说："《典礼》者，明教之书也。《性理》者，明道之书也。"[①] 其中，《天方典

[①] 刘智：《天方至圣实录》，中国伊斯兰教协会印 1984 年版，第 4 页。

礼》因"虽载在天方之书,而不异乎儒者之典"①而被列入《四库全书总目提要》。刘智的著述受到教内人士的高度赞赏,如自称"教弟"的定成隆在康熙四十九年(1710)亲自为刘智的《天方典礼》撰写的跋中,深切感慨一般穆斯林"止知我教中人,至教之所以为教究,懵懵焉而莫得其指归"。即娴熟经典,亦不过记述讽诵而已。间有稍通教律,时亦讲论,又多曲为臆说,骇人听闻,不知者遂奉为典型,彼亦自以为是,而不知返,于是讹以传讹,真有不可使闻于邻国者,其意亦未尝不欲阐扬其教也,然而远于教也更甚"。②他的上述担心反映了教内人唯恐译经违背原旨、失真走样的共同隐忧。但他读了《天方典礼》后,深感其中"并无勾深索隐之词,惊世骇俗之论,无非正心诚意之学,修齐治平之道。于至平至常之中,至精至凝之理即寓焉,以是知心同理同,而圣人之教原不以方域异也。倘非稽考精确,乌能融贯若此"。③他由衷赞扬"刘君真吾教之传人,吾教之功臣也夫"!④表明对刘智以儒诠经、借释传伊,紧紧把握住伊斯兰教自身的真谛,大可不必庸人自扰。

其他一些热心的教内人童国瑾、童国选兄弟以及袁维垣、刘瑛等,因《天方典礼》"板遭于火",虽然当时"流布甚广,家珍户藏",然仍深恐年久"渐至凋残",故特意集资重刻,以广流传。他们在乾隆五年(1740)重刻的序中,也称赞《天方典礼》"阐圣道,开来学",是"吾辈父兄伯叔常以体究经书,训诫子弟"的好教材,愿原版刊印,"庶狂澜不碍舟楫,而百川无复迷津",⑤对此书的评价颇高。

刘智"以儒诠经"的汉文著述不仅备受穆斯林的赞扬和珍视,而且也受到教外人士的高度评价和欣然首肯。这一点普遍反映在清朝汉族士大夫为《天方典礼》一书所作的序文中。如兵部侍郎鹿佑认为:"清真一教,来自天方,衣冠、言貌炯岸异人,予向疑其立教在吾儒之外,而或亦等于老、佛之流也。"⑥这是他起初对伊斯兰教的朦胧认识。戊子年

---

① 刘智:《天方典礼》,第24页。
② 刘智:《天方典礼》,第573页。
③ 刘智:《天方典礼》,第573页。
④ 刘智:《天方典礼》,第573页。
⑤ 刘智:《天方典礼》,第22页。
⑥ 刘智:《天方典礼》,第6页。

(1708)春,他会晤刘智,"畅论天人性命,无微弗逮;询其教之原委",① 刘智才把此书馈赠于他。他研读之后,"见其微言妙义,切实渊深;天机人事,节目井然。其伦礼纲常,犹然君臣、父子、夫妇、昆弟、朋友也;其修齐诚正,犹然孝、弟、忠、信、礼、义、廉、节也;其昭事上帝,有所谓念、礼、斋、课、朝五者,亦犹然顾諟明命,存心养性,以事天也。夫然后知清真一教,不偏不倚,直与中国圣人之教理同道合,而非异端曲说所可同语者矣。吾于是益喜刘子之博学奇才,会心于无尽也。既精天方之典,复通中国之经,融会贯通,著为书,以阐其教"。② 对伊斯兰教早先的成见消失了,认识有了转变。当然,这位维护封建统治的地主阶级士大夫之所以赞誉伊斯兰教和刘智"以儒诠经"的汉文著述,主要在于看到它并不违背儒家之礼教。这也从一个侧面反证了刘智"以儒诠经"或"儒伊对照"的成功。

另一位汉族士大夫、礼部侍郎徐倬的序文也认为,穆斯林"千百年来,流寓者众,虽居中国,犹执祖教。智者守其经,愚者失其义。此刘子用儒文传西学,以教于同人者也。虽然地有东西,理无疆界。是礼也,虽自天方,而理通于天下。……况其言天道、人道尤悉,学者能于是而用力焉,则亦尽人合天之一经语也,其可以方域拘诸?"③ 同样对跨越疆域的伊斯兰文化称赞有加。

杨斐菉在序中也表述了类似前述兵部侍郎鹿佑的感受,他认为"梯山航海而来"的"天方之人","语言异其声音,文字殊其点画。见我朝之礼,矞矞皇皇,彬雅明备,有余慕焉,而不能通其文。中华好事者,见天方语言、文字茫然扞格,疑其礼有惊世骇俗、诡异而不尽情者。不知疆域虽殊,同此君臣、父子、夫妇、昆弟、朋友之伦,饮食、日用、起居之节,婚姻、丧葬、追远之谊,心同理同,则礼安有异哉?"④ 因此,对此书也给予了很高的评价。还有,陕西道监察御史景日昣所撰的《一斋书序》同样反映了他编读刘智的多种译著后的观感,认为刘氏"深得

---

① 刘智:《天方典礼》,第6页。
② 刘智:《天方典礼》,第6页。
③ 刘智:《天方典礼》,第6页。
④ 刘智:《天方典礼》,第6页。

儒者精微之奥旨"。他对刘智及其汉文译著的总体评价是："刘君年富力强，著书数百卷，阐明天方之礼，以补中国之用，其用功正未可阃量。①"

刘智根据伊斯兰教传入中国后发生的深刻变化，结合中国的实际情况，采用汉文化阐述、宣传伊斯兰教，使其在中国顺利传播，并在不失原则的前提下，用儒家思想对伊斯兰教的某些方面进行了调和，使之更适合在中国的发展。最初他的著述和思想多在南方穆斯林文化人中传播，后随着其作品的不断刊行，逐渐在全国形成影响。而在西北穆斯林中的传播，则已到清代晚期，这主要是由于西北的穆斯林教育一直是经堂教育占主导地位而汉文化学习落后的原因。到了清末，刘智的著述在西北穆斯林中已广为流传，其回族理学思想也为伊斯兰教界所接收，像《五更月偈》等被书写为条幅或中堂悬挂在穆斯林家中，"刘介廉巴巴"已成为西北穆斯林中有很大影响的宗教学者。正是在这种背景下，远离南京几千里外，地处边陲的甘肃临潭，出现了实践刘智宗教思想的教派——西道堂。

西道堂宗旨："本道堂根据清真教义，并祖述清真教正统，以宣扬金陵介廉氏学说，而以本国文化发扬清真教学理，务使本国同胞了解清真教义为宗旨。"② 西道堂的马启西说："介廉种子，官川开花，我要结果。"刘智著作在不失其伊斯兰教基本原则前提下，所体现的宗教思想的完整性、系统性和撰述中的构思立意、选材谋篇，都具有与中国传统文化紧密结合的显著特点，这是马启西推崇刘智学说的一个重要原因。伊儒对话对于回族文化的形成和融入中华文化的主流话语，以及伊斯兰教的本土化，特别是儒学的地域化和民族化产生了积极的影响，同时也奠定了回儒在儒学中的地位。

作者李伟为宁夏大学教授、国际儒学联合会副会长；薛塞峰为宁夏医科大学教授。

---

① 刘智：《天方典礼》，第13页。
② 参见1942年出版的《回教青年》四卷四、五期，《清真西道堂之史略》一文。

"多元与一体：地域文化的特色与融合"高层学术论坛综述

诸凤娟　钱汝平

2020年10月24日至25日，由绍兴文理学院、湖南大学、四川大学、安徽大学、陕西师范大学联合主办的"多元与一体：地域文化的特色与融合"高层学术论坛在绍兴举行。来自浙江、湖南、贵州、四川、山东、安徽、陕西等地的专家学者与代表齐聚一堂，共同探讨中国文化的发展和地域文化的共建问题。本次会议共收论文五十余篇，旨在通过研究各地域学术与传统文化之间的内在关联与互鉴，推进各地域学术文化之间的沟通、交流与融合。

24日上午的主旨演讲由绍兴文理学院越文化研究院执行院长诸凤娟教授主持。湖南大学朱汉民教授、四川大学舒大刚教授、陕西师范大学许宁教授、安徽大学徐道彬研究员、中国孔子研究院杨朝明教授、贵阳孔学堂文化传播中心索晓霞研究员、浙江大学董平教授、绍兴文理学院潘承玉教授、宁夏大学李伟教授分别做了主旨演讲。

朱汉民教授围绕"晚清湘学的学术追求"，提出晚清是以儒学为核心的中国传统文化走向衰落的时期，但是作为儒学地域形态的湘学却逆势上升。其原因在于湘学学者能够既坚持中国文化主体性，又具有思想文化开放性的特质。晚清湘学对近代中国思想做出了重要贡献，这对考察地域文化如何影响社会发展这一问题提供了新的思考。

舒大刚教授将蜀学要素分为学校、学人、学术，对这三要素作了详细而精辟的阐述。他认为，这三要素在近代四川的迅猛发展，是近代蜀学得以英才辈出，并在一定程度上开启和推动了中国思想界革命的基础所在。

许宁教授首先介绍了陕西师范大学张载关学研究院的具体情况。陕西师范大学的关学研究有着悠久的历史、合理健全的团队和丰硕的成果。他还提出"要将关学文化置于战略文化资源的高度来认识、来加强""积极探索关学学科化的实践途径""构建地域文化的交流平台和联系机制"，这对如何规划设计地域文化研究也很有启发价值。

徐道彬教授先从科举考试的角度谈了程敏政和王阳明的师生关系，然后通过对两人著作的比较研究，梳理出两人思想之间的承继关系，认为程敏政提出的"道一"思想是朱熹与阳明之间的一个过渡性理念，也是阳明心学形成的重要源头之一。

杨朝明教授聚焦齐鲁文化及其精神特质，认为齐鲁文化内部存在一定区别，但在许多方面更多地表现出了相同或相通之处。他概括了齐鲁文化"兼容并蓄，胸襟博大""刚健有为，积极进取""崇德重法，德、法兼顾"等的精神特质，而以儒学为主体的齐鲁文化对中华民族的精神气质也产生了重要影响。

索晓霞研究员则指出，贵州地域文化的形成是一个长期的历史过程，既是贵州这片土地的地理生态环境所造就的思维方式和生活方式的体现，也是贵州经济社会发展所经历的种种外在因素影响的反映，更是一个不同文化经过接触、混杂、联结和融合的过程，并总结了包容性、民族性、和谐性等贵州地域文化的特点。

董平教授从辨析地域文化与一般意义上的"中国文化"、地方性知识与普遍性知识、浙东学派与浙学这几对概念入手，旗帜鲜明地提出浙东学派或浙东学术的核心是历史哲学，而理学则是呈现这种历史哲学的载体的观点。他还指出，理学作为一般意义上的普遍性知识体系，须从总相上纳入"地方性知识"的范畴来理解，普遍性知识之所以普遍，缘由作为地方性知识之殊相所共成。

潘承玉教授以越文化与徽湘黔蜀关齐文化的关系为例，谈到了地域文化与中华传统文化之间的关系。地域文化是中华传统文化的一部分，但各个地域文化之间并非无法融通，而是存在"你中有我、我中有你"的密切联系。就越文化而言，它既是吴越文化的组成部分，又与湖湘、贵州、巴蜀、关陇、齐鲁等文化存在内在联系。

李伟教授认为，儒学的地域化和民族化研究应当基于中国的国情来考虑。中国自古是一个统一的多民族国家，文化不断碰撞、冲突，又不断交流、融合，儒学也在此过程中形成了不同的地域化和民族化特点，并保证了区域社会的稳定和民族团结，儒学研究也应将与民族宗教之间的交流和对话包含在内。

以上学者从各自不同视角同与会者分享了他们的研究心得，丰富了与会者对儒学与地域文化的认识，也开阔了大家的学术视野。24日下午的分组讨论有两场，内容涉及哲学史、思想史、宗教史、古文字学、音韵学、中国古代史、中国近现代史、海洋学、饮食史、中医学等，但又集中于地域文化的范畴之内。各位学者平等交流、友好切磋，形成了良好的学术讨论氛围。

闭幕式上，北京大学干春松教授从本次会议参与的地域文化的丰富性、加强地域文化之间交流的必须性、建立地域文化合作机制的可能性、论题和研究方法的多样性等方面作了总结。

会议也形成了两点共识：第一，从历史上来看，中国文化呈现出"多元一体、一源多众；和而不同、求同存异"的格局。"各美其美"的地域文化一同构成了"美美与共"的中华文化统一体。第二，要深入探讨各个地域文化之间的特色与融合，一方面，要抓住各地域文化的特征，厘清各地域学术文化的内涵、外延及其发展脉络；另一方面，要跳出单一的地域学术文化研究的局限，从中国文化发展的整体来研究地域文化，推动地域文化之间的融合以及不同地域文化研究者之间的交流合作。

作者诸凤娟为绍兴文理学院越文化研究院院长、教授；钱汝平为绍兴文理学院越文化研究院副研究员。